社会工作实务译丛 主编 刘 梦 副主编 范燕宁

社会问题：

事件与解决方案

第五版

Social Problems:

Issues and Solutions

Fifth Edition

[美] 查尔斯·扎斯特罗（Charles Zastrow）著
范燕宁 蔡 鑫 韩丽丽 等译
罗 玲 陈玉娜 校

中国人民大学出版社
·北京·

主编简介

刘 梦 中华女子学院副院长、教授。多年从事社会工作教育和研究工作。主要研究领域为：社会工作实务研究、妇女社会工作、性别问题研究等。主要著述有：《中国婚姻暴力》、《女性社会工作：从实务到政策》等。1999年以来先后主持国内外妇女问题和社会工作研究课题10个，参加国际研讨会17次，出版专著3部，主编教材3部，译著3部，在国际社会工作和妇女研究刊物上发表英文论文10篇。

副主编简介

范燕宁 首都师范大学政法学院社会学与社会工作系主任、教授。中国社会工作教育协会理事、中国人学研究会理事。主要研究方向为：社会发展理论、社会问题、社会工作价值观、矫正社会工作。先后在《中国社会科学》、《哲学研究》、《哲学动态》、《社会主义研究》、《光明日报》等重要报刊发表有关研究论文数十篇。主要代表性论著有：《新时期中国发展观》、《邓小平发展理论与科学发展观》、《社会工作专业的历史发展与基础价值理念》、《社区矫正的基本理念和适用意义》等。主要译著译文有：《社会工作概论》（第九版）、《契合文化敏感性的社会工作课程》等。

总　序

中国的社会工作在经过了将近20年的发展之后，进入了一个快速发展阶段。2006年，党的十六届六中全会作出了建设宏大的社会工作人才队伍的重大战略部署，提出建立健全社会工作人才培养、评价、使用、激励的政策措施和制度保障。在2007年召开的党的第十七次全国代表大会上，党中央强调要在经济发展的基础上，加快推进以改善民生为重点的社会建设，要统筹抓好以高层次人才和高技能人才为重点的各类人才队伍建设。民政部副部长李立国在"2008世界社会工作日暨中国社会工作教育发展二十年研讨会"上的讲话中指出："大力发展社会工作，加强社会工作人才队伍建设，是建立健全社会保险、社会救助、社会福利和慈善事业相衔接的覆盖城乡居民的社会保障体系，提高社会保障服务水平，切实保障人民群众基本生活权益的必然要求；是创新社会管理体制，整合社会管理资源，提高社会管理水平，健全党委领导、政府负责、社会协同、公众参与的社会管理格局的必然要求；是强化政府公共服务职能，健全公共服务体系，促进公共服务科学化、人性化和个性化，实现基本公共服务均等化的必然要求；是完善基层群众自治制度，加强基层基础工作，夯实党的执政基础，加强党的执政能力建设和先进性建设的必然要求。"可见，社会工作专业队伍是和谐社会建设的一支重要的力量。

作为社会工作教育者，在社会工作的春天到来的时候，需要回答这样一个问题：我们准备好了吗？纵观这些年的社会工作教育和专业发展，我们可以看到，中国的社会工作发展取得了很大的成就：200余所高校开办了社会工作专业，每年可以培养近万名本科毕业生；有30%～40%的毕业生会从事本专业的工作；在上海，社会工作作为一个职业，已经形成了初步的规模；深圳市政府投入了大量财力物力，以政府购买社会工作专业服务的形式来扶持社会工作专业化的发展；首次社会工作师职业资格考试将于2008年6月在全国展开……但是，与此同时，我们还要看到在教育和实务领域存在的不足和问题：专业师资的缺乏、研究不足、教学与实务的脱节、毕业生出路过窄、实务领域的专业性不强，等等。社会工作是一门新兴的、从国外引进的专业，从教育的角度来看，系统地学习国外的知识和经验，是建立适合本土社会文化环境知识的基础和关键。

为了不断提高中国社会工作教育和实务水平，中国人民大学出版社与我们一起策划了本丛书的翻译和出版工作，希望通过系统介绍国外实务领域的经典教材或专著，给国内社会工作专业的师生和实务工作者打开一个窗口，提供一个学习和参考的机会，更多地了解国外同行们在不同的实务领域中的经验和教训。在本译丛书目的选择上，基本上体现了这样几个特点：

第一，权威性。本译丛中的每本书都是在国外教学和实务领域得到认可的、具有一定影响力的著作。有些书已经几次再版、多次修订和更新，作者都是相关领域中享有很高声望的学者和实务工作者，他们不仅在著作中给读者提供了丰富的实务知识和坚实的理论基础，而且还把自己的一些研究成果融入其中，帮助读者将知识、技能和研究有机地结合起来。

第二，系统性。本译丛虽然关注的是不同的实务领域，但是每本书又是一个独立的系统。在每个领域中，作者们都将社会工作的专业价值观、职业伦理、工作原则与本领域的特点和需要紧密结合起来，构成了一个系统的、完整的、重点突出、各具特色的知识体系，从这些著作的内容来看，它们不仅仅是社会工作专业知识在某个实务领域的运用，而且是在某个实务领域的发展和深化。

第三，全面性。本译丛收入的著作涵盖了社会工作的各个实务领域，从儿童服务到老人服务，涉及不同的人群，为读者呈现出了国外社会工作实务领域的全貌。希望这样的选题能够让读者了解国外社会工作实务的内涵和外延，更加深入、全面地理解社会工作实务的过程、方法和技能，推动中国社会工作专业化发展进程。

第四，时效性。我们希望所选著作能够有针对性地服务于中国社会工作专业发展的现状，因此，在选择时遵循了这样几个原则：首先是近几年中出版的书籍；其次是著作要将实务与研究有机结合起来，能够呈现社会工作研究服务于实务的特点；最后是侧重国内目前发展比较薄弱的领域，例如医疗社会工作、学校社会工作、家庭社会工作、妇女社会工作等。我们希望这些领域的引入和介绍，能对中国相关的课程开设和实务发展，发挥一定的指导和参考作用。

第五，参照性。虽然本译丛探讨的实务领域都发生在欧美国家，但是我们相信，社会工作专业之所以能够在世界各国发展起来，是因为社会工作专业中蕴涵了全球普遍适用的原则，它对人和人的尊严与权利的尊重，对社会公正和人类福祉的追求，是社会工作在不同社会形态中得以传播的基础。因此，我们坚信，在其他国度中的实务经验，也一定会对我们开展实务工作有所启发和参照。

本译丛的策划得到了首都师范大学社会工作系教授、博士生导师范燕宁，中国人民大学社会工作系隋玉杰博士，以及中国人民大学出版社潘宇博士的大力支持。在丛书书目的选择过程中，我们进行了多次讨论、商议和斟酌。在书目确定之后，我们邀请了北京高校中从事社会工作教育、具有很好的英文水平或者有过出国留学经历的教师参与了翻译工作，以保证翻译水平。在此对上述参与策划和翻译的各位同仁表示衷心的感谢。

翻译是一个再创作的过程，专业著作的翻译，除了需要具备很好的英文理解水平之外，还需要有扎实的专业基础和较好的中文功底，因此难度很大。尽管所有的译者都在认真努力地工作，可能也难免会出现一些失误和不足，希望广大读者能够不吝赐教。

刘　梦

2008 年 5 月 1 日

前 言

1995年3月20日，日本邪教组织奥姆真理教在东京地铁投放沙林毒气，造成12人死亡，5 500人受伤（一小滴沙林，经皮肤接触或被吸入体内，数分钟内即可致命）。现今，我们注意到越来越多的恐怖组织和一些国家——包括美国、伊朗、叙利亚、以色列、俄罗斯在内——都在致力于研究和开发生物和化学武器，包括运用脚气、瘟疫、天花、炭疽热、疟疾和埃博拉病毒等病原体引发接触人群中的传染病流行。细菌战的威胁与核战争相比，两者有很多共通之处（详见第十四章）。研究社会问题的目的之一，在于理解集体行为的动因。生化武器的研发和使用而产生的生化威胁突出反映了一系列严峻的社会问题。例如，是什么样的因素促使恐怖分子和政府大力研发生化武器？又是什么样的因素使他们决定不再顾及生化武器的巨大杀伤力，而采用这种极端不人道的手段呢？（影响恐怖主义组织研发和使用生化武器的可能因素包括："有"和"没有"间的巨大利益差异、政治迫害、宗教迫害、种族或民族歧视、社会中的"暴力至上论"。）针对上述现象，社会又应采取怎样的应对措施以减少生化武器的研发和使用？ xvi

在各大学和学院中，关于社会问题的课程往往是最具启发性和教育意义的科目之一。该学科致力于阐述人类环境的悲剧性因素，分析常见的个人与社会问题，而大学生们常常就置身此类问题之中。本书纳入了大量有关社会问题的材料，生动且具有教育意义和启发性。

编撰本书的目标如下：

- 针对美国存在的主要社会问题，做出简明清晰的描述和分析。
- 针对上述问题，列举可能的解决方案并加以讨论。
- 激发兴趣，加深理解，鼓励学以致用。 xvii
- 利用社会学理论揭示社会问题本质以加深理解，提出解决问题的可行性方案。
- 引导读者体会社会运动在认识和解决社会问题中的重要性。
- 向读者灌输"问题均有其解决之道"的信念，在此指导下，教育读者面对现实困难，树立乐观主义精神。

- 帮助罪犯（服刑之人）、单亲家庭、暴力家庭、有色人种、商业改革巨子、社会改革家、精神错乱病人、残障人士等确立自我价值观。
- 引导读者运用批判眼光评价时下周围具有争议性的社会问题。

开设社会问题这门课或是组织对典型社会问题的讨论是否能够获得成效，在很大程度上，取决于开设这门课的教员对其是否做过广泛深入的调查研究。要想筛选出具有代表性的社会问题，是需要通过搜集大量有关社会学的著述、民意测验或新闻媒体的报道，获取更多的信息才能完成的。本书并没有单纯从理论角度诠释所有社会问题，而是更多地采用了一种较为折中的分析方法。为了方便读者理解书中所述的每一个社会问题，我们适当引入了一些社会学理论知识，并希望这些理论能够引发读者思考，进一步提出缓解社会问题的可行性建议。社会学研究已经不止一次地向我们证明：很多所谓的“常识”其实都是错误的。

东京地铁站，急救小组人员正在抢救因吸入沙林神经毒气而中毒的乘客。

本教材不仅着重介绍了原有社会问题分析的最新发展动态，同时也为新兴的研究项目提供了展示的平台；在回顾已有社会问题的同时，提出新的思考与解决方法（大多数有关社会问题的教科书对此类问题的思考解决过程通常是一笔略过）。

本书作者认为：引导学生，使其具有批判思考的能力要比单纯学习琐碎的知识点，死记硬背，应付考试意义深远得多。因此，本教材深入浅出，尽可能地避免使用专业术语，做到使读者一目了然，开卷有益。

本书计划

本书将社会问题划分为四大部分，并以此为基础搜集、组织材料。第一部分，个人反常行为与社会变迁的关系；第二部分，特定群体中的不平等问题；第三部分，社会制度缺陷问题；第四部分，不断变化的世界中的社会问题。从简单的个人问题角度出发，上升到社会范围内更为复杂的各型各类问题，循序渐进，有利于读者把握理解书中内容。

我们将“从社会学角度研究社会问题”一章作为绪论安排在上述四部分之前，旨在向读者介绍一些研究社会问题的基本社会学方法并为其今后的学习提供指导方向。本章对社会问题的几个重要组成部分逐一作了解释说明，并向读者简明扼要地展示了社会问题调查与研究的发展过程。除此之外，本章还将讨论社会科学在研究社会问题中所起到的作用， xviii
阐述社会运动在解决社会问题中的重要性，概括介绍社会问题研究方面的社会学理论与实验，并附有相关社会学术语解释。

第一部分（反常行为与社会变迁）将向读者介绍某些引起社会广泛关注的个人问题，共有四个章节，分别为犯罪与青少年犯罪、情绪和行为问题、药物滥用和人类性行为的差异。由于这些问题为许多人所共有（例如，犯罪受害人或是感情问题），因而在美国，这些个人问题已经上升为主要的社会问题。

第二部分（不平等问题）将向读者展示因歧视和资源的不平等分配而产生的种种困惑，共有四个章节，分别为种族主义与民族主义、性别歧视、对老年人的歧视和贫穷。

第三部分（制度缺陷）将主要讨论因制度的不完善而产生的一系列问题，共有四个章节，包括家庭，卫生保健，教育和大企业、技术和劳动。

第四部分（一个变化的世界中存在的问题）将探讨多元化对个体发展带来的影响，共有四个章节，包括暴力、恐怖主义与战争，城市问题，人口和环境。

每一章涉及一个社会问题领域，包含以下具体内容：

- 问题的性质和范围。
- 用以解释说明的生动案例。
- 运用社会学理论知识与调查研究，找出问题根源。
- 目前的努力方向，已有的研究与服务项目。
- 目前研究与解决方案的优缺点。
- 目前围绕这些问题的诸多争议。
- 更为有效的解决方案。

本书结尾部分的结束语，总结了过去及现在社会（包括联邦政府）对各种社会问题的处理状况，提供了对未来社会趋向的描述。

致 谢

谨此向下列为本书组稿和提出宝贵意见的人士表示衷心的感谢！

他们是：Vicki Vogel、William Winter、Mathew Zachariah、Robert Scheurell、Lee H. Bowker和Graftong H. Hull，Jr。

目　录

前言 …… 1

第一章 从社会学角度研究社会问题

社会学方法 …… 2
社会运动与社会问题 …… 13
对社会问题采取行动的结果 …… 15
透视社会问题和社会规划 …… 18
从社会学角度看社会问题 …… 22
社会问题研究 …… 30
总结 …… 36
注释 …… 37

第一部分　反常行为与社会变迁

第二章 犯罪与青少年犯罪

犯罪的性质和范围 …… 41
犯罪原因理论 …… 47
犯罪类型 …… 55
刑事司法制度 …… 65
如何减少犯罪和青少年犯罪 …… 75
总结 …… 83
注释 …… 84

第三章 情绪和行为问题

情绪和行为问题的性质与范围 …… 86
心理健康问题 …… 99
社会结构与精神疾病 …… 104
治疗 …… 106
总结 …… 118

注释 …… 119

第四章 药物滥用

药物与社会 …… 121
常用药物的现状和疗效 …… 127
康复计划 …… 150
对未来限制药物滥用的建议 …… 157
总结 …… 163
注释 …… 164

第五章 人类性行为的差异

历史上的性和其他文化中的性 …… 167
性行为差异而不是问题 …… 174
社会容忍的性行为 …… 176
反社会的性行为 …… 177
结构性性行为差异 …… 188
个人的性焦虑 …… 206
总结 …… 209
注释 …… 210

第二部分　不平等问题

第六章 种族主义与民族主义

民族群体和族群中心主义 …… 216
偏见、歧视与压迫 …… 217
种族群体的背景 …… 228
促进社会和经济公正的策略 …… 239
美国种族与民族关系的前景 …… 245
总结 …… 247
注释 …… 248

第七章 性别歧视

性别歧视的历史 …… 250
性骚扰 …… 256
性别角色与性别歧视：生物学还是社会化原因? …… 259
性别歧视的后果 …… 265
近期发展与前景 …… 271

总结 …… 276
注释 …… 277

第八章 对老年人的歧视

概述 …… 279
老年人面临的问题 …… 288
当前的服务 …… 304
前景展望 …… 309
总结 …… 314
注释 …… 315

第九章 贫穷

美国的贫穷状况 …… 317
消除贫穷计划 …… 334
总结 …… 351
注释 …… 352

第三部分　制度缺陷

第十章 家庭

美国家庭：过去和现在 …… 358
家庭问题 …… 364
社会变迁和美国家庭的未来 …… 388
总结 …… 407
注释 …… 409

第十一章 卫生保健

生理性疾病和卫生保健系统 …… 413
卫生保健中存在的问题 …… 414
解决卫生保健问题的提案 …… 439
总结 …… 443
注释 …… 445

第十二章 教育

教育领域存在的问题 …… 448
教育制度的改进 …… 455
倡导教育机会均等 …… 459
总结 …… 464
注释 …… 465

第十三章 大企业、技术和劳动

大企业 …… 467
技术 …… 474
劳动 …… 477
劳动问题 …… 482
对大企业的规范和技术发展 …… 492
目前的劳动问题及建议解决方法 …… 494
总结 …… 499
注释 …… 501

第四部分　一个变化的世界中存在的问题

第十四章 暴力、恐怖主义与战争

暴力类型 …… 506
暴力行为原因 …… 527
减少暴力的方法 …… 537
总结 …… 547
注释 …… 548

第十五章 城市问题

城市历史 …… 551
定义市区与农村地区 …… 553
都市化世界 …… 553
关于都市化影响的理论 …… 555
中心城市面临的问题 …… 557
改进市区的策略 …… 565
总结 …… 571
注释 …… 572

第十六章 人口

人口增长迅速与人口过多 …… 573
总结 …… 594
注释 …… 595

第十七章 环境

环境问题 …… 598
正视环境问题 …… 607
总结 …… 612

注释 …… 613

结束语

过去和现在 …… 615
当今社会变化对未来的影响 …… 617
对未来持乐观态度的原因 …… 619
注释 …… 620

术语表 …… 621
人名索引 …… 634
图片版权说明 …… 642
译者后记 …… 643

第一章

从社会学角度研究社会问题

本章内容 1

- 社会学方法
- 社会运动与社会问题
- 对社会问题采取行动的结果
- 透视社会问题和社会规划
- 从社会学角度看社会问题
- 社会问题研究
- 总结
- 注释

犯罪、贫穷、种族主义、歧视女性及老年人、精神疾病、城市问题、污染、离异、卖 2
淫、酗酒、滥用药物、家庭暴力、虐待儿童、人口过剩——我们面对的社会问题，如同一个长长的、令人万分郁闷的清单。这个清单如此之长，以至几乎无法完全概括，因此一些人干脆就回避这些问题或对这些问题采取放任的态度，另外一些人则相信，通过社会学的研究和理论指导下的行动，可以解决，至少可以减少这些社会问题。在本书中，我们将讨论各种不同的社会问题，并且提供一些例子，这些例子都是由社会学家和其他专业人士提出、用来解决社会问题的。

本章包括：

- 对社会问题的社会学研究方法进行介绍。
- 对社会问题的组成要素进行定义。
- 对有关社会问题的研究进行简要的历史回顾。
- 介绍社会学在解决社会问题中的作用。
- 讨论社会运动在解决社会问题方面的重要性。
- 定义社会学的关键术语。
- 介绍社会问题及社会工程的保守、自由和发展的观点。

- 概要介绍有关社会学研究及理论对研究社会问题的作用。
- 概括三个主要的宏观社会学理论：功能主义理论、冲突理论、互动理论。

社会学方法

社会学是对人类社会及其社会行为进行科学研究的科学。社会学借助科学的方法，通过个案研究、调查、实验等方式来理解社会问题。它以严格的科学观点建立有关社会问题产生的相关理论，并以此来提出减轻社会问题严重程度和缩小社会问题涉及范围的观点及计划。

通过厘清围绕社会问题的困惑和误解，严谨的社会学研究可以对广泛地解决社会问题做出贡献（见专栏 1.1）。例如，许多人认为大部分社会救济的接受者本来是可以去工作的，但他们却宁可保持失业状态而以领取社会救济度日。然而社会学的研究显示，事实上只有一小部分社会救济的领取者有能力去工作。无法得到全职工作的人绝大部分是孩子、老人、残障人士或者是带着小孩的母亲。[1]

另外，公众提供的帮助很难满足他们对食物、衣物、居所、医疗等基本的生活条件的需求。因此，社会救济的接受者是无法仅仅依靠他们每月领取的那些收入来过活的。[2]

定义社会问题

许多人将社会问题定义为一种损害（或看上去损害）了他们利益的社会状况。这样对社会问题进行定义，显然过于模糊，而且是一种以自我为中心的定义，它无法确定什么是或什么不是社会问题。

例如，尊重生命团体将堕胎看作是最为严重的社会问题之一。这一团体坚称堕胎行为造成人类生命的退化，威胁到了家庭的存续，导致道德价值观的堕落，也宽恕了对人类的谋杀行为。另一方面，自我选择团体将堕胎行为看作是一项必要的服务而不是什么社会问题。这一团体坚称，将堕胎视为非法，其实加剧了其他的社会问题。自我选择团体的拥护者称视堕胎为非法，将导致堕胎行为在不卫生的条件下进行，并且会对妇女在掌握自己的生活和自主决定生小孩的时间方面，造成许多障碍。他们还认为将堕胎视为非法会阻碍妇女与男性公平地竞争，增加多余的孩子的数量，加剧了人口过剩。同时，使虐童案件增多，因为这些多余的孩子更容易受到虐待。那么，我们如何确定哪一种对堕胎的解释可以被准确地视为社会问题呢?

当我们指导社会问题研究时，我们将使用如下的定义。**当一个有影响力的群体确信某种影响了大多数人的社会状况是一个问题，而这一问题可以通过集体行动来加以纠正时，社会问题就存在了。**我们来检验一下这个定义中四个关键的要素。

1. **一个有影响力的群体**。要精确地定义和测量一个群体是不是一个“有影响力”的
3 群体，是一个非常困难的任务。就我们所要考察的问题而言，我们将“有影响力的群体”

定义为一个对社会政策能够产生全国性影响的群体。例如，尊重生命团体通过对能够影响堕胎问题的社会政策进行投票和立法行动，来显示自己的力量。

另一方面，那些影响力较弱的群体在社会中所占据的地位使人们并不将他们的问题视为社会问题。例如，一些社会群体认为人们不应该缴税，父母不必非要将自己的孩子送到学校去。人们并不将这些问题看作是社会问题，因为持此观点的社会群体对社会的影响很小。

一个社会群体的影响力，可以通过三个相关的要素进行衡量：表达这种关注的人的**数量**，表达这种关注的**力度**，以及表达这种关注的人们的**权力**。

例如，许多人都很关注环境问题和妇女平等权的问题，但只有在当初只是少数人关注的这些问题得到其他许多人的关注时，社会才承认这些问题是社会问题。

表达所关注问题的力度是另一个要素。例如，人们都知道，市中心贫民窟的生活条件都是极恶劣的。一直到 20 世纪 60 年代的后期，美国联邦政府对改善其状况所做的工作，都是很少的。许多大城市中的内城居民，则通过纵火、抢劫、骚乱的方式来反抗。联邦政府遂通过提供新的项目（价值几百万美元）来努力改善内城的生活条件。不幸的是，在暴力反抗平息后，联邦政府逐渐停止了财政支持，今天，贫民窟的生活条件并未比 20 世纪 60 年代有多大的改善。[3]

对于小群体和个人而言，通过实质性的权力来使公众承认一个问题，也是可能的。例如，1964 年，在布朗对教育局的诉讼案件中，9 名美国高级法院的法官，通过在公立学校进行种族隔离是违宪行为这一裁定，推动了社会承认种族歧视问题是社会问题。[4]

1985 年，著名的电影演员罗克·赫德森（Rock Hudson），公开宣称他是艾滋病患者（同年的 10 月 2 日，他死于这一疾病的并发症）。他对自己病情的承认和接下来的死亡，使联邦政府、新闻媒体以及社会中其他有影响力的群体承认，艾滋病是一个对无数个人和家庭都会产生负面影响的健康及社会问题。尽管艾滋病在 1985 年之前就已经存在了，但它的危险性只是在公众人物事件出现后，才得到广泛的承认。

对于一位美国总统来说，通过电视演讲和新闻发布会使公众确信某种状况已经成为社 4
会问题，必须通过修改联邦政策和法律以及花费相当数量的金钱来与这些问题作斗争，是很平常的事情。三位总统（卡特、里根、克林顿）通过这一策略将“大政府”及其雇员无止境的官僚规则定义为社会问题。1989 年，布什总统借助新闻媒体宣布“向毒品宣战”，提高了公众对毒品问题的关注程度。

拥有实质性权力的个人和一些小团体，也可能利用他们的影响力来阻止将某种状况定义为社会问题，而不论实际状况是多么糟糕。一个例子就是，烟草业通过广泛的游说和赞助研究机构及公关公司，来努力保证烟草销售能够占有较大的市场份额，并阻止越来越多的公众将吸烟定义为健康和社会问题。

1996年10月11日，周五，华盛顿纪念碑的一个场景：布满关于艾滋病的信息的巨大的“被子”从华盛顿纪念碑一直延伸到国会大厦。

专栏 1.1　刺杀总统：对社会问题进行研究的重要性的生动例子 3

1994 年 9 月 4 日，白宫由于一支中国制造的半自动步枪而饱受惊吓。弗兰克·杜兰由于有进行枪击的企图而被捕。他住在科罗拉多的斯普林斯。官方认为他试图刺杀克林顿总统。

这个事件给长长的试图刺杀美国总统的所有行动清单又增加了一条。在 20 世纪，美国的大部分总统都曾经历过被刺杀的事件。自 1776 年美国建国至今的 40 位总统，其中有 4 位被刺杀：亚伯拉罕·林肯、詹姆斯·加菲尔德、威廉姆·麦金利、约翰·肯尼迪。对总统的刺杀造成了国家甚至世界的不安。由此造成的悲剧不仅为总统的家庭成员所承担，整个国家也都共同遭受着这种不幸。总统的重要决定不得不被推迟，国内外政策也会发生变化。一次刺杀有可能改变历史的进程并直接导致国家社会政策的改变。

一些社会问题也可以由刺杀行动显露出来。在我们的社会里，什么因素导致了如此多的暴力行为发生（包括对总统的刺杀）？社会应该在多大程度上对其成员发生暴力活动负责？被刺杀的危险是来自于那些能力极强且有资格做总统但却未能做总统的人吗？（如果回答是“是”，那当一个人能力不足而又被选举成为总统时，我们的社会最终会遭受损失的。）在未来，将如何阻止刺杀总统（以及其他暴力犯罪）行为的发生？

2. **将某种社会状况确认为一个问题**。只是简单存在的一种令人不快的社会状况，并不能够成为社会问题。如欲使其成为一个问题，需要一个或更多的有影响力的社会集团将其确认为一个问题，以使普通公众察觉这一问题的存在。

妇女遭受其配偶暴力侵害是一个老问题了，但是这个问题只是在过去的 50 年才被广泛地承认（一部分是由于女权运动宣传的结果），为遭受侵害的妇女提供避难所等服务措施才得以发展（见专栏 1.2）。我们人类污染水源及空气已经有好几个世纪了，但只是最近 40 年有影响力的环保者团体才使许多美国人知晓和确信，需要认真地关注空气和水的污染问题。（环保团体已将他们努力的目标定为：通过使人们看到由于人口密度增加而日益严重的污染问题，以及近年来对污染问题进行科学研究的成果，使人们更加深刻地认识到污染问题的负面效应。）

专栏 1.2　家庭暴力问题的产生 5

自有史以来，妻子受到丈夫的攻击和伤害的问题就一直存在。在一些社会里，对妻子进行身体上的伤害，是保证妻子成为丈夫的奴隶的一个重要因素。在今天，绝大多数美国人都对家庭暴力问题持同情态度，但并不是每个人都这样认为。在 20 世纪 70 年代，家庭暴力问题开始被媒体大量报道并引起了政治家们的注意。（并不是由于这个问题越来越多或越来越严重，而是一个保护受伤害妇女的社会运动开始兴起的结果。）

保护受伤害妇女运动的发展，产生于女权主义以及社会工作、法律和精神健康等组织的出现。NOW（全美妇女组织）的地方章程和其他一些民间组织在对妇女进行保护的运动中，发挥了重要的作用。1976 年以后，新闻媒体对受伤害妇女的悲惨境况进行了大量的报道，政府官员也通过发表对这些社会运动表示支持的申明和对有关保护受伤害妇女项目提供资金支持等行动，来显示对这一公共问题的反应。一些新的机构，例如受伤害妇女庇护所等开始出现，并努力争取资金支持。时至今日，这些社会运动成功地使家庭暴力问题被更多的人所注意，并且对为受伤害妇女提供保护的相关法律的出台和机构的建立，承担起更多的责任。这些运动也成功地将妻子受殴打重新定义为社会问题，而不只是一个个人或家庭问题。

1994 年，尼科尔・布朗・辛普森的死亡，使全美对受伤害妇女所遭受的苦难有了更进一步的关注。尼科尔曾多次被她的丈夫 O.J. 辛普森所殴打，即使在他们离婚以后，这种对尼科尔的伤害还在持续。在尼科尔死后不久，O.J. 辛普森被指控谋杀尼科尔以及她的密友罗纳尔多・戈尔德曼。接下来对谋杀案的审判，成为美国历史上最受公众关注的一桩案件，同时，也继续引起人们对受伤害妇女所遭受苦难的持续关注。

1995 年，一个刑事审判庭的陪审团宣判 O.J. 辛普森无罪。1996 年，一个陪审团在民事审判庭上宣布辛普森犯有两项谋杀罪，并判令其以 3 000 万美元作为对尼科尔和其密友罗纳尔多・戈尔德曼家庭的补偿。

3. **影响相当数量的人们**。社会问题影响到许多人。如果一种恶劣的状况还没有扩散出去，人们不大可能将其视为社会问题。如果只是影响到孤立的个人，这种状况只会被认为是个人问题而不是社会问题（见专栏 1.3）。社会问题之所以是社会性的，是因为它们扩散得如此广泛而影响到了社会本身。“扩散”并不是“严重”。个人问题，比如说一个婴儿死于婴儿猝死综合征，会对相关的个人造成比社会问题更为严重的影响。然而，诸如此类的严重的个人问题，一般而言并不会转变成为社会问题。

那么，个人问题在什么时候会转变成为社会问题呢？对这一问题，没有很明确的答案。比如，大麻是在十几年前开始出现在我们的社会中的，但只是在过去几年，我们的社
5 会才认识到相当数量的人在吸食毒品，并对他们自己和家庭造成了悲剧性的后果。随着这种认识的不断深入，现在，吸食大麻的行为被认为是一个社会问题。

4. **通过集体行动进行纠正**。我们相信一些严重的社会状况是存在的，并且在现阶段我们也无法改变。例如，我们相信我们在将来总会死亡的。对死亡的恐惧是许多人所关心的，但这并不是社会问题，因为死亡被人们认为是我们无法通过技术来阻止的衰老过程的自然结果。

在我们的历史上，诸如饥馑、精神疾病、智力缺陷和贫困等问题曾被认为是由上帝造成的，或者被认为是生活中难以避免的一部分。如果这样看，那么上述问题都不是社会问

题，因为它们都被认为是不可改变的。并且，当某种社会状况被认为不可改变时，那些减少或减轻这种状况的努力也会是很少的。

集体行动是指由一起工作的人们共同采取的行动。这样的行动包括罢工、示威游行、公共服务宣传、游说以及利益集团的形成。集体行动产生于当相关的个人认识到单靠他们自己的力量难以解决问题，为了能够对抗目前的社会状况，于是共同努力来对社会政策产生有意义的影响。

集体行动带来了社会和文化的改变。例如，在过去的 40 年，只有通过集体行动才减少了公开的种族歧视行为。许多不同背景的人们一起公开反对存在于教育、公共膳宿区域（汽车旅馆、饭店、剧院等）等方面的种族歧视行为。例如，一些人通过在（种族）隔离饭店内以非暴力的静坐方式来表示对种族隔离的反对。有些人则是以暴力形式（如在 20 世纪 60 年代的暴动和在内城纵火的行动）进行反抗。

6

专栏 1.3　“代孕母亲”是一个社会问题吗？

我们一般都认为，诸如贫困、性别歧视、种族主义、犯罪、人口过剩、精神疾病、自杀、暴力以及乱伦等社会状况是社会问题。然而，一些社会状况是否是社会问题，却是相当矛盾的。离婚被有些人看作是社会问题，因为它使家庭解体，导致配偶及孩子重新调适的困难；然而，对某些人而言，离婚被看作是具有积极性的一步，因为它（离婚）可以结束不幸福、毫无结果的婚姻关系，而且还是寻找更令人满意的未来的一次机会。堕胎被一些人认为是谋杀，是夺取他人生命的行为；但另一些人则认为，堕胎是控制人口增长的一项非常实用的技术。婚前性行为被一些人看作是有违道德的，是婚外生育的主要原因；另一些人则将其视为在人类性欲本能驱动下的自然反应，是学习、了解及表达人类性行为的一种可接受的方式。

“代孕母亲”是一个已被接受的广泛公开的社会现象。由于妻子无生育能力，许多无法生育小孩的夫妇纷纷求助于“代孕母亲”。一位替代者，也就是“代孕母亲”，通过使用某位丈夫的精子，利用人工授精技术怀孕。（往往对提供这种服务的“代孕母亲”支付一定的费用。）一旦这位“代孕母亲”生下了婴儿，她作为母亲的权利也随之结束，婴儿会被提供精子的那位丈夫及其夫人所收养。

夫妇们很喜欢“代孕母亲”及其相关的技术，认为是对无法生育这一问题的一个很好的解决办法。对他们而言，这项技术绝不是一个社会问题。然而，另外一些人则坚持认为“代孕母亲”带来了许多道德、法律及个人问题，被认为是一个社会问题。

许多神学家及宗教领袖坚持认为上帝只允许人类通过婚姻关系内发生的性行为来生育婴儿。这些宗教领袖将“代孕母亲”视为有违伦理，因为“代孕母亲”并未与提供精子的人建立婚姻关系，并且“人工授精”是一种“非自然”的行为。一些宗教领袖也宣称“代孕母亲”收取费用的行为（常常是从 5 000 美元到 10 000 美元不等）在道德上是一种卑劣的行为。他们坚持认为生育是一种神圣的行为，不应当被商业化。

“代孕母亲”也由于其造成的许多社会后果而带来了复杂的法律问题。例如，“代孕母亲”往往要签署一份没有约束力的文件，以保证放弃婴儿出生后的抚养权。但如果“代孕母亲”在孩子出生后很快改变了自己的主意而决定留下孩子，那将怎么办呢？从法律上讲，她有权把孩子留下，甚至有权起诉提供精子的夫妇，以裁定其没有抚养孩子的能力。[①]在20世纪80年代和90年代，由于“代孕母亲”在孩子出生后拒绝交出孩子而发生了许多法律纠纷，引起了公众的广泛注意。此类案件的判决结果并不一致，而且也未从法律上厘清谁有孩子的所有权。

“代孕母亲”是一个社会问题吗？有影响力的团体（例如宗教组织等）坚称“代孕母亲”就是一个社会问题，可以通过集体行动加以纠正，但在当下，“代孕母亲”的问题并未影响绝大多数人。一旦这一问题变成像堕胎那样普遍的问题，那就将是另一回事了。就现在来讲，我们不能认为“代孕母亲”是一个社会问题，因为这一问题并不是经常在美国社会中发生。

①Stephen Budiansky, “The New Rules of Reproduction,” U. S. News & World Report (Apr. 18, 1988): 66－69.

研究社会问题的历史基础

对社会问题进行科学研究的历史，可以上溯到18世纪早期的欧洲。在这一时期，工业革命使欧洲从农业社会向工业社会转变，逐步走向工业化和城市化。许多人的生活方式都经历着巨大的变化。

6 对大多数人而言，城市化和工业化带来了科技的进步和生活水平的提高。但同时，城市化和工业化也带来了一些破坏。人们迁移到一个大的社区，同时与家庭与朋友们相隔绝，技术及价值观的变化破坏了传统的信仰和习俗，而伴随着情感和经济上的需求，每个人都不得不面对这一切。工业化和城市化使诸如财物犯罪、暴力行为、失业、酗酒、吸毒以及自杀等各种社会问题大量出现。

在这一时期，许多欧洲国家也经历着政治上的巨变，这种变化又因为不断发生的社会动荡问题（例如纵火、暴动和社会对抗等）而加深。法国大革命也对社会动荡产生了影响，并且使政治及经济权力转移到新的集团手中。

7 这一时期频繁出现的社会动荡，鼓励一些学者对社会不稳定（以及社会稳定）问题加以研究，并且试图建立一套社会学的方法使其成为研究社会问题的一个重要的因素。这一时代四位著名的社会学家是奥古斯特·孔德（Auguste Comte）、埃米尔·迪尔凯姆（Émile Durkheim）、卡尔·马克思（Karl Marx）和莱斯特·弗兰克·沃德（Lester Frank Ward）。

早期的社会学家：奥古斯特·孔德（1798—1857），法国人；埃米尔·迪尔凯姆（1858—1917），法国人；卡尔·马克思（1818—1883），德国人；莱斯特·弗兰克·沃德（1841—1913），美国人。

奥古斯特·孔德（1798—1857），法国人，往往被称为“社会学之父”。当他还是一个年轻人时，就开始了被他命名为“社会学”的社会科学的研究，以便对法国的问题进行深入的观察。他相信，法国绝大多数严重的社会问题，是由于社会变化以及社会中心组织（如教堂和家庭）的衰落而导致的暴力和冲突。孔德相信社会学家能够通过教育人们关心他们的事业来解决社会问题。[5]他特别热衷于改变他认为对法国社会稳定造成威胁的社会状况。

埃米尔·迪尔凯姆（1858—1917），法国人，往往利用统计方法来分析社会问题。他利用现在看来是古典方法的分析方法对自杀问题进行了研究。像孔德一样，迪尔凯姆也是法国人，也致力于研究导致社会不稳定的社会状况。他的研究发现自杀往往是缺乏群体参与而导致的严重后果（见专栏 1.4）。 8

专栏 1.4　对早期社会学方法的说明

社会学方法中的一个基本假设是：个人，甚至是一个孤独的人，都与他们所生活的整个环境相联系。埃米尔·迪尔凯姆——一位现代社会学之父——在他对自杀的研究中阐述了这一原则。①

自杀行为看上去是个人行为，因为每个自杀者都是由自己来决定是否放弃自己的生命的。在迪尔凯姆之前的研究中，理论家们关心的只是与决定是否自杀的心理因素直接相关的问题。他们试图分辨出自杀者当时所面临的压力是什么，并将自杀者在面临多大程度上的压力时会导致自杀的问题理论化。迪尔凯姆认为，这种单从个人的角度来解释自杀问题是不够全面且容易误导对自杀这一问题的理解的。他试图从社会环境这个大背景中寻求变量来解释自杀问题。

他收集了有关自杀率的统计数据，在这些数据中，他发现，不同的地理区域和不同的人口群体，其自杀率的变化是很大的。他发现，单独生活的人自杀的可能性要比生活在家庭中的人高；生活在城市中的人的自杀率要高于生活在乡村的人；不太信仰宗教的人的自杀率要高于虔诚信仰宗教的人。他对这些差异做进一步解释的普遍要素是个人与社会的联系程度。他的理论表述是：因为对社区生活的参与和服务使他们产生了对抗自杀行为的一种约束力，所以那些与他们所生活的社区联系紧密的人较少产生自杀行为，而这又反过来影响了他们所在的团体。迪尔凯姆以“自利性自杀”这一概念来描述那些与所在社区联系不紧密的自杀者的行为。

迪尔凯姆还对传统社会进行了研究，发现在对自杀有所期望的特定的社会条件下，自杀率是比较高的。例如，在古罗马，那些觉得受到侮辱的人就希望以自杀的方式结束自己的生命；如果真那样做了，会被人们认为他们重新获得了尊严。因此，迪尔凯姆认为，人们与一个期望在特定条件下以自杀的方式结束生命的社区具有紧密关系时，自杀率往往是比较高的。属于第二种自杀类型的往往是将群体的目标和理想置于个人生命之上的人们。

迪尔凯姆称这种自杀是“利他性自杀”，因为自杀者为了群体的利益而牺牲了自己的生命。“利他性自杀”这一概念可以帮助我们理解在“二战”时期日本法西斯主义的神风特攻队的队员对美军舰只进行自杀性撞击的行为；他们与家庭和国家的紧密联系使得他们可以放弃自己的生命去帮助国家。

1978 年，在圭亚那琼斯镇，一个由吉姆·琼斯领导的教派进行了一次群体性的自杀行动。这一群体自杀行为也可以使我们更好地理解那些与所在社区联系紧密的人们会采取自杀这种最终的行为。“人民圣殿教”的成员关系非常紧密，在吉姆·琼斯的指示下，数千名成员一起喝下了毒药。吉姆·琼斯声称喝下毒药是该教派避免被外来者破坏，并且很快在天堂重新团结在一起的必要行为。

第三种自杀类型，迪尔凯姆称之为“失范性自杀”，它不同于“自利性自杀”和“利他性自杀”。在“失范性自杀”行为发生的社会里，社会规范已经崩溃——或至少对个人来讲已无意义。尽管人们通常认为自杀的原因是个人性格或所处的环境，但“失范性自杀”证明社会解组或整个社会的快速变迁能够对个人的行为产生深刻的影响。当人们觉得所处的社会发生了解体，对与错的界限变得模糊不清时，他们可能由于变得消沉沮丧而自杀。

①Émile Durkheim，Suicide：A Study in Sociology，John Spaulding and George Simpson，trans.（New York：The Free Press，1951).

卡尔·马克思（1818—1883)，德国人，一位社会研究方法不同于重视社会稳定和社会秩序的孔德与迪尔凯姆的社会思想家。孔德和迪尔凯姆寻求改变导致社会不稳定因素（如缺乏群体参与）来保持社会稳定，而马克思则相反，他认为，激烈的社会和政治改变，是消除社会问题必不可少的内容。他认为，被孔德和迪尔凯姆所推崇的社会稳定，是部分

地建立在主要由地主及工厂主所组成的统治阶级对工人阶级长期剥削基础上的（见专栏1.5）。 9

专栏 1.5　卡尔·马克思的阶级斗争和共产主义理论

卡尔·马克思声称，迄今所存在过的所有社会，其历史就是一部阶级冲突的历史。[1]马克思认为，一个人所占有的生产资料和服务决定了他的阶级地位。在资本主义社会，主要有两个阶级：资产阶级——资本及生产资料的所有者（例如地主、商人、工厂主等）和无产阶级——主要以出卖自己的劳动力为生（如农场工人、工厂工人、各种体力劳动者）。马克思认为，社会的大部分成员都是由无产阶级构成的。

马克思认为，资产阶级和无产阶级有着截然不同的经济利益，资产阶级不断寻求通过对无产阶级的剥削来增加自己的财富。马克思相信，造成社会问题的一个基本原因就是向资本主义转变，这一经济体系的特征是：(a) 资本的私人占有；(b) 由私人而不是国家来决定投资；(c) 商品价格及产品的分配主要是通过在一个自由市场的竞争来决定的。

马克思预言，工人们将不断认识到自己的被剥削地位，逐渐团结起来，投身于和资产阶级的斗争中，并最终赢得这场阶级之间的斗争，建立一个无阶级的社会。这个无阶级的社会将为全体社会成员提供免费的教育和培训，废除继承权和对财富的私人占有，并建立起为提供服务而非牟利的产品生产系统。马克思认为，一旦不平等的权力和财富分配这一基本问题得到解决，并且无阶级的社会得以建立，那么其他社会问题（诸如犯罪以及财产问题）也将消失。

马克思认为，在工人革命爆发后，一个过渡性的社会主义体系将会建立，它是社会最终实现共产主义的必要步骤。（社会主义是一个生产由国家进行控制，而商品则按照社会成员劳动多少进行非平均分配的社会。）共产主义则是一个“各尽所能、各取所需”的无阶级社会。马克思所预想的共产主义社会，人人都根据自己的能力为社会作贡献，而社会则满足每个社会成员的要求。

当然，马克思的理论对许多国家产生了影响，这些国家纷纷按照马克思的社会构想来建设他们的国家和社会。（需注意的是，大多数国家——像苏联、古巴等——称自己是共产主义国家，但按照马克思的分类，它们都应算是过渡性的社会主义国家。）

许多前社会主义国家（像苏联、罗马尼亚）现在都在经济领域中加入了一些资本主义的成分来促进经济的发展，并且也由过去的社会主义为主导的原则走向了资本主义为主导的原则。在共产主义日渐衰微的地方，资本主义正逐渐取得优势。

①Karl Marx, Selected Writings in Sociology and Social Philosophy, T. B. Bottomore, trans. (London: McGraw-Hill, 1964).

在 19 世纪末期，社会学也开始在美国出现。在那里，工业化带来了社会的巨大变化。许多问题在本质上与欧洲所面对的问题相似——社会不稳定、犯罪增加、自杀、失业以及对需要帮助的人提供帮助的传统方式（通过教堂、家庭以及邻里等）的解体。这些社会问题激励许多学者转向社会学这门新兴的学科，以研究和解决现存的社会问题。

莱斯特·弗兰克·沃德（1841—1913），美国人，像马克思一样，关注的是不平等和贫困问题。但与马克思不同，沃德并不认为工人阶级的革命和社会的重组是解决社会问题的道路。[6]相反，他相信，通过改善所有人的职业状况和受教育机会，工人阶级可以轻松而有效地减轻这些问题。他推崇通过社会工程（例如免费公共教育和强化禁止使用童工的法律）来达到这些目的。沃德认为，社会学家可以像自然科学家解决疾病等问题那样来解
8 决社会问题——首先，通过科学的方法研究和理解问题；然后，形成和尝试使其康复的方法。

自1900年以来，对社会问题加以解释的社会学理论得到了巨大的发展。这些理论又通过大量的实验和研究得到检验，并且用来确定主要的社会问题。许多理论和研究将在这一部分进行描述。

社会学和社会科学在解决社会问题中所起的作用

社会学有各种各样的理论方法来对社会问题进行研究并使之概念化。如同我们在这一部分将会看到的那样，对于社会问题产生的原因及其解决办法，这些不同的方法往往会得出相互冲突的观点。譬如，一些社会学家和政治家赞同对犯罪应该给予严厉的处罚以警告
9 和吓阻其他人去犯罪。但这一观点受到来自犯罪社会学学者的断然反对，他们认为，惩罚更容易导致同监的犯人之间的敌视，并且更容易使他们重返社会后进行更多的犯罪行为。这些理论者更推崇以矫正的方式来改变犯罪者的态度，并给他们以有用的职业训练。减少犯罪到底是通过惩罚好还是改善的办法好，这仍是一个被热烈讨论的问题（见第二章）。

尽管这些相互冲突的观点可能会使普通大众感到困惑，但也强调了对相互冲突的理论进行社会学研究的重要性。例如，通过对惩罚性方法和矫正法进行对比的进一步研究，能够科学地确定到底是哪一种方法对减少犯罪更为有效。社会学提供了各种各样的方法（许多未经检验或部分检验过）来减轻社会问题的广泛性和严重性。如果经证实的解决方法是可行的并得到全面的贯彻，当前的社会问题会大为减轻。相反，许多未经证实的方法，则对解决社会问题造成了相互矛盾的结果。这些冲突性的方法通常是基于对潜在原因的不同假设基础之上的。

10 并不只有社会学才是对社会问题进行研究的社会科学。包括如心理学、精神病学、地理学、政治学、社会工作学、文化人类学、经济学、社会生态学以及城市规划学等学科都对社会问题进行研究。它们都增进了我们对社会问题本质的认识，并且推进了我们解决这些社会问题的方法。例如，心理学和精神病学对有关情绪的问题进行了研究，并提出了许

多治疗情绪疾病的技术和方法。

社会学和其他社会科学的作用，在于对社会问题进行研究并提出消除或减少这些问题的社会政策或方案。这些政策或方案一经提出，它们的贯彻和落实便不是社会科学要完成的工作了。贯彻和落实的决定一般都是由政治团体（像联邦、州、地方政府）做出的。如果这些政策被证明是有效的并被实施，社会科学就有了一项对该项目的优缺点进行评估的附加任务。

如同当前一些社会问题由于逐步得到解决或减轻而不再被认为是社会问题一样，历史也告诉我们新的社会问题将不断出现。在 20 世纪，下列社会问题的严重性已大大降低了：公立学校的种族隔离问题、强迫儿童长时间工作问题、工业中污浊的工作环境问题、政治选举中限制妇女及有色人种投票权问题。然而，人们也认识到一些新的社会问题：老年问题、对残障人士的歧视问题、人口过剩、滥用药物、艾滋病、环境恶化问题等。上述大部分问题都与我们相伴已久，但被全社会认为是社会问题，还仅仅是过去 40 年的事情。

社会运动与社会问题

一个社会问题得到社会的广泛承认，最根本的是绝大多数社会成员或有影响力的社会团体将这一社会问题公开化。社会团体将社会问题公开化的一个特点，是社会运动。社会运动是指一个数量众多的社会成员或群体团结起来共同保持或改变某种社会现状的行动。社会运动对于确认社会问题、对问题的本质概念化、使问题公开化、推动问题的解决方面发挥着关键的作用。

在我们的社会，往往是“会哭的孩子有奶吃”。索尔·阿林斯基，一个知名的社会运动组织者，认为迫使当权者改变社会现状的办法，就是使那些因这种社会状况而遭受痛苦的社会成员团结起来形成联合阵线，在权力机构中发现其中的薄弱环节，然后利用权力对抗的策略，迫使权力机构向联合阵线希望发展的方向进行改变。[7]

有时候，当一些人不满于某种社会现状，并团结起来试图改变这一现状时，社会运动便会发生。多数社会运动不成功，很大的原因是由于它们无法吸引相当数量的社会成员。然而，一些社会运动通过吸引许多新成员来组织并表达他们所关心的社会问题。一旦这种情况发生，它们就吸引了媒体及普通大众的注意。如果它们能够说服相当数量的人们，使其认为改变是必须要做的事情，那么，社会的变化就容易发生。

斯佩克特（Spector）和凯特苏斯（Kitsuse）（1973 年）建立了一个“四阶段”模型来对社会运动的过程进行描述（失败的社会运动往往只经过第一个阶段）。这四个阶段是：社会骚乱阶段、合法化与增选阶段、官僚化阶段、社会运动再出现阶段。

社会骚乱

社会运动通过将被认为是私人的问题引入公共议题来吸引大众的兴趣。但由于以下的一些原因，社会运动的失败也往往发生在这一阶段[8]：

- 社会运动所声称的内容可能带有极大的偏见或错误。
- 社会运动可能无法吸引数量众多的公众或有影响力的人们。
- 对社会运动所关注的问题进行公开化的策略冒犯了公众。
- 有力量更强大的反对运动获得了公众的支持，并压倒了社会运动。
- 强有力的商业或政府机构可能破坏社会运动，以保持有利于它们的现状。

11 ## 合法化与增选

这一阶段是通过赢得公众的支持来达到的。社会运动所关注的问题获得了合法性，社会运动获得了它的“可尊敬性”。在第一阶段，社会运动的领导者被认为是一个煽动者——易激动者和麻烦制造者，此阶段他被认为是一个有责任感的改革者。这时候，政府也开始认识到公众对社会运动的支持，并且开始与社会运动所提出的方案进行合作，吸收社会运动的领导者参与政府相关政策和项目的制定。社会运动的领导者可能得到由政府提供的有吸引力的工作，政府官员可能逐步掌控社会运动所关心的问题。政府如何对待这些问题往往会决定社会运动的目标能否实现（见专栏 1.6）。当官方试图解决问题时，政府可能会采取直接的行动，并对资源进行分配以便施行项目内容（或至少使之公开化）。政府也可能通过诸如将社会问题提交给相关的研究机构、成立没有充分资源的委员会、举办议而无果的会议、在声称目前无法得到资源支持的同时给予社会运动一些声援或进行一个没有多少资金支持的小规模的实验性项目等手段，阻碍解决问题的后续行动的开展。

11 **专栏 1.6　参与社会运动往往是令人愉快的**

索尔·阿林斯基，全美知名的社会运动组织者，20 世纪 60 年代在芝加哥著名的市民组织伍德劳恩组织工作。市政府曾经对这个组织承诺要改善社区的几方面状况。然而，这一承诺看来已无希望兑现了。接着，问题就是如何迫使市政府来兑现自己的承诺了。一个创造性的策略被采用：锁住奥哈雷航空港——世界上最繁忙的航空港之一——的所有厕所来使这个城市的官员们在世人面前大丢脸面。下面是阿林斯基对此次行动的描述：

> 一项对奥哈雷航空港坐式马桶和立式小便池数量的调查开始了，以便确定每天到底有多少人使用这些卫生洁具，为美国国内第一次“大窘迫”做准备。

> 这样一次活动将造成许多方面的灾难性后果。人们将会为了使自己舒服一下而疯狂。人们会看到在父母怀中的孩子难受地呻吟："妈妈，我要上厕所。"焦急的母亲则四处寻找着厕所："好的，好的，就在这吧。"奥哈雷将很快变成一座肮脏之城，其糟糕的景象将令人难以置信，对它的嘲笑和讥讽将遍布全国。它可能会登上伦敦《时代周刊》的封面，城市管理者将成为遭受羞辱和尴尬的中心。飞机在乘客不得不等待使用机上的卫生设施的时候，是非常危险的。
>
> 这个威胁性的计划被泄露给了城市管理部门（这可能是被一遍遍无意说出的话，将会产生什么样的效果呢?），伍德劳恩组织发现，在48小时内，市政府就回复说他们一定会兑现自己的承诺，他们绝不会对市政厅已经做出的决定不闻不问的。①

①Saul Alinsky, Rules for Radicals (New York: Vintage Books, 1972), 143 - 144.

官僚与反官僚主义

随着时间的流逝，政府部门越来越将注意力放在日常性的行政管理问题上，而不是力求以新的方法和项目来实现他们一开始所设定的目标。（例如，州矫正机构现在注意的基本上主要是受监禁的同监者、缓刑犯、假释犯的动力过程，而只将极少精力用于寻找使越轨者得到矫正的有效方法。）

斯佩克特和凯特苏斯（1973年）注意到，一些组织只是忙于应付那些对该组织无法解决问题的抱怨，而不是去努力寻找解决问题的办法。

社会运动的再出现

在这一阶段，起初的社会运动可能又重新出现，或者其他相关的个人又开始去形成一个新的运动。因此，一旦觉察形成社会问题的条件又开始出现，社会运动极易对目前政府
解决问题的努力感到不满。即使最初的社会运动的努力已造成了一些创造性的变化，但还 12
是被认为只是部分地解决了社会问题。社会运动的循环便又开始了。

对社会问题采取行动的结果

采取行动的结果往往出人意料，甚至是讽刺性的和自相矛盾的。通常我们认为采取行动是为了解决社会问题，但当行动开始时，往往只是为了减少对该行动无助于解决问题的种种抱怨。采取行动的结果包括问题的解决、问题的缓解、对问题的限制、问题的激化、制造新问题、问题焦点的转移、组织的保持以及公众关注的转移。

问题的解决

行动有可能完全解决问题。例如，在20世纪末，马匹排泄的污物被认为是城市中的一个主要问题，并被预料将随着城市的扩大而变得严重。但随着汽车的发明和广泛使用，这一问题被完全解决了。

另一个例子是在20世纪50年代以前的几十年间，美国急性脊髓灰白质炎（小儿麻痹症）及其传播被认为是健康和社会的主要问题，但乔纳斯·索克医生（Dr. Jonas Salk）在1953年发明的索克疫苗注射法及其广泛应用，就根除了这一问题。[9]

但是，在社会科学领域，一个具体的行动完全将问题解决，是非常少见的。

问题的缓解

在大多数情况下，解决社会问题的合理努力仅仅能够部分减少问题的覆盖范围或减轻问题的严重性。在1935年发起并在20世纪60年代加以立法的公共帮助项目和对贫困宣战项目并没有根除贫困，只是减少了我们总人口中陷入贫困的人口数量，为那些处于贫困中的人提供了一些财政帮助。[10]又如同监及假释者的复原矫正项目确实帮助了一些越轨者，但并不是全部越轨者。精神疾病治疗法对一些精神疾病患者有一定的治疗效果，但也不是全部。尽管为受侵害妇女提供的避难所帮助了一些受害妇女，但家庭暴力问题依然是一个严重的问题。

对问题的限制

一些行动计划的目标只是对问题进行限制而不是解决问题。例如，波士顿曾将脱衣舞和成人色情刊物书店限制在城市的特定区域。尽管许多监狱官员对此做法不以为然，但他们还是放弃了对那些有长期犯罪记录的性犯罪者进行复原性矫正的努力。这些监狱官员还是满足于将这些犯罪者进行监禁，以使他们难以继续其犯罪行为。最终，内华达州的许多县都以发放执照和监督的方式使卖淫合法化。

问题的激化

有些行动却让人始料不及地使问题严重化了。医务工作者特别熟悉这种情形。例如，内科医生可能会通过割除扁桃腺来治疗喉咙发炎，但外科病历中很少有喉咙发炎甚至因之而死亡的案例。过去，在精神病医院，一些有精神疾病的病人被施行了开颅手术，手术并不只会有助于病人的精神康复，也会使病人的有关功能永久性地退化。长期停留在精神疾病医院中，会加重病人的精神疾病，而不是使病情减轻。有些得到专业指导的精神疾病患者，比起那些根本没有得到治疗的病人，病情反而加重了。[11]

对罪犯来讲，监狱有时候却成了一所学校，因为监狱无意中为那些同监的犯人提供了相互学习新的犯罪技巧和逃避追捕的技能的机会，而不是进行矫正。警察设圈套和暗示支持的做法实际上可能会导致一些人除了去犯罪而别无选择。一些养老所中虚弱的老人身体状况不是得到了改善，而是恶化了。

制造新问题

很多情况下，一个为了解决社会问题而设计的行动，到头来却制造出了新的问题。如 13
果足够多的社会成员发现一种新的社会状况将成为社会问题，他们可能会发动新的社会运动来将这一现实定义为社会问题，并采取行动来减少或消除这些问题。

许多州都将失业者领取失业救济金的时间延长了几周（往往延长至 1 年）。一些批评家认为这种做法减弱了失业者寻求工作的动力，因为一些救济金的接受者往往想得到更多的救济金券而不是去寻找工作。[12]

无过错离婚法降低了与离婚相关的污名，但也使离婚更加容易了。无过错离婚可能是导致离婚率升高的一个因素，而这又被一些人看作是一个社会问题。

有效而快速的生育控制方法（比如避孕药丸）的发展，降低了非自愿怀孕的风险，但也导致了婚前和婚外性行为发生的可能性，而这又被一些人认为是社会问题。

上述的这些例子说明，社会问题是相互联系、相互影响的。例如，贫困问题受到诸如酗酒、精神疾病、犯罪、城市问题、种族主义、性别歧视以及家庭问题的影响，并且也影响到这些社会问题。

问题焦点的转移

当民权运动在 20 世纪 60 年代声势不断壮大时，运动的主要焦点在于通过对联邦及州政府的游说，使消除在雇工、住房、使用公共住所、教育机会等方面的种族歧视行为上升为法律。这样的立法得以通过后，运动的焦点遂转向了其他领域：新立法的执行，通过公共教育项目使公众对教育中的种族问题有所认识，提供工作培训项目并为失业者介绍工作，为有色人种建立提供教育及就业机会的项目。

组织的保持

为采取行动来解决问题的组织一旦建立起来，其基本的目标通常就变成了保持自己的存在。这一目标往往高于解决问题的努力，因为组织中的职员感兴趣的自然是如何保住自己的工作。如果工作变得非常松懈并且工作受到威胁，职员们更易于花更多的时间来保护自己的工作和证明自己胜任所在的职位，而不是为他们的顾客们服务。

一些组织非常成功地解决了它们在建立之初所要解决的问题。这时候，组织的生存目标非常强烈，以至于这些组织为了使自己长久存在而去寻找新的问题加以攻击。在通过“一角硬币运动”向社会筹集研究资金，进而帮助索克疫苗接种法得以发现并根除了脊髓灰质炎后，该运动的目标就转向了采取行动来治疗那些造成青少年残疾的疾病。年轻单身母亲对产房的需求几乎已不存在了，因为现在这样的母亲留在自己家里是可以被接受的。并且，许多怀孕的妇女都采取了堕胎的方式。数量众多的产房并没有关门，而是重新集中起来，成为那些情绪有问题的年轻人进行居住治疗的场所，或者成为那些无法与父母生活在一起的青少年共同居住的地方。

作为对社会问题的一种反应，组织的保持并不只是在正式组织中存在，在一些自助型和志愿者组织中都可以发现这一现象。既然组织的保持并未掺杂经济上的动机，那么为什么它们还要积极地反对组织的解散？当人们一起工作来解决问题时，在同事、其他组织的成员以及其他社区之间就建立起了一种社会关系。同时，他们也将这样的工作融入了“是否付出”的自我形象的建构中。这些社会关系和自我形象，对于志愿者和自助型组织的成员是非常重要的，因此，组织成员们努力保持组织的存在也就不足为怪了。

公众关注的转移

宣称某种社会状况是社会问题的社会运动、政府官员、商界机构和其他有影响力的个人的一种普遍反应，是使公众关注发生转移，而不是试图解决问题或降低问题的范围和严重性。所有的社会问题都是以其他人受损的代价而使一些人受益。例如，大量的矫正性行业都是从犯罪和行为不端中受益的。

公众关注的转移是多种多样的，其中一些已经在前文中有所涉及。最直接的策略就是
14 由有影响力的公众人物宣称问题已得到解决。美国前总统里根宣布在美国已没有种族隔离的学校的时候，他就采取了这样的策略。然而，这是一个不成功的案例，因为反对学校实行种族隔离的人士很快就向公众拿出了证据，证明许多私立学校仍然像公立学校一样实行着20世纪40年代那样的种族隔离政策。

另一个使公众关注发生转移的办法是，建立一个委员会或机构。它可以说这个团体是不能取消的，因为这对解决这个社会问题是非常重要的。它首先要做的是细致地研究它的原因、本质和效果。等到官方的报告发布一两年之后，公众对问题就不会如原先那样激动，委员会的建议可能被忽视、拒绝、接受但不施行，或者是接受但只是以不充足的资金部分地加以施行。

透视社会问题和社会规划

政治家对社会事务和社会工程的立场，很大程度上取决于他是自由主义分子还是保守

主义分子。在美国，自由主义和保守主义是两个最主要的政治哲学。与民主党相比，共和党被认为是相对保守的党派。这纯粹是从形式上来强调是保守主义还是自由主义。而在现实中，许多人同时具有这两种观点。例如，许多民主党人士在意识形态方面基本上是保守的，一些共和党人士在意识形态方面又是比较自由的。

保守主义观点

保守派（来源于动词“保守”）倾向于反对变化。他们强调传统并相信快速的变化往往会导致更多的消极性而非积极性的结果。在经济问题上，保守派觉得政府不应该干预市场运作。他们鼓励政府支持（例如通过税收激励）而不是控制社会的工商业。一个自由市场经济被认为是保证繁荣和满足社会成员需要的最好方式。保守派信奉那句老格言：“管得越少的政府就是越好的政府。”他们相信政府的绝大多数活动都造成了对个人自由和自由市场平稳运行的严重威胁。

保守派通常将个体视为是自治的，也即自我管理。无论个人的境况如何或面临什么样的问题，每个人都被认为要对自己的行为负责。人们必须选择他们要做什么，相应地，他们也要为自己选择的事情而导致的得与失负责。人们应该有自由的意志，这样才能够使他们可以选择是勤奋工作以取得领先还是整日逍遥而最终失败（或贫困）。贫穷和其他个人问题被认为是由于个人的懒惰、不负责任或缺乏自我控制造成的。保守派相信社会福利工程迫使那些努力工作、生产的公民替那些得到社会福利服务的人的不负责任行为“埋单”。

保守派通常赞成对社会福利工程采取剩余分析法。[13]这一观点认为，社会福利工程通过其他的一些社会机构如家庭和自由市场经济，在社会个体需要的时候提供社会福利服务，而不是满足社会个体的需求。只有在其他方法都无法奏效、个人和家庭的资源都已消耗殆尽的情况下，社会服务和财政资助才应该提供给他们。另外，这一观点还认为，应只提供短期的资金和服务（主要是在紧急的情况下），一旦个人或家庭能够自力更生了，这些资金和服务就必须取消。

剩余论的观点被概括为“对不幸者的施舍”。资金和服务并不被认为是权利（有些东西是人们可以有权占有的）而是一种礼物，接受者要承担一定的义务。例如，为了得到资金支持，接受者必须做一些劣等的工作。与剩余论相联系的观点，是认为造成福利接受者境况艰难的原因是他们自己的问题，即由于个人的不足、盲目的行为或罪过。剩余论往往将社会福利服务和资金的接受者与污名联系在一起。

保守派相信依赖性是个人失败的结果，同时也相信人类存在不平等是正常的。他们确信 15
家庭、宗教组织和充分就业是对抗依赖性的主要方法。他们相信，社会福利应该是在极少情况下使用的临时性办法。长期的社会福利帮助，将使接受者变成永久性的依赖者。保守派认为慈善机构具有道德价值并且“走运者”有帮助那些“背运者”的义务，使其能够对社会有所贡献。如果政府为健康和社会福利服务提供资金，那么保守派认为这些资金应该交给私人组织，因为私人组织比起公共机构来，更能够提供有效的服务。保守派认为联邦政府并不能解决全部问题，而是问题的一部分。他们确信，联邦政府资助的社会福利工程易使接受者养成对政府的依赖性，而无法使接受者成为自食其力和有所贡献的社会成员。

保守派推崇“传统的”核心家庭，并试图设计政策来使之保留下来。他们将家庭视为个体力量的源泉和社会最基本的组织。他们反对堕胎、学校的性教育、同性恋者的权利、日间托儿所公共基金、为未成年人的生育控制提供咨询服务等，也反对其他一些可能削弱父母权威的或对像单亲家庭这样的替代性家庭模式进行支持的行动。

1993 年 4 月，在华盛顿哥伦比亚特区发生的同性恋者的游行示威。

自由主义观点

与保守主义相反，自由派则认为变化通常是好的，因为变化带来了进步，缓和的变化是最好的。他们认为社会应建立保证各个利益群体进行公平竞争的规则，尤其是市场经济需要规则来保证公平。包括社会福利在内的政府工程，被视为帮助满足人类基本需求的必要手段。自由派主张政府行动起来，救治社会缺陷，提高人类的福利水平。自由派认为政府的管理和干预对保证人权、控制资本主义的过度扩张以及提供平等机会的成功，都是必需的。他们强调平等权和少数民族的权利。

自由派通常对社会福利持制度化的观点。这一观点认为社会福利是在现代工业社会中帮助个人自我实现的一个可以被接受的正当且合法的工程。按照这一观点，“接受社会福利和服务的人是没有什么污名的，接受者被认为有权得到这些帮助。”[14]与此观点相联系的，是认为个人困境的原因，很大程度上已超出个人的控制范围以外了（例如，一个人可能由于缺少工作机会而失业）。按照这一观点，当问题出现时，其原因要到环境（社会）中去找，并要努力改善内含着个人功能的社会机构。

自由派认为，由于社会已变得极其分化和复杂，同时，传统的机构（如家庭）无法满 16
足人们的需求，很少有个人能够在没有社会服务（包括像工作培训、职业定位、儿童看护、保健、咨询）帮助的情况下发挥作用。自由派认为人们所遇到的个人问题，其原因已超出了他（她）所能控制的范围。产生问题的原因往往要在个人所生活的环境中去寻找。例如，一个学习能力上有缺陷的小孩，如果没有得到正确的教育方面的服务来弥补他（她）学习能力的缺陷，这个孩子就只能处在危险之中了。在这样的情形下，自由派就会试图通过建立教育服务来满足他（她）的学习要求。

自由派认为家庭是一个不断进化的组织，愿意支持有关帮助新型家庭模式——如单亲家庭、同性婚姻——的社会工程。

发展观点

多年来自由派都在批评保守派通过剩余方法给那些有长期健康、福利、社会及休养需求的人提供长期的社会福利，是与社会的义务不一致的。相反，保守派则集中批评了自由派所主张的制度化方法，认为那样将会形成一个福利国家，许多社会福利的接受者转而依靠政府来满足他们健康、福利、社会以及休养的需要，而不是寻找工作，也没有其他方法对社会的发展作贡献。显然，保守派将不会形成使美国成为一个福利国家的新的社会工程。他们拥有政治权力（例如必要的合法化投票）去阻止制定那些带有制度化方法的社会工程。

那有没有包含自由派和保守派都支持的社会福利的观点呢？米奇利（Midgley，1995年）认为发展的观点提供了一个替代性的方法[15]，它看上去对自由派和保守派以及普通大众都有吸引力。米奇利将这一方法定义为：“与经济发展的动力过程相联系的、为提高所有社会成员福利而设计的有计划的社会变迁。”[16]

这一观点对自由派是有吸引力的，因为它支持发展和扩展必要的社会福利项目。同时，这一观点也吸引了保守派，因为它确信发展一定的社会福利项目将对经济的发展产生积极的效果。（保守派的政治家在过去曾反对过许多社会福利项目的建立，认为这样的项目会对经济发展产生消极的影响。）普通民众也会支持这一发展的观点。许多选民反对福利主义，因为他们相信这会造成经济问题（例如，接受者选择依赖于国家提供的好处，而不是通过劳动来为社会做出贡献），因此确信并且证明某些社会福利项目将使经济得到好处，对选民们是有吸引力的。

米奇利和利弗莫尔（Midgley and Livermore，1997）注意到，由于时代的限制，发展的方法并没有能够得到很好的定义。[17]发展的方法在发展中国家（第三世界）推动社会工程发展的进程中找到了自己的根基。发展中国家中社会福利工程的支持者们已经通过确信和证明这样的社会工程将对国家的整个经济发展产生有益的影响，成功地实施了一些社会福利项目。米奇利和利弗莫尔注意到，“发展的视角的全球性联系，始于‘二战’后第三世界去殖民化的时代”[18]。发展的方法不久便被联合国应用于发展中国家，以推动当地的社会福利项目的发展，正如联合国所宣称的那样，这样的项目对提高第三世界经济的全面发展是有保证的。

发展的方法的特质是什么？它主张社会干预，这对经济的发展非常有帮助，同时，也推动了经济与社会制度的协调发展。这一方法提高了政府在经济和社会计划中发挥更加积极的作用，这是与剩余方法完全相反的，因为剩余方法试图使政府在提供社会福利方面的作用缩减到最小。最后，发展的方法侧重于整合经济和社会的发展，使全体社会成员共同受益。

发展的方法能够应用于扩展社会福利项目的范围。它能够像帮助个人获得就业机会这
17 样的社会工程来对社会经济的健康发展做出贡献。一些社会工程项目帮助个人对家庭或社区做出意义重大的贡献，对社会的健康发展做出贡献——因为家庭的功能和社区的发展对商业的发展有利，家庭成员对雇主有利，商家也希望能够将生意安置在繁荣且犯罪率以及其他社会问题较低的社区。

可以举几个例子来说明发展的方法是如何应用于社会福利项目的扩展的。可以说下面的几个项目对于经济的发展非常有益，因为这些项目帮助失业的单亲家庭父母得到就业机会：为这些父母提供工作培训、帮助这些父母照看儿童、为这些父母和儿童提供充分的健康保险以便提供保障——这些都有利于这些父母去工作。并且，在学校系统提供指导性项目和其他社会服务，将帮助那些有辍学危险的儿童留在学校里并最终对社会做出贡献——通过得到工作机会和对所生活的家庭和社区做出贡献——当他们成为成人的时候。我们还能看到犯罪审判体系中的矫正项目将使犯罪分子成为对社会有所贡献的成员。我们能看到某些项目能够对某些特定问题提供原来没有的解决办法，使得到帮助的人更有可能成为对经济发展和社会进步有所贡献的人。例如，酗酒及其他药物滥用者的治疗项目、民事暴力事件的法律服务、精神健康咨询、营养项目、饮食混乱者的干预治疗项目、压力管理项目以及不幸事件管理项目等。

从社会学角度看社会问题

所有的学科都由两个相关联的部分组成：理论和研究。这两个部分相互支持并且互为条件。理论指导研究的方向，它确定进行调查的范围和变量以及要进行测验的假说。研究结果提出新的理论表述，因为意想不到的发现要求用新的理论阐述来解释它。

个人问题还是社会问题?

亚历山大·利亚左斯(Alexander Liazos,1972年)批评有关社会问题的课程往往注意的是一些“狂热分子、荡妇和行为反常者”[19]。利亚左斯的意思是说,那些课程往往强调的是个人所遇到的麻烦,而没有强调社会、经济和结构性因素对个人问题造成的影响。

例如,奥斯卡·刘易斯(Oscar Lewis,1966年)使用个人问题方法即穷人所持的价值观来解释贫困问题(见第九章)。[20]他所列举的价值观包括只求一时痛快(花钱只求个人一时的快乐而不为不虞之时做储备)、无抱负、绝望、冷漠、较少工作伦理、缺乏计划性。刘易斯的解释是一种微观社会学的阐述方法,它主要用来解释个人和小群体的行为。本章将介绍很多微观社会学的理论。

另外一方面,一种从社会问题角度对贫困问题进行解释的理论,则侧重于通过富人、高失业率、种族和性别歧视,以及政府在保持穷人和富人之间对财富和收入进行不平等分配中所起的作用来加以解释。这样的解释是宏观社会学理论,它主要是解释数量广大的社会成员的行为以及整个社会的运行机制。

不同理论的支持者们往往彼此之间难以取得共识。每一种理论都有其优缺点。一些理论能够有效地对某些特定的社会问题进行解释,同样,另外一些理论则对其他一些社会问题有着较强的解释力。因此,为了选择出能够有效分析所研究问题的关键动力机制的一个或几个理论,对于那些研究社会问题的人而言,知晓当代所有的社会学理论,是非常重要的。对社会问题的最深刻理解,往往是综合不同的理论视角进行探究和洞察而得出的结果。本部分将对一些在分析社会问题方面较重要的微观及宏观社会学理论进行介绍。

微观社会学典型理论

微观社会学理论也被称为社会心理学的视角,因为它们侧重于考察个人行为的社会效
果和社会群体的心理学效果。社会心理学关心的是个体和小群体的行为以及他们与个人、 18
与社会的关系。通常用来对社会问题进行研究的三类重要的微观社会学理论是生物—社会
理论、人格理论和行为学理论。

生物—社会理论

这类理论试图按照人类的生物学特征来解释社会行为。在一个世纪以前生物—社会理论比现在更为人们所接受。在那个时期,大多数社会行为都被认为是由人类的本能决定的。例如,“资本主义”根源于追求的本能;“战争”根源于侵略性的本能;“合作”根源于社会性的本能。本能理论逐渐被人们所放弃,因为假设的人类本能的现实性无法在研究中得到证明。同时,人们逐渐认识到,社会现象(例如战争)有各种原因而不只是本能——像纷繁复杂的政治、宗教以及经济的作用等。

近年来,对生物—社会理论的价值又有了新的认识。大多数社会学家现在并不相信人类

的行为完全是由基因决定的，但许多当代的生物—社会理论家试图根据生物的先在性和社会环境之间的相互作用来解释社会行为。这一部分将对许多生物—社会理论进行描述。犯罪学的形态学理论（见第二章）确信，比之于身体羸弱或大腹便便的人，肌肉发达的人更容易犯罪。对精神疾病进行研究的医学模式方法（见第三章）确信精神分裂症和其他心理疾病的原因，产生于生物的和社会因素的相互作用。有关酗酒的一种理论（见第四章）确信基因可以使一些人成为嗜酒者。在第五章介绍的一种同性性行为理论认为同性性行为很大程度上是由基因决定的。第七章的内容显示男性与女性之间不同的性别角色，是由生物因素与社会化模式之间复杂的相互作用决定的。第八章表明衰老的过程是先天的特质和生活经验共同造成的。第十四章提出一个理论，即人类有控制领地的本能，这往往导致人与人之间的冲突。

一些生物—社会理论受到了许多批评。例如，第六章表明，有关某些种族先天就比白种人低等的理论，已经被一些权威划为“种族主义”论调。

人格理论

人格涉及将人与人之间加以区别并说明不同社会行为方式中人的特性和特质。这一部分有许多人格理论对此进行描述。第二章摘要介绍了心理分析的理论。（心理分析理论对反社会型的人的人格类型进行了理论分析，这类人没有对参与犯罪行为的道德约束。并且，只要对自己有利的事情，即使会伤害到他人，这类人也会毫无顾忌地去做。）精神动态问题解决理论（同见第二章）确信犯罪行为由各种人格因素所决定，包括希望、冲动、恐惧、内在需求、道德规范。第六章简要概括了具有权威人格的人容易带有偏见，也容易歧视其他种族，因为这类人缺乏灵活性且严厉，对不确定性难以忍受。

第十四章表明一些目击犯罪行为的人可能有害怕卷入的人格特质，这种人格使他们目击受害者正遭受犯罪行为的伤害而无法挺身而出。第十四章也表明所有这些人格特性也有助于理解青少年自杀问题：无助感、绝望感、孤独感、冲动。

行为学理论

行为学理论是一种社会心理学方法，由伊万·巴甫洛夫（Ivan Pavlov）、J. B. 沃特逊（J. B. Watson）、B. F. 斯金纳（B. F. Skinner）和其他一些人建立。它根据可观察和测量的反应来解释行为。这一方法的基本原则是认为不适应的行为方式是习得的，也能够加以改正。按照这一方法，行为是个体从对方的反应中得到强化的结果。如果个体的某种行为在某种情形下得到了奖励（一种强化的类型），在这一情形再次出现时，他（她）有可能重复这一行为。另一方面，如果他（她）的行为受到了惩罚，这一行为再次发生的可能性就比较小。行为理论者已经建立了一套关于鼓励或阻碍习得某种具体行为的许多强化方式的详细原则。

第二章描述了不同的联系。一个习得理论称有犯罪行为的人是由于他们与支持犯罪的
19 人联系较多而与反对犯罪的人联系较少。第二章也描述了有关犯罪学的古典学派方法，这一学派称一个人是否犯罪，是以预见快乐与痛苦的多少为基础的。第六章表明种族偏见是

在社会化的过程中产生的，也就是说，个人是通过他在所生活的社会环境中习得有关种族偏见的价值观、习俗和信条的。第七章的内容反映出性别模式和传统的性别角色期待也是通过社会化的过程习得的。

第十四章强调许多社会学家相信暴力行为是通过社会化的过程习得的。这样的社会化过程是多种多样的。侵略性的行为往往会得到同辈们的夸奖。电视和电影往往将粗暴行为和侵略性行为描述成能够带来其他人尊敬、令人激动的浪漫以及物质上成功的行为。暴力习惯也是从榜样那里学得的：儿童观察成年人显示身体上的侵略行为，并且学习如何通过使用侵略性的行为实现他们所想达到的目的。

在过去的 30 年间，行为主义的主要发展趋势已经朝向对人类行为中认知（思维过程）所起作用的重视。认知行为方法确信个人的情感和行为主要是由他们的思考过程所决定的。这一方法的变种是自我对话理论（self-talk theory），这一理论确信人们对自己所说的话语决定了他们的感觉和行动。自我对话理论在第二、三、十和十一章中有详细的论述。

宏观社会学典型理论

这一部分阐述三个最主要的宏观社会学理论：功能主义理论、冲突理论、互动理论。第九章描述了这些理论是如何分析和看待贫困的。

功能主义理论的视角

在最近几年，功能主义是最为流行的社会学理论之一。这一理论最早由埃米尔·迪尔凯姆建立，并由罗伯特·K·默顿（Robert K. Merton）、塔尔柯特·帕森斯（Talcott Parsons）等人进一步加以完善。这一理论认为，社会是一个组织得非常好的系统，在这一系统中，绝大多数社会成员都持有共同的价值观和规范。制度、群体和角色组合成为团结的一个整体。社会成员为了保持一个稳定的社会而付出，因为人们都接受社会的规则和管理。

社会被看作一个各部分相互依赖和相互联系的系统。每一部分都对系统的运转做出贡献，由此来使整个系统发挥功能。各个部分都处在微妙的平衡状态中，任何一个部分的变化都会影响到其他的部分。

描述这一方法的简单方式为通过人体来进行类比。一个功能良好的人是由几千个部分组成的，每一部分都发挥着特定的作用。心脏推动血液的流动，肺吸入氧气排出二氧化碳，胃消化食物以转变成能量，肌肉使身体的各个部分进行运动，以完成各种功能，大脑则使身体各个部分的运动协调起来。身体的各个部分都是通过各种复杂的方式相互联系和相互依赖的。每个部分都发挥着至关重要的功能，没有它们，整个系统将会崩溃，导致心脏的衰竭。

功能主义确信，与人类身体各个部分相类似，社会的各个组成部分往往以它们应该发挥的功能来工作。事情进行情况往往令人失望。当社会的某一组成部分无法正常发挥其基本的社会功能的时候，我们称这一部分发生了功能紊乱。当某种改变为了恢复平衡状态而实行以后，往往会造成新的不平衡，甚至是在事情进行顺利的时候也是这样。例如，像前面已有所介绍的那样，在防止非自愿怀孕方面，可以利用的有效生育控制设备是工具性的，但它也可能使发生婚前和婚外性关系的可能性增加。

按照功能主义论者的观点，所有社会系统都有追求平衡的倾向——保持稳定状态或一种特定的平衡，在这些稳定和平衡状态中，系统的每一部分彼此间都保持着同样的关系。功能主义论者确信社会系统有对抗变化的倾向，因为变化被认为对社会是具有破坏性的，除非这种变化是缓慢发生的。因为社会是由相互依赖、相互联系的部分组成的，某一部分的变化就会导致其他某一或许多部分的变化。例如，汽车的出现就带来了巨大的变化：骑马旅行者大大减少，能够到更远的距离往返通勤，可以到更远的地方旅游，新的生意出现（汽车服务站、汽车销售等），污染和交通事故的迅速增加。

20 有一些社会系统的功能及功能紊乱状态是一目了然的。例如，警察部门的明显功能就是使犯罪率保持在很低的状态。有些功能和功能紊乱状态是潜藏的，也就是说是隐而未现或未意识到的。社会学家发现，当警察部门将抓获的人贴上诸如“犯罪者”、“违法者”、“越轨者”等污名化的标签后，一个潜藏的结果是：那些被贴上上述标签的人实际上最终会比一开始未被抓获时犯案更多。结果，警察部门减少犯罪的努力反而会在无意识间导致犯罪的增加。

按照功能主义论者的观点，当社会或其组成部分发生解组时，社会问题就出现了。当一个大型组织或整个社会没有很好地组织起来去达成设定的目标和保持其稳定性时，社会解组就发生了。当解组发生时，组织就失去了对其各组成部分的控制。功能主义论者发现了几千个导致社会解组的原因。然而，这些众多原因下所潜藏的根由是社会变迁，它打破了社会的平衡，导致了社会解组。技术上的进步（电视、电话、机器人、计算机、心脏移植术等的发展）以空前的速度迅速前进。这些进步导致基础性的组织（像家庭、教育系统）发生了巨大的变化。技术上的进步是如此迅速，以至于文化的其他部分难以跟上这些变化。这种技术变化和我们对这些变化的适应性之间的文化滞后，被认为是导致社会解组的主要原因。

其他社会解组的例子是非常多的。核武器的发展对文明构成了潜在的威胁。卫生设施和医学技术的发展明显地延长了我们对寿命的预期，但也导致了世界范围的人口大爆炸。人工授精技术的发展使“代孕母亲”出现，我们还无法确知是该鼓励这种做法还是正相反。堕胎技术的进步提高了绝育技术，对怀孕安全的要求也导致了社会性的对是否使堕胎合法化的争论。

对功能主义的批评认为它是政治上的保守哲学，因为它想当然地认为社会应该维持现状，结果，社会不公正被忽略了。同时，批评者认为功能主义方法是价值观上的一种苦恼，因为一个人的解组却是另一个人的又组织。例如，人们认为离婚是有一定功能的，因为这是结束一种不再起作用的关系的合法方式。其他人则认为离婚是一种解组，因为它使我们社会的基础性结构——家庭——发生了解体。功能主义还被批评为为社会特权阶级服务的理论，使穷人和遭受歧视的人的苦难长久地存在。

冲突理论的视角

冲突理论将社会看作是各种社会群体之间为权力进行争夺的产物。冲突被认为是不可避免的，而且在许多方面是对社会有益的。例如，许多美国人都认为美国独立战争期间的“民主战士”（英国方面则将他们视为不值得同情的造反者）对社会是非常有益的。

冲突理论建立在一个重要的假设之上：社会成员对某种资源（例如权力、财富、威望）给予了很高的价值评价，并且这些有很高价值评价的资源在社会中是非常稀缺的。由于它们的稀缺性，冲突理论确信人们——个人和群体——为了得到它们而彼此斗争。因此，社会被看作是争夺稀缺资源的竞技场。

斗争和冲突以多种形式表现出来：竞争、争论、法庭辩论、暴力、战争。如果日常的冲突是暴力的，那么几乎每个人都会参与暴力行为，最终导致一个社会的崩溃。决定允许群体采取哪种冲突方式的规范已经出现。例如，参与罢工或得到更高水平的教育被证明是为争取有限的金钱而采取的、能够被我们的社会所接受的方式，相反，抢劫则是不被接受的方式。

按照冲突理论的视角，社会的变化主要是在社会群体中对稀缺资源进行重新分配。不同于将变化视为具有潜在破坏性的功能主义观点，冲突理论将变化视为对社会具有潜在的好处。也就是说，冲突能够带来改善、进步，减少对被压迫群体的歧视，促进作为社会主导力量的新群体的出现。没有冲突，社会将变得停滞不前。

功能主义与冲突理论另一个需要注意的重要不同在于，功能主义者确信多数社会成员
遵循法律是因为他们相信法律是公平和公正的，而冲突理论则认为社会秩序是由强力支持 21
的权威所保持的。冲突理论确信合法地掌握着权力的特权阶级利用法律体系来使其他人遵循他们的意志。多数社会成员遵循法律，是因为他们惧怕如果不遵守这些法律的话，就会被逮捕、投进监狱甚至被杀。

功能主义确信社会中的大多数成员持有相同的价值观和社会规范体系。与之相反，冲突理论认为现代社会是由许多持有不同价值观、态度和规范的群体组成的——因此，冲突是必定要发生的。堕胎问题就呈现出这种冲突性。尊重生命团体和传统的罗马天主教信徒相信人的胎儿经过怀孕的几个不同阶段后，就是一个活生生的生命，采取堕胎的方式来处理胎儿就是一种谋杀。相反，自我选择团体则认为在怀孕的头几个月中，胎儿并不是有生命的，因为他还无法在子宫外生存。支持自我选择团体的倡议者们还认为如果国家禁止妇女去做她想做的堕胎手术，那么国家就侵犯了她控制个人生活的权利。并不是所有的冲突都源自不同的价值观，部分冲突的产生反倒是由于人们所持的共同价值观。例如，在我们的社会，财富和权力都具有很高的价值。富有者花费了大量的努力和资源来保持自己的地位，而贫困者和被压迫者则强烈地要求权利的平等和对财富及收入进行公平的分配。工会与雇主之间关于工资和额外收益的争斗一直在持续。民主党和共和党之间的斗争，往往是

为了获得更多的政治权力。

与功能主义受到过于保守的批评不同，冲突理论被认为过于激进了。批评者认为如果如冲突论者所认为的社会中有如此多的冲突的话，社会早就解体了。冲突理论还被批评为鼓励被压迫群体反抗现存的权力结构，而不是在现存的体系中来使被压迫群体的要求得到伸张。

互动理论的视角

互动理论着重于考察社会个体和他们日常的社会互动关系，而不强调如教育系统、经济、宗教等宏大的社会结构，互动理论者认为行为是每个社会个体之间社会关系的产物。多温·卡特赖特（Dorwin Cartwright，1951 年）认为：

> 一个人是具有侵略性还是具有合作性，他的自尊和自信程度如何，他的工作热情和创造力如何，他追求什么，他相信哪些是真实的和好的，他的所爱所恨，他所持的假想或偏见——所有这些他具有的品质大都是由个体所生活的群体所决定的。就一个实际意义而言，他们是群体和人与人之间关系的产物。[21]

互动理论认为人类不是仅仅对对方的行为做出反应，而是相互解读和定义彼此的行为。这种解读，是通过使用象征（特别是一个人所掌握的文字和语言）手段作为中介的。

互动论者对社会化过程进行了非常详细的研究，因为这一过程形成了人类互动的基础。这一方法确信人是他所参与的文化和社会关系的产物。科尔曼（Coleman）和克雷西（Cressey，1984 年）概括了这一方法：

> 人们是从参与他们的文化这一象征的世界来形成自己的生活观的。他们形成了关于自己的概念，学习说话，甚至在他们生命的早期，在与家庭和朋友们的互动中，就开始学习如何思考。但与弗洛伊德不同，互动论者相信，作为对社会环境变化的反应，个体的人格在一生中都在不断地变化。
>
> 美国哲学家乔治·H·米德的工作，对推动社会心理学中互动理论的发展产生过很大的影响。米德注意到，通过符号（主要是文字或文字的组合）来进行沟通是人类区别于动物的关键特征。个体形成了思考的能力并在社会化的过程中使用符号。小孩子们盲目地模仿他们父母的行为，最终学会了“扮演角色”，假装成“爸爸”、“妈妈”。从这样的角色中，孩子学会理解不同角色之间的关系，在模仿别人的形象时来理解自己。米德说，最终，孩子们开始接受具有共性的社会角色。在这一过程中，他们接受了反映了公众期望的价值观和标准，而不是最直接的现实。通过这种方式，参照群体以及真正的群体成员决定了个体的行为。[22]

一些具体的社会过程将被概述出来以说明互动论者的视角。库利（Cooley，1902 年）观察到，要想客观地测量自己所具备的大多数品质（如我们是否勇敢、是否可爱、是否慷慨、是否有吸引力、是否诚实），是不可能的。[23] 为了测量我们所具有的品质，我们不得不依靠与我们相互交往的人们，而不是主观的判断。库利确信，我们是通过观察“镜中我”来形成对自己的认识的，就是说，我们对自己认识的形成，是根据与其他人发生的联 22
系来确定的，其他人如同一面玻璃或镜子。例如，如果一个人的积极品质得到了其他人的尊敬和赞扬，他就有可能对自己产生良好的认识，逐渐对自己的价值形成认同感，自己也感到愉悦，将会试图以社会接受的方式和责任感继续寻求得到别人的尊重。另一方面，如果一个人从其他人那里得到的反应是人们认为他是一个不负责任的人，那他就易于认为自己就是一个不负责任的人，并逐渐形成消极的自我认识。带着这样的自我认识，他就会减少进行负责任的活动的努力。在这两个例子中，其他人与个人的关系（积极的或消极的）成为了自我实现的预言。

另一个重要的概念是，社会现实是某一特定群体所一致认为的一种现实，社会现实并不是一种完全客观的现象。互动理论认为人的行为是其独特、与众不同的个性和他（她）所在的群体之间互动的结果。群体是形成人的个性的一个因素，但个性也是由个人独特的品质形成的。

我们所建构的现实是以符号为中介的。我们主要对符号现实而非物质现实进行反应。莎利文（Sullivan）及其合作者描述了符号对形成我们现实世界的重要性：

> 符号是将人的期待从一个人传递到另一个人的重要工具。符号是代表、象征、替代一些事物的物体、文字、事件。符号有特定的特征。首先，符号的意义产生于社会的共同认识——群体对某种事物代表某些东西的共同认识。旗帜代表对祖国之爱或爱国主义；绿色光代表通过，而不是停止；皱眉代表不愉快。其次，符号与所代表的事物之间的关系是随意的——它们没有内在的联系。没有什么强迫我们只能用绿色而不是红色作为代表通过的符号；只要我们都认为可以代表国家，一面旗帜只是可以用任何东西代替的一块布而已。最后，符号不必与物质现实相联系。我们可以使用符号来表示并不以物质形式存在的事物，像公平、怜悯、上帝，或代表像独角兽这样根本不存在的事物。[24]

互动理论视角的一个直接分支是标签理论，该理论认为一个人被贴上的标签对他的生活会产生重大的影响。标签往往成为自我实现的预言。如果一个小孩总是被称作“傻子”，这个小孩就容易对自己形成较低的自我认知，预料自己会在许多方面失败（特别是在学习方面），而在学习和与其他人竞争的领域付出很少的努力，最后以“失败”而告终。如果一个少女得到了“性关系混乱”的名声，大人和她的同辈们则可能给她贴上“娼妓”的标签，并将她孤立起来，其他年轻人则会讥笑她，或想和她来一次“一夜情”。如果一个曾在监狱待过的人被贴上“有案底”的标签，即使这个人诚实、尽责且工作勤奋，这个人也有可能受到怀疑，难以找到工作，得到“危险人物”和“不值得信任的人”的污名。舍夫（Scheff，1966 年）建立了一种标签理论来解释为什么有些人可以形成精神疾病这一“职业”。[25]他确信将人贴上“精神疾病”标签的行为是决定他们是否是精神疾病患者的主要因素。一旦贴上这个标签，和他接触的其他人就把他当作精神疾病患者，这使得他自己也认为自己是精神疾病患者，因此也像精神疾病患者那样行事了。

大多数对互动理论的批评都认为它过于抽象和含糊了，以至于难以对它进行证实或证伪的检验。

社会问题研究

思考一下下面这些大多数美国人所持的常识性观念：

- 死刑对严重的犯罪（如杀人）行为有威慑效果。
- 大多数社会福利的接受者有能力去工作而不是依赖福利。
- 精神疾病患者比其他人更容易犯罪。
- 男同性恋者容易显示“女人腔”的癖好。
- 底层阶级的犯罪行为对我们的社会造成的损失更大。

如同我们将在后面的内容中所看到的那样，通过社会学的研究，所有这些常识都是不正确
23 的。研究显示，死刑的使用并不会相应地减少一个国家杀人及其他严重犯罪案件的发生。[26]只有很少一部分福利接受者能够去工作——大多数人还是无法工作。[27]被贴上精神疾病患者标签的人，其犯罪行为的发生率并不比那些被认为正常的人高。[28]男同性恋者并不比男异性恋者表现出更多的女人气。[29]白领人士犯罪给我们的社会造成的主要是经济方面的损失。[30]

社会学的研究试图描述和理解世界正在发生什么（见专栏1.7），所谓的作为常识的信条往往被发现是错误的。三个经常用于社会学研究的方法是参与观察、抽样调查，以及对照实验。

24～25 **专栏1.7　社会学概念**

类似于其他学科，社会学在对它所研究的对象进行精确描述的努力中，形成了它自己的一套词汇。下面是这些术语的定义。

文化（Culture）：在某一区域的人们的生活方式。文化包括规范、信念、思维方式、价值观、语言、政治体系、宗教方式、音乐和求爱方式等非物质性的内容。文化也包括居住方式、技巧、盘碟、轿车、巴士、工厂、写字楼以及衣服等内容。

越轨行为（Deviance）：行为并不与社会认可的规范相一致——通常这些规范由社会中的主导群体所确立。当使用“越轨行为”这个词时，社会学家非常小心地避免进行道德上的判断。因为越轨行为可能如同社会规范（甚至更多）所规定的行为那样是健康的、令人愉快的和对社会有用的。

歧视（Discrimination）：由于是少数群体的成员而被消极或令人不快地对待。遭受歧视的群体包括妇女、有色人种、男（女）性同性恋者、残障人士、老年人。

功能失常（Dysfunction）：一些事情对系统产生了消极而非积极的效应。功能障碍性行为或安排减少了系统的稳定性或威胁了系统的存在，相反，功能性行为或安排有助于系统的稳定性。

族群中心主义（Ethnocentrism）：倾向于认为自己的文化和习俗是正确的而且是高人一等的，并且以自己的标准判断其他的文化。

民俗（Folkway）：一个社会的风俗或传统。一个群体并不坚定地保持某种社会习俗。见到一个朋友时以“你好”来打招呼是社会习俗的一个例子。违背社会习俗（比如用手而不用刀叉吃饭）是对社会习俗温和地表示不赞成的方式。

群体（Group）：组织起来的并且彼此之间重复发生一定关系的一定数量的社会成员。群体形成了他们自己的文化，群体存在的时间越长，文化就发展得越广泛。例如，每个家庭都有与其他家庭的文化所不同的（即使差别是细微的）、有自己特色的家庭文化。他们有自己的节日仪式、亲密的绰号等等。

假设（Hypothesis）：一种认为现实将被检验或者至少能被检验的观点。

意识形态（Ideology）：一系列用于对人们所持的可感觉到的利益（更普遍的，是生活方式）进行解释和证明的价值观、信念、观念。例如，奴隶制下黑人被白人地主视为是低人一等的，这使他们对黑人的歧视合理化了。

宏观社会学理论（Macrosociological theory）：一种对集体的社会成员的行为和整个社会的运作机制进行解释的理论。

微观社会学理论（Microsociological theory）：一种对个体和小群体的行为进行解释的理论。

少数派或少数族群（Minority or minority group）：一个地位低下并且容易受到歧视的群体。当一个群体被定义为少数群体时，关键不在于该群体成员数量的多少，而是权力的大小。妇女即使在我们的社会中占大多数，按照这个定义，她们仍然是少数群体。

习俗（Mores）：一个群体由道德约束的风俗。道德观念是强有力的规范，违背它就意味着道德上的错误。被认为违反道德的行为往往会受到严厉的惩罚。在我们的社会中违背道德的例子包括谋杀、人身攻击、强奸、抢劫。许多道德观念成为了法律。

规范（Norm）：规定什么在某种情形下可以接受、什么在某种情形下不可接受的正式或非正式的规则。通常我们都将规范视为理所当然，而只有在它们被违反的时候我们才注意到。例如，当一个人在教堂中大声地打嗝时，他就违反了规范。根据对规范的违反程度（以及当时的环境），对违规行为的处罚程度从比较适度地表示反对（比如在公众场合表现得不屑一顾）到严厉的惩罚（比如对强奸的惩罚）。

权力（Power）：强迫其他人去做某事的能力，或保护自己不被其他人强迫做某事的能力。

偏见（Prejudice）：一种消极的态度，认为某个群体是不同的，而且，在没有充分证据的情况下就认为某个群体是低等的。

角色（Role）：一系列与社会地位相联系的期待和行为。社会学使用的角色术语类似于戏剧表演所定义的角色。这一术语与地位有紧密的联系。其特点在于一个人占有的是地位，而扮演的是角色。例如，一个男人可能由于他有小孩而形成父亲的社会身份，但当他和他的妻子去电影院而让保姆陪伴小孩时，他就没有扮演父亲的角色。

社会阶层（Social class）：一类分享社会认为有价值的事物的人。社会认为有价值的事物包括很高的社会地位、权力、金钱。今天，大多数美国人认为自己属于中产阶级。

社会解组（Social disorganization）：一种大的组织或整个社会未能很好地组织起来以达到目标或保持稳定的状态。当社会解组发生时，组织失去了对其所属部分的控制。

社会建制（Social institution）：在一个社会中存在了相当长时间的、有意义的实践、关系或组织。这一术语多少有一些抽象。一般的社会制度包括家庭、宗教、经济、教育、政治。社会机构大都具有稳定的思维和行动方式，侧重于完成重要的社会任务。例如，家庭的功能是养育儿童，并且为家庭成员提供友谊和情感的支持。

社会运动（Social movement）：一个加入到大的群体中的成员改变或保持某种社会状况的行动。

社会问题（Social problem）：当一个群体确信某种对大多数人产生影响的社会状况是一个问题，并且可以通过集体行动进行纠正时，社会问题就存在了。

社会分层（Social stratification）：一个社会中划分成的不同阶层，它们以各种不同的方式获得社会所提供的资源。

社会结构（Social structure）：一个社会中人们有组织的、稳定的行为和社会关系。社会结构包括社会阶层、婚姻、家庭组织模式等。

社会化（Socialization）：社会个体习得在一种文化中正确的行为方式（正确与否是由社会对其加以定义的）的过程。角色、规范、习俗、价值观、语言、信念和大多数行为都是在社会化过程中习得的。多数基本的社会化在孩童时期就开始了，但有一些则整个一生中都在进行。

社会（Society）：一种共同体，民族或有着共同传统、机构和集体性行为及利益的广泛的群体。

社会学（Sociology）：对人类社会及其行为进行研究的科学。

身份（Status）：一个人的地位或彼此之间的等级关系。每个人在社会中都有许多身份。例如，学生、妇女、女儿、女奇卡诺人、天主教徒、已婚的、富有的，等等。先赋性的身份是从父母那里继承下来的，而自致性身份来自于职业、教育和生活方式。

刻板印象（Stereotype）：一种标准化了的思想中的印象，它不适合用于描述一个群体中的任何一个成员。

亚文化（Subculture）：一种仍然受到主流文化影响的、由物质或非物质的某一独特特征所体现的文化。例如，某一城市区域有吸食大麻者、卖淫者、巨富、少年帮派、摩托驾驶者、演员等亚文化。

禁忌（Taboo）：对某种被认为是难以想象的可鄙行为的禁止。一种禁忌就是一种最强有力的规范。例如，乱伦、食人、杀婴都是我们的社会所禁忌的。

理论（Theory）：试图解释概念与事实之间关系的一种阐述。例如，有人发现大学毕业生喝酒精饮料的人数要比那些没有上大学的人高得多。一个理论解释说这是因为大学毕业生在上学期间学习到了许多鼓励喝酒精饮料的价值观念。另外一种理论则解释说毕业生学的东西多，也就有更多的金钱花在喝酒精饮料上。还有理论解释说是由于毕业生面临更大的压力，他们通过喝酒精饮料来放松自己。诸如此类的各种理论可以通过使它们成为假说并通过研究加以测验来挑选出正确的理论。

价值观（Value）：一种关于什么是正确的、好的和所希望的等内容的信条。

变量（Variable）：一种可以变化的特质。年龄、社会阶层、宗教联系等是常见社会变量的例子。

参与观察

假设你对研究宗教群体的生活方式感兴趣（许多教派已经建立许多年了，像一些邪教和莫尼斯教派等）。如果你想使用参与观察的方法来观察他们，你就要有参与到他们的活动中去的准备。你可以加入到一个群体中去而不提醒他们你科学研究的目的（这样做是有严肃的伦理含义的），或者可以告知他们的领导者你研究的目的，征得他们的同意后，观察他们的活动。在一些案例中，你可能要通过观察来取得关于所观察群体的信条、生活方式、如何吸纳新成员、遇到的问题、群体成员的满意度等等的信息。

参与观察的方法为研究者提供了与被观察对象近距离接触的机会。参与观察提供了从统计数据中无法得到的丰富而深入的信息。统计数据是干巴巴的，而个案研究则提供了生动刻画了现实生活中人的生存状况的例子。一个案例研究（例如关于遭受家庭暴力迫害的妇女研究）对社会政策的影响往往要比只对问题进行各种统计影响更大。

参与观察也有其局限性。选择作为研究的背景不具有典型性是非常危险的，因为所归纳的明显与之相似的案例是无效的。研究者在最终的报告中，通过对案例中的事实进行筛选，有意或无意地加入了自己的观点，这也是很危险的。参与观察非常依赖研究者的能力和洞察力，也包括他们能够控制自己的偏见的范围。

另外，被研究的对象可能对一个总爱不停提问的外来闯入者感到愤怒。如果参与观察者隐藏自己研究的目的，假装成该群体的一个成员，他又要面临其行为是非法的这一压力，陷入左右为难的困境之中。

抽样调查

与参与观察相比，抽样调查要求对数量更多的人群进行问题有限的提问。因为不可能对每一个人都进行提问，所以往往使用有代表性的案例。美国有许多家调查组织，最为著名的两家是盖洛普（Gallup）和卢·哈里斯（Lou Harris）民意测验。

“人口调查”可能由一些或全国性的社会分类组成——例如，卖淫者、阿尔伯克基的老人数量、双胞胎、收入超过 80 000 美元的农民。如果这些样本是通过仔细的选择得出的，他们就可以作为整个分类的代表，其反映出的信息能够归纳出整个人口的特征。尽管在接受访谈和正式投票之间，一些选民会改变主意，但仔细选出作为样本的 3 000 名投票者能够成功地在几个百分点内预测总统大选的结果，这显示了样本的力量。

假设在你所居住的城市里，推选出来的法官对一个对 18 岁的女青年进行性侵犯的 21 岁男青年给予了明显过轻的判决。在审判期间，法官解释说之所以轻判是因为这个女孩当时的穿着“富有挑逗性”。进一步设想城市中努力阻止性侵犯的群体被法官的判决所激怒，他们考虑发起一次共同的行动来取消此项宣判。为了了解此次行动成功的机会，你可以对公众对案件轻判的态度以及公众是否支持取消此次判决进行一次抽样调查。一个办法是设计一个问卷以便得出公众的观点，然后再给 300 名市民打电话（这些市民是从电话簿中随机选取的）。（这一方法的缺点在于没有电话的人和没有登记电话的人将不包括在样本中，所以，结果也就有一些偏差。）

26 收集意见和人口的社会特征等这些信息，抽样调查是特别有用的手段。（例如，美国人口普查每十年就能够得到关于其人口特征的有价值的信息。）正确的、经过选择的样本，在保证人们的研究不被一些例外所误导方面，是优于参与观察方法的。然而，抽样调查无法提供如参与观察方法那样的对社会问题具有穿透力的分析。抽样调查的另一个缺点是被调查者并不总是诚实地回答问题，特别是当问题涉及像性观念和性行为这样令人尴尬或敏感的问题时。进行调查花销也会很大。

如同参与观察一样，抽样调查的研究者也可能将自己的偏见掺杂于研究结果中。例如，据称，谢瑞·海特（Shere Hite）在 1981 年她所写的一本描写性行为的书《海特性学报告》（*Hite Report on Male Sexuality*）中，将自己对妇女运动的一些偏见也加入到书中。（在这项研究中，超过 7 000 名男性回答了她的调查问题，但由于这些人不是随机选取的，因此样本并不能代表美国的男性。）

性行为首先是一件美好的事情，但同时，它又是我们的社会中最具有压迫性和剥削性的行为。这是 3 000 多年以来男性对女性拥有所有权的象征。这是父系社会的核心象征，没有它，也就没有父系社会。男人在阴道中性交的高潮顶点是极其壮观的时刻，这一时刻，男人对繁殖后代的贡献也发生了。这就是其感到满意的理由。就因如此，男人必定喜欢它：性行为是男性父系社会的庆典。[31]

1990 年，美国人口普查人员在一位西班牙裔妇女家门前与她交谈。

对照实验

一种为追踪一个变量对另一个变量的影响的严格控制的实验方法。尽管有许多不同的实验设计，但实验者一般都喜欢将研究群体分成两个组，即实验组和对照组。一开始，两个组都以将要研究的变量来进行测验。然后，实验组得到一些信息或经验，但对照组未得到。通过在实验结束时重新测验和比较两个组，就有可能对被测验的信息或经验对实验组产生了什么影响进行评估。

例如，你可以使用以下的程序来测验一下，面对电视中的暴力内容，少年儿童的侵略性是否会增加。首先，你可以将作为研究对象的少年儿童分成两个组：实验组和对照组。（两个组的成员应该随机选择或按照可能会影响结果的相匹配的条件分开，像性别、年龄、
社会阶层、智力水平。）随后，作为测验变量，实验组将观看充满暴力的电视节目。这一 27
阶段，对照组将不接触有暴力内容的电视节目。在实验组观看了暴力电视节目后，将对两

个组所表现出的侵略性行为的程度进行对比（例如，将儿童安排在一个有拳击沙袋和其他玩具的房间，有侵略性反应的行为次数就可以记录下来）。

对照实验方法能够对问题进行仔细的、可控制的科学分析。利用这一方法，研究者可以对研究变量进行评估，而控制可能歪曲结果的外部影响。在对照实验中，研究者试图利用不受影响的（用于实验的）变量，来说明所研究的现象之间的因果联系。对照实验方法在实验室中得到了很好的应用。在实验室以外进行真正的社会实验是极其困难的，因为，要控制可能会影响到实验结果的所有外部因素，几乎是不可能的。由于这个原因，在现实世界中，对照实验是非常少见的。

实验室本身就有可能影响结果，因为主体很容易在实验室中表现出不同的行为。在实验室中观看暴力电视节目与在家中观看同样内容的节目，可能会产生非常不同的效果。

总　结

社会学是对人类社会和社会行为进行科学研究的学科。当一个有影响力的群体确信某种影响了大多数社会成员的状况是一个问题，而且这一问题可以通过集体行动进行纠正时，一个社会问题就存在了。如何减轻当前的社会问题，社会学有各种各样的建议（许多尚未得到证明），这些建议通常都是以社会学理论为基础的。尽管许多问题逐渐得到了解决，但新的问题又常常产生，并且其他问题也长期存在。

社会运动在使人们认识到问题的存在方面，起着关键的作用，而且它们还试图解决社会问题。社会运动带来社会和文化的变化。斯佩克特和凯特苏斯（1973 年）注意到，社会运动有四个阶段的生命循环：社会骚乱、合法化与增选、官僚与反官僚主义、社会运动的再出现。为解决社会问题而采取的行动可能会导致各种各样的结果：解决问题、缓解问题、限制问题、激化问题、制造新问题、问题焦点的转移、组织的保持、公众关注的转移。

政治家对社会事务和社会工程所采取的立场，很大程度上由他们是自由主义还是保守主义的倾向所决定。以制度视角为导向的人们认为，社会工程是现代工业社会帮助个体自我实现的一种正确且合法的功能。以剩余视角为导向的人们认为，只有在个体的需要无法完全通过其他社会组织——主要是家庭和自由市场经济——给予实现的时候，社会工程才进行帮助。社会问题和社会工程的发展性视角是一个正在形成的观点，对自由主义者、保守主义者和普通大众都有吸引力。发展性的视角提倡社会干预（包括社会计划）对经济的发展会产生积极的贡献。

微观社会学理论是解释有关个体和小群体行为的理论。通常应用于研究社会问题的三个主要的微观社会学理论是：生物—社会理论、人格理论、行为学理论。

宏观社会学理论试图解释大群体的行为以及整个社会的运作规律，关注于主要的社会事物。三个主要的宏观社会学理论是：功能主义理论、冲突理论、互动理论。

对社会问题的研究是检验理论和发现社会生活现实的本质。三个主要用于社会学研究的方法是：参与观察、抽样调查、对照实验。社会学对社会问题的研究发现，许多被普遍接受的观念是错误的。

注释

[1] William Kornblum and Joseph Julian, *Social Problems,* 9th ed. (Upper Saddle River, NJ: Prentice-Hall, 1998), 243–245.

[2] Ibid., 243–245.

[3] James W. Coleman and Donald R. Cressey, *Social Problems,* 6th ed. (New York: HarperCollins, 1996), 459–461.

[4] *Brown v. Board of Education,* 347 U.S. 483 (1954).

[5] Auguste Comte, *System of Positive Philosophy,* trans. H. H. Bridges and F. Harrison (London: Longmans, Green, 1875–1877; original French edition, 1851–1854).

[6] Lester Ward, *Applied Sociology* (New York: Ginn, 1906).

[7] Saul Alinsky, *Rules for Radicals* (New York: Vintage Books, 1972).

[8] Malcolm Spector and John I. Kitsuse, "Social Problems: A Reformation," *Social Problems* 21 (Summer, 1973): 145–149; and Malcolm Spector and John I. Kitsuse, *Constructing Social Problems* (Menlo Park, CA: Cummings, 1977).

[9] Ethel Sloane, *Biology of Women* (New York: Wiley, 1980).

[10] Coleman and Cressey, *Social Problems,* 168–169.

[11] H. J. Eysenck, "The Effects of Psychotherapy," *International Journal of Psychiatry* 1 (Winter, 1965): 97–144.

[12] Kornblum and Julian, *Social Problems,* 254–255.

[13] Harold Wilensky and Charles Lebeaux, *Industrial Society and Social Welfare* (New York: Free Press, 1965).

[14] Ibid., 139.

[15] James Midgley, *Social Development: The Developmental Perspective in Social Welfare* (Thousand Oaks, CA: Sage, 1995).

[16] Ibid., 25.

[17] James Midgley and Michelle Livermore, "The Developmental Perspective in Social Work: Educational Implications for a New Century," *Journal of Social Work Education* 33, no.3 (Fall 1997): 573–585.

[18] Ibid., 576.

[19] Alexander Liazos, "The Poverty of the Sociology of Deviance: Nuts, Sluts, and 'Perverts,' " *Social Problems* 20 (Summer 1972): 103–120.

[20] Oscar Lewis, *La Vida: A Puerto Rican Family in the Culture of Poverty—San Juan and New York* (New York: Random House, 1966).

[21] Dorwin Cartwright, "Achieving Change in People: Some Applications of Group Dynamics Theory," *Human Relations* 4 (Nov. 1951): 383.

[22] James W. Coleman and Donald R. Cressey, *Social Problems,* 2d ed. (New York: Harper & Row, 1984), 21–22.

[23] Charles H. Cooley, *Human Nature and the Social Order* (New York: Scribner's, 1902).

[24] Thomas J. Sullivan, et al., *Social Problems* (New York: Wiley, 1980), 27.

[25] Thomas Scheff, *Being Mentally Ill* (Hawthorne, NY: Aldine, 1966).

[26] Kornblum and Julian, *Social Problems,* 183–184.

[27] Ibid., 243–245.

[28] Ibid., 61–89.

[29] Janet S. Hyde, *Understanding Human Sexuality,* 5th ed. (New York: McGraw-Hill, 1994), 424–426.

[30] Kornblum and Julian, *Social Problems,* 191–192.

[31] Shere Hite, *The Hite Report on Male Sexuality* (New York: Knopf, 1981), 477.

第一部分 Part One

1 反常行为与社会变迁

第二章

犯罪与青少年犯罪

本章内容 28

- 犯罪的性质和范围
- 犯罪原因理论
- 犯罪类型
- 刑事司法制度
- 如何减少犯罪和青少年犯罪
- 总结
- 注释

犯罪是众多美国人非常关心的社会问题。犯罪的类型包括谋杀、殴打、严重侵犯人 29
身、入室行窃、盗窃、纵火、强奸、私贩毒品和白领犯罪。如何去预防这样或那样的犯罪行为呢?

本章主要内容为:

- 讨论犯罪的性质与范围。
- 介绍当前的各种犯罪原因理论。
- 描述犯罪类型。
- 考察刑事司法制度(警察、法庭和矫正制度)。
- 提出减少犯罪和青少年犯罪的建议。

犯罪的性质和范围

犯罪是触犯或疏忽法律的行为。法律作为正规的社会规则依靠政治权威强制实施,通常情况下,各州(或权力精英控制的州)明确认为犯罪是那些严重侵犯社会价值和规范的行为。并不是所有严重侵犯社会规范的行为都被法律所禁止,有时社会不赞同的那些对社会标准造成侵犯的行为,例如一个游泳者没有援助一个溺水者,并不是犯罪,尽管这通常被认为是不道德的。

什么是犯罪？

由于社会规范和价值的改变经过一段时间才会对法律产生影响，所以通常社会标准的转变和法律的改变不会完全同步，例如，在一些地方废止的法律中保留着这样的条款：禁止在星期天玩纸牌和禁止性行为（甚至已婚夫妇），这在其他地方的人看来就像“传教士”一样。

可以确信社会规范和价值有别于文化和社会，因此它们也会对法律产生作用。在很多阿拉伯国家，饮酒是非法的，相反吸食大麻是可以接受的[1]，而这与美国的法律规定正好相反。

任何人都曾触犯过法律。一个人是否被宣判有罪要依赖于一系列因素，包括触犯法律的人是否被逮捕，原告是否提出强有力的事实，辩护律师的法律技巧，是否有目击证人，以及犯罪人在法庭上如何展现自己（包括身体的外貌、说的话和使用的非语言的交流方式）。

瑞吉，14 岁，由于导致一辆被盗汽车的永久报废而被捕，在刚刚从拘留中心释放后由于将一辆车撞向沼气罐而再一次被捕，当问他为什么去撞沼气罐时，他说：“为什么我要小心？没有人那样做。”他在驾驶汽车时使用拐杖去刹车和加速。

伴随着成千上万的法律出现在书本上，警察、控告律师和法官已经在非常谨慎地考虑哪部法律被忽视了，哪部被加强了，以及如何去加强它们。这种自由处理权给刑事司法机构提供了很多机会去决定谁被逮捕和谁被释放。适用法律的活动往往夹杂着一些团体和阶
30 级的政治权力和偏爱，因为刑事司法权已经被白人阶层和上层阶级历史性地掌握，其他阶层往往（故意或非故意地）受到残酷的对待。例如政府当局制定的针对白领犯罪的法律就不如针对作为中等或上等阶层邻居的流浪者的法律更强有力。（中等或上等权力机构通常

寻求制定有关流浪者的法律“去让流浪者和不受欢迎的人离开街道，或至少别做受尊敬的人的邻居”[2]。）

犯罪问题的普遍性如何

犯罪是美国面临的一个严重的问题，前总统理查德·尼克松在很多场合提到，犯罪是“我们的最大敌人”，“我们应该向犯罪宣战”。具有讽刺意义的是，随后尼克松总统和他的高层官员就面临了犯罪的指控——一些人进了监狱——与此相联系的“水门事件”。（发生在 1972 年的“水门事件”是，位于华盛顿特区水门大厦的民主党总统竞选总部被闯入。闯入者是被秘密雇用帮助尼克松再度当选总统的，由于事件败露，尼克松和他的一些高级助手通过一系列的违法行为去努力地掩盖事实真相，在掩盖行为被揭发后，尼克松最终辞去总统职务。）

美国最为全面的犯罪统计是每年由美国联邦调查局（FBI）出版的《美国犯罪：统一犯罪报告》（UCR）。这个报告由警察局起草，列举美国犯罪和被捕的情况。在报告中有一部分是严重犯罪索引（Serious Crime Index，SCI），这部分会展示严重犯罪的数量及发展趋势。严重犯罪索引由四种类型的财产型犯罪（入室盗窃、盗窃、汽车盗窃和纵火）和四种侵犯人身的犯罪（谋杀、强奸、严重侵犯人身和抢劫）组成。

据美国警察局报告，美国每年严重犯罪索引中的犯罪发生数超过 1.3 亿[3]，在表 2—1 中列出了 1996 年严重犯罪数。

表 2—1　　　　1996 年严重犯罪数量报告

犯罪	数量	30
纵火	（无统计）	
谋杀	19 650	
强奸	95 770	
抢劫	537 050	
严重侵犯人身	1 029 810	
入室盗窃	2 501 500	
盗窃	7 894 600	
汽车盗窃	1 395 200	
合计	13 473 580	

资料来源：U. S. Department of justice，*Crime in the United States*：*Uniform Crime Report*，1996（Washington，DC：U. S. Government Printing Office，1997），61。

在美国，严重暴力犯罪已经达到了令人吃惊的比例，这成为人们的共识。许多美国人感到晚上自己居住的地区不安全，高比例地拥有属于自己的枪支，很大程度上是为了自我防卫。[4]表 2—2 生动地说明了为什么今天人们如此恐惧。

30 表 2—2　　犯罪钟：美国犯罪报告中犯罪发生的频率

财产型犯罪——每 3 秒钟发生一次
盗窃——每 4 秒钟发生一次
入室盗窃——每 13 秒钟发生一次
暴力犯罪——每 19 秒钟发生一次
汽车盗窃——每 23 秒钟发生一次
严重侵犯人身——每 31 秒钟发生一次
抢劫——每 59 秒钟发生一次
强奸——每 6 分钟发生一次
谋杀——每 27 分钟发生一次

资料来源：U. S. Department of justice，*Crime in the United States*：*Uniform Crime Report*，1996（Washington，DC：U. S. Government Printing Office，1997），4。

如何对美国和其他国家的犯罪率进行比较？众多原因导致这个问题很难去回答。不同的国家给犯罪下定义的方法各不相同——例如，在一些国家卖淫是犯罪，但是在另一些国家则不是犯罪，除此之外，许多其他国家并没有准确的犯罪范围的统计。然而有一种犯罪在每个国家都使用相同的定义，而且会收集准确的日期——谋杀罪。

在所有工业化国家里美国拥有最高的谋杀罪比率。美国的谋杀罪比率比加拿大高 5
31 倍，比欧洲高 7.5 倍。[5]科尔曼和克雷西对美国的高比例暴力犯罪做出了如下解释：

> 美国高暴力犯罪率通常就像是一个粗暴的边界扩张中的残留物。根据这种观点，暴力成为一种生活方式，就像一个不断前进的殖民者为了土地和利益与自己人和当地人打仗。虽然美国是一个极端富裕的国家，但是，和其他西方国家比较，美国的贫富差距较大，同时社会福利和社会保障低劣，因此，那些社会低层阶级的人就会面临更多的挫折和绝望，同时对那些拥有财富的人有更多的怨恨。[6]

谁被逮捕?

那些因犯罪而被捕的人在男性、青年人、少数民族和城市居民中的分布似乎是不均衡的。

男性犯罪人（数）是女性犯罪人的 4 倍。[7]（只有在未成年出走者和卖淫案中女性犯罪人多一些）男性犯罪人多主要有两个原因。一是性别社会角色鼓励男性具有更多的攻击性和勇气，相反却鼓励女性应被动和遵守社会规则和标准。二是警察和法庭在处理女性犯罪人时会更宽大。[8]然而，需要关注的是在过去二十年里女性犯罪人的增长速度已经超过了男性[9]，这也许消极地反映了女性对自身传统性别角色的挑战。

青年人犯罪的被逮捕率远远高于他们所占的犯罪份额，由 FBI 所统计的犯罪类型中的严重犯罪包括强奸罪、谋杀罪、抢劫罪、纵火罪、入室盗窃、严重侵犯人身、汽车盗窃和盗窃。1996 年，在所有被逮捕的罪犯中有 32%年龄低于 21 岁，45%年龄低于 25 岁。[10]针对未成年人和年轻的成年人有较高的被捕率有这样一种解释：相对于年龄较大的成年人，青年人在避免被捕方面往往具有较低的技巧。同时，他们倾向于去犯那些很容易被警察发现的罪（如汽车盗窃）。当所有这些因素都作用于犯罪数量统计时，青年人犯罪的数量就会高于成年人犯罪。

在不同的种族群体中被捕率也会有区别。在美国，华裔和日本裔美国人被捕率最低。[11]美国黑人的被捕率是白人的 3 倍。[12]据 FBI 对严重犯罪的分析，这样高的犯罪比例其中的一个原因是很高比例的黑人贫穷或失业，而贫穷（失业）与犯罪有一定相关性。除此之外，一些少数群体被捕率高的原因或许是种族偏见。一些研究已经表明被捕、检举、起诉和监禁的可能性的增加和减少与社会地位有关。在一项研究中显示，审判依据的是假想的事实，但被要求做出合适的判决。比如，审判事实包括以下信息：

> 乔·卡特，27 岁，承认犯了殴打罪。他挥刀砍他妻子的手臂。他的记录表明他被定的罪有扰民、酗酒、交通肇事逃逸。他对缓刑官讲，他的行为是在他妻子使用扫帚把攻击他之后的自卫行为，于是缓刑官建议对乔的处罚是不要超过 5 天的监禁或不超过 100 美元的罚款。[13]

有一半法官认为“乔·卡特”的身份是白人，另外一半则认为他的身份是黑人。认为他是白人的法官建议给他 3 到 10 天的监禁，相反认为他是黑人的法官建议给他 5 到 30 天的监禁。

科恩布卢姆（Kornblum）和朱利安（Julian）（1989 年）指出还有另外一个因素促成了黑人的高被捕率：

> 另外一个促成黑人高犯罪率的原因是家庭紊乱，特别是在那些快速增长的以女性为核心的家庭中。这样的家庭缺乏拥有合法工作的男性角色，失去监管的孩子将会受到社区中其他人的影响，其中的一些人实施了犯罪行为。[14]

大多数犯罪和被捕数据的报告是把大城市和郊区或乡村进行比较。[15]在大城市中犯罪的增长趋势有这样两个方面：一是转变速度快，二是集中在低收入和临时居住的群体中。在非常稳定、高收入和长期居住的居民中被捕率确实较低。郊区的犯罪率低于城市，同时也低于乡村。[16]

专栏 2.1　犯罪付出代价吗？相当频繁！ 32

暴力犯罪包括谋杀、强奸、抢劫和严重侵犯人身。在美国，每年暴力犯罪人数已超过了 400 万，但仅仅有一少部分的犯罪人被法律惩处。

每 100 个暴力犯罪人中：

仅仅有 42 人被报告到警方。
仅仅有 17 人被逮捕。
仅仅有 5 人被起诉。
仅仅有 4 人被送进监狱。

资料来源：Ted Gest，“The Real Problems in American Justice” *U. S. News & World Report*（Oct. 9，1995)：54－55。

32 官方的犯罪统计准确性如何？

正如前面描述的，FBI 每年编辑《统一犯罪报告》（UCR），编辑时依据的数据来源于美国全国警察局记录的犯罪和被捕人数。严重犯罪索引是《统一犯罪报告》的一部分。

有很多的问题与索引有联系。真实的犯罪率肯定高于官方公布的犯罪率。据科恩布卢姆和朱利安（1989 年）估计，警方报告中的犯罪数据只是实际犯罪数的 33%，而暴力犯罪报告数只是实际犯罪数的 50%。[17]受害人通常不向警方报案，因为他们感到报案无济于事（还有其他原因）。[18]正如在专栏 2.1 中指出的，大多数犯罪没有破案。

严重犯罪索引中所集中的犯罪，似乎大多是由社会和经济地位低的人实施的。这并没有反映高收入群体的犯罪类型：欺诈行为、虚假广告、法人价格垄断、行贿罪、侵吞罪、工业污染、偷税漏税等等。如果白领犯罪被列入严重犯罪索引中，如果警察能够更有利地加强相关法律，和索引中的实际分类相比，犯罪类型的描述应是老年人犯罪、富人犯罪、白人犯罪和郊区居民犯罪。

在一些匿名问卷的自我报告研究中，当问及是否实施过任何微小犯罪时，揭示出这样的情况："几乎 100%的人都曾实施过一些类型的犯罪，尽管几乎没有被逮捕过。"[19]在某种角度上，难道被捕的人和没有被捕的人真有所不同吗？如果有，其中之一可能是没有被捕的人仅有一次犯罪记录，相反被捕的人则频繁触犯法律。也许有一个更好的解释，即依据犯罪类型，那些被捕的人的犯罪类型被警察更严格地控制。例如，那些穷人更有可能去实施那些高风险低产出的犯罪如盗窃、入室盗窃、抢劫。相反，那些富人更可能去实施那些低风险高产出的犯罪，比如侵吞收入税和虚假广告。

在过去的 20 年中，正如严重犯罪索引中所引述的，犯罪的数量戏剧性地增加。然而不确定哪些更能准确地代表增长的比率。或许是犯罪被害人更多地报案，或许犯罪的增长应归功于警方犯罪报告工作效率的提高；警方增加使用计算机以及专业工作人员和统计人员也能够提高犯罪统计的准确性。

严格来讲，严重犯罪索引中的数据与法律执行部门的数据不具有完全的可比性。在一些时候同样的一份报告从某一年到下一年数据甚至都是矛盾的。造成这种区别的主要原因是 15 个州每一个都有自己独立的法规。例如一种犯罪在一个州被确定为入室盗窃，而在另一个州可能被认定为盗窃或抢劫；在一个州性侵犯可能被确定为性犯罪，而在另一个州则被认为是危害较小的侵犯。各州偶尔会改变它们的犯罪法规，所以在同样的犯罪报告中，犯罪数据不一致的可能性就增加了，因为犯罪的定义改变了。除此之外，个别警察由于履行职责的需要也对法律做出了不同的解释。

最后，应该注意的是犯罪统计在一些时候被警方和官方操纵。日期标注的不正确可以显示较高的犯罪率，可能是联邦政府或州所允许的文件记录的需要，或者是政治性地增加职员和设备预算经费的需要。然而警方和官方毫无疑问会施加影响降低犯罪率，通过操纵犯罪统计，他们可以将严重犯罪确定为较轻犯罪的范畴。

总的来讲，FBI 的严重犯罪索引对美国的犯罪率和犯罪趋势进行了简单的描述。然而这 33
些统计忽视了白领犯罪、警方报告环节的影响，使很多应该被关注的犯罪没有被报告，这种现象更多地出现在穷人、接受低教育者和少数民族被害者身上。警方不仅有选择地去实施法律，而且也将犯罪统计引上歧路。一些社会学家已经断言，高收入群体更多地卷入白领犯罪中来（这通常被警方所忽视），他们的犯罪率也许事实上已经高于低收入群体。[20]

犯罪原因理论

许多学科促进了各种犯罪原因理论的发展。由于篇幅所限，在此只能对一些著名的理论做概括介绍。表 2—3 列出了这些著名理论及其产生的大概时间，当你阅读其中每一个理论时，要问你自己下面这些问题：这个理论是否有助于去解释一个人为什么要实施（强奸、入室盗窃、谋杀、私贩毒品、严重侵犯人身、绑架罪、侵吞公共财产等等）犯罪行为？这个理论是否有助于制订一个矫正计划，来预防犯罪行为再次发生？

表 2—3　著名的犯罪理论

理论	大约产生的时间	33
早期理论		
魔鬼理论	原始社会	
古典主义/新古典主义理论	1775	
马克思列宁主义理论	1850	
生理和精神特质理论		
颅相学	1825	
龙勃罗梭理论	1900	
智力低下理论	1900	
形态学理论	1920	
心理学理论		
精神分析理论	1900	
精神动态问题解决理论	1920	
挫折—攻击理论	1950	
自我对话理论	1975	
社会学理论		
标签理论	1900	
分化联系理论	1939	
社会控制理论	1950	
越轨行为亚文化理论	1955	
失范理论	1957	
批判理论	1995	

早期理论

最早有关犯罪原因的三个理论是魔鬼理论、古典主义理论/新古典主义理论和马克思列宁主义理论。

魔鬼理论

在原始社会里，几个世纪来人们认为犯罪是邪恶精神导致的。这种信念逐渐演绎出魔鬼理论。这种理论认为那些违反道德或社会常规的人是被魔鬼所控制的。治疗犯罪行为的唯一途径是通过祈祷、宗教仪式，或者是折磨（有时是折磨导致死亡）。这个理论不再著名，部分原因是科学研究表明，犯罪的人被邪恶精神所控制是没有根据的。这种理论还残留一小部分，就像我们在邪教、邪恶主题摇滚乐歌词和电影中（如《驱魔人》和《13 号星期五》）所看到的，人们被魔鬼控制了。

古典主义/新古典主义理论

古典主义和新古典主义学派建立的基础是享乐心理学理论。古典主义理论认为，一个人在决定是否犯罪之前，就已经估计了要得到的快乐和痛苦。假设每一个人拥有自由意愿，并在进行了事前享乐计算之后选择了自己的行为。这个学派的拥护者认为这样就能够很圆满很彻底地解释犯罪的原因。应用到犯罪矫正，这个理论力主设计清楚的惩罚措施，因为每一个准备犯罪的人能够事先计算犯罪行为所带来的快乐和痛苦。为了制止犯罪行为，惩罚措施应比预想的快乐略微严厉。新古典主义学派接受了古典主义的享乐计算的基
34 础理论，但是它主张孩子和精神病人应免除惩罚，因为他们没有能力负责任地去计算快乐和痛苦。法官的裁决也是致力于减轻罪行的严重程度，如一个犯罪人被裁决不是故意杀人。

尽管 19 世纪的矫正制度建立的基础主要是新古典主义，但古典主义和新古典主义已经不再大受欢迎。它的一些元素在我们今天的法律和审判制度中仍可发现——特别是强调使用惩罚措施去阻止犯罪。这种理论受到严厉批判，因为它不能接受其他犯罪原因理论，同时它倡导使用的惩罚手段不能成功地抑制犯罪的发生。除此之外，新古典主义忽视了这样一个事实，即人类更多的行为决定于价值和道德，而不是快乐和痛苦的计算。

马克思列宁主义理论

马克思列宁主义理论主张所有的犯罪都是工人遭受剥削和人们间高度竞争所导致的。根据新马克思主义观点，当社会达到无阶级状态时，犯罪就会消失。共产主义信条的基础是："各尽所能，按需分配。"社会主义国家（如古巴、朝鲜）在过去已经利用卡尔·马克思倡导的理念去寻求社会的变革。和资本主义国家相比，社会主义国家的阶级差别不显著。马克思确信在社会主义国家犯罪将大幅度减少，因为那里不会有很多的阶级冲突，大量的犯罪行为不应该出现在这些国家。（犯罪行为的范围很难确定，因为这些国家几乎不公布犯罪率报告。）社会主义国家仍然持续存在的犯罪现象并没有成为马克思主义者证明

这种理论有缺陷的证据；相反，他们认为这是资产阶级的旧传统和意识形态所导致的结果，这种现象存在的另外一个原因是，没有完美地应用马克思主义理论。

生理和精神特质理论

你可能已经注意到表 2—3 生理和精神特质理论中的第一个理论：颅相学，实际上它的起源要早于马克思列宁主义理论。尽管按照时间的顺序它在犯罪原因系统理论中应属于“早期理论”，但它与“特质理论”有着密切的关系，在本节中还将讨论其他三种特质理论，即龙勃罗梭理论、智力低下理论和形态学理论。

颅相学

直到 20 世纪以前，颅相学相当受欢迎。颅相学家坚持认为犯罪行为与人的头盖骨的大小和形状有关。他们非常详细地检查了头盖骨上的沟、脊和隆起的数量，认为大脑的形状受到头盖骨形状的影响，同时认为可以据此充分地去预测犯罪行为。尽管在一些孤立的案件中对那些拥有“犯罪倾向”头盖骨的犯罪人实施过更严厉的处罚，但这种方法并没有广泛结合形成一种矫正制度。因为科学研究已经发现没有证据证明犯罪行为与头盖骨的形状之间有联系。

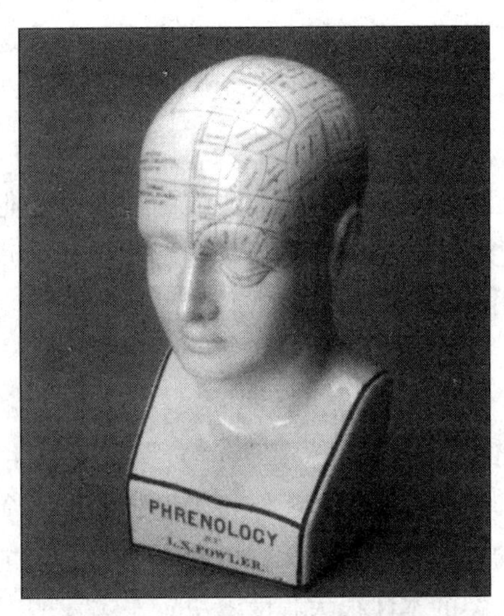

“实用颅相学家”L. N. 福勒卖出了上百个这样的胸座。 35

龙勃罗梭理论

在 20 世纪初期，生物的或体质的理论开始流行，这种理论的原型是龙勃罗梭（Cesare Lombroso）的“天生犯罪人”理论。这个学派认为犯罪是生理遗传反常或变异的结果，如胡须少、疼痛感低、鼻子歪、嘴唇厚或手臂长。该理论认为，一个人以上的变异特征越多，就越容易去实施犯罪行为。具有数个犯罪遗传特征的人不能控制其去实施犯罪行为，除非他们所处的社会环境非常友好。查尔斯·高瑞（Charles Goring，1913 年）驳斥这种犯罪是本能生理特征反映的理论，他在对数千个犯罪人和非犯罪人进行了研究之后，发现他们之间没有存在着显著的生理差异。[21]

智力低下理论

当龙勃罗梭学派声名狼藉之后，智力低下理论替代了它的地位。智力低下理论认为犯罪的原因是“低能”，低能者被认为不具备获得道德、自我控制及理解法律含义的能力。随着智力测试的标准化和推广使用，发现许多犯罪人达到或高于智力平均分数，这使得这个理论在 1930 年后不再流行。无论是龙勃罗梭理论还是智力低下理论都没有对犯罪矫正产生持续不断的重要影响。

形态学理论

和智力低下理论和龙勃罗梭理论有密切关系的是形态学理论。这个理论认为，心理的构成与生理的结构有着十分重要的关系。这个理论中非常与众不同之处在于威廉·谢尔顿（William Sheldon）在1940年创立的观点。谢尔顿将人体分为三类：肥胖型、肌肉发达型和消瘦型。他认为肌肉发达型有异常强烈的犯罪倾向。肌肉发达的人的犯罪倾向并非天生的，然而，他相信这种体格的人常具备以下这些显著的特征：热爱探险、精力充沛和喜欢运动。肌肉发达这一类型是充满精力、有进攻性和冒险精神的人物，比如将军、运动员和政治家，当然也包括犯罪人。谢尔顿这样的形态学理论在南欧和南美国家仍然流行，但是科学研究发现很少有证据表明肌肉发达的人要比那些消瘦的和过分肥胖的人更容易犯罪。

心理学理论

心理学理论认为犯罪的根源在于犯罪人的思想过程，而与全部社会环境相对无关。这些理论包括精神分析理论、精神动态问题解决理论、挫折—攻击理论、自我对话理论，并用这些理论方法去解释犯罪行为。

精神分析理论

精神分析理论并非一个独立连贯的理论，而是20世纪初期心理学家在西格蒙德·弗洛伊德（Sigmund Freud）具有开创性著作的基础上演绎出的多种假说。一般来说，这个理论事先假设，犯罪行为是超我（一个人的意识和自我理想）和自我（是本我和超我之间的协调者）非常无力以致本我（心理能量的来源）不能抑制本能和反社会的压力的结果。人类的本性很大程度上决定于本我的本能，而本能在本质上是反社会和不道德的。这个理论假设人们的当前行为较多地受到童年经历的控制。偏差行为源于无意识冲突、强迫和压抑创伤经历。

病态人格学派是精神分析的重要组成部分，它已经对犯罪矫正产生了重要影响，因为它断言一些犯罪人实施犯罪行为的原因是他们精神上不正常。刑事司法制度中要求研究病态人格的专家去确定一个犯罪人是否为精神病人，如果某一个人被法院认定精神是不正常的会宣判无罪，这个人不会被送进监狱，而是被送进精神病院去接受治疗。

精神病学理论根据个体的精神功能将他们分为很多种类。其中的一类是社会病态，已经被认为确实可以被矫正。一个社会病态人被认为没有道德去抑制他实施犯罪行为，无论什么时候只要对他个人有利，即使伤害了他人，他也会去实施犯罪行为。

从1950年起，托马斯·萨斯（Thomas Szasz，1961年）和其他一些人已经强烈质疑用医学模式去治疗情感问题，而且确信精神疾病是一个误区。[22]萨斯认为人们有情感问题，但并不是像医疗模式所暗示的（见第三章）“精神疾病”。然而法庭仍然使用精神疾病模式。

人们逐渐不喜欢精神分析理论，一个原因是研究发现，人们的情感问题在接受了精神分析治疗后与那些对比组中没有经过治疗的人相比没有改善。[23]

精神动态问题解决理论 36

精神动态问题解决理论认为，一些个体设计犯罪行为作为调整一些问题的方法。这些问题通常可以在各种各样的人格冲突的成分中被察觉到：希望、冲动、恐惧、竞争、忠诚、伦理规则等等。环境因素通常不被强调。

这个理论严重的不足是，它很难（如果不是不可能）准确确定希望、冲动、恐惧或伦理如何促使某个人去实施犯罪行为。比如，下面这些欲望被认为是犯强奸罪的动机：未被满足的性需求、实施暴力的欲望、自卑感。这些欲望在强奸过程中会临时减轻，同时犯罪人会有优越感和支配感。当性侵犯出现的时候，几乎不可能确定这些欲望在多大程度上导致了这种犯罪行为。常见的是，我们仅仅能够使用这个理论推测，某种犯罪行为的原因没有现成的"工具"去检验。

挫折—攻击理论

挫折—攻击理论认为，挫折往往会激发出一个攻击的反应。因此，暴力是能够减轻挫折感的一种手段。例如一个失业的丈夫，不能支付生活费用或找不到工作，有时他可能会殴打妻子。一些权威人士认为，20 世纪 60 年代发生在一些城市的放火和暴乱就是美国黑人面对挫折的反应，社会承诺给予他们平等权利，但没有兑现。

挫折—攻击理论只对暴力犯罪作出了解释。它没有尝试去解释其他类型的犯罪行为，比如卖淫、欺诈和伪造罪。

自我对话理论

自我对话理论认为心理学理论能够确定犯罪行为背后的犯罪动机。[24]根据这种理论，任何犯罪行为的原因都可以在犯罪人犯罪前和犯罪过程中的想法中找到（见专栏 2.2）。这个理论的一个缺陷是，当一个犯罪人谈论他犯罪过程中的想法时，他们通常会歪曲事实真相，使多数人能够认可他们的行为。

专栏 2.2 自我对话理论：暗杀总统的尝试 36

1981 年 3 月 30 日，总统罗纳德·里根（Ronald Reagan）在华盛顿特区的大街被一颗口径为 0.22 的子弹袭击，这颗子弹穿过他的左胸，进入了左肺，同时受伤的还有他的一个保镖、一名华盛顿警察和白宫新闻秘书詹姆斯·布雷迪（James Brady）。幸运的是，四个人都活了下来。因为这次暗杀事件而被捕的是 25 岁的约翰·W·欣克利（John W. Hinckley），他的父亲是百万富翁，科罗拉多石油公司的总经理。

出生于富有的家庭，欣克利是一个孤独的流浪的人，他盼望出名。在高中的时候，欣克利是一个中等的学生，但几乎没有朋友。他在大学断断续续读了七年但没有毕业。他的父亲是一个白手起家的百万富翁，他的兄弟是他父亲公司的副总经理。他的家族成员是里根强有力的支持者。

欣克利迷恋上了女演员朱蒂·福斯特（Jodie Foster），可是他们从来没有见过面。在电影《出租汽车司机》里，朱蒂·福斯特扮演了一个雏妓。这部电影讲述了生活中的失败者偷偷追踪一个政治人物的故事，这部电影对欣克利的暗杀行为产生了很大影响，他在没有发出的给福斯特小姐的信中写道：

> 无论前途如何，如果我能够在以后的生命中赢得你的心，我将马上放弃杀害里根的决定。我向你承认，我做这件事的原因是我不能再等待，要让你铭记我……
>
> 朱蒂，我渴望了解你的心，至少要给我一个机会，利用这个具有历史意义的行为来得到你的尊重和爱。①

显然，欣克利枪杀总统的原因是，他相信这样的行为可以取悦朱蒂·福斯特，然后可以使他们之间建立关系。

当律师、法官、警察和其他刑事司法官员在寻找犯罪人的犯罪动机时，他们真正在寻找的是犯罪人的思想认识（如自我对话），这种认识最终导致了犯罪。[23]

①John S. Lang, " John Hinckley-A Misfit Who Craved Fame," *U. S. News & World Report* (Apr. 13, 1981): 26.

37 社会学理论

社会学理论主要关注影响人们去实施犯罪行为的社会因素。为了便于理解这些理论，我们将按照年代顺序介绍以下理论：分化联系理论、失范理论、越轨行为亚文化理论、社会控制理论、标签理论和批判理论。

分化联系理论

埃德温·萨瑟兰（Edwin Sutherland）是现代社会学研究中最著名的犯罪学家，他于1939年提出了分化联系理论。这个理论认为犯罪行为基本上是向小范围亲密的人群——家庭成员、邻居中的同龄人群体、朋友等等——学习的结果。在本质上，“一个人成为罪犯是因为在他的观念中，触犯法律的概念胜于遵守法律的概念”[25]。一个人决定去实施犯罪行为的基础是现在和过去与一些重要人物的交往。人们内化了周围文化的价值。一个人频频接触其周围环境中的犯罪因素，而与非犯罪因素接触不够频繁时，他很容易去实施违法或犯罪行为。

过去和现在与亲密交往群体的学习经历能够解释是否一个人将触犯法律。那些决定去实施犯罪行为的，他的学习经历中包括将要实施犯罪行为的类型、犯罪的技巧、对于犯罪行为的态度和理念。如果一个青年人所崇拜的对象是入室盗窃或私贩毒品团伙的成员，他就会以他们为学习榜样，并且接受如何犯罪的训练，而且也会因为犯罪成功而得到那些犯罪团伙的赞扬。

这种理论很难去解释纵火罪和侵吞罪，这些犯罪人并没有接触过同类罪犯。

失范理论

罗伯特·默顿（Robert Merton，1968 年）运用失范理论去解释犯罪。[26]这种理论的观点是，当个体在社会中无法实现更高目标时，就会实施犯罪行为。默顿认为，每个社会都有一些被认可的目标（如健康和物质财富）和实现这些目标所必需的合法手段。当某些社会成员追求这些目标，但没有充分条件通过合法途径去实现它时，就导致了道德沦丧的结果。（对合法行为认可程度降低，社会就处于道德沦丧状态）由于不能通过法律规定的途径去实现目标，他们转而寻找非法的方式加以实现。

默顿确信高犯罪率可能出现在被歧视的群体中（例如，实现更高社会目标时遇到更多障碍的群体）。这些群体包括穷人和少数民族。根据默顿的说法，高犯罪率的社会（如美国）不同于低犯罪率社会的原因是，高犯罪率的社会告诉所有的国民他们可以实现目标，但事实上却封锁了一些人实现目标的道路。

失范理论很难解释为什么白领犯罪（这些犯罪人很少被歧视）是美国最常见的犯罪类型。[27]

越轨行为亚文化理论

越轨行为亚文化理论是另一种解释犯罪的方法。这种理论确信一些群体形成了自己的观点、价值和看法，这些支撑着犯罪行为。例如沃特·米勒（Walter Miller，1958 年）主张美国下层文化与中产阶级文化相比更容易导致犯罪行为。[28]他认为下层文化中的六种价值成分——麻烦、暴戾、骚动、命运、精明（研究别人的能力）和自治——以及对这些价值的认同会导致犯罪。米勒得出结论认为，所有的下层文化都会导致越轨行为，因为所有男性在这种价值中成长并接受了它，同时他们中大部分都会触犯法律。

艾伯特·科恩（Albert Cohen，1955 年）创造了另一种亚文化理论。[29]他的主张是，犯罪团伙发展犯罪亚文化以用于解决犯罪团伙中年轻男性的问题。犯罪团伙为其成员创造机会提供归属感、成就感和培养其男子气概，并与中产阶级社会抗衡。根据科恩的观点，犯罪亚文化能够有效地解决劳动阶层男性的社会地位问题，特别是那些被中产阶级社会拒绝的劳动阶层男性的问题。科恩主张劳动阶层男性的主要问题是要解决他们的社会地位。

和前面的理论一样，越轨行为亚文化理论不能解释白领犯罪和其他由中等和上等阶层实施的犯罪行为。

社会控制理论

社会控制理论提出这样一个问题：“为什么人们不犯罪？”这一类理论假设，我们所有人都有可能“自然而然地”去犯罪从而触犯法律，所以，必须由社会来控制和约束我们的 38
行为。社会控制理论学者指出已经确定了预防犯罪的三个因素：第一个因素是社会化过程形成的内部控制机制，强烈的意识和个人道德感会预防大多数人去触犯法律。第二个因素是对小社会群体（如家庭）强烈的依附感，它可以预防个体触犯法律，因为他们害怕被那些对于他们来讲很重要的人拒绝和不赞同。第三个因素（从传统的理论中得出）是人们不触犯法律是因为他们害怕被捕或被监禁。

社会控制理论假设人类基础的本性是反社会的。这样的假设从来没有得到证明。人性邪恶理论不能解释人类所实施的利他的和“好”的行为。

标签理论

标签理论与不同交往理论相似的是确信罪犯触犯法律的行为是习得的。标签理论关注的焦点是一个人被贴上罪犯标签的过程以及这个标签将会产生的影响。和社会控制理论相反，这个理论认为给一个人贴上了少年犯或罪犯的标签恰恰是鼓励而不是打击了犯罪行为。

查尔斯·库利（Charles Cooley）在“镜中我”的基础上建立了标签理论。[30]这个理论认为人们自我概念（他们是谁和他们是什么样的人的自我感觉）的形成与他们周围的社会关系有关，就好像是把他人当作玻璃或镜子来照出自己。例如，假如邻居们都认定一个男孩是“爱制造麻烦的人”或“少年犯”，大家可能会都不信任这个孩子。他们可能会谴责男孩的犯罪行为，同时把这个男孩半犯罪或攻击性的行为贴上“犯罪”的标签。这个贴标签的过程会对男孩的声誉和地位产生影响，至少会在他的同龄伙伴中产生影响。这个过程缺乏客观的标准去衡量男孩到底是不是一个真正的“罪犯”，这个年轻人就会依赖于别人主观上的评价。因此，当一个人被认为是一个“罪犯”时，他就会开始认为自己就是那样的人，并且逐渐地会去扮演犯罪人的角色。

标签理论不能解释为什么一些犯罪人在被捕和被宣告有罪之后停止了犯罪行为，也不能解释犯罪人最初违法的原因是什么。

39 **批判理论**

这个理论认为资本主义经济制度是犯罪问题产生的根源。这个理论的支持者确信导致犯罪的根源在于资本主义制度本身，认为一个阶级剥削另一个阶级，根源还在于资本主义制度刺激了人们的私欲，就好像私欲是全人类所有行为的必然目标一样。[31]（读者会注意到这个理论与前面提到的马克思列宁主义理论相似。）

理论的应用

上述这些理论指出了犯罪发生的一些原因和为什么某一些群体的犯罪率较高。犯罪学中的一个重要问题是：“这些理论指出犯罪人实施某种特定犯罪（如强奸罪）的原因了吗?”遗憾的是，对于这个问题，大多数理论不能很有效地回答。同时，它们也不能很有效地解释为什么一个人犯了伪造罪，另一个人犯了强奸罪，而第三个人却犯了偷盗罪。不清楚犯罪发生的原因，就很难建立一个有效恢复机制去阻止再次犯罪的发生。

试图解释所有类型犯罪的理论是有其固定的局限性的。犯罪作为综合性的称号，包含广泛的内容，包括抢劫、汽车盗窃、强奸、伪造支票、卖淫、酒后闹事、吸毒和露阴。很显然，由于犯罪的性质广泛，每种犯罪的动机和原因也是非常之多，因此不可能有一种理论能够充分地解释所有犯罪的原因。也许更有效的做法是创立一些具体的理论去解释特定犯罪（如酒后闹事、乱伦、汽车盗窃或诈骗）的原因，而不是再去建立综合性的理论。

下面我们就具体地研究犯罪的类型。

专栏 2.3　圣人和流氓：一项研究显示的标签的影响和重要人物期望的影响 38

在一个戏剧性的研究中，威廉·钱布利斯（William Chambliss）将来自同一所学校的青年人分为两组进行对比，研究影响青年人犯罪的因素。一组由中上层社会的男孩（圣人）组成，另一组则由下层社会的男孩（流氓）组成。圣人经常从学校里逃学，公开在考试中作弊，骚扰市民和警察，破坏家中财物，过度饮酒，鲁莽驾驶。教师、学校长官和警察极大地忽视他们的行为，由于是圣人，人们对他们的基本看法是“他们是好孩子”。他们几乎从未被警察逮捕过，而且在学校中几乎没有消极记录。这些年轻人被认为是实施无伤害的恶作剧的人。而且被允许“干年轻人的荒唐事”，同时人们期待他们在生活中成功。有趣的是，这些成功的期待成为对他们未来产生影响的主要因素，因为事实上几乎所有的圣人都上了大学并找到了白领的职业。

另一方面，流氓组干了很少的类似于犯罪的坏事，就被贴上了“行为不轨”的标签，被送到一个地方被禁闭起来，在那里他们很容易被辨认出来，因为实质上他们经常被逮捕。警察和学校长官期待流氓组成员的失败——他们也这样做了。他们被贴上了“罪犯”的标签，在学校里表现很差，然后只找到了社会地位低的工作或走上犯罪道路。这项研究证明了标签和重要人物的期待能够对一个人产生实质的影响。

另外一个额外的因素是，无论何时圣人道歉了，警察、长官都可能命令不去逮捕他们。他们礼貌、悔罪和道歉，也幸运地避免了被捕。相反，在警察和流氓之间存在很多的反感和不信任，一个流氓在被警察制止了以后，会变成粗鲁、敌意和被人鄙视的孩子，他们必然更频繁地被捕。

资料来源：William Chambliss，“The Saints and the Roughnecks，” *Society*，2（Nov.-Dec. 1973）：24－31。

犯罪类型

我们愿意认为犯罪是一个被明确定义的现象，并且对于什么样的人是犯罪人有比较成熟的观点。事实上，犯罪行为和触犯法律的人同合法行为和守法公民一样，种类繁多。许多不同形式的行为被认定为犯罪，它们拥有的共同的主要特点是都违背了犯罪条例。因为考察所有的犯罪行为是不可能的，所以我们要特别注意那些对社会有更大破坏的行为。（需要注意的是以下的分类并不是相互排斥的，它们是互有联系的。）

有组织犯罪

美国的有组织犯罪行为是一些寻求自己整体利益最大化的组织经过精心计划安排并实施的大规模的非法活动。有组织的非法行为涉及非法赌博、毒品交易、非法买卖（收购和出售盗窃的赃物）、色情服务、走私和敲诈（以收取保护费的形式）。对于一些犯罪行为来说，大规模的行动较之小规模的更加需要效率。例如：在毒品交易中，毒品需要通过走私进入一个国家并且进行大规模的分配，通过贿赂腐败的官员以减小入狱和被起诉的风险。

许多有组织犯罪行为都是开始于一些小规模的行动。大约是开始在进行一些特殊的犯罪，如敲诈或者是赌博，这些小组织逐渐以吞并或摧毁竞争对手的方式扩张，并在周边地区或在整个城市中控制了相关行业。最后，该组织将自己的业务扩张到其他的犯罪行业中并在地区甚至全国的活动中成就大的规模。

有组织犯罪的一个最大的特点是它的许多行动并不是掠夺性的（不是抢劫那样直接从受害者那里掠夺）。犯罪组织通常都寻求为公众提供那些无法通过合法的方式得到的物品和服务。这些物品和服务包括毒品、赌博服务、色情服务和高利贷。犯罪组织的成功依赖于大众对于非法服务的需求。

有组织犯罪也同样涉及“企业联合”，这是一种大规模的、协作性质的犯罪合作，涉及许多犯罪组织。有组织犯罪的准确范围是无法知道的，不过专家认为有组织犯罪对社会公众有巨大影响，体现在已知犯罪行为的数量和纳税人的支出上。主要的有组织犯罪行为是：赌博、毒品交易、高利贷、渗入合法商业、敲诈劳工和色情业。

40 **赌博**

赌博的范围和收益都是非常巨大的。它的非法行为包括彩票、非法打赌、非法纸牌游戏、“数字游戏”和骰子游戏。这些行为可以在几乎任何地方发生——在旅馆、车库或酒馆，在综合公寓，甚至在商业性房屋里。

毒品交易

毒品交易是美国的一项每年都能带来数亿美元的工业。源于这样巨大的利润，很少有理由怀疑有组织犯罪行为会涉足到进口和分配各种毒品中来，如可卡因、海洛因、大麻、致幻药、安非他明和迷幻剂。美国毒品非法交易的最近趋势是那些与较早的家族组织无关的组织的发展。一些这样的新组织有族群特点——例如：哥伦比亚人、中国人、越南人、波多黎各人、俄罗斯人或是非裔美国人。[32]

高利贷

这种犯罪包括以高于合法的利率限制借钱。据报道说，这样的利率高到一个星期150%。[33]联合集团以暴力威胁保证还债。主要的借债者包括那些需要填补损失的赌徒、吸毒者和那些无法通过合法来源获得贷款的小商业主。

渗入合法商业

从非法活动中得来的巨额利润为犯罪组织提供了资本去参与合法的活动，包括娱乐业、银行业、保险业、旅馆业、广告业、酒吧业、汽车工业、实产代理业（仅挂名并且很少）。

渗入合法商业给犯罪组织的成员提供了合法纳税的掩护，为其赢得了值得尊敬的一定社会地位，并且可以提供额外的获利机会。基于它的现金储备，联合集团可以暂时性地降低价格以使竞争对手破产。它同样还用强力的办法迫使顾客购买它的物品和服务。

敲诈劳工

这种行为涉及系统性地从工会和商业部门中敲诈钱财。敲诈者能迫使那些工会成员交更多会费和杂费来获得工作和确保工作。敲诈者可以通过付给低于工会工资标准的工资和挪用工会的保险金及福利款来实现对雇佣者的敲诈。最后，敲诈者可以通过迫使雇主贿赂工会联盟来实现对劳工的敲诈（例如为避免罢工）。

色情业

由于提供了许多人愿意为之付出高价钱的服务，所以色情业提供了极好的机会来获得利润，致使犯罪组织看上了它。犯罪组织以掮客联络妓女和嫖客的方式以及通过贿赂警察以保护妓女不被拘捕和被起诉的方式获得收益。犯罪组织同样也涉足其他与性有关的犯罪，例如非法传播色情电影和杂志。

有组织犯罪的结构

由于有组织犯罪非常强调隐秘性，所以只有极其有限的关于其违法行为的范围、头目和成员，或其在国内组织的性质的信息。

犯罪组织通常被认为起源于黑手党（也叫做科萨·诺斯特拉）。黑手党的领袖是意大利裔美国人，同样吸收了比例较小的其他种族的组织。黑手党的长足发展在1920年至1930年间，那是犯罪团体组织起来在费城提供非法酒精饮品的年代。黑手党现在已经形成了分散于北美的区域性联合集团或团队网络组织。这些联合集团通过一个由那些最具实力的“家族”的头领组成的“纪律委员会”协调行动。每一个家族的头目是一位“don”，他是在家族中有绝对权威并在纪律委员会中被约束的人。每一位“don”都由一位黑手党二老板和一个顾问协助着。下一个层次是“副手们”，他们每一个人都监督着一组从事非法活动的“士兵”。和公众的观点相反的是，黑手党并不是一个西西里岛人的法律破坏者的国际联合集团，而更像是一个在美国发展和组织的联合集团网络。《教父》系列书籍和电影现实主义地描绘了犯罪组织的结构和行为。

有组织犯罪对于社会以及我们的经济的损耗是巨大的。在赌博业和毒品交易活动中，许多个人以及他们家庭的生活都受到很大的创伤。敲诈劳工和渗入合法商业带来商品的价
格升高，产品的质量变差，迫使一些商家倒闭，垄断形成，工人失业，保险金和社会福利 41
滥用以及高赋税。通过腐化一些政府官员（许多非法事业的必要组成部分），犯罪组织使得公众对官方和民主活动的诚实性产生质疑。这同样也导致更高的赋税和公众基金的管理

不善。

在20世纪80年代和90年代，FBI对有组织犯罪展开了广泛的斗争。许多全国性的黑手党家族的头目都被起诉，被判有罪并被捕入狱。[34]另外，成千的犯罪组织成员被捕或因各种不同的犯罪行为被判有罪。现在FBI投入相当大一部分力量去打击有组织犯罪[35]，并且更多地使用电子窃听技术。FBI同时加强和各个州警方的紧密合作并和意大利一起限制犯罪组织。最近，警方成功地使得帮派成员"拒绝作证"的无声约定被破坏。因害怕长期关在易受一群杀人犯攻击的监狱中，许多黑社会的成员都加入了为告密者提供新地方、新身份（包括假履历）和住宅以保护目击证人的行动。

尽管有这些努力，但没有人可以看到这些暴徒影响的结束。许多老的领袖正逐渐被"新品种"的头目所取代，他们更加亲近世界上的大财团和合法的商业。犯罪组织现在发展了新的市场诡计，包括伪造消费者的信用卡和飞机票，私卖汽油（逃避联邦和州的汽油税）和通过虚假执照避税。[36]另外，和黑手党无关的新组织也正参与到进口和销售毒品活动中。[37]

白领犯罪

约翰逊（Johnson）和道格拉斯（Douglas）（1973年）发现，那些造成最为惨重损失的并且或许是最频繁的犯罪活动是那些"尊敬的"中产阶级和上层社会的公民实施的。[38]白领犯罪是那些高地位的人实施的与工作相关的犯罪行为。[39]

针对消费者的犯罪行为包括：虚假广告、操纵股票、违背食品和药品法规、把工业垃圾排入公共水路、非法排放工业废气和限价协议。在20世纪80年代和90年代初期，信贷业中存在着广泛的欺骗行为，这导致了信贷业的崩溃。联邦政府必须填补许多损失，这花掉了纳税人大约5 000亿美元，同时那些个体投资者的不被保护的储蓄也遭受了大数额的损失。[40]这场信贷业的丑闻使我们认识到白领犯罪导致纳税人损失掉的财务数额远大于其他种类的犯罪造成的总和。[41]

股票投机者伊万·博伊斯基（Ivan Boesky）的案例给我们提供了一个白领犯罪的经典案例。博伊斯基通过个人非法的内部交易（行动依靠的信息是不为大众所知的）获得10亿美元。那些操作内部消息（例如阻碍企业合并的消息或能影响股价的企业财政情况的改变）的经纪人都被禁止从中获利或者通过将这些消息卖给那些能通过它获利的人。在1986年中，博伊斯基承认了他的非法活动，交出10亿美元罚款和非法收益给证券交易中心，并且后来还被证实参与伪造联邦政府的文件。博伊斯基的犯罪行为使人们陷入了对内部交易的臆测的震荡当中，近年来这一直震动着金融团体。因为这个数额达数亿美元的犯罪行为，仅使他被判入狱两年。

挪用是指一个雇员通过修改雇主的一些记录，欺诈性地将雇主的资金挪作己用的犯罪行为。那些侵占了大量资金的挪用公款者通常都被认为是值得尊重的公民和值得信赖的员工。生活中，一个促成挪用公款者犯罪的动机是遇到他们通常的收入无法应付的财务问题——例如：赌债、情人或配偶的财务要求和亲属的巨额医药费。莎利文等人（Sullivan et al）注意到[42]：

> 挪用公款者合理化他们的偷窃行为，使他们自己相信他们只是“借用”那些钱，或他们的雇主都是骗子，应该失去这些钱，或他们的雇主并不会发现这笔钱的遗失。[43]

从小店员偷盗小额现金到公司经理盗窃大笔的投资资金，挪用公款的行为在各种层次的商业活动中都有发生。许多案例变得无法核查。甚至当核查到时，几乎没有被起诉的。一个非正式的处理是：核算出让挪用公款者同意还回的资产的数量并让其在别的地方寻求 42
聘用——让他还回被盗资金是一种比起诉他更有效率的解决方法。由于一个涉及员工不诚实的丑闻会威胁雇主的公众形象并且会伤害未来的生意，所以雇主们通常都选择以非正式的私下处理方式处理这些犯罪行为。

其他白领犯罪的例子包括：逃避个人所得税、虚假报销单、商业组织滥用政府基金、集体贿赂和与计算机相关的犯罪（例子可以在专栏 2.4 中找到）。计算机犯罪涉及那些计算机科学知识扮演重要角色的非法活动。人们连接上一台个人电脑，用一部调制解调器和一个正确的密码就可以把数百万美元转移到世界的任何地方。

专栏 2.4　道尔盾：一个公司贪婪的案例 42

道尔盾，一种子宫内放置的器具，在杀死了至少 17 名美国妇女后，被制造商从美国市场中收回。在宣布召回以后，生产商 A. H. 罗宾斯在海外倾销了大约 1.7 亿件器具。大量的器具被美国国际发展机构买去，他们可以从中得到 48%的回扣，这些被包装好的可导致不孕的器具被散布到整个第三世界。

资料来源：P. Beirne and J. Messerschmidt，*Criminology*（New York：Harcourt Brace，1991）。

不幸的是，美国社会对白领犯罪比较包容。一个多次偷盗小额钱财的扒手很可能被送进监狱，而一个多次忘记缴纳其高额收入所得税的白领却可能不会遭到起诉。对于白领犯罪这样地容忍，看上去很大程度上是缘于它的受害者是一个很大的、非个人的组织（例如整个政府或者是大的企业），一般个人不会被影响到。例如：很多人不会想到从一个私人家里拿东西，但是同样是这些人却会从旅馆里偷“纪念品”（毛巾、被单、烟灰缸）。

白领犯罪给我们对于犯罪和犯罪人的观念带来了很多严重的问题。它使得犯罪行为并不必要集中在年轻人、穷人、少数外裔人种和内城区的人中。在我们社会中，夜贼和扒手是会被严厉处罚和蔑视的，但是白领犯罪行为虽然造成较之更大的损失却极少被起诉或被认为是犯罪。为什么呢？难道是因为在我们社会的能力结构中，中层和上流人士可以定义他们的犯罪行为为“可以理解的”，而那些能力欠缺的人的违法行为却被看作是“不能容忍的”吗？

无受害者犯罪

许多犯罪行为，例如挪用公款和抢劫，都有非常明确的受害者。但是也有一些犯罪行为中并没有受害者，除非有人蓄意要参与到非法活动中。无受害者的犯罪行为包括：卖淫业、流浪、色情出版业、赌博业、酗酒、破坏宵禁、闲逛、滥用毒品、通奸和双方同意的同性恋（有些非法，有些却合法）。判定这些行为非法的法律的制定更主要的是为了约束人们的私生活，而不是保护一部分人。这些法律的存在是因为社会中一些有权力的团体认为这些行为是“不受欢迎的”。

美国投入大量资源来控制无受害者的犯罪行为，拘捕数字的证据表明，每年拘禁者中有近乎四分之一是涉及无受害者犯罪的。[44]犯罪组织通过提供某些消费者愿意付钱的非法商品和服务这种无受害者的犯罪行为来获得大笔钱财。禁酒令是一个非常经典的例子——犯罪组织以非常夸张的高价提供非法酒精饮品。

由于无受害者的犯罪被认为是不太严重的（至少一些人如此认为），并且它花费了警察和法院过多可以用来减少其他更严重犯罪的财力和时间，所以有一些人努力来使其合法化或者废除一些有关法令。亚历山大·史密斯（Alexander Smith）和哈丽特·保勒克（Harriet Pollack）（1971年）说：

> 每一个杀人犯被捕入狱和被起诉，毫不夸张地说，都面临成打的赌徒、妓女……流浪汉挤满了的判决日程表。如果我们逮捕数名数字游戏操纵者，将一些吸食大麻的孩子和一些非法的酗酒者排除在刑事司法审判之外，我们可以充分地减轻法庭和警察
> 43 的负担……那些不能反映当前道德要求的道德准则或不能被强制执行的道德准则应该通过合法的行为予以废除，因为至少它们破坏了法律的尊严。[45]

对这些罪行的惩罚可能是弊大于利。比如，如果把一个同性恋者当成重犯对待，这将会严重伤害其自我概念和社会地位。犯罪惩罚也可能会促使罪犯形成一个犯罪亚文化，以更大的安全性继续他们的非法行为。以同性恋者和吸毒者为例，这种亚文化使他们与社会其他群体隔离得更远。

性侵犯

社会上存在大量的性侵犯，最为常见的形式有：暴力强奸、卖淫、拉客、强奸、鸡奸、同性恋、通奸、乱伦等。

在美国大部分州，只有男性对暴力强奸负法律责任。强奸是一种高度不被举报的罪行，只有少于四分之一的受害者向警方报了案。[46]为什么呢？据估计，近一半的案件中，袭击者都是受害者的朋友或熟人，因此一些受害者认为警方只会造成人际关系上的许多麻烦。许多受害者不愿报案是因为他们认为（也许事实如此）报案只会带来损失而不会有任

何好处，包括在社会上蒙受羞辱，被一些毫无同情心的法律官员审问以及在法庭上令人羞辱地公开指证。对强奸案的隐瞒给社会带来了危险，由于强奸犯不太害怕被拘捕，他们会寻找更多的受害者。

法定强奸包括男性已到法定年龄（通常是 18 岁）而女性虽是自愿但在允许年龄以下（一些州是 16 岁，另一些州是 18 岁）的性行为。在大多数州，女性并不会被指控为强奸罪。在一些州，对法定强奸的控告可以是除了性交之外的其他性接触，如口交。

在同性恋的相关法律上，各个州之间有着相当的不同。大多数州规定自愿的两个成年男性之间的同性恋行为是违法的，尽管一些州已经将这种关系合法化。一些禁止男同性恋的州却并不禁止女同性恋（第五章中将会较多地讨论同性恋）。

对于儿童性虐待，人们已经给予越来越多的关注。这种虐待包括性交（生殖器或肛交）、手淫、口交、溺爱、性暴露。性虐待没有明确的定义。与儿童的性交一定是性虐待，但其他形式的接触就较难判断是否属于虐待。在某种程度上，拥抱、接吻和溺爱是不太合适的。虐待者可能包括父母、年长的亲属、远亲、朋友、熟人或陌生人（在第五章中有较长的篇幅讨论性虐待）。

某些性侵犯（比如乱伦、强奸及和未成年人的同性恋接触）在公众中会激起相当大的反感，这就导致对性侵犯罪犯的严厉惩罚。不幸的是，对帮助受害者应付公众的舆论或罪犯的名誉恢复，人们却给予较少的关注。

杀人和侵犯

杀人罪包括非法杀害他人。侵犯罪指对他人非法使用暴力。许多杀人案都是非蓄意的身体侵犯的结果。人们打架是因为一方（或双方）被对方的行为激怒而要进行报复。最初的行为包括嘲弄、调戏他人的配偶或爱人，或因赌输而气急败坏。打架通常是一方或双方为了在被挑衅或贬低时挽回面子。杀人常常是“冲动罪”，常发生在激烈的争吵或非常感情用事的情况下。

尽管大多数杀人犯都是无意的，但仍有一些是处心积虑、有预谋的，包括黑社会谋杀，为争取继承权的杀害，及为减轻痛苦的杀害。一些杀人案还和抢劫有关，在抢劫中，被抢劫者、抢劫犯或警察会被杀害。

与大众观念相反的是，大多数杀人案发生在亲属、朋友和熟人之间（见专栏 2.5）。据统计，相对于陌生人，人们对来自他们所认识人的侵犯和杀害更为惧怕。[47]

专栏 2.5　谋杀和一个美国英雄的没落 44

辛普森［Orenthal James（O. J.）Simpson］出生并成长于波特雷罗山的康涅狄格街，这是位于旧金山的一个贫民区，辛普森曾称之为“普通的黑人犹太区”。辛普森的父亲吉米，是一个管理者和厨师，在辛普森五岁的时候离开了家。辛普森的母亲尤尼斯，为了养活她的四个孩子长期在医院从事整理工作。辛普森在少年时就加入帮派，打架、偷汽车的轮毂罩、赌博、逃课。15 岁时，在一次帮派斗殴中，辛普森锒铛入狱。之后，当地娱乐中心的监督人赖福特·戈登（Lefty Gordon）安排威利·梅斯（Willie Mays，最伟大的棒球运动员之一）和辛普森进行了一次会面。这次会面给辛普森留下了持久而深刻的印象，他说："他让我认识到每个人内心中都渴望成为英雄。"

辛普森转而从事橄榄球工作。由于没有学历，他加入旧金山城市大学，在那他创下了后卫纪录。大二开始时，他又转入南加州大学，并带领 USC 获得两次玫瑰杯奖，大三时，他赢得一年一度的大学橄榄球最佳球员海斯曼奖。

在 USC 获得胜利之后，辛普森的表现非常出色。1973 年在布法罗比尔打中卫时，他打破了吉姆·布朗（Jim Brown）保持的单赛季跑动带球纪录。

20 世纪 70 年代，广告界一直在寻找一位"杰出黑人"，他应该有着英俊的外表，迷人的笑容和合适的昵称，辛普森正是这样一位黑人。他吸引人的外表给他带来许多有利的广告合同。

在打了 11 个赛季后，辛普森从球队退役之前甚至开始在一些电影和 TV 中表演。他也担任 NBC 和 ABC 比赛的实况转播广播员。

但是辛普森显然还会有另外一面。他邂逅了尼科尔·布朗（Nicole Brown），一个非常吸引人的年轻人。她刚过 19 岁，两人便开始在一起生活，最后他们结婚了，并有了两个孩子，在他们西旧金山的别墅里过着幸福的生活。然而，为了解决其家庭纷争，警察被请去至少 8 次。1989 年，一次尤为粗暴的争吵后，有目击者说辛普森曾不停叫道："我要杀了你！"旧金山律师所就他殴打妻子的行为对辛普森提出控告，而辛普森并无任何争辩。

1992 年，尼科尔和辛普森最终离婚但仍保持联系。辛普森希望能和好如初。在 1994 年的春天，朋友们说尼科尔告诉辛普森她已决定不再和辛普森和好，这粉碎了辛普森的梦。1994 年 6 月 12 日晚上，尼科尔·布朗·辛普森在其公寓外被残杀致死，同时被残杀的还有罗纳尔多·戈尔德曼，据报道说他是来归还尼科尔的妈妈当晚落在旅馆的太阳镜。

数天以后，辛普森被逮捕并被控谋杀罪。1995 年在一次犯罪审判中，陪审团裁决辛普森是无辜的。1996 年在民事法庭上，陪审团裁决辛普森因承认谋杀而获罪，辛普森须赔偿 3 000 万美元以补偿对尼科尔·布朗和罗纳尔多·戈尔德曼家庭的伤害。

44 杀人和侵犯所造成的明显的身体伤害，使这类犯罪最令人恐惧。在杀人案方面的破案率要比其他犯罪高得多（大约是 70%），一部分是因为警察在杀人案方面投入了大量的精力，另一部分原因是对朋友、邻居和亲戚的问话通常就能确定凶手。[48]酒精常常是杀人和侵犯的一个重要作用因素，因暴力犯罪而入狱的大部分罪犯都称他们是在酒精或其他毒品的影响下犯罪的。[49]

盗窃罪

这类犯罪包括未经他人允许非法拿取他人财物。这类违法行为小至扒手和入室行窃，大至数百万的诈骗等老练形式。盗贼的种类从拿取少量食品的仓库管理员到编造高度专业阴谋以诈取别人钱财的诈骗犯。

著名的犯罪学家埃德温·萨瑟兰（Edwin Sutherland）把专业盗贼归为最成功的盗贼。[50]专业盗贼卷入秘密赌博、伪造、专业安全破坏、勒索敲诈（比如敲诈其他从事非法 45
行为者）、有组织地偷盗商品等违法行为。大多这些犯罪要求专业盗贼们外表光鲜并值得信赖，他们是很好的演员，使得别人相信他们是非本身的另一种人。专业盗贼们利用老练的、非暴力的技巧仔细地计划他们的罪行，行窃就像进行正常的生意。他们否认自己是贼，有一套支持他们职业的价值体系，关注他们的同事和警察对他们的尊重。由于他们的狡猾和技能，他们很少被抓获。他们为自己的行为辩护，声称他们只是利用了所有人的不诚实，如果人们拥有足够的技能，会像他们一样，成为一个专职的贼。

半职业性的盗贼卷入武装抢劫、入室行窃、拦路劫道和一些不必详细计划的盗窃等违法行为。一些半职业性盗贼独来独往，打劫服务站、便利店、饮料店之类的小商店。因为犯下了法律上要严厉惩罚的罪行，他们常常会在监狱中度过余生。他们常常犯下相似的罪行。他们常把自己称为一个腐败且不公正的体系下的产物和牺牲品，许多人都在低收入和犹太人区中开始他们的职业生涯。他们非常适应监狱的生活，因为其他的同室常有着相似的背景、生活方式和人生观。作为这样一个群体，相比于从监狱中释放，他们更希望犯罪。[51]

业余盗贼是一些频繁盗窃的个人。相对于专业和半专业盗贼，这些个人通常把自己称为可敬的守法市民。他们的犯罪行为比较拙劣，不老练，许多罪犯都是青少年。这类罪犯的案例包括从雇主家偷东西，从商店中偷商品，偷没锁的自行车，偷开别人的汽车，从卡车上偷苏打以及入室偷盗CD或啤酒。这个群体的违法行为常是机会主义、无计划和业余的。然而，工商业仍然因为这些或是雇员或是顾客的业余盗贼而遭到巨大的损失。

青少年犯罪

青少年犯罪

根据官方犯罪资料，被捕人中的19%都不满18岁。[52]相当多的罪行是我们上面所讨论过的——盗窃、抢劫、袭击和强奸。然而，应该注意到青少年犯罪率之所以这样高，原因之一是大多数逮捕是因为未成年犯罪——即，这些行为对于青少年来说是违法的，但对于成人却并不违法。未成年犯罪包括逃学、发生性关系、离家出走、不受管束、违反宵禁和不受家长管束。

对低年级青少年的逮捕率远比中年级和高年级要高得多[53]，这一部分是由于相对于中高年级，警察们更倾向于拘捕低年级青少年。[54]在研究了大量关于犯罪和贫困之间关系的资料之后，科恩布卢姆和朱利安断定这两个变量之间有着复杂的关系。中高年级的青少年犯轻罪的比率与低年级的差不多，但低年级犯杀人这样重罪的比率就要高得多。[55]

帮派

在过去的数十年前，青少年帮派在美国和其他国家就已经存在。近年来，美国的帮派数目、加入帮派的青少年、帮派吸毒以及暴力都一直在增长。暴力违法的市内帮派活动已经成为一个主要的社会问题。关于违法帮派的科学认识基础非常有限。朗格瑞斯（Longres，1990 年）记录道：

> 不存在关于青少年帮派的定义的统一意见。另外，没有任何经过协议的记录系统存在，也没有非营利性机构系统地收集任何有关帮派斗争的资料。而且，在通过社会服务和犯罪正义节目等以求根除帮派方面的努力都收效甚微。[56]

对于违法帮派的认识基础不足是对这部分人采取有效干预策略的一个主要障碍。关于
46 帮派有大量的定义，但是对其区别性的特征不存在统一的意见。[57]不同调查者对帮派的大量不同的分类表明他们之间没有就此达成一致：角落团伙、社会俱乐部、打架团伙、病态团伙、运动俱乐部、实业组织、掠夺组织、吸毒成瘾团伙、诈骗组织、聚众斗殴团伙、防御团伙、非传统团伙、犯罪组织、帮会团伙、重金属团伙、阿飞摇滚团伙、邪恶组织、光头仔、种族团伙、摩托车俱乐部和清道夫团伙等都是对帮派的分类。[58]

莫拉莱斯（Morales，1989 年）提供了一个分类的例子，他将青少年帮派分为四类：犯罪、斗殴、逃避现实和异教徒。[59]

犯罪帮派　通过犯罪行为获得物质是他们的主要目的，包括从他人身上或房屋内偷盗财物、敲诈勒索和非法毒品交易（尤其是上等的可卡因）。

斗殴帮派　此类帮派以地盘为目的。他们从事于和敌对团伙的暴力冲突，那些敌对团伙侵入他们领地或做出他们认为有侮辱性的举动。尊严是被他们高度重视和维护的。拉丁美洲裔帮派常被归入此类。斯威尼（Sweeney，1980 年）记录了“西班牙语居民集居区规则”（Code of the Barrio）命令帮会成员必须密切关注他们的地盘并甘愿为之付出生命。[60]

逃避现实帮派　集中于以酒精、可卡因、大麻、海洛因或其他毒品来寻求麻醉。加入此类帮派是为了保证持续获取毒品。与因经济利益卷入毒品的犯罪帮派相比，逃避现实帮派是因为消费而沉溺于毒品。

异教徒帮派　此类帮派从事于对邪恶的崇拜。异教徒指的是系统地对恶魔或邪恶的崇拜。神秘意味着把某事隐藏或保守为秘密，或对超自然或神秘力量的信仰。一些迷信团伙大力强调性和暴力，他们认为强暴一个孩子或处女，便是对基督教的玷污。并非所有的异教徒帮派都会参与犯罪活动。不同于其他三类帮派以青少年为主要成员的特点，异教徒帮派主要由成年人组成。

在概念化违法帮派时存在着大量的矛盾。人们认为帮派应大部分由同一种族的青少年（非裔、拉丁美洲裔和亚裔）组成，然而，也存在着一些由白种人组成的帮派。人们认为大多数帮派成员应该在 12 岁到 18 岁之间，但最近的证据表明一些帮派包括成人并可能由成人控制。[61]人们认为帮派应该只由男性组成，然而，一些帮派也有女性成员，少数帮派甚至只有女性。[62]人们认为帮派主要从事非法的毒品交易，然而，一些违法帮派还进行着其他非法勾当，比如入室行窃、抢劫、盗窃等。人们认为帮派活动主要处于大的市中心地区，然而，帮派活动在小城市和一些郊区也大为猖獗。[63]

目前，对帮派的数量、成员的数量和特征以及各类帮派的犯罪活动，都还没有充足的统计数据。朗格瑞斯记录道：

> 有关帮派和它们的罪行的资料很难获得。许多城市有帮派控制单位，它们收集数据但不会以任何系统的方式报告出来。即使获得这样的数据，也难以说明，因为没有对于帮派违法的一致定义，也没有记录系统记录得足够长以看清倾向，而且警察部门的逮捕数据可能反映出一定的偏见。加之，即使在同一个州、城市或县内，在不同的警方权限范围内，对与帮派相关的犯罪行为也不存在统一的定义。[64]

施佩格尔（Spergel，1995 年）在文件中指出，帮派主要是在当地一些贫困紊乱的社会环境下发展起来的。[65]帮派成员主要来自父母缺乏教育技巧的家庭，对落后学生较少关注的学校系统，经常接触成年人犯罪的青少年，以及对通过合法的教育途径和高报酬的工作取得成功失去希望的青少年。施佩格尔坚持认为青少年加入帮派有许多原因——安全、权力、金钱、地位、寻求刺激以及新体验——尤其是在社会剥夺或无能的情况下。实质上，他提出了从社会的无组织这个方面来理解加入帮派的吸引力。

从非常现实的观点看，违法帮派的产生就是因为青少年的需求未能被家庭、街坊或传统的社会机构（如学校、警察机构、娱乐及宗教机构）满足。施佩格尔建议做一些有用的改变：减少手枪的使用；增加教育资源；提供娱乐、工作培训、工作岗位；家庭协商；禁毒；动员社会团体和组织制止帮派暴力（如地盘看护团伙）。同时，必须在州和全国范围内进行 47
社会政策上的一些改革以增多城市资源的获取渠道。还需要建立基金以改善包括青少年在内的城市居民的生活环境。这样青少年的需求便可通过加入帮派以外的多种方式得以满足。[66]

刑事司法制度

刑事司法制度由警察、法院和矫正制度组成。许多美国人认为这一制度拖拉、无效、荒谬和不公正，因为它给人的印象是“犯罪不吃亏”。一些人群不信任警察，害怕警察会滥用他们的权力。另一些人群，特别是中产阶级和更高层的阶级，认为警察在工作中过度受制于拖拉的逮捕和询问程序，而那些程序被制定出来，是用于保护嫌疑犯的公民权的。

法院因为审判程序而长期拖延结案时间而受到尖锐的批评。很多美国人认为法院对罪犯不够严厉。法院也因以下两点受到批评：(a) 对类似的罪行审判的严厉程度上有很大差别；(b) 给普通罪犯以较严厉的惩罚而对白领犯罪则处以轻微的罚款。

监狱也一样受到尖锐的批评。人们认为它们没能防止被释放的人再次犯罪。累犯率（囚犯再次犯罪）惊人地高。一半以上的人因再次被判有罪而入狱。[67]人们指责监狱为培训罪犯的学校，而不是改变罪犯的场所。

在所有的社会中，刑事司法制度都面临着对犯罪的控制和对正当法律程序的追求这两个目标之间的冲突。犯罪控制的目标包括抑制犯罪和保护社会免遭违法者的侵害，它包含的重点在于迅速逮捕和惩罚罪犯。而正当法律程序的目标涉及保护个体的权利和自由。一些国家是极权国家，他们以强硬的手段控制国民，而对国民的个人权利漠不关心，而在另一些极端的国家中，个人可以疯狂地破坏法律，政府既无权力，也不尊重公民维权。美国社会在控制犯罪和追求正当法律程序这两个相互冲突的目标之间寻求一个平衡点，而这两个目标处在不断的斗争之中。通常一个人可能在一种情况下寻求这一个目标，而在另一种情况下追求另一个目标。例如，当一个人家里被盗（或者女儿被强奸）时，他会要求尽快审判，而当他被指控逃税时，他则希望用一切正当的法律程序来保护自己。

我们现在可以审视一下刑事司法制度的三个组成部分。

警察

警察是刑事司法制度的守门人。法院和矫正制度处理的人都是首先由警察逮捕的。正如我们看到的，几乎所有人都会不时地违反法律，但警察不可能逮捕所有的人，否则监狱、法院和拘留室都会人满为患，而我们的社会也可能陷于崩溃。因此警察应十分审慎地考虑他们应全力实施哪些法律，要逮捕什么样的罪犯。例如相对于中等收入的年轻人来说，警察更易于逮捕低收入的年轻人。

值得注意的是，警察局只把一小部分精力用于逮捕罪犯。在警察每天处理的电话和事件中，只有10%到20%是刑事的。[68]

大卫·彼得森（David Peterson）注意到，警察这一角色在概念上通常定位于“调解官”或“社会工作者”而不是“执法官员”。

> 涉及警察的文学作品中，突出强调警察是穿制服的巡逻官而不是墨守法律的人。巡逻官的日常工作，与警察在控制犯罪方面的工作，几乎没有联系。事实上，警察的工作把帮助市民和控制犯罪都作为重点，人们找警察往往既要求他们履行“支援”的职能，也要求他们履行强制的职能。对穿着制服的警察的现行调查显示，他们一半以
> 48 上的时间都是在作为业余社会工作者以各种方式帮助人们。警官们认为，穿制服的巡逻官员的作用未作严格的限定，会造成冲突和不稳定。[69]

警察在社会中承担起服务作用，例如：对受伤的人施以急救，解救受困的动物，指挥

交通。在警察执行法律强制职能时，他们必须试图保持控制犯罪和正当法律程序之间的适度平衡。很快地逮捕某些违法者——谋杀犯、强奸犯和纵火犯，是很有压力的。然而人们希望逮捕是通过正当的法律程序完成的，这样被逮捕者的合法权利就不会受到侵犯。詹姆斯·科尔曼（James Coleman）和唐纳德·克雷西（Donald Cressey）注意到，"在对抗犯罪的工作中，警察更像是外交家而不是对付犯罪的战士。"[70]

在美国很多地区，警察没有足够的资源用于有效的工作，一些人对警察还有很大的敌意。部分敌意可能来自于每个人都会偶尔犯罪。可能大部分人怀疑警察是因为他们害怕被逮捕。另外，一些人（特别是穷人和少数民族的成员）怕受到无端的牵连，和遭受长时间的"刑讯逼供式"的讯问。警察受到敌视，也因为腐败事件（如受贿），特别是在大城市的腐败事件被充分曝光时。

法院

法院如何工作

美国的刑事审判是对抗式的。一个人在被证明有罪之前，被假定为无罪。它的对抗制度在于，公诉方首先提出不利于被告的证据，然后被告在律师的协助之下，有机会反驳控告。在法庭上有 4 个关键的位置，即公诉方、被告律师、法官和陪审团。

值得注意的是，虽然与公众的意见相反，但在美国，90％以上的有罪判决都不是来自法庭，而是来自控方和被告之间的辩诉交易。在辩诉交易的程序中，经常由被告的辩护律师代表被告，对罪行进行答辩。[71]这可以使嫌疑犯获得较轻的判决，可能删除某些指控或者减轻指控的罪行。辩诉交易在法庭审判中不是法律上的必经程序，但是法官一般都会赞同这样的安排。辩诉交易有很大的争议。它的确可以节省纳税人相当多的钱，而不像审判程序那样昂贵。但是它在某些情况下，可能会使被告失去正当法律程序的保护。因为当一个无罪的人面临严重的指控时，他可能会迫于压力，承认有罪以减轻指控。

公诉方在选择是否起诉警察逮捕的嫌疑犯以及起诉的力度方面，有很大的自主权力。公诉人员是选举或者是指定的。因此，这类政治人物必须定期进行再选举或者再指定。既然如此，他们会尽力起诉那些他们认为是社区最关心的案件。当公诉方决定以刑事审判制度来进一步审核那些被捕者及其触犯了哪些法律时，经常注意警察部门执行中是否违反法律。

在刑事审判制度中，辩护方律师是代表其委托人利益的。穷人由国家出钱，由法院为被告指定律师。在审判中，辩护律师的技巧和能力是决定被告被认为清白或有罪的主要因素。富有的人还可以聘请更多有能力的律师，可以支付额外的开销（如聘请私人调查员），以此来准备更好的辩护。

穷人则经常要因法院指定律师而吃亏，比如那些律师可能是年轻的没有经验的实习生，或者是能力差、年纪大的人，他们专门以此维持生计。这种律师保住这样的工作实际上是依靠他们法律界的同事（包括法官和公诉人员）的好评，所以他们有时会将保持同事对自己的尊重看得更重要，而把委托人的利益放在次要位置。[72]

如果公诉方决定以小的罪名起诉一个人，那这个案件一般就在没有陪审团的低等法院受理。如果是严重的罪名，被告则首先会接受一个初步的听讼。这种审问完全是对嫌疑犯
49 有好处的。在审问中，公诉方会拿出不利于被告的证据，法官会决定这些证据是否足够启动进一步的法律诉讼程序。如果证据不充足，嫌疑犯就不会被起诉，如果举出的证据充足，就要等待法院延期的进一步的审理。（这些延期的案件经常在进入审判之前使用了辩诉交易程序。）

在保释制度中，受指控的人可以给法院交押金或提供担保，然后可以出狱等待审判。法院制订保释金的数额，嫌疑犯保证出席审判。保释金的数额根据罪行而不同，也部分取决于法官对嫌疑犯的态度。穷人因不能筹到足够的钱，只能在监狱中等待审判——而这个过程可能要好几个月。因为被监禁而不能保释，这些人就失去了准备良好辩护的机会。同样的，当这些人被审判的时候，也会因为带着手铐，几乎没有机会为出庭打扮自己，而使人们对他们产生偏见。把嫌疑犯在审判前就监禁起来作为惩罚的一种方式，也是对无罪推定的否定。（而无罪推定才是嫌疑人应受的待遇。）这种监禁会一直到证明他们有罪，在一些案件中，嫌疑犯在监狱中等待审判的时间，甚至比发现他们有罪后判的刑期更长。

在发现被告有罪或者被告承认有罪之后，他们回到法庭等候审判，法官作出判决通常十分审慎。例如，他们可以判一个杀人犯缓刑，而将另一个人投入监狱。在一些州有死刑，法官可以下令处决。法官的判决基于罪行的严重程度、犯罪动机、违法的背景和罪犯的态度等因素。

在判决犯罪者入狱，适用缓刑，或者处以罚金的程度上，会有很大的差别。考虑到审判中的不公平在近几年中有所加剧，科尔曼和克雷西注意到：

> 法官和其他审判官员是重点。无论被告的社会地位多高，他们应给犯罪嫌疑人以平等的惩罚，然而他们也应该给出个别的判定，因为犯罪的情况、犯人的动机都不同。对于一个小偷或偷车贼的公平判决，可能完全不适用于另一个。法官试图满足各种相互冲突的需求，否则他们一定会被指责为不公正。法官的工作就像警察的工作，必须在控制犯罪和正当法律程序之间走钢丝，以及在抑制犯罪和保护人权与自由的需求上保持平衡。[73]

少年法庭

1899 年，在伊利诺伊州的库克县建立了第一个少年法庭。少年法庭的哲理是最大限度地保护未成年人的利益，就像父母应做的那样。在本质上，少年法庭有救治的作用。在成人刑事审判程序中，重点在于对被告指控一个具体罪名，在公开的审判中决定被告是否有被指控的罪名，如果发现他或她有罪，就进行宣判。但是少年法庭的重点在于未成年人现在的心理、生理、情感以及教育上的需要，反对对他们过去的错误进行惩罚。对未成年

人的改造和救治是少年法庭的目标，即使未成年人或者他或她的家庭可能不同意少年法庭的决定是保障未成年人的最大利益。

当然，不是所有的少年法庭都会遵守这些原则。一些少年法庭的法官将重点放在了惩罚上，而不是救治未成年的犯人上。未成年人出现在法庭上会产生贴标签的有害的副作用。在 1967 年 5 月 15 日著名的高特（Gault）案例中，最高法院决定恢复对少年审判程序的保护。这种保护一直被忽视——包括控告书、保护未成年人不得自证其罪、保证对质和交互讯问。[74]针对少年出庭，特别是法庭程序上繁多的仪式带来的不良的副作用，法院近来做出了巨大的努力，可判未成年人缓刑的官员对犯“较小”罪行的青少年提供了一种非正式的监管。有了这种非正式的监管，未成年的罪犯可获得咨询和指导而不需要进法庭。

矫正制度

现在美国和全世界的矫正制度都包含两个相冲突的目标。矫正制度的一些组成部分以惩罚为导向，另一些以救治为导向。这种混乱表现在两种情况并存，即矫正制度的一些程序主要是为了威慑和惩罚的作用而制定，而另一些程序是为了改造罪犯而制定，很少把惩罚和救治相互结合。一般而言，当这两个组成部分结合在一起时，会导致矫正制度在控制罪犯方面 50
的无效或效率下降。在过去的二十年里，矫正制度正向着更具惩罚性的方向改变。

惩罚手段

在历史上，曾经有各种各样的手段惩罚犯罪。这些手段总结起来，包括肉刑、耻辱刑、财产刑、驱逐、死刑和监禁。

肉刑　绝大多数社会在某些时候都会使用这一手段。肉刑的具体例子包括足枷、棍打、鞭笞、打烙印、苦役、带着镣铐关进笼子、扭曲手臂、切掉部分肢体。身体上的惩罚在中世纪非常普遍，在现代的美国和欧洲，这些体罚都被废弃不用了。

耻辱刑　降低罪犯的社会地位是另一种惩罚方式。这种方式在 16 世纪到 17 世纪非常流行，直到今天还存在。这种方式包括身体惩罚，如：足枷；将头和手加上木枷，浸入粪便中；打烙印；钳口刑（钳口刑具是一种小笼子，套在罪犯头上，有一个棒子插到罪犯的口中，防止他或她讲话，有时这个棒子上会有钉子）。这些惩罚方式中的一部分是暂时性的——比如足枷，然而其他的惩罚方式对罪犯有永久的伤害——比如打烙印。虽然这种永久惩罚方式的目的之一就是通过在公众面前对罪犯加以羞辱来减少未来的犯罪，但是它们通常会起到相反的作用，因为它们公开地给罪犯打上了标记，使得罪犯很难合法地获得工作以维持生计。

剥夺公民权利是另一种惩罚方式，几个世纪以来，它一直被用来在社会上羞辱罪犯。在美国绝大多数州中，罪犯被剥夺的权利主要有：（a）在押、缓刑或假释期间的选举权；（b）任公职的权利；（c）从事某种专业的权利，如当律师；（d）拥有枪的权利。

财产刑　一个世纪以来，在美国控制犯罪的法律中，罚金成为最常用的方式。目前所

这些为参观者（在弗吉尼亚殖民地）提供的观赏项目经常让他们自己在高兴地拍照时成为观赏的对象。这是一名参观者被狱警扣押的情景。

有的惩罚方式中罚金占 75%以上。[75]罚金的好处在于：(a) 它为国家提供财源；(b) 它几乎不需要花钱，尤其是相对于监狱的花销来说；(c) 罚金的数额可以轻易地调节数量庞大
51 的犯罪行为，调节公众的反应，调节罪犯的财产；(d) 它给罪犯以物质上的痛苦；(e) 如果被称作罪犯的人以后被发现无罪，可以很容易返还罚金。但是这也有很严重的缺点，就是歧视穷人，因为穷人付不起罚金。瑞典有一个办法来控制对穷人的歧视，这种办法就是

将特定天数的工作所得处以日罚金。

法院在审判中也增加了要求，罪犯须按照受害者的损失给予赔偿。这种对犯罪的对策更具有救治的导向。它试图给罪犯一个“补偿”的机会。当然，补偿对受害者也是有好处的。赔偿和补偿在轻罪中运用得更为广泛。一般来说，补偿是罪犯被判缓刑的一个条件。缓刑部门的一些工作受到关注是因为它是从缓刑者那里收取赔偿金的代理机构。

驱逐 几乎所有的社会都有对罪犯的驱逐制度。但是大规模使用驱逐却是从16世纪开始的。大多数社会对政治犯使用驱逐。美国对外国罪犯使用驱逐的制度已有几十年的历史了。另外，美国的很多县和市按照它们的管辖权限，可以对一些被指控的人处以时间不等的“离境”。

死刑 死刑的适用范围在不同的社会有相当大的差别。死刑的适用方法，也有很大的差别，包括绞刑、电刑、枪决、烧死、毒气致死、淹死、油煎、碾死、砸死、被尖利的木桩或剑刺死、上断头台或者被关在铁棺材中。从本质上说，几乎所有的致命方式在一些社会的某个时期都被使用过。

在美国，死刑的使用有着不同寻常的历史。在美国殖民时期，“巫师”在一些社区中会被绑在木桩上烧死。而在西部，死刑得到了发展，偷一匹马或犯某些其他轻罪就会被射杀或绞死。(有时是通过暴民的私刑或者一个“私设的法庭”。) 从美国“内战”到前一段时间，美国南方的黑人被认为对白人犯了一些严重的罪行（比如强奸）时，会被处以私刑。毒气室、行刑队、死亡注射、绞死和电椅是美国现今使用的方式。

从1967年到1977年，部分原因是由于美国高等法院做出决定认为死刑违宪，美国不再使用死刑。在1976年10月，高等法院改变了对这个问题的立场，裁定州可以在某种指导方针下对杀人犯宣判死刑。在1977年1月17日，加里·吉尔摩是十年中第一个被判死刑的人。这一轰动性的案件引起了全国的注意。吉尔摩因为残忍地杀了几个人而被判死刑。自从1977年以来，美国每年被判死刑的人逐年增加。[76]死刑的持续使用一直是一个全国性的争议话题。

对某些罪行使用死刑的最主要的争论在于假设它会起威慑作用。这种假设是可疑的，统计一般不能显示一个国家使用死刑的时候严重犯罪率有所减少。[77]同时也没有明显的证据显示当一个国家放弃采用死刑时，会使严重犯罪增加。[78]其他关于死刑的争论还有：(1)一些罪行（比如残忍的有预谋的杀人）非常可恶，罪犯必须被处以极刑；(2) 与判处监禁保留冷酷无情的罪犯的生命相比，把他们判处死刑，社会的支出少。(事实上，处死某人比终身监禁需要更多的花费，因为申请死刑的程序需要很大的法律支出。)

反对使用死刑的理由有：(1) 死刑是残忍的非同一般的惩罚，因为它是终极的惩罚；(2)如果事后发现嫌疑犯是无罪的，这种惩罚也是无法挽回的；(3) 一命抵一命有悖于文明和人道的理念；(4)“生存权”是最基本的权利，不应被剥夺；(5) 死刑的判定看起来是常带有歧视性的，因为黑人和拉丁美洲裔更容易被判处死刑。

监禁 监禁制度对我们的社会日显重要，每年有大量的人入狱。美国的累犯罪率（释

52 放后再次入狱）估计超过了 50%，这使人们对抑制再犯罪的效果产生了质疑。[79]从 1970 年起，有几次大规模的犯人暴动（比如 1971 年纽约阿提卡监狱暴动和 1980 年新墨西哥州监狱暴动）引起了公众的广泛关注。

20 世纪前，监狱的条件糟透了。青少年经常和怙恶不悛的罪犯关在一起，女犯也不同男犯分开。监狱只管监禁，犯人通常要从事重体力劳动。从 1700 年到 1850 年，很多监狱改革调查发现狱卒酗酒、好色、淫乱和赌博，一些监狱会将犯人一次单独囚禁数月之久，体罚也经常被使用。

1800 年以来，监狱更加专业化，有短刑期和待审者的监狱，以及专门监管青少年、妇女和精神失常的罪犯的设施。监狱分为不同的安全等级：高、中、低。制订了特殊的计划满足不同犯人的要求，如教育、职业培训、医疗、牙科治疗和文娱活动。

监狱依然是令人厌恶的，有时候还把人关在对身体有危险的设施中。现在还有通过性侵犯而传染艾滋病的危险。然而，在过去的一百年中，对监狱生活的恐惧多少有所减轻。除了恢复正常生活的计划，在保护犯人公民权、饮食、放弃长期单独监禁、通风、清洁、体育设施、惩戒方式、促进囚犯之间的接触和走出单调监狱生活等方面，都有了改进。那些侮辱犯人的做法，如剃光头、用链子锁住囚犯、发放带条纹的衣服、使用铁球枷锁链已成为过去。同样，体罚的方式，比如鞭打，也不再受到官方的赞同，对许多犯人来说依然存在的最严厉的惩罚就是生活在平时遭同室囚犯欺侮的恐惧中。

从 1975 年来，被法院判处入狱的人数戏剧性地增加。[80]人数增加的部分原因是与毒品有关的犯罪增多，包括毒品买卖。其他的原因还有，我们的社会变得更加保守，因此需要更多的惩罚方式（关押）来控制犯罪。对关押使用的增加，导致现在的监狱过于拥挤。对关押的另一种选择，就是对罪行较轻的犯人改为家庭式的监禁，使用电子监视器来确保罪犯待在家里。

1825 年在纽约市建立了第一个专门容纳青少年罪犯的机构。现在州或者地方这样的培训学校超过了 300 个。开始，人们认为这样的机构不是监狱，是教育和改造青少年的学校。但是直到最近，因为它的功能、管教方式和日常生活秩序，它还是被认为是监狱。然而即使在今天，只有很少这样的机构仍然以监狱为导向。少年机构的一个重大发展是乡村式的建筑，提供一个更类似家庭的环境。1858 年马萨诸塞州和俄亥俄州建立了第一个这样的乡村式建筑。这样有利于救治的目的，但不是必定会成功。

监禁的目的　在我们的刑罚制度中，惩罚手段和救治手段的冲突是十分清楚的。几个世纪前，监禁的目的是为了惩罚犯罪。从 1900 年到 1970 年从惩罚转而强调救治。这种转变有几个原因。实际上所有罪犯都要回归社会，单独的惩罚方式并没有得到想要改造的效果。在人为的环境中锁住一个人，而没有提供重新做人的计划，在这个人回归社会后，就没有足够的准备让他或她成为有用的公民。而且，在这个需要责任的时代，50%的再犯罪率是不能被接受的，特别是监禁一个犯人每年要花费 30 000 美元。[81]

在20世纪80年代到90年代，动荡使我们的监狱制度变回到使用更多地惩罚手段。出于对社会的保护和对犯罪受害人的更多关注，以及更多地强调罪犯要为他们的罪行付出代价，这些因素导致监禁制度偏离了救治手段。

监禁的具体目的是：(a) 改造罪犯，使他们不再犯罪；(b) 监禁罪犯，使他们在监禁 53
期间不会犯罪，从而保护社会；(c) 为受害人，在某种程度上也是为了国家，惩罚罪犯；(d) 对公众起警示作用，从而达到抑制犯罪的作用。这些目的有一个主要问题，那就是，一些部分和另外一些部分相互冲突。施加痛苦和苦难是为了达到惩罚和威慑的目的，但是大多数惩罚手段是和矫正价值起相反作用的。

监禁也有着危险的一面。囚犯之间的联系可能会导致同室囚犯学会其他的违法手段。而且，监禁会给囚犯打上“违法者”的标记。根据标签理论，如果罪犯和“危险、违法的二等公民”相联系，他们会觉得自己就是个违法者。[82]标签理论认为，一旦他们被释放，他们仍会扮演违法者的角色。

另外，萨瑟兰和克雷西注意到“社会仇视罪犯会导致罪犯仇视社会”[83]。(当他们在监狱中和出狱后) 人们把罪犯和危险相联系，隔离他们，和他们保持距离，可能会迫使他们再次犯罪。

长期监禁的第三个危险是“监狱习惯”。一些囚犯，特别是那些不适应社会的囚犯，可能最终会喜欢监狱生活多过社会生活。几年过后，他们竟然会觉得监狱生活更舒适（如果他们的基本需要都得到满足），而不愿意回到外面那在他们入狱以来有很大变化的世界。他们在监狱中会有朋友圈子，从朋友那里可以获得尊重。一旦他们回到社会遇到问题（比如失业和破产），他们会渴望回到监狱。

救治手段

在矫正制度中，准确地说有几百个可使用的矫正计划。由于篇幅的限制，不能对这些计划作全面的阐释，但是对主要的计划可以作简要的总结，必须提醒的是，惩罚手段持续降低矫正计划的效率和效果。

从19世纪起，对罪犯个人进行矫正的方式得到日益了广泛的使用。个人救治，作为主张对罪犯一律惩罚的古典学派的一种反动而得到发展。纵观历史，对富人和有政治影响的人在审判上有着双重标准：(a) 被指控犯罪的可能性大大减小；(b) 被指控后发现确实有罪的可能性大大减小——因为他们的“特性”、他们在社会中的地位，他们有更好的合法抗辩；(c) 如果被证明有罪，被判重刑的可能性大大减小。

咨询服务　20世纪，在监狱中由缓刑和假释官员进行的一对一的个案咨询和小组式的咨询越来越多。它的目标是对每一个罪犯确定一个特定的问题（包括刺激他或她犯罪的原因），然后制订适合他们需要的特定计划。这种需要可能涉及广泛的领域，包括医疗、心理、财产问题、毒品的使用和滥用方式、家庭、和同龄人的关系、房屋、教育、职业培训和就业。也要注意到罪犯的态度、动机、群体，以及关于犯罪行为的合理化。罪犯认为：律师（社会工作者、缓刑和假释官员、心理学家、职业恢复官）的作用由于他们具有的“多重”角色身份而有所减轻。一些罪犯把律师看作能帮助他们满足各种需要的人，而另一些罪犯把他们看作监管和惩戒制度的一员，是控制奖惩的权威人物。在第二个观念下，罪犯不愿意和律师讨论社会不接受的要求、动机，也不愿意与之建立密切的关系，因为他们害怕泄露情况以后会不利于他们。

监狱教育 监狱教育有两个目标，一是让囚犯获得像学校一样的正规教育，另一个更广泛的目标，是使囚犯的态度和行为重新社会化。为完成这些目标，监狱使用在学校中用到的电视、电影、图书馆、课堂教学（包括小学的、中学的，有时甚至是大学水平的教材）、宗教节目、集体讨论、文娱活动。值得注意的是，尽管如此，但大多数囚犯都对监
54 狱抱着仇恨的态度。而直到今天，监狱管理部门的态度仍在干扰教育目标的完成。

职业培训 这些计划的目的在于，培训囚犯根据其能力获得一技之长，在他们出狱后可以找到工作。地方机构的这些计划的质量有很大差别。在很多机构中，职业培训被定义为在机构中维持生计的工作：洗衣、做饭、保管工作、小修理和洗碗碟。有一段时间，职业培训被视为恢复正常生活的项目，覆盖了许多其他领域。

监狱劳动 在监狱的历史上，认为囚犯应该工作的观点一直存在。遗憾的是，懒惰和单调一直很普遍。当劳动第一次被引入监狱时，它被当作是一种惩罚方式。例如在英国，很长的一段时间里，囚犯在踏车上搬运炮弹，狱方设置计量器以确定其工作量。每一个囚犯达到一定工作量时，才可以吃饭。囚犯有过错的时候会追加工作量。

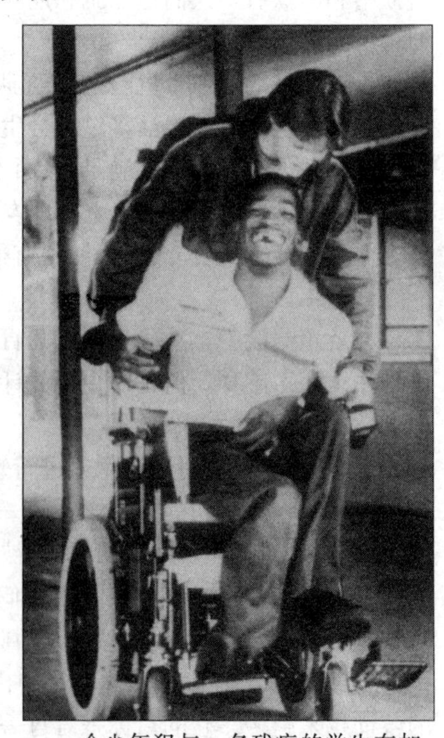

一个少年犯与一名残疾的学生在加利福尼亚州的 Pace 学校，他们参与了这样一个项目，通过与残疾学生一道工作，来赚取高校的学分和工作的经验。

对囚犯的工作有两种对立的观点：(a) 工作应当是生产性的，让犯人得到培训，出狱后可以就业；(b) 工作应该是繁重的、令人不适的、单调的，以达到惩罚的目的。第二种观点仍被很多专家认为是合理的，也有改造的作用，据称它可以教育囚犯遵纪、服从、以不做犯罪的事为荣。

罪犯的劳动用于筑路、办农场、灭火、除虫害、伐木、办洗衣房、制作执照牌，还有很多其他的工作。按照胡贝尔（Huber）法律程序，在监狱和工作程序方面，有一些监狱现在允许犯人白天在社区中找工作做，晚上再被关起来。

阳光时刻 阳光时刻法允许监狱复查委员会提前释放一贯表现良好的囚犯。大多数阳光时刻法明

确规定每月的可接受行为，如果囚犯遵守，就会在刑期中减少特定的天数。阳光时刻的设计是让囚犯为自己的行为负责，鼓励好的行为和重新做人的努力，减少在监狱中的管教问题。

在19世纪首次设立的不确定判决有类似的目的。现在很多判决在时间上是不确定的，比如在囚犯监禁的时间上，只有最短和最长时间的限制规定。近年来，要求恢复确定刑期的运动得到了相当大的支持。

假释和缓刑　假释是有条件地释放不定刑期和未到刑期的犯人。假释管理委员会可以批准假释。在假释中，被假释者是"在管的"，需要保持可接受的行为，避免犯罪行为。 55
假释制度既有惩罚作用（限制某些行为，仍有回到监狱的危险）也有救治罪犯的作用（假释官员一般会给假释人员以忠告，帮助假释人员达到他或她的要求）。

缓刑由法院批准，它涉及延缓罪犯入狱，在缓刑官员的监督下，表现良好可以给予自由。缓刑可以被视作接受救治。然而惩罚威胁仍然存在，如果违反缓刑的条件，仍会被送入监狱，与假释相比，缓刑包括了改造和惩罚的成分。

缓刑和假释官员有着"双重"角色责任：警察的角色和使人恢复正常生活的角色。缓刑和假释官员的一个基本作用就是扮演"警察"和权威的角色，密切观察缓刑者和假释者是否违反法律或者缓刑或假释的条件。那些被监管者一直清醒地知道，缓刑或假释官员有权启动取消缓刑和假释的程序，把他们投入监狱。很多缓刑犯和假释犯不信任刑事审判制度，因此他们唯恐与和这个制度有关的任何人（也包括缓刑和假释官员）沾边。"警察"的角色很多时候都和缓刑或假释官员的第二作用相冲突：使罪犯恢复正常生活的角色。使罪犯恢复正常生活是最有效的措施，因此被劝告者必须信任劝告者，必须对劝告者毫无隐藏地坦露那些社会不接受的态度和行为，必须和劝告者保持密切的工作关系。很明显的，若这些缓刑和假释犯把监管他们的官员主要看作警察的角色，就不能和监管官员形成被劝告与劝告关系。

如何减少犯罪和青少年犯罪

这节的标题也许不太适当。社会关注于减少犯罪已经有几个世纪了，并且已经尝试使用了大量不同的方法，然而犯罪率的起伏抑制了各种减少犯罪的努力。三十多年以前，尼克松总统向犯罪宣战，联邦政府已经花费了数百万美元去抑制犯罪，然而犯罪率依旧持续上升。展望未来，犯罪的减少依然存在着不确定性，正如我们不能充分地理解如何去预防犯罪以及当一些人选择了犯罪我们如何去改变他们一样。尽管不能确定犯罪是否可以减少，这节中我们还是将总结已经提出的改变这种局面的主要方法。（你需要注意那些相互矛盾的建议。）我们将谈到三个主要问题：增加或减少审判、改革矫正系统和及时预防犯罪。

增加或减少审判

关于对犯罪人使用适当、个别化的审判，人们有着相互冲突的观点。增加各种判决效果的建议包括：快速而准确的惩罚、从重判决、将累犯与社会分离、严惩白领犯罪、创立一致审判制度、无犯罪受害人犯罪的合法化、严格控制枪支。

快速而准确的惩罚

一般来讲，人们同意刑罚的威慑力会随着犯罪和最终判决之间时间间隔的增长而递减。目前只有一小部分犯罪人被逮捕，同时他们中只有一小部分被判定有罪。所有的经常性的犯罪——尤其是白领犯罪和有组织犯罪——须付出代价。但刑事法庭的程序一般会拖延数月甚至数年，犯罪人在这个正当的程序中充满希望，因为公众对他们犯罪行为的愤怒会随着时间消散，这样他们会被认定无罪或减少责任。快速行动可以大幅度增加那些触犯法律的人被逮捕、起诉和惩罚的比例，它主张应更多地尊重法律和抑制犯罪。反对快速行动的人认为，这可能与正当程序的保护相冲突，同时也可能使大量无辜的人被逮捕、起诉和监禁。

56 **从重判决**

这种观点的基础是假设惩罚可以抑制犯罪。这种看法的拥护者要求惩罚应更严厉，尤其是应延长监禁时间和增加死刑。拥护者们还确信犯罪人很明显地在他们被关押时不能再加害其他人。

这种观点的反对者宣称延长监禁的审判很可能会使犯罪率上升，实际上所有被送进监狱的人会重返社会，在长期监禁的时间里的确会增加犯罪人的痛苦，但也会减少他们对我们法律和刑事司法制度的尊重，同时也给了他们场所与那些重刑犯接触，训练他们破坏法律的技巧。反对者们同时还注意到监禁的社会支出：送一个人进监狱比送一个人进大学的花费还要高。

将累犯与社会分离

暴力犯罪（纵火罪、强奸罪、武装抢劫和谋杀）和其他犯罪相比引起了社会的特别关注，如多次贩运毒品的犯罪。一些权威人士确信，多次因这些犯罪而被捕和起诉的犯罪人证明了这些犯罪人对于我们的社会来说是危险的，因此保护我们的社会应该成为我们主要关心的问题。他们还确信由于我们过去矫正犯罪的努力是无效的，因此将来的努力就不要再效法从前。他们主张对于严重犯罪的累犯应该“扔掉过去的办法”。我们的法庭事实上应该坚持这样的方向，即关押“累犯”更长的时间。

与这个建议相联系的一个特殊的问题是，严重的暴力犯罪通常是由未成年人实施的。正如我们已经看到的，少年法庭使用“挽救孩子”的方法。对于少年犯，人们关注的焦点不是犯罪的性质，而是使用矫正和恢复的方法。一些州现在已经制定了未成年人杀人要被捕，其他暴力犯罪也要像成年人一样承担责任的法律条款。在成年人法庭，可以起诉未成年人，然后给予一个与他们犯罪严重性相称的审判，而不是在少年法庭上给予一个宽大的矫正方法。

对于重复触犯法律的重刑犯需长时间关押的倡导是承认矫正制度的失败。在另外一个方面，它宣布潜在的被害人也有权利，他们的权利优先于那些累犯的权利。

严惩白领犯罪

20 世纪 70 年代早期，尼克松政府（它是“法律和命令”的颁发部门）的许多高级官员被指控犯有某种罪行，如非法窃听、税务诈骗、毁灭证据、挪用竞选经费、敲诈勒索、行贿受贿、阴谋滥用法庭权利、阴谋触犯公民权利。这些犯罪都集中于白领犯罪。这些官员中的许多人被起诉但只得到很轻的审判（通常是从特别的联邦监狱提交到一些“热闹场所”），相比之下，那些普通的夜盗者和贼会得到更严厉的审判。前总统尼克松被总统杰拉尔德·福特赦免。水门事件丑闻唤起了关于美国社会处理白领犯罪的温和方式的讨论。然而直到今天，白领犯罪依然被警察、法庭和矫正系统所忽视或被温和地处理。（需要注意的一点是白领犯罪中有组织犯罪在增加）有人主张积极地逮捕、起诉、审判白领犯罪和有组织犯罪会增加公民对法律的尊重，同时也会减少犯罪。但是在一个白领拥有权利的社会里，他们的兴趣仅仅是有力地加强法律去处理如武装抢劫类的犯罪，这些犯罪人通常是我们这个社会中不拥有权利的群体。一些人认为，那些希望白领权利集团鼓励警察和法庭去逮捕和起诉自己集团成员的期待是荒谬的。

创立一致审判制度

正如早些时候谈到的，不同的犯罪人因同样的犯罪被起诉会得到十分不同的审判。如果司法对所有的人是平等的，那么各种各样的不同如经济地位、种族和性别的不同应该不会影响到审判。对一个谋杀者判死刑而对另一个谋杀者判缓刑，会削弱人们对法律和刑事司法制度的尊重。一个减少审判差异的办法是使审判容易被上诉，而一般情况下，严厉的审判不能被上诉。第二个办法是通过立法行动来限制对于一种类型犯罪起诉的审判结果范围差异大的问题。

近年来，某些有处罚平等需要的地区出现了真正的一致审判运动。但是它也减少了司法 57
个别化的机会，这是我们刑事司法制度质量的证明。另外，较多的一致性审判（特别是强制性义务的减少）已经增加了罪犯待在监狱的平均年限，同时也造成了监狱的过分拥挤。

无犯罪受害者犯罪的合法化

禁酒令是一个由于无犯罪受害人行为非法化而产生社会问题的典型例子。禁酒令使制造、销售和饮用酒精非法化，警察使用了相当多的时间和资源努力去实施这部法律，但很难成功。禁酒带动了私酒业的发展，同时也促进了有组织犯罪的发展。

今天，无受害者犯罪依然伴随着我们——赌博、吸食大麻、婚前性行为、通奸和卖淫，这只是一些罪名。如果这些行为不是犯罪，大量的金钱和时间就可以转向对付那些危险的、有受害者的犯罪。现在也有一些犯罪行为合法化的运动，例如，内华达州现在允许

1968年4月3日，民权领袖［从左至右：何西阿·威廉姆斯（Hosea Williams），杰西·杰克逊（Jesse Jackson），小马丁·路德·金（Martin Luther King，Jr.），拉尔夫·阿伯内西（Ralph Abernathy）］站在田纳西州孟菲斯市洛兰旅馆的阳台上。一天后小马丁·路德·金在这个旅馆被暗杀。

一些地区有卖淫的存在。在过去的二十年里，警察局已经不热衷于去逮捕那些吸食大麻的人，而且在很多地区出现了非犯罪化行动的努力。赌博法正在发生改变，如一些州已经确立了赌博活动的合法地位，比如彩票、赌博夜总会、赛马和赛狗的赌博等。

严格控制枪支

在过去的四十年里，约翰·F·肯尼迪（John F. Kennedy）、罗伯特·肯尼迪（Robert Kennedy）、小马丁·路德·金（Martin Luther King，Jr）、安瓦尔·萨达特（Anwar Sadat）和约翰·列侬（John Lennon）被枪击致死。1981年，有人尝试暗杀前总统罗纳德·里根和教皇波普·约翰·保罗二世，在美国每年有超过1. 9万人自杀，有超过50万的抢劫犯罪。[84]许多自杀和武装抢劫都使用了手枪。

据估计，在美国有6亿支手枪——每两个家庭和每四个公民拥有一支手枪。[85]在20世纪，美国被手枪打死的人数远远多于所有战争中的死亡人数。[86]拥有高比例枪支的国家也会拥有高比例的杀人、自杀和在国内争端中死亡的人数。[87]一些关心此问题的团体已经提倡结束售卖枪支，除非有被批准的和有限的用途。

显而易见，国会和联邦政府正在命令加强对枪支的控制。在 1993 年，布雷迪法案颁布，在这部法案里，要求枪支购买者要等候五个工作日，同时要经历警察对其背景的调查。（布 58
雷迪法案的名字是为了纪念詹姆斯·布雷迪，美国前总统新闻秘书，在 1981 年他被枪击中并严重受伤，当时谋杀者试图暗杀前总统里根。）布雷迪法案的支持者和反对者都同意，这个法案的颁布将不能制止大多数犯罪人获取枪支。1994 年，国会通过了比尔·克林顿总统签署的犯罪法案，这个法案禁止了 19 种具有攻击性的枪支的出售，这些枪支的使用可以快速地杀死很多人。

严格控制枪支法案的主要反对者是枪支运动议员（是数个有力组织的联盟，包括国家步枪协会），他们的资金来自于热心于枪支运动的人和枪支制造商。

改革矫正系统

也许改革矫正系统的第一步是弄清楚现存系统的客观真实的矛盾与冲突，它们中的一些在本质上以惩罚为主，而另一些以恢复被破坏的社会关系为主。当社会公众和官员思考什么应该是真正客观的监禁时，他们的思考会陷入混乱。很明显，如果监狱的管理者和犯人也不清楚这个问题，那么就不可能有好的矫正效果。

如果我们的社会决定把报复、威慑作为监禁犯人的主要目标，那么我们只会得到持续增长的累犯罪率和犯罪率，因为这些被惩罚的人会变本加厉地仇恨、敌视社会。然而，从社会利益角度考虑，矫正系统的主要目标应是以尽可能低的成本预防这些被监禁罪犯的再次犯罪。

目前的监狱不仅不能很好地预防累犯，而且成本很高。平均每年国家用于把成年重罪犯送交专门机构治疗的花费要远远多于对成年人实行假释服务的花费。

如果矫正系统能够得到像它预期要实现的目标一样的改善，那么系统将要进行很多改革。举个例子，现在判处一个罪犯的刑期主要是根据他所实施的行为。如果一个被定罪的人实施的是一系列很严重的犯罪行为，结果肯定会判处他长时间监禁。相反，改良的方法首先会关注于如何能够使他不再干违法的事。这个过程包括确定为什么这个人要实施违法行为，怎样才能使他合法地取得他想要得到的东西。教育改造犯人的服务将会被具体化，而管理员的责任也会被具体化，如提供雇佣劳动和教育或职业培训项目、接受咨询和家庭治疗、接受药物或毒品治疗、支付债务、赔偿损失等等。只有不服从管理人员管教或确实对社会构成威胁的犯罪人才应当被与社会隔离。

有两个例子可以证明这种方法。有一个 17 岁的女孩离家出走，但是她有限的劳动能力和文化知识使她不得不靠卖淫来维持生计。我们除了逮捕她对她进行罚款，难道不应当注意一下她的需要（如经济的和教育的需要，找到合法工作获取报酬的需要和解决她与父母间冲突的需要）然后提供相关服务满足她的这些需要吗？一个 32 岁的男人在 4 个月内夜间入室盗窃了43家有钱的邻居。这个男人是个失业者，他声称盗窃是为了满足他毒瘾习惯的需要。我们除了花费纳税人的钱把他直接送进监狱，难道不应当考虑一下他的需求（如职业培训、工作和戒毒）然后给他提供些帮助吗？作为这个矫正系统改革的一部分，他会被要求（经过一段正常生活后）对受害者作出赔偿。同样，他也会被告知如果没有完成恢复计划的话，他仍会被重新送回监狱监禁。

这种途径使管理员能够敏锐地意识到犯罪人有权利和责任决定这两种方法：再次犯罪（会导致漫长的监禁），或遵守法律，有作为，有不错的将来。如果他们选择后者，他们将会被告知可以获得很多服务（如咨询或职业培训）帮助他们，但是也要让他们知道改变他
59 们现在的处境需要一个有责任的人的艰辛努力。

我们的社会面临两种选择：一种是一个惩罚系统，惩戒犯罪人但并不能阻止将来犯罪的发生；另一种是帮助犯罪人使他们能够成为一个有作为的公民。后者对犯罪人没有惩戒的痛苦，它只要求犯罪人要付出努力加倍工作。惩罚系统则相反，它的目标是要使犯罪人感到痛苦、受到惩罚，并不以达到有利于社会成员或社会为结果。

美国有超过一百万的罪犯，监禁人数所占社会总人数的比重远远高于其他国家。[88]马克·莫尔（Marc Mauer）记载：

> 使我们在监禁方面居于世界首位的政策，显然并没有使我们成为一个更安全的国家。我们需要方向的根本性变化，而这一变化将通过已被证明了能有效地减少犯罪和监禁的项目和政策来进行。我们必须停止关押，着手恢复。[89]

转移计划

标签理论认为，刑事司法制度给违法者加盖标签，产生的影响是使他们真的就像是违法者或罪犯。转移计划使初犯或轻微犯罪者避免进入司法程序，而转入社区，并在社区机构得到服务帮助。

有一个“暂缓不起诉”的项目，现在很多社区都提供这样的帮助。成年人初犯或因轻微犯罪（如商店盗窃）而被捕可以通过法官或诉讼代理人申请暂缓不起诉，暂缓不起诉制度要优先于对罪犯罪行指控的审判。暂缓不起诉的做法是提供持续几周的小组会议来帮助他们的成员使其不再犯新的罪行。被告如果支付赔偿金，案子就可以结束，参加转移项目期间也不会被逮捕，而且需要参加所有的小组会议。

很多转移计划主要集中在避免使青少年接受少年法庭或刑事法庭审判，使他们能够通过社区机构帮助进行矫正治疗。青少年可能接受咨询治疗（来自社会工作者、假释监督者或者是心理医师的帮助）；也可能接受培训以帮助他们获得一份工作；也可能得到解决情感和家庭问题的帮助；还可能是接受继续学业的帮助。

很多社区还发展了“恐惧处境体验”项目，这个项目最开始在新泽西的一个监狱产生。主要是把犯罪的青少年带去参观监狱，向他们展示真正艰苦的监狱生活，同时也获得了第一手有关监狱条件的资料。参观的目的是向青少年揭露最真实的监狱生活，使他们害

怕被关押，激励他们不要去干违反法律的事情。现在这种方法的效果如何还不确定，尽管如此，这样做还是能够对青少年产生一定威慑力的。

过渡项目

过渡项目的方法有很多种。在监禁期间，犯人被允许白天到社区工作。学业项目允许被收容的人白天去大学或技工学校学习。关押犯人去监狱经常被送他们去中途之家（社区居住的矫正机构，社区居住中心）所替代；中途之家允许他们在社区工作或到学校学习。中途之家也被用来帮助那些犯人学习适应回归社会。如果中途之家的犯人有违法的不良行为，则他们将有被再次送回监狱的危险。

过渡项目是为了使犯人继续保持他们和社区非犯罪因素的紧密联系。项目减少或减轻了因监禁产生的负面作用，并为矫正提供机会和资源。

及时预防犯罪

理论上，有四种方法预防犯罪：

1. 制定严厉的刑罚威慑破坏法律者，使他们不敢犯罪。然而，对于死刑的研究表明，就算是最重的刑罚也不一定能威慑阻止犯罪。

2. 对被判刑的违法者进行监禁。这种方法可能比较昂贵——特别是现实生活中每个人都有实施犯罪的可能。

3. 改变滋生犯罪的经济、社会、政治条件。除了刚提到的范围，还有大量的改进建
议：提高家庭生活质量；改进教育体系，使学生感觉学习是一种令人兴奋的，有收获成果
的体验；结束种族歧视；给公民提供平等获得成功的机会，包括穷人和少数人群体；给予 61
有劳动能力者与其劳动力水平相适应的应得报酬；提高城市居民的住房条件和生活条件；
抑制酗酒和吸毒。

4. 告诉大众避免成为犯罪受害人的方法。这些方法将会被详细讲述，而且介绍如何减少犯罪发生的机会。这些方法之所以被强调是因为这是人人都应该知道的而且可以参与的方法。

Dae Chang 介绍了这种从犯罪学领域的被害人理论研究中总结的方法：

> 研究表明很多犯罪——目前占犯罪比重最大的街头抢劫犯罪——多因机会和偶然性而发生，而不是因为详细的和职业的计划。
>
> 打开的窗户、无人的房子、一个人在黑暗的小巷里走都被一些人看作是机会，然后实施犯罪。行凶抢劫的路贼寻觅易下手的对象，而不是特定的目标；窃贼则寻找他们容易潜入的房子，也没有特定的目标。预先选定的目标常常会被正确地选中，因为被预先选定的目标都有“明显标志”。
>
> 谁会是犯罪的牺牲者？为什么会引起犯罪？是谁引起的犯罪？这些问题的答案触目惊心。在很多案子里，始作俑者居然是受害人，只有一部分案子完全由罪犯的犯罪

行为引起。我们所有的人都是潜在的被害者。我们经常的个人行为其实是引诱他们实施犯罪的原因。是我们的行为诱惑他们，告诉他们我们是易下手的对象，给他们机会，甚至是我们不慎的行为使他们有了犯罪的念头。我们的不经心，对自己财产保管的疏忽大意、粗心、自大等态度和行为引诱他人对我们自己或我们的财产实施犯罪。我们也通过自己在公众场合的或私下的行为使部分损害直接作用于我们自己。我们的习惯、态度、行为等都是引诱别人对我们实施犯罪的信号。[90]

了解这些就是要我们不断保持警惕并反省自己："是因为我做了或做错了什么，才使我这么容易成为犯罪的受害人吗?"表 2—4 列出了大量应特别注意的防范措施以防自己成为犯罪受害人。

60 **表 2—4　　避免成为犯罪受害人**

家庭

● 安装门、窗插销，使用外部照明设施，防止小偷夜间偷窃。

● 在自己的财物上刻上数字标识，防止盗贼销赃。

● 如果晚上外出，一定要把房子弄得看上去像是有人在的样子。开着灯或者音乐，或者开着电视。开低声音，使其听上去咕哝不清。如果有人站在门外，会听着像是有人在屋内谈话或家里人正在看电视。

● 用一定长度的钢杆或木棒作为暗销固定双层安全玻璃窗，阻止窗户被人从外面打开。

● 在前门和后门分别安装外灯照明，并且清除入侵者可能用来隐藏的灌木丛。

● 如果晚上你听到有人潜入，你要让潜入者知道你已经听到动静，但是避免直接和他面对。给他赶快离开的机会。如果你没做好准备便和入侵者面对面，你可能会受伤。除了呼救，带上你的鸟枪——如果你是一个人；或者向邻居呼救或报警。最好的情况是你的卧室里面有结实的插销锁。

● 门口看家狗的狂吠可能会威慑住一个入侵者。狗的狂吠会使入侵者害怕有人听见，因此，入侵者会匆忙逃离。

● 不要把钥匙留在家门外的擦鞋棕垫下、信箱里或窗台的顶部。

● 警戒有上门推销者进入你家里。现在很多社区都要求推销员带有身份证明卡。

● 不要在夜间把自己的财产放在草坪上或私人车道上。如果把自行车、烧烤架、电动工具和除草机放在外面，会很容易被别人拿走。

● 不要把重要的票据、贵重的珠宝首饰或大量的现金放在家中。租用一个银行安全存款箱，不仅会保护有价值的物品不会被盗，而且会防止在火灾或其他自然灾害中受到损失。

● 准备出去休长假的时候，安排一位朋友隔几天就帮你到家中看看。避免使报纸和邮件堆积。邮局工作人员在你离开期间会帮你免费保存邮件。你可以雇便宜的钟点工帮你打开电灯、收音机或电视，给外人造成你在家的印象。

● 当你不在家而又约好有来访者时，千万不要用外设留音机："欢迎你来！我将在晚上八点钟回来。请进屋吧，随意些，就当在自己家中。门没锁。"盗贼是很容易接受这种邀请的。

续前表

● 不要携带大量现金。如果你必须这样做的话，装少量的钱和信用卡在另一个钱包中，以防窃贼。

● 如果在拥挤的人群中，把钱包放在安全的地方——譬如前面的口袋里、腰包里或是让窃贼费劲的有扣子的口袋里。

● 永远不要忘了照顾自己的钱包。

● 不要搭乘他人便车或邀请他人搭乘便车。搭乘便车会导致大量的抢劫和袭击。如果你不能避免搭乘便车的话，要正确挑选你的同行人。

机动车

● 汽车里的华丽设备会招惹来小偷和破窗偷窃者。如果你买了镀镁车轮、立体声录音机、CB收音机、漂亮的轮毂盖和其他贵重的小机件，那么你的车将会很引人注意，不论你的车停在哪里都会招惹小偷来偷窃。记着锁车，把贵重物品放在箱子里，永远不要忘了拿钥匙。

● 如果你要把车在某些地方停放几天（如飞机场），最好的防盗办法是把中央电路线从配电盘上拔掉，然后别忘了锁好车门，拿走钥匙。（在你拔掉电线前，你要确保你还知道怎么把它安装还原。）

● 把标记从钥匙链上取掉，这样即使你的钥匙被盗了，也没有人知道它们能够打开什么。

● 女士最好在邮箱上和电话簿上只写姓或首字母。

公共场所

● 避免去黑暗的停车场所。在那里叫出租车可能便宜些，但是被行凶抢劫的风险也很大。

● 有很多避免成为强奸受害者的方法，包括自卫技术（如：武器）和令人不愉快的方法（如：向强奸者吐口水或撒尿，告诉有企图的强奸犯你有艾滋病，或者用手指戳强奸犯的眼睛）。女士们最好熟悉了解这些方法并选择一些自己方便使用的，以便有袭击突然发生时有所准备。

总　结

犯罪是我们必须面对的众多严重问题里的一个。严重的暴力犯罪已经达到令人惊恐的比例。而且，刑事司法体系（警察、法庭、监狱）的表现表明已经不能那么有效地预防犯罪了。

可能每个人都曾这样或那样地一次或多次违犯法律。那些因为犯罪被逮捕的人多半是男性、年轻人、少数民族成员、城市居民。如果我们的法律对白领犯罪和有组织犯罪打击得更有力些，那么这些典型的罪犯可能是老人、白领或郊区居住者。

官方的犯罪统计是不准确的，因为很多犯罪都没有被记录。而且，警方和法庭通常在确定罪行后才采取强制措施，警方的报告常常受政治动机的影响（如重案轻罚以表明警方不支持使用严刑酷罚）。涉及造成较多受害者和对社会造成较大经济损失的白领犯罪应被看作是最严重的一种犯罪类型，但是警察和法庭对白领犯罪的处置却不是那么严厉。

□ 有很多关于犯罪原因的理论。这些理论所说明的只是犯罪发生的一些原因。我们现在还不能完全地解释清楚为什么会发生犯罪。犯罪率的持续增长也表明了我们还不清楚如何才能有效地预防犯罪。

世界范围内对矫正系统目的的认识有冲突，有些认为应以惩罚为目的，而另一些却认为应当以挽救和教育为目标。当这两种观点融合时，只导致了认识的不明确，所以不能有效地预防犯罪。把监狱弄得像学校一样为犯人服务和给犯人贴上标签是很危险的做法，这样可能为将来发生犯罪埋下祸根。

关于减少犯罪的建议很多，包括快速而准确的刑罚制度，从重判决，将累犯与社会分离，严惩白领犯罪，创立一致审判制度，无犯罪受害者犯罪的合法化，严格控制枪支，矫正体系着重于挽救方法的改革，增加转移计划和过渡项目，宣传指导公民如何避免成为犯罪受害者。这些建议有些是相互矛盾的。虽然这些建议都是有研究支持的，但是还没有哪一个建议已经被完全证明能够有效减少犯罪。

注释

[1] Vincent N. Parrillo, John Stimson, and Ardyth Stimson, *Contemporary Social Problems,* 2d ed. (New York: Macmillan, 1989), 127–158.

[2] William Kornblum and Joseph Julian, *Social Problems,* 9th ed. (Upper Saddle River, NJ: Prentice-Hall, 1998), 156–181.

[3] U.S. Department of Justice, *Crime in the United States: Uniform Crime Report, 1996* (Washington, DC: U.S. Government Printing Office, 1997), 5.

[4] Donald Baer, "Guns," *U.S. News & World Report,* May 8, 1989, 20–25.

[5] James W. Coleman and Donald R. Cressey, *Social Problems,* 6th ed. (New York: HarperCollins, 1996), 400.

[6] Ibid.

[7] Kornblum and Julian, *Social Problems,* 174.

[8] Ibid., 175.

[9] Ibid.

[10] *Crime in the United States, 1996,* 224–225.

[11] Kornblum and Julian, *Social Problems,* 178.

[12] Ibid.

[13] Donald Jackson, "Justice for None," *New Times,* Jan. 11, 1974, 51.

[14] William Kornblum and Joseph Julian, *Social Problems,* 6th ed. (Englewood Cliffs, NJ: Prentice-Hall, 1989), 175.

[15] *Crime in the United States, 1996,* 97–103.

[16] Coleman and Cressey, *Social Problems,* 397.

[17] Kornblum and Julian, *Social Problems,* 9th ed., 164–166.

[18] Ibid.

[19] Coleman and Cressey, *Social Problems,* 397.

[20] H. E. Pepinsky and R. Quinney, *Criminology as Peacemaking* (Bloomington: Indiana University Press, 1991).

[21] Charles Goring, *The English Convict* (London, His Majesty's Stationery Office, 1913).

[22] Thomas Szasz, *The Myth of Mental Illness* (New York: Hoeber-Harper, 1961).

[23] H. J. Eysenck, "The Effects of Psychotherapy," *International Journal of Psychiatry,* 1 (1965), 97–144.

[24] Charles Zastrow and Ralph Navarre, "Self-Talk: A New Criminological Theory," *International Journal of Comparative and Applied Criminal Justice* (Fall 1979), 167–176.

[25] Edwin H. Sutherland and Donald R. Cressey, *Criminology,* 8th ed. (Philadelphia: Lippincott, 1970), 10.

[26] Robert K. Merton, *Social Theory and Social Structure* (New York: Free Press, 1968), 232.

[27] John M. Johnson and Jack Douglas, eds., *Crime at the Top: Deviance in Business and the Professions* (Philadelphia: Lippincott, 1978).

[28] Walter B. Miller, "Lower Class Culture as a Generating Milieu of Gang Delinquency," *Journal of Social Issues,* 14 (1958), 5–19.

[29] Albert Cohen, *Delinquent Boys: The Culture of the Gang* (New York: Free Press, 1955).

[30] Charles Cooley, *Human Nature and the Social Order* (New York: Scribner, 1902).

[31] Gary Cavendar, "Alternative Approaches: Labeling and Critical Perspectives," in Joseph F. Shelley, ed., *Criminology: A Contemporary Handbook* (Belmont, CA: Wadsworth, 1995), 185–199.

[32] Stewart Powell, Steven Emerson, and Orr Kelly, "Busting the Mob," *U.S. News & World Report,* Feb. 3, 1986, 24–31.

[33] Kornblum and Julian, *Social Problems,* 9th ed., 170–171.

[34] Ibid.

[35] Ibid.

[36] Powell, Emerson, and Kelly, "Busting the Mob," 24–31.

[37] Ibid.

[38] Johnson and Douglas, *Crime at the Top.*

[39] Edwin H. Sutherland, *White Collar Crime* (New York: Dryden Press, 1949), 9.

[40] Kornblum and Julian, *Social Problems,* 9th ed., 168.

[41] Coleman and Cressey, *Social Problems,* 392.

[42] Kornblum and Julian, *Social Problems,* 9th ed., 168.

[43] Thomas Sullivan, Kenrick Thompson, Richard Wright, George Gross, and Dale Spady, *Social Problems* (New York: John Wiley, 1980), 586.

[44] *Crime in the United States, 1996.*

[45] Alexander B. Smith and Harriet Pollack, "Crimes without Victims," *Saturday Review,* December 4, 1971, 27–29.

[46] Janet S. Hyde, *Understanding Human Sexuality,* 5th ed. (New York: McGraw-Hill, 1994), 483.

[47] Kornblum and Julian, *Social Problems,* 9th ed., 166.

[48] Coleman and Cressey, *Social Problems,* 386.

[49] Ibid., 387.

[50] Edwin H. Sutherland, *The Professional Thief* (Chicago: University of Chicago Press, 1937).

[51] Charles H. McCaghy and Stephen A. Cernkovich, *Crime in American Society,* 2d ed. (New York: Macmillan, 1987), 245–247.

[52] *Crime in the United States, 1996,* 224.

[53] Kornblum and Julian, *Social Problems,* 9th ed., 394.

[54] Ibid.

[55] Ibid.

[56] J. F. Longres, "Youth Gangs," in *Encyclopedia of Social Work: 1990 Supplement* (Silver Spring, MD: NASW Press, 1990), 320.

[57] A. P. Goldstein, *Delinquent Gangs: A Psychological Perspective* (Champaign, IL: Research Press, 1991).

[58] Ibid.

[59] Armando Morales, "Urban Gang Violence," in Armando Morales and Bradford W. Sheafor, eds., *Social Work: A Profession of Many Faces,* 5th ed. (Boston: Allyn & Bacon, 1989), 419–421.

[60] T. A. Sweeney, *Streets of Anger: Streets of Hope* (Glendale, CA: Great Western, 1980), 86.

[61] C. R. Huff, "Gangs in the United States," in A. P. Goldstein and C. R. Huff, eds., *The Gang Intervention Handbook* (Champaign, IL: Research Press, 1993).

[62] Longres, "Youth Gangs," 323.

[63] Goldstein, *Delinquent Gangs.*

[64] Longres, "Youth Gangs," 325.

[65] I. A. Spergel, *The Youth Gang Problem: A Community Approach* (New York: Oxford University Press, 1995).

[66] Ibid.

[67] Coleman and Cressey, *Social Problems,* 408.

[68] Ibid., 406.

[69] David M. Peterson, "The Police Officer's Conception of Proper Police Work," *The Police Journal,* 47 (London: P. Allen, 1974), 102–108.

[70] Coleman and Cressey, *Social Problems,* 406.

[71] Ibid., 406–407.

[72] Don C. Gibbons, *Society: Crime and Criminal Behavior,* 5th ed. (Englewood Cliffs, NJ: Prentice-Hall, 1987), 439.

[73] Coleman and Cressey, *Social Problems,* 407.

[74] Alan Neigher, "The *Gault* Decision: Due Process and the Juvenile Court," *Federal Probation,* 31, no. 4 (December 1967): 8–18.

[75] George F. Cole, *The American System of Criminal Justice,* 6th ed. (Pacific Grove, CA: Brooks/Cole, 1992), 506–513.

[76] Ibid., 532–537.

[77] Kornblum and Julian, *Social Problems,* 9th ed., 183–184.

[78] Ibid.

[79] Coleman and Cressey, *Social Problems,* 408.

[80] Ibid.

[81] Kornblum and Julian, *Social Problems,* 9th ed., 187.

[82] Cooley, *Human Nature and the Social Order.*

[83] Sutherland and Cressey, *Criminology,* 354.

[84] *Crime in the United States, 1996.*

[85] Coleman and Cressey, *Social Problems,* 412.

[86] "Guns, Guns, Guns" NBC News Summer Showcase, July 5, 1988.

[87] Ibid.

[88] Coleman and Cressey, *Social Problems,* 409.

[89] Marc Mauer, quoted in "Prison Ratio Highest in U.S.," *Wisconsin State Journal,* Jan. 5, 1991: 3A.

[90] Dae H. Chang, "How to Avoid Becoming a Victim of Crime," in Charles Zastrow and Dae H. Chang, eds., *The Personal Problem Solver* (Englewood Cliffs, NJ: Prentice-Hall, 1977), 348–349.

第三章

情绪和行为问题

62 本章内容

- 情绪和行为问题的性质与范围
- 心理健康问题
- 社会结构与精神疾病
- 治疗
- 总结
- 注释

63 我们每个人时常会遇到情绪（emotional）或行为（behavioral）问题的困扰，或者同时受到这两种问题的困扰。在20世纪，社会学、心理学与精神病学等学科在情绪和行为问题的解释和治疗方面取得了重大进展。本章将：

- 描述情绪和行为问题的性质与范围。
- 讨论精神疾病的概念。
- 介绍一种有关长期精神疾病成因的理论。
- 讨论心理健康领域有争议的问题。
- 介绍有关社会结构与精神疾病发病率相互关系的研究。
- 描述情绪和行为问题的治疗方法。

情绪和行为问题的性质与范围

情绪和行为问题是下列障碍的统称：抑郁、过度焦虑、自卑或自闭、孤独、施虐狂或受虐狂、婚姻问题、失恋、障碍性亲子关系、多动症、异常的或怪异的行为、过分挑剔、过多的攻击性行为、恐惧症、虐待儿童或配偶、强迫性行为、罪恶感、害羞、暴怒脾气、报复心、噩梦或失眠、性变态等等。

在多数情况下每个问题都有许多独特的潜在原因。如抑郁可能由下列原因引起：失去了一个所爱的人或失去自认为很贵重的东西，可能感到罪恶和羞耻，知道了一件自己并不愿意让其发生的事情（如发现得了绝症），由侵犯他人转向自残，经历了像绝经期这样的某个特殊的生理阶段、自卑、孤独、与世隔绝等等。现已出版了很多有关情绪和行为问题的原因与治疗方法的书籍。

每一年，四个美国人中就会有一个患有某种情绪或行为障碍。[1]这些障碍包括从轻度的抑郁、焦虑到自杀或像厌食症一样的严重饮食障碍。在美国每年有600多万人接受心理健康治疗。[2]实际上，我们大家在生活中的任何时候都可能会遇到严重的情绪问题，例如：失恋或离婚，酒精或药物成瘾，目标未达成，因家里有人被诊断为患有绝症、因严重罪行而被判刑或因患有饮食障碍（见专栏3.1）而感到悲痛等。

专栏3.1 饮食障碍：一个日益突出的问题①

可以认为患有饮食障碍是非常痛苦的。据估计有20%的女大学生患有饮食障碍。 64～65

饮食障碍主要有三种：神经性厌食症（anorexia nervosa）、神经性贪食症（bulimia nervosa）和强迫性狂吃症（compulsive overeating）。患厌食症的人和患贪食症的人都是过分担心食物与体形，但他们瘦身的方法很不同。厌食症患者只吃极少的食物，很多时候近乎挨饿；而贪食症患者先是狂吃食物，随即自行清肠。虽然美国人平均每天摄取的能量是3 000卡路里，但贪食症患者实际摄取的要更多。他们可以狼吞虎咽地吃掉含4 000至6 000卡路里的食物，尤其以狂吃含高卡路里的块状食物，如甜点、油炸食品为乐。由于贪食症患者也要保持体形，他们就以各种方法清除吃进的食物，其中最普通的方法就是呕吐。呕吐主要是把手指放在喉咙里，以引起呕吐。有些贪食症患者依靠医用棉球或通过饮用大量液体以引起呕吐。随着呕吐次数的增多，许多贪食症患者控制了自己的食管肌，可以随意诱发呕吐。尽管呕吐是最一般的清除食物的方法，但他们也采用别的方法，包括吃过量的泻药、禁食、用灌肠剂、咀嚼食物然后再吐出，或者通过游泳、跑步、举杠铃或重物等强迫性运动直到精疲力竭。尽管贪食症患者比厌食症患者多得多，但它长久以来没有被人们所认知，这是因为狂食与洗肠的循环过程几乎总是秘密进行的。患贪食症的人害怕别人知道，因此几乎无人报告有这一症状。

贪食症患者几乎没什么朋友，他们的许多时间都花在了秘密的狂食与清肠上。他们常常具有很高的成就，在学校能获得好的学习成绩。清肠经常成为他们用来克服自我憎恨的净化仪式。通过清肠，他们感觉到自己完全新鲜和清洁。但是这种自我价值感仅是一时的。他们对轻微的侮辱和挫折极度敏感，而这又经常成为他们再次贪吃食物的借口。

神经性厌食症是以故意挨饿而不懈地追求瘦身为特征的一种障碍。厌食症患者拒绝承认他们已经太瘦的事实，甚至在极度饥饿的时候也不进食。他们固执地坚持要从已经消瘦的身体中再减去更多的重量。他们有歪曲的身体意向，错误地认为自己太胖，也错误地认为拥有完美的体形（社会上定义的所谓瘦体形）将会获得幸福与成功。95%的厌食症病例是女性。

强迫性狂吃症患者以无法抗拒的冲动吞食过量的食物，这是由于长期的不合理饮食、咀嚼和摄取过量食物而形成的一种障碍行为。当强迫性狂吃症患者的体重超出标准体重20%时就要建议他们去治疗。

迈克尔·O·科克（Michael O. Koch）、弗吉尼亚·L·多森（Virginia L. Dotson）和托马斯·P·特洛斯特（Thomas P. Troast）等在《小组社会工作》（*Social Work with Groups*）一书中描述了这三种饮食障碍间的关系：

> 饮食障碍似乎存在于一个连续体之上。连续体的一端是厌食症患者，他们通过严格限制食物的摄取量以达到体重急剧减轻。连续体的中间是贪食症患者，他们吃东西，有时甚至狂吃，但仍能通过严格的禁食和清肠保持着比正常体重偏瘦的身材；还包括那些狂吃、清肠但体重没有显著减轻的正常体重的贪食症患者。这些贪食症患者在不狂吃的时候通常是限制饮食的，由于他们的饮食行为，他们的身体不断重复着增重或减重的现象。在连续体的另一端是强迫性狂吃症患者，他们不断地狂吃，体重明显增加，但他们却不像贪食者和厌食者那样有清肠行为。个体依赖于自身状况可能沿着这个连续体左右移动，或处于限制饮食的一端或处于狂食作乐的另一端。[②]

厌食症患者与贪食症患者有某些相像。例如：他们都可能在父母是中产阶级、积极向上的家庭中长大，母亲极尽照顾职责，父亲专注于自己的工作。他们通常都是好孩子，渴望得到他人的爱和赞许。他们都易于缺少自信，感到自己无能，并有歪曲的身体意向，这使得他们把自己看得更胖，而别人看他们全然不是那么回事。

甚至皇室王妃——威尔士王妃——也不能摆脱神经性贪食症的困扰。

厌食症患者与贪食症患者也有不同。一般来说，厌食症患者比较年轻，社会经验较少，比较孤僻和过多地依赖家庭，他们会远离食物。与厌食症患者相反，贪食症患者只有在有压力时会把注意力转向食物，他们狂吃，随即清肠。在很大程度上，贪食症患者能够在社会与工作环境中发挥自身作用。贪食症患者的健康受到狂食与清肠的严重影响，但他们的生命不一定面临危险；而厌食症患者的生命却时时受到威胁。厌食症患者非常瘦，而贪食症患者并非体重都轻，甚至有超重的。

为什么厌食症患者与贪食症患者主要是女性？一个关键的原因是我们的社会要求女性要比男性更苗条和整洁。我们的社会准则也过分强调女性苗条的重要性。

厌食症、贪食症、强迫性狂吃症都是危险的健康障碍。厌食症患者冒着饥饿危险，贪食与狂吃都会引起严重的健康问题。脂肪的生成与积累是生存所必需的。脂肪酸是能量的主要来源。当脂肪量缺乏时，身体就要吸收碳水化合物（糖）。当糖的供应减少时，人体新陈代谢就会下降，这常常会导致昏迷、无力、悲观、抑郁、眼花和疲劳。对强迫性狂吃症患者而言，由于体重超出了合理的水平，死亡率也随之增加。肥胖是产生高血压、心脏病和糖尿病这类健康问题的主要原因。

精神类药物（镇静剂、抗抑郁药）由于改变了人体的新陈代谢，可能对厌食症患者和狂吃症患者的身体产生副作用。有饮食障碍的人的脑电图图谱异常。长期的呕吐可以引起牙龈疾病和蛀牙，这是呕吐时吐出胃酸的结果。呕吐能引起食管破裂与出血。长期呕吐还能导致钾缺乏，进而引起肌肉疲劳、身体虚弱、麻木、心跳无规律、肾损伤，严重时，还会出现瘫痪。

治疗厌食症、贪食症和狂吃症用不同的治疗程序。个体治疗和小组治疗发展起来了，用以改变人们的心理思维模式——正是这样的思维模式发动和维持着令人生厌的饮食模式。对于有严重健康问题的人来说，医疗是重要的。饮食障碍的治疗包括指导患者形成并保持营养膳食的习惯。一些小学、中学和大学正在实施预防计划，包括向学生传授饮食障碍危害的知识，为那些已有饮食障碍的学生进行检查并提供服务。

①Michael O. Koch，Virginia L. Dotson，and Thomas P. Troast，“ Interventions with Eating Disorders” in Charles Zastrow，*Social Work with Groups*，4th ed.（Chicago：Nelson-Hall，1997），463－484.

②Ibid.，465－466.

研究精神疾病的两种方法

大量的与情绪和行为障碍有关的词语已被人们所熟悉。我们可能会使用下列词语来形容有异常行为或悲痛情绪的人（经常是贬义的）：疯狂的、古怪的、精神病、神经质、神经衰弱、精神错乱、病态的、紧张兮兮的、傻大胆的、疯子似的。

无论用什么词，我们可能都不太明白这些词的意思。但令人惊奇的是，我们会感到这样的标签已经准确地描绘了那个人，进而，当谈及那个人的时候，觉得这个标签是正确无误和无所不包的。然而要准确地定义这些词是不可能的，例如，有什么特别的特征可以把精神病或傻大胆与其他正常的人区分开？或许没人能给出一个准确的答案。

一般观察、诊断情绪障碍和行为异常的方法有两种：医学模式（medical model）和相互作用模式（interactional model）。

医学模式

医学模式把情绪和行为问题看作是与生理疾病比较而言的精神疾病。精神疾病标签的使用涉及应用医学的标签——精神分裂症、偏执狂、精神病、精神错乱——来描述情绪问题。持医学观点的人认为有障碍的人的精神受到了某种未知的、内部状况的影响。他们称这种状况可能是由基因遗传、新陈代谢紊乱、传染病、内心冲突、无意识使用防御机制、引起情绪固着及阻碍心理成长的早期创伤经历等所引起。

医学模式按照美国精神病协会（the American Psychiatric Association）所定义的心理障碍对其进行了详细的分类（见表3—1）。

66 **表3—1　美国精神病协会确认的主要心理障碍**

● 通常在婴儿期、儿童期和青春期就能被诊断的障碍。包括（还不限于这些）：智力落后、学习障碍、沟通障碍（如口吃）、孤独症、注意缺陷、多动症和离别焦虑障碍。

● 谵妄、痴呆、遗忘症和其他认知障碍。包括由于酒精和其他药物中毒引起的谵妄，由阿尔茨海默症或帕金森症引起的痴呆，由头部创伤引起的痴呆和遗忘障碍。

● 与物质有关的障碍。这个障碍包括与酒精、咖啡因、安非他明、可卡因、致幻剂、尼古丁和其他改变精神的物质的滥用有关的心理障碍。

● 精神分裂症和其他精神障碍。包括妄想障碍和精神分裂症的一切形式（如：偏执型精神分裂症、混乱型精神分裂症、紧张型精神分裂症等）。

● 情绪障碍。包括抑郁、双相精神障碍等情绪障碍。

● 焦虑障碍。包括恐惧症、创伤后压力障碍和焦虑障碍。

● 心因性障碍。包括那些表现为生理疾病症状的心理问题（例如疑病症）。

● 分裂性障碍。指那些人格分离的问题（如同一性分离障碍，以前称它为多重人格障碍）。

● 性和性别同一障碍。包括性机能障碍（如长期性欲缺乏、早泄、男性勃起失能、两性性高潮机能障碍、阴道痉挛等）、性抑制、恋物癖、恋童癖、性受虐、性施虐、观淫癖和性别同一性混乱（如跨性别认同等）。

● 饮食障碍。它包括厌食症、贪食症和强迫性狂吃症。

● 睡眠障碍。包括失眠症和其他睡眠问题（像噩梦、夜游等）。

● 冲动—控制障碍。包括不能控制不合理冲动（如偷窥癖、纵火狂、病理性赌博等）。

● 适应障碍。包括对普通事件如失业、离婚产生的压力的适应困难。

● 人格障碍。人格障碍就是长期地进行内在体验，并有明显地与个体所处文化期望相背离的行为，具有弥漫性与顽固性，开始于青春期或成年初期，逐渐表现为稳定，可以引起个体的痛苦或损伤，如偏执型人格障碍、反社会人格障碍和强迫型人格障碍都是人格障碍的例子。

● 其他障碍。包括在临床上关注的各种"其他"障碍，有亲子关系问题、同伴关系问题、同胞兄弟姐妹关系问题、对儿童性虐待和身体虐待的犯罪问题、歧视儿童、对成人性虐待和身体虐待的犯罪、诈病、丧亲之痛、学业问题、职业问题、认同问题、宗教或精神问题。

资料来源：The Diagnostic and Statistical Manual of Mental Disorders（DSM-IV），4th ed.（Washington，DC：American Psychiatric Association，1994）。

心理障碍诊断与统计手册（DSM-IV）对许多心理障碍都给予了界定。[3]下面是对一些心理障碍进行简单描述的例子：

精神分裂症（schizophrenia）　这种疾病包括许多种障碍，通常是指语言、交流、思想、知觉、情绪和行为出现典型的障碍达 6 个月以上。

妄想（delusional disorder）　这种障碍最主要的症状是持续一个月以上出现一种或多种错觉。一种是误信或误传，如被害妄想。被害妄想的人错误地认为别人正密谋反对、欺骗、侦查、跟踪、下毒或投药、恶意诬蔑、干扰或阻碍他追求长期目标等等。

疑病（hypochondriasis）　它是把对环境的长期不适应转移到对身体症状的全神贯注的一种精神疾病。患者恐惧或认为自己有严重的生理疾病，寻求药物治疗，但不认为可治
愈，对家庭和给予关怀者抱有敌意或依赖。 67

双向障碍（bipolar disorder）　它是兼有躁狂症和抑郁症两种特征的主要的情感性障碍，以前叫躁狂抑郁性精神病。双向障碍可根据表现症状分为躁狂型、抑郁型和混合型。

恐惧症（phobia）　它表现为对客体和情境的过分的、持续的、不现实的、强烈的恐惧。通常有恐高症、恐痛症、恐幽闭症、恐脸红症等。

人格障碍（Personality disorders）　表 3—1 中定义了什么是人格障碍，主要的人格障碍及其特征如下：

- 偏执型人格（Paranoid）。表现为不信任和怀疑，以致认为别人的动机是恶毒的（见专栏 3.2）。
- 内向型人格（Schizoid）。以与社会隔离和有限的情绪表达为特征。
- 分裂型人格（Schizotypal）。与他人极难维持亲密关系，认识歪曲，行为怪异。
- 反社会型人格（Antisocial）。无视和侵犯他人权利。
- 边缘型人格（Borderline）。人际关系、自我意向、情感不稳定，并伴有明显的冲动。
- 剧化型人格（Histrionic）。极度情绪化和故意引起他人注意。
- 自恋型人格（Narcissistic）。自以为是，喜欢赞美，缺乏移情。
- 回避型人格（Avoidant）。社会性抑制、情感缺乏、对否定性评价过度敏感。
- 依赖型人格（Dependent）。极度服从与依赖于他人的关怀。
- 强迫型人格（Obsessive-Compulsive）。苛求有序、完美和控制他人。

医学模式是对这样的一种历史观的回应：情绪障碍的人被魔鬼附体，是疯子，应该为其不正常受到责骂、鞭打、监禁或杀死。医学模式使得人们认为情绪障碍的人需要帮助，这刺激了人们对情绪和行为问题性质的研究，也促进了治疗方法的发展。

医学模式有效的证据主要来自于对精神障碍如精神分裂症受遗传影响这类的研究。 68

关于遗传的大量证据来自于对双胞胎的研究。例如：有研究发现患精神分裂症的同卵双胞胎的一致性比率（即如果同卵双胞胎中有一人得了精神分裂症，另一个也要患精神分

裂症）为 50%。[4]一般群体患精神分裂症的比率大约为 1%。[5]因此，若同卵双胞胎中的一个患了精神分裂症，则另一个患精神分裂症的比率是正常人的 50 倍。一致性比率表明基因是精神分裂症的原因，但基因并不能完全决定它的发生，因为毕竟一致率仅为 50%，而不是 100%。（应注意到从健康保险政策到为个体和群体提供心理治疗的精神保健机构这一救助体系都应用了 DSM-IV 分类。）

67 **专栏 3.2　应用精神疾病医学模式解释的一个案例**

丹·万达（Dan Vanda）因杀死自己的父母而被捕。当时他 22 岁，邻居们说他是一个“孤僻的人”。他在上小学和中学时，经常旷课，从没有过亲密的朋友，而且还降过级。他在 16 岁时退学了。学校记录表明，他的老师曾三次向儿童教养机构报告他的父母虐待和忽视他。儿童教养机构的记录表明他的父母是不合作的。然而，没有足够的证据表明其家庭教养不当。

万达被捕时，思维混乱。他说，他与大卫（David）王子（《圣经》里的大卫杀害了歌利亚）说过话，大卫让他杀自己的父母，因为他的父母企图控制他。万达毫无条理地引用《圣经》里的话，他还说宇宙射线控制着人们。他被捕时，看起来好像是在为自己的行为庆祝，而不是要被监禁，法院做出了把他送进管制严格的精神病医院观察 90 天，进而再决定他是否有精神错乱的裁决。

邻居和学校的老师都无法解释他的行为。邻居们感到他“怪异”，并告诫自己的孩子不要与他接触。邻居们说，有时看见他杀鸟。当问他为什么要这么做时，他说他看了电影《鸟》（由已故的阿尔弗雷德·希区柯克导演），他正极力不让鸟伤害他。

精神病专家以此得出他精神错乱（insane）的结论，并为其贴上偏执型精神分裂症的标签。他正是由于精神错乱，以至于不能理解法院随后对他的审判。由于精神病专家的建议，法院做出了让他无限期地待在管制严格的精神病医院的裁决。

相互作用模式

医学模式的批评者认为医学标签没有诊断和治疗价值，还经常产生副作用。20 世纪 50 年代，一位权威人士托马斯·萨斯（Thomas Szasz）宣称精神疾病只是一个神话，并不存在。[6]萨斯的理论就是相互作用论，它强调日常生活的交互作用过程和给人贴标签的影响。该理论首先假定“精神疾病”一词意指“精神的疾病”。萨斯把所有所谓的精神疾病都划分为与情绪和行为异常有关的三大类别，进而论述了把这三类问题称作精神疾病的不适宜性。

1. 个体失能。包括过度焦虑、抑郁、恐惧、空虚。萨斯说这类所谓的精神疾病可以适当地被看作是精神的（在某种意义上，思维和感觉被看作心理活动），但他断言这并不是疾病。

2. 反社会行为。包括杀人和其他社会偏离行为。[同性恋过去也被列为这一类，但在

1974年美国精神病协会（the American Psychiatric Association，简称APA）所列的精神疾病分类中把它给删掉了。］萨斯认为反社会行为实际就是社会偏离行为，既不属于“心理”的，也不是“疾病”的。

3. 由脑损伤所致的人格改变。包括由于如下脑损伤致使的人格改变：动脉硬化、慢性酒精中毒、阿尔茨海默症（早老性痴呆症）、艾滋病、偏瘫及由突发事件所致的严重脑损伤。人格改变的一般症状是丧失记忆、冷漠、情绪低落、不修边幅等。萨斯说这些障碍可以适当地被看作疾病，但这是“脑”部病变而不是“精神”的疾病。他指出，情绪问题是精神疾病的观念跟它是由恶魔控制的想法一样荒谬：

> 相信精神疾病与人们相处时所带来的烦恼无关是对神学与巫术的继承，说精神疾病是存在的或是“真”的就与相信巫术是存在的和是“真”的一样。[7]

有三种情况被贴上“精神疾病”的标签：

1. 表现了某种奇怪的偏离行为。

2. 其行为不能被家庭和周围的人所忍受，需要求助心理健康专家。

3. 心理健康专家，通常是精神病专家恰好相信医学模式，于是贴上了精神疾病的标签。

托马斯·舍夫（Thomas Scheff）与大卫·麦克尼克（David Mechanic）指出，在确定某人是否患有“精神疾病”时，看其家庭和周围的人是否能容忍他的偏离行为和心理健康专家是否相信医学模式，远比该人表现出的奇怪行为更关键。[8]

萨斯和许多其他研究者极力建立这样的观点：人们“确实有”情绪问题，但“确实没有”神秘的精神疾病。他们认为诸如抑郁、焦虑、强迫、被迫、恐惧、幻觉、挫折等这些用来描述行为的词是非常有用的，它们描述了人所有的问题。但他们认为那些医学术语是无用的，因为它们无法用来区分某人是否有病。另外，卡普兰（Caplan）指出把什么界定为精神疾病在各种文化背景中非常不一样。[9]（例如，俄罗斯过去把反政府者当成有精神疾病。）由于精神病专家常常对医学诊断出的某人是否有障碍产生质疑，医学模式的效用 69
也因此受到了怀疑。[10]

在一个戏剧性的研究中，心理学家大卫·罗森汉（David Rosenhan）证实了精神病院里的专家不能把“精神错乱的人”与“正常的人”加以区分的事实。[11]罗森汉和7个“正常的”助手去了5个州的12家精神病医院，声称他们都有幻听。结果8个人全被准许入院。入院后，这些冒充的病人说他们的幻听没了，行为正常了。因不能区别他们是“正常”还是“不正常”，各家医院留他们在医院住的时间，平均为19天。他们被放出来的理由都是被诊断为“精神分裂症已缓解”。

有人断言医学标签的使用有几个不利作用。[12]被贴上“精神病”标签的人相信他们患了病，而且不幸的是没人能“治疗”这种病。他们以此为借口，不为其行为承担任何责任（如因精神错乱而无罪）。因为没人知道如何“治疗”，他们经常茫然地等待着有人发现治疗方法，而不是为自己的行为负责，检查问题的原因并努力改进。被贴上精神病标签对人不利的另一结果是他们会失去一些合法权利，在社会活动中被诬蔑为危险的、没有希望的、不值得信赖的或者是性格有缺陷的，他们发现保住工作或获得提升会更困难。[13]

精神疾病是否存在的确是重要的问题。给异常的人贴上精神疾病的标签，实际上包含了这样的意义：怎样治疗，别人如何看他们以及他们将如何看他们自己。这体现了库利的"镜中我"（looking-glass self-approach）观点。[14]"镜中我"认为我们依据别人怎么看待我们来发展自我概念。人们易于把那些贴上精神病标签的人看成是精神病人，结果，这些贴有精神病标签的人也就把自己看得与众不同或者是"疯子"，并开始表现得像"疯子"一样。

由于行为一般受期望影响，坚持相互作用模式的权威们提出了一个关键问题："如果我们把有情绪和行为问题的人当成精神病患者，那我们怎么能期望他们形成健康的情绪与合理的生活方式呢?"

与身体疾病相比较，被诊断为精神疾病经常会给个人带来更大耻辱。1972 年，参议员托马斯·伊格尔顿（Thomas Eagleton）在被揭露曾因抑郁接受过电击治疗后，被迫退出民主党的副总统竞选。民主党的领导者害怕公众说曾接受过精神治疗的人会"情绪太不稳定"、"太危险"、不能当总统。而富兰克林·罗斯福（Franklin Roosevelt）曾因患脊髓灰质炎有生理缺陷，但他却四次当选总统。

萨斯还指出精神疾病的说法也被当成（或许是无意的）对那些不遵从社会期望的人进行控制的一种手段。[15]苏联就曾有过给持不同政见者（包括在这个国家受人尊敬的文学家和知识分子）贴上精神疾病标签的长久历史，然后把他们送往集中营或精神病收容所。过去，苏联的精神病专家常常把不接受马克思列宁主义哲学的人诊断为有精神疾病。有些精神病专家正利用精神疾病标签控制着我们社会的非遵从行为吗？萨斯宣称：是这样的。他援引了一个同性恋的例子，并说这种"控制"的情况直至 1974 年美国精神病协会对精神障碍做了分类①为止。还有一个例子，萨斯援引达娜·L·佛兰沃斯（Dana L. Fransworth）——一位哈佛大学精神病专家和学校精神病机构的权威人士的话说：

> 在学校、书店或寝室里存在的破坏图书、欺骗、抄袭、偷盗、不被社会接受或反社会行为（公开的同性恋、裸露癖、男女乱交）、不明智和不规范地使用有害药物都是情绪不稳定的人所表现的行为……[16]

精神疾病标签具有"边缘"效应。它们把社会不允许的某些行为定义为"有病的"，人们在这种压力下，会避免做出这样的行为。萨斯认为，反过来，医学模式的利用又影响了不遵从者，从而控制了他们的行为。② 相互作用论者认为精神疾病是个神话，并指出人

---

① 在这个分类中，同性恋没被列入精神障碍。——译者注

② 意即被贴上精神疾病标签后，人们会按标签标定的含义行事，反而成为不遵从者。——译者注

们会因两种情况被贴上精神疾病标签：有强烈的不合理的情绪，或者有功能失调（dysfunctional）或偏离（deviant）的行为。给不合理的情绪或功能性失调行为贴上精神疾病标签并不能告诉我们情绪或行为是如何产生的，也不能告诉我们如何对待这种情绪和行 70
为。本章后面有关理性情绪疗法的材料对上述两个问题做出了回答，它将告诉我们如何确定不合理的情绪和功能性失调行为的方法，并提供了改变它们的策略。

被贴标签是患长期“精神疾病”的原因

有关萨斯的精神疾病是神话的说法经常被问及的一个问题是：“如果精神疾病并不存在，那么为什么有些人经历过的生活状态就好像有精神疾病似的?”托马斯·舍夫创立的社会学理论提供了对此的答案。[17]舍夫的主要假设是：贴标签是人们表现出长期精神疾病的最重要的决定成分。

舍夫为了其研究目的，通过描述自己将如何确定谁有精神疾病开始了他的理论阐述。在给出他的界定前，他写道：

> “精神疾病”使任何社会学理论都感到非常窘迫的一个根源是：在我们社会中涉及精神疾病现象所使用的词汇使我们对问题产生偏见，不利于我们对问题的理解。“精神疾病”的医学隐喻是指疾病的显现和发展是由发生在个体内部的过程决定的。为避开这个假设，我们将使用社会学的而不是医学的概念来阐述问题。[18]

舍夫说，可以把精神疾病的症状看作是对社会规范（social norms）的违反。为了研究之便，“精神疾病”一词意指那些被专家们（通常是精神病专家）贴上这一标签的人。

他指出，对如何寻求确认长期精神障碍起源问题表面上有大量的研究。而实际上这些研究都认为，疾病起源于个人内部的某个地方（如新陈代谢紊乱、无意识冲突、化学成分失衡、遗传因素等），这些研究都基于人类行为的医学和心理学模式。尽管进行了广泛的研究，但长期精神障碍（如精神分裂症）的决定性原因大部分仍是未知的（见专栏 3.3）。

专栏 3.3　对使用精神疾病概念提出质疑的案例 70～71

我在一家精神病院工作期间，负责了这样的一个病例：一个 22 岁的小伙子杀了他的 17 岁女友。两个精神病医生诊断他患有精神分裂症，而法院审判他“因精神错乱而无罪”，这样他进了精神病院。

他为什么会这样做？给他贴上“精神错乱”的标签为公众提供了这样的解释：他有这样的怪异行为是因他是个“疯子”。但是精神错乱的标签是否能解释：他为什么杀这个女孩，而不杀别人，也不做其他怪异行为？怎样可以阻止他不去杀人？哪种治疗可以治愈他？所有这些问题，当然无法解释。

什么是精神分裂？其一般定义是：以持续6个月的语言、交流、思想、知觉、情绪和行为异常为特征的一种精神状态。阿尔茨海默症患者具有上述一切症状。他们患有精神分裂症吗？没有。那么心理年龄不到两岁的严重的智力迟钝者呢？他们也有上述症状，但却不被认为患有精神分裂症。那么因危险事故而陷入昏迷的人呢？他们的症状也符合上面的描述，但却不被当作精神分裂症病人。许多专家断言，现在还没有可以把患有这类病的人与其他人加以分开的症状性描述。

我同意艾伯特·埃利斯（Albert Ellis）的观点，任何偏离行为的发生都可以通过考察行为者在行为前和行为时的想法来判定其原因。[①]这个22岁的杀人犯知道他的做法是错的，意识到他都做了什么，并未脱离现实。他告诉了我他那么做的理由。为什么他会被贴上精神分裂症标签呢？在听他讲完整个过程后，我们就能理解他这样做的原因（虽然怪异）。他的话也表明他确实有特殊问题需要处理。他说自己是一个与世隔绝的人，除了这个女友，他没有亲密的亲戚或朋友。他来自一个婚姻破裂的家庭，由亲戚和教养所抚养成人。因经常搬迁，他换了很多不同的学校，也没交下持久的朋友。20岁时，他遇到了受害者，与她定期约会有两年。她为他提供了生活中唯一真正的意义。他幻想要娶她并从此与她快乐地生活。然而，在事发前的几个月，他变得非常警觉，他感到他要“失去她”。他的女友鼓励他与别人约会，提到她也要约会他人，并提出他们不要再常会面。

他绞尽脑汁地想应该怎样保持他们的关系。他也意识到他有很强烈的性冲动无法排解。他把这两件事放在一起，幼稚地认为：“如果我成为与她发生性关系的第一个人，她就会永远和我在一起。”所以，他曾几次要与女友发生性关系，但她总是设法劝阻他。最后，在夏天的一个午后，当他知道他们要单独约会时，他决定：“今天下午我要与她发生性关系，甚至不惜将她打昏。”他说他知道这样是错的，但他说：“这是拯救我们关系的最后希望。没有她，生命就没有活着的价值。”

那个下午他再次试图与他的女友发生性关系，但她仍旧劝阻他。他被激怒了，拿起一个苏打瓶，把她打昏了。他再次企图性交，但仍没能成功。在强烈的情绪和性冲动状态中，他不能合理考虑行为后果。（我们时常在气愤和情绪兴奋状态中做出冷静时不可能做的事情。）此时，他感到他整个世界都是空的。在访谈中问及他当时想到什么时，他说：“我感到如果我没有她，别人也不能拥有她。”他情绪失去了控制，找到一把刀，终于向他的女友砍去。他知道这样做是错的，他清醒地知道他在做什么。

从与这个人的交谈中（了解到他的怪异谋杀行为前以及当时的想法），我可以确定某些可以解释他的谋杀行为为什么发生的因素，其中包括他的孤独、与世隔绝，他感到维持与女友的关系是其生活意义的唯一源泉，他认为强行与她发生性关系可以系牢她并吸引她到自己身边来的幼稚想法，他的性驱力没有释放之处，他的不能让女友与其他人发展爱情关系的极端的嫉妒和占有欲。这些因素有助于解释他的怪异行为，然而“精神分裂症”的标签却做不到。

如果在他谋杀前就能了解到这些问题并予以解决，这个杀人事件或许可以防止。他所需要的是找到别的兴趣及其他的生活意义。参加社区团体、培养各种爱好或许很有益处。适当的性冲动的释放也或许有益。但只有对激情的有效控制及发现其他的生活意义才能防止他那个下午的情绪失控。降低嫉妒和占有欲的强度，同时发展更成熟的爱情观与性的态度也可能预防此事件发生。这些特有的问题也是他在精神病院需要被帮助的地方，而不是去治疗他的“精神分裂症”。无论如何，我感到不应该为他的行为而辩解，即“因精神错乱而无罪”。但他确实需要弄清楚他特别的问题所在。10 年或 15 年之后，他或许被释放、重返社会。如果这些问题没得到纠正，他被释放后对社会仍是一个危险。

①For further information on this theory, see Albert Ellis, *Reason and Emotion in Psychotherapy* (New York: Lyle Stuart, 1962).

资料来源：Adapted from Charles Zastrow, “When Labeled Mentally Ill,” in *The Personal Problem Solver* (Englewood Cliffs, NJ: Prentice-Hall, 1977)。

舍夫认为研究者可能正沿着错误的方向寻找疾病原因。他指出精神疾病的主要原因存在于社会过程之中（如与他人的相互作用），而不是在人体内部。

舍夫的理论简要概括如下：每个人都时常会做出能被贴上精神疾病标签的违反社会规范和犯罪的行为。例如：一个人偶尔与别人打架，体验到强烈的抑郁或悲哀，感到焦虑，过量使用药物或酒精，有恋物癖，是一个好表现者或者做出怪异的犯罪行为（见专栏 3.4）。

专栏 3.4　绝境产生怪异行为 72

如果你对一个人如何能做出夺走心爱的人的生命的怪异事情感到不可思议，请记住考察这个人产生怪异想法的情境是非常必要的。要理解这个人的想法，就必须考虑到这个人所处的全部情境、所有的压力、价值观和信念系统。下面的例子有助于表明实际上当人面临绝境时，任何人都会做出怪异行为。

几年前的一个冬天，一架客机在安第斯山脉坠毁。很多人都死了，但有约 30 人幸免于难。救援人员最初没法找到幸存者所处的位置，那些幸存者只好躲在飞机的残骸里以蔽寒冷。当他们到最后被拯救之时，有 40 多天没有食物。他们面临两种选择，要么饿死，要么吃死人。这是极其绝望艰难的境地。除了一个人之外，其他所有人都选择了吃死人。那个拒绝吃同类的人死于饥饿。从心理学上说，许多有怪异行为的人都感到他们面临着两难决定的选择。

72 通常，有不合理情绪和越轨行为的人都不被当成（贴标签）精神疾病患者。这种情绪和越轨行为并未归入典型的精神疾病的类别，但却遭到忽视、不被认知和用别的方式文饰。而本来正常的行为被认为是“不正常”的，进而给行为者贴上“精神疾病”标签，结果就好像他们真的有精神疾病似的。当人们被公然地贴上标签后，他们对来自他人的信息高度敏感，感到自己做了反常的事情，并转向迎合别人认为的他们到底是谁的评价。在缺乏客观评定的情况下，他们也只能信赖这种评价。如果别人说他们有精神疾病，那他们就会把自己看成和知觉为有精神疾病。

传统的精神疾病模型既描述了精神疾病对那些被贴上精神疾病标签的人的作用，也描述了精神疾病患者与其他人的相互作用。那些被贴上精神疾病标签的人经常因扮演病患角色受到“奖励”：得到了他人的同情、注意，不会因不能工作、不能完成其他人的要求而受处罚，不用为做错事负责。此外，若被贴有精神疾病标签的人试图扮演循规蹈矩的角色就要被“处罚”；他们常被猜疑，人们的内心仍然认定他们精神错乱，他们在获得工作或晋级提升方面有很多困难。

压力和与他人的相互作用逐渐改变了他们的自我概念。他们开始把自己看得与众不同——是精神病患者。通常这样就会产生恶性循环：他们越是扮演精神疾病的角色，人们越是把他们当成精神病人；人们越是明显地把他们当精神病人看，他们也越加认为自己真的就是精神病人，如此等等。除非这种恶性循环中断。舍夫指出，这会导致他们长期过着患精神疾病的生活。舍夫的结论是：被贴标签的过程是患长期精神疾病唯一的最重要的原因。

假如果真是这样，在诊断与治疗的实践上就要有重大改变。精神健康工作者经常无法确定一个人是否有精神障碍。已有约定俗成的方法来处理这种不确定性：当有疑问时，最好是判断这个健康的人是否患了病，而不是判断这个人是否健康。这种判断来自治疗精神疾病的两个假设：第一，诊断结果对个人的名誉和社会地位损害最小；第二，除非病症得到了治疗，否则它会越来越糟。然而，这些假设遭到质疑。和医学治疗不同，精神的治疗会给人的社会地位带来很大变化。例如：它可能使人失去很难再得到的一些合法权利。如果舍夫关于精神疾病标签的反作用理论是正确的，那么，应该建立相对立的正确的判断准则以处理不确定性。也就是说，当有怀疑时，不给人贴上精神疾病的标签。这与法律上遵循的判断标准是一致的：“当只是怀疑时，宣告无罪”，或者“一个人在未被证明有罪之前，他是无罪的”。

如果贴标签确实是精神疾病的主要决定因素，那么应建议改变对违反社会规范者的治疗。人们应该努力保护与善待在团体中有问题的人，不要给他们贴上精神疾病的标签，不
73 要把他们送往易于强化其精神疾病的医院。过去几年，精神健康领域正沿着这个方向前进。舍夫理论的另一个突出之处应当是：加强对公众的教育，向普通大众传授情绪与行为问题的性质及不适当的标签带来的负面影响。

托马斯·舍夫认为，被贴标签是人们表现出长期精神疾病行为的最重要的原因。人们一旦被贴上了精神疾病的标签，就容易有心理上的错觉，然后就像自己真的跟精神病人一样了。

心理健康问题

在精神健康领域还有一些问题，包括对无家可归的人的关怀，贴有精神疾病标签的人们的民权，利用精神错乱辩护以开脱罪责，在“治疗”所谓的精神疾病方面误用药物，可控性精神健康保健机构的长处与不足。

无家可归的人

有一个群体近年来获得媒体的广泛关注，即无家可归的人。美国这个世界上最富的国家之一却有许许多多的无家可归的人们，这是该国的耻辱。无家可归的美国人的数量继续大量增长着。虽准确数字不详，但估计人数在25万至300万之间。[19]许多无家可归的人住在街巷、公园、地铁和废弃的建筑物里，经常在垃圾中扒取食物。

据估计有25%至50%的无家可归的人被认为患有严重的和长期的精神疾病。[20]成千上万由并不能提供患者支持的慈善机构放出来的无家可归的人在极其恶劣的条件中生存。许多州并不为他们提供支持性服务，而只是对他们采取简单的用药等非制度化措施，把他们像倒垃圾似的丢弃在街头。这种情形与几年前的设想有很大差距——那时联邦政府实施了一个宏伟计划以调整大的州立医院，并对异常的人实施更加人性化的和便利的社区治疗。联邦、州和地方政府并没向重新回到社会的人们提供充足的住宅、过渡期的照顾及职业培训等。在许多地区，像是被“旋转门”（revolving-door）现象控制着，患者从州立医院出来后，由于缺乏必要的支持只得又返回医院。确实，入院不仅费用昂贵（每年5万多美元）[21]而且也常常不利于患者各方面的发展。大多数的社区还没有发展起为出院患者提供必要支持性的公共事务。

两个无家可归的男人睡在暖气的排气口处。这张照片拍摄于1987年10月19日，股票市场恐慌的第二天。在股市下跌以前的很长时间，这些人已经发生了经济危机。

州立精神病院的非制度化是无家可归人数大量增加的一个原因。在里根与布什当政期间社会福利
74 事业机构减少是另一个原因。在许多地区，城市重建工程拆除了低廉住宅。社会从蓝领工作到服务行业和高科技工作的转变使得社会对非技术劳动者的需求急剧减少。大多数无家可归的人是贫困的，他们付不起房租，国家没有为穷人提供能支付得起的住宅。

解决上述困境的方法包括为那些有情绪问题的人提供低廉住房、职业培训、安置计划和社区服务。我们的社会愿意提供必要资源来满足无家可归者的需要吗？很不幸，回答是：“不行，至少目前不行。”

民权

近些年关于强制监禁一直存有争议。允许精神病院强行收治患者入院的州立法律被认为侵犯了自由权。尽管各州法律各异，但有些地方的司法机构允许不经过本人同意及无须必要的手续就可以收治入院[22]，有些地方的司法机构在未经本人同意的情况下，根据医生的陈述就可以把其送进精神病院。[23]

当我在一家医院为精神错乱的罪犯工作、提供服务时，接触到一个病人，他最初因往消防栓上小便被捕。邻居们以为他可能是精神病，这样，法官判定让他入院观察60天以确定他是否有精神病。医院认为他“精神错乱”、“无能力承担责任”，认为他对自己和对别人构成威胁。由于医院提供的情况，法院把他监禁在了一所管制严格的医院里。这所医院专门用来关押因精神错乱而犯罪的罪犯。当我在那里工作时，这个人已住院9年。假如发现他能为其行径感到有罪，那或许只要求他付一点点罚款。

今天，大多数司法机构规定不能实施强行监禁，除非要被实施监禁的人有非法行为（如聚众打架或企图自杀），表明他们对自己和对别人都构成威胁。这一政策为情绪障碍者的自由权利提供了某些保护。但这一政策也遭到尖锐批评。批评者说，对给他人身体造成伤害的情绪障碍者只提出警告，除非犯法才强行监禁，这实际上使其他人的民权受到了侵犯。在障碍者的自由权与社会的安全保护权之间要找到令人满意的平衡是个复杂的问题。纵观美国的历史，社会给予这两者的权利在一个连续体上左右摆动。

另一个民权问题是有些精神病院不能提供充足治疗。从法律上讲，这也侵犯了民权， 75
因为 1964 年美国国会就在《精神病入院法案三》中规定了精神病人有合法治疗权。[24]

提供什么样的治疗，如电击（值得怀疑，因它可引起脑损伤）也引起人权问题。严重的精神障碍者经常不能为自己的利益做出合理选择。有时治疗是经过亲属同意的，但这仍否定了患者的基本权利。

类似这些问题促使心理健康总统委员会（the President's Commission on Mental Health）在 1978 年提出建议：涉及做出必须住院和治疗决定之时，应遵循应有的程序。[25]联邦法院决议也考虑了这些利益，认为精神疾病不是否定自由权的充足理由，已入院的患者有权获得完备治疗或治愈出院。[26]

因精神错乱而辩护无罪

1979 年，旧金山的一个陪审团判定丹·怀特（Dan White）无罪。这个被控预谋杀害了乔治·莫斯考恩（George Moscone）市长和市政官员哈维·米尔克（Harvey Milk）的人，因精神错乱而被判无罪，即使证据清楚表明怀特的谋杀是经精心策划后加以实施的，陪审团还是做了这样的裁决。[27]公众对这一裁决犹如对这一谋杀行径一样地感到震惊。正因如此，怀特被关进精神病院几年，于 1984 年释放。

1982 年，小约翰·欣克利（John Hinkley, Jr），这个在年初企图行刺里根总统的人因精神错乱而被宣判无罪。在这起事件中，欣克利还伤到另外三个人。欣克利目前在精神病院接受治疗。

肯尼思·边奇（Kenneth Bianchi），被称作好莱坞山庄的杀人狂，被控杀害了洛杉矶的十三名和华盛顿的两名妇女。六个精神病专家对他进行检查，对他的精神状况得出了三个结论：两个医生说他正常，两个说他异常，两个没有结论。[28]

这类案件迫使法院和精神病医生更谨慎地对待因精神错乱辩护无罪的情况。正如先前指出的，"精神疾病"和"心理健康"等词的含义很有限。精神疾病（精神错乱）甚至可能不存在。在大量的涉及精神错乱辩护的审讯案件中，诉讼方律师通常让倾向于做行为人"正常"判断的精神病医生作证人，反之，辩护方律师则通常让倾向于做出行为人"异常"的判断的精神病医生作证人。一位权威人士写道：

> 精神病专家对什么构成精神错乱远没有达成一致见解。进而，他们自己承认在任何意义上他们都缺乏确认罪犯在作案时是否精神错乱的可信手段。这已成为常事。医生们必须完全依赖被指控者的行为及他们的话语来判定，而一个精明的被告会对此小心地加以利用。[29]

被告已增加了这种意识：他们或许能使精神病医生因他们的“疯子行为”，如偶尔表现出不适当的行为或声称听到了声音给他们贴上精神错乱的标签。

要摒弃因精神错乱而辩护无罪的理由是：人们实际上在利用它逃脱谋杀罪和其他严重罪行。精神错乱的借口使得罪犯对其重罪不负责任，为其罪行开脱（因精神错乱无罪）。这种借口可以使聪明的被告（或辩方律师）设法躲避规范、惩罚。因精神错乱宣告无罪的人通常被送进精神病院，受法律保护。在法官和医生做出他已不再危险的判决前，他一直要待在那里。悲哀的是，判决的手段不值得信赖，正如为人们贴上精神疾病标签不值得信赖一样。

例如：E. E. 肯帕三世（E. E. Kemper Ⅲ）在杀了他的祖父母后因被判行为异常而在医院度过 5 年时光。他使医生和法官相信他已痊愈了，证据是他能很好地回答一套心理测验（在测验前他背过那些答案）。他被释放了。在被释放后的第 3 年，他再次被捕。这次，他残忍地杀害了 8 名妇女，包括他的母亲。[30]

精神病专家李·科尔曼（Lee Coleman）提出应彻底摒弃因精神错乱而辩护的现象，法院应在没有精神病专家干扰的情况下判决某人有罪或无罪。科尔曼进一步指出，已定罪的人，如果以后希望解决情绪或行为问题可以再求助精神病专家。[31]

76 由于对因精神错乱而辩护的争论，许多州修订了关于辩护的法律。

有一个被大约 20 个州所采纳的二步程序法，即：陪审团先判定被告是否有罪，如果判被告有罪，陪审团再决定被告是精神正常还是精神错乱，如果是精神错乱，被告通常被送往管制严格的精神病院。当最后确诊已“治愈”时，他再执行对他最初的审判（包括监禁时间）。蒙大拿州、爱达荷州、犹他州这三个州已经彻底废除了因精神错乱而辩护，但有证据表明，仍有一些以精神病为借口，被简单地判定为无能力承受审讯的人，最终被送进精神病院。

精神类药物的使用

精神类药物包括镇静剂、抗精神药物（如盐酸氯丙嗪）和抗抑郁药。自 1954 年这些药物出现以来，精神类药物的使用取得各州医院许多具有明显疾病的患者的信任——患者从 1955 年的 55 万人减至目前的约 10 万人。[32]精神类药物治疗不了情绪问题，但对降低焦虑、抑郁和压力的强度是有用的。

美国人广泛使用精神类药物，尤其是镇静剂。安定（Valium）、利眠宁（Librium）、眠尔通（Miltown）和其他温和类镇静药都被广泛使用。多数医生为那些抱怨自己紧张和心里烦躁的人开镇静药。现已发现利眠宁和氟西汀对许多抑郁患者有效，医生也常为患者开这些药。服用这些药物的做法（合法的和非法的）已很流行。

过度使用药物的危险包括生理与心理的依赖和有害的副作用。由于药物可使症状暂时减轻，所以使用者会把注意力集中在吃药上，而不注意对生活做必要改变以解决引起焦虑、抑郁和压力的问题。医生们面临着平衡精神类药物的作用与滥用药物的危害的两难境地，尤其当这种药被患者长期使用后。由于精神类药物只对症状，如焦虑、抑郁等有暂时的减轻，所以许多权威人士提倡病人接受心理咨询和心理治疗，进而帮助解决其情绪问题。

可控性健康保健

可控性健康保健（managed health care）是描述各种提供和资助健康保健服务的一个普通词汇，这些服务包括用以保证规定的保健质量所需的费用。这一系统的全盛时期，有合理的管理、组织结构和分工，可以最有效地利用保健资源，取得最优效果。（迄今为止，对什么是“最好的”系统仍意见不一。）在最低落时期，这一系统并不能真正为患者省钱，钱被转移到管理业务中，而牺牲了需要救治的患者的利益。健康保健正经历着从免费服务向可控性保健体制的转变。一个例子就是健康维护组织（health maintenance organization——HMO）的诞生。现在美国的大多数公司已经实施了可控性健康保健措施，向公司雇员和他们的家属提供健康保险。

心理健康保健已成为可控性健康保健的一部分，由雇主向雇员提供的健康保险计划详细规定了心理健康服务所包含的种类。心理健康机构的可控性健康保健利益计划有各种控制花费的方法。健康保健计划包括：

- 限制入院病人在医院的天数。
- 限制心理治疗的次数。
- 限制每人每年的健康保健的花费。
- 限制每人在每个有效期限健康保健的花费。
- 增加允许扣除的开支。
- 增加相同服务项目的支付。
- 要求由一位专家，如主要的保健医生提名推荐。
- 要求由复查机构以病例为根据对提供服务的类型和花费进行核准。

可控性健康保健计划的说明中还提出了许多复杂问题：

- 是否有为患者利益服务的计划及其实施到什么程度？
- 保健质量如何？由谁来判定？
- 为不健康的高危人群提供什么样的保健？曾有这么一个例子，心理健康保健机 77

构建议一个有高度自杀倾向的人入院治疗，但复查机构否定了这一决定，后来该人剥夺了别人的生命。[33]

● 谁有合法的了解患者心理健康记录的权利？越是对保健决定进行复查和分析意味着越重视个人的心理健康保健信息。

● 可控性保健引起复杂的泄密问题。

● 流水线似的与低费用的可控性保健导致只治疗症状而不治疗病因吗？比如，开那种使症状缓解的药物比长期心理治疗更便宜。

● 可控性保健奖励在较少时间里为较多患者服务的治疗师吗？与此同时，惩罚为较少的患者提供长期保健的治疗师吗？

● 由于可控性保健机构有限制花费的政策，所以需要长期服用昂贵药物治疗的病人，如双向精神障碍一类的慢性精神障碍者会是极沉重的负担。

社会结构与精神疾病

社会学已进行了大量研究来考察社会因素与精神疾病发病率之间的关系。研究的问题包括：

● 社会阶级地位与精神疾病发病率有关吗？
● 精神疾病的发生哪里最多？城市、郊区还是农村？
● 哪个年龄阶段更易患病？
● 婚姻状况与精神疾病有关吗？
● 男人和女人——谁更易患病？
● 精神疾病与种族相关吗？

（正如前面所述，精神疾病是否存在还是个问题。这节其后使用的精神疾病一词意指那些被加上精神疾病标签的人，并不是继续重复精神疾病是否存在的问题。）

社会阶层

关于此的经典研究是由康涅狄格州纽黑文市的霍林斯黑德（Hollingshead）和雷德利克（Redlich）进行的。[34]该研究考察了在医院因精神疾病而治疗的患者的社会阶级地位。研究者使用了一个涉及社会经济学的量表，它包括的范围从阶层Ⅰ（最高）到阶层Ⅴ（最低）。测试结果表明，较低阶层的精神疾病的发病率显著高于较高阶层，阶层Ⅴ的发病率最高。依据对医院病人的统计，阶层Ⅴ患精神分裂症的人数比阶层Ⅰ高11倍。研究还发现，与较高阶层相比较，对低阶层的治疗方式缺乏且康复率较低，更让人不满意。

第二个研究是由威廉·拉欣（William Rushing）做的；他研究了华盛顿州首次进入精

神病院的 4 500 名男性患者。[35]再次发现入院治疗比率与阶层地位相反。

第三个研究是在 20 世纪 50 年代，由来自美国纽约市中心地区曼哈顿的里欧·斯罗尔（Leo Srole）和他的助手所做。[36]该研究对随机选取的 1 660 人进行了深入访谈，发现不管这些人是否有过神经衰弱，他们都寻求过心理治疗或出现过神经症症状。精神病医生评定每个病人都是根据其精神损伤的程度。该研究发现样本中几乎有 23%的人被认为有“明显的”心理功能的失调，包括许多没接受过治疗的人。另外，研究发现精神损伤与社会阶层密切相关。在最低阶层中，几乎每两个人中，就有一个人有精神损伤，而在最高阶层中，每八人中才会有一个患精神损伤。

这些研究清楚地指出穷人更易被贴上精神疾病标签。然而，对这些研究结果有各种解释。或许穷人初发情绪问题时较少地寻求治疗，因此在接受帮助前已发展为精神疾病。或许他们承受了更大的心理压力，这导致了较高发病率。或许他们的态度、价值观、教育和
生活条件使他们更易患精神疾病。或许精神疾病导致他们较低的社会地位。也许是精神病 78
医生不太了解穷人的价值观，因此更易把较低阶层的行为看成偏离行为或精神疾病。研究最后指出，也许社会阶层之间的情绪问题的比例和严重程度没有差异。这可能是由于精神病医生不大可能把有耻辱性的精神疾病的标签贴在较高阶层中的人们身上。

大量的研究还发现对精神疾病的治疗质量有阶层差异。[37]较低阶层的患者可能接受较低质量的治疗（经常在他们入院后才给予看护），而且入院后治愈比率较低。

都市化

有证据表明，城市，特别是城市的贫困地区，精神疾病发病率高于农村。[38]对此的一个解释是，城市（特别是城市的贫困地区）有更多的问题——人口过于拥挤、恶化的生活质量（噪音、犯罪、交通问题、住房短缺、失业和滥用药物），这些引起较多的情绪问题。另一解释是，由于心理健康设施坐落或环绕于城市周围，这增加了有情绪问题的城市居民确诊与治疗的机会。

年龄

老年人更可能有情绪问题，尤其易患抑郁症。（部分由于我们社会中的老年人社会地位低微，使得他们产生了无用和孤独的压抑感。）老年人易患的另一种障碍是与脑细胞退化有关的精神异常，脑细胞退化则由动脉硬化和慢性酒精中毒引起。[39]

婚姻状态

单身、离婚者、寡妇的精神障碍发病率高于已婚者。未婚男性比未婚女性的发病率要高。[40]

性别

男女患者接受的治疗可能是相等的，但男女所患的病症不同。女性更可能被诊断患上焦虑、抑郁、恐惧症，也更可能被精神病院收治住院。男性更可能被诊断为有人格障碍。[41]

绝大多数的精神病医生是男性，有证据表明精神科医生更倾向于把女性的性乱交或攻击性行为当成是精神障碍，而对男性的同样行为他们却不这么看。[42]

种族

非洲裔美国人比白人更容易被诊断为精神疾病，其入院率也远高于白人。[43]对此社会学的解释是，非洲裔美国人受到歧视，他们承受着更大的心理压力。要么就是因为他们较低的社会阶级地位使其入院率较高，正像较低社会阶层的人们有更大的比例被诊断为精神病一样。也可能是因为大多数精神病医生是白人，不太了解非裔美国人的生活方式，导致他们更容易把精神疾病的标签贴在阶级、地位、文化价值和文化背景都不同于白人的非洲裔美国人身上。

治疗

关于所谓的精神疾病的治疗，不论过去还是现在一直很有争议。为了弄清此问题的来龙去脉，我们首先要了解情绪障碍治疗的历史，然后简要描述目前治疗的情形，最后讨论目前心理咨询与心理治疗的方法。

治疗历史

精神障碍的治疗史是令人着迷的，但也充满着不公正和悲剧色彩。乔治·罗森（George Rosen）记述了多数社会已发展了的独特的观察精神疾病和治疗被贴上精神病标签患者的方法。[44]在某些社会中，异常者会受到高度评价，甚至被当成有超自然力量的预
79 言家。在另一些社会，情绪障碍者被看成是恶魔，人们恐惧其具有的邪恶力量。如在中世纪，情绪障碍者被看成是魔鬼缠身，要通过鞭打、挨饿和在热水中浸泡加以“治疗”以驱魔。在美国建立初期的那段短暂的历史时期，精神障碍被认作是巫术，要被架到木桩上烧死。19世纪以前的美国，严重的精神障碍者被关在“布施棚”，受到粗暴的对待，常常被铐在墙上。[45]

专栏 3.5　理解与对待怪异行为的方法 79

几年前，我在一家管制严格的医院里为所谓的精神错乱罪犯工作，做咨询医师。这个医院的许多人因情绪和行为问题犯了不可思议的罪行。一个 22 岁的小伙子杀了他的 17 岁的女友。一个有 4 个孩子的已婚男子，4 次因裸露身体被捕。一个男子挖了若干个坟墓，用尸体“重新装饰”他的屋子。一个已婚男子在离婚后竟与他十一二岁的女儿发生了性关系。一个男子竭力在当地的旅店里散布流言，总是说无论他往哪里走，都有乌云绕他而行。还有一个男子用斧头残忍地杀死了自己的父亲。

该如何解释这些人为什么会犯下这些不可思议的罪行呢？许多权威人士做出了各种解释，但多数权威认为是由于这些人有精神病才会做出奇怪事情的。

艾伯特·埃利斯（Albert Ellis），这位杰出的心理学家，提出了一个与众不同的解释。该解释提供了很多理解和对待犯了怪异罪行的人们的依据。简言之，埃利斯认为通过查明罪犯在做出怪异罪行之时想的是什么就可以理解：（a）怪异行为为什么发生；（b）如何阻止其怪异行为的发生；（c）什么样的措施可以使其在释放后不会再次犯罪。[①]

在医院里，我把埃利斯的理论应用到那个挖掘坟墓者。这个人 46 岁时开始挖掘坟墓并用尸体重新装饰他的屋子。他的母亲在三年半以前死去。不幸的是，他母亲是他生活意义的唯一来源。他害羞，没有朋友，母子二人相依为命住在一个小农庄长达 22 年。母亲死后，他变得更孤独，不与他人来往，独自生活。由于孤独，他希望母亲还活着。跟许多失去亲人的人一样，他开始梦见母亲还活着。他的梦活灵活现，以至于当他醒来时竟难以相信母亲已经死了。由于这种思念，他开始认为他的母亲可以回到自己的生活中来。他认为，只要把女尸带到家中就可以把母亲召回。（我们都认为这种想法是荒谬的，但由于孤独，他无法去判断什么真什么假。）失去母亲的深深痛苦，使他决定冒险一试。毫无疑问，他需要心理咨询（无论过去还是现在），咨询可以使他适应母亲死后的处境，帮助他发现生活中的新乐趣，让他更多地与他人交往，并能够和他人交流思想，辨明什么是真实的，什么是虚假的。

①Albert Ellis, *Reason and Emotion in Psychotherapy* (New York: Lyle Stuart, 1962).

19 世纪，法国、英国和美国的一些精神病院对精神障碍者采取了更人本主义的方式进行治疗。虽然严重的精神障碍者仍被监禁在医院里，但他们已被看作既是病人，也是有情绪问题的人。看护的外在环境得到改善，并采用关怀的方式，即认为每个人都应得到尊严和尊敬，取代粗暴的监管方式。不幸的是，这些人本主义方式没被广泛接受，不接受的原因是认为这样做花费太多。大多数患有严重精神障碍的人仍被监禁在拥挤、肮脏、缺少治疗和食物的住所里。

1908 年，克利福德·比尔斯（Clifford Bers）的《发现自己的心灵》（*A Mind That*

Found Itself）一书出版。[46]比尔斯曾住过精神病院，他在书中记述了他在监禁时亲眼所见的暴行。该书赢得了众多读者，引起了公众的关注，让他们了解到监禁在医院的人患有
80 情绪创伤。在比尔斯的领导下，心理健康协会成立，它意在倡导改善入院病人的治疗，首创了“出院治疗”的概念。

1900 年至 1920 年，西格蒙德·弗洛伊德创建了关于情绪问题的原因和治疗的精神分析理论。该理论把情绪问题看成是精神疾病，由早期的创伤性经历、内部的心理冲突、心理发展各阶段的固着和无意识心理过程所引起。20 世纪 20 年代至 50 年代，多数精神病学家、社会工作者和临床心理学家都接受了弗洛伊德及其他精神分析理论家关于诊断和治疗精神障碍者的理论。

弗洛伊德对公众接受用更人道主义的方法治疗精神障碍的影响是成功的。然而，20 世纪 50 年代，出现了精神分析法是否有效的质疑。这种治疗是昂贵的（对一个患者的分析治疗要花四五年时间），同时有关研究开始显示心理分析对进行过心理分析者的病情的改进并不高于那些没接受心理分析治疗的人。[47]自 20 世纪 50 年代以来，反对大部或全部以心理分析概念为基础的各种咨询方法应运而生。这些新方法包括行为矫正法、理性疗法、现实疗法、转换分析法、女性介入疗法、家庭疗法和来访者中心疗法等。[48]

应该提到，自 19 世纪以来，某些医学派别一直坚持精神疾病与生理疾病有关的观点，断言传染病、基因遗传、内分泌紊乱都是精神疾病产生的原因。[49]然而，这些原因中只有一些特别的机体的原因得到证实。例如，偏瘫——渐进性情绪障碍者——与梅毒有关；另一种精神障碍——蜀黍红斑——由饮食营养缺乏所引起。精神障碍是由生理原因引起的观点引起了现在看来很悲惨的医学治疗（见专栏 3.6）。在 18 世纪，切开静脉放血以减轻精神障碍者痛苦的治疗被广泛使用。20 世纪初期，脑额叶切除术（脑额叶的外科切除术）被用来“移除”精神疾病。脑额叶切除术几乎没有治疗价值，还会引起持续脑损伤，并使病人变得驯服和迟钝。

80 **专栏 3.6　收容所与非人性机构①**

1961 年，埃尔温·戈夫曼（Erving Goffman）出版了《收容所》（*Asylums*）一书，描述了州立精神病院的生活状态。戈夫曼暗示：这种精神病院是“非人性机构”（其他非人性机构有监狱、新兵训练营、僧院和女修道院）。在非人性机构里的人，住留期间与世隔绝，过着一种被严格控制的生活。收容所的人们被剥夺一切所有，断绝与外界的联系。非人性机构极力对他们实施完全控制，进行再社会化及洗脑。在这样的收容所里，害怕被驱逐是这种机构主要的控制机制。长期的监禁看管使人丧失了负起成人行为责任的能力，也逐渐削弱了他们应对外界环境的能力。

> 非人性机构教导人们接受管教人员的对或错的观点，腐蚀其独立思考的能力。戈夫曼指出，像提出某个心理健康计划的治疗价值何在这样一类问题的行为，不仅被当作是心理不稳定的迹象，而且被看成是有病的症状。以管教的看法，“好的”患者是那种没有需要的，容易管教的和服从的人。这样的再社会化实际上阻碍了患者发展，使其不能成功回归社会。电影《飞越疯人院》生动地描绘了戈夫曼所描写的再社会化过程。

①Erving Goffman, *Asylums: Essays on the Social Situation of Mental Patients and Other Inmates* (New York: Doubleday, 1961).

过去30年里，在治疗严重精神障碍方面主要有两项成就。一是对精神类药物的发现和使用，包括镇静剂和抗抑郁类药物。使用这类药物的初衷是希望它们可以治愈严重障碍者，但很快认识到它们可以减轻症状，进而使障碍者更易于接受其他治疗程序和方法。[50]另一个是非机构化治疗。心理健康实践家们认识到精神病院并不能“治愈”障碍患者，反
而由于长期收治使他们的障碍行为顽固不化。[51]障碍者被贴上精神病标签后，经长期住院 81
会感到自己“与众不同”，并扮演着精神错乱的角色，他们逐渐适应了医院的轻松、安定的生活，在医院待得越久，越感到外面的世界是个威胁。

近来，心理健康专家主张只把那些既严重威胁自己健康也严重威胁他人健康的情绪障碍患者收治入院。心理治疗是精神病院的主要治疗手段（专栏3.7描述了团体心理治疗方法）。在大多数情境下，情绪障碍者的入院治疗只是短期的。非机构化的概念已得到延伸——在住宅社区设置用以满足障碍者各种需求的服务机构，如社区心理健康中心、重返社会训练所、就业训练所、社会治疗俱乐部及养育看护机构等。

专栏3.7　在精神病院进行团体治疗 82～
几年前，我受聘于一家戒规严格的精神病院，为所谓的精神错乱罪犯工作，做他 83
们的咨询师。一位管理者要求我开展和领导团体治疗。下面以第一人称来叙述这一团体治疗的情况。

我首先提出的问题是：“团体治疗的目的是什么？”“应该选什么样的人参加团体治疗？”我的上司说这些都由我来决定。他补充道，没有别人在该医院做过任何团体治疗，医院管理层认为出于责任迫切需要开展团体治疗。

作为一名新手，我十分谨慎，也因为我过去从未做过团体治疗，我问自己：“谁最需要团体治疗？”我不知道。“如果团体成员的问题没有得到改善，或者他们的情况日益恶化，我如何能说清楚这一切，包括我所做的工作呢？”我认为我应该选择那些已被确认“有病”的人（那些被标定有慢性精神分裂症的人）作为团体治疗的成员。那些贴有慢性精神分裂症标签的人一般不会被看好会有什么改善。因此，如果他们没有改善，我不会受责备。然而他们有了改善，我觉得这会被人看作是我的工作成就。

下一步的工作我将邀请这些患者参加团体治疗。我一个一个地与他们面谈，解释团体治疗的目的及涵盖的内容。然后我发出邀请。

我做过工作的 11 个人中有 8 人决定参加团体治疗，其中有些人坦率地表明他们参加团体治疗主要是因为这会使他（她）有好的住院记录，增加早日出院的机会。

在为这些团体成员提供咨询时，我使用的治疗即以现实疗法为依据。[①]我召开了第一次团体会议，我说我知道允许他们出院的“关键”是什么，并且我问他们是否知道这个“关键”。这样的问话引起了他们的注意，我指出这个“关键”非常简单——他们必须学会“做出正常举动”，以使医护人员觉得他们已经恢复健康。在第一次会议上，我还介绍和描述了团体治疗的目的与关注焦点。我解释说，团体治疗的目的不是回顾过去，而是帮助他们使目前的生活更愉快、更有意义，并帮助他们制订未来计划。除此之外，团体治疗还包括各种其他主题，比如：如何使医护人员确信他们没必要再住院，如何为自己返回居所、社区做准备（如在医院学习职业技巧），当感到抑郁或有某种不合理的情绪时做什么，出院后如果他们产生冲动要做使他们陷入麻烦的事情时应该怎样做。我还告诉他们，我偶尔会给他们看有关这些主题的一些影片，然后讨论。在接下来的 12 周里（直到秋天我回到学校为止），团体每周聚会一次，时间大约 1 小时。

这种着眼于改善患者当前境况的团体治疗激起了他们的兴趣，但他们很快发现，当让他们考虑未来是什么样时，他们就会不安与焦虑。我告诉他们，他们可以对产生焦虑的近况负一定责任，也可以做某种控制。他们说他们的这种不安与焦虑表现是因他们患有精神病，所以有某种内部原因引起他们的奇怪行为。不幸的是，治愈精神分裂症的方法至今没有发现。因此，他们对改善病情毫无办法。

我跟他们讲，他们的借口是“垃圾”（使用了比较陌生的词），我利用了几次小型特殊会议使他们明白“长期精神分裂症”是没有意义的标签。我花了大量时间向他们阐明，精神疾病只是一个神话，即人们没有“精神之疾病”，即使他们可能有情绪问题。我不断地讲解，令他们被监管的是他们的偏离行为，摆脱的唯一方式是停止表现奇怪行为，并使看护人员相信，他们被释放后，不会再有奇怪举动。

这些患者试图找其他借口：家庭破裂、贫民区学校、失恋以及过去经历过的其他事情都是一团糟。因此，他们无能力改善其困境。我说，这些借口也是“垃圾”。确实，过去的经历是重要的，但是在决定他们的未来会是什么样时，重要的是他们想要什么样的未来，及为达目标而行动的动机，这些比他们的过去经历更重要。

最后，在针对他们大量的借口进行辩论后，我们可以集中解决他们如何能更好地处理特殊问题，比如，如何解决抑郁，如何停止人们所认为的“奇怪”行为，如何使自己表现得“精神正常”，以便增加早日释放的可能，回到居所社区会如何感受，释放后他们渴望哪类工作或职业，在医院里如何通过学习技能或手艺为自己的将来做准备，需要什么样的未来，必须采取什么具体方式来达到这些目标，他们继续服用医生开的精神类药物为什么是重要的等等。

这样做的结果非常令人鼓舞。团体治疗的参与者不再浪费时间只是考虑自己的处境，而是开始付诸行动以改善自身的境况。在第12周结束的时候，团体的8名成员主动说，团体治疗对他们的生活产生了积极影响，并要求在我离开此地回到我的学校后，被派到这个医院做治疗的人能继续这么做。这已有安排。三年后，我又访问了该医院，得知那八名参与团体治疗的人，有五人已释放回到社区，两人的状况得到改善，只有一人的状况据说“没有变化”。当然，没有科学研究提供证明这里记述的病人状况的改善确实是由于参与了团体治疗的结果。

①See William Glasser, *Reality Therapy* (New York: Harper and Row, 1965) for the basis of this therapeutic approach.

对非机构化方法的批评是，某些社区治疗机构没有对有长期住院病历的患者实施充足的社区支持性服务就把他们送回了社会。结果，许多从医院出来的人几乎没有获得心理咨询和药物治疗就仍与其家人和朋友住在一起，或者仍旧在街头流浪，这样，他们的情绪稳定性日益恶化，令当地居民感到恐惧。

最近的调查显示，有些从医院出来的精神病患者在无执照的收容所和低质量的旅馆里仍旧过着悲惨的生活。[52]许多人成了罪犯，或火灾和药物忽视的受害者。有些人吃腐臭的食物，整日与老鼠和蟑螂为伍。有时，他们还放火、虐待他人，有的还杀人或自杀。

治疗设施——社区心理健康中心

为情绪与行为障碍者提供的治疗服务是由各种具有直接服务性质的社会福利机构提供的，包括公共福利机构，缓刑、假释机构，刑事机构，学校的社会性服务机构，家庭服务机构，收养所，避难所，看护所及医院里的社会服务部门。在这许多的服务机构中，心理健康中心是为情绪问题者提供服务的主要机构。

1963年，联邦政府通过了社区心理健康中心法案，此举推动了社区心理健康中心的发展。该法案允许把对大多数来自州立医院的精神病患者的看护和治疗放在患者的住所社区，它强调当地护理，同时提供广泛的服务（尤其对低收入的住宅区和人们）。

心理健康中心还强调早期诊断、治疗和及早返回社会。中心就设在居民区附近，离需要服务的人群很近，每个中心设置的服务范围在75 000人至200 000人不等。提供的服务有5个基本方向：住院病人的治疗、出院病人的治疗、临时性治疗者（如仅在白天或夜间或周末来中心求助的人）的治疗、急诊治疗、心理咨询与教育等。中心期望所提供的服务涉及广泛的问题领域及社会群体，如情绪行为障碍者、老年人、未成年人及与滥用药物和酒精中毒有关的群体。

社区心理健康中心的从业人员有精神病医生、社会工作者、心理学家、精神病护士、专业咨询员、职业与业余治疗专家和辅助人员等。重点服务有出院病人的治疗、入院病人的治疗、酒精和药物滥用者的治疗、工作评定、职业疗法、家庭和团体治疗、接送服务、心理咨询、危机干预（包括 24 小时的急诊治疗）、社区教育及有助于就业的学生野外训练等。

社区心理健康服务遭到一些研究的批评。这些研究发现一些社区心理健康中心提供的服务既无效又不充分。[53]患者的再入院率仍然很高，远没达到适应社会的水平。[54]许多健康中心对大量穷人的个人与社会问题的治疗是无效的，同时，许多所谓的为广泛社会群体提供服务的中心，为中产阶级患者提供的入院与出院的治疗并不比传统方式所提供的多多少。[55]

另一方面，社区心理健康中心的拥护者们争辩道，中心的作用是不容抹杀的。他们指出，中心的服务已使得州和区县的精神病院的患者锐减，从 1955 年的 55 万人减到目前的约 10 万人。[56]

心理咨询与心理治疗

82 治疗情绪与行为问题的主要方法是心理治疗或心理咨询（这两个词因没有明显的区别，在使用时常可互换）。心理咨询实际上由具有直接服务性质的社会福利机构提供。“心理咨询”是一个含义广泛的词，包括个体、家庭、团体的咨询。一个优秀的咨询师掌握访谈原则及内容广泛的、具专业性的治疗方法。访谈原则和内容广泛的、具专业性的治疗方法这两方面向读者提供了什么是真正的心理咨询。

访谈原则

向有个人问题的人提供咨询一点也不神秘。尽管训练和经验在咨询中是必要的，但每个人都有通过倾听和交谈帮助他人摆脱困境的潜力。成功的咨询可以由朋友、邻居、亲戚或熟悉的理发师来做，也可以由社会工作者、精神病医生、心理学家、指导顾问和教师进行。这并不是说每个人都能成功进行心理咨询。专业人员，因其受过训练和有经验，成功的可能性会更大。无论如何，能力与同情（移情）（而不是学历和证书）是取得预期结果的关键。

83 心理咨询历经三个阶段：建立关系、深究问题和寻求独特解决方法。成功的心理咨询应该从一个阶段逐渐过渡到下一个阶段，同时各阶段又有某些交叉的过程。例如：在许多情况下，深究问题时，咨询者与来访者之间的关系仍在进一步发展。

在建立关系阶段，咨询者应努力建立一种有安全感的气氛，使来访者在这种气氛中感到安全，完全说出他（她）的痛苦，同时感到你把他（她）当成一个人。咨询者表现出自己是一个热情、有爱心、有知识、善解人意、能帮助并且想帮助他人的人。这一点非常重要。咨询者应该尊重来访者的价值观，不要试图把自己的价值观强加于来访者身上。

里波特项目成员安妮·麦格拉丝（Anne McGrath），企图与纽约百老汇大街的一位无家可归的精神病患者建立关系。

在深究问题阶段，咨询者要帮助来访者确认被什么问题所困扰、问题存在了多长时间、是由什么引起的、如何感受的以及来访者具有什么样的生理或心理能力以处理这一问题等等。所有这些都要在寻求解决方法阶段之前弄清。例如：一个单身怀孕的十几岁女孩来咨询。咨询者与来访者需要探求以下问题：她对怀孕的感受如何？她看医生了吗？她做
过怀孕测试吗？怀孕多长时间了？她的父母知道吗？如果他们知道了，他们会有什么样的 84
感觉和担忧？她告诉了孩子的父亲了吗？如果他知道了，会有什么样的感受和担忧呢？她觉得在这种紧急境况下首先应解决什么？对这些问题的回答将决定未来心理咨询的方向。最迫切、最要紧的问题或许是通知她的家长，他们的反应很重要，可能还要医疗机构的保护。

当问题范围确定后，通常还会连带许多亚问题。比如：离了婚的单身女性怀孕后一定会有许多担心，像如何告诉她的家长，是否堕胎等等。所有这些担心都应该深入讨论。

第三阶段为探求独特的解决方法阶段。这一阶段总是出现在深入讨论之后。这一阶段咨询者与来访者一起寻求解决问题的方法。通常，咨询者会问来访者（他或她）对解决这一问题是否已经考虑了（或想试图）什么方法。如果咨询者认为还有其他办法，他会告诉来访者。双方通常要比较各种解决办法的优缺点及带来的后果。上述例子的办法起初包括终止怀孕或继续怀孕直至生下孩子。如果这个女孩决定继续怀孕并生下孩子，解决这一问

题的可能办法是为将来的生活做出计划安排，包括保胎、结婚、寻求社会福利机构帮助、分娩后找养育院、登记父亲身份、为孩子寻找收养家庭、获得亲戚的帮助或照看孩子等。

内容广泛的、具专业性的治疗方法

优秀的咨询师除了要很好掌握访谈原则外，还需要具备内容丰富的心理咨询理论知识和专业的治疗技术，这样才能准确诊断患者存在什么问题，确定如何有效地干预。曾一度于同时代产生了许多心理咨询方法：心理分析法（psychoanalysis）、理性疗法（rational therapy）、来访者中心疗法（client-centered therapy）、阿德勒心理治疗（Adlerian psychotherapy）、行为矫正法（behavior modification）、格式塔治疗法（Gestalt therapy）、现实疗法（reality therapy）、转换分析法（transactional analysis）、神经语言程序疗法（neurolinguistic programming）、交朋友疗法（encounter approaches）。[详见雷蒙德·科尔西尼（Raymond Corsini）、丹尼·韦丁（Danny Wedding）合著的《当代心理治疗》（第5版）（Itasca，IL：Peacock，1995）和查尔斯·扎斯特罗（Charles Zastrow）的《社会工作实践》（第6版）（Pacific Grove，CA：Brooks/Cole，1999）中“当代心理咨询方法简
85 明概要”部分。]

这些治疗方法通常描述了如下理论：（a）人格理论或正常社会心理是如何发展的；（b）行为病理学或情绪和行为问题是如何产生的；（c）治疗或如何改变不合理的情绪和功能失调行为。

一个优秀的心理咨询师通常掌握几种心理治疗方法。根据来访者陈述的特有问题，咨询师从自己的“智囊”里挑选出最有效的干预策略。除了掌握内容丰富的心理咨询方法外，咨询师还应具有解决特别问题的专业治疗技术，例如：矫正害羞或过多的攻击性行为的技巧，对承受较大压力的人进行放松训练的技巧，对具有特别困难如早泄、性器官功能障碍的人实施专门的性治疗技术，为亲子关系冲突的人们实施有效培训等。[详见查尔斯·扎斯特罗的《社会工作实践》（第6版）中“当代心理咨询方法简明概要”部分。]为能够尽可能帮助来访者，一个优秀的咨询师会努力掌握各种治疗技术。

为说明心理咨询目的，下面将概要介绍一个内容丰富的治疗方法——理性疗法①（rational therapy）。

理性疗法　理性疗法的两位主要创始人是艾伯特·埃利斯（Albert Ellis）和马西·莫尔茨比（Maxie Maultsby）。[57]这种疗法就是教会人们通过合理地分析自我对话（Self-talk）②，来有效控制或摆脱一切不应有的情绪和失能行为。

很多人错误地认为，我们的情绪和行为主要是由经历的事件（如发生在我们身边的大事）引起的。与此相反，理性疗法证实了我们的情绪和行为产生的主要原因是我们对发生在自己身上的事件所做的解释。所有的情绪和行为的发生都遵循下面的公式：

---

① 又译合理疗法。——译者注

② 有译成“自我谈话”的，在此译成“自我对话”，似更符合上下文。——译者注

事件（Events）

↓

自我对话（Self-talk）

↓

情绪（Emotions）

↓

行为（Actions）

事件或者说经历就是我们遭遇的事情。自我对话就是我们对这些事件和经历的评价和解释。情绪是我们对这些事件如何感受，也包括简单地保持安静在内。行为是我们对事件、自我对话、情绪所做出的反应行动。下面的例子说明了这一过程：

事件

谢里尔（Cheryl），五岁，是萧先生和其夫人的女儿，与弟弟玩的时候碰翻了一盏灯，灯打碎了。

↓

萧先生的自我对话

“这盏灯是我们的至爱，我们度蜜月时买的——它是独一无二的。真是可恶。”

“孩子不打不成器——一些严格的规定有助于她的成长。”

“作为一家之主，培养她是我的责任。我要教训她，让她永远记得她曾挨过打。”

“她总是打破东西。我想她这一定是故意的！我要教训她尊重我和珍惜我们家贵重的物品。”

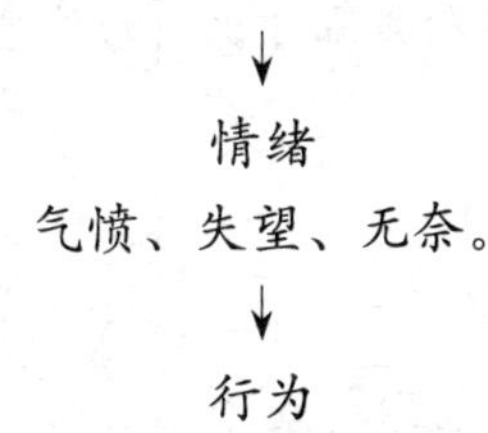

↓

情绪

气愤、失望、无奈。

↓

行为

打谢里尔、冲她吼！其严重程度近乎虐待。

如果萧先生对此事件能给自己另一种自我对话，其情绪和行为就会完全不同，正如下面的描述：

事件

谢里尔，萧先生和其妻子的五岁女儿，与弟弟玩耍时碰翻了一盏灯，灯打碎了。

↓

萧先生的自我对话

“这是一盏我们珍视的灯，但我知道她不是故意打破的。这是个意外。我生气毫无意义。”

“如果我告诉谢里尔和儿子只在娱乐室和他们的卧室玩耍，就可以避免这一事故。”

“由于孩子小，有些事难免发生。”

88 “此时，我所能做的最有意义的事就是对孩子们说我能理解这是个意外，这盏灯碎了，我们都很失望，以后他们只能在娱乐室和他们的卧室玩耍。”

↓

情绪

有些失望，但总的来说是接受的，心态平静。

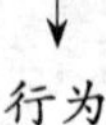

行为

以理解的态度与孩子交谈，并把自己对事件的理解表达出来。

这一过程中最重要之处是我们的自我对话决定了我们的情绪和行为。通过改变自我对话，从而改变了我们的情绪和行为。通常我们不能控制遭遇到的事情，但我们有能力合理地思考，借以改变一切不合理的情绪和无效的行为。根据莫尔茨比的理论，合理的思考和行为具有如下特征：(a) 与事实相符；(b) 有助于保护生命；(c) 有助于更快地达到短期或长期的目标；(d) 有助于摆脱和停止来自他人的烦恼；(e) 有助于防止不合理的情绪。[58]

自我对话这个概念值得推崇的一点是：通过辨析和改变潜在的自我对话，可以改变不合理的情绪和无效的行为（专栏 3.8 对理性疗法的应用做了描述）。

86～ **专栏 3.8　应用理性疗法的一个案例：结束婚姻**

87 一位 41 岁的女大学生因与疏远她的丈夫和儿子的关系日益恶化来求助心理咨询。在较深入地讨论了她的感情问题后，咨询师指导她使用理性自我分析（RSA）抵制其不合理的情绪。该案例中的人名和其他可识别的信息都做了更改。

进行 RSA 涉及以下内容：

A. 已发生的事实或事件；

B. 个人对自己所做的自我对话；

C. 体验到的情绪；

Da. 在 A 部分中出现的有关事实或事件的自我对话——这种对话本应该在 B 部分（这些自我对话在考察了 A 部分并判断出对话是不是事实，或者某些语言是不是对话性的语言之后被确认）；

Db. 在 B 部分，用合理、积极的对话与不合理、消极的自我对话辩论（这部分是治疗过程的主要部分）；

E. 个人要达到的情绪目标和行为目标。

公式如下。对于这个治疗过程，个体必须练习用合理的对话代替不合理的对话。

注：在做了 RSA 三周后，这个学生告诉她的咨询师，合理辩论已极大帮助她完成了情绪与行为目标。然而，她还说，对结束婚姻的惧怕使她利用合理辩论矫正心理问题的过程比她起初预想的要困难得多。

A

事实与事件

1990 年 3 月 14 日，我因婚姻已不能维持，而与我丈夫布莱尔分居。这个婚姻使我极度痛苦，我丈夫拒绝与我一起求助心理咨询。分居三周后，他提出离婚。开庭时间是 1990 年 4 月 19 日，那日他拒绝合作，不遵守他要离婚的决定。他也拒绝对房屋和家具进行评估。他三次拖延离婚审判。1991 年 2 月，我的律师通知我：我的丈夫患了癌症，住在麦墨里尔医院。审判再次延误。因离婚和我丈夫的病，我受到丈夫和儿子的责备。自去年 3 月我搬出后，我儿子就拒绝见我，断绝与我的一切来往。

B

自我对话

B—1. “这不公正。我要摆脱这样的婚姻。它已拖了我一年多。”（消极的）

B—2. “布莱尔这么做，目的就是不让我有自己的生活。”（消极的）

B—3. “是我使布莱尔得癌症的，因我与他分居。这都是我的错。”（消极的）

B—4. “我再也看不见我儿子了，他因他父亲的病责怪我。”（消极的）

B—5. “我没有权利喜欢斯科特，我不应该得到快乐。”（消极的）

B—6. “我可能永远离不成婚。如果他发了慈悲，审判会重定日期；如果他故伎重演，审判会再次拖延。这种情形会永远拖延下去。”（消极的）

B—7. “在布莱尔病危之时，我陷入与斯科特的爱恋中，我是个坏人。”（消极的）

B—8. “人们会认为我糟透了，因为我只会自己享受生活。”（消极的）

B—9. “我是一个坏母亲，因为保罗不愿意见我。”（消极的）

B—10. “如果布莱尔死了，我养活不了我自己。所以我没有足够的钱完成我的学业。”（消极的）

C

我的情绪

我感到沮丧、内疚、受伤、气愤、受控制、失望、悲伤、孤独和受挫。

Da

对 A 的精细核对

这都是事实。

Db

对 B 的合理辩论

Db—1. “生活总是不公平的。我会使境况变得最好，我会正视逆境。”

Db—2. “布莱尔可以拖延离婚，但我能够、也将会过我自己的生活。”

Db—3. “不是我引起他的癌症，我没有那种能力。他的病不是我的错。”

Db—4. “现在我见不到我儿子，但我知道未来不一定这样。时间会治疗许多创伤。”

Db—5. “我有权过我自己的生活，享受我与斯科特的关系。”

Db—6. “我永远是自由的。虽然离婚日期拖得比我想的要长，但我觉得不会永远这样。”

Db—7. “我不是一个坏人。我是一个有权继续向前、有权和能满足自我需要的人发展新关系。布莱尔的一切与我无关。”

Db—8. “我不担心别人怎么想。最重要的是我怎么想。我想，只要享受自己的生活、使它充实就好了。”

Db—9. “我不是一个坏母亲，我是一个好母亲。保罗在这次离婚中选择他的父亲，与我是不是好母亲无关。”

Db—10. “如果布莱尔死了，我会有别的选择。我可以得到更多的学生贷款。我可以做全日制工作，利用业余时间上学。我能毕业并获得学士学位，而且会继续读研究生。”

E

我的情绪与行为目标

我不再沮丧、内疚、我要摆脱我的不合理情绪；

与斯科特约会时，我感到很惬意；

集中注意学习时，我感到十分放松；

为恢复我与保罗的关系，无论做什么都是合理的；

为结束我与布莱尔的婚姻，无论做什么都是合理的。

资料来源：Adapted from Charles Zastrow，“End of a Marriage，” in *You Are What You Think*（Chicago：Nelson-Hall，1993），32－35。

总　结

情绪和行为问题是涵盖众多障碍的两个宽泛的标签。我们都时常体验到情绪和行为问题带来的烦恼。严重的情绪问题有时会被贴上“精神疾病”的标签。

治疗情绪障碍的历史充满了不公正和悲剧色彩。过去曾有各种积极的或消极的态度看待障碍者。近年来，对待障碍者的主要的发展是精神类药物的发现、使用及倾向于非制度化管理。

精神疾病是否存在的争论仍在继续。医学模式的坚持者认为障碍者的精神是由某种未知的、内部的状态所引起的。正像对医学模式的批评那样，相互作用模式的拥护者断定障碍者表现了社会偏离行为或有情绪问题，但没有精神疾病。此外，他们指出精神疾病的标签不具诊断和治疗价值，经常会有副作用。

另一个主要的心理健康问题是民权，它涉及强制性监禁、匮乏的治疗及强迫使用有副作用的治疗方法。就强制性监禁而言，制定一个政策，使障碍者的自由权利与社会安全和保护的权利之间保持一种令人满意的平衡是相当困难的。还有一些问题，包括因精神错乱而辩护无罪的使用、精神类药物使用的范围、当地社区因治疗非制度化是否向那些不用送进州立精神病院的障碍者提供充足的服务等。可控性心理健康保健系统的出现引起了很多问题，比如，这样的系统限制对有情绪和行为问题的人提供所需服务的范围。

社会学家发现社会因素与精神疾病之间有许多联系。较低的社会经济阶层精神疾病发病率较高；城市贫困地区发病率高于农村；老年人、未婚人士易患精神疾病；非裔美国人发病率高于白人。男女在接受治疗上的比例大约相等。女性更可能被诊断为患有焦虑、抑郁、恐惧等病，并更可能被收治入院。男性更可能被贴上人格障碍的标签。较低阶层的患者经常得到低质量的关怀。

对有情绪与行为障碍者的主要治疗方法是心理治疗或心理咨询。心理咨询是个广义词，有个体咨询、家庭咨询和团体咨询。优秀的咨询师熟悉访谈原则，并掌握各种内容丰富的、专业的治疗方法。依据每个来访者描述的特殊问题，优秀的咨询师能够选择最有效的干预策略。

注释

[1] William Kornblum and Joseph Julian, *Social Problems,* 9th ed. (Upper Saddle River, NJ: Prentice-Hall, 1998), 65.

[2] Ibid., 66–67.

[3] *DSM-IV (Diagnostic and Statistical Manual of Mental Disorders),* 4th ed. (Washington, DC: American Psychiatric Association, 1994).

[4] D. L. Rosenhan and M. E. Seligman, *Abnormal Psychology,* 3d ed. (New York: Norton, 1995), 54.

[5] Ibid.

[6] Thomas S. Szasz, *The Myth of Mental Illness* (New York: Hoeber-Harper, 1961).

[7] Thomas S. Szasz, "The Myth of Mental Illness," in John R. Braun, comp., *Clinical Psychology in Transition* (Cleveland: Howard Allen, 1961), 27.

[8] Thomas Scheff, *Being Mentally Ill* (Chicago: Aldine, 1966); David Mechanic, "Some Factors in Identifying and Defining Mental Illness," *Mental Hygiene* (Jan. 1962): 46, 66–74.

[9] P. J. Caplan, *They Say You're Crazy* (Reading, MA: Addison-Wesley, 1995).

[10] Ibid.

[11] Davie L. Rosenhan, "On Being Sane in Insane Places," *Science,* 179 (Jan. 1973): 250–257.

[12] Rosenhan and Seligman, *Abnormal Psychology.*

[13] Ibid.

[14] Charles H. Cooley, *Human Nature and the Social Order* (New York: Scribner, 1902).

[15] Thomas S. Szasz, "The Psychiatrist as Double Agent," *Transaction,* 4 (Oct. 1967): 16.

[16] Ibid., 17.

[17] Scheff, *Being Mentally Ill.*

[18] Ibid., 31.

[19] Kornblum and Julian, *Social Problems,* 86–88.

[20] Ibid.

[21] Ibid.

[22] Rosenhan and Seligman, *Abnormal Psychology,* 695–703.

[23] Ibid., 696–700.

[24] The President's Commission on Mental Health, *Report to the President from The President's Commission on Mental Health*, vol. 1 (Washington, DC: U.S. Government Printing Office, 1978).

[25] Ibid., 69–72.

[26] Rosenhan and Seligman, *Abnormal Psychology*, 695–725.

[27] "Psychiatric Testimony Clouds Justice in the Courtroom," *Freedom* (Feb. 1980): 1.

[28] Ibid., 4.

[29] "Behind Growing Outrage over Insanity Pleas," *U.S. News & World Report* (May 1979): 41.

[30] Ibid., 42.

[31] "Psychiatric Testimony Clouds Justice in the Courtroom": 4.

[32] Kornblum and Julian, *Social Problems*, 85.

[33] Rosenhan and Seligman, *Abnormal Psychology*, 722–725.

[34] August B. Hollingshead and Frederick C. Redlich, *Social Class and Mental Illness: A Community Study* (New York: Wiley, 1958).

[35] William Rushing, "Two Patterns in the Relationship between Social Class and Mental Hospitalization," *American Sociological Review* 34 (Aug. 1969): 533–541.

[36] Leo Srole, T. S. Langer, S. T. Michael, M. K. Opler, and T. A. L. Rennie, *Mental Health in the Metropolis: The Midtown Manhattan Study*, rev. ed. (New York: Harper & Row, 1975).

[37] Kornblum and Julian, *Social Problems*, 72–75.

[38] Ibid.

[39] Rosenhan and Seligman, *Abnormal Psychology*, 322.

[40] Daniel J. Curran and Claire M. Renzetti, *Social Problems*, 3d ed. (Boston: Allyn & Bacon, 1993), 484.

[41] Kornblum and Julian, *Social Problems*, 76–77.

[42] Ibid., 77.

[43] Ibid., 76.

[44] George Rosen, *Madness in Society: Chapters in the Historical Sociology of Mental Illness* (New York: Harper & Row, 1969).

[45] Ibid., 172–195.

[46] Clifford W. Beers, *A Mind That Found Itself* (New York: Longmans, Green, 1908).

[47] H. J. Eysenck, "The Effects of Psychotherapy: An Evaluation," *Journal of Consulting Psychology*, 11 (1955), 319–324.

[48] A good summary of these therapies is provided in Raymond Corsini and Danny Wedding, eds., *Current Psychotherapies*, 5th ed. (Itasca, IL: Peacock, 1995).

[49] Miriam Siegler and Mumphrey Osmond, *Models of Madness, Models of Medicine* (New York: Harper & Row, 1974).

[50] Joseph Mehr, *Human Services* (Boston: Allyn & Bacon, 1980), 88.

[51] Erving Goffman, *Asylums: Essays on the Social Situation of Mental Patients and Other Inmates* (New York: Doubleday, 1961).

[52] Rosenhan and Seligman, *Abnormal Psychology*.

[53] Kornblum and Julian, *Social Problems*, 82–83.

[54] Rosenhan and Seligman, *Abnormal Psychology*, 695–726.

[55] Ibid.

[56] Kornblum and Julian, *Social Problems*, 86–88.

[57] Ellis, *Reason and Emotion in Psychotherapy* (New York: Lyle Stuart, 1962), and Maxie Maultsby, *Help Yourself to Happiness* (Boston: Marborough/Herman, 1975).

[58] Maultsby, *Help Yourself to Happiness*, 2–23.

第四章 药物滥用

本章内容 89

- 药物与社会
- 常用药物的现状和疗效
- 康复计划
- 对未来限制药物滥用的建议
- 总结
- 注释

实际上，每个人或多或少都曾服用过药物。大部分人都有偶尔过度服药的经历。正如本 90
章所讨论的，我们中的大多数，都在滥用一种或多种药物。本章内容包括：

- 界定药物与药物滥用。
- 总结美国社会的简要服药史。
- 列举一些关于药物滥用的社会学理论。
- 描述有关药物的亚文化。
- 总结常规使用药物的影响和事实。
- 介绍药物滥用的康复计划。
- 为控制药物滥用提出一些建议。

药物与社会

如何界定药物、危险药物或是药物滥用，部分地取决于不同社会的准则和传统。所以，在研究与之相关的社会问题时，首先要给“药物”和“药物滥用”一个明确的定义，同时还要考虑到我们社会对不同药物的态度，社会学家关于药物滥用的理论以及使用非法药物的社会亚文化的范围和影响。

药物与药物滥用

从药理学角度讲，药物是一种可通过化学方法改变活体功能和结构的物质。[1]按照这个定义，食品、杀虫剂、大气和水源污染物、酸、维生素、有毒化学物质、肥皂和软饮料都可以包括其中。很明显，如此广泛的定义并无多少实际用途。对我们而言，基于一定背景的定义更有意义。例如，在医学领域，药物是指某些为了缓解病痛、治疗和预防疾病以及其他医学状态而特地制造的物质。

在社会问题研究领域，药物是指任何成瘾性物质，可以直接作用于大脑和外部神经系统。这是一类可以影响服用者情绪、观感、机体功能与意识的化学物质，并且一旦错误服用，会对使用者造成潜在的危害。药物滥用是指一个群体，规律或过量使用某种药物，并可能破坏与他人的人际关系，损害健康或危及社会本身。社会对于药物滥用的观点取决于两个关键因素：确实是药物所造成的作用以及对这种作用的“集体见解”（group’s perception）。

社会对于一种药物的不良效果的态度常常是变化的。在当前社会，虽然适度饮酒可能会造成一系列事故并有损健康，但还是被广泛接受。阿司匹林是美国民众使用最广泛的药物之一。它被大量用于缓解各种真实或虚幻的身体或精神不适，尽管过量使用会造成溃疡、消化道出血和其他不适。虽然会导致健康问题，过量饮用咖啡（含咖啡因）还是被我们这个社会所接受。在 20 世纪 30 年代的美国，人们相信，大麻是一种危险的药物，可以导致精神错乱、犯罪，并是其他各种疾病的根源。但目前已有证据表明，大麻并不比酒精有更大的危害。[2]多年来，经常使用海洛因被认为十分危险，但现有证据表明，偶尔使用海洛因很少导致健康问题却可带来充满活力的生活。[3]

主流社会对于某一种药物的态度不但受药物实际危险性的左右，还受到使用群体的社会角色和使用动机的影响。海洛因之所以被认为危险，是因为它总是与贫民区居民、高犯罪率相联系。一方面，社会更多地接受中年人服用药丸以减缓压力和焦虑，而另一方面，却不接受大学生为了追求“好感觉”或“high”，而使用同样的药丸。令人难以置信的是，诸如酒精、烟草等合法的药物被更广泛地使用并造成比非法药物大得多的危害。

许多非处方药（over-the-counter drugs，OTC）存在滥用现象。例如为治疗便秘而服用的泻药，常常会损害消化系统。大剂量的维生素 A 和 D 都是有毒性的。

处方药也常常被滥用。在所有被滥用的处方药物中，最常见的是镇静剂、止痛剂和兴奋剂。美国人十分钟情于服用药丸。许多药物存在着潜在的生理性或心理性成瘾作用。医
91 药公司花费巨额经费投放广告，以使消费者相信他们有这样那样的“疾患”——太紧张、入睡太慢、需要减轻体重甚至不够“标准”——于是，需要通过药物来解决他们的问题。不幸的是，许多美国人更愿意接受这种简单的缓解症状的方法，最终转而依赖于药物，而不是将他们的生活做一些必要的改变以使之更健康。这种改变包括学会减少压力的技巧、改变饮食、下决心进行规律的体力活动。

在期中考试后，大学生在庆祝。

一种药物合法并容易得到，绝不意味着其无害。酒精和烟草都是合法的，但二者均和大麻有着同样的危害。对一种药物是否可接受的理性判定常常是不合逻辑的。被主流社会所喜爱的药物，如烟草、酒精，被广泛地认可。但那些仅仅被少数群体喜爱的药物，常常被认为是非法的。在北非和中东许多地方，大麻合法而酒精却是非法的。[4]在美国，使用可卡因要受到严重刑罚，但在安第斯山脉的某些地区，却可合法广泛地使用。[5]

成瘾性药物的一个特点就是导致依赖性，使服用者深陷其中，不能自拔。这种药物依赖可以是生理性、心理性或二者兼备的。当机体状态已经完全适应药物作用的时候，将会表现为生理性依赖，一旦停止服药，就会产生疼痛、乏力等不适（戒断症状）。心理性依赖是当停止服药时，服用者心理上产生不适感。服药者常常会产生对某种药物的耐药性，在这种情况下，服药者需要增加剂量才能达到以前的感受。耐药性与药物种类有一定关系，一些药物（例如阿司匹林）不会形成耐药性。

药瘾在某种程度上很难被定义。从最广义的角度，成瘾是指对某种特定的物质有强烈的欲望。我们大家都有一些强烈的渴望对象，如冰淇淋、草莓脆饼、马铃薯派和巧克力等等。为了将药瘾从诸多强烈欲望中区分出来，一些专家将药瘾错误地定义为服用者大量使用某种药物后所产生的生理依赖。然而许多瘾君子都有这样的经历，当他们戒除了生理性依赖后，仍然有心理上的渴望，所以很快他们就会重蹈覆辙。因此，对药瘾最恰当的定义是，在因大量使用某种药物而形成生理性依赖后，对此药物所产生的一种强烈欲望。[6]

有各式各样的原因可以解释为什么美国人使用和滥用药物：想有更好的感觉或追求“high”、想逃避现实、想缓解疼痛或焦虑、想放松或入睡。从更广的范围，人们会注意到在我们这个社会的某些部分，鼓励对药物的应用甚至带有浪漫化色彩。例如弗兰克·莫斯（Frank Moss）参议员对广告和商业有如下评论：

> 92 广告将这些药丸赋予了如下信息：能使雨过天晴、能转忧为喜、能化怒为乐、能使问题迎刃而解并驱散迟疑。不仅是药丸，香烟、雪茄、软饮料、咖啡、茶和啤酒的广告——所有这一切都将吞咽、吸入、咀嚼、饮用和进食等描绘成幸福的关键。[7]

美国社会的服药简史

当清教徒们在 1620 年向美洲进发时，他们的船上装载了 14 吨淡水、数千加仑①的葡萄酒和 42 吨啤酒。[8]从那以后，美国人开始了使用和滥用药物的历史。

南北战争爆发后，大量的伤兵被给予麻醉品以缓解疼痛，其中很多人变成了瘾君子。从 19 世纪 60 年代到 20 世纪的头十年，麻醉品成瘾是一个十分严重的问题。到 20 世纪的最初几年，1%的人口对麻醉药物成瘾——这达到了历史高点。[9]在那个时代，鸦片（包括海洛因和吗啡）能以任何目的方便地得到。它们经常被用于治疗一些像胃痛这样的小病，也被用于减少婴儿长牙时的哭闹。药剂师、杂货商甚至邮购商都在鸦片销售中大获其利。在 1914 年通过的《哈里森麻醉品法案》（Harrison Narcotics Act）终于中止了这种现象。这项法案要求，麻醉药品必须通过注册医师的处方才能够得到。

在殖民地时代咀嚼烟草十分盛行。1870 年后，吸烟开始流行并被广泛地滥用。1900 年后很短的时间，烟草销售在 14 个州被禁止，因为人们认为吸烟是酗酒的垫脚石，并且可导致性变态、精神错乱和阳痿。但是在禁止烟草销售方面，法律被证明是无效的，并且被撤销于第一次世界大战后。而今天，我们重新变得越来越关注于吸烟带来的健康危害。

大麻在美国历史上也曾被广泛使用。在 19 世纪中叶，大都会里面的艺术家和作家常常吸食大麻。刚刚进入 20 世纪时，非裔美国人和墨西哥裔美国人也开始吸食大麻。这种药物被认为可以造成“不规矩”的行为，在南方各州很快颁布了第一批禁止使用和销售大麻的法律。其他各州也很快制定了相似的法案。1937 年联邦麻醉品管理局的主席声称大麻是“青春杀手”。主流媒体全投入了这场运动并且出版了各种故事，将大麻使用者描绘成为“疯狂的药物瘾者”。后来，为了他的麻醉品管理局能够得到持续的经费，这位主席断言大麻可导致使用麻醉品。[10]在 20 世纪 60 年代和 70 年代，年轻人、大学生和药物亚文化群体甚至普通公众越来越多地使用大麻。直到现在，关于它的使用和影响仍然存在着很

---

① 1 加仑约为 3.8 升。——译者注

大的争论。

自从清教徒登陆美洲后，酒精的使用长盛不衰。马萨诸塞州的首任总督抱怨在他的殖民地里有太多的醉汉。从那时起，饮酒就作为一个社会问题而存在并成为美国社会的一部分。美国戒酒协会（American Temperance Society）成立于 18 世纪初叶。后来还有妇女基督教禁酒社团（Women's Christian Temperance Society）、反沙龙联盟（Anti-Saloon League）以及其他一些戒酒组织等加入。很多社会问题被归罪于酒精、犯罪、家庭解体和失业。在那时，移民、贫困者和某些特定的少数族群是酒精的主要消费者。面对这种压力，许多州于 19 世纪中后叶通过法案禁止酒精性饮料的经营销售。到第一次世界大战开始的时候，美国有一半的人口居住在“禁酒”（dry）的地区。

禁止酒类销售的宪法修正案第 18 条在 1920 年成为法律。但人们还是不顾这种禁令继续饮酒，而法律也近乎没有强制力。对这项法律的忽视促进了犯罪集团介入贩卖私酒的活动。地下酒吧（销售非法的酒精性饮料的地方）泛滥。禁酒令成了政治上的困局和国际上的笑柄。宪法修正案第 18 条于 1933 年被废除。在禁酒令时代后，饮酒变得更加普遍了。[11]社会中层或中上层阶级也开始有相当大范围的饮酒。它不再被认为是社会的祸端。有趣的是，在过去的 100 年中，麻醉品经历了从受认可到被排斥的变迁，而酒精则经历了完全相反的变化。

药物滥用的社会学理论

关于药物滥用，有大量的生物学、心理学和社会学的理论。将它们加以概括超越了本
文的范畴。为了说明问题，下面介绍三种社会学理论：失节理论（anomie theory）、标签 93
理论（labeling theory）和分化联系理论（differential association）。

失节理论

埃米尔·迪尔凯姆[12]和罗伯特·默顿（Robert Merton）[13]创立了失节理论。默顿用失节来解释异常行为。默顿认为当社会允许的目标（如挣大钱）与通过社会所接受的手段达到这些目标的可行性（如高薪职位）之间出现偏差时，会发生异常行为。在处理药物滥用问题时，这种理论认为，一个人当被限制实现他的目标时，会被迫转向饮酒或使用其他药物。根据这项理论，药物作为一种解脱被用以逃避因不能实现目标而产生的挫折感或作为一种替代品被用以产生成功达到目标后获得的“high”和“快感”。

默顿认为，减少药物滥用可以通过社会为人们设定一些可以在现实中达到的目标以及为每个人提供可以获得的合法手段以达到这些目标。但也应注意到，失节理论并不能解释那些成功人士的药物滥用。

标签理论

标签理论是由若干认知理论学者建立的，他们将药物滥用视为很大程度上是一些偶然服药者被标记为“瘾君子”后的变化过程。[14]最初，偶然服药者沉溺于违禁药物时——如

酗酒、吸食大麻，他们本身并不认为自己就是瘾君子。但是当他们的服药行为被发现且被其他的有关人士（如父母、警察和教师）认为是一个问题时，他们便被贴上了“酗酒”、“嗑药者”、“瘾君子”等等标签，并被更加严格地看管起来。在进一步的监督下，如果继续用药，这个标签的烙印会越来越深。如果有关人员开始将他们与某种标签联系在一起，偶然服药者最终会被“标签”所界定。当这一切发生时，偶然用药者更倾向于开始作为习惯性药物滥用者的“生涯”。

标签理论认为可以通过避免贴标签来减少药物滥用发生，所以，不应将偶然服药者当作成瘾者来看待。但人们也注意到，标签理论不能解释“阁楼酒鬼”（closet alcoholics）和那些在被贴标签前便开始滥用药物的行为。

分化联系理论

埃德温·萨瑟兰（Edwin Sutherland）创建了分化联系理论。[15]在解释药物滥用时，分化联系理论认为人们倾向于学习和接受他们所处其中的一些小而紧密的团体的服药准则。这些小团体包括家庭、邻里、同代人以及宗教与社会组织。分化联系理论常常被用来解释在种族群体和宗教群体之间酗酒发生率的差异。例如在爱尔兰人与意大利人和美国犹太人之间饮酒的方式有显著的不同。意大利人（包括在意大利与美国）广泛接受适度的饮酒，特别是在进餐时间，这是他们饮食文化的一部分，甚至从年轻时便开始参与其中。但同时过量饮酒是不被认可的。所以即使在意大利社会，酒精消费很普遍，但是酗酒和醉汉相对少见。[16]与此相似，犹太社会饮酒也相当普遍，包括在宗教仪式上。同意大利家庭一样，饮酒被社会设定的规范严格控制在最小负面影响范围内。归功于这种严格地反对醉酒和滥用的社会规范，在美国犹太人社会，酗酒者很少见。[17]相反，在爱尔兰亚文化群体中，对反复发生过量饮酒事件十分包容，特别是在单身汉中。豪饮被看作是释放压力和化解挫折感的一种途径。基于这种文化准则，在爱尔兰裔美国男性中，酗酒有相对较高的发生率。[18]

当然，人们也可能依据其他的亚文化群体的服药准则而重新组合。例如，一个在反对吸食大麻家庭成长的少年，可能被高中里对吸食大麻赋予极高价值的小群体所吸引。这个少年于是通过差异交往原则，被这个吸食大麻的新群体所接纳。

但是，分化联系理论只是初步揭示了各种不同种群药物滥用的原因，却没有说明众多药物滥用的根源。[19]还有许多其他理论（包括心理学和生物学的）解释药物滥用的根源，但是没有一种理论能够独立解释所有这些原因，它们总有适用及不适用的例证。

药物亚文化

94 做出服用药物的决定不仅仅取决于个人性格和家庭背景，还与同龄人的观点有关。同龄人的观点在决定药物服用频率和剂量方面有很重要的作用。还有其他一些行为影响在何时服药。

一群年龄相仿者热衷于使用一种或多种药物被称为“药物亚文化”。药物经常在一个接受用药的群体内使用。在“变成大麻吸食者”的经典研究中，霍华德·贝克尔（Howard Becker）发现，同龄群体在学习吸食大麻中扮演至关重要的角色。[20]这种群体向初学者介绍吸食大麻，并教会他们体会“high”所带来的快感。这个群体中的成员也相互鼓励尝试进一步用药，并指导新成员拒绝有关戒除大麻的准则而接受药物亚文化的准则。

在其他药物使用中，药物亚文化起着相似的作用。相对于使用合法药物，药物亚文化更容易在使用非法药物时形成。青少年饮酒，同吸食大麻、海洛因、LSD、PCP、可卡因和快克一样，经常在药物亚文化中发生。在美国许多城市，大量青少年群体曾参与广泛使用和传播违禁药物。经常地，这些帮会成员还会参与其他一些犯罪（如偷盗和入室行窃）来满足他们的药瘾。尽管药物亚文化群体对社会常常是无意义的，但他们对用药者却有十分重要的作用。他们提供一些如何使用药物的指导，并提供安全剂量限度的指南。他们帮助处理药物副作用、协助购买药物、逃避逮捕。他们还营造一种氛围帮助服药者享受服药的感觉。（见表 4—1 所列举的一些常用药物的作用和特点。）

常用药物的现状和疗效

抑制剂

下文将探讨下列被定义为抑制剂的药物：酒精、巴比妥盐、镇静剂、安眠酮和苯环乙哌啶（天使粉 PCP）。

酒精

酒精是一种抑制剂，是在美国社会最为滥用的药物。尽管如此，饮酒仍然被广泛认可，只有较少的美国人认为这是一个严重的社会问题（见专栏 4.1）。社会型的饮酒很大程度上被整合入社会习俗，比如在许多场所，酒吧、社区酒馆和夜总会，或是与朋友邻里聚会，招待约会和商业伙伴的场合，以及外出寻找快感。对大学生来说，饮酒是一项受欢迎的消遣。影视作品使饮酒更加受欢迎。一些歌曲（《苏格兰和苏打》、《小气泡》和《亲吻爱人胜过葡萄酒》）在鼓励饮酒。商人也是“美酒佳肴”的消费者。在一些社区，有在每周礼拜结束后提供酒会作为“附加礼拜服务”的传统。

酒精是一种无色的液体，存在于啤酒、葡萄酒、白兰地、威士忌、伏特加、朗姆酒和其他醉人的饮品中。21 岁以上的美国人平均每人每年要消费 33.2 加仑的啤酒、2.7 加仑

专栏 4.1　关于酒鬼的笑话 94

一名男子胳膊下夹着一只鸭子走进酒吧。一名酒鬼说：“你带一只猪来这里干什么？”这名男人回答：“这不是猪，这是鸭子！”酒鬼说：“我刚才在和鸭子说话。”

一个酒鬼蹒跚着走出酒吧，坐进她的汽车后开始发动。一名警官拦住了她并询问：“你真的打算自己开车回家吗？”酒鬼回答道：“当然，警官，我已经不能走了。”

关于酒鬼的笑话十分普遍，它们反映出我们这个社会不能认真地对待酗酒问题。

表 4—1　　药物滥用：事实和作用

药物	潜在的生理性依赖	潜在的心理性依赖	耐受性	作用时间（小时）	通常服用方式	可能的效果	过量反应	停药综合征
麻醉剂								
鸦片	高	高	是	3～6	口服、吸入	欣快、睡意、呼吸抑制、瞳孔缩小、恶心	呼吸浅慢、皮肤湿冷、痉挛、昏迷、可能死亡	流泪、哈欠、鼻子抽动、食欲下降、震颤、疼痛、出汗、抽筋、恶心
吗啡					注射、吸入			
海洛因					注射、吸食			
抑制剂								
酒精	高	高	是	1～12	口服	话多、迷乱、损害运动协调性和反应性	呼吸浅慢、脉搏细弱、昏迷、可能死亡	焦虑、失眠、震颤、精神错乱、痉挛、可能死亡
巴比妥盐	高	高	是	1～16	口服、注射			
镇静剂	中度	中度	是	4～8	口服			
安眠酮	高	高	是	4～8	口服			
兴奋剂								
咖啡因	高	高	是	2～4	口服	增加清醒、兴奋、欣快、瞳孔扩张、心率血压升高、失眠、食欲下降	不安、心率增加、失眠、食欲下降	冷漠、长时间睡眠、易怒、抑郁、迷乱
可卡因	可能	高	是	2	注射、吸食			
快克	可能	高	是	2	吸入		不安、体温上升、失眠、食欲下降、幻觉、痉挛、可能死亡	
安非他明	可能	高	是	2～4	口服、注射			
硝酸丁酯	可能	?	很可能	>5	吸入	兴奋、欣快、眩晕、失去控制、攻击性、错觉、抑郁、睡意、头痛、恶心	失去记忆、思维混乱、步态不稳、脉搏细弱、心律不齐、可能死亡	失眠、食欲减低、抑郁、易怒、头痛
硝酸正戊酯	可能	?	很可能	>5	吸入			

续前表

药物	潜在的生理性依赖	潜在的心理性依赖	耐受性	作用时间（小时）	通常服用方式	可能的效果	过量反应	停药综合征
致幻剂								
LSD	无	程度不明	是	变化很大	口服	幻觉和迷幻、丧失对时空感觉	长期强烈的迷幻、精神异常、可能死亡	?
麦司卡林与二甲-4-羟色胺磷酸，二甲-4-羟色胺					口服、注射			
苯环乙哌啶（PCP）					口服、注射、吸入			
大麻类								
大麻	程度不明	中度	是	2～4	口服、吸入	欣快、放松抑制、增加食欲、迷乱行为、增加心率	乏力、偏执、可能有精神错乱、行动减慢、时间错乱	失眠、高反应性、个别人有食欲减少
印度大麻								
尼古丁（烟草）	高	高	是	2～4	吸入、咀嚼	增加清醒、兴奋、欣快、瞳孔扩大、增加脉搏和血压、失眠、食欲下降	不安、增加脉搏和血压、失眠、食欲下降	委靡不振、长时间睡眠、易怒、抑郁

的葡萄酒和 2.0 加仑的烈酒。[21] 相当多的美国青少年和成人都饮酒。

饮酒在美国传统中的牢固地位，使得那些不饮酒者有时被看作“怪人”、“狂人”或“扫兴者”，还常常被以为有什么毛病。

96 许多典礼和仪式（如婚礼、生日宴会、圣诞聚会、毕业典礼和其他类似的场合），都提供酒精性饮料。一些正式的宗教典礼也提供酒精饮品（例如葡萄酒代表耶稣的鲜血）。尽管如此，在这些仪式和典礼上使用酒精饮品并非造成酒精问题的主要原因。大部分饮酒发生在非正式和相对不受控制的场合，因此很容易过量。

在饮料中酒精的类型是乙醇（俗称谷物酒精，主要是由农作物酿造而成），许多饮酒者都相信，酒精是一种兴奋剂，可以减少性和情绪的抑郁，可以改善人际关系，并可使人健谈。但实际上，酒精对中枢神经系统有很明确的抑制作用，它的化学组成和作用与乙醚（一种在医学上用于诱导昏迷的麻醉剂）很相似。

酒精减慢脑力活动，理性思维能力、语言能力和肌肉反应。它干扰判断力、使人言语不清、降低协调性，并减慢记忆功能和呼吸功能。随着剂量的增加，它会导致恍惚、昏迷，最终死亡。宿醉的延续效应（醉酒后的影响）包括头痛、干渴、肌肉酸痛、胃部不适和呕吐。

酒精的作用依其在通过大脑时的血液浓度不同有很大差异。一般说来，血液酒精浓度达到 1‰时，就会有明显的症状。在两个小时内，喝 1 盎司 86%的酒精，或 12 盎司的啤酒，或 3 盎司葡萄酒，体重 120 磅的人血液酒精浓度将达到 1‰。① 体重越重，达到相同的酒精血液浓度需要的酒精量越大。表 4—2 提供了血液中酒精浓度增加后的影响。

表 4—2　　血液中酒精浓度及其影响

血液中酒精浓度（%）	影响
0.05	清醒程度降低和产生“high”的感觉
0.10	反应性降低，减少运动协调性（大多数州饮酒的法律限度）
0.20	对认知和驾车能力有巨大影响
0.30	感觉和理解力基本丧失
0.40	无意识状态
0.50	有死亡可能

资料来源：Adapted from Oakley S. Ray, *Drugs, Society and Human Behavior* (St. Louis, MO: Mosby, 1972), 86, and Erich Goode, *Drugs in American Society* (New York: Knopf, 1972), 142 - 143。

1990 年科学家发现女性的胃中和酒精的作用较男性的偏弱，所以女性容易更迅速地酒精中毒。在男性的胃中有更多的乳酸脱氢酶（一种酶）。这种酶可以在酒精进入血液前在胃中部分地分解它们。这个发现也帮助解释了为什么女性酗酒者较男性酗酒者更早出现医学并发症，包括肝硬化、贫血和消化道出血。[22]

---

① 1 盎司约合 28.3 克，1 磅约合 453.6 克。——译者注

什么人饮酒？　许多因素与一个人是否饮酒以及喝多少有关。这包括社会经济因素、性别、年龄、宗教、居住地和地理环境。[23]

从**社会经济**角度，受过高等教育者比只上过高中者更倾向于饮酒。在社会经济顶层的年轻男性较社会经济地位低一些的人更倾向于饮酒。但处在较低一些社会经济地位的饮酒者喝的量要更大一些。

从**性别**角度讲，男性比女性更倾向于酒精滥用。但在最近数十年间，成年女性中酗酒者数量迅速增加。有一种解释是，以前阻止女性酗酒的社会禁忌被削弱了，另外一方面，饮酒女性增加还与女性在当今社会角色的转变有关。

以**年龄**来分析，老人总是比年轻人倾向于不饮酒，即使他们年轻时曾经饮酒。21 岁至 30 岁的男性、31 岁至 50 岁的女性是主要酗酒人群。

宗教是另外一个因素。不经常去教堂做礼拜者更容易饮酒。酗酒较多地出现在圣公会教徒和天主教徒之中。然而，保守的或原教义的新教徒中饮酒者较少，即使有也喝得不多。

从**居住地**的角度看，城里居民要比郊区居民更倾向于饮酒。

地理因素对人们饮酒及饮用量上也有部分的影响。居住在美国东北和西海岸沿岸的人 97
们较南部和中西部的人更倾向于饮酒。

近 20 年，美国人饮酒的程度有所好转，特别是烈性酒。[24]例如一些商业机构将马提尼酒午餐会转变为慢跑和锻炼。联邦政府也在财政上给各州相当大的财政压力，使它们将饮酒的年龄提高到 21 岁，如果一个州允许饮酒年龄小于 21 岁，它应得的联邦高速公路基金将被取消。许多高中、学院、大学发起了解酒精危害的运动。公司和雇主也制订了员工扶助计划来帮助治疗机构对酗酒者进行帮助。

许多州通过了更为严格的禁止酒后驾车法令，而警察局和法院则更积极地执行它们。(见专栏 4.2)。一些社会组织如反对酒后驾车母亲协会（Mothers Against Drunk Driving，MADD）和反对酒后驾车学生协会（Students Against Drunk Driving，SADD）在唤醒人们对酒后驾车和饮酒危害的认识方面取得了相当大的成功。一种文化准则在许多社会层面出现——现在流行不要喝得太多。

专栏 4.2　法庭联手应对酒后驾车 97

在 20 世纪 80 年代以前，法庭对发生严重交通事故的酒后驾车者总是网开一面、慈悲为怀。当人们看到酒后驾车者并没有为他们造成的损失承担相应责任的时候，社会价值观念同样被毒害了。这个问题在 20 世纪八九十年代有了很大的转变。

例如，拉里·马奥尼（Larry Mahoney）是一个被朋友形容为“不会伤害世界上任何人”的人。但在 1988 年 5 月 14 日，一个周日的傍晚，在饮酒后，他爬上他的敞篷小货车，驶向肯塔基州州际公路的错误方向，他的血液中酒精含量是 0.24%，高于肯塔基州标准的 2 倍。他迎面撞上了一辆学校旧巴士，上面载着 67 名乘客，大多数是 10

多岁的孩子，刚刚离开肯塔基州拉德克利夫市前往教堂。在这次事故中，24 名孩子和 3 名成年人死亡。这是美国历史上酒后驾车导致的最严重的交通事故。拉里·马奥尼被指控为“该处以死刑的杀人犯”，如罪名成立，可被判处死刑。1989 年 12 月，他被宣判犯有 27 宗二级杀人罪，27 宗一级伤害罪，12 宗一级人身攻击罪，14 宗二级危害安全罪和 1 宗酒后驾车罪。他被判处 16 年监禁。这次有罪判决和漫长的刑期标志着法院系统终于站在一起应对酒后驾车。许多州迅速制定了法律对违规者吊销驾驶执照，而对屡教不改者，可以处以刑罚。现在许多州还规定，拒绝或不能通过呼吸试验（检测酒精）者将被暂扣驾驶执照。

资料来源：“Kentucky's Textbook Case in Drunk Driving,” *U. S. News & World Report*（May 30，1988）：7－8；and “Man Sentenced in Fatal Church Bus Accident,” *Wisconsin State Journal*（Feb. 24，1990）：3A。

饮酒的原因　正如前面所讨论的，饮酒很重要的一个原因是我们这个社会模式，是人们在各种各样的场合下社交性饮酒。欢乐聚会或酒会都普遍提供酒精性饮料，如鸡尾酒或啤酒。

还有一些个人饮酒原因。对一些人来说，饮酒活动就像“社会润滑剂”，大家在其中能够很放松，并比较自如地相互交往。另外一些人将酒精作为麻醉品来减少生活中的痛苦和摆脱头脑中的问题。有些过量饮酒者寻找一种持久的“愉快的沉醉”以逃避现实生活。一些偶然饮酒的人是为了追求快感，另外一些失眠症患者想借助酒精入睡（经常喝得酩酊大醉）。酒精具有镇静作用，对那些不敢吸毒的人而言，通常意义上，饮酒还是好于吸毒的。

人们经常饮酒以摆脱一些不希望的情绪，包括孤独、焦虑、抑郁、感情缺乏、无安全感、罪恶感和怨恨。[25]

98 **酗酒**　在问题饮酒者和酗酒者之间没有明确的界限。在某种程度上，酗酒是一个不严密的词汇。这个不严密却十分有用的定义是指反复和过量的饮酒已经超过了一定的限度，对人际关系、工作和饮酒者健康都造成了危害。

一个人是否被贴上“酗酒者”的标签，很大程度上取决于公司老板、家庭、朋友、同事和社会的相互作用。例如，在一个“戒酒”的社会内，一个人可能只喝很少的一点酒，有很轻微的因为酒精而产生的问题，仍然会被其他人认为是“酗酒者”。

人们饮酒后的反应同样各不相同，值得思考。一些人在喝了大量酒以后，即使驾车或从事其他一些活动总是很清醒，但他们的感觉实际上已经被影响了，这种人以后有很大的可能性变成酗酒者。一些人能喝很多的酒，却没有醉的感觉——尽管“醉”是一种功能状态，它提醒人们，已经喝了太多的酒，不能再喝了。在这种警告发出以前，体重越大的饮酒者，喝的酒就越多，直到他或她酒精中毒。许多想要戒酒的酗酒者必须控制自己绝不喝酒，因为一旦再次开始，他们就会有一种强迫症，以一种难以控制的欲望去过量饮酒。正因为如此，匿名戒酒协会断言："一旦成了酗酒者，终生是酗酒者。"还是有一些证据（尽管存在很大争议）证明，在经过适当治疗后，有一些前酗酒者可以重新社交性饮酒。[26]这项研究结果遭到大量治疗机构的激烈批评，因为它可能使一些酗酒者在戒酒时总是试图少喝一点，结果却往往导致他们迅速地回到过量饮酒的状态。

在美国有 1 500 万酗酒者，他们每人至少影响到他或她周围的 4 个人，包括配偶、家庭、老板或三者兼有。大约有超过三分之二的酗酒者是男性，但近 20 年来，女性酗酒者的比例在迅速增加。[27]与人口构成不同，只有大约 5%的酗酒者是贫民窟居民[28]，而大部分是普通公众。实际上，有超过十分之一的社交性饮酒者最后成了酗酒者。[29]

一些人在开始饮酒后很快就成了酗酒者。而另一些人在成瘾前已经喝了 10 年、20 年甚至 30 年的酒。一名酗酒者可能只是对酒精心理性依赖，但有相当数量的人是生理性依赖。

饮酒与健康　酗酒者的预期寿命比不酗酒者要少 10～20 年。[30]多种原因造成这种情况。其中之一就是经过长期的过量饮酒，酒精逐渐损害了肝脏细胞，并由疤痕组织所替代。当这种疤痕扩大时，一种被称为肝硬化的医学状态出现，它是美国人口第 8 大死亡因素（每年25 000人死于此病）。[31]尽管酒精里没有任何健康的食物价值，却含有很高的热量。所以重度饮酒者经常对有营养的物质食欲减退，经常造成维生素缺乏，并且更加容易患感染性疾病。过量饮酒还可导致肾脏疾病及多种心脏疾病，是糖尿病的危险因素之一，并且还有致癌作用。此外，每年超过8 000名自杀者与过量饮酒有关。[32]一次过量饮酒同样可能导致死亡，例如由于呼吸系统的深度抑制或在昏迷状态下呕吐物阻塞气道。

有趣的是，可能存在一些尚不明了的原因，使轻、中度饮酒者的预期寿命比不饮酒者要长。[33]可能偶尔饮酒能帮助人们放松心情，因此减少患生活压力所带来的疾病的可能性。

服药同时饮酒会形成相互干扰，有时会有致命的副作用。两种药物在一起服用时会产生叠加作用——也就是说，它们的作用比单独用药时明显增强。例如巴比妥类的镇静剂（经常存在于安眠药中）或安眠酮与酒精一起服用时，可造成中枢神经系统的强烈抑制，从而导致昏迷甚至死亡。

另外一些药物与酒精存在着拮抗作用，也就是说，两种药物的作用相互抵消。许多医生现在都建议患者在服用某些处方药物时不要饮酒，因为酒精可能减少甚至完全消除药物的治疗作用。

药物与酒精的相互作用是叠加还是拮抗取决于许多因素：药物的种类、服用的剂量、服用者的睡眠情况、进食食物的种类以及使用者的全身状态和耐受性。这种相互作用将会在一天内减小，也可能持续到第二天。

当饮酒者是一名孕妇时，酒精对未出生的婴儿有严重影响，其可造成胎儿神经系统发育延迟、畸形、生长迟缓和其他一些异常。这种表现被统称为"胎儿酒精综合征"（见专栏 4.3）。 99

99 **专栏 4.3　胎儿酒精综合征**

在1940年以前，人们曾认为，子宫是一个玻璃罩，将胎儿与外界完全隔绝，并且能保护胎儿不受母体偶尔使用药物的影响。从1940年以后，医学科研者了解到，化学物质可以很容易地通过母体的子宫动脉穿过胎盘，到达胎儿的脐静脉，继而是胎儿全身。

当孕妇饮用任何酒精性饮料时（包括啤酒和葡萄酒），酒精很容易穿过胎盘，胎儿的酒精血液浓度与母体十分相似。孕妇过量饮酒可造成各种各样的畸形，被称为胎儿酒精综合征。这些畸形包括神经系统迟钝和发育迟缓，出生前后全身发育延迟，头、面部、心脏、骨骼各种先天性畸形。患有这种疾病的胎儿大多早产，出生体重偏低、易被激惹、存在神经系统缺陷和缺乏肌肉张力。这种胎儿还有较高的胎儿死亡率。他们患头小畸形（婴儿头部、四肢较小，神经系统发育迟缓）的可能性大大增加。

孕妇饮酒越多，她腹中的孩子患胎儿酒精综合征的可能性就越大。研究显示，如果孕妇每次喝5杯或更多，她的孩子就有10%的可能性患胎儿酒精综合征。即使她仅仅是在很长时间内少量喝酒，她的孩子也同样有可能患此症。平均每天饮用1盎司酒精可以使婴儿患此症的危险性增到10%，如果平均每天摄入2盎司酒精可以使危险性增到20%。

美国公共健康署建议孕妇不要饮酒。正如母亲不会给她的新生儿一杯葡萄酒，她也不应给未出生的宝宝同样的饮料。不仅是酒精如此，还包括烟草、大麻、可卡因和海洛因，在怀孕期间，均对未出生的孩子有害。

资料来源：Diane E. Papalia and Sally W. Olds, *Human Development*, 6th ed.（New York：McGraw-Hill，1995），76。

一旦形成生理性依赖，当戒酒时，会形成DTs（谵妄性颤动）和其他不适的感觉。DTs包括心跳加快、不自主地抖动、剧烈恶心和大汗淋漓。

饮酒和驾驶　在汽车交通事故中有大约一半的死亡人数和大量的伤者是酒精造成的。[34]在美国每年有100万人次因酒后驾车被拘捕。[35]［在酒精相关的交通事故中死亡的最著名的人物是戴安娜·威尔士亲王王妃。她死于1997年8月，时年36岁。她的司机，亨利·保罗（Henri Paul）驾驶汽车撞向法国巴黎的一条隧道时，从法律角度讲，是喝了一些酒。］反对酒后驾驶母亲协会（MADD）相当成功地推进了制定和实施更为严格地限制酒后驾车法律的行动。此外，近年来，新闻媒体还播放大量节目，向公众宣传酒后驾车是威胁生命的行为。

酒精和犯罪　大约有八分之一的轻罪是与酒精相关的。这包括公开的酗酒、违反饮酒法令、不良举止和流浪。[36]酒精也是诱发许多严重犯罪的因素。大多数的凶杀、进攻性袭击、针对儿童的性犯罪和对妇女的性攻击行为的凶犯都曾经饮酒。[37]这并不是说酒精是导致犯罪的主要原因，相反，饮酒仅仅表现为一种起作用的因素，可以增加这种犯罪发生的可能性。

对家庭的影响　在过去，家中的问题饮酒者常常是丈夫。传统上讲，社会习俗鼓励男性而不鼓励女性饮酒。这些习俗正慢慢发生变化。尽管从统计数字上讲，在家中丈夫仍然更有可能是饮酒者，但也常会见到饮酒者是妻子或一个或多个十几岁的孩子。

过度饮酒常常与许多家庭问题有关：忽视孩子，虐待儿童、配偶、父母，经济问题，失业，暴力冲突和不幸的婚姻。

酗酒者的婚姻常常以离异、分居或遗弃收场。酗酒父母的孩子有较大可能性患上严重 100
的情感和生理疾病。[38]

莎伦·卫得施德尔（Sharon Wedscheider）指出，酗酒家庭中的家庭成员倾向于扮演不同的角色来保护药物依赖者免于承担他或她行为的责任，但实际上，饮酒问题确实持续存在。她在酗酒家庭的成员中划分了几种典型的角色。除了家庭中的药物依赖者外，家庭成员扮演着家庭主心骨、家庭英雄、替罪羊、被遗忘孩童和福星的角色。[39]

家庭主心骨主要在家庭功能中承担首要责任。瘾君子一般来说总是失去控制和逃避责任。在另一方面，家庭主心骨承担越来越多的责任，并开始越来越多地做出家庭决定。家庭主心骨一般是父母或药物依赖者的配偶。

随着成瘾者的失控，药物依赖者的家庭条件经常遭到破坏。为了抵消这种负面作用，需要有一种正面影响存在。家庭英雄即充当这种角色。家庭英雄经常是一个十分完美的人，她或他尝试的每件事都做得很好。这个英雄很努力使这个家庭看上去要比它实际好一些。通过这种方式，她或他为这个家庭提供了自尊。

在药物依赖者家庭中另外一个典型的角色就是替罪羊。尽管酗酒者是问题的根本，家规却使这个事实必须被否定。因此，怨气指责必须有地方发泄。常常，家庭中的另外一个成员因为这个问题而被指责。这个替罪羊经常因一些负面的行事方式（例如，因偷窃而被抓住、逃学、变得极端孤僻）而被过多地给予注意。替罪羊的角色将人们的注意力从药物依赖者或其他人的身上转移过来，避免家庭因为药物依赖问题过分争论。

在这种家庭中，还经常有一个被遗忘孩童的角色。这个人似乎不愿参与到其他家庭成员中，但也从不引起麻烦。这个被遗忘孩童的目的是帮助这个家庭从痛苦的经历中得到一些解脱。至少，在这个家庭中还有某人既不需要太多注意，也不会引起任何不安。这个被遗忘孩童仅仅是在那里而已。

最后，药物依赖者的家庭中还需要有一个福星的角色。这个福星是一个充满幽默感的人，并且对任何事都不十分在意。无论内心感受如何，他或她总能给这个家庭提供一线欢乐。

总的来说，药物依赖者对整个家庭而言都是一个问题。每个家庭成员都遭受药物依赖性的困扰，但他们每一个人都尽量扮演一个角色以维护家庭的稳定和存在。无论如何，家庭成员被迫承担这些角色。这些角色总是和这种家庭的存在联系在一起的。

酗酒和产业　酗酒每年给工商业造成数十亿元的损失。这个数字所反映的包括病假、工作时心不在焉、上班迟到或旷工和工作中的事故等等造成的损失。进一步的评估显示，大约有 6%～10%劳动力的饮酒经历达到了对工作有所影响的程度。[40]

酗酒的基因治疗　酗酒在很长一段时间里被认为是环境和基因共同作用的结果。但是究竟哪一种是更为主要的决定因素近年来存在着相当大的争论。本节将对酗酒的基因治疗加以概述。

人们发现酗酒有家族史。另外，那些生父母是酗酒者的孩子即使在很小的时候就被他人收养，他们以后酗酒的可能性也比普通人的孩子高许多。[41]

1990 年，有研究者报告确定了一种基因可以促进酗酒发生，在关于酗酒是一种疾病还是因为道德的软弱或是任性的不检点行为的争论中，增加了重量级的证据。[42]诺布尔（Noble）和布卢姆（Blum）是这项研究的实施者。他们报告，一条染色体上的某个特定的基因，在酗酒者中的阳性率远远大于正常人群。既往的研究提示：有 3 条染色体可能与酗酒有关。但是目前还没有在这些染色体上分离出“罪犯”基因。[染色体是由千百万个独立基因组成的梯状结构，DNA 的指纹——脱氧核糖核酸——承载了所有细胞遗传信息的蓝图。一个人的表象（traits）是由每个细胞内的近 10 万个基因决定的。]

101 诺布尔和布卢姆所定位的基因有两种不同的表现型。每一种分别产生一种叫做多巴胺 D2 受体的神经细胞，这种细胞在人体产生愉悦情绪过程中起关键作用。在对 70 例（酗酒和不酗酒各 35 例）尸检脑部标本的检测中，研究者发现了这种基因的两种不同表现形式——A－1 与 A－2 等位基因。A－1 与酗酒者相关，而 A－2 与非酗酒者相关。有 69% 的酗酒者 A－1 等位基因呈阳性，在非酗酒者中，阳性率只有 20%。（这项研究暗示存在酗酒基因，但是又不很让人信服。此外，因为 A－1 等位基因并不是 100% 与酗酒相关，这项研究结果还提示其他一些因素，包括环境，也是导致酗酒的因素。）

诺布尔和布卢姆认为这种稀有基因会使人们更易于发展成酗酒者，但同时他们也提醒，应用这项结果要谨慎。

先前研究发现的与基因相关的疾病（如躁狂性抑郁和精神分裂症）还没有经过进一步的实践检验。如果多巴胺 D2 受体真的被证明与酗酒相关，那么检测 A－1 等位基因将可以区分某个人在变成瘾君子之前，是否有发展至此的很高的危险性。

多种基因可以造成这种疾病，鉴别这些基因可以帮助科学家找到药物治疗酗酒的方法并设计出药物来治愈它。例如一些药物可以减少对酒的欲望，以此达到治疗酗酒的目的。

人们也注意到，在 1990 年末发表的研究却不能重复诺布尔和布卢姆的研究结果。这项由美国国立酒精滥用与酗酒研究院主持的研究发现，多巴胺 D2 受体基因在酗酒者和非酗酒者中有近似相同的阳性率。[43]这些相互矛盾的结果提示，是否基因构成的差别是导致酗酒的因素之一还不十分明了。

寻找治疗酗酒的方案　许多（很可能是绝大多数）酗酒者并不寻求帮助，因为他们否认自己有饮酒问题。他们总是要证明可以像其他人一样能喝，只是不知不觉醉了。他们以此为借口，或常常谴责他人。（如果你的工作像我一样，你会喝得更多！）酗酒是一个十分不好的恶名，所以酗酒者们不愿承认他们与其他人不同，有酗酒者弱点。酗酒被看作是一种病态，但他们不愿承认患有这种疾病。饮酒经常变成他们生活的核心爱好。他们通过饮酒结交朋友、放松精神、安然入睡及逃避现实问题。对他们来说，承认有酗酒问题意味着不能再饮酒。因为他们相信饮酒是他们生活的基础，他们常常宁可选择饮酒，即使知道饮酒会损害他们的健康、破坏他们的社会名声、使他们在各种岗位上遭到解雇甚至使家庭破裂。许多酗酒者相信，能够自由自在地饮酒是他们最重要的生活需要，为此，他们宁可牺牲婚姻、孩子、职业和健康。从许多角度讲，酒精是他们最好的朋友，即使它可能杀了他们，他们也不愿放弃饮酒。

如果要帮助一名酗酒者，对饮酒问题的抵触是先要面对的问题。（我们将在后面有关康复计划中讨论这一问题。）

巴比妥盐

巴比妥盐是来自巴比妥酸的一种对中枢神经系统有抑制作用的药物。巴比妥盐在19世纪早期被合成，到现在大约有2 500种不同的衍生物。它们被广泛用于治疗失眠和焦虑症。一些种类被制成催眠药物，另外一些在白天使用，以缓解紧张和焦虑。这类药物也用于治疗癫痫和高血压，还被用在外科手术前后，使患者放松。除非根据医师的处方得到，否则巴比妥盐是非法药物。

在服用足量的巴比妥盐时，可产生与大量饮酒相似的效果。使用者感到从压抑中解脱出来，有欣快感，感到“high”或幸福感，以及被动的满足感。但是这种情绪会很快变成郁郁寡欢、焦虑和具有攻击性。生理性反应包括言语不清、迷乱、步履蹒跚、思维混乱、瞌睡和共济失调。

长期大量使用巴比妥盐可以导致生理性依赖，停药综合征与海洛因成瘾的断瘾症状相似。停药时一般有颤抖、抽筋、焦虑、发热、恶心、大汗和幻觉。许多专家相信，巴比妥盐成瘾比海洛因成瘾更危险，治疗效果也更差。突然停药可导致致命的痉挛。一名法医病理学家写道：
“如果给我一个突然完全停止使用药物的严重巴比妥盐成瘾的人，我将给大家一具尸体。”[44] 102

巴比妥盐过量可以导致痉挛、中毒、昏迷，有时会死亡。当巴比妥盐同酒精同时服用时特别危险，它们二者间的协同作用会加重巴比妥盐潜在的危险（见专栏4.4）。

102

专栏4.4 多重用药正在成为严重的问题

很多名人，如埃尔维斯·普莱斯利（Elvis Presley）、约翰·贝卢西（John Belushi），里弗·菲尼克斯（River Phoenix）和前第一夫人贝蒂·福特（Betty Ford）都依赖两种或多种药物。药物滥用造成了普莱斯利、贝卢西、菲尼克斯的英年早逝。贝蒂·福特公开承认，她依赖于安定、酒精和她的关节炎药物。她在加利福尼亚长滩海军医院接受了治疗，此后成立了贝蒂·福特基金会。

经常发生过量服药导致的意外死亡。其中原因之一是服药者变得迷迷糊糊，忘记到底吃了多少药物，他们总是吃更多的药，直到过量。巴比妥盐还是自杀者应用最多的药物。很多知名人士，例如玛丽莲·梦露，就死于过量服用巴比妥盐。

巴比妥盐一般是口服的，也有一些使用者通过静脉注射它们。同酒精一样，服用巴比妥盐可导致交通事故。

镇静剂

在这一类别中的其他药物被统称为镇静剂。常见的商品名字有：利眠宁（Librium）、眠尔通（Miltown）、舒宁（Serax）、Tranxene 和安定（Valium）（见专栏 4.5）。它们具有镇静作用，可以减少焦虑和放松肌肉。服用者在一定程度上有发展成为生理性和心理性依赖的潜在可能性。镇静剂一般是口服的，作用大约持续 4～8 小时。副作用包括：言语不清、迷乱及类似中毒的表现。当发生中毒时，主要症状有：皮肤湿冷、呼吸变浅、瞳孔缩小、脉搏细速、昏迷、也可能死亡。停药综合征包括：焦虑、震颤、痉挛、精神错乱及死亡。

103 **专栏 4.5　约会强奸药物**

在 20 世纪 90 年代中期，Rohypnol① 作为约会强奸药物而臭名昭著。相当多的妇女在饮用了加入此药的饮料（包括酒精性和非酒精性）后，遭到性侵犯。Rohypnol 经常造成完全失忆的暂时性晕厥。被用了药的女性受害者晕倒并被强奸后，经常不能回忆起犯罪的有关细节。

Rohypnol 是一种镇静剂，与安定有一定联系，但是作用比后者强 10 倍。它在至少 60 个国家被合法用于治疗严重失眠症。在美国，它是非法药物。许多非法进入美国的 Rohypnol 是通过墨西哥和哥伦比亚走私来的。

Rohypnol 在男性和女性青少年中均十分流行。他们喜欢将 Rohypnol 放在酒中，一饮而尽。流行的另外一个原因是，它相对便宜，在街上，花 1～5 美元就可以买到一粒。在某些地区，当司机有饮酒表现但酒精浓度很低时，会被要求做 Rohypnol 检测。（人们也应注意到 Rohypnol 也有成瘾性和潜在的过量致死可能性。）

因为十分容易便可将 Rohypnol 放入饮料中，强奸危机中心（rape crisis center）劝告女性在约会时不要将自己的眼睛从饮料上移开。1997 年，Rohypnol 的制造商，霍夫曼—罗氏公司宣布，他们以后只销售一种新版本的 Rohypnol——当被放入任何饮料时，会显示出蓝色。即使做了这样的改进，人们（特别是女性）也需要警惕其与镇静药物的相似作用。

γ-羟丁酸（GHB）是另外一种被越来越多使用的约会强奸药物。GHB 是一种中枢神经系统抑制剂，在一些国家被允许用作麻醉药物。它可以方便地在家中用药店里购买的原料制造。家产的 GHB，仅仅 1 克液体便相当于 26 盎司威士忌的毒性作用。所以，像 Rohypnol 一样，常常被偷偷加入受害者的饮料中。

①氟硝西泮，flunitrazepam。——译者注

安眠酮（甲苯喹唑酮）和 PCP（苯环乙哌啶）

都属于抑制性药物。PCP 还可以产生类似于迷幻剂的效果。

尽管化学结构不同，但甲苯喹唑酮（广为人知的商品名是安眠酮）有与酒精和巴比妥

盐相似的作用。它还有一个名字叫“爱药”，因为使用者相信，它可以增加性快感。正因为这个原因，像酒精和巴比妥盐一样，它较少被禁止使用。安眠酮还可以减少焦虑和产生欣快感。使用者可对其有生理性和心理性依赖。过量可导致痉挛、昏迷、精神错乱甚至死亡。大多数服药过量死亡的病例均是同酒精联合使用，这很大程度上增加了药效。停药综合征是严重和令人不安的。安眠酮还可以产生延续效应、乏力、肝脏损害和四肢阵发性麻痹。

PCP是20世纪50年代作为麻醉药物而开发的。当发现患者用药后出现情感异常后，人们停止了医学上的临床使用。PCP今天仅在大象和猴子身上被合法使用，因为没有发现它们用药后有明显的严重副作用。

PCP在街头的名字是“天使粉”，主要是一些不知道其危害的青少年在使用。通常通过点燃后吸入，或在与大麻混合后应用。它也可以经鼻吸入、吞服或注射。PCP是一种十分危险的药物，因为它可以干扰认知，破坏平衡能力，造成不能清晰思维。大剂量可导致偏执狂、产生攻击性行为（在某种情况下，可发展成为暴力谋杀）。持久使用可发展成为情感紊乱，过量使用可导致昏迷和死亡。研究者目前对其是否有生理性或心理性依赖还没有定论。因为很便宜，合成原料和方法都很容易得到，在家庭实验室里即可制造，所以这种药物很有潜力被广泛地使用和滥用。PCP的另外一个危险性是即使只使用1次，使用者也可反复发生幻觉体验，甚至在用药很长时间后仍有可能发生。这可能是一些人先前不注意使用过PCP或一些人体内并不能检测出致幻剂的存在，但仍发生许多事故和不可解释的灾难的原因。

兴奋剂 103

这一节，我们将要介绍下列被称为兴奋剂的药物：咖啡因（caffeine）、安非他明（amphetamines）、可卡因（cocaine）、快克（crack）、硝酸正戊酯（amyl nitrate）和硝酸丁酯（butyl nitrate）。

咖啡因

咖啡因是中枢神经系统的兴奋剂。它存在于咖啡、茶、可可、可乐饮料和其他许多软饮料中，也有以药片形式提供的（保持清醒的药物）。服用咖啡因很普遍，特别是全体美国人用它作为日常工作的支柱。它可以减少饥饿感、乏力和厌烦感，并提高清醒程度，增强活力。这种药物也显示出成瘾性，因为许多人对其形成了耐受性。上瘾的一个信号就是，严重使用者（习惯性咖啡饮用者）在经历停药综合征时，会烦躁和抑郁。

过量的咖啡因可导致失眠、不安和胃肠运动亢进。令人惊讶的是，过量服用甚至可以导致死亡。因为咖啡因在我们这个社会中处在“非药物”的地位，服用者通常不被认为是犯罪，没有为此形成黑市交易，也没有为获得与使用它而形成亚文化种群。咖啡因是合法的，相对于其他药物，它的价格低廉。服用者不需要诉诸犯罪来维持他们的嗜好。[45]

安非他明

因为它的刺激效果，安非他明被称为“极品”。当通过医生处方获得时，它是合法的。一些卡车司机在长途旅行时为了保持清醒和提高警惕，常常要求医师开此药，结果有一些人上了瘾。节食者经常要医生开此药以帮助他们减轻体重，同时发现，这种药可以帮助他们树立自信。大学生在熬夜苦读时经常使用它来保持清醒。其他一些人士，如运动员、宇航员、经理人等使用安非他明来在相对较短的时间内保持清醒和改善行为表现。这种药物还有其他一些绰号：霹雳（speed）、高飞（ups）、精力丸（pep pills）、黑美人（black beauties）、胡麻（bennies）。

安非他明是一种合成药物。它很像肾上腺素——一种从肾上腺分泌的激素，可以刺激中枢神经系统。比较有名的安非他明制品包括：Dexadrine，苯丙胺（Benzedrine）和脱氧麻黄碱（Methedrine）。安非他明对生理状态的影响比较多。可促进体内堆积脂肪的消耗、增加心率、刺激呼吸过程、减少食欲并常常导致失眠。服药者经常感觉容光焕发、更强壮、注意力更集中、更好地用语言表现自己。长期使用可以导致性情暴躁、深度抑郁、不
104 规律的感觉紊乱，这些都可能导致突然的暴力行为。

安非他明经常以片剂、胶囊、粉剂等形式口服，也可经鼻吸入或注射。霹雳（通过静脉注射的药物）可以产生最强烈的快感，也具有最大的危害。应用过量可造成带有脑部损害的昏迷，在较少的情况下，可造成死亡。追求“霹雳”的人还受到其他一些伤害，如肝炎、脓肿、痉挛、幻觉、错觉和严重的情感异常。另外一个危险是，在街头售卖的药物经常含有一些危险的杂质。

在安非他明的快感之后，中枢神经高度抑郁和乏力。持续使用安非他明可以导致心理依赖。目前还不清楚其是否可以导致生理性依赖，因为它的停药综合征并没有其他药物停药时的特点。安非他明的停药综合征包括睡眠紊乱、感情淡漠、活力下降、迷乱、性情暴躁、疲乏和抑郁。一些专家相信，这些停药症状提示安非他明存在着生理性依赖。[46]

另外一个合法使用安非他明的领域是治疗儿童多动症。多动症（也被称为运动过度）的特点是：较短的注意力集中时间、不知疲倦、多种运动和情绪变换。人们对产生这种疾病的原因知之甚少。当孩子长大时，此病不需治疗即可慢慢痊愈。有趣的是，一些安非他明类药物［利他林（Ritalin）是最常见的一种］对多动症儿童有平静安抚的作用。这种作用实际上和它在成年人中的作用恰恰相反。应该注意到，在过去，给那些“不受控制”的儿童服用安非他明的治疗经常是药物滥用。一些根据处方服用利他林的儿童，实际上并不是多动症患者，他们是正常的儿童，只不过不愿遵从老师或家长认为的儿童时期恰当的行为模式。结果这些孩子被贴上了问题儿童的标签，被迫每天服用改变情绪的药物。

近年来，有一种安非他明的非法使用情况逐渐增多，它就是盐酸甲基安非他明，在街头被称为“冰毒”（meth or ice）。它的液体形式经常用来“霹雳”。在实验条件下，可卡因的使用者很难将其从可卡因中区别开来。因为它的“high”持续的时间要比可卡因长一些，而且可以通过药店合法购买的原材料相对容易地合成，所以，滥用这种药物存在逐渐增加的危险。盐酸甲基安非他明合法应用是作为治疗肥胖症的“最后一招”——体重减低疗法的一部分。但是，当停止服药时，为减轻体重而服药的人会出现一些剧烈的副作用，他们的食欲会比原来变得更大。

可卡因

可卡因是从南美古柯类植物的叶子中提取的。在美国处于大受欢迎的地位，很快取代了其他非法药物的市场份额。尽管从法律上被定义为麻醉品，但是实际上它与可以提取出其他麻醉品的鸦片没有任何关系。它是一种强效的刺激性和抗疲劳药物。

在美国，可卡因通常经鼻吸入并通过鼻黏膜吸收。最常见的使用方法是通过一个吸管或卷起来的钞票吸入鼻中。它也可以通过静脉注射使用，在南美洲，有些民族有咀嚼古柯叶的习惯。它还可以被加到卷烟中吸。可卡因过去曾在医学上作为局部麻醉药物使用，但现在其他药物很大程度上替代了它的位置。

可卡因限制血管和组织收缩，因此可以增强力量，增加耐受性。它还被使用者认为可以增强活力，增加智力。另外一些作用包括性快感、兴奋、不知疲倦和减少疲劳感。一些使用者声称，可卡因可以提高和恢复精力，使他们的性活动持续更长的时间。[47]

大剂量和过度使用可卡因可产生幻觉和错觉。可卡因滥用的一个特殊作用是使皮肤产生“蚁走感”——一种蚂蚁、蛇或甲虫在皮肤上爬行的幻觉。一些药物滥用者有很强烈的幻觉，他们不停地抓、挠、拍打、伤害自己，试图杀死那些想象中的生物。

可卡因的生理作用包括增加血压和心率、失眠、食欲减退。因为食欲差，一些重度使用者可能会体重下降和营养不良。可卡因的生理依赖性被认为是轻至中度危险。然而，这种药物还表现出心理成瘾性，停药经常会导致高度的抑郁和绝望感，这常常使服用者复
吸。[48]停药的其他副作用还包括感情冷淡、长时间睡眠、极度疲乏、暴躁和迷乱。长期大 105
量吸食可卡因可造成鼻组织严重损害。一般情况下的使用可以造成习惯性鼻吸，有时会引起厌食症。大剂量可导致焦虑不安、体温升高和痉挛。一些过量服用者可能因心脏和呼吸功能被过分抑制而死亡。

快克

快克（crack，还被称为 rock）是在可卡因中加入水和氢氧化铵后从混合物中得到的物质。通过快速干燥溶媒（最常用的是乙醚）的方法，可把水从可卡因中去除。这个合成物最后结成糖样的晶体，像岩石一样（所以被称为岩石 rock）。快克具有高度成瘾性。一些学者认为一次使用足以使人上瘾。

快克通常是被点燃后吸入，也有人用一种特殊的玻璃管或混入烟草和大麻中制成卷烟使用。它的作用与可卡因相似，但是“冲劲”来得更快，并且产生强烈的快感，甚至能很大程度地增加性快感。

快克药物过量在注射使用时比吸服时更常见。停药反应包括难以控制的强迫症，还包括感情冷淡、长时间睡眠、极度疲乏、抑郁和迷乱。

使用公共注射器针头可以传播艾滋病。可卡因和快克还对心脏有严重的影响，使心血管系统紧张性增加、血压升高，扰乱正常心脏节律、增加心率。可卡因和快克还可以损害肝脏。严重的痉挛可造成脑部损伤，出现情感问题，有时会致死。吸入快克还会损伤肺脏（见专栏 4.6）。

106～107 专栏4.6 快克婴儿

近年来，使用快克、可卡因的孕妇迅速增多。结果成百上千的新生儿因为他们的母亲使用快克、可卡因而受到严重的影响。

可卡因使孕妇的血管收缩，减少了流向胎盘的至关重要的氧气和营养物质。因为婴儿细胞在形成后的第一个月内具有多向分化性，母体先前使用或持续使用可卡因而造成胚芽缺乏足够的血液供应，会导致严重的先天性异常。这些儿童看上去比较正常，但大多体型偏小、头周径低于正常值——这是低智商的特性之一。只有在出生后给予最强的诊疗才能使这些婴儿有“正常”生活的可能性。

在孕期的后几个月，在不多的情况下，大量使用快克可形成血栓（栓子）阻塞胎盘血管，完全干扰胎儿器官与四肢的血液供应。结果会形成手臂或下肢残缺，小肠或肾脏某一部分缺失，或引起其他一些畸形。

可卡因暴露（使用）同样可以影响脑部的化学活动。可卡因可改变神经递质的作用，后者是神经细胞间的一种信使，参与控制人类情绪和反应力。这样的改变可以帮助解释一些在可卡因儿童成年后被发现的冲动、情绪化等行为异常问题。

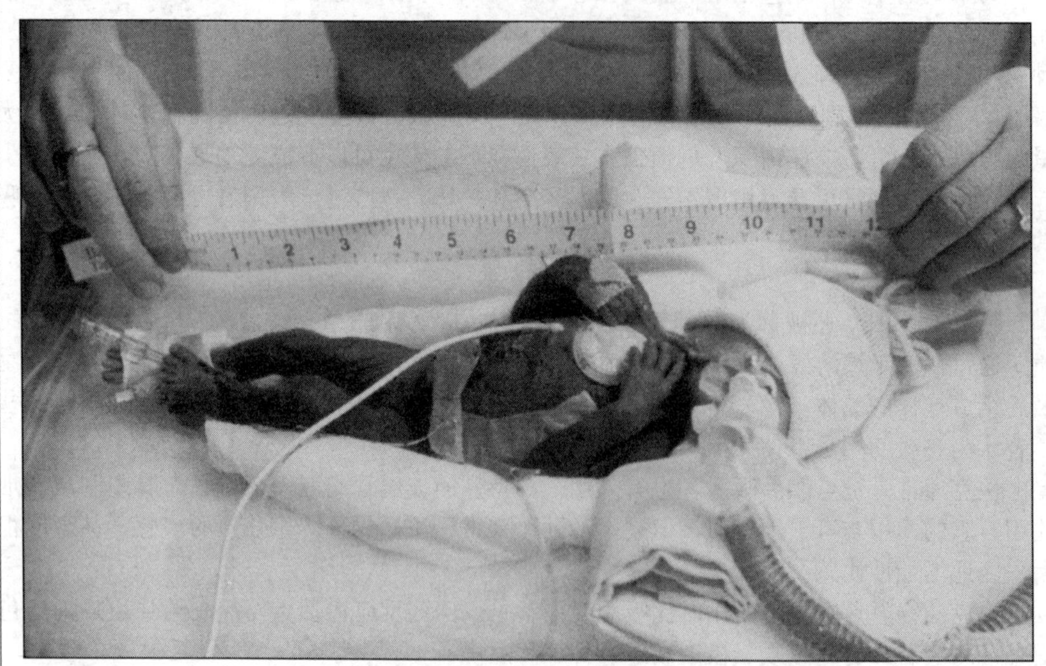

一个非常弱小的婴儿——他的母亲在妊娠期使用了快克。

在孕期多次联合使用可卡因与其他毒品的母亲对胎儿有多种形式的不良影响（所用的其他毒品也经常伤害胎儿）。那些使用快克、可卡因的母亲所生的孩子被称为“快克婴儿”和“快克儿童”。其中一些孩子有严重的不可治愈的畸形，而另外一些孩子遭受的伤害可能是微妙和潜在的，只有当一些行为问题毁掉了他们的学校生涯或社会发展时，才显现出来。这种孩子中的许多人行为与其他正常孩子一样，但他们生命早期的可卡因接触史使他们很难克服这些负面影响，例如导致混乱的家庭生活。

快克儿童经常需要有关医疗治疗和其他照顾。有些儿童在功能失调的家庭中长大，他们逐渐表现出行为和情绪失调。在出生之后，他们在怀孕期间受到的损害，也经常由于充满忽视、贫穷、暴力的环境而加剧。母亲即使在生出药物损害的儿童之后，她们对可卡因的成瘾也非常强烈，以至于许多人倾向于继续吸毒。

如何帮助这些儿童？似乎可做的工作是，建立一种以社会服务机构（胡萝卜）和法律惩罚（大棒）相结合的机制。拯救可卡因儿童的最好方式是同时拯救他们的母亲。针对成瘾母亲最成功的计划提供了各种援助，首先从戒毒开始，并扩展到为这些孩子提供儿科服务，为母亲提供心理和求职指导以及广泛的父母课程。这些可卡因孩子经常需要加强的医疗服务、社会服务和特殊的教育服务。所有这些服务又需要基于法律干预的背景，包括通过保护性服务（ protective services ）系统使父母知道有取消他们监护权的可能。

有一些研究显示，接触过可卡因的儿童在出生后一年内，体重、身高和头径有可能达到正常值。[①] 在其他方面，也可能达到正常水平。所以，对照顾这些孩子的人们和政策制定者们来说，不放弃对他们的希望是十分重要的——在出生后，他们可以得到帮助。

①Diane E. Papalia and Sally W. Olds, *Human Development*, 6th ed. (New York: McGraw-Hill, 1995), 77–78.

硝酸正戊酯和硝酸丁酯

硝酸正戊酯（amyl nitrate）是医生给有心脏病的患者开的处方药。它是一种装在小瓶内销售的挥发性液体。当容器打开时，药物开始挥发（有一些像汽油）。如果这种蒸气被吸入，使用者的血管会被迅速舒张，心率增快。这种生理反射产生了一种精神上的兴奋感（上头，head rush）和生理性的兴奋（体冲，body rush）。这种药物必须凭处方销售，但是和其他许多药物一样，在非法市场可以买到。

硝酸丁酯（butyl nitrate）在一些州不用处方即可得到，它与硝酸正戊酯有相似的作用。销售药物注册商标是 Rush 和 Locker Room。它还可从性用品商店和出售新奇物品的商店购买。同硝酸正戊酯一样，通过吸入蒸气使用。

这两种药物都被当作春药使用，并可增加跳舞时的刺激感。它们有一些短暂的、不好的副作用，包括面色苍白、头痛和头晕眼花。服用过量时，有死亡的可能。

麻醉剂

美国使用最广泛的麻醉剂是鸦片类药物（例如鸦片、海洛因和吗啡）。Narcotic 这个词原意是睡眠诱导药。实际上，这些被定义为麻醉剂的药物应该更准确地称为止痛剂。麻醉剂类药物产生的最主要作用是性快感。

鸦片类药物是从在许多国家都广泛种植的罂粟中提取的。土耳其、南亚地区和哥伦比亚是罂粟的主产地。当紫色或白色的花瓣脱落后，从豆荚样的种子中提取的牛奶样黏稠物质即是鸦片膏，它是一种世纪老药。

吗啡、鸦片膏的主要作用成分，首先在 19 世纪被提纯，作为一种止痛药物被广泛使用。海洛因于 1874 年从吗啡中合成。它首先是作为治疗吗啡成瘾的一种药物，但是后来发现其同样具有成瘾性。海洛因的药效较吗啡强得多。

鸦片经常被点燃后吸入，也可口服。为达到最大的药物反应，吗啡和海洛因也可经鼻吸入或通过静脉或肌肉注射使用。

鸦片类物质作用于中枢神经系统，可产生镇静、嗜睡或性快感。它们可产生对抗疼痛、焦虑或抑郁的幸福。托尼·布莱兹-戈斯登（Tony Blaze-Gosden）写道：

> 这种感觉可被形容为达到性高潮的快感或冲动，很短暂但令人记忆深刻。在性快感的高潮，使用者可感到一种体力的筋疲力尽和精神上的舒适与安宁，一种被提升的飘浮感和肉体的健康状态，还有一种被提升的胜任感，即能够完成任何任务，应对任何挑战。[49]

过量服用可导致痉挛和昏迷，在不多的情况下，有呼吸衰竭和死亡的可能。所有鸦片类物质都被认为有高度成瘾性。

106 海洛因是使用最多的鸦片类物质。除了上面提到的作用外，海洛因还延缓部分大脑的功能，令使用者的欲望和性驱动力都有所下降。在经过最初的性快感后，使用者逐渐变得嗜睡和神情恍惚。频繁使用有高度的成瘾性，但与公众的认识不同，大多数成瘾的海洛因使用者不是经常使用者，只是偶尔服药者。[50]

在经过一段时间的规律使用后，使用者会产生鸦片类物质成瘾。是否成瘾取决于所服用的鸦片类物质的药物作用强度、使用的频次和使用者的个人状况，除此之外，还有使用时间——有一些用药者仅仅经过几周的时间便成瘾。使用者迅速形成耐受性，总是需要加大药量，最终达到最初药量的 100 倍以上，而这已经是致死剂量。[51]

停药综合征包括颤抖、痉挛痛、出汗、神经紧张、焦虑、眼睛或鼻子不自主运动、瞳孔扩大、肌肉痛、血压增加、重度痉挛、极度恶心和发热。为了避免这些严重的停药综合征，大多数成瘾者深陷于持续用药中不能自拔。

大多数成瘾者是30岁以下，社会经济地位较低，教育程度较低者。与人口构成不成比例的是，大多数成瘾者是非洲裔美国人。对麻醉药品的传播和应用大多数发生在大城市的中心地区。

在19世纪晚期首次被发明的时候，海洛因有三个用途：镇痛药、吗啡成瘾者的替代品以及可以产生多种性快感的药物。由于相当多的使用者上了瘾，在20世纪早期通过了禁止其销售、拥有和传播的法案。

海洛因滥用被一些美国人认为是最严重的毒品问题。但这种声音显得并不十分引人注 107
意，因为使用过海洛因的人只占美国人口很少一部分。与酒精或烟草成瘾相比较，海洛因成瘾者的数量是十分小的。此外，酒精和镇静剂还与较多的死亡案例有关。

海洛因成瘾不被重视的另外一个原因是，那些使用者被认为是“药瘾者”（dope fiend），总是有暴力犯罪行为，并拒绝接受当代社会的价值观念。然而，那些成瘾者并不总是有暴力犯罪（如强奸）或攻击性行为。他们更多的是去做一些侵犯财产的犯罪（商店里的小偷小摸、夜盗、盗窃或抢劫）来维持他们的药瘾。[52]在成瘾者中，从事卖淫业十分常见。因为在用药后8小时即开始有较严重的停药综合征，经历过这种综合征的瘾君子愿意做任何事情来避免它们。

海洛因不洁注射行为可造成肝炎和其他感染。共用注射器针头可传播艾滋病。同时，维持海洛因药瘾的高消费——经常超过每天100美元——会给用药者造成巨大财务问题。

因为这些非法麻醉品的价格高昂，所以走私和销售这些毒品，可以使犯罪集团获得巨大的利润。这些毒品在提纯时常常含有危险的杂质，用后会给使用者身体造成严重危害。不幸的是，瘾君子们为了避免停药综合征，常常因为经济原因做一些非法行为来维持他们的日常所需。

致幻剂 108

致幻剂作为一种可以产生幻觉、干扰使用者感觉的药物，在20世纪60年代广为流行，它可产生视觉、听觉感官持久的幻觉印象。在美国，使用得最多的4种致幻剂为：麦司卡林（mescaline）、二甲-4-羟色胺磷酸（psilocybin）、二甲-4-羟色胺（psilocin）和麦角酰二乙胺（LSD）。它们以胶囊、吸管或从邮票的背面舔食等形式被服用。

仙人掌素（peyote）是从仙人掌类植物中提取的。麦司卡林是其一种化合物。二甲-4-羟色胺磷酸与二甲-4-羟色胺在90余种魔力蘑菇中均有发现。在美国某些土著居民部落中有长期使用仙人掌素与二甲-4-羟色胺磷酸的传统。许多土著居民的巫师通过在仪式上偶尔使用仙人掌素来获得法定权利。[53]到目前为止，使用得最广泛的致幻剂是麦角酰二乙胺（LSD）。LSD是从裸麦或其他植物中提取的麦角胺（ergot）中得到的一种化合物。它是目前已知的最有效的药物之一，仅仅1盎司的药品，就可供300 000人次使用。

LSD的作用效果依据使用者所处环境、心理状态和既往使用经历有很大的不同。在不同的情况下，使用者可有不同的感受，这些感受包括："看见"声音，"听见"颜色，色彩看上去特别明亮和变幻莫测，如同万花筒一般，物体还可表现为扭曲变形。使用者变得十分容易被暗示和操纵，十分容易被异性引诱。

奇异（bizarre）致幻剂也十分常见。这种感受可以较平和，也可产生疼痛。一些使用者形成了严重的情感障碍，导致长期住院。[54]通常，这种感受可持续 8～16 小时。生理性反应包括心率加快、肉芽肿、瞳孔扩大、机体过度活跃、颤抖和出汗增加。后续效应包括突发的焦虑或抑郁。这种药物后续效应可以发生在用药后即刻，也可没有任何先兆地发生在任何时间和地点。如果使用者在驾车时发生后续效应，使用者和其他受害者都将处于一种致命危险之中。

没有证据表明，LSD 对使用者有生理性或心理性的成瘾性。但使用者会对药物迅速产生耐受性，为了达到以前的效果，只有服用更多的药物。一旦停止用药，哪怕只是几天，也可恢复对药物的敏感性，使用药者服用较少剂量即可达到以前的感受。

麦司卡林、二甲-4-羟色胺磷酸、二甲-4-羟色胺的药效和危险性小于 LSD 类药物。LSD 仍是最强效的致幻剂。

烟草

在美国，烟草的使用被认为是危害最大的药物嗜好之一。吸烟可导致肺气肿、口腔肿瘤、溃疡、肺部肿瘤并减少预期寿命。它明显增加患中风和心脏病的危险性，特别是对于服用口服避孕药的妇女。[55]孕妇吸烟有时可导致流产或胎儿先天性畸形、出生后低体重。虽然有大量的有关吸烟有害的报道，成年人口中大约 25%仍长期吸烟。[56]

从数量上讲，烟草是第一位的杀人药物。[57]它所导致的死亡人数远远大于其他各种药物造成死亡的人数的总和。在美国，估计烟草可造成每年 400 000 例死亡病例。这个数字是酗酒造成死亡的两倍，可卡因造成死亡的数百倍。[58]大多数死亡案例是死于因吸烟而导致的心脏病和肺癌。除此之外，每年超过 2 000 人死于吸烟所引起的火灾。[59]有充分的证据表明，被动吸烟（在其他人吸香烟、雪茄或烟斗时吸入烟雾）同样有害于健康。[60]在众多证据中，其中之一表明，父母吸烟家庭中的小孩子患肺炎或其他呼吸系统疾病的可能性高于那些父母不吸烟家庭中的孩子。[61]

美国民众对吸烟持越来越抵制的态度。在 20 世纪 90 年代，一场以增强对烟草危害认识的运动开展起来，不吸烟的人数在增多，而吸烟者受到冷落。一些学者预言，总会有一天，吸烟在许多国家将会被法律所禁止。

在 1988 年，美国公共卫生部部长埃弗里特·库普（Everett Koop）宣布烟草与海洛因和可卡因一样具有成瘾性。[62]库普还指出，人们的烟瘾就是一种药物成瘾。

烟草具有高度的成瘾性。烟草中的主要药物是尼古丁，有相当不同寻常的作用，可以
109 作为一种抑制剂、刺激剂或镇静剂。吸烟者迅速产生对尼古丁的耐受性，并趋向于逐渐增

加用量，直到一天一盒或两盒，甚至更多。

有很多专门的医疗诊所和多种多样的健康教育与治疗计划来帮助吸烟者戒烟。烟草是一种成瘾性药物，停止应用可导致使用者乏力、不安和情绪低落，并总是有再次吸烟的欲望。研究表明，只有很少的吸烟者通过坚定努力，真正成功地戒烟。[63]

美国历史上最大的庭外和解案，是 1998 年烟草公司们同意给美国 50 个州超过 2 400 亿美元来补偿因烟草相关性疾病所造成的医疗保健费用。这些给各州的款项从 2000 年开始，分 25 年支付。一些基金将组合到一起，研究如何减少青少年吸烟。这项协议的主要目的是通过限制烟草广告和对香烟的市场流通加强管理，来帮助青少年远离吸烟。[64]

大麻

大麻毒品是从大麻类植物（cannabis sativa）中提取制成的。大麻在世界各地均有种植，它的纤维可以合法地用于制绳、结、造纸和纺织行业。

但这种植物目前主要用途在于它的干叶子——大麻，和它的干燥树脂——大麻麻醉剂（哈希什，hashish）。这两种制剂均可口服，但更多的是点燃后吸入。大麻粉的药效较大麻强数倍。

医疗使用大麻：旧金山的大麻购买者俱乐部。

与另外一些药物一样，大麻与大麻粉每次的效果有很大差别，这取决于用药者的情绪、个体差异、环境和所用药物的质量。这些情况综合效果相当复杂，并可诱导产生多种多样的体验。多种效果的产生是由于大麻有镇静的成分，可使用药者产生放松的幸福感和突破禁忌的自由感。它还可产生轻度的致幻剂效果，使用药者处于一种梦境状态，经历一种怪诞的体验。使用者变得具有高度的联想性，并设想从事某些行为（如性活动），即使当事人并不一定真的介入其中。大麻还可产生性快感、欢悦的情绪和善于交际的感觉。可以造成健谈、思维跳跃、飘浮感和大笑。它还可产生强烈的感官刺激、增加头脑清醒性、增强创造力、提高自信心。使用者会依次逐渐体验到种种感受。

生理性依赖的危险相对较低，但有中度心理性依赖的危险。但停止用药时，会产生失眠、过度活跃、食欲下降等极度不悦的情况。

110 大麻短期的生理性作用较少，包括眼睛充血、口咽干燥和轻度的心率增加。有证据表明，青少年经常使用大麻可造成情感淡漠、缺乏竞争精神。

经常使用大麻可损害短期记忆力和注意力，对判断力和协调性也有损害。使用者会发现他们阅读困难，对所读的内容不易理解，较难用眼睛追踪运动的物体。当药物的作用还存在时，使用者会感到自信，认为他们的协调能力、反应能力和判断力与正常人一样，在这种情况下，某些行为例如驾车，对他们和其他人将会造成悲剧性的结果。同酒精滥用一样，孕妇使用大麻也是导致胎儿畸形的危险因素之一。

过量使用大麻的活性成分可产生疼痛、发热、精神混乱、多疑、乏力，有时会有攻击性行为。对大麻最强烈的关注之一是人们认为使用大麻是使用其他药物的前奏。大约有60%的大麻使用者最后“进展”为其他药物的使用者。[65]尽管如此，其他一些因素，例如监管压力可能是更主要的因素，决定着大麻使用者是否转变观念，“进展”到使用其他药物。

通过立法来限制大麻的使用被称为“第二次禁酒令”（second Prohibition）[66]，也得到了相似的效果——不管不顾法律的规定，大量的人使用大麻。这些试图限制一些没有受害者的违法行为（法律上界定的犯罪）的法律得到了很不幸的结果，这是因为这些法律将一些在其他方面法律所包容的私人行为定性为犯罪的结果。这样的法律还促进了有组织犯罪和非法药物市场的发展。

多年以来，人们关于长期使用大麻危害性的热烈争论从未停止。一些研究声称，大麻可造成脑部损害、染色体损害、刺激支气管和肺部、减少男性性激素水平。但是，这些成果并没有被其他研究所证实，而且这些争论还将继续。[67]

1982 年，美国国家科学院完成了一项为期 15 个月大范围的有关大麻的研究。这项研究发现，没有证据表明大麻可以造成神经系统永久性的改变，并且得出结论：大麻可能并不能损害人体染色体。这项研究还发现，大麻可以被用于治疗青光眼、哮喘、某种惊厥和痉挛状态，并可控制因肿瘤化疗所造成的严重呕吐。但这项研究同样提醒人们，这种药物表现出多种对人体的短期危害，应该给予其“国家层面的高度关注”（serious national concern）。在可逆的短期健康损害中，其中一项是影响运动协调性，这对驾车或操作机器的技能有严重的影响。这种药物还损害短期记忆力、降低学习能力、引起一段时期的精神混乱和焦虑。这项研究还发现，一些证据表明，大麻通过与吸烟相同的方式，影响肺脏和呼吸系统，这可成为造成支气管炎和癌前病变的因素之一。因此，这项研究还是发现了一些大麻可导致某些人体健康的长期而严重的问题。这项研究的主要建议是：“需要制定更加深入和广泛的计划来研究大麻对于美国人民健康的影响。”[68]

1996 年，加利福尼亚和亚利桑那州的选民接受了在医学上使用大麻，例如，用于控制艾滋病、肿瘤和其他疾病的症状。但是，克林顿政府却威胁将要制裁那些给患者开具大麻处方的医生。1997 年，一个由美国国立卫生研究院召集的专家小组声明大麻应被允许用于治疗一些疾病引起的疼痛症状，并呼吁开展大麻在医学领域应用的进一步研究。[69]这种争论仍在继续。

合成类固醇

合成类固醇（anabolic steroid）是一类合成的雄性激素。尽管运动员在体育竞赛中被禁止使用类固醇，但还是有一些运动员、健美者或一些想使自己看上去肌肉更强壮的青少年使用。从孩童早期，许多男孩就被社会灌输理想的男子应该像“宇宙先生”（Mr. Universe）一样强壮的观念。一些著名的运动员，如奥运会百米跑选手本·约翰逊（Ben Johnson）和西雅图队的后卫布赖恩·博斯沃思（Brian Bosworth），因希望使肌肉更强壮、奔跑速度更快而服用类固醇的事件也广为人知。[70]

许多青少年想通过使用类固醇获得体育竞赛的冠军。类固醇是从雄性睾丸激素中提取的。一些年轻健美者使用较他们自身生理性生成量数百倍的类固醇以促进组织生长，保持赛前训练的成果。[71]大多数类固醇使用者均是中产阶级和白种人。

类固醇增强体格，但要付出昂贵的代价。类固醇可造成暂时的粉刺和秃顶，并扰乱生 111
理性激素的产生，损害心脏和肾脏。医生们怀疑它与肝癌、动脉粥样硬化有关。[72]对十几岁的青少年而言，类固醇可加速骨骼成熟而抑制生长。男性类固醇使用者经常有睾丸颤抖、阳痿、皮肤和眼睛发黄、乳房雌性发育症状。对于小男孩，类固醇可使性器官令人痛苦地增大。对于女性使用者，类固醇可使声音永久性低沉、乳房萎缩、月经周期紊乱、阴蒂膨大、头部脱发、面部和身体毛发增生等等。

类固醇使用者变得易怒、情绪化、抑郁。用药者容易产生耐力下降。一些男性早期随便用药，在长期使用后，变得十分敌意，这种敌意表现在种种方面，按严重性排列，从令人讨厌到不断挑起打斗。还有一些使用者变得十分抑郁以至于自杀。

在长期使用后，类固醇使用者很难停止用药。原因之一是一旦停止用药，膨胀起来的肱二头肌和股四头肌会很快萎缩。伴随着肌群下降的是心理上失去力量和“男性化”的感觉。大多数试图戒药的使用者后来都重新服药。建立在类固醇增强体型上的自我形象很难被改变。

康复计划

酒精滥用的康复计划与其他大多数药物滥用的康复计划相似，所以我们就从近距离考察酗酒治疗开始。

酗酒治疗计划

如前面提到的，在一名酗酒者得到帮助之前，他自己必须克服对这个问题的否认态度。如果酗酒者不愿或不能战胜这种状态，他的家庭成员、朋友、老板、顾问或者所有周围的人都可以帮助其做到这一点。蒂姆·布利斯（Tim Bliss）简要地列举了如何做到对质的指导意见：

> 在与酗酒者对质时，帮助其记录有饮酒欲望时所发生的事情是十分重要的。这种特别的重要性是因为，酗酒者有时可能因过量饮酒而记忆缺失，在一段时间内对所发生的事情遗忘或失去知觉。在对质时，家庭成员可将这些事件记录拿出来以增强这些事件的说服力。在记录事件时，他应当被指导写下时间和日期，并尽可能记录下当时特定的情形。在对质时，顾问可以在现场起一种辅助作用，但是，改变酗酒者对酗酒问题否认态度的主要责任还是在他们的配偶、家庭或老板身上。
>
> 很多时候，人们对酗酒的行为总是以离婚、解职等等相威胁。但不再持续这种威胁十分重要，如果酗酒者在对质后还是继续喝酒，那么就必须做出一些相应的行动。[73]

如果酗酒者继续否认问题的存在，有一些指南可以帮助那些家庭成员知道什么是该做的，什么是不该做的。“唠叨”（nagging）只会增多家庭争吵，并刺激酗酒者在言语或肉体上虐待某人，特别是当他或她酩酊大醉时。家庭成员常常错误地认为他们有责任使酗酒者不再饮酒，但当后者还是继续酗酒时，他们常常感到挫折或有负罪感。实际上，他们自己并没有酗酒的问题——酗酒者自己应该对他们的饮酒行为负责，并决定他或她是否应该继续饮酒。当一个人饮酒时，大喊大叫对其没有任何用处，只能使其他家庭成员更加沮丧。对这些家庭成员来说，更加有效的方式是当他或她开始饮酒时，将自己与酗酒者隔离——可以去购物、散步或者如果需要干脆把自己锁在屋子里。

这种家庭的成员可以参加两种自助（self-help）组织。匿名戒酒家庭小组（Al-Anon）是一个专为配偶或其他家庭成员酗酒者而成立的组织。这个项目专为受他人饮酒行为影响的人设立，而无论酗酒者是否认识到饮酒问题。它可以帮助其成员学会如何面对酗酒，了解如何应对酗酒者。酗酒者成年子女协会是一个为酗酒者的十几岁孩子成立的组织，它帮助这些孩子了解酗酒并学会正确的对待方法。

只要酗酒者承认饮酒是一个要解决的问题，就会有许多治疗方案可供选择。其中最著名和最成功的就是匿名戒酒协会（Alcoholics Anonymous）。（见专栏 4.7）

专栏 4.7　匿名戒酒协会 112

在 1929 年，比尔·威尔逊（Bill Wilson）是一名证券分析员。在这一年，证券市场崩盘了，他损失了大部分财产并沉醉于酒精。若干年后，他的医生警告，如果他继续饮酒，就会危及他的健康和生活。比尔将他的经历作为一种精神阅历，并承诺不再饮酒。他还发现，与其他酗酒者讨论他的饮酒问题有助于帮助他保持清醒。曾参与讨论他的问题的人士中有一位叫罗伯特·史密斯（Robert Smith），他是俄亥俄州的医生，也是一名酗酒者。他们共同成立了匿名戒酒协会（AA），一个由正在戒酒中的酗酒者组成的自助群体。

AA 强调其成员应当坦白他或她的饮酒问题，作出对过去饮酒问题的回顾和未来解决问题方法的公开表白，并在产生强烈饮酒欲望的时候，给组织中的其他成员打电话，而后者将尽其所能使前者保持“戒酒”，包括守候在想饮酒者的身边直到其欲望消退。

今天，AA 有超过 100 家分支机构，为千百万正在戒酒中的酗酒者提供帮助（使用“在戒酒中”这个词是因为 AA 相信没有一劳永逸完成戒酒的酗酒者）。地区分支机构（每个大约有 25 个人）每周聚会 1～2 次作为讨论时间。这些群体的会议有些与传统的团体治疗会议相类似，但是没有受过训练的专业主导者。

比尔·W 和鲍勃医生，这是他们在 AA 中的名字，直到去世，他们都保持匿名。当前，地区分支机构仍然保持着相似的治疗程序——相互分享经验以放弃“喝第一杯太多，但千杯酒还太少”（the first drink that is too many and the thousand drinks that are not enough）的想法。

AA 还被公认为对酗酒者有所帮助的治疗方案中最好的选择。在 AA 这种公开表白的价值理念模式下，建立了数百家处理其他私人问题的自助组织——体重监护者协会（Weight Watchers）、囚犯家庭匿名协会（Prison Families Anonymous）、单身父母协会（Parents Without Partners）、感情匿名协会（Emotions Anonymous）、肺气肿匿名协会（Emphysema Anonymous）等其他更多的类似组织。

有下面一些原因能解释为什么这种自助组织能够如此成功。组织成员对某种问题有着 112
相似的内在理解，这可以使他们能够帮助他人。由于体验过这些问题所造成的痛苦结果，他们受到很大激励和教育去发现一种方式来帮助他们自己和其他有相似经历的人。自助组织的参与者还从“帮助者治疗原则”（helper therapy principle）中受益。也就是说，通过帮助他人，帮助者在心理上获得回报。[74]帮助他人可以使帮助者产生幸福和满足感，并且当看到与自己有着一样严重或更严重问题的其他人接受帮助时，帮助者可以对他或她的自身问题做出预期。在一名仍在饮酒的新入者看来，周围成功戒酒者提供了一种榜样，给他以信心，使其相信自己也能从酗酒的泥潭中脱身。

曾几何时，醉汉们只是被简单地扔进监狱以等待酒醒。（不幸的是，在一些社会，这种事情还在发生。）现在，在许多社区采取治疗方式对待酗酒行为，大多数酒精治疗机构为酗酒者提供住院和院外治疗计划。对于仍能够在家生活的严重酗酒者通常采用院外治疗的方式。如果酗酒者不能在家生活或者没有表现出能够停止饮酒的潜在可能性，通常被建议住院治疗。那些经过住院治疗的酗酒者在出院后仍要接受院外治疗。住院治疗的持续时间不等，从几天到三个月，这取决于患者问题的程度和治疗计划。住院治疗经常使用加强方案，包括一对一治疗，起源于 AA 的群族治疗，还有娱乐和消遣治疗。院外治疗一般用非加强方案，通常在 3～6 个月内提供相似的治疗。

许多医院、药物康复中心和社区精神健康中心都提供门诊和住院服务。许多社区还建立了过渡性设施（halfway houses），以帮助那些不能与家庭成员一起生活或还没有做好独立生活准备的酗酒者。

大部分大公司为他们的雇员建立了戒酒治疗计划（被称为雇员辅助计划）。这些计划致力于早期发现有问题的饮酒者，并在严重问题出现前进行干预。类似的计划为问题饮酒者提供了适当的社区资源。如果雇员接受这些帮助，并不会对他们的职位有不好影响。而
113 且，有很大的压力促使雇员们参加这些计划——如果他们拒绝接受帮助，并且总是因为饮酒而表现出较低的工作效率，最终可能被解雇。

大多数治疗者都认为，饮酒是为了满足某种需要，或者是酒精的需要，或是社交、放松感、欣快感的需要等等，必须为满足这些需要找到其他的选择——通过为酗酒者找到新的朋友圈，学会其他放松的方法，学会更好地处理生活中的问题——无论酗酒者的需要是多么的独特。这种理论被称为功能性需要等同（functional need equivalents），并且被应用于其他类似于酒精滥用的成瘾性物质的治疗。

其他治疗计划

有关“一旦成为瘾君子，就始终是瘾君子”的断言削弱了使药物依赖者康复的努力。尽管过去的统计数字倾向于支持这种说法，但更新一些的证据表明，那些药物依赖者可以成功地戒掉他们的不良嗜好。例如卡新德夫（Kasindorf）发现，经过努力，在越南战争中对海洛因成瘾的老兵成功地解除了毒瘾，回到没有海洛因的家庭生活中。[75]

任何药物的生理性依赖均可通过有针对性地脱瘾诊疗去除。通常在最初的几天甚至几周内，使用者将承受停药综合征带来的巨大痛苦。然而，心理性依赖却是更加难以根除的。瘾君子们通过使用药物得到某些收获（放松的感觉、性快感、更清醒、较少疼痛和逃避现实生活与他们的问题）。这种通过服药才能满足的心理需求是因人而异的。

因为药物可以满足心理上的需求，所以它们还是有一定实用性的。为了诊治心理性依

赖，在制定治疗计划时，需要找到每一个使用者的心理需求，然后指导他们用新的方法来满足这些需求。

住院治疗计划

社区精神保健中心、专门的药物滥用康复中心和一些医院都提供住院治疗项目。依每名患者的停药综合征的严重程度，脱瘾治疗将要持续 24 小时到 3 周。在没有药物的环境下，额外的住院治疗将持续 2～3 周甚至更长。住院治疗是为那些在社区治疗中不能结束药品依赖的人设计的。

院外（门诊）治疗计划

院外治疗的强度通常不如住院治疗，一般持续 3～6 个月。院外治疗主要提供给那些不再需要住院治疗的人，以及那些在发展到需要住院程度前有相当的可能性结束他们的恶习的人。院外治疗主要由社区精神保健中心、专门的药物滥用康复中心、医院和一些针对药物滥用的门诊部提供。

自助计划

按照 AA 的模式，有许多为瘾君子们提供的自助康复计划。类似的计划包括：麻醉品匿名协会（Narcotics Anonymous）、锡南农组织（Synanon）、吸食大麻者组织、药丸匿名协会（Pills Anonymous）、地兰西街基金会（Delancey Street Foundation）和复兴工程（Renaissance Project）等等。[76]

治疗性团体

治疗性团体是一项长期的居住治疗计划，在其中，患者经常要待 12～18 个月。治疗性团体关注于改变对象的生活方式，以使治疗对象从远离药物的生活中发现收获，还可使其在社会中发挥更恰当的作用（见专栏 4.8）。蒂姆·布利斯对这些目标作了进一步的介绍：

> 这种环境（治疗性团体）是一种持久的力量，目的是帮助打碎掩盖服药者真实一面的壁垒。例如，一个人因为街上的生活经历，最终被认为是一名“恶棍”。实际上，这种印象应该被摒弃。人们应当被允许表达一些痛苦的感受（如孤独、恐惧和抑郁），最终使他们能够坦然面对自己，而不是戴着假面具。为了进一步支持他们，需要在其从治疗性团体结业后继续与他们保持密切联系。有一些计划很难计算治疗成果，原因就在于有很高的失访率。然而，事实证明，那些结业者还是能够保持远离药物和获得工作。[77]

专栏 4.8　对一名海洛因成瘾者的治疗 114～

蒂姆·布利斯，一名药物顾问介绍了他对一名海洛因成瘾者的治疗努力： 115

> 很多时候，药物顾问感到他或她在海洛因成瘾者的治疗中没有任何进展。为海洛因成瘾者做顾问是一种很特殊的咨询工作——这些人要能够说到做到。在咨询的一开始，就要投入高度的奉献精神、巨大的注意力和精力。

我曾接待过的一个工作对象是一名有三个孩子的三十岁已婚男性黑人。这个对象将在下文中被称为鲍勃。他的经历是这样的：鲍勃是在城里长大的，他处于家庭中孩子排行的中间，似乎有一个正常的童年，从刚满十岁起，他开始越来越多地沉迷于饮酒和药物。高中刚毕业，他就加入了美国陆军，那是一个充满问题的地方。鲍勃与军规进行了数次较量，从不服从上级命令，到不遵守条例。他开始偶尔使用海洛因并深深地融入德国的海外药物文化。他后来同一名白种德国女性结婚并带她回了美国，并在过去的十年里生活在一起。后来，鲍勃参加了一次武装抢劫，尽管他声称自己无罪，但还是被判入狱三年。在服刑期满后，鲍勃在当地工厂得到一个工作，经过了大约一年或一年半，他因为过分心不在焉而被开除。这种心不在焉是由于偶尔使用药物和饮酒造成的。

在鲍勃入狱以前，他参加了黑豹组织（Black Panthers）（一个黑人分离主义者的武装组织）。发人深省的是，与一名白种女人结婚给鲍勃造成了很大的思想冲突。

通常，鲍勃似乎十分不愿做一名黑人，他有时幻想成为一名白人，但有时又想与一名黑人女子而不是白人结婚。

鲍勃变得越来越沉迷于药物，最后他对海洛因上了瘾。这使他同时进入了犯罪审判系统和治疗系统。

幸运的是，这时经过联邦政府授权，可以把像他这样被判有罪的罪犯转向酒精或药物治疗中心进行治疗。在缓刑期内，鲍勃被当地一家戒酒治疗中心接收。然而，因为他实际上是一名海洛因成瘾者，戒酒治疗当然是无效的。在离开中心很短的时间里，鲍勃重新开始吸毒。他又卷入另外一宗武装抢劫案，并因为武装抢劫和入室行窃的多项指控，面临七年监禁。这时，我开始介入这个案子。在鲍勃被取保候审后的整段时间里，鲍勃作为一名门诊病人接受治疗。他做了多次的尿液毒品筛查，结果在四周的时间里均为阴性。但后来，鲍勃又开始偶尔使用海洛因。我们于是联系了一个治疗海洛因成瘾的治疗性团体，并安排了一次对鲍勃的面试。这个治疗性团体提供了六至九个月的住院加强治疗计划。它的哲学理念是，对药物的选择仅仅是一种表象，真正需要改变的是生活方式。

开庭的日期终于来临了，对鲍勃来说，是“面对音乐的时候”（face the music）。通过面试，鲍勃被治疗性团体接收到治疗计划中。我安排了一名心理学家对鲍勃进行一系列的测试，以评估他被治愈的统计学上的可能性。测试的结果是，鲍勃有三分之一的可能性被成功治疗，三分之一的可能性治疗不成功，另外有三分之一的可能性，他根本无药可救。显然，测试结果对鲍勃十分不利，但是在院外治疗中，他表现出十分认真的态度，并希望有所改变。考虑到此种情况，报告的起草者和鲍勃的缓刑官员感到治疗而不是被投进监狱对他来讲是最好的选择。

主审法官批准了这种选择，同时鲍勃也接受了这样的安排。但是，鲍勃还是被定罪，如果他不能成功地完成治疗，将要面对法律对他的宣判——七年监禁。

在随后的一周，鲍勃被送到这家治疗性团体。在他待到六个月的时候，团体经过投票终止了其尚未完成的不成功治疗。鲍勃被投票逐出是由于下列原因：(a) 当遭受管理员工的指责时，他不遵从指示；(b) 从整体上看，他对团体的其他人有着相当坏的影响，因为他总是挑拨离间，不能诚实地对自己和他人；(c) 他违背了一些基本原则，也就是说，当他生气的时候，团体中的其他成员都相当害怕在他的周围，因为大家害怕他可能会进行人身攻击。导致鲍勃被终止资格的直接事件是，针对他的关于一名女性的指控。据猜测，鲍勃可能与那名妇女有一些关系，这名女性也向团体“忏悔小组”(cop to) 的官员承认这一点。(cop to 的意思是指，当团体中有人感到做了错事或有负罪感，可以向这个小组中的成员诉说。)

这个官员告诉鲍勃，在随后的几天里，他被禁止与其他人交流（不许谈话），他还要求他戴上五英尺长的写着禁令的标记。这种惩罚对我们来讲可能是无效和愚蠢的，但是，在像治疗性团体那样的氛围中，却是十分有效的，特别是从长远的角度看来。第二天，鲍勃拒绝遵照指令，所以引发了针对他的投票。他被送回县监狱，在那里等待缓刑官、法官和先前治疗者的决定。

我们认为，鲍勃还是能够通过治疗而被改正的。但他需要一个组织化更高的治疗环境，一个更善于处理难治性海洛因成瘾者的机构。

与此同时，鲍勃变得越来越痛苦，待在监狱里思考所发生的一切，面对即将到来的七年监禁，变得十分焦虑不安。

缓刑官和先前的治疗机构发现另一家治疗机构可以提供最有利于成功治疗鲍勃的方案。法官也批准了这种做法。

在蹲了两周的监狱后，鲍勃在一个星期五的下午被送到这家治疗机构。星期五晚上，他打电话给他的妻子，并从治疗所潜逃。他到现在还杳无音信。结果他的缓刑被勾销，一旦被捕，他马上就会被送进监狱。

我曾听到一些非正式的报告，说他还在附近，又重新回到以前使用海洛因的生活方式。

显然，这是一个不成功的故事，但是，我们总是听到类似的故事。这个领域充满挑战，但是这个案例就是真实治疗情况的一部分——太多的时候，一名治疗师必须认识到他或她的局限性，并接受现实。并不是每个人都很成功，无论你做什么，你都不能改变它。我们所做的一切是尽可能地探求这个领域的知识，并利用每一种能得到的工具，激励治疗对象改变他们的行为。只有这样，我们才能说：“我打出了最漂亮的球，这就是全部。”

资料来源：Tim Bliss, “Drugs－Use, Abuse, and Treatment,” in Charles Zastrow, ed., *Introduction to Social Welfare Institutions*, 2nd ed.（Homewood, IL: Dorsey Press, 1982）, pp. 315－316。

过渡性设施

过渡性设施帮助那些完成住院（及脱瘾）治疗的人逐渐重新进入他们自己的社区生
114 活。过渡性设施还帮助那些心理依赖者和想戒掉恶习但是不需要住院的人。过渡性设施提供了许多顾问服务（包括一对一和团体）以帮助居住者远离药物，它还致力于其他个人问题，如帮助找工作、寓所和食物。许多过渡性设施雇用那些前瘾君子作为员工。对这里的居住者来说，已经康复的药物滥用者常常比那些专业人员能更有效地改变瘾君子们拒绝承认问题的心态，如愤怒、孤立和敌意等感情障碍。前瘾君子还提供了一种榜样，证明成瘾并不是不可治愈的疾病。过渡性设施强调居住者承担他们自己所作所为的重要性。

治疗性使用药物

与在戒酒中使用安塔布司（antabuse）类似（见专栏 4.9），一些药物也可以用于治疗
115 某些药物成瘾的方案。美沙酮（methadone）是一种人工合成的麻醉品，功效同海洛因相似，可以满足成瘾者的生理需求。它可以防止海洛因停药综合征的极端痛苦，但不能产生“high”的感觉。美沙酮能使海洛因成瘾者在社区内表现得相当正常。（但当海洛因成瘾者寻求“high”的感觉时，则不起作用。）

美沙酮本身具有成瘾性，它也不能治愈海洛因成瘾者对海洛因的需求。它只是使得海洛因成瘾者在社区内部能够理所当然地使用美沙酮。美沙酮很具有争议性，因为有一些专家反对将对海洛因成瘾者的治疗简单化为使他们成为另外一种药物的成瘾者。

116 仅在被允许的治疗计划中，美沙酮可合法得到。在最初的几周治疗中，成瘾者通常被要求每天到治疗中心登记以获得药物。与其他有巨大需求的药品一样，也存在买卖美沙酮的非法市场。当不能得到海洛因时，成瘾者用美沙酮来缓解他们的渴求，还有一些成瘾者有时用美沙酮代替海洛因给自己治疗。同海洛因一样，过量使用美沙酮可以致死。

一些鸦片类物质（吗啡、海洛因）能满足渴求欣快感的心理需要。科学家研发了麻醉品拮抗剂来防止鸦片使用者产生这种欣快感。最出名的两种鸦片拮抗剂是纳洛酮（naloxone）和环唑辛（cyclazocine)。这些药物阻止鸦片成瘾者服用鸦片时产生愉悦的感受，因此可以帮助他们戒掉毒瘾。

理解和治疗相互依赖性

有相互依赖性的人们深陷于对一名瘾君子的爱情之中，在日复一日被迫面对由成瘾者造成的精神创伤的过程里，逐渐失去了他们的自我。相互依赖性不是一种健康的行为方式。有一些相互依赖者的行为和成瘾者一样失常，如果不是更严重的话。与成瘾者一起生活会带来过度的操劳、个人需求的被压抑、降低自我评价和紧张的关系。在每天与成瘾者麻烦不断的生活中，相互依赖者的生活和个性陷入困境。

许多相互依赖者在一个不正常的家庭长大。(其中一些是酗酒者的成年子女。）他们通过结婚或者仅仅是出于浪漫与那些酒精或药物成瘾者生活在一起。在某种程度上，成瘾者满足了相互依赖者的一些需要——照顾某人的需要、保持孤独或者参加破坏性行为，如过

度性行为和寻求刺激。相互依赖性可以被看作是对不正常压力的正常反应。

即使成瘾者停止服药，除非治疗，否则相互依赖性行为异常仍将继续。对于相互依赖性有许多不同的治疗方法——单独心理治疗、自助组织（如匿名戒酒家庭小组和酗酒者成年子女协会）以及相互依赖性治疗组织。对许多相互依赖者来说，治疗包括使他们重新认识到他们有自己的生活和个性，并将他们与成瘾者区分开，成瘾者应当独自为他们的药物滥用行为负责。并且如果结束对成瘾者的照顾和纵容，他或她与成瘾者的生活都会得到改善。通过治疗，许多相互依赖者再次（或是首次）获得他们的自我身份。治疗的主要目的是为了摒弃那些使相互依赖者失去欢乐的自我毁坏的习惯。

专栏 4.9　安塔布司治疗 116

安塔布司是一种主要用于帮助酗酒者保持清醒的药物。服用后，即使是很少一点酒精，就可使服用者全身产生极不舒服的感觉。一个人饮用了酒精性饮料后，很快就会出现严重脸部充血、心跳加快，并且感到剧烈恶心，经常到反胃的程度。

安塔布司是由 Copenhagen 公司于 1947 年开发的。在安塔布司使用之前，患者要接受脱毒治疗。在治疗开始的时候，患者被连续几周给予安塔布司和少量酒精。这些少量的酒精帮助患者认识到，当饮酒时会发生强烈的不适感。

安塔布司并不能治愈所有酗酒者，因为酗酒产生的原因仍然存在。一名酗酒者，只要他或她愿意，可以随时停止服用安塔布司，重新开始饮酒。尽管如此，安塔布司还是综合治疗计划中有用的一部分，治疗顾问、职业和社会康复计划以及 AA 都接受这种治疗方式。通过服用安塔布司，一个人可以被迫保持清醒。所以，这种治疗较其他治疗，更容易看到效果。

对未来限制药物滥用的建议

尽管治疗药物滥用者十分重要，但可能更重要的是找到一种方法预防那些非滥用者变成滥用者。我们将探讨 6 种方法：教育计划、防止非法药物越境走私、雇员药物测试计划、制定并执行更严格的药物管理法、药物使用合法化以及借鉴英国打击药物犯罪的方法。

教育计划 117

越来越多的计划逐渐给学生们和普通公众一种关于药物使用和滥用的现实理解。大量的项目向公众传递了如下信息：

- 被使用药物的事例与药效。

- 如何识别药物滥用的特点。
- 如何在遇到负面压力时使用药物。
- 如何帮助药物过量者。
- 如何帮助滥用药物的朋友、亲属。
- 在社区中能得到哪些治疗资源和计划。
- 如果觉得自己有药物问题，该如何做。
- 如果朋友、亲属拒绝承认他们有药物问题，该如何做。
- 如何帮助药物滥用者了解以非药物方法去满足那些以前通过药物才能满足的心理需求。

Brewing beer has been a topic of conversation around my family's house since I can remember.

SO BELIEVE ME,

I know you might think about

drinking before you're 21.

But do us AND YOURSELF A favor, please don't.

We'll wait for your business.

Pete Coors, Coors Brewing Company

For more information on Coors Alcohol Programs and Policies, call 1-800-328-6785.

© 1994 Coors Brewing Company, Golden Colorado 80401

少有的负责任的啤酒广告。

118 以往的教育计划试图使用揭伤疤的策略——展示那些用药后发生的致命的车祸照片，暗示药物使用者最后会穷困潦倒，并且指出即使使用很少的一点药物，也会令使用者疯狂，并就此毁掉他的生活。这些揭伤疤的策略现在看来，并不有效。年轻人看到他们的父母、其他成年人或同龄人使用药物（特别是酒精），但一般来说并没有悲剧发生。这种危言耸听的方法断送了教育者的信用。

幸好，目前有大量可得到的书籍、教师指南和视听材料对药物使用和滥用采取了更为现实的方法。很有希望的是，这种无效的揭伤疤方法正走向末路。

在过去的20年里，媒体和学校在预防酒后驾车、酒精滥用、吸烟危害、使用非法药物方面做了大量直接的努力。广泛的预防药物滥用计划在小学、中学、高中和大学开展起来。这些为各种不同年龄阶段的学生量体裁衣制定的计划包括：适用于幼儿园水平的上网监管计划，D. A. R. E.（抵制药物滥用教育，Drug Abuse Resistance Education）；一项警察发起的计划被用于小学水平；各种不同的俱乐部、反思会，适用于初高中学水平。它们使用各种不同的方法，包括指出使用药物的危害，提供关于药物和它们作用的准确信息，提供一些指导，帮助他们学会如何坚决地对同龄人使用药物的压力说“不”，并增强学生的自我评估能力。

越来越多的药物和酒精滥用行为，在媒体上和学校中被认为是危险和冒险而不是光荣和时髦的行为。[78]从总体上讲，成年人使用酒精和药物已经表现出下降的趋势。虽然在美国实现没有药物是绝不可能的——有些药物有相当重要的医疗用途，药物还可以满足一些心理上的需求。但药物滥用当然能够被控制。

美国拥有世界上最高的药物滥用率的原因之一是，美国人错误地认为“任何事情都可以用药物解决”。美国人总是相信医学科技可以处理身体产生的任何疾病，这种理念有时被人们用来逃避保持健康生活方式的责任。当感到自己毫无价值、承受巨大压力和被社会所误解时，美国人倾向于使用药物自我调整。在这样一个社会，用药成为一种通行的规范（一种被大量酿酒业、药物和烟草工业的广告所加强的观点），当需要一种方法来舒缓压力或忘掉一个人所有过于现实的问题时，就很容易求助于药物、酒精或吸烟。公共教育绝对要传达这样一种信息：使用药物不能解决而只能加深这些生活中的问题。

防止非法药物越境走私

小毒贩是富人，中等的是百万富翁，而位于顶端的毒枭则是亿万富翁。穿越边境的非法药物贸易是一个巨大的高利润行业。战胜非法药物越境走私的方法之一是世界各国同意将其视为一种国际犯罪，在国际法的框架下可以被起诉。

应当建立一个国际法庭以执行这种法律。这个法庭可能类似于联合国的部门，可以拥有一种调查力量，并有权进入生产毒品的国家收集毒枭们掌控毒品生产、制造和穿越边境销售的证据。那些被指控策划药物越境走私的罪犯应该被相关国家逮捕并引渡给国际法庭。那些被定罪者应该能够被判处无期徒刑，并没有机会假释。对那些拒绝逮捕并引渡毒枭的国家，美国应当对它们施以贸易制裁。（在当今时代，没有国家可以在没有国际贸易和金融的情况下生存。）逐步地，对那些不做出或很少努力逮捕并引渡被起诉的毒枭的国家，也应施以更加强硬的贸易制裁。此外，联合国的武装力量应该可以帮助那些羸弱的政府，以打击那些声名狼藉的毒枭雇佣军。

美国和其他国家每年花费数百万美元试图阻止非法药物通过走私穿越边境，有一部分海运的毒品已经被收缴，并且有一些运送者也被逮捕。但是毒枭们总是能成功找到其他有创造性的方式，穿越边境走私毒品。如果被允许继续在毒品生产国为所欲为，毒枭们还会不断找
119 到穿过边境走私毒品的方法。要阻止非法药物的越境走私，还需要采取其他的行动。

雇员药物测试计划

1986 年，有组织犯罪总统委员会（the President's Commission on Organized Crime）建议政府和私有产业均应开展雇员药物测试计划。该委员会认为，这种检测可以阻止药物滥用的流行，而这种泛滥已经给美国带来了数十亿美元的年消耗并严重损坏国民的身体素质。[79]

绝大多数美国公司已经要求应聘者和雇员提供尿液以检测可卡因、大麻、海洛因和吗啡。军队、一些联邦政府敏感部门和许多药物治疗机构同样要求这种检测。

许多当地政府要求从事某些特定工作的人员如公共汽车司机，随机参加雇员药物测试。

职业棒球、篮球和美式橄榄球组织也有药物检测程序。例如全美美式橄榄球联盟（National Football League）要求所有运动员在常规赛季开始前进行强制性尿液检测，并在常规赛季中进行两次突击检测。检测呈阳性的运动员首先被要求接受治疗，如果一名运动员被发现有两次复发（在一段时间内有三份呈阳性的检测结果），他会被联盟永久禁赛。全美棒球协会和全美美式橄榄球联盟都已经禁止了几名运动员在联盟内参赛，因为这些运动员反复违反药物使用规定。

药物测试计划被认为是事关安全性，事关健康，事关生产力增长的大事。这些计划表达了一个很明确的信号：这些公司十分认真地处理着药物带来的危害。那些药物检测呈阳性的人一般都有机会进入治疗计划。但如果其后的药物检测显示这名员工仍然在使用非法药物，那么他就会被解雇。[80]

制定并执行更严格的药物管理法

民意调查的结果显示，人们最支持的限制药物滥用的方法是，制定更严格的法律，针对参与药物滥用的违法者采用更有效的行动。在过去的 20 年里，已经通过了多种关于药物的更为严格的法律。1984 年通过联邦立法给各州相当大的压力，以促使它们将饮酒的最小年龄提高到 21 岁。不遵从这项法令的州，将要冒着被取消联邦高速公路配套资金的风险。大部分州降低了判定醉酒驾车的血液中酒精浓度指标，并且对这种情况下驾车制定了更为严厉的惩罚措施。关于吸烟，大部分州都通过了“清洁室内空气”的法律，要求餐馆内为非吸烟区，并且在一些情况下，完全禁止在巨大的公共场所吸烟。对于非法药物，

制定了一条政策，如果某些财产（例如汽车或船只）被用来转运或储存药物，即使是供个人使用的很少数量的大麻，也将会被没收。在工作场所进行药物检测，正如前面所讨论的，被鼓励实行，并变得越来越普及。

这些努力有效吗？在目前社会，药物、酒精和烟草的使用是在下降，但是很难辨别在 120
当前的下降趋势中有多少是制定并执行更严格的药物管理法律的结果，以及有多少应归功于人们增加了对药物、酒精和吸烟危害的认识。

阻止和帮助预防社区贩毒活动的必要形式是邻里参与和与警察讨论。这种备受关注的方式试图解决在当地初中周边的贩毒现象。

药物使用合法化

在20世纪，制定了大量的法律禁止人们使用多种药物。对违禁者的惩罚变得越来越严厉。但人口中使用药物的比例仍在增加。在各个监狱中都塞满了因为触犯药物管理法律而被捕的人。药物管理法律将拥有违禁药物视为一种犯罪，并给予与重大盗窃罪和二级谋杀罪之类犯罪相同甚至超过它们的惩罚。在一些州，过去人们只要销售或给予他人很少数量的大麻，就有可能被判处25年以上的监禁。这些严刑峻法降低了犯罪审判系统的威信，也是造成人们对法律不恭的因素之一。

直到最近，药物立法才从使用惩罚转向如何处理药物滥用和预防药物使用。难道将一名习惯性饮酒者逮捕并投入监狱（有时每周都发生）真的有那么必要吗？

公众对药物普遍缺乏准确的信息，这导致了对于药物使用和滥用的不理智恐惧感。例如，人们普遍担心，使用大麻是使用其他麻醉药品的前奏。还有一些对于海洛因和鸦片的负面影响的毫无根据的恐惧。这些不理智的恐惧促使民众要求通过更加严厉的立法来限制药物的使用。

然而，人们越来越多地认识到，惩罚性立法经常是无效的。禁酒令（Prohibition）就说明了非法使用酒精是不可能被完全禁止的。与禁止饮酒法律所产生的后果相似，那些禁止使用其他药物的法律很大程度上应对大量有组织犯罪、非法药物贸易承担责任。因为监狱长们并不能使他们的囚犯远离药物。很明显，惩罚性药物立法并不能停止药物滥用。

目前许多专家呼吁，应当修订药物法律，对成瘾者应强调治疗而不是惩罚，还应使对拥有药物的惩罚与之实际危险性相一致。将一名拥有一根大麻（一种危险性比酒精小得多的药物）卷烟者送进监狱（将占用纳税人的巨额支出）似乎不是一种理性的行为。

在过去的20年里，某些特定的药物法律作了一些改变，它们更加强调康复以及减少对销售和拥有某种药物的惩罚。这些修订的大部分是针对大麻而做出的。

美国大麻和药物滥用委员会（National Commission on Marijuana and Drug Abuse）于1972年建议更改各州和联邦关于大麻的法律。该委员会呼吁，为私人使用而拥有大麻的个人或不是以赢利为目的传播少量大麻者，不应被视为违法者。[81]自从1972年该报告发布以后，许多州通过了法律，使用大麻不再被认为是犯罪。[82]

人们还通过一些法律，强制那些被逮捕的在公众场合酩酊大醉者接受治疗，而不是简单地将他们投入监狱。在美国的一些地区，那些承认自己对一些硬性药物（如海洛因）成瘾的人现在被给予相关治疗而不是被逮捕和监禁。但是，这样一些计划常常是试验性的，并充满争论。

从1976年开始，荷兰成为合法化使用药物的国家之一。药物使用者和偶尔的销售者不受到指控，但大量药物销售者和向未成年人销售药物者仍要被起诉。自1976年以来，大麻在荷兰的消费量已经降低，同时其他药物的使用并没有增加。[83]较西欧其他国家，荷兰的硬性药物成瘾者较少。[84]与美国相比，它只有很少的药物问题和较低的药物过量致死率。[85]在荷兰的静脉注射用药者中，艾滋病的发病率很低。[86]他们将药物成瘾当作一种健康保健问题而不是犯罪问题。这种方法营造了一个氛围，即成瘾者可以公开承认自己药物成瘾，并为他们的成瘾性和相关健康问题寻求治疗。

荷兰所使用的方法在美国能否适用值得商榷。荷兰已经形成了一种价值观念，对轻度的药物使用者宽容以待，并鼓励他们就一系列的药物问题寻求治疗。在美国，如果令使用非法药物合法化有一种危险性，会有更多的人尝试使用硬性药物。如果不能形成一种敦促药物滥用者寻求治疗的价值观念（就像荷兰一样），那就也存在着极大的危险，使当前的
121 非法药物使用和滥用急速增长。

借鉴英国打击药物犯罪的方法

前文已说过，20 世纪的美国对于被发现拥有和使用违禁药物的个人主要采用惩罚的方法。与此相反，英国多年来避免将药物使用者贴上罪犯的标签，而是将药物使用看成是一种应当被治疗的疾患。由于存在这种对康复性的强调，英国已经形成了一种十分独特的法律体系和政府政策，以限制药物滥用。英国认为，麻醉品成瘾是一种“病”而不是“犯罪”。与其将麻醉品成瘾者送入监狱，还不如使他们能以较低的价格购买药物。如果成瘾者买不起药物，他或她甚至可以得到免费提供的药物。这个系统并不允许给成瘾者无限制地提供麻醉品，它采取了广泛的预防措施来细致调整麻醉药物的分发。

英国计划适用于海洛因、吗啡和可卡因。（不包括大麻、巴比妥盐、安非他明类药物或致幻剂。）为了获得加入计划的资格，麻醉品使用者必须向有政府授权资质的医师承认自己是成瘾者。这个人被当作成瘾者正式登记，而后才能接受稳定的药物供应。所供应的剂量并不足以产生“high”的感觉，但是足够防止停药综合征。这是一种中心登记制度，所以很难防止成瘾者在多家诊所登记以获得多份药物。但如果登记在册的成瘾者被发现从多家诊所接受药物，他或她将会被起诉。同样，任何拥有未经登记的麻醉药物者也会被起诉。他们还为成瘾者的康复做出了巨大努力。例如，海洛因成瘾者的海洛因供应量会逐渐减少或被给予美沙酮替代。

英国的方法在他们自己看来十分有效。英国成瘾的比率远远低于美国，而且非法药物市场也小得多，利润也较低。英国的成瘾者不需要为他们的嗜好支付大量的金钱，所以他们较少实施侵犯财产犯罪。犯罪集团将麻醉品走私进入这个国家的利益动机也较小。而对于非成瘾者，仅能得到很少的麻醉品以供尝试。因为处方药物有统一的浓度并被包装成很小的剂量，麻醉品过量也很少发生。这些处方药物不含杂质，因此将药物反应和其他健康危险降到最低。此外，有更高比例的英国成瘾者（与美国成瘾者相比）能够保证他们的工作效率并具有生产力。[87]

英国的制度是否适用于美国也是值得探讨的。这种为成瘾者提供海洛因或其他药物的理念与美国的价值观念相悖，因为美国人认为，人们就不应当有药物依赖，使用者应当遭受惩罚以警示其他人，政府也不应参与分发有潜在危险的药物。考虑到犯罪集团在美国的巨大影响，还存在着通过获得政府供应的药物转而向非成瘾者高价变卖的危险。尽管如此，鉴于英国制度的巨大成功，需要相当认真地考虑是否应当在美国采用它。

总 结

毒品包括任何直接影响中枢神经系统的物质，它影响情绪、感觉、机体功能和（或）意识。成瘾性药物是那些能够产生心理性和（或）生理性依赖的药物。药物滥用是常规或过量使用某种药物，损害使用者的健康或危及社会本身，当被定义为一个群体时，其产生的后果可危害到与其他人的关系。社会对一种药物的主流态度不仅受到药物的实际危害性的影响，还与这种药物的使用者的社会特点和适用人群的动机有关。合法药物经常被滥用，并对我们的社会造成比非法药物更为严重的危害。酒精是我们社会最为滥用的药物。在大多数情况下，使用者会形成对某种药物的耐受性，也就是说，需要不断增加药物的剂量。

药物的社会代价包括侵犯财产犯罪（通常是为了维持药瘾而实施）、车祸、经济损失、健康问题、对法律的不恭、家庭破裂、虐待配偶和子女、使用者的财政危机和因人而异的严重的心理作用。

我们社会通过商业活动、电影、书籍和电视节目鼓励和美化使用一些药物。受到广泛
122 宣传的药物有酒精、烟草、咖啡和非处方药。

药物滥用的治疗计划包括社区精神保健中心、一些医院和专业化药物滥用康复中心提供的住院和院外治疗服务。另外还有一些项目，包括自助组织、过渡性机构和治疗性团体等。

药物滥用永远不可能在美国消失，但是药物滥用的程度可以被相当程度地减低。惩罚性法律，如同禁酒令所表现的，没能阻止药物滥用，反而却刺激有组织犯罪和非法药物市场的发展。阻止药物滥用的建议包括推广大量的教育计划，给公众关于药物的准确信息，防止非法药物越境走私，雇员药物测试计划，制定并执行更严格的药物管理法，使药物使用合法化，鼓励治疗而不是惩罚，借鉴英国的方法，将药物滥用视为一种疾病，而不是犯罪。

注释

[1] *Webster's New Collegiate Dictionary* (Springfield, MA: Merriam-Webster, 1990).

[2] William Kornblum and Joseph Julian, *Social Problems,* 9th ed. (Upper Saddle River, NJ: Prentice-Hall, 1998), 140.

[3] Howard Abadinsky, *Drug Abuse: An Introduction* (Chicago: Nelson-Hall, 1989), 90–97.

[4] Ibid., 54–58.

[5] Ibid.

[6] James W. Coleman and Donald R. Cressey, *Social Problems,* 5th ed. (New York: HarperCollins, 1993), 304.

[7] Quoted in Earle F. Barcus and Susan M. Jankowski, "Drugs and the Mass Media," *The Annals of the American Academy of Political and Social Science,* 417 (1975): 89.

[8] Ian Robertson, *Social Problems,* 2d ed. (New York: Random House, 1980), 438.

[9] Leon G. Hunt and Carl D. Chambers, *The Heroin Epidemics* (New York: Spectrum Books, 1976).

[10] Alfred R. Lindesmith, *The Addict and the Law* (Bloomington: Indiana University Press, 1965), 228.

[11] Joseph Gusfield, *Symbolic Crusade: Status Politics and the American Temperance Movement* (Urbana: University of Illinois Press, 1963).

[12] Émile Durkheim, *Suicide: A Study in Sociology,* trans. John Spaulding and George Simpson (New York: Free Press, 1951).

[13] Robert Merton, *Social Theory and Social Structure,* 2d ed. (New York: Free Press, 1968).

[14] See Charles H. Cooley, *Human Nature and the Social Order* (New York: Scribner, 1902), and Howard S. Becker, *Outsiders: Studies in the Sociology of Deviance* (New York: Free Press, 1963).

[15] Edwin H. Sutherland and Donald R. Cressey, *Principles of Criminology,* 7th ed. (Philadelphia: Lippincott, 1966).

[16] Kornblum and Julian, *Social Problems,* 132–134.

[17] Ibid.

[18] Ibid.

[19] For a review of these theories, see Abadinsky, *Drug Abuse: An Introduction,* 111–136.

[20] Howard S. Becker, "Becoming a Marijuana User," *American Journal of Sociology,* 59 (Nov. 1953): 235–242.

[21] Kornblum and Julian, *Social Problems,* 132.

[22] "Why Liquor is Quicker for Women," *U.S. News & World Report* (Jan. 22, 1990): 13.

[23] The material in this section is summarized from studies that were reviewed in Kornblum and Julian, *Social Problems,* 131–134.

[24] Ibid., 129–134.
[25] See David J. Armor, J. Michael Polich, and Harriet G. Stambul, *Alcoholism and Treatment* (New York: Wiley Interscience, 1978).
[26] Kornblum and Julian, *Social Problems,* 137–140.
[27] Ibid., 132.
[28] Ibid.
[29] Ibid., 132–135.
[30] Ibid.
[31] Ibid., 134–135.
[32] Ibid., 135.
[33] John E. Farley, *American Social Problems,* 2d ed. (Englewood Cliffs, NJ: Prentice-Hall, 1992), 237.
[34] Kornblum and Julian, *Social Problems,* 135.
[35] Ibid., 135–136.
[36] Ibid., 135.
[37] Ibid., 135–136.
[38] Ibid., 136.
[39] Sharon Wegscheider, *Another Chance: Hope and Health for the Alcoholic Family* (Palo Alto, CA: Science and Behavior Books, 1981).
[40] Kornblum and Julian, *Social Problems,* 136–140.
[41] Brenda C. Coleman, "Study Adds to Alcoholism Gene Theory," *Wisconsin State Journal* (Apr. 18, 1990): 1A.
[42] Ibid.
[43] Brenda C. Coleman, "Alcoholism Gene May Not Be Key," *Wisconsin State Journal* (Dec. 26, 1990): 3A.
[44] Wayne W. Dunning and Dae H. Chang, "Drug Facts and Effects," in Charles Zastrow and Dae H. Chang, eds., *The Personal Problem Solver* (Englewood Cliffs, NJ: Spectrum Books, 1977), 177.
[45] John Timson, "Is Coffee Safe to Drink?" *Human Nature* (Dec. 1978): 57–59.
[46] Abadinsky, *Drug Abuse: An Introduction.*
[47] Tony Blaze-Gosden, *Drug Abuse* (Birmingham, Great Britain: David & Charles Publishers, 1987), 99.
[48] Abadinsky, *Drug Abuse: An Introduction.*
[49] Blaze-Gosden, *Drug Abuse,* 95.
[50] Abadinsky, *Drug Abuse: An Introduction,* 90–97.
[51] Ibid.
[52] Ibid., 14–22.
[53] Robertson, *Social Problems,* 450.
[54] Abadinsky, *Drug Abuse: An Introduction.*
[55] Timothy Noah, "A Hit or a Miss for Mr. Butts?" *U.S. News & World Report* (June 30 1997): 22–24.
[56] Ibid., 22.
[57] Ibid.
[58] Ibid.
[59] Ibid.
[60] Ibid.
[61] Ibid.
[62] Lynn Rosellini, "Rebel with a Cause: Koop," *U.S. News & World Report* (May 30, 1988): 55–63.
[63] Noah, "A Hit or a Miss for Mr. Butts?"
[64] Ibid., 22–24.
[65] "About Marijuana," *Hope Health Letter,* 14, no. 4 (Apr. 1991): 7.
[66] John Kaplan, *Marijuana: A New Prohibition* (New York: World, 1970).
[67] National Academy of Sciences, *Marijuana and Health* (Washington, DC: U.S. Government Printing Office, 1982).
[68] Ibid.
[69] Warren E. Leary, "Panel Recommends Marijuana Studies," *Wisconsin State Journal* (Feb. 21, 1997): 2A.
[70] A. Toufexis, "Shortcut to the Rambo Look," *Time* (Jan. 30, 1989): 78.
[71] Ibid.
[72] Ibid.
[73] Tim Bliss, "Drugs—Use, Abuse, and Treatment," in Charles Zastrow, ed., *Introduction to Social Welfare Institutions* (Homewood, IL: Dorsey Press, 1978), 301.
[74] Frank Riessman, "The 'Helper Therapy' Principle," *Journal of Social Work* (Apr. 1965): 27–34.
[75] Martin Kasindorf, "By the Time It Gets to Phoenix," *New York Times Magazine* (Oct. 26, 1975): 30.
[76] For descriptions of these self-help groups, see Thomas J. Powell, *Self-Help Organizations and Professional Practice* (Silver Spring, MD: 1987).
[77] Bliss, "Drugs—Use, Abuse, and Treatment," 314.
[78] Kornblum and Julian, *Social Problems,* 131–135.
[79] "A Test-Tube War on Drugs?" *U.S. News & World Report* (Mar. 17, 1986): 8.
[80] Alvin P. Sanoff, "Baseball's Drug Menace," *U.S. News & World Report* (Mar. 17, 1986): 57.
[81] National Commission on Marihuana and Drug Abuse, *Drug Use in America: Problem in Perspective,* Second Report (Washington, DC: U.S. Government Printing Office, March 1973).
[82] Kornblum and Julian, *Social Problems,* 151–153.
[83] Thomas J. Sullivan, *Introduction to Social Problems,* 4th ed. (Needham Heights, MA: Allyn & Bacon, 1997), 386.
[84] Ibid.
[85] Ibid.
[86] Ibid.
[87] Ibid., 387.

第五章

人类性行为的差异

123 本章内容

- 历史上的性和其他文化中的性
- 性行为差异而不是问题
- 社会容忍的性行为
- 反社会的性行为
- 结构性性行为差异
- 个人的性焦虑
- 总结
- 注释

124 我认为性是生活的核心问题……性是生命的根本，除非我们认识到如何去了解性，否则我们永远不会学会尊重生命。

——哈夫洛克·埃利斯（Havelock Ellis）[1]

神奇的是，我们可以在了解性高潮的生理原因之前把人类送入太空。[2]这一章我们首先关注不同文化和历史阶段的社会对性的接受态度。然后对已有的性学研究做一个提要。接下来我们学习“性差异”的概念，性差异并没有被今天的美国社会所容忍，更不用说被接受了。

我们将要学习的是：

- 反社会的性行为差异（比如乱伦和强奸），在我们的社会中这些是被严厉禁止的。
- 结构性性行为差异（比如卖淫和色情品），这些同样被我们社会中的一些人所反对，但受到社会机构因素的支持。
- 个人性焦虑（比如早泄和无法达到性高潮），社会认为谈论这些问题是羞耻的，这导致人们很难寻求帮助，从这个角度看，这些问题可以被视为社会问题。

历史上的性和其他文化中的性

事实上，每一种人们可以想象到的性行为都在一定程度上为社会所接受，至少为一部分人所接受。只以生育为目的的性、口交、婚前性行为、通奸、肛交、一夫一妻、一夫多妻、一妻多夫、同性恋和终生的独身——作为一种性行为，这些都被一些社会所接受。乱伦，这种受到最广泛禁止的性行为关系，可以说是一种严格的禁忌，但举例来讲，在一些古代文化中，为了保证财富和权力掌握在一小部分人手中和保持血统的纯洁性，乱伦在王室家庭中曾受到鼓励。1976 年，瑞典的一个政府委员会力促政府取消所有禁止乱伦的法律，因为这个委员会得出的结论是，乱伦几乎不会给社会和遗传造成什么危害。[3]（这个委员会得出的这一结论也许是错误的，因为有一些证据表明，近亲生育的孩子在学校表现、体能测试、智力测试和一些健康测量上的指标比其他孩子要差很多。[4]）

对性行为态度的文化差异是巨大的。在新几内亚有种游戏叫做“几米”（Gimi），新婚的夫妻躺在院子里亲昵。新郎年轻弟弟的任务是展现孩子是如何产生的。他正用拐杖试图把他的哥哥和新娘分开。参加表演的都是男性。在新几内亚，这种表演很“淫秽”，但表演者并不会真的发生性关系。

对同性恋的态度，各个文化之间的差异很大。极端的一极是有的社会对任何年龄段的
125 人的同性恋行为都强烈反对。相比而言，一些社会容忍孩子的同性性行为，却反对成年人的同性性行为。另外一些社会强迫所有的男性成员从事一些同性性行为，通常和青春期仪式有关。[5]比如说，在古希腊，男性和女性各自的同性恋行为不仅为社会所接受，甚至是受到鼓励的。不管社会的看法如何，这种情形总在一部分人中存在，因此，所有社会中都普遍发现了同性恋。[6]

不同社会对婚前性行为的看法也不同。托普里恩岛的居民鼓励婚前性行为，因为这被认为是对婚姻的重要准备（见专栏 5.1）。一些社会甚至允许青春期以前的孩子们做扮演夫妻的游戏。在亚洲，雷布查人相信，女孩通过性交才能成熟。[7]相对而言，在穆斯林文化和南美文化中，女性保持婚前贞洁很受尊敬，而婚前性行为被视为是羞耻的，是受人排斥的。然而，在一些发展中国家，一些低收入家庭的父母出卖他们未成年的女儿从事卖淫活动，主要对象便是观光者。

125

专栏 5.1　芒格亚人的性

芒格亚是南太平洋中的一个岛屿。芒格亚人精心地创造了一套提升性的快乐和生育力的仪式。

男孩子们在七八岁的时候，要被教给如何手淫。在 13 左右，他们要行割礼作为成人仪式（在阴茎的顶部的皮肤上整个地切开一圈）。在这个成年仪式中，他们还被教给要怎样接吻，怎样吸吮乳房，怎样舔阴以及如何在自己达到高潮前让女性伴侣达到多次高潮。这个仪式后大约两个星期，每一个男孩都会被介绍给一个经验丰富的女性来学习性交。她教给他用不同的姿势性交，并指导他如何延迟射精以期和女性伴侣同时达到性高潮。

芒格亚女孩也从成年女性那里得到性的指导。伴随着这种指导，男孩和女孩活跃地约会，很多人几乎每晚都会性交。少女们从小被灌输这样的观念，男性的男子气概是通过他们对自己的欲望来表现的。尤其是，如果在其女性伴侣不断地前后扭动臀部的同时，一个男性能够充满精力地持续插入做爱 15 到 30 分钟或者更长时间，那么他将获得很高的评价。而不能这样做的人则被认为是没有价值的性伴侣。

到 20 岁的时候，男性平均有了 10 个或者更多的女朋友，而女性平均有了 3 到 4 个男朋友。家长鼓励孩子的这种性经验，因为他们希望孩子们从众多的伴侣中找到一位性生活合拍的人结婚。18 岁左右，当地人几乎每晚性交。男人从小被灌输了这样的想法：男人性快乐的主要获得渠道是带给女伴性高潮。

资料来源：Donald S. Marshall，"*Too Much in Mangaia*，" in D. S. Marshall and R. C. Suggs，*eds. Human Sexual Behavior*（New York：Basic Books，1971，）147－163。

在一些文化中，强奸完全不存在。比如在新几内亚的阿拉派文化中，男子在社会化中充分接受了和平和非侵略性观念。相反，在肯尼亚的古兹部落，当地的强奸率至少超过美国 5 倍。这个部落中，男人和女人都被社会化得好斗和充满竞争性，所有女性常常对性关系进行反抗，即使是与她们的丈夫。[8] 在历史上，战争中胜利的士兵们对失败一方的女性大肆强奸是很常见的。

在过去，白人奴隶主常常禁止黑人奴隶结婚，有一些奴隶主还试图通过给女奴配一个具有某些想要的特质的男性奴隶的办法，来决定想要什么样的奴隶孩子。在希特勒的命令下，德国纳粹在 20 世纪 30 年代和 40 年代，把女性指配给士兵，以得到更多他认为优秀的后代。在不少社会中，一些具有某种缺陷的人被消灭以避免他们生育后代。

爱斯基摩人有一个社会习俗，就是鼓励丈夫给予客人和自己的妻子过夜的特权，而如果客人拒绝的话，将被视为严重的侮辱。在玻利维亚的斯若诺，一个男性被允许与妻子的姐妹和他的兄弟的妻子及其姐妹发生性关系。[9]

在欧洲的一些亚文化中，父亲通过与女儿性交来教给女儿性（至少，给了基本原理）
被认为是合理的。虽然我们的社会中有一个信条，那就是老年人不应该再有性行为，但实 126
际上护理之家的老人性行为很活跃，甚至有时不止有一个性伴侣。

虽然变性手术早在 20 世纪 30 年代就施行过了，但为大众所知是在 1952 年克里斯丁·约根森（Christine Jorgensen）的变性手术之后。这种手术最初受到了广泛的反对。不管怎样，现在已经有几千人这样做了。[10]

犹太教—基督教传统

显然，哪些性行为是可以为人们所接受的，而哪些不可以，这是随社会文化和历史时期的变化而变化的。一个影响人们判断的主要因素是基督教的传统。它严格要求人们只能与已经结婚的配偶性交，虽然也有一些例外。比如，希伯来法律要求年轻的弟弟与他的寡嫂（作为继承人的长兄的妻子）性交，如果长兄没有留下其他继承人就死了的话。另外，如果一位妻子无法生育，丈夫可以和其他女性（通常是女仆）生育一个继承人，夫妻都要像对待亲生孩子一样抚养这个孩子。这种戒律断言，性交的唯一目的是生育。手淫、同性恋和其他所有婚姻以外的性行为都是罪孽深重的。

早期基督教对待性的态度更加保守，性被视为邪恶的、可耻的，只能在已婚夫妻之间因生育的目的而进行。（罗马天主教教廷仍然正式地宣称性交只能发生于已婚夫妻之间，且以生育为目的，虽然信徒们已经不会全然遵守了。）

开始于 16 世纪的新教改革倡导一种严格的压抑的信条。新教伦理强调努力工作的重要性，同时认为享乐的活动是一种道德错误。否认对性的兴趣和严格控制性活动（以生育为目的除外）被视为是一种美德。清教徒在 17 世纪大量地移民到了美国，他们严格地继承了这种修道士般的生活。

新教伦理的传播与后来被称为维多利亚式道德的观念结合在一起，后者来源于英国维多利亚女王统治时期，她试图建立起极端性压抑的氛围。维多利亚式道德在 19 世纪和 20 世纪早期居于统治地位。加尼翁（Gagnon）和亨德森（Henderson）这样来描述维多利亚式道德：

> 清教支配的性道德开始于“紧紧抓住每一个便士”的亚当·斯密……这种新中产阶级的价值观在维多利亚时代不仅在英国，甚至在整个西欧都取得了巨大的成功，这种价值观相信努力工作、永不满足、避免享乐行为（包括性的）。[11]

维多利亚式道德消除了在受人尊敬的人际关系中谈到性的可能性。谦虚的目的是为了保持假正经。在礼貌的谈话中，简单的解剖学意义上的词汇，如腿或者乳房成为禁忌，代之以四肢或胸部。桌子的“肢”通常被长长的桌布遮盖住，这样性的想象就不会发生。女性并不是“怀孕”，而是“在家庭的路上”，在整个“情况”期间，她们要待在家里。在 20 世纪初的费城，男性和女性不允许共同参观艺术展览，因为担心经典的雕像会侵犯到人们的优雅。石膏做的叶片会被粘贴到雕像的下身，以减少其危害性。[12]

中上流社会的女性在结婚前被要求是处女。每一个姑娘都可以被划分进这样两个类别：“好的”和“坏的”。好的是处女，被称作是未受侵犯的财产，是值得娶的姑娘。而坏的或“堕落”的女性指那些有过婚前性行为的人，她们值得同情却不会得到安慰，因为她们的“堕落”是由于自身的弱点，她们不再被认为是值得娶的，但不管怎样可以和男人有除婚姻以外的其他性关系。

维多利亚时代的一个流行的信条是男性天生比女性的性欲望强烈。这导致了人们行为的双重标准，直到今天这种双重标准仍然流行。虽然男性也被要求要保持贞洁，但男性却被认为具有一定的“兽性”，因此他们很少因为婚前和婚外的性关系而受到责备。甚至于，娼妓和社会底层的女性被认为是男性发泄过多性欲的渠道，这些是他们的妻子们无法承受的。帕泠（Palen）指出：

> 这种对于女性的划分——好的和坏的，良家妇女和娼妓——导致了这样的双重标准：允许男性在性行为上更加活跃，但“好”女孩甚至想想这方面的事情都不可以。
> 127 公开的性关系会受到指责，但男人由于有更强的性张力，他们婚前和婚外的性关系被视为一种必要的邪恶而得到容忍。[13]

（研究者早已经发现，女性的性欲望与男性同样强烈。）

有趣的是，即使在清教和维多利亚时代，在某些特定时期也常常有人呼吁对性的更自由的表达。比如说，在维多利亚时代，色情图画和小说的贸易就很有利可图。

当前人们对性的看法

从 20 世纪初以来，人们的性态度和性行为有了戏剧性的变化。比如说，最近的研究表明，大多数美国男孩和女孩在 19 岁以前就有了婚前性行为，大多数 18 岁到 24 岁的年轻女性结婚时不再是处女。[14] 过去几十年的性革命的最主要特征之一是口交的人们不断增加。[15]

20 世纪 70 年代的美国被视作这样一个时代——许多人尝试一些从前不常见的性行为。从那时候以来，这种性的开放趋势发生了一定的逆转，伴随着一场呼吁减少性伴侣的运动，人们更强调长期性伴侣（而不是短期）和建立在两性交往基础之上逐渐发展的性行为等等。这种转变的原因包括：因为过多性行为导致的离婚率上升给人们带来了不满；一些有多位性伴侣的人对性传播疾病的真实威胁感受到日渐增加的恐惧。[16] 在 20 世纪 80 年代和 90 年代，公众切实得知性传播疾病，尤其是生殖器疱疹和艾滋病有爆发的可能。艾滋病的流行看起来是一场现代瘟疫。不论是疱疹还是艾滋病，有效的治疗方法都还没有找到。艾滋病为公众所知以及人们意识到如果不节制及只同一个安全的伴侣性交，那么没有谁会是绝对安全的，这些导致了人们采取预防措施（比如使用避孕套）而改变了性行为模式。性革命的几项原则，比如发生在陌生人之间的纯粹以娱乐为目的的性行为不会有任何后果的观念在新的挑战面前已经被人们抛弃了。

当前，美国人的性观念和性行为应该是什么样的，是一个含糊和充满困扰的问题。最保守的团体是天主教派和一些信奉正统基督教派的宗教组织。它们倡导性只能以生育为目 128
的，只能在异性的已婚配偶之间进行。这些群体发出警告，性开放的不断增强将会摧毁家庭的道德屏障并最终导致社会的解体。

最开放的群体和个人坚持认为，性在为生育服务的同时能够合理合法地为娱乐服务。他们认为不必对人们的性行为方式加以关注，而那些认为需要加以关注的人除外。

这种关于性的开放的观点在我们的社会中有很多体现。性的话题可以很直白坦然地在大众传媒中出现，包括电视、杂志和报纸。裸体在电影中、杂志里和电视里出现。有婚前性行为的女性不再被认为是不可娶的了。有一个因素的出现导致了婚前和婚外性关系的增加，这就是持续增长的对避孕技术的运用，尤其是口服避孕药。[17]

由于我们的社会中家长、伙伴和其他压力群体倡导的观念存在广泛的冲突，许多人在形成自己合适的、赖以依照的性观念的过程中产生了相当程度的混乱。

128

专栏 5.2　通过剧本学习性行为

社会学家证明人的性行为（人类绝大多数的其他行为也是如此）是通过学习“剧本”发展起来的，这是社会学家对理解性行为做出的一个主要贡献。“剧本”（如在戏剧中）是我们学习后装进头脑中的计划。这些剧本使得我们对我们在活动中的位置有了认识，并且给了我们去完成活动和达到目标的方向。剧本还可以帮助我们记住我们过去的行为。

通过性剧本我们获知了性行为的礼仪，性剧本是通过提前精心学习获得的。对于这种剧本方法来说，没有什么性行为是我们自然而然就掌握的，它们都来自于剧本学习。

剧本告诉我们谁是合适的性伴侣，哪种性活动是符合人们的期望的，何时何地性行为应该发生，以及不同性行为的先后顺序应该是怎样的。

不同文化间的剧本差别很大。霍顿斯·鲍德梅克（Hortense Powdermaker）提供了下面一段关于南太平洋的来苏人女性时常进行的手淫的描述：

> 如果女性处于性亢奋状态，又没有男性可以去满足她，那么她就会手淫。也许一对配偶会在同一房子里性交或者距离足够近，她可以看见这些，这就使得她很亢奋。她于是会坐下并且盘起右腿使得她的右脚踝可以顶住她的外生殖器。甚至 6 岁左右的女孩坐在地上的时候也常常会这样做。男人和女人对此进行很自由的谈论，没觉得有什么羞耻。女性从小学会并在这种习惯的氛围中“手淫”，虽然她们从来不用手。①

①Hortense Powdermaker，*Life in Lesu*（New York：Norton，1933），276－277.

对性的正式研究

20 世纪以前没有对人类性行为的真正意义上的科学研究。从大约 1900 年开始，4 位社会科学家开始了使我们了解人类性行为的意义深远的研究工作：西格蒙德·弗洛伊德（Sigmund Freud）、艾尔弗雷德·C·金赛（Alfred C. Kinsey）、威廉·马斯特斯（William Masters）和弗吉尼亚·约翰逊（Virginia Johnson）的团队。

弗洛伊德

弗洛伊德是一位心理学家，他在他的著作中（从 1895 年到 1925 年）提出的理论认为性驱动力是人类生命的基础部分。弗洛伊德认识到很多人存在性冲突。他把性放到了他的理论的核心位置，认为人类大多数的情感和行为本质上是性的因素在起作用。他所定义的性的范畴非常宽泛，认为包括肉体的爱、情感的冲动、自我的爱、对父母和对孩子的爱以及友谊。在弗洛伊德备受争议的理论中，断言每一个人从一出生就有了性的欲望，尤其受到质疑。他指出，3 岁左右，男孩爱上了他的母亲，因而担心父亲发现并且把他阉割掉。弗洛伊德相信，这一年龄的男孩受着阉割焦虑的折磨。另一方面，女孩在同样的年龄爱上
129 了她的父亲。弗洛伊德断言女孩们发现她们没有阴茎，由于迫切想得到一个而导致了阴茎嫉妒。女孩们认为她们是在更早的时候失去阴茎的，因为她们的母亲发现了她们对父亲的性欲望。年轻的女孩相信由于她们对父亲的性欲望，她们的母亲“阉割”了她们。弗洛伊德相信，女孩也受阉割焦虑的折磨，只是原因和本质与男孩不同。女孩的阉割焦虑来源于她们被阉割了，导致她们不如男性。

弗洛伊德关于性是人类发展最重要部分的观点一经问世就引起了震惊和愤怒。在弗洛伊德以前的时代，人们认为性只是在人的发展中起一个很微小的作用。逐渐地，他的理论引起了解放性的影响，因为人们逐渐认识到性在个人的发展中确实起到一个核心的作用。

弗洛伊德的理论还使得人们对性的谈论大大增加，并且刺激了对这一领域的科学研究的发展。也许弗洛伊德的最大贡献在于对性的解放做出的影响。遗憾的是，弗洛伊德做出了一系列假设并且认为它们是真理，却没有做出证实它们的科学检验。这种情况的后果是，他的一些关于性的特殊的假设被激烈地争论，并且受到了广泛的质疑——比如，关于男孩的阉割焦虑、女孩的阉割焦虑和阴茎嫉妒的假设。

近些年来，女权主义者强烈地批评了弗洛伊德的理论。女权主义者尤其被弗洛伊德的这一假设侵犯了：他认为女性在生物意义上劣于男性是因为她们缺少一个阴茎。她们质问，是什么本质上的价值使得阴茎要比阴蒂、阴道或者卵巢更重要？女权主义者认为，心理分析理论是一种男性中心主义的理论，因为它认为女性在生物学意义上劣于男性而对女性产生了不好的影响。

金赛

金赛是一位动物学家，1948 年，他发表了《人类男性性行为》（*Sexual Behavior in the Human Male*）一书，这本书建立在对 5 300 个白种美国男性的访谈研究的基础之上。这项研究调查了人们的性经验，并且发现男性的性行为与同时代的社会道德观有重大区别。举例来讲，1/3 的被访者从青春期开始至少有过一次同性恋经历，83%的被访者有婚前性关系，50%的已婚被访者有过婚外性行为，92%的被访者有通过手淫达到高潮的经历。[18]

5 年以后，在 1953 年，金赛出版了《人类女性性行为》（*Sexual Behavior in the Human Female*）一书，建立在对5 940个白种美国女性访谈研究的基础之上。[19]这项研究显示，一定程度上，双重标准仍然在起作用。同时也发现，女性并不像平常的想法所认为的那样，缺少对性的兴趣。超过半数的被访者有过婚前性关系，四分之一的已婚被访者有婚外性关系。

金赛的研究通过大众传媒而向社会广为传播，使许多人第一次意识到性道德和人们的实际性行为之间存在差别。金赛的研究使得人们的性行为更加自由，或者至少减少了他们对于与传统性道德规范不一致的性行为所感到的罪恶感。这项研究也挑战了女性对性基本不感兴趣这一一贯的看法。

马斯特斯和约翰逊

1957 年，马斯特斯和约翰逊开始了他们对人类性反应的生理学研究，随着他们的经典著作《人类性反应》（*Human Sexual Response*）的发表而达到了研究的高峰。[20]他们的研究建立在别人实验报告的基础上。马斯特斯和约翰逊第一次通过实验室研究精确地得到了人类性反应的生理学信息，而不是通过人们自己的报告而得出结论。他们的研究摧毁了一系列的迷信。比如，弗洛伊德断言阴道高潮优于阴蒂高潮。马斯特斯和约翰逊发现阴蒂有最敏感的神经末梢，因此阴蒂是能够带给女性最大快乐的地方。不管是阴道高潮还是阴蒂高潮，阴蒂都是主要受刺激的部位，因此，这些高潮在生理学上并不存在差异。这一研究成果安慰了那些在性生活中总想追求阴道高潮的女性，她们很多人觉得阴道高潮并不完满，或者总觉得她们少了些什么。另外一个重要发现是，不管男人还是女人，都可以在很大的年龄阶段享受性生活的乐趣，有些女性可以达到多次性高潮。

完成了这项研究之后，马斯特斯和约翰逊开始着手治疗人们的性功能障碍，比如治疗男性的早泄和女性无法达到高潮等等。他们理想的研究与主流的观点不同，那时一般认为性功能障碍是配偶的原因或者是性关系有问题的副产品。他们证明出现障碍不只是自己或者对方的责任，实际上双方都应该是治疗的对象，他们要求伴侣双方都要加入到治疗的过
130 程中来。他们做了很多别人认为是站不住脚的工作——他们主要通过短期（两个星期）的治疗来医治各种性的问题。他们取得了异常的成功，他们所采用的方法和成果在随后出版的《人类性的不足》（*Human Sexual Inadequacy*）一书中得到介绍。[21] 他们的研究还指出，没有证据表明解决掉一个性问题后会导致（如弗洛伊德所断言的）一个替代问题的出现。大多数当代性治疗方法都建立在马斯特斯和约翰逊最初的研究之上。

性行为差异而不是问题

由于生物性因素和后天学习的原因，人类可以用令人惊叹的众多方式来表达他们的性。每个人都有性张力，但它的表现受到这些因素的制约：各人的体质、仪式、可被接受的角色模式、对什么是令人愉快的而什么不是的尝试和失败体验及别人（父母、伙伴、教师等等）的态度。加尼翁和亨德森指出学习表达性的方式和形成性别身份（我们对自己是男性还是女性的自我概念）的过程密切相关：

> 我们随着性别身份的形成而开始形成性观念，在此基础上我们建立适合自己的行为方式。我们关于什么是正确的，什么是适当的这样的观念主要受到社会阶层、宗教信仰、家庭生活模式和男性气质与女性气质的概念的影响，而不是主要受到人们所学习的特殊的与性有关的东西的影响。[22]

针对巨大性行为差异的一种研究角度是将其视为社会问题而开展的研究。这种方式把所有不同于正常性行为的状况看作社会问题，在一定程度上人们觉得应该对这些做出一些反应。这种方式要求描绘出可以被社会接受的信条或正常情况。但是，关于哪些性行为方式是可以为人们所接受的，而哪些不可以，这一问题是没有一致意见的。另外，正如金赛的研究所指出的，人们的实际性行为与人们所主张的性行为的信条之间有很大的差异。

用研究社会问题的方式研究性行为差异的另外一个缺点是，那些被指为社会问题的行为将会被贴上“令人作呕的”、“退化”或者“不正当的”这样的标签。在整个维多利亚时代，人们受够了一些人总是力图用道德观念去评价哪些性行为是不适当的。

这里并不会把任何特定的关于性的观念强加给读者——有太多的其他组织仍然在试图这样做。这里不用“性问题”这样的词汇，而代之以性行为差异一词，去指我们社会特定的一部分成员的性的表达方式。

对某种性行为的接受与否看来是随着时间的发展而变化的。一些曾受到广泛指责的性

转变性别角色的游戏越来越多了。

行为现在得到了普遍的接受。比如手淫，曾经被视为邪恶的、不道德的和不健康的，现在却非常普遍，并且被医师推荐为一种学习性体验的方法。在不久之前，口交还被视为是不道德的和错误的，现在大部分的年轻人有口交的行为。[23]

一个社会中的法律是否可以决定哪些性行为可以被接受而哪些不可以，这样一个问题是有争议的。任何法律禁止的性行为可以被认为是不可以接受的。然而，许多与现在的法律相关的性行为在维多利亚时代就被写入法律，并且依然保留下来。这里有一个显然的时间差，法律的改变要滞后于人们的性行为观念和对什么是正常的这种认识的改变。至少在美国一些州，下面这些行为依然是不合法的：婚前性行为、口交、手淫、婚外性行为、同居和除传教士体位以外的其他性交姿势。历史上，一旦被发现有罪恶的“性犯罪”行为，人们将会受到严厉的惩罚。比如，17 世纪的清教徒会处死有婚外性行为的人，以此作为严惩。一些州目前还继续着对“性犯罪”的严厉的惩罚。比如，佐治亚州的一条法律认定成人自愿的口交是重罪，将可以判处最低 1 年，最高 20 年的监禁。[24]

在一定程度上，法律指出了社会对某种性行为的看法。比如，对强奸和猥亵儿童的严厉惩罚表现了社会对此类行为的强烈反对。然而，由于上面提到的原因，法律并不能被认为是衡量一个社会中什么是可以被接受的性行为的唯一标准。

性行为差异的类别

一种关于性行为差异的有用划分方式是由威廉·科恩布卢姆（William Kornblum）和约瑟夫·朱利安（Joseph Julian）提出的，他们提出了三个类别：社会容忍的性行为差异、反社会的性行为差异和结构性的性行为差异。[25] 反社会的性行为差异指那些受到我们社会
131 强烈反对的并且没有社会结构支持的性行为。这一类别中包括乱伦和强奸。结构性的性行为差异为我们社会中的一部分人所反对，但却受到一定社会结构和群体的支持。这一类别中包括同性恋、卖淫和色情品等。

社会容忍的性行为

这一类别中包括手淫、婚前性行为、成人之间自愿的各种姿势的性行为、异性间的口交行为。一些群体（比如信奉正统基督教的团体）认定这些行为是不道德的，是应该被禁止的，并且一些州的法律是禁止这些行为的——虽然很少被强制执行。在我们社会中的大部分人是容忍这些行为的。因为这些性行为在我们的社会中得到容忍，并且目前人们对其缺少关注，所以这一章将进而研究那些不被社会所容许的性行为差异。

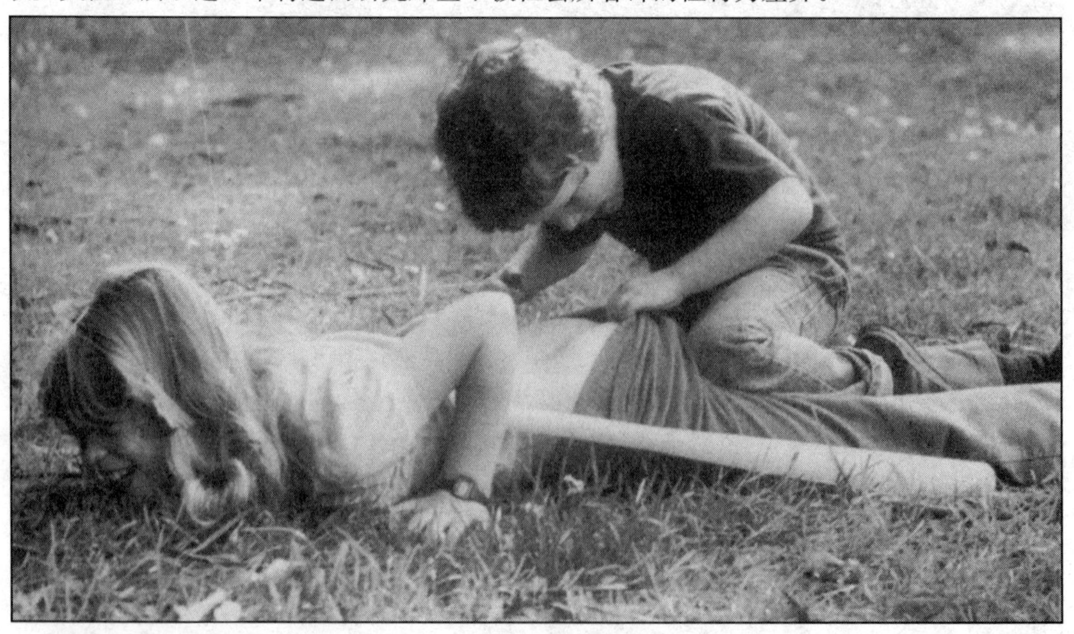

一些美国人强烈反对这类游戏，因为他们将之视为不道德的。另一些人觉得这是一种单纯的探知性的方式。

反社会的性行为

反社会的性行为差异包括那些引起广泛强烈反对的，并且没有得到社会结构支持的性行为。这一类的性行为包括猥亵儿童、乱伦、强奸、裸露癖和窥阴癖。那些从事这些行为的人常常单独行动——因为，他们没有得到哪个社会群体的支持，也不会得到什么奖赏。

猥亵儿童

当一个成年人性侵犯一个儿童时，猥亵儿童就发生了。猥亵儿童包括生殖器性交和口交、口与生殖器的接触、抚摸、对儿童暴露生殖器以及性侵犯者出于情欲的目的对儿童拍照或观看等等。对于成年人和青少年之间的性行为，法律有清楚的定义，这些行为的核心特征是为了满足成年人的性欲望，他们通常更有权势。在儿童性侵犯中，儿童常常作为暂时的性满足的对象，通常给孩子带来短期或长期的影响和后果。

猥亵儿童被认为是我们的社会中最可鄙的性侵犯行为的一种。公众担心，这种性侵犯会毁掉孩子的清白，并可能导致严重的心理障碍，破坏孩子（包括长大成人以后）正常的性发展，这样的看法是对的。

儿童性侵犯到了什么程度？很多针对猥亵儿童的研究力图搞清楚这个问题，他们指出，大概三分之一的女孩和六分之一的男孩有过被性侵犯的经历。[26]

超过90%的儿童猥亵者是男性。[27]大量事实显著地表明了这种性别差异。男人在我们 132
的社会中更多地被社会化，对性的追求集中于性行为本身，而不是将性视为情感关系中的一部分。男性也同样地被社会化为更具有侵略性，并且深信合适的性伴侣体形应比他们小、年龄比他们年轻。相反，女性社会化的结果是她们认为合适的性伴侣体形要比她们大，岁数应比她们大。最终的结果是，女性在我们的社会文化中，更多的是作为孩子们的看护者，并且比男人更适合于满足孩子们的情感需要。一个人如果从孩子出生之初就照顾他（她），那么相比其他偶尔接触孩子的人来讲，她们更不会以带有性的方式来看待孩子。

在过去的几十年间，美国发生了几起为公众所熟知的儿童性侵犯案件。1979年，约翰·盖西（John Gacy）被逮捕，在芝加哥受到审判，罪名是引诱33名男孩到他家中，对他们进行性侵犯，并将其杀害后埋入家中地下。他在1994年被执行死刑。1977年3月11日，罗曼·波兰斯基（Roman Polanski，一个著名的电影导演）在洛杉矶被逮捕，其罪名是非法性行为、儿童性骚扰、给未成年人提供安眠酮、口交、鸡奸、迷奸。一个未成年女孩声称是这些行为的受害者。作为交易的一部分，这些指控中只有第一项罪名成立，他也对之忏悔。在等候判决期间，他逃离了美国。由于害怕进监狱，他再也没有回来。最近，父亲、继父、童子军领导人、照顾儿童的工作人员以及来自所有生活领域的人都曾被发现成为儿童猥亵者。1991年，在米尔瓦基，杰夫里·戴莫（Dahmer）（他在1988年因为猥亵一个 13 岁的男孩而被判缓刑）承认性侵犯、肢解、谋杀了 17 个男性，其中的一些是孩子。1993 年，迈克尔·杰克逊（Michael Jackson），著名的流行乐手，被控长期与一个 13 岁的男孩保持性接触。1994 年，这个男孩的父母在收到了杰克逊数百万美元的赔偿后撤回了对杰克逊伤害罪的起诉。

谁是儿童性猥亵者？人们普遍认为他们会是一个陌生人，潜藏在黑暗中，伺机扑向一个路过的或单独玩耍的孩子。但是在大多数的案例中，性侵犯者是熟人、朋友或者亲戚（如果侵犯者是亲戚，那么这种性行为被称作乱伦）。[28]暴力非常罕见，通常情况下猥亵者通过控制和引诱儿童而与他们有性行为。性行为的范畴从不正当的触摸到实质性的性交都有。在较少的情况下，儿童甚至可能是性行为的主动发起者。然而，儿童的这种主动并不意味着成人积极参与其中的合法性，同时，基本上可以认为这些孩子曾经受到过性滥用（任何的性滥用一旦发生，成年人始终要对其负责，而绝不会是孩子）。

A·尼古拉斯·格罗思（A. Nicholas Groth）区分了两类儿童猥亵：固定型的和逆行的。[29]一个固定型的儿童性猥亵者的首要的目标是儿童，因此，他总是优先选择儿童而不是成年人作为其性伴侣。而一个逆行的儿童性猥亵者通常的性兴趣是成年人，但是当他们面对比较大的压力的时候（婚姻困难、失业、亲人去世等等），他们的情感发生逆转（成为了一个心理上更年轻的人），并且其性行为指向儿童，希望通过儿童来满足他们的需要。男性逆行儿童性猥亵者通常寻找女孩作为其性伴侣；男性固定型儿童性猥亵者通常的兴趣是男孩。绝大多数的乱伦犯罪者属于逆行类型，他们通常社会化较好，并且有一个稳定的异性恋性关系。但是压力会使得他们不适当地将性行为目标指向儿童。对一些人来讲，猥亵儿童只是其大量不适当性行为的一种，还包括窥阴癖、裸露癖甚至还有对成年女性的强奸。[30]他们对于其性冲动少有控制，而当一个孩子可以满足他们的欲望时，这个孩子就会成为受害者。乱伦者倾向于认为男性具有性的优先权力，他们认为儿童具备性吸引力，并可引起他们的性冲动。他们认为，乱伦行为给孩子造成的危害很小。

虽然大多数媒体和保护服务工作者把他们绝大多数注意力投向了家庭中的女孩（尤其是有乱伦关系发生的家庭），但近来的研究指出，儿童性猥亵者在家庭以外猥亵男孩的数量惊人。在一项研究中，亚伯（Abel）和他的研究小组发现，针对男孩的性猥亵者平均侵犯了 150 个受害者，而同时针对女孩的性猥亵者平均只报告了 20 个受害者。[31]如果事实如此的话，为什么社会对男孩的关注却远远少于女孩呢？一个最显而易见的原因是，女孩远
133 远要比男孩易报告性侵犯，因为男孩通常视这类对自己的侵犯为自己缺乏男人气质的懦弱的表现。许多权威研究者认为，对男孩的性猥亵是美国社会中主要的犯罪活动，是最不易曝光的一种。

儿童性猥亵对儿童的伤害有多大呢？对儿童（甚至到他们成年以后）精神伤害的因素包括这些：(a) 儿童与性猥亵者之间的关系（对于发展深远的信任的伤害，亲近者要比陌生人实施的猥亵伤害更大）；(b) 性猥亵的频率和持续时间；(c) 实际发生的性行为；

(d) 儿童是否被多人侵犯；(e) 如果这一事件被揭露的话，人们对此的反应；(f) 儿童自身的心理和生理健康程度与应对的策略；(g) 猥亵者、受害者和其他人（比如父母）可采用的和实际使用的专业性的干涉手段。对于所有人（专家、父母、同伴等）来说最有帮助的干涉手段是相信孩子的报告，并且猥亵者要对他（她）负全部的责任。对于孩子来说，需要在他们不同发展阶段对此进行讨论，以使他们从阴影中解脱出来。

乱伦

乱伦被定义为血亲之间的性行为，通常情况下，这一定义被扩展到非血亲关系的亲属之间，比如继父母与继子女之间。在过去，家庭往往会掩盖此类事件，因此通常不为人所知。现在随着人类对性行为开放程度的提高，有越来越多的家庭成员寻找专业的帮助。

在报警的乱伦案件中，绝大多数是父亲或者继父与女儿之间的性滥用。[32]然而，绝大多数的乱伦事件是永远不会报告给警方的，兄弟姐妹之间的乱伦是事实上最普遍的行为。[33]这种行为可以被称作，也可以不被称作性滥用。如果孩子们的年龄接近，并且他们的性行为是双方愿意的和非强迫的，那么这种乱伦可以被看作是正常的性体验。然而，如果孩子们的年龄相差较大，而年龄较小的孩子是被强迫的，那么他（她）会感觉到不舒服。在这种情况下，不存在双方的同意，那么非同意的性行为就是性滥用。

要确定一件儿童性滥用事件是真实的，这是极端困难的。乱伦禁忌对于阻止这类事情的传播和曝光极端有效，但对于阻止这类事件的发生却没有多大效果。

绝大多数的乱伦行为发生在孩子的家里。孩子通常被引诱或被强迫，但却并不是身体上的暴力，孩子们的年龄从几个月大到成年人，虽然绝大多数报告表明是未成年人。[34]孩子们通常并不倾向于去报告这类性滥用，因为他们通常对侵犯者忠诚，并且知道随之而来的现实性的恐惧，对于他们自己，对于侵犯者以及对于他们的家庭。

乱伦的原因

为什么乱伦会发生？社会学家长期以来的认识表明人们通常是在用性行为方式获得非性的报酬，比如说一个未成年的男孩希望与他的女朋友发生性交，首要的原因不是因为他爱她或者得到性的满足，而是希望以此加强其在伙伴中的地位，并且满足自我（非性的报酬）。

成年人由于害怕被其他成年人拒绝，而将目光转向了儿童。儿童是不会威胁他们的，而且会无条件地去爱、去信任。这种希望被人接受的需要使得成年人可能将其发展为主动的性行为（尤其是当这个成年人儿童时代曾经被性滥用，那么可能性就更大），因此，很多人认为性行为表明了终极的被人接受以及自我的满足。大多数的儿童猥亵者并不倾向于去伤害受害者，他们是心理需要的匮乏者，他们需要用孩子来帮助自己赢得情感生存的战争。

乱伦的影响

布莱尔·加斯第斯和丽塔·加斯第斯（Blair Justice and Rita Justice）研究了乱伦在三

个不同时间点上的后果：乱伦发生时、乱伦发现时以及未来许多年的长期影响。[35]很重要的一点是，要明白乱伦是家庭系统毁灭的征兆。

首先，我们来看一下乱伦发生时。一个女儿与她的父亲发生性关系，通常会使得她得到对于其父亲特殊的权力，她控制了一个重要的秘密。这个女儿可能得到来自父亲的特殊照顾，这会使得其他的孩子（甚至包括母亲）产生嫉妒。角色错位经常发生。这个女孩仍然是一个孩子，但有的时候她是父亲的一个爱人和平等的人。受害者被剥夺了她们自己去探索和发现自身的性存在的机会，或者基于她们自己的选择而与其伙伴性交往的机会。相反的，这种正常的性的发展被成年人强加给她们的性滥用行为给破坏了。女儿经常不知道她的父亲是要做出父亲的还是恋人的行为，所以她对何时或是否以孩子或伴侣的行为回应
134 父亲感到困惑。对于这个女儿，母亲可能成为既是家长又是竞争者的角色，其他孩子也可能很困惑，到底谁说了算，以及如何去与他们的这个拥有特权的姐妹相处。在这种乱伦家庭中的父亲，可能会变得嫉妒和对女儿的占有欲过强。

女儿长大些以后，她希望获得更多的独立，并且希望与其他小伙伴更多地待在一起，通常她逐渐对她父亲的占有感到愤怒，为了摆脱其父亲，她有可能离家出走或者告诉某个人关于乱伦的事情。或者她可能消极地遵守父亲的法令，比如在外面待到很晚才回家，直到父亲睡觉以后。有一小部分这样的乱伦事件由于女儿的怀孕被揭露出来。（从遗传的角度讲，乱伦生育的孩子会有很多不好的后果。后代更加可能低智商、行为困难以及伴有各种遗传疾病。）[36]有时乱伦由母亲发现，她们很可能试图通过报警阻止这样的行为。（有时母亲虽然发现了乱伦，但仍然会保持沉默。）

如果乱伦被报警，同时父亲受到犯罪起诉，整个家庭会陷入痛苦的、耗费时间的、困扰的以及花费巨大的法律程序之中。当进入法律程序，女儿通常会被询问一些令人尴尬和羞辱的问题，女儿有时会感觉到她的关于乱伦的理由是无法让人相信的。也许她感到这种羞愧是她的而不是她的父亲的。一旦她以一个乱伦受害者的身份为公众所知道，有时她可能会被别的男性以性的方式去接近，这些男性视她为“公平游戏”。[37]通常，为了避免她受到进一步的侵害，她会被从家中带走。另外，父亲和母亲必须忍受可想而知的尴尬和羞愧。他们的婚姻可能变得非常脆弱，最终以离婚收场。

乱伦的长期影响对孩子们来说是不同的，特别是年龄很小的孩子，往往不会完全意识到乱伦行为的严重性，从而倾向于较少受到罪恶感的困扰，而年龄大一些的孩子则不是这样的。然而，这些年轻的孩子也始终存在着一种危险，那就是她们长大以后，当她们逐渐意识到社会对乱伦的诅咒，她们开始会为自己感到羞耻。对女儿来讲，长期的影响包括低自我评价、罪恶感、沮丧和恐惧。[38]

女儿有时可能对父母双方感到愤怒，因为她感到父母没有保护她，并且怨恨父亲的所作所为。更多的时候她相信自己应该为所发生的事情蒙羞，她感到自己不干净，并且视自己为没有价值的，或者觉得自己是“破罐子”。由于她的罪恶感和愤怒，在未来的岁月中，

她往往会遇到性方面的困难，并且在与其他男性建立关系时无所适从。她同样难以信任男性，因为她曾经被她十分信任的父亲背叛和深深地伤害了。一些受害者通过自暴自弃的行为来寻求解脱痛苦和孤独，这些行为包括卖淫、吸毒和自杀。

如果乱伦没有被揭发而继续保持，同时受害者是一个年龄较大的孩子，那么她可能会通过离家出走来躲避对方。如果她确实这样做了，那么有更大的可能性，她将为了生存而成为一个妓女，并且染上毒品。发生这些的部分原因是她从乱伦中得到的不良的影响，那就是她的性对男人是有价值的。她也可能会错误地意识到，性是她最有价值的财产。她很可能通过滥用毒品来逃避她所陷入的困境。

一些受害者在其整个童年阶段都会试图否认或掩盖乱伦带来的创伤。当这些受害者长大以后，她们很有可能会在与他人建立关系的过程中存在障碍。因为人际关系建立在信任的基础上，而受害者对别人的最根本的信任（以及她们信任自己对别人判断的能力）已经被彻底地摧毁了，她们常常害怕与他人交往所可能带来的痛苦和失望。许多这样的成年受害者最终会意识到这只是她们在孩子时所受到的创伤，所以，强烈建议对这些受害者给予治疗，以帮助她们结束痛苦，并且帮助她们认识到乱伦只是她们被她们所信任的某个人背叛了。

对乱伦的治疗

虽然乱伦只是困扰这样的家庭的一个难题，但却是最重大的。治疗这样的家庭是困难和复杂的。在过去，当乱伦事件被揭发以后，受害者（通常是一个未成年女孩）一般会被送往庇护所，这样却会更深地伤害她。这种行为像是把性丑闻在当地社区公之于众。通常情况下，邻居、亲戚和朋友们会觉得震惊，并且开始疏远乱伦家庭中的每一个成员。这一打击会加剧夫妻之间的冲突，并且通常导致家庭的永久解体。在一些社区，丈夫会被隔离起来，这也将会加深家庭的冲突。在最近几年，一些社会服务机构开始试图维持乱伦家庭 135
的完整，尤其是当三方成员（丈夫、妻子和受害者）共同表达了希望维持家庭的意愿之后。一个典型的干预机制是必要的，那就是父亲要离开家六个月到一年，在此期间，所有的家庭成员都要接受单独的和共同的治疗。在这段时间，丈夫意识到对于他的妻子和女儿来讲，他必须为乱伦行为负完全责任，他为所做的感到抱歉，他需要做到生活方式和价值观念的转变，以使得这样的行为永远不会再发生。没有乱伦行为的一方家长通常是母亲，她们要做的是学会自信。母亲和女儿之间的关系同样需要干预治疗加以改善，因为通常来讲，这一关系受到了严重的破坏，受害者（通常是女儿）通过帮助战胜愤怒、罪恶感和困扰。最终，所有的家庭成员共同接受治疗，以帮助他们建立一个健康的、功能良好的家庭系统，对他们来说这也许还是第一次。

强奸

强迫性性行为是一种美国非常常见的暴力犯罪，每年有超过 9 万例案件，并且有远远超过这个数字的案件没有被报告[39]，强奸的受害者往往有多种原因使她们对是否报案非常犹豫。她们感到报案对她们不会有什么帮助，因为事情已经发生了，她们害怕警官将会问起一些令人感到羞辱的问题。她们对是否起诉感到很勉强，因为她们害怕这所引起的公众和熟人的反应，这包括她们的朋友和丈夫。许多人害怕如果她们报案，罪犯可能再次伤害她们。一些人试图通过不去想它，或者不做任何关于它的事情以达到忘记的目的。另外一些人没有报案，因为她们不想在法庭上指证。但也许女性不报案的最普遍的一个原因，是因为她们通常强烈地感到，她们在一定程度上对强奸的发生负有责任，在熟人之间的强奸这种最为常见的类型中，尤其是这样的。

在许多州，强奸被定义为一种由男性才能实施的犯罪，但事实并非必然如此。虽然绝大部分的强奸受害者是被男性所强奸（通常在监狱中），但也有一些人是被女性强奸的。[40]研究显示，男性在愤怒和恐惧的情绪之下，可以导致勃起[41]，这就使得女性对男性的强奸成为可能。研究同样指出，被女性所强奸的男性受害者所表现出的强奸创伤综合征与女性受害者的症状（下文将描述）非常相似。

西雅图曾发生一起女性强奸男性的非常不同寻常的案件。莱托纽（Letourneau）女士是一位受人尊敬的中学教师，她已婚，34 岁，并且是 4 个孩子的母亲。1997 年，她被控强奸一个曾经是她学生的 13 岁男孩，她承认与这个男孩有长达 6 个月的性关系，并且因此而怀孕并产下了一个女婴。在 1997 年 11 月，法院以她对一个男孩犯二级强奸罪而判决其入狱 6 个月，以及参加为期 3 年的对性犯罪者实施的治疗计划。（几个月以后，她违反缓刑条例而与这个男孩再次发生性关系，她因此被法庭判决入狱服刑超过 7 年。）

对于强奸犯来说，并没有一个通用的脸谱。强奸犯实施强奸的动机各有不同，与是否有犯罪前科、教育程度、职业、婚姻状况等等都没有关系。在大多数的强奸案中，强奸实施者与他（她）的受害者之间彼此认识，并且熟悉到一定程度，彼此知道对方名字。绝大多数的强奸案件是约会强奸，这与人们通常认为强奸者是一个陌生人的观念相反。

强奸首先是一种侵犯行为，其次才是一种性行为。强奸是侵犯的一种表现方式。

许多人错误地以为强奸之所以发生是因为强奸实施者控制其性冲动的能力薄弱或者他是“性欲太强”。事实上，这种没有控制住的侵犯行为给他们带来的满足（如果有的话）并非来自于性，而是来自于愤怒的表达或者通过对别人身体的极端暴行体现出的控制。

强奸者有多种典型类型，这取决于几个变量。一个直观的模式由格罗思发展而来[42]，他把强奸者分为三类：愤怒的强奸者、有权势的强奸者和虐待狂强奸者。

愤怒的强奸者实施其行为是为了释放其极端愤怒的情绪。在袭击行为中他们表现残忍，对于受害者采用远远超过只是为了得到性而采取的手段。他们的目标是伤害和凌辱受害者，暴力性行为是他们凌辱受害者的极端武器。

有权势的强奸者的兴趣是为了占有受害者的身体，而不是伤害她们。他们的行为表现出
136 的是情感的不满足以及对控制受害者感兴趣。他们只是使用必要的暴力以使对方顺从。有时

他们会绑架，并且扣留受害者达很长一段时间，很可能多次强迫受害者与其发生性关系。

虐待狂强奸者因侵犯而产生性欲，也就是说，他们的暴力侵犯行为产生了性唤起。他们从受害者的受折磨和痛苦中得到巨大的满足感。他们的侵犯行为往往具有仪式性，并且常常捆绑和鞭打受害者，尤其对受害者的性器官。

我们生活在一个鼓励侵犯但却压抑性的社会。在美国，男性被社会化为具备侵略性的，这包括获得性的满足方面。比如说，男性通常被认为需要在性行为中扮演主动性的角色。在美国的文化中，性和侵略性常常陷入混淆和结合。而在瑞典的社会文化中，关于性的信息非常容易从大众传媒中获得，但侵略性的描述内容却不容易得到，瑞典社会中的强奸案件发生率很低。正如珍妮特·海德（Janet Hyde）所说，在人的社会化中，性与侵略性的混淆可能导致男性实施强奸。

> 从而，对于一些对于其角色感到缺乏安全感的男性来讲，也许强奸是一种证明男性气概的方法。因为这个原因，青年强奸者较高的统计数字变得可以理解了。年轻的强奸者只是一些试图适应其成年人角色的年轻人而已，他们对自己的新角色感到缺乏安全感，他们强奸是为了证明其成为了男人。另外，异性恋是男性气质的一个重要组成部分。强奸一位女性是以一种糟糕的方式去证明自己确实是异性恋者。[43]

约会强奸

斯托克曼-约翰逊（Struckman-Johnson）所做的一项针对大学女生的研究表明，22%的女生至少有一次成为了约会强奸的受害者。[44]这项研究表明，约会强奸并不少见。

通过一些约会强奸案，我们似乎可以发现这些案件是由于部分男性头脑中存在的错误观念而产生的后果，这些错误观念有：如果某个男人为女人花了钱，他即获得（或者她含蓄地表达了同意）了与对方发生性关系的权力。我们对于约会关系的传统观念是如果女性说“不要”，她的真正意思是“要”。不幸的是，各类大众媒介总是掺杂了这类错误的信息，比如约翰·韦恩（John Wayne）式的经典影片《巴黎最后的探戈》（*Last Tango in Paris*）和《乱世佳人》（*Gone With the Wind*）。这些影视作品中潜含的信息是，真正的男人通过对女性进行性的攻击而获得权力、地位和性的满足——这是一种多么危险的信息啊！

利昂（Leon），一个大学生，向我们描述了引起他进行约会强奸的心理过程：

> 是时候采取行动了。今晚当我把一个真正的男人该是什么样的展示给她的时候，她的每一个梦想都将变成现实。今晚将会以一个她永远不会忘记的完美时刻结束。从我开始勾搭上她的那一刻起，我就知道她想要的并不仅是晚餐和舞会。我的意思是说，我注意到她的穿着，那些花哨的首饰，她打扮得非常性感，这说明她给我的感觉并没有错。现在她已经同意到我的地方去喝一杯，我们可以按照理想的方式来结束夜晚。我会在沙发上靠得离她更近一些，把我的胳膊搭在她的肩膀上，亲吻她的脖子……她真的以为推开我，并且说“不要”会阻止我吗？我想所有的女人都会玩这个

把戏。我为了这个约会花了这么多精力，现在是她补偿我的时候了。伙计，那帮哥们
儿一定想要知道我俘获了这么优雅的一个女孩。即使她真的不想要，我这么强壮，她
137 也不可能阻止我。另外，谁不知道呢？当一个女人说“不要”的时候，她真正想说的
是“要”。

绝大多数的约会强奸并没有报案。事实上许多女性受害者并没有觉得这种性侵犯使她们很受伤。[45]因为，许多受害者认为她们自己已经“爱上了”对方，有一种倾向认为强奸在双方可接受的行为界限之内。

凯宁（Kanin）研究了71位自己承认有过强奸行为的未婚男性大学生，并且把他们与作为控制组的一般未婚大学生进行比较。[46]这些约会强奸者倾向于具有性的进攻性。当被问到每隔多长时间想去勾引一个新的女孩的时候，他们中有62%的人回答说，基本“每时每刻”，而控制组当中只有19%的人这样回答。这些约会强奸者还报告他们更可能在他们的约会中采用多种多样的操纵对方的手段，包括甜言蜜语、用酒或药品来麻痹对方、虚伪地许诺将与对方长期交往或者许诺与其结婚。

预防约会强奸的教育计划需要在初等、中等、高等教育机构中实行，针对约会强奸的法律同样需要更严格地执行。娱乐业和我们的社会需要停止对强奸行为的宣扬，并且开始把约会强奸是一种潜在的足以毁灭受害者的严重犯罪的思想传递给公众。公众（尤其男性）需要牢记去询问与他们约会的女性是否想要性，这比强迫她们要好得多，男人需要学会明白女人说“不要”就是“不要”。

136 **专栏 5.3　轮奸团伙**

人类学家佩吉·桑迪（Peggy Sanday）分析了一些为公众所知的轮奸案件，她总结这些轮奸案有两个特征：（1）这些男性成员结成紧密的团伙；（2）他们凌辱女性受害者并且控制她们。通常，受害者被灌醉或者被药品迷晕，所以受害者完全失去知觉。（当轮奸案件发生的时候，许多团伙的成员也会感觉到迷醉。）

桑迪进一步总结，轮奸案件的发生本质上是由一种群体亚文化造成的，在这种文化中的群体成员被社会化为男性至高主义者，并且创造出了一个易于引起强奸案发生的环境。在这种群体中，群体成员被社会化为以对群体的忠诚为荣，而超越他们自己的价值和道德。有时，轮奸案件在法庭审判的时候，这些男性犯罪者会说他们并没有意识到他们的行为是错的或者违法的。

在桑迪所调查的一个团伙中，失去知觉的受害者被多名XYZ（出于保护的原因而改换了名字）成员强奸，他们站成一排，像一列火车的一个个车厢，轮流强奸受害者。团伙成员称这种行为是“XYZ快车”，意思是说，像一列特快列车。桑迪总结道：“社会意识而不是人的本性使得男性凌辱女性。”（12页）

资料来源：Peggy R. Sanday, *Fraternity Gang Rape*, New York: New York University Press, 1990。

强奸对受害者的影响

伯吉斯（Burgess）和霍姆斯特龙（Holmstrom）研究发现强奸对于受害者来说是个巨大的危机，其影响常常持续 6 个月或者更长的时间。[47]他们分析了 92 位强奸受害者的反应，并且发现她们经历了一系列的情感变化，这些变化被学者们称作“强奸创伤综合征”。[48]

“强奸创伤综合征”经历两个阶段：激烈反应阶段和长期重构阶段。激烈反应阶段开始于强奸（或强奸未遂）发生之后，并且可能持续几周，受害者有非常情绪化的反应，她们很可能大哭，并且感觉到愤怒、耻辱、恐惧、紧张、焦虑以及强烈的复仇欲望。在这一阶段中，受害者还会常常表现出强制自我控制的反应，她们假装或者否认她们的真实感受，而表现出冷静、安定和克制。受害者在这一阶段也会经历许多生理上的反应，比如胃疼、头疼、失眠和焦虑。此外，一些被强迫口交的女性报告咽喉受伤并感到疼痛。一些被强迫肛交的受害者报告肛门疼痛和出血。这一阶段受害者受两种情绪的支配：恐惧和自责。一些女性害怕再次受到类似的暴力伤害或者恐惧在伤害中被谋杀；一些受害者倾向于自责，也包括一些其他人对她们有类似的责备。这些女性常常陷入长时间的痛苦的自责之中，她们认为是她们的行为引起了强奸的发生或者她们应该做些什么来反抗强奸者。通常的自我责备有：“如果我没有一个人走路就好了”，“如果我锁好了门就好了”，“如果我没有穿那件紧身运动衫就好了”，“如果我没有蠢到去相信这个浑蛋就好了”。

紧随激烈反应阶段，在长期重构阶段过程中，受害者可能经历多种多样的挫折，这些情况因人而异。比如说，一些女性在户外被强奸，可能引起她们害怕出门，而那些在室内被强奸的女性则害怕待在室内。一些人无法重返工作，尤其是当强奸发生在工作中的时候。一些受害者辞去工作，并且会保持失业状态很长一段时间。许多人害怕强奸者会找到她们并再次伤害她们，而选择搬家（有时搬好几次），改换电话号码或用一个假号码。一些受害者产生性恐惧，这将阻止或延迟她们重返正常的性生活。在一些案件中，受害者需要好几年才能恢复先前的生活方式。

此外，如果受害者向警方报案，则警方的调查和讯问（如果有的话）是一个她们将会面对的更严重的危机。警方和法庭一贯有凌辱和无情对待受害者的历史。有时警方会假定受害者是在编造整个事件，或者认为她并非被迫地与对方发生性关系，但事后她却改变了主意。警方常常问一些有关强奸过程中非常令人尴尬的细节问题，而毫无同情怜悯之心。在法庭上，通常辩护律师会指责是受害人勾引被辩护者但现在却称其为强奸。受害者有时的感受是她们在接受审讯。幸运的是，一些警察部门近来成立了一些配备了受过特殊训练的警官的更加人性化的犯罪调查机构，来调查强奸案件和儿童性伤害案件。通过这些机构，受害者减小了被权威再次伤害的可能性。同时，一些州执行了庇护证据法律制度，它
禁止辩护律师询问受害者关于此前的性经历的问题（除了与强奸者之间的）。而在过去， 138
辩护律师有时力图证明受害者是不检点的，并且很可能是在勾引被辩护者。

伯吉斯和霍姆斯特龙强烈建议给受害者以这些直接的帮助：

- 对受害者提供支持并让其发泄情感。
- 在医学检查和警方询问时对受害者给予支持和保护。
- 警方讯问时对受害者提供同样的支持。
- 提供更进一步的咨询服务。[49]

伯吉斯和霍姆斯特龙还指出由于大多数的强奸事件并没有报告警方，因此许多未报告者有沉默的强奸后遗症[50]。这些没有报案的受害者，不仅没有报警，甚至于没有将此事告诉任何人。虽然未报案者很可能经历和报案者同样的后遗症，但是未报案者因为没有任何渠道去表达或者发泄她们的情绪，因此所受的痛苦、创伤常常更重。一些未报案受害者事实上会因为其他问题而寻求专家咨询，比如沮丧、焦虑或者缺乏性快感。通常，会发现这些问题乃是由于强奸而引起的。强烈建议有过不为人知的被强奸经历的女性说出她们被强奸的经历，她们因此可以逐渐学会战胜它。一些社区现在有了强奸危机中心，来为受害者提供咨询、医疗服务和法律服务。

138～139

专栏 5.4　如何阻止强奸

有很多建议帮助女性阻止和反抗强奸。这些建议包括使用安全的门锁，不在夜间独自行走以及学习防身术，比如柔道、合气道、跆拳道。遇到情况时，表现坚定也许是另外一个阻止强奸发生的有效途径，当面对不情愿的性时很坚定地说“不要”，这对于阻止熟人之间发生强奸是非常有用的。① 有规律的锻炼以保持一个好身体状态也是一条建议，这样当面对危险时可以有勇气反抗并且可以快速逃跑。一些专家建议，用手指插袭击者的眼睛或者用膝盖踢他的下身。其他一些专家建议，每一位女性当面对袭击时都应该运用心理战略，比如告诉强奸者自己患有宫颈癌或某种可传播的性病（比如说艾滋病）。如果这些方法都失败了，一些专家建议，可以通过用手指挖自己的喉咙，引起恶心并呕吐在强奸者身上。还有一个最后的防线是尿在他的身上。每一位女性有一条策略或者一套办法在遇到袭击的时候来采用，这是非常重要的。没有任何一组建议可以适用于所有的情况，因为强奸者对于受害者反抗的反应很不相同，这取决于他是有权势、愤怒的，还是虐待狂强奸者。因此，任何女性只要能够保住性命，就应该被视作成功地运用了策略。

从更深的社会学层面讲，女性主义学者强烈认为只有改变现有的性别角色社会化机制，才可以消除强奸，如果做得到，确实可以起作用。玛格丽特·米德（Margaret Mead）指出强奸在那些男性被社会化为和平的而非侵略性的社会中并不会发生。② 要想迅速地减少强奸，珍妮特·S·海德（Janet S. Hyde）建议在社会化过程中应该有如下的改变：

> 如果小男孩没有被巨大的压力塑造成侵略性的和粗暴的，也许他们永远不会成为强奸者。如果男青年没有必要非表现得很男性化，也许他们不会成为强奸者……
>
> 女性的社会化方式同样需要加以改变，尤其是如果女性要成为一个好的自我保护者。虚弱显然不是人类理想的气质特征，所以它也不应该被认为是女性的气质特征，尤其因为虚弱使得女性易于成为强奸受害者……当一些人认为联邦政府规定女孩必须与男孩建立对等的运动队是很可笑的时候，他们没有认识到，正是女性缺乏运动训练导致她们很可能成为强奸受害者。
>
> 最后，不管对男性还是女性，我们都需要理性地重建关于性的观念。只要女性仍然被希望装作对性不感兴趣，同时男性和女性在约会时总是要玩这个游戏，强奸就不可能消失。③

①Janet S. Hyde, *Understanding Human Sexuality*, 5th ed. (New York: McGraw-Hill, 1994), 496.

②Margaret Mead, *Sex and Temperament in Three Primitive Societies* (New York: Morrow, 1935).

③Hyde, *Understanding Human Sexuality*, 498.

裸露癖和窥阴癖

裸露癖和窥阴癖常常被人们称作“flashers”和“Peeping Toms”。他们常常让人觉得厌恶，但却不被认为会对社会或个人造成严重威胁。当然，针对孩子的这种行为更加引起人们的警惕，并越加可耻。事实上，人们对此应当给予更多的关注，因为研究表明，裸露癖和窥阴癖者倾向于采取更具伤害性的性侵犯行为，比如猥亵儿童和强奸。[51]这一发现与人们认为裸露癖和窥阴癖并不大可能从事更具危害的性行为的传统观念相反。

在某种程度上，也许我们所有人都有过暴露身体在别人面前的经历。裸泳已经流行了很长一段时间，即一些人到海滩上去展示他们的身体。许多年前，裸奔（在高等校园或其他场所的裸体奔跑）很流行。在公众面前露出一半的屁股在高中和大学生中间很时尚。然而，裸露癖把他的生殖器暴露在无防备的陌生人面前的时候，他们可以极大地被性唤起。裸露癖也许不能通过其他更正常一些的性表达方式来获得性唤起，但却可以通过暴露生殖器而迅速产生冲动。对裸露癖来说，暴露不是偶尔的戏耍，而是有计划的经常重复发生的行为。

窥阴癖被定义为偷窥没穿衣服的人，观看他人的性活动，但却并不为别人所知或者许可。在一定程度上，我们中的绝大多数人都可以从下面这些行为中的至少一种中发现乐趣：观看杂志中裸体或半裸体的人体图片；去有裸体舞表演的夜总会；去成人电影院；看我们的性伴侣裸体；在公共场所发现别人的优美体形。然而必须指出，侵犯别人隐私的偷窥行为是为人不齿的，是违反受害人意愿的威胁。

有裸露和窥阴行为者可能来自于我们社会中各种看起来和表现得都很“正常”的人。

结构性性行为差异

这一类包括卖淫、色情品和同性恋。如前文中所提到的类别（反社会的性行为差异），这一类行为也并不符合主流的行为标准和法律条例。不同之处在于这一类行为支持社会结构并且参与的人很多。

卖淫

卖淫是多样的、出卖性的行为，是“世界上最古老的职业”。认为卖淫是不道德的人们把卖淫看作是一个社会问题，因为人们用性去换取金钱而不是表达爱或者生育。视卖淫为不道德行为的人们还认为卖淫危害了单偶制（只与一个人有性关系）的价值观。

其他一些人认为卖淫是一种社会问题，一定程度上是因为卖淫为性传播疾病的传播提供了便利，纵容了卖淫者和其帮凶绑架勒索嫖客，并且发展了有组织犯罪。一些人认为卖淫在社会中有如下的不良影响，而将其视为社会问题：

- 街道上充满诱惑和虚度。
- 吸引不受欢迎的人（一些嫖客声名狼藉或者是罪犯）。
- 良家女子在附近行走的话很难不被潜在的嫖客勾搭和惹恼。
- 对居住在那个区域内的孩子有很不好的影响。
- 生活于那个区域的男性很难不被勾搭和惹恼。
- 由其吸引来的其他行业将会降低财富价值并常常引起物业价值严重受损。

除了内华达州的几个县，在美国的每一个州，卖淫都不合法。虽然卖淫已经在我们的社会中存在了几十年并且在世界上存在了几千年。

美国的卖淫现象现在有两个潜在的趋势。一方面，卖淫的广告越来越公开：中心城市
140 的街头妓女在街头拉客越来越公开。与此同时，妓女的数量和需求妓女的人都表现出在逐渐下降。要估计妓女的人数是非常困难的，但有一些证据表明，目前的妓女人数也许只有40年前的一半。[52]要获得关于妓女数量的信息也是困难的，因为妓女不愿意向政府公开她们的职业，因为那是非法的。而且，除此之外，还有很多并非全职的妓女，有的人有全职的工作或者是高中生、大学生。1948年，金赛发现，69%的白人男性有过一定数量的嫖妓经历。[53]1994年，芝加哥大学的全国民意调查中心调查发现，有过购买性行为的人下降到16%。[54]

妓女数量下降的一个主要的原因是对女性来说的性道德观发生了很大的变化，那些认为婚前性行为对女性是一种羞耻的人急遽下降了。对于已婚和未婚的人来说，寻找性的渠道增加了，许多男性不再需要去寻找妓女了。帕冷引用了一位年龄较大的妓女的话来印证

这一点："如果大学的女孩免费的话，为什么约翰（顾客）一定要来付钱给我们呢？"[55]另一个原因是对艾滋病的恐惧。（因为妓女的性伴侣很多，她们是艾滋病病毒感染的高危人群。）据估计，美国街头妓女中的40%左右可能已经感染艾滋病病毒，这种高感染率的一个主要原因是她们的情人往往是一位吸毒者。[56]最近的研究指出，妓女越来越试图让顾客使用安全套，但许多顾客拒绝这样做。研究也指出，越来越多的艾滋病病毒携带者继续找妓女，尤其是那些街头妓女。[57]

卖淫的形式

对一般公众而言，卖淫就是"出卖性"。这个定义有些问题。一个女人或者男人如果因为金钱而与人结婚的话是否就是一个娼妓呢？一个人通过性交易换取了职位的升迁是否就是一个娼妓呢？如果一个人与其情人搬入一个新社区，而对方付了大多数钱，那么这个人是娼妓吗？要避免出现这些难题，上面的定义需要加以限制，一个娼妓是指通过卖淫获得大部分收入来源，接受很多的顾客，并且与客户没有任何感情联系。至少有5种形式的卖淫涵盖在这一定义之中，如下面将要讨论的：

（1）**电话女郎**是职业妓女中地位和收入最高的一种。一般来讲，她们20多岁，穿着时尚，生活方式奢华。正如这一名称所表明的，电话女郎绝大部分的约会通过电话进行，并且可以对她们的顾客进行挑选。她们大部分与新顾客的会面是通过其他顾客的私人介绍。很多人一晚上的要价在数百美元，同时还有一些人被某个富有的顾客包养在一套公寓里，一些人真的与这样的顾客结了婚。这种最高级妓女的生活对她们和其他妓女来说常常富于吸引力的，收入也很不错。

（2）低于电话女郎一级的是**吧台女郎**，她们工作在酒店的大堂、酒吧或者类似这样的地方。许多人被酒吧男服务生、酒吧老板、安全工作人员或者皮条客组织起来而与顾客接触。吧台女郎对顾客可以有一定的挑选余地。她们的报酬低于电话女郎，并且接客更多。一些吧台女郎从前曾经是电话女郎，但因为年龄的原因或者其他原因而逐渐丧失了吸引力。

（3）**妓院女郎**或**候客女郎**工作并且有时还生活在妓院（妓院或者专用于卖淫的场所的数量有所下降，但在内华达州的几个县是合法的）当中。妓院的拥有者多为较年长的女性，通常是一位年老退休的妓女。夫人雇用、训练和监督女孩们；从每次交易中抽取一个很高比例的分成；并会很快解雇那些不能吸引顾客的女郎。有组织的犯罪在妓院中特别活跃，因为有必要（除了妓院合法的内华达州）给警察和警官好处以保护妓院免受骚扰。在大多数的城市，妓院被按摩室和私人"健康俱乐部"取代了。

（4）**街头妓女**直接在大街上揽客，她们把顾客带到一家便宜的旅馆或住所或者直接在顾客的汽车里提供服务。街头女郎会很快结束工作并在半个小时或差不多的时间内返回街头。有些人曾经有过更好的时光，或者她们现在已经青春不再了；一些人只有14岁或者15岁。街头女郎挣钱更少，她们更可能受到骚扰或者被地方警察部门逮捕。她们通常被视为是社会痼疾。大多数街头女郎与某个皮条客有联系，相关内容后面再谈。

(5) **男妓**比妓女要少见。多数关于卖淫的法律条例是只针对女性的。异性恋的男妓就更加少见了，他们绝大多数是同性恋者。他们中的一些人被女性作为情人包养。有证据表明，随着保安服务行业的发展，一些男性保镖也会对女性提供性服务。

141 有几种类型的同性恋男妓。街头男妓地位最低并且常常是青少年，他们在街上揽客。大多数街头男妓视自己为异性恋者并且觉得他们的行为只是为了谋生而已。酒吧男妓，他们通常是成年人，在酒吧中揽客。在一些更大的城市，有**妓院男孩**或**候客男孩**，但通常他们并不在工作地点居住，工作地点往往是一所提供男性卖淫的房子。"house boy"这个词用于指同性恋社区时常常有另外的意思，意指他们靠房屋所有者生活，但他们对对方有性义务。**被包养男孩**或**情夫**与情人相似，他被一位富有的男性包养在一套公寓中或家中。**电话男孩**，近似于电话女郎，他们的地位最高，在一处公寓或者酒店中工作，他们有一群客户可供挑选。

妓女一般被认为来自于低和中低的社会阶层。虽然研究很少，但有证据表明这些女孩与父母之间缺乏温暖，尤其是与她们的父亲，她们的父亲常常酗酒、有暴力倾向或者她们从小没有父亲。很多女孩的家庭是破裂的，一些人是被收养长大的。在她们的青少年时期，许多人表现出很孤独，没有亲近的朋友。在她们卖淫之前可能有过低收入的工作（比如，护士、售货员、服务员等等）。一些人的自我评价低，这也许是她们选择一个非常为人所不齿的职业的原因。许多人在青少年时期行为放浪，许多人是童年期间性侵害的受害者。[58]

从行为放浪到真正把自己看作为卖淫女这一过程看起来是一个缓慢的转变，而并非一个突然的决定。青少年，尤其是离家出走者很可能陷入这一行业，因为她们没有其他办法去挣钱。慢慢地，离家出走的女孩开始使用性去交换钱（常常是为了购买食物和衣服），并且逐渐开始更多地这样做。一些女性是受到了其他妓女的引诱，这些妓女教给她们交易的技巧——如何揽客、如何应付粗暴的顾客、如何识别警察等等。有一些人被"皮条客"（一个通常会控制几个女性的男性）引诱。皮条客为他的女人找顾客，为她们安排住所，保护她们免受顾客骚扰，当她们被捕后缴纳保释金，并且从她们的收入中抽取一部分。

一些妓女，尤其是电话女郎，对她们的工作感到愉快。她们发现生活令人激动、很迷人，并且比别的工作所需更少。比如说，有一位电话女郎，她为在费城和纽约的商务旅行客户提供性服务：

> 我来到会面的地点，仿佛我在童话般的世界里。我告诉自己："好的，你只是需要钱，然后你可以不干了，可以去找个工作或者什么别的……你和其他女孩不一样，她们一辈子都要做这个。"
>
> 一年以后，我达到了可以坦诚接纳自己想法的阶段，我喜欢这个行业。它有一种

> 我真正喜欢的活力，你交往的都是真正的人物。一些女孩讨厌他们这些人的假面具，而我不。我能够真正进入付出与回报的角色。我喜欢这样的性，我喜欢这样的身体接触。对我而言，这不只是流水线作业。几个月以前，一个家伙带我去波多黎各旅游了5天。是的，我去是为了工作，但也给我带来了极大的乐趣，我们双方都很快乐。
>
> 当然，你总会时不时碰到一些古怪和令人讨厌的家伙，但是所有的工作当中都会碰到啊。许多女孩不能承认她们有多么喜欢这项工作，她们内心不愿意让自己去面对它，她们不得不把内心所想重新调个个儿，然后它就会迸发出来，你会看到它并且能够说“我真的喜欢这样”。[59]

金斯利·戴维斯（Kingsley Davis）指出，一个真正令人疑惑的问题是，妓女的报酬丰厚，可以和有魅力的人交往，可以有机会建立浪漫的关系，但是为什么更多的女孩没有选择成为妓女？许多女孩相反选择了单调乏味的低收入的工作，比如说服务员、秘书工作。[60]一个主要的原因当然是许多人认为妓女是一种道德错误或者令人厌恶。她们不喜欢这种恶名以及带有侵犯性的顾客。“妓女”这项工作对于那些年老色衰的人来讲，从事的可能性也很小。此外，正如前面提到的，妓女感染艾滋病病毒的危险性很大。

当然，街上拉客的妓女既不会觉得工作迷人，也不会像其他类型的妓女那样获得好收入。一些街头女郎酗酒或者染上了其他毒品，她们靠卖淫来维持这些。[61]

因为卖淫受到高度指责，妓女们要保持自尊就有很多问题，诺曼·杰克曼（Norman Jackman）等人发现，妓女所声称的道德水平与其他人是一样的。[62]她们认为那些受人尊敬的男人欺骗他们的妻子比自己更虚伪。她们也觉得她们自己是为他人所需要的，正如下面的内容所指出的那样：

> 我们是他们的一切。这些想要成为医生、律师或者其他什么人的学生，以及那些老婆厌恶性的男人，还有那些男人——他们的妻子病了或离开了他们。这些男人要去做什么呢？勾引已婚的女性……或追求未成年的女孩？他们最好是来找我们。这就是 142
> 我们在这里的原因。[63]

杰克曼和他的小组发现了三种类型的妓女。[64]一种类型通过皮条客、敲诈勒索者和其他妓女来识别自己的身份，这一类人以轻蔑的眼光看待社会，将其视作伪善的、乏味的。

另外一种类型认同于美国中产阶级的价值观。她们把她们的工作与生活的其他部分区分开来，强烈认同她们的家庭，与其他的妓女基本没有联系。她们并不喜欢自己所从事的性活动，并且根本不愿意谈到性。

第三种类型作为“疏离”的一类，她们缺乏兴趣，不认同于任何人，并且常常酗酒或依赖其他药品。她们自我想象能力很低，并且不做任何努力去理性地评价她们所从事的工作。

我们可以看到很多街头女郎和皮条客之间关系的描述。一种错误的观点是认为皮条客总是使用身体暴力手段胁迫妓女为其工作。深入地看，事实并非如此，因为皮条客通常使用海洛因诱使妓女上瘾从而达到控制她们的目的。而妓女们的毒瘾要不至于把潜在的客户吓跑。

不管怎么说，事实上皮条客是在金钱和性两个方面剥削妓女。但妓女从他们双方的关系中得到了某些她们想要的东西，这一点也是事实。如前所述，皮条客要组织安排顾客，妓女遇到粗鲁的顾客的时候他们要提供必要保护，一定程度上还要帮助她们应付警察。有时一个妓女和皮条客会是情人，皮条客给妓女提供情感上的归属感，提供一种家的感觉和被人照顾的感觉。皮条客和妓女之间的这种关系可以作为与传统夫妻关系相似的情况加以解释，但夫妻的经济角色颠倒了过来：妓女挣钱，而皮条客给她安全感和一个家庭。

卖淫的原因

如上文提到的，卖淫的诱惑是工作时间相对少而收入却高。对于那些较高级的妓女来说，工作还可以是迷人的，她们有机会和名人共饮葡萄酒和共进晚餐，她们生活奢华，并且可以时常旅行。

对顾客来说，卖淫是一种相对付出较少而获得性满足的方式。卖淫使顾客体验了性的多样性而避免了通过一些更为社会所接受的性关系可能带来的责任和麻烦。年龄较大的男性或者有一定身体缺陷的男性也许发现这是他们唯一与年轻女性相遇的机会。卖淫提供方便的性满足。很多妓女争辩说，她们的客户往往与妻子之间的性生活非常乏味，但他们不愿意通过解除婚姻来获得性满足。（女性主义者谴责所有这些理由，她们认为卖淫剥削女性，妓女是发泄性欲的工具。她们还认为卖淫是关于性的典型双重标准，是男性试图控制社会的表现。）

戴维斯认为卖淫对社会发挥了重要的功能。[65]他认为，卖淫对于家庭系统的维系和儿童的社会化都是有存在价值的。他认为，许多人不能从现有的家庭关系中得到性满足。单身男性和寡妇没有合法的性满足方式；一些已婚的男性想寻找不同的性体验，因为他们已经不再能够从其婚姻性生活中得到满足；其他人，比如销售人员或者军队成员，他们常常离家很长一段时间。如果没有卖淫提供方便的、非个人情感的、无须承担什么义务的性，那么很多家庭会解体，因为男人们会和其他的女人有性关系。戴维斯指出，如果绝大多数的家庭解体了，那么将失去对儿童有效社会化的方法，社会将因此而陷入崩溃。

戴维斯进一步指出，唯一能够消灭卖淫现象的社会是那种对性完全开放无限制的社会。但在这样的一个社会中，性自由会摧毁家庭，并且使得孩子无法得到养育。因此，在戴维斯看来，卖淫对社会的危害要小于走向性开放给社会带来的危害。（应该指出，戴维斯的研究写于1937年，而现在出现了女性至上者。虽然他认为卖淫有社会功能的观点可以作为世界上所有文化的社会中都存在卖淫现象的一种解释，但仍然要指出的是，卖淫也有反社会的功能，包括显而易见的痛苦。妓女易于受暴力危害、易于感染艾滋病、人格会被贬低以及可能在不情愿的情况下怀孕。此外，如果一位妻子发现她的丈夫与一位妓女有性接触，通常其婚姻会爆发不小的冲突。）

卖淫的合法化运动 *143*

1972 年的母亲节，旧金山的一群妓女成立了一个组织，叫做COYOTE（Cast Out Your Old Tired Ethics，“扔掉你们沉重的旧道德”），其目的是改善妓女的生存环境。类似的组织在别的城市也出现了，比如 PONY（Prostitutes of New York）。这类团体具有两个目标，其一是推动卖淫合法化，其二是把妓女团结起来。女性主义运动通常会支持这些目标和组织。

合法化指改变卖淫受犯罪惩罚的现状，而力图把它纳入只需要罚款处理的轻微违法范畴之内。推动卖淫合法化的一个原因是逮捕妓女的开支太大。比如说在旧金山，每次逮捕行为的费用超过 1 000 美元，而妓女很快又会回到街上揽客。[66]

卖淫合法化引起了很多争论。1971 年内华达州的一项法律再次确认了该州的县有开设妓院的权力。人们声称卖淫有社会功能，并且会永久存在下去，而与法律无关。合法化将对妓女收入征税，并且会因此成为政府的一项财税收入来源。开设许可费会提供另外一项收入来源。合法化会减少卖淫行业中的有组织犯罪现象。对妓女进行例行的身体检查可以减少艾滋病和其他性传播疾病传播的可能性。他们还认为，妓院合法化会减少街头女郎的数量，而她们往往骚扰社区邻里。这是一种无意识的没有受害者的犯罪（比如卖淫），顾客和出卖人都自愿交易，并且基本没有抱怨。由于禁止卖淫的法律常常被人们违反，因此合法化运动的倡导者断言如果保留这样的法律将会是有害的，因为那将会导致公众对其他法律的不尊重。

在内华达州，合法化的妓院看起来运行良好。妓院从事营利性行业，给政府提供重要的税收来源，并且被当地社区很好接纳了。妓女也进行例行的身体检查。[67]

淫秽刊物

淫秽刊物

可以被定义为含有引起观看者或读者性兴奋内容的图片或文字。有趣的是，公众对淫秽刊物表现出的关注程度通常超过对卖淫现象的关注，也许因为淫秽刊物的传播更广泛并且更易于被人们看到。人们一般同意，引起人们性兴奋的东西正在变得越来越多——包括裸体杂志、限制级电影、成人书店、电视上的性（尤其是肥皂剧和有线电视台的节目）以及色情书刊。

虽然多数淫秽刊物是为男性异性恋者准备的，但也有一些为男性同性恋者准备的淫秽刊物和色情图片满足了女性异性恋者的需求。

有几种类型的淫秽刊物。含蓄的性描写杂志试图提供一些有品位的裸体图片。赤裸裸的性描写杂志则毫无限制，其内容从性交、肛交到性奴役、性虐待以及兽交什么都有。赤裸裸的性描写电影同样没有任何限制。有一种赤裸裸的性描写电影被称作“loop”，通常设在成人书店里的私人货摊，是一种投币放映机放映的短小影片。人们现在也可以得到包含赤裸裸色情内容的限制级录像带。脱衣舞女或舞男表演的现场性表演是另外一种性产业。电话色情（付费电话）使得顾客可以拨打色情电话。儿童色情包含一些儿童参与性活动的图片或电影。一些专家指出，广告中的性是另外一种色情方式，在这类广告里，敏感的和明显的性暗示被用来销售各式各样的商品。一些私人付费电视系统为了扩大收视率已经开始播放含有直白性内容的节目。淫秽刊物通过互联网也变得越来越容易得到。

大多数成年人——青少年也一样——观看过含有赤裸裸性内容的色情品。一般而言，教育程度高的人接触色情品的可能性比受教育很少的人高，同时，男性高于女性。大约五分之一到四分之一的成年男性人口经常接触赤裸裸的色情品。年轻的成年人并不经常光顾成人书店，成人书店典型的消费者是白人、已婚、中产阶级的中年人。[68]

淫秽刊物的影响

人们一般认为经常接触色情品对人会有负面影响。但也有针锋相对的观点认为色情品并不会对人们的行为造成什么影响，人们并不会去学色情品的内容。

对淫秽刊物出版发行的争论取代了人们考虑淫秽刊物实际影响何在的争论。反对淫秽
144 刊物的一派认为淫秽刊物提供的是令人厌恶的、没有品位的性内容，这些内容会引发性犯罪并且加剧性传播疾病的流行。女性主义者指出，淫秽刊物传递的内容将妇女置于受贬损的地位，置于非人化的状态。一些反对者将淫秽刊物在无害的和有潜在危害的二者之间做一个区分。他们区分出的有害的淫秽刊物包括儿童色情，因为参与的儿童可能会受到伤害。有害的淫秽刊物也可以包括不情愿的强奸内容、有暴力色彩的性，包括犯罪行为——伤害和谋杀，以及其他含有野蛮和报复的性的表现形式。含有暴力内容的性描写触发真实生活中性暴力的危险性确实是存在的。

淫秽刊物的支持者同意某些淫秽刊物的内容可能会引起一些受众的反感，但是他们确信这些内容是无害的。而且，他们还断言淫秽刊物（至少非暴力的淫秽刊物）实际上还可以减少性犯罪，而不是引起性犯罪，因为色情品是一种对被禁止性行为的替代品。支持者们还确信色情品可以增强人们适当的性的表达方式（比如使得婚姻中的性行为更有生气）。詹姆斯·麦克雷（James McCary）指出成年人对待色情品的看法有很大不同：

> 在美国，男性和女性对淫秽刊物的态度实际上是不同的。很多人认为淫秽刊物可以增长见闻，或者是有趣的；其他人则认为淫秽刊物会引起强奸或者道德堕落，或者认为它们可以改善夫妻性生活，或者可以增加夫妻性交技巧，或者最终只会导致乏味，或者会使得男性不尊重女性，或者可以满足人们正常的好奇心等等。更多人回答淫秽刊物带给他们影响是有益的，而不是相反。在那些回答淫秽刊物有害的人中，他们倾向于认为这种坏的影响是会对别人有害，而不是对他们自己有害或者对他们的熟人有害。[69]

研究结果表明，非暴力的淫秽刊物并不会对人们的长期性行为造成大的影响。（也许短时间内的性兴奋会持续几分钟到一个小时。）举例来说，布朗（Brown）等人发现，男

性观看了赤裸裸的淫秽刊物后的一周内，其性活动并没有显著的增加；只是在观看淫秽刊物的当天，手淫大大增多。[70]

带有暴力侵犯性内容的淫秽刊物的影响有两个方面。暴力色情看来会增加观看者的侵犯行为并且会影响他们关于针对女性的暴力的态度和理解。与没有看过暴力淫秽刊物的人相比，观看者在一段较长时间内倾向于受淫秽刊物影响而从事更多的侵犯性行为。研究还发现，有一类暴力淫秽刊物——认为男性针对女性的暴力性行为会引起女性的“积极”反应（比如，女性最终因为暴力性行为而被性唤起了）——会使得男性更接受对女性的暴力和他们对强奸的观念。[71]淫秽刊物最为危险的一种主题是：女性喜欢性暴力。

儿童淫秽刊物受到反对是易于理解的，因为儿童模特通常会受到不好的影响。[72]考虑到儿童的成长水平，他们不能对自己同意参加淫秽刊物这一决定有真实的理解，而潜在后果是显著的，会产生长期的心理（和生理）的伤害。因此，许多州通过法律禁止拍摄或出售涉及儿童的淫秽刊物。

淫秽刊物的另外许多危险的形式是它们试图贬低女性。淫秽刊物通常错误地把女性描绘成为性发泄对象，她们是匿名的非人化的，是有“大男子主义”的男性玩弄的会喘气的玩具，男性可以任意使用、虐待，然后抛弃。这类淫秽刊物的危险在于使一些男性在社会化中接受这一错误，他们寻求去利用女性并把她们当作性发泄对象。

审查制度

淫秽刊物的话题引起了关于审查制度的问题。美国宪法修正案的第一条是保障公民的言论出版自由。一些美国人发现淫秽刊物内容有害，因而赞成对其进行审查和禁止。审查制度剥夺了公民表达其关于什么是没有品位的，什么是有价值的看法的权利。更重要的是审查制度有被滥用的危险。历史上充斥着这样的例子，很多艺术品，现在被认为是经典的作品，曾一度被禁。曾经被禁的书籍包括：《艾丽丝仙境奇遇》（*Alice in Wonderland*）、《哈克贝利·芬恩历险记》（*Huckleberry Finn*）、《物种起源》（*On the Origin of Species*）、《鲁滨孙漂流记》（*Robinson Crusoe*），甚至还有《圣经》（*the Bible*）。莎士比亚（William Shakespeare）的戏剧过去曾经被一些学校禁止，因为它们认为这些戏剧是淫秽的。我们今天会对此觉得很可笑：不到100年前，一些博物馆还在用石膏树叶盖在经典的古罗马和古希腊人物雕像的生殖器部位上。

法庭通常不认为淫秽刊物属于宪法保护的言论出版自由之列，因此淫秽刊物、淫秽或 145
可能引起性冲动的物品可以被禁止。法庭对淫秽刊物或色情品的定义是看它们是否满足下面三个标准之一：(1)“一般人”发现它们可以引起“色欲”（色欲指引起下流行为的或性冲动的想法和愿望）；(2) 它们“以一种明显的侵犯的方式”描写或表演性活动；(3) 整体而言，它们“缺乏严肃的文学、艺术、政治或科学的价值”。[73]虽然这三个标准的单独一个难以适用，但它们合起来看就是人们在保护言论自由时候所掌握的社会尺度了。然而，要抽象地把某些东西定义为色情品和淫秽作品要比决定到底哪部电影或者哪本书是淫秽的要容易得多。前最高法院法官波特·斯图尔特（Potter Stewart）谈到一般的审查标准时说："当我看见它的时候，我就知道它是那样的。"[74]一位华盛顿观察家用讽刺的口吻说淫秽刊物"正是那种使最高法院运转的东西"[75]。

然而清楚的是，判断什么是淫秽刊物要靠读者自己的眼睛。在这个判断标准的连续统的一极是《艾丽丝仙境奇遇》这样的作品，没人会认为它们是淫秽的。判断连续统的另外一极（几乎所有人都认为属于色情淫秽且应禁止的作品）是表现赤裸裸成人与儿童之间性行为的杂志或者出现在20世纪70年代中期的"惊悚电影"（这些短片以两性性交开始，继而在银幕上出现女性被谋杀和肢解的画面）。另外，地方社会的判断标准可以有各种可能，但部分地依赖于由谁来制订这些标准。也许判断的标准只应该包括这样的问题：是否这些作品会教给人们某些可能伤害其他人的行为。

一个可行的方针是审查淫秽刊物作品是否有坏的影响。非暴力的淫秽刊物也许不会有严重的不良影响，但有大量证据表明儿童色情和暴力色情却非如此。海德总结了研究结论：

> 总体而言，我们可以得出结论，人们接触非暴力的淫秽刊物并不会对人们的性活动或侵犯行为有多大影响。然而，接触侵犯性的淫秽刊物确实会增加男性针对女性的侵犯行为，同时也会影响到男性的态度，使得他们更倾向于接受对女性的暴力方式。[76]

一个两难的困境是，将那些有不良影响的淫秽刊物宣布为非法，这可能会刺激经营这类被禁止物品的黑市的发展。

同性恋①

一位同性恋者是这样的一个人，其性兴奋和性爱的对象指向的是和他或她同一性别的人。我们使用这一定义所指的是性的指向对象，而不是偶尔与同性之间的性经历。举例来说，未成年人在性体验的阶段，也许会有一些同性性行为。一些与异性分开的人（监狱中的犯人、性别隔离的学校学生、远洋水手、在矫正学校中的青少年等等）常常在无法得到异性的时候而与同性别成员有性行为。

另一方面，一位同性恋者也可能没有任何同性间性行为——忽视或者否认自己是同性恋，或者只是要表现得是个异性恋者。

---

① 本书在这里把同性恋和卖淫与淫秽刊物共同讨论，并不表明作者有这样的判断，即同性恋是令人期望的或者是令人反感的。同性恋是"先天的"或者"后天的"还没有被科学研究所证实。与把同性恋视为社会问题相反，我们把它作为性行为差异来加以讨论。人们从事卖淫或者淫秽刊物职业表现出来的首要的决定因素来自于社会和心理因素的作用；同性恋相反，研究越来越表明性取向是在人很小的时候决定的（5岁以前），并且可能由生物因素驱动。与手淫相似，同性恋被我们社会中的一些人视为应予否定的，但是近年来的研究建议人们把它们二者都看作是人类性驱动的自然表达。

要指出很重要的一点是，大多数美国人并不赞成同性恋。调查表明大多数美国人认为同性恋是“非常淫秽和粗俗的”，并且是一种“可以治好的疾病”。[77]一位男同性恋者或女同性恋者通常被人们视作对美国人生活的一种威胁。这种对同性恋贬损的态度可以从大量对男女同性恋者称呼的俚语中表现出来。（应当指出，与此相似的态度和不同的贬损词汇过去曾被用来指大量的美国少数民族，包括爱尔兰裔、意大利裔、非裔和西班牙裔美国人）。同性恋者还经常成为仇恨同性恋的反同性恋罪犯袭击的受害者。很多异性恋者有同性恋厌恶症——他们对同性恋者感到焦虑和强烈的厌恶，并会试图躲开他们。

美国大众的这种否定态度会对同性恋者的心理造成影响。认识到美国人把你的天生的 *146*
兴趣和行为看作是粗鲁的，这一点可能是破坏性的。因为男女同性恋者意识到大多数美国人认为他或她是淫秽的或粗鲁的，这会给他或她造成很大精神压力。一些同性恋者因此试图隐藏他们（她们）的性取向，他们（她们）持续生活在被发现的恐惧当中。他们（她们）中一些人相信（通常是正确的），如果自己被发现是同性恋者，他们（她们）会被“炒鱿鱼”或者被朋友和亲人抛弃。可悲的是，很多年轻的同性恋者因为如此的沮丧而选择自杀。同性恋青年人的自杀率远远高于异性恋的青年人。这是一个因为社会偏见而付出代价的可悲而极端的例子。

关于同性恋的错误观念包括如下这些：

观念 1：人们不是同性恋者就是异性恋者。

事实：金赛发现，同性恋与异性恋并非彼此绝对区分的类别。绝大多数人对两个性别的人都产生过性的想法、感觉和幻想。金赛提出了一个 7 个刻度的性取向量表，绝对的异性恋者是一端，而绝对的同性恋者是另一端（见表 5—1）。金赛指出：

> 世界上的羊并非除了绵羊就是山羊……只因人类发明了分类并且强行把事实塞进分类架中。生活世界的每一个方面都是一个连续统，我们越快学会以这样的方式来看待人类性行为，我们就可以越快达到对真实的性的合理理解。[78]

表 5—1　　**金赛关于同性恋与异性恋概念的连续统** *146*

0	1	2	3	4	5	6
绝对的异性恋者	主要是异性恋但偶尔有同性性行为	异性恋者，但有大量的同性性行为	有差不多的异性性行为与同性性行为	同性恋者，但有大量的异性性行为	同性恋者，但偶尔有异性性行为	绝对的同性恋者

资料来源：Adapted from Alfred C. Kinsey et al., *Sexual Behavior in the Human Male* (Philadelphia, PA: W. B. Saunders, 1948), 638. Adapted by permission of the Kinsey Institute for Research in Sex, Gender, and Reproduction, Inc。

观念 2：同性恋在所有文化中都受到广泛反对。

事实：一些文化接受同性恋，还有一些文化鼓励同性恋。在古希腊，一个年轻男孩有时会被给予一个男孩奴隶，后者扮演他的性伴侣的角色，直到这个男孩长大可以同一位女性结婚。在古希腊，一位已婚男性与一位男孩保持同性恋性关系是很普遍的。今天，所有生活在南非的斯旺族男性在其一生中都被希望要经历同性恋关系。在澳大利亚的阿兰达人中间，存在未婚男性和青年男孩之间的同性恋关系，这种联系通常因婚姻而结束。[79]

观念 3：男同性恋通常是“女人气的”，女同性恋通常是“男人气的”。这种错误的老看法认为男同性恋肢体柔软、说话细声细气、走路“扭来扭去”，而女同性恋被错误地认为留着短发，穿一些通常男人穿的衣服。

事实：大多数的男女同性恋者是不能够通过外表和行为举止而与异性恋者区分开的。[80]这一错误观念可能来自于与异装癖者（异装癖者通过身着不同性别者的衣服来达到性唤起）的混淆。异装癖者与同性恋者是完全不同的。大多数的异装癖者是异性恋。有趣的是，虽然我们的文化错误地将男性同性恋与女人气的男人联系在一起，而古希腊和古罗马却把男同性恋和富于侵略性的男性相联系，比如在斯巴达人的战士中那样。[81]

海德指出：

> 男同性恋者是女人气的和女同性恋者是男人气的这种错误的观念在于人们搞混了两个重要的概念：性别身份（对自己是男性还是女性的认识）与性取向（同性恋或者异性恋）。男同性恋者与其他男性的区别在于他们的性唤起和情感伴侣与之不同，但
> 147 是男同性恋者对自己是男性这一性别身份的认同与其他男性并无区别。也就是说，男同性恋者从同性中选择性伴侣，但是他们的性别身份是很认同男性气质的。他们知道自己是男性，并且并不想成为女性。对女性同性恋来说同样如此，虽然她们的性唤起和情感取向是指向其他女性的，但她们很认同自己是女性，并且不希望成为男性。[82]

观念 4：同性恋是一种病，并且与其他异性恋者在性格上也有所不同。

事实：医学检查并没有可靠地检查出同性恋者与异性恋者之间有什么不同。对这两个群体的比较研究也没有发现他们在个人性格或者一般的价值判断上有何不同。[83]唯一的不同就是他们的性取向。

直到 1973 年，美国精神病学协会还将同性恋列为一种精神疾病。在那之前的几年，男性和女性同性恋者在精神病学大会中被证实为并非精神病，并要求将同性恋从精神病范畴中取消。经过了几年激烈的争论，在 1973 年，美国精神病学协会理事会发起了一次针对将同性恋列入官方精神病范畴的罢工。托马斯·萨斯（Thomas Szasz，一位精神病学家）大约那时候断言，精神病人（将同性恋视作精神病）和其他那些被称作同性恋精神病患者的人，只会使公众把教堂这样的地方看作有男女同性恋的不正常的地方并且以他们不正常的性行为惩罚他们自己。[84]

观念 5：同性恋双方在他们的性活动中，一方通常扮演“积极的”或男性的角色，而另一方扮演“顺从的”或女性的角色。

事实：大多数男同性恋和女同性恋两种角色都扮演，并且（像异性恋者一样）采用很多性唤起的技巧。不存在同性恋表达与认同的单一模式。事实上，与异性恋者一样，同性

恋者之间的差别也很大。一些已婚的同性恋者喜欢与他们（她们）的配偶做爱；一些人是双性恋者，既喜欢与男性也喜欢与女性发生性关系。大多数已婚的同性恋者在同性性关系中更加感到满足，但他们（她们）仍然因为种种原因而选择结婚，比如家庭的稳定感、家庭的伴侣关系或者为了获得社会尊重。一些男女同性恋者坦白他们（她们）的性取向，并与其同性伴侣公开居住。另外一些人不愿意“公开”，因为害怕招致批评。一些同性恋者拒绝视自己为同性恋，主要因为害怕作为社会厌弃的少数派而被人们憎恶。

有时人们会问这样一个问题：“同性恋者在床上做什么?”答案是，大多数同性恋者与异性恋者一样。前戏通常包括接吻，男同性恋者可以相互手淫、口交、一方生殖器在对方股间运动以及肛交。女性同性恋者可以相互手淫、口交；较少的情况下一方躺在对方身上，通过挤压使双方都可以接受生殖器刺激；更少见的情况是一方使用假阴茎刺激对方。

观念 6：男同性恋者优先寻找年轻男孩。

事实：同性恋者对儿童的兴趣与异性恋者无异，同性恋者对儿童进行性骚扰要比异性恋者少。大多数的儿童性骚扰是男性异性恋者所为，其对象是小女孩。[85]令人奇怪的是，人们很担心男同性恋教师会引诱学校中的年轻男孩，而却并不是很担心男异性恋教师会试图引诱年轻女孩——而后者发生的情况远远高于前者。

观念 7：同性恋者要为艾滋病流行负责，艾滋病是上帝对他们行为的惩罚。

事实：虽然在我们的社会中，男性同性恋者是易于感染艾滋病的高危人群，但却几乎没有见过女性同性恋性行为传播艾滋病的报道。[86]（男性同性恋易于感染艾滋病是由于肛交易于出现流血从而导致病毒传播。）感染艾滋病的危险并不只对男同性恋者，异性恋者之中的艾滋病传播速度也很快。[87]

同性恋并非引起艾滋病的原因。在美国，将这种致命的疾病归罪于同性恋群体中那些正受病痛折磨或者已经死去的人，这样做的最不恰当之处在于这是归罪于受害者的经典的和令人遗憾的例子。虽然携带艾滋病病毒的最大群体是男性同性恋群体，但如果认为是他们导致了这种健康危机则是可笑的。艾滋病是病毒引起的。另外一种更加可笑的说法是，男性在把他们自己都传染之后就要把疾病带给全世界。完全相反的是，美国的男性同性恋社团在如何减少艾滋病传播的行为教育方面走在了前面。男性同性恋已经在理性地改变其性行为方式，一个证明是在过去几年中，这个群体感染艾滋病病毒的比例有了显著的下降。（更多关于艾滋病的内容参见第十一章。）

同性恋者的比例 148

要确定同性恋所占人口比例是困难的。首先，有定义的问题，因为大多数人并非严格的异性恋者或同性恋者。其次，由于同性恋受到指责，一些人不愿意承认他们的同性恋的想法、情感或行为。1994 年，芝加哥大学的全国民意调查中心针对3 432名美国人的调查发现，2.8%的男性和1.4%的女性认为他们（她们）自己是同性恋者或者双性恋者。这项研究还发现，9%的男性和超过 4%的女性从青春期以来有过至少一次与同性的性经历。[88]

其他的研究得出了相似的结论。[89]阅读了几项研究报告之后，海德总结道：

（问题是）多少人是同性恋？这是复杂的。也许大约80%的男性和90%的女性是绝对的异性恋者。大约2%的男性和1%的女性是绝对的同性恋者。剩下的人既有同性性行为也有异性性行为，不好确定如何划分，而且数字还是变动的。[90]

“10%社会”是一个男女同性恋者组织，他们断言10%的人是同性恋者。海德指出：

这一统计数字并非来自某一单项的调查研究，而是来自很多项研究的综合。他们指出，虽然也可能有异性性行为，但那些人的性取向主要是同性。参考最近的一些调查研究，10%的比例也许偏高了一点，但可能相差并不远。[91]

同性恋的原因

人们常常很好奇，到底是什么原因导致了同性恋；为什么一些人会被同性性唤起，而另外的人却被异性吸引？社会学、行为学和生物学的科学家在这个问题上研究争论了几十年。让我们先看看他们都知道了什么。

首先，在研究为何一个人成为同性恋者之前必须先研究一个更大的问题，即是什么决定人们的性取向。为什么一般人会被异性吸引，或者一个女性有特殊的品质，或者一个男性有某种特殊的身体类型？这是一种习得的反应吗？我们出生即带有一个决定我们性对象选择的“剧本”吗？

许多研究者和理论家提出了一些假设来解释这一复杂而重要的问题。一些人相信个体的生物性因素决定一个人成为同性恋者还是异性恋者。一些研究显示了这两个群体之间在生物化学方面存在差异，但从这些研究的结论中找出什么是初始决定性原因却是不可能的。换句话来说，是人们化学因素上的不同要为人们的行为负责，还是人们的行为一定程度上改变了他们的生物化学？

有的理论家提出，人们儿童时代的经历决定了他们（她们）成为同性恋者或者异性恋者。这里我们又要问到初始决定性原因的问题。如果我们确信某个小孩与另一个同性小孩之间有更多的性游戏，并且他成年后成为同性恋者，我们可以说这种性游戏导致了同性恋吗？也许这种性游戏是来自于天生的，并且通过同性性游戏来满足其潜在需要，也就是说，这些行为是同性恋体质引起的。

关于这个问题的最广泛的研究是由金赛性学研究所完成的。[92]研究者艾伦·P·贝尔（Alan P. Bell）、马丁·S·温伯格（Martin S. Weinberg）和苏·凯费尔·海默斯密斯（Sue Kiefer Hammersmith）研究了979名同性恋者和477名异性恋者，收集他们生活中的信息，来发现两个群体间重要的和具有统计显著性的差异。他们使用路径分析方法来分析数据，这一方法使他们可以检查大量的因变量（比如父母的个性、父母与兄弟姐妹的关系及性别一致性）来确定性取向的决定因素，而不仅仅做变量间的相关分析。他们有三项重大的发现：

1. 在男孩和女孩达到青春期的时候，他们（她们）的性取向看起来已经决定了，即使那时他们（她们）还没有进入性行为活跃期；

2. 男女同性恋者在他们（她们）的童年和青春期并不显著地缺乏异性恋经历。然而，在他们（她们）发现异性恋经历并不能使其满足的时候，他们（她们）与异性恋参照群体区分开来。

3. 在研究中，不论男性还是女性，在性别不认同与发展为同性恋之间都有比较强的联系。（性别不认同指孩子乐于从事的活动在该文化中一般被认为是另外一个性别的孩子 149
所从事的，比如，男孩玩洋娃娃。）这个性别不认同因素对男性的显著性要超过女性，与家庭关系相关的变量对女性更加重要。

性行为差异目前在一定程度上公开获得了来自家庭和朋友的支持，这在前些年是没有听说过的。

这三个发现意味着什么？首先，性取向的建立是在人们很小的时候，也许在比青春期早很多的时候。虽然每个人都有按照其选择进行性行为的潜能，但真实的性取向也许在人们出生前或者很小的时候就决定了，而后不久就受到了环境的影响。许多同性恋者的性行为方式好像他们（她们）是异性恋者，这是社会憎恶同性恋的结果。然而，他们（她们）

真实的性取向和感兴趣的性伴侣在没有社会否定的情况下，将会是同性的某个人。人类有这样的能力，即对那些并非自己最喜欢的人可以有性回应，但要这样做必须违背内心深处的喜好。我们可以选择各式各样的性行为，我们却不能自由选择由谁或由什么来“推动我们”。这一问题，即是什么因素导致人们出生前或者很小的时候性取向就被决定了（作为同性恋或者异性恋），仍然没有答案。（一些人生来就是左撇子，而另外的人生来就不是这样。看来与此相似的是，一些人生来就是同性恋，而另外一些人生来就是异性恋。）

性取向的决定来自先天比来自后天的可能性要大得多，这一观点在 1991 年的一项研究中获得了极大的支持，这项研究发现了男性同性恋者和男性异性恋者的大脑有所不同。研究的焦点是视丘下部，大脑的这个区域被认为是控制人类性行为的部分。研究的结论是惊人的。男性异性恋群体的大脑视丘下部神经细胞要比男性同性恋群体的大两倍。男性同性恋群体的大脑视丘下部结构与女性异性恋者群体相似，而不是与男性异性恋群体相似。[93]

波士顿大学医学院在 1991 年和 1993 年对分离的双胞胎所做的研究表明，如果他们是一样的——即他们的基因相同，那么他们两人都成为同性恋的可能性要比那些基因不完全一样的双胞胎都成为同性恋的可能性大得多。[94] 1993 年的另外一项研究得出了同性恋由基因决定的另外一项证据。在对 40 组男性同性恋兄弟的 X 染色体进行研究时，发现了一条男性同性恋基因。研究发现，40 组研究对象中的 33 组在 X 染色体顶端的刻度相同，研究者认为有超过 99%的可靠性证明人们的性取向是受基因影响的。[95]

男女同性恋者的生活

在美国的很多州，男性同性恋行为是非法的。女性同性恋行为受到禁止的州要少一点。这大概有几个原因。女同性恋者比男同性恋者少。女同性恋者与男同性恋者不一样，她们往往隐藏自己的行为，并且不像男同性恋者那样乐于形成明显的同性恋社群。此外，大多数的立法者是男性，也许他们认为男同性恋者对他们的威胁更大，而不是女同性恋者。

男性同性恋解放运动试图改变社会对他们的否定态度并结束对他们的歧视行为。然而许多人仍然认为同性恋是一种心理“疾病”。（直到 1973 年，美国精神病学协会还将同性恋列为一种精神疾病。）

150 同性恋解放运动是一些团体联合，比如有同性恋解放阵线、全国同性恋执行力量、国际同性恋运动员联盟等等。这项运动（也有很多社会科学家）主张同性恋并不是一种性倒错或者疾病，而只是一种生活态度。他们的申辩引起了不同的反应。举例来讲，一些州取消了反对同性恋的法律，而另外有些城市通过了地方法令，旨在阻止警察、教师和其他的市政府雇员因他人的性取向而采取歧视性做法。其他的市政府和州政府则拒绝通过禁止歧视同性恋者的法案。

当比尔·克林顿（Bill Clinton）在 1992 年竞选美国总统的时候，他许诺，将要废除把同性恋者排除在军队之外这一历时 50 年之久的政策。当他 1993 年就任总统之后，他试图通过行政命令去搬动这一障碍，但他立即遇到了五角大楼和国会的强烈抵制。经过长达数月的听证和辩论，国会最终通过了一项克林顿总统签署的法案，被称为“不要问，不必说”法案。新兵征募中工作人员可以不再问应征者是不是同性恋这样的问题，然而，任何人如果公开从事同性性行为，则会被军队开除。作为这项法案的一部分，五角大楼许诺停止清除军队中那些保持私密关系的同性恋者。（一些同性恋活动家认为这一新政策与原来的禁令同样使同性恋者倍感压力。）这一法案引起的争议巨大，联邦法院在此问题上意见无法统一，最高法院介入判决看来是必然的了。

在 1996 年，国会通过了一项克林顿总统签署的《婚姻保护法案》（Defense of Marriage Act），这一法案允许各州拒绝承认同性恋者婚姻。（当时，还没有哪个州通过认可同性婚姻的法案。）《婚姻保护法案》阻止同性恋伴侣的一方在另外一方死亡或者残疾后向政府申请社会保障、退伍军人补贴或者其他联邦福利。这项法案还禁止同性恋伴侣填写共同的收入税报税单，即使在他们（她们）生活在一个屋檐下并且共享其他一切物品的情况下。

法院受理涉及男同恋者权利问题的案件越来越多。一些判决支持了男同性恋权利，而另外一些则不是这样，这种差异可以通过下面两个相互冲突的判决加以说明。弗吉尼亚的一位联邦法官因为性取向的原因而拒绝承认一位同性恋母亲对她儿子的独立监护权，他将这位男孩的监护权给了孩子的祖母。然而，在波士顿，最高法院的裁决使得一对女同性恋者成为马萨诸塞州获得收养孩子权利的第一对同性恋伴侣。[96]

对同性恋者的工作歧视在美国的大多数州都是合法的。[97]虽然超过 80%的公众相信（民意调查显示）同性恋者应该受到保护而不应受到工作歧视，但这种歧视却依然存在着。[98]

由于面对否定的态度和歧视，一些同性恋者更加倾向于隐藏他们的性行为。他们害怕被歧视甚至丢掉工作。他们也担心如果被人发现自己是同性恋，将会背负恶名并使家庭蒙羞。一些人会与异性结婚并且瞒着他们的配偶和其他同性恋者相会。这是一种双面的生活，充满了被人发现而遭受歧视的恐惧，也充满了压力。

现在很多较大的城市有同性恋社区，可以给这些过着充满压力的双面生活的人提供一种庇护。这些社群可能会提供娱乐和休闲的活动，并且会通过社会化使新加入者认同同性恋亚文化。这些社群通常坐落在城市的特定地区，通常有商店、饭店和宾馆，它们的所有者和顾客主要是同性恋者。“同性恋酒吧”也许是这种社群的最明显标志。同性恋酒吧给它们的顾客提供了喝酒、社会化以及寻找一个性伴侣或者情人的机会。一些同性恋酒吧和其他的酒吧在外观上没有什么两样，而有的酒吧从名字上（比如“The Gay Closet”）就可以告诉人们谁是酒吧顾客。

与其他的少数群体成员不同，年轻的同性恋者即使在他们（她们）的家里也是少数群体。举例来说，有色人种的人们，他们从小从来自于父母、年长的同胞和其他亲戚的社会化和训练中知道，他们生活的社会对他们而言很可能是歧视性的。年轻的同性恋者没有这样的训练，他们绝大部分人在异性恋家庭中长大。这使得同性恋身份认同的机制（最常见和容易去的是同性恋酒吧）在年轻的同性恋成年人生活中非常重要。大多数同性恋者只会有那么一段时间光顾这些酒吧［主要是他们（她们）形成自我身份认同的阶段］。过了这个阶段后，他们（她们）倾向于与其他的同性恋者在其他的环境中交往，在那里关注的焦点不是酒精，也不是很表面化的交往。

151 应当指出的是，同性恋者的生活方式有很大不同，就像异性恋者的情况那样。同时，一定程度上，男同性恋者和女同性恋者在态度和行为上也不一样。女同性恋者更加倾向于把性等同于爱，与男同性恋者相比，她们倾向于只有较少的性伴侣，她们的伴侣关系维持得更长久，并且更多地建立在感情和爱的基础上。她们较不愿意公开自己的同性恋身份，也较少加入同性恋社群。[99]

女同性恋者可以更好地隐藏她们的同性恋身份，因为人们对两位女性住在一起或者表现亲密较少有什么怀疑。大多数的女同性恋者与男性有过性关系。杰克·H·海德布卢姆（Jack H. Hedblom）指出："如果不是因为与男性有过性经验，女同性恋者是不会选择一个女人的。"[100]

双性恋者是这样的人，他们（她们）的性取向对象不仅可以是男人，也可以是女人。也就是说，可以是与自己不同性别的人，也可以是与自己相同性别的人。双性恋的支持者认为双性恋有好处，因为与绝对的同性恋者或者异性恋者相比，双性恋可以有更多的性体验，可以有更多的人际关系。但另一方面，异性恋者可能会鄙视那些已知的双性恋者。此外，双性恋者可能会受到同性恋社群的怀疑和完全的敌视。[101]一些同性恋者视那些双性恋者为"墙头草"，他们（她们）背叛了同性恋运动，因为双性恋者会在方便的时候装成"完全的"同性恋者，在方便的时候又会装成"完全的"异性恋者。[102]双性恋者有不少差异。一些双性恋者（大约一半对一半）对男性和女性的兴趣差不多。一些双性恋者喜欢某个性别的人多些，但却正有另外一个性别的人作为其性伴侣。一些人是间隔的双性恋者，他们（她们）在某一个时刻只有一位情人，有时是男性而有时是女性。一些人是同时的双性恋者，他们（她们）同时有不同性别的情人。一些人是暂时的双性恋者，他们（她们）经过一个阶段的双性恋体验之后就会成为绝对的同性恋者或异性恋者。一些人是永久的双性恋者，终其一生他们（她们）都会保持其双性恋的取向。

艾滋病恐慌对同性恋社群造成了巨大的影响，尤其是对于男性同性恋社群。同性恋社群积极推动联邦和州政府：(a) 认识到艾滋病的巨大威胁；(b) 提供研究资金用于发展对艾滋病病毒感染者的治疗；(c) 提供研究资金用于发展阻止艾滋病传播的方法。[103]同性恋社群同样倡导进行安全的性行为，许多男性同性恋者在性行为方面已经做出了负责任的、巨大的改变。同性恋社群也发展了对艾滋病病毒感染者的支持系统。（不幸的是，更大的社群和社会在发展对艾滋病病毒感染者的服务和计划方面行动迟缓。在美国社会里，艾滋病病毒感染者常常会被人们躲开，并成为被歧视的受害者。）

当前的问题

正如上文中提到的，一个主要的问题是公民权利法案是否应该保护同性恋者不管在家里、工作中、军事机构还是任何其他的领域里免受歧视。同性恋者争辩道，他们（她们）被拒绝从事教师、军事服务的工作，许多私人公司也拒绝其工作申请。同时，他们（她们）还常常成为知道其性取向者的勒索对象。同性恋者断言，对他们（她们）的权利加以保护的法案并不会促使异性恋者（比如学校的孩子）转变为同性恋者。他们（她们）坚持认为，长久以来同性恋者就是被虐待和剥削的受害者，现在他们（她们）要求获得与其他少数社群所获得的一样的保护。[104]

反对通过类似法案的人士断言，同性恋者与其他基于生理特征（有色人种、女性、身体残疾者）而被歧视的群体不同。相反，对同性恋者而言，如果被希望和被推动，他们（她们）可以选择自己的性行为，因此可以被改变。另外的一种反对观点是，如果法律保护同性恋者权利，这将会鼓励反对者视之为非正常的性行为。反对者还断言，允许同性恋者在学校教学，这将不明智地将孩子置于同性恋态度和行为影响之中，并且很可能导致学生同性恋经历的增加。绝大部分社会成员是异性恋者，由于缺少对同性恋的知识和理解，许多人认识混乱并感到害怕，许多异性恋者视同性恋为道德败坏和对社会的损害。他们相信，一旦对同性恋制裁的措施被放松，这种行为将会遍地开花，从而使家庭的稳定受到威胁，出生率严重下降，社会将会因之受到严重损害。当然，事实上这种担心并不会发生，因为不管有没有社会制裁，同性恋者在任何社会都是很小的一个群体。社会容忍并不会造成社会成员在性取向方面的行为发生显著变化。 152

正如我们所能看到的，在这个问题上双方的争论是激烈的，并且其他问题进一步加剧了对立面的复杂性。比如说，一些教堂现在可以为同性恋者举办婚礼。这些同性恋婚姻被特定宗教团体认可但却未被州法律认可，州法律仍然禁止同性恋婚姻。赞成这种婚姻的人认为同性恋者应该被允许接受与异性恋者一样的在结婚时所受到的祝福，并享受与异性恋者一样的通过婚姻所可能得到的经济上的好处。反对者断言这种婚姻是亵渎的，是对婚姻目标的违反，是一种对传统家庭稳定的威胁。

相关的问题涉及到是否已婚的同性恋者家庭可以领养孩子以及是否作为同性恋父亲或同性恋母亲的一方在离婚后可以拥有对孩子的监护权。一些法院判决的案例使离婚的同性恋母亲获得了对她们孩子的监护权。其他法院判决认为女性同性恋行为充分表明这样的女性并不适合做孩子的母亲。有关这些同性恋收养孩子和对孩子的监护权争论的核心问题是，是否同性恋者会把他们（她们）的性取向传递给孩子。研究者初步的研究发现这种情况并不太可能发生。[105]我们的社会一直搞不清楚，性取向是否以及怎样影响生活的其他重要方面，比如孩子的抚养或者工作的表现。

过去，心理咨询师给同性恋者的建议通常是以改变其性取向为目标，争取使其变为异性恋者。这个目标几乎从来没有达到过。[106]这些接受咨询的同性恋者常常变得对自己的性取向感到更加焦虑和不舒服，但却继续保持他们（她们）的同性性行为。近些年来，心理咨询的重点已经改变了。大多数的治疗师现在试图帮助问诊者检视其关切的内容并且达到一种他们（她们）感到舒服的性身份认同。大多数问诊者选择继续其同性恋行为，从而心理咨询转变为帮助他们（她们）应付可能面对的歧视和过度的关切［比如是否告诉他们（她们）的亲戚或者雇主，以及是否用其他的方式来让他们知道这一点］。

有关同性恋问题的争论已经持续了几十年，并且无疑会继续成为全国范围内讨论的问题。今天我们的社会已经对同性恋有了更多的宽容。而在 35 年前，社会的压制非常强烈，以至于像“同性恋”这样的词汇都不敢出现在报纸上。

现在，同性恋不再是不可提及的越轨行为。在广播、报纸、电影和政治辩论中都在讨论这个话题。在美国，公开的同性恋者通过竞选而成为政府官员的例子越来越多。政府批准的同性恋支持团体在高等学校中得以建立。同性恋家庭获得十多个城市的官方承认，越来越多的公司给予其同性恋雇员与异性恋雇员相同的家庭福利。目前，基于性取向的歧视在好几个州和将近 100 座城市与县都是非法的。

个人的性焦虑

每个人都会有性焦虑。性焦虑的种类也许是无限的，这里只能列出有限几种：

● 十几岁的孩子可能会考虑是否与他或她约会的那个人有性行为。

● 一位与妓女有性行为的男性可能会忧虑自己是否会被感染艾滋病病毒。

● 青少年可能会对手淫感到罪恶。

● 一位已婚的妻子可能会因为婚外性关系而感到负罪。

● 男性可能会忧虑早泄、无法勃起或者无法产生性兴奋。

● 一些女性会因为极少有性高潮而忧虑。

● 已婚和约会了较长时间的人可能会感到警觉，因为他们的性生活好像越来越乏味，越来越像完成任务。

● 一些人可能会因为伴侣使用的多样的性技巧和方法而感到不高兴。

● 强奸和乱伦的受害者可能依然有阴影。

● 一个人对与自己同性别的某个人有敬慕之情，可能会琢磨这种吸引是否有同性恋的因素。

153 ● 中年人可能会害怕失去他们（她们）的性能力。

● 有些人可能会发现自己有性交疼痛的现象。

● 一些人知道了他们（她们）目前的性伴侣曾经与别人有过性经历，这会让他们（她们）感到愤怒和受伤。

专栏 5.5　案例：对一位通过性来寻找生活意义的女孩的性咨询 153

凯西（Cassie）是一位 19 岁的姑娘，她在一家快餐店上班。她对里卡多女士（Maria Ricardo，一位计划生育诊所机构的社工）揭示了她内心的罪恶感和沮丧，这些来自于她“被男人利用了”。她有很多的“一夜情”，但之后总感到罪恶和沮丧。里卡多女士探询了凯西的罪恶感，凯西逐渐揭示了使她产生罪恶感的内心深处的想法，这些想法包括：“我真放荡，我的信仰告诉我，我所做的都不道德”；“我让那些并不爱我的人使用我的身体”；“我把身体给那些自己并不爱的人，这是错的”；“我竟会做这些，我是一个坏人，一个娼妓”。

她们也发现了为什么凯西在每次“一夜情”之后会感到沮丧。这些引起她沮丧的内心深处的想法是：“没有人真正把我当作一个人来关心，他们只是关心我的身体”；“我正在走向一种我真的不想要的生活方式”；“我在让自己冒险，我可能会感染艾滋病或者其他 STD（性传播疾病）”；“我把自己所有的都给了这些家伙，但过后他们甚至不会约会我一次”。

当里卡多女士为弄清凯西为什么这样做而询问她时，凯西逐渐说出：“有时我真的喜欢这样，我喜欢也想要性”；“性是可以使我引起男人兴趣的方法”。当里卡多女士要求凯西仔细想想这些原因时，凯西最后认为她是想用性作为首要的办法去吸引男人——这导致了一夜情，这使她冒感染艾滋病病毒的风险，并且最终使她产生负罪感和沮丧。里卡多女士问凯西，是否她目前寻找生活意义的方式就是通过约会，并且通过性来获得约会。凯西想了一会儿，并且逐渐同意这一判断。里卡多女士接着问凯西，是否这种策略得到了生活中她想要的东西。凯西回答道：“当然没有——只是有一夜情，结果是负罪和沮丧。”

里卡多女士给凯西布置了一份家庭作业，要求她在下次面谈之前做好，内容涉及头脑风暴法，并要求凯西写下一系列使她可以感觉更好一些的选择（包括一些她可能没有兴趣去做的事情），并找出其他发现生活意义的方法。凯西一周以后拿着下面的单子回来了：

1. 直到结婚的时候再有性。
2. 等遇到我爱的人并且也爱我的人的时候再有性。
3. 在社区大学上课，以便找到和准备获得一份自己喜欢的工作。
4. 到我的祖母生活的护理之家做一名志愿者。

里卡多女士和凯西一起分析其中哪一项或哪些项适合她，以此使凯西很好地知道哪项符合她的价值、她目前的生活方式以及她的生活目标。每一种选择，里卡多女士都会与凯西讨论，如果她那样做，她会对自己有什么样的评价。经过讨论，凯西决定选择第二和第三项。看起来她对自己的决定感觉很好。

里卡多女士于是问凯西是否愿意进行一项艾滋病检查。凯西说她很有兴趣做。于是她做了体检，报告两周之后出来了，呈阴性。里卡多女士也和凯西讨论了安全性行为的内容（比如使用安全套），以备将来与某人有浪漫性爱时之需。里卡多女士建议凯西在六个月内做另外一项艾滋病检查，以防万一她近来受到艾滋病病毒的感染。（一个人如果感染了艾滋病病毒，体内产生足以被查出的抗体的时间需要六个月。艾滋病检查不能直接查到病毒，只能通过身体免疫系统产生的抗体来检查。）这项体检也为凯西在六个月内安排好了。

为什么个人性焦虑的内容会放入社会问题的篇章中，一个最主要的原因是，有太多的人面对个人性焦虑（类似于情感困难），因此，这也就成为了社会问题。

154 性咨询和性治疗的直接目的就是为了解决人们的性焦虑。性咨询是短期性的，通常通过危机咨询对一些突发的性焦虑进行舒缓。与之不同，性治疗一定程度上是长期性的，倾向于更多关注解决特殊的性功能障碍（比如男性的早泄、勃起困难和女性难以获得性高潮、性交疼痛等）。性治疗有几个阶段：确认问题、进行性生理检查、问诊、说出性焦虑历史、提出解决功能障碍的性练习办法。[107]在实际的咨询治疗中，性咨询和性治疗的区别并非那样泾渭分明。现在在许多社区中，性咨询和性治疗可以由私人性治疗中心提供。在大多数的社会服务机构中，咨询师和心理咨询师偶尔也会对顾客的性焦虑进行治疗。

杰克·安农（Jack Annon）发展了一项对性焦虑的治疗非常有用的概念计划。[108]他发现极少有性焦虑者需要高强度的性治疗，他提取了一个包括四种水平的干涉模型：

1. 许可。
2. 有限信息。
3. 针对性建议。
4. 强化治疗。

大多数人可以采用前三项中的一项进行治疗。

人数最多的性焦虑者使用第一项干涉治疗就够了，仅仅需要有帮助的、专业而准确的、所指明了的“许可”。许可是一种专家给的“定心丸”，使得顾客知道他们并没有问题，是正常的——没有生病或者反常。很多处于这个水平的人并不对他们自己的性行为感到困扰，而是更多地关心别人是怎么想的。这些引起人们关注的内容可能包括：手淫、口交和性幻想。很重要的是，许可是要帮助顾客首先弄明白，他们所从事的性活动只要不伤害自己也不会对其他人的权利构成威胁，那么这些活动对他们而言就是有益的；然后需要使他们确信自己有权拒绝从事其他人强加给他们的性行为。劳埃德·辛克莱尔（Lloyd Sinclair）给出了一个许可的咨询案例：

> 顾客对咨询师说：“我妻子和我都听说了很多口交的事。但我们就是没有兴趣这样做。你觉得我们有什么问题吗?”咨询师于是给予他们许可：“最好的性就是那些你们双方都想做的事情，而绝不是别人希望你们做什么。我鼓励你们做你们双方都喜欢做的事情，假如你们想试一下口交，那没问题。但如果你们不想，那当然也没有问题。”[109]

人数排在第二位的人需要有限信息，那是特殊的事实信息，可以舒缓人们的性焦虑。劳埃德·辛克莱尔给出了一个有限信息水平的咨询案例和效果：

> 这是一位68岁的老年顾客……一直以来他就相信人类在一生当中只能有一定数量的性高潮，用完了就没有了。所以他总是定量分配，通常限制自己只在每个周末性交一次，并且不可以有性高潮。治疗师告诉他，他一直相信的这种说法是错误的。事实上，他可以通过保持持续的有规律的性生活来增强他的性能力，而不是相反。自从这位顾客接受这一信息以后，他已经为失去的时光弥补了不少。[110]

第三个水平的干涉是针对性建议。与前面两个水平的干涉相比，可以从针对性建议受益的人要少一些。在给出顾客建议之前，治疗师首先要简要了解与顾客性焦虑有关的性史，包括：对目前焦虑的描述、对焦虑起始和过程的描述、顾客自己对产生性焦虑并持续的原因的看法、过去的治疗和效果、目前希望通过治疗达到的目标和期望等等。[111]

在这个治疗水平上，简要了解顾客的性史是为了准确地验证顾客性焦虑的性质并且有针对性地确定顾客的治疗目标。这种背景信息在确定什么样的针对性建议对于舒缓顾客的性紧张最为有效时是非常有用的。

针对性建议常常用于对行为困难的治疗。比如说，一位女性发现自己因为缺乏性唤起和缺乏阴道润滑而导致性交疼痛，她可以从这些建议中得到好处：更多一些前戏、帮助她与其性伴侣交流让对方明白什么方式使她愉快，并且建议她在阴道润滑之前不要进行性交。

再比如对于一位受到早泄困扰的男性来说，一种针对性建议是短暂地停止刺激以降低兴奋和延缓高潮。另外的一项建议是由他或他的性伴侣在其性兴奋的时候捏住他生殖器的一定部位来降低兴奋和延缓高潮。还有一种建议是在不进行性交的时候由他的性伴侣运用触摸的方式来治疗，男性需要学习喜欢这种延缓高潮的触摸治疗方法。[112] 155

安农给出的最后一个水平的干涉方式是强化治疗，只有很少一部分性焦虑者需要强化治疗。这个水平时的性焦虑很复杂。比如一对已婚夫妻，他们不再过性生活，主要的原因是妻子从来没有性高潮，并且丈夫现在勃起困难。对强化治疗的描述[113]超出了这一章讨论的范畴。强化治疗包括这些内容：顾客进行身体检查、对性伴侣双方的性史进行广泛了解、帮助性伴侣双方很好地沟通、灌输给顾客准确的性生理知识、提出解决性焦虑的性练习方法以及评估这些方法的效果等等。

总　结

事实上，每一种可以想象出的性行为都为一定的社会群体所接受。什么样的性行为是可以被人们接受的，而什么样的却不可以，判断的标准因文化的不同而不同，也随着时间的发展而变化。犹太教—基督教价值观、清教的影响和维多利亚式道德观都寻求对人们性表达的压抑。目前来说，美国人对性行为应当是什么样的这一问题感到模糊不清。在过去的几十年间，美国社会进行了一场性价值和性道德的革命。

由弗洛伊德、金赛以及马斯特斯和约翰逊的团队所做的三项正式研究对于促进人们对自身性的了解做出了巨大的贡献。

在这一部分，采用了社会差异这一角度来研究性，而不是采用社会问题的研究角度，因为对于哪些性行为是可以接受的而哪些不可以，我们的社会还没有普遍的一致意见。我们把与性有关的内容划分为三个类别：为社会容忍的性、反社会的性、受社会结构影响的性。

为社会容忍的性包括手淫、婚前性行为、双方同意的成人异性恋者之间的口交。

反社会的性行为是指这些引起强烈反对的，并且目前没有任何社会结构支持的性行为。属于这一类的性行为包括：乱伦、猥亵儿童、强奸、窥阴癖和裸露癖。

受社会结构影响的性行为指这样的一些内容，它们与主流的标准和法律条例不符，但与此同时却受到一定社会结构的支持。属于这一类的内容包括：卖淫、色情品和同性恋。对于这些活动，我们的社会是应该多一些宽容还是需要更加严厉的压制，这些争论是可想而知的。

几乎每个人都经历过性焦虑。比如说，男性可能会忧虑早泄，而女性可能会害怕性交疼痛。杰克·安农发展了一项对性焦虑的治疗非常有用的模型。这一模型有四种水平的干涉：许可、有限信息、针对性建议、强化治疗。

在过去的一个世纪，美国在什么是可接受的性态度和性行为方面有了很大变化。

注释

[1] Havelock Ellis, *Sex and Marriage: Eros in Contemporary Life* (Westport, CT: Greenwood Press, 1977).

[2] David A. Schulz, *Human Sexuality* (Englewood Cliffs, NJ: Prentice-Hall, 1979), 4.

[3] Don Grubin, "Sexual Offending: A Cross Cultural Comparison," in John Bancroft, Clive M. Davis, and Howard J. Ruppel, Jr., eds., *Annual Review of Sex Research,* Vol. 3 (Lake Mills, IA: Society for the Scientific Study of Sex, 1993), 201–217.

[4] Janet S. Hyde, *Understanding Human Sexuality,* 5th ed. (New York: McGraw-Hill, 1994), 502.

[5] Ibid., 13.

[6] Ibid.

[7] John Gagnon and Bruce Henderson, *Human Sexuality: The Age of Ambiguity* (Boston: Little, Brown, 1975), 14.

[8] Duncan Chappell et al., "Forcible Rape: A Comparative Study of Offenses Known to the Police in Boston and Los Angeles," in James H. Henslin, ed., *Studies in the Sociology of Sex* (Englewood Cliffs, NJ: Prentice-Hall, 1971), 174–175.

[9] John E. Farley, *American Social Problems,* 2nd ed. (Englewood Cliffs, NJ: Prentice-Hall, 1992), 164.

[10] Hyde, *Understanding Human Sexuality,* 412–415.

[11] Gagnon and Henderson, *Human Sexuality,* 16.

[12] J. John Palen, *Social Problems* (New York: McGraw-Hill, 1979), 544.

[13] Ibid.

[14] Hyde, *Understanding Human Sexuality,* 322–324.

[15] Ibid., 284.

[16] Ibid.

[17] Ibid., 224–229.

[18] Alfred C. Kinsey et al., *Sexual Behavior in the Human Male* (Philadelphia, PA: W. B. Saunders, 1948).

[19] Alfred C. Kinsey et al., *Sexual Behavior in the Human Female* (Philadelphia, PA: W. B. Saunders, 1953).

[20] William H. Masters and Virginia E. Johnson, *Human Sexual Response* (Boston, MA: Little, Brown, 1966). For a layperson, an excellent summary is Ruth Brecher and Edward Brecher, *An Analysis of Human Sexual Response* (New York: Signet Books, 1966).

[21] William H. Masters and Virginia E. Johnson, *Human Sexual Inadequacy* (Boston, MA: Little, Brown, 1970). For a lay person, an excellent summary is Fred Belliveau and Lin Richter, *Understanding Human Sexual Inadequacy* (New York: Bantam Books, 1970).

[22] Gagnon and Henderson, *Human Sexuality,* 14.

[23] Hyde, *Understanding Human Sexuality,* 284–286.

[24] Ibid., 636.

[25] William Kornblum and Joseph Julian, *Social Problems,* 9th ed. (Upper Saddle River, NJ: Prentice-Hall, 1998), 95–99.

[26] Hyde, *Understanding Human Sexuality,* 498–499.

[27] Ibid., 490.

[28] Ibid.

[29] A. Nicholas Groth, "The Incest Offender," in *Intervention in Child Sexual Abuse,* ed. Suzanne M. Sgroi (Lexington, MA: Lexington Books, 1982), 215–239.

[30] G. G. Abel et al., "Multiple Paraphilic Diagnoses among Sex Offenders," *Bulletin of the American Academy of Psychiatry and the Law,* 16, no. 2 (1988): 153–168.

[31] G. G. Abel et al., "Self-Reported Sex Crimes of Nonincarcerated Parapheliacs," *Journal of Interpersonal Violence,* 2, no. 1 (1987): 3–25.

[32] Hyde, *Understanding Human Sexuality,* 500.

[33] Ibid.

[34] Ibid.

[35] Blair Justice and Rita Justice, *The Broken Taboo: Sex in the Family* (New York: Human Sciences Press, 1979).

[36] Hyde, *Understanding Human Sexuality,* 502.

[37] Justice and Justice, *The Broken Taboo,* 177.

[38] Judith Siegel et al., "Reactions to Sexual Assault," *Journal of Interpersonal Violence,* 5, 2 (1990): 229–246.

[39] Thomas J. Sullivan, *Introduction to Social Problems,* 4th ed. (Boston: Allyn and Bacon, 1997), 329.

[40] Hyde, *Understanding Human Sexuality,* 493.

[41] Philip Sarrel and William Masters, "Sexual Molestation of Men by Women," *Archives of Sexual Behavior* 11 (1982): 117–132.

[42] A. Nichols Groth, *Men Who Rape* (New York: Plenum Press, 1979).

[43] Hyde, *Understanding Human Sexuality,* 492.

[44] Cindy Struckman-Johnson, "Forced Sex on Dates: It Happens to Men, Too," *Journal of Sex Research,* 24 (1988): 234–241.

[45] M. P. Koss et al., "Non-stranger Sexual Aggression: A Discriminant Analysis of the Psychological Characteristics of Undetected Offenders," *Sex Roles* 12 (1985): 981–992.

[46] Eugene J. Kanin, "Date Rapists: Differential Sexual Socialization and Relative Deprivation," *Archives of Sexual Behavior* 14 (1985): 219–232.

[47] Ann W. Burgess and Lynda Holmstrom, *Rape: Victims of Crisis* (Bowie, MD: Robert J. Brady, 1974).

[48] Ann W. Burgess and Lynda Holmstrom, "Rape Trauma Syndrome," *American Journal of Psychiatry* 131 (1974): 981–986.

[49] Ibid.

[50] Ibid.

[51] Abel et al., "Self-Reported Sex Crimes on Nonincarcerated Paraphiliacs," 3–25.

[52] Kornblum and Julian, *Social Problems,* 106–110.

[53] Kinsey et al., *Sexual Behavior in the Human Male;* and Vance Packard, *The Sexual Wilderness* (New York: McKay, 1968), 509.

[54] Joannie M. Schrof, "Sex in America," *U.S. News & World Report,* Oct. 17, 1994, 74–81.

[55] Palen, *Social Problems,* 551.

[56] Kornblum and Julian, *Social Problems,* 112–113.

[57] Ibid.

[58] Ibid., 110–111.

[59] Freda Adler, *Sisters in Crime: The Rise of the New Female Criminal* (New York: McGraw-Hill, 1976), 76.

[60] Kingsley Davis, "The Sociology of Prostitution," *American Sociological Review,* 2 (Oct. 1937): 746.

[61] Hyde, *Understanding Human Sexuality,* 515–517.

[62] Norman R. Jackman, Richard O'Toole, and Gilbert Geis, "The Self-Image of the Prostitute," *The Sociological Quarterly* 4 (April 1963): 150–161.

[63] Quoted in John Gosling and Douglas Warner, *City of Vice* (New York: Hillman, 1961), 82.

[64] Jackman, O'Toole, and Geis, "Self-Image of the Prostitute."

[65] Davis, "Sociology of Prostitution."

[66] Kornblum and Julian, *Social Problems,* 106–112.

[67] Ibid., 119–120.

[68] Hyde, *Understanding Human Sexuality,* 524.

[69] James Leslie McCary, *Human Sexuality,* 2d ed. (New York: Van Nostrand Reinhold, 1973), 379–380.

[70] M. Brown, D. M. Amoroso, and E. E. Ware, "Behavioral Effects of Viewing Pornography," *Journal of Social Psychology* 98 (1976): 235–245.

[71] Hyde, *Understanding Human Sexuality,* 524–527.

[72] Ibid., 521–522.

[73] Kornblum and Julian, *Social Problems,* 113–115.

[74] Quoted in Palen, *Social Problems,* 570.

[75] Ibid., 569.

[76] Hyde, *Understanding Human Sexuality,* 526.

[77] Ibid., 636.

[78] Kinsey et al., *Sexual Behavior in the Human Male,* 639.

[79] Thomas Sullivan et al., *Social Problems* (New York: Wiley, 1980), 537.

[80] Hyde, *Understanding Human Sexuality,* 424.

[81] Ibid.

[82] Ibid.

[83] Kornblum and Julian, *Social Problems,* 99–104.

[84] Ibid.

[85] Hyde, *Understanding Human Sexuality,* 426.

[86] Ibid.

[87] Ibid.

[88] Schrof, "Sex in America," 74–81.

[89] Kinsey et al., *Sexual Behavior in the Human Male;* and Kinsey et al., *Sexual Behavior in the Human Female.*

[90] Hyde, *Understanding Human Sexuality,* 436–438.

[91] Ibid., 437–438.

[92] Alan P. Bell, Martin S. Weinberg, and Sue Kiefer Hammersmith, *Sexual Preference* (Bloomington: Indiana University Press, 1981).

[93] Charlene Crabb, "Are Some Men Born to be Homosexual?" *U.S. News & World Report,* Sept. 9, 1991, 58.

[94] William F. Allman, "The Biology-Behavior Conundrum" *U.S. News & World Report,* July 26, 1993, 6–7.

[95] Ibid., 6–9.

[96] Kim I. Mills, "Was 1993 'The Year of the Queer'?" *Wisconsin State Journal,* Jan. 1, 1994, 4A.

[97] Hyde, *Understanding Human Sexuality,* 636–638.

[98] "Congress Defines Marriage: 1 Man, 1 Woman," *U.S. News & World Report,* September 23, 1996, 19.

[99] Karlein M. G. Schrewrs, "Sexuality in Lesbian Couples: The Importance of Gender," in *Annual Review of Sex Research,* vol. IV, ed. John Bancroft, Clive M. Davis, and Howard Ruppel, Jr. (Lake Mills, IA: Society for the Scientific Study of Sex, 1994), 49–66.

[100] Jack H. Hedblom, "The Female Homosexual: Social and Attitudinal Dimensions," in *Deviance: Studies in Definition, Management, and Treatment,* 2d ed., ed. Simon Dinitz, Russell R. Dynes, and Alfred C. Clark (New York: Oxford University Press, 1975), 246.

[101] Hyde, *Understanding Human Sexuality,* 453.

[102] Ibid., 454.

[103] Ibid.

[104] Ibid., 631–643.

[105] Ibid., 438–456.

[106] Timothy F. Murphy, "Redirecting Sexual Orientation: Techniques and Justifications," *Journal of Sex Research* 29 (1992): 510–523.

[107] For descriptions of sex therapy, see Fred Belliveau and Lin Richter, *Understanding Human Sexual Inadequacy;* and Lloyd G. Sinclair, "Sex Counseling and Therapy" in *The Practice of Social Work,* 5th ed., ed. C. Zastrow (Pacific Grove, CA: Brooks/Cole Publishing Co., 1995), 487–513.

[108] Jack S. Annon, *Behavioral Treatment of Sexual Problems: Brief Therapy* (New York: Harper and Row, 1976); and *Behavioral Treatment of Sexual Problems: Intensive Therapy,* vol. 2 (Honolulu: Enabling Systems, 1975).

[109] Lloyd G. Sinclair, "Sex Counseling and Therapy," in *The Practice of Social Work,* 5th ed., ed. by C. Zastrow, (Pacific Grove, CA: Brooks/Cole, 1995), 491.

[110] Lloyd G. Sinclair, "Sexual Counseling and Sex Therapy," in *Introduction to Social Welfare Institutions: Social Problems, Services, and Current Issues,* 3d ed., ed. C. Zastrow (Homewood, IL: Dorsey 1986), 213.

[111] Jack S. Annon, *Behavioral Treatment of Sexual Problems* (Hagerstown, MD: Harper and Row, 1976), 77.

[112] For an extended discussion, see Richard L. Stimmers, "For Men: Controlling Premature Ejaculation," in *The Personal Problem Solver,* ed. C. Zastrow and D. H. Chang (Englewood Cliffs, NJ: Prentice-Hall, 1977), 97–105.

[113] Annon, *Behavioral Treatment of Sexual Problems;* Belliveau and Richter, *Understanding Human Sexual Inadequacy;* and Sinclair, *Sex Counseling and Therapy,* 490–493.

2

第二部分 Part Two

不平等问题

第六章

种族主义与民族主义

本章内容 156

- 民族群体和族群中心主义
- 偏见、歧视与压迫
- 种族群体的背景
- 促进社会和经济公正的策略
- 美国种族与民族关系的前景
- 总结
- 注释

几乎每次打开电视收看晚间新闻时，我们都会看到民族或种族冲突——骚乱、斗 157
殴、谋杀以及内战。从北爱尔兰到波斯尼亚，从伊拉克到以色列，从美国到南美，冲突已导致了伤亡。几乎每个多民族国家都一直在处理民族冲突。在宣称珍视自由、平等和公正的民主国家里，一个民族群体受到另一个民族群体的压迫和剥削特别地具有讽刺意味。事实上，统治集团很少会同意与其他民族群体（平等地）分享其政治和经济权力以及财富。

据说美国建立在人的平等的原则上。尽管《独立宣言》（the Declaration of Independence）和《宪法》（the Constitution）主张平等、公正和自由，然而，实际上，美国一直都是种族主义的国家，不平等和种族偏见及歧视一直都存在。从最开始，美国社会就已经挑出某些少数派并予以不平等的待遇。（少数派可以被定义为一个处于从属地位并遭到歧视的群体。）即使是亚伯拉罕·林肯（Abraham Lincoln），这个被认为是废除美国奴隶制的关键人物，也持有种族主义的观点，正如他 1858 年在伊利诺伊州查尔伊顿发表的下面这篇演说中所表明的那样：

> 我想说，我不赞成，而且从来也不赞成以任何方式导致白种人和黑种人的社会和政治平等；我不赞成，也从不赞成让黑人成为选举人或陪审员，使他们有资格经营事务所、与白人通婚……因为他们不能这样生活。虽然他们确实一直生活在一起，但必

定在地位上有高低，而且我和其余的人差不多赞成把上等地位给白种人。[1]

长期以来，被挑出来予以不平等对待的人种有所变化。在 19 世纪晚期和 20 世纪早期，爱尔兰人、意大利人和波兰人受到歧视，但那种歧视基本上已经减少了。19 世纪上半叶，华裔和日裔美国人受到严重歧视，但几十年来这种歧视也在下降。

随着时间推移，新的少数派被看作是歧视的受害者。例如，妇女、残障人士和同性恋者总是受到歧视，但仅在过去的 35 年里就已经有了对这种歧视的广泛公认。本章将：

- 定义并描述民族群体、民族中心主义、种族群体、种族主义、偏见、歧视、压迫和制度歧视。
- 概括偏见和歧视的根源。
- 总结歧视和压迫的影响和代价。
- 介绍关于特定种族群体的背景材料（非裔美国人、西班牙裔美国人、土著美洲人和亚裔美国人）。
- 概括为促进歧视受害人群的社会和经济公正所采取的策略。
- 预测美国种族和民族关系的模式。

民族群体和族群中心主义

民族群体有一种归属感、一种使其成员形成一个特殊群体的观念以及一种认同感或“民族意识”感。科尔曼和克雷西把民族群体定义为：“一个其成员共有一种归属感和使他们形成独特群体或‘人’的观念的群体。”[2]几乎每个民族群体都有一种强烈的族群中心主义情绪。族群中心主义指的是“这样一种倾向，即认为自己的文化准则和价值观念是绝对的，并把它们用作判断和衡量所有其他文化的一个标准”[3]。族群中心主义让民族群体成员认为他们的文化是优等的，是其他文化应当采用的。族群中心主义还导致对所谓的外国人怀有偏见，他们可能被看作是原始人、未开化的人、未受教育的人或野蛮人。

一个国家内的民族优越感通常伴随着这样的观念，就是认为某民族自己群体的政治和经济统治地位是天赋的，在道德上是正确的，最有益于这个国家，而且可能也是“上帝的意志”。族群中心主义曾是人类历史上某些最恶劣暴行的一个因素——例如阿道夫·希特勒（Adolf Hitler）对约 600 万欧洲犹太人和吉普赛人的大屠杀以及欧洲殖民主义者要灭绝土著美洲人的企图。

158 在国家间的相互交往中，族群中心主义信仰有时导致战争或成为外侵的正当理由。过去的几个世纪里，由于一个社会试图将其文化强加于另一个社会，至少发生过几次国家间的战争。直到最近，美国和俄罗斯还在努力扩大它们对其他文化的影响。也是在过去的几十年里，以色列和阿拉伯国家在中东陷入了一场残酷的斗争；东南亚国家（例如柬埔寨和越南）处于冲突状态。

种族和种族主义

虽然一个种族群体通常也是一个民族群体，但这两个群体未必相同。一个种族被认为有一系列共同的生理特征。然而，一个种族群体的成员可能共有，也可能不共有那种使一个民族群体凝聚起来的归属感或认同感。既是一个种族群体又是一个民族群体的是日裔美国人，因为他们被认为有一些共同的生理特征，而且还有一种“民族意识”。另一方面，虽然白种美国人和白种俄罗斯人是相同的种族，但他们几乎没有归属感。此外，一些民族群体是由多个不同种族构成的。例如，一个宗教群体（例如穆斯林）有时被认为是一个民族群体，虽然它是由来自不同种族群体的成员组成的。

与族群中心主义相反，种族主义更倾向于以生理差异而不是以文化差异为根据。种族主义是“一种导致对那些被认为是劣等的种族怀有歧视和偏见的种族优越观念”[4]。然而，像族群中心主义思想一样，大多数种族主义思想宣称其他种族群体成员是劣等的。

偏见、歧视与压迫

偏见意思是预先判断，在适当的调查研究之前做出判断。这种判断可能是过分赞成也可能是过分否定。然而，就种族和民族关系而言，偏见指的是否定性的预先判断。戈登·奥尔波特（Gordon Allport）将偏见定义为“没有充分理由而消极地评价他人”[5]。他的定义有两个要素：无事实根据的判断和鄙视、讨厌、恐惧或厌恶的感觉。关于种族，根据他们认为这个群体是怎样的以及他们觉得这个群体会怎么做这样一些先入为主的观念，抱有偏见的人将其种族定势应用于一个群体的所有或几乎所有成员身上。种族偏见源于这样的观念，即认为肤色及其他生理特征不同的人在行为、价值观、智力机能和态度方面也不同。

区别看待这个短语有两种非常不同的含义。它可以有肯定的含义“有洞察力的、敏锐的”。然而，在少数群体关系中，它指的是根据被列为劣等的社会群体来划分类别，而不是根据他或她的品质去判断一个人。种族歧视包括拒绝少数群体成员均等获取机会、在特定住宅区居住、具有某些宗教和社会组织的成员资格、参加特定的政治活动、享有社区服务等等。

偏见是固有观念和否定态度的一种结合，以至于怀有偏见的人以一种预先决定的，通常是否定的、绝对的方式考虑他人。歧视含有身体机能的因素，例如不平等地对待某些人是因为他们属于某一种类而不是因为他们的信仰和态度。歧视行为经常源于偏见的态度。然而，罗伯特·默顿发现，偏见和歧视能够各自独立地发生。默顿描述了四种不同“类型”的人：

1. 无偏见的非歧视者在观念和行为上都拥护美国自由和平等的理想。原则上，这种人不会对其他群体怀有偏见，不会歧视他们。

2. 无偏见的歧视者不是个人怀有偏见，而可能有时是不情愿地歧视其他群体，因为这样做似乎在社会和经济上有便利。

3. 有偏见的非歧视者虽然对其他群体怀有敌意，但认识到法律和社会压力反对公开歧视。尽管有些勉强，但这种人能克制住不把偏见转化为行动。

4. 有偏见的歧视者不信仰自由和平等的价值观念，而且不断地在言语和行为上歧视其他群体。[6]

在宾夕法尼亚州纽霍普附近的华盛顿街心公园，特拉华的“三 K 党”成员在一个“同性恋聚会”上加入美国民族主义者组织，这是一个新纳粹组织。极端族群中心主义思想导致了这些认为他们的文化优于所有其他文化的褊狭组织的形成。

159 无偏见的歧视者（第 2 种）的一个典型代表是白人中产阶级居民区里无偏见的公寓业主，他拒绝向非裔美国人家庭出售公寓，因为这种出售可能会降低剩余单元的价值。有偏见的非歧视者（第 3 种）的一个典型代表是消防队的指挥员，认为奇卡诺人（Chicanos）是不可靠不称职的消防员，但仍遵守赞助性行动努力雇用和训练奇卡诺人消防员。

应该注意的是，要使个人偏见不会最终导致某种形式的歧视是非常困难的。强有力的法律和稳固的非成文社会规范对于打破偏见与歧视间的因果关系是必要的。

歧视有两种：法律上的和事实上的。权利歧视是法律允许的歧视。从前美国南方所谓的黑人法使许多对黑人的歧视行为具有法律力量，包括剥夺审判权、禁止选举以及禁止种族间通婚。今天，在美国，实际上没有法律歧视，因为这样的法律被宣布是违反宪法的，已被删除。

事实上的歧视指的是实际上存在的歧视，无论合法与否。事实歧视的行为常常源于强有力的不成文的歧视规则。玛莱内·卡明斯（Marlene Cummings）举了一个这种歧视的例子，并敦促受害者坚定而自信地面对这样的歧视：

> 背景：百货商店。事件：几个人正在柜台前排队。下一个被服务的人是个黑人妇女，然而，这个职员却招待晚到的几位白人顾客。几次用有礼貌的手势来唤起职员对她的注意后，这位黑人妇女最终强烈要求其提供服务。那个职员声称："我没看见你。"之后才开始招待她。这个职员对这位黑人顾客非常粗鲁，而且明显缺乏礼貌，因为这位黑人顾客有机会看到其他顾客的待遇。事实上的歧视是最令人沮丧的……大多数人只是宁愿忘记这整件事，但其实重要的是要向这种行为提出挑战，即使这么做可能使你陷入更大的痛苦之中。处理这种歧视最好的办法之一就是把这件事报告给商店的经理。如果有可能的话，重要的是与这个职员展开辩论。[7]

压迫是不公正地或残酷地行使职权或权力。美国社会中的少数群体成员经常受到各部分白人权力体系压迫的伤害。压迫和歧视紧密相关，因为所有的压迫行为也是歧视行为。

种族和民族的刻板印象 160

种族和民族的刻板印象包括将固定的且通常是不准确的或不利的观念归于一个种族或民族群体。刻板印象可能包含一些真相，但总的来说是被夸大的、除去前后联系的或歪曲的。由于我们试图以类别觉察和理解事物，所以刻板印象与我们的思维方式紧密相连。我们需要按类别把相似的事物归类，以便于研究它们并传递关于它们的信息。我们对许多类别的人都有刻板印象，包括母亲、父亲、青少年、共产主义者、共和党议员、学校教师、农场主、建筑工人、矿工、政治家、摩门教徒以及意大利人。这些刻板印象可能包括关于任一类别成员的一些有用的准确的信息。可是，任何类别的各个成员都会有许多没有被刻板印象所表现出的特征，而且甚至会有一些与某些刻板印象相悖的特征。

种族的刻板印象包括根据肤色或其他身体特征来区别人。例如，土著美洲人被错误地定型为一喝酒就很快会醉倒而且变得没有理性。这种看法后来被转变成法律，许多年禁止土著美洲人买酒或喝酒。另一种刻板印象是非裔美国人有"自然节律"，因此有更大的天赋打篮球或从事某些其他运动。猛一看这样的刻板印象似乎是对非裔美国人的赞美，但它含有更多消极的含义。这种刻板印象的危害是，如果人们相信这种刻板印象，它可能就会暗示人们其他能力（例如智力、道德、劳动生产力）也是由种族决定的。换句话说，相信这个“肯定的”刻板印象增加了人们也会相信否定性刻板印象的可能性。

白人的种族与民族歧视问题

古纳·迈兜（Gunnar Myrdal）指出，少数派的问题实际上是多数派的问题。[8]白人多数派决定了非白人和其他民族群体在美国社会中的“地位”。由于白人将不同的刻板印象运用于不同的群体，所以不同民族群体的地位在我们的社会中会变化，例如，非裔美国人就受到不同于日裔美国人的看待。埃尔默·约翰逊（Elmer Johnson）指出：“当多数派的成员在关于压制少数派是社会需要还是为了多数派最终的利益这个问题上发生争论时，少数民族关系作为一个社会问题就会被多数派认识到。”[9]由于少数群体中要求机会均等和权利平等的渴望不断上升，对歧视与隔离的讨论也受到越来越多国民的重视。

美国据说建立在人的平等的原则上。尽管《独立宣言》和《宪法》主张平等、公正和自由。然而，事实上，美国社会总是在歧视少数派。从最早期起，美国社会就已经挑出某些少数派予以不平等的待遇。巴克尔（Barker）将少数派定义为：“一个有着比该共同体的支配群体更小或更少权利的，具有独特的种族、宗教、民族或政治面貌的群体或群体成员。”[10]

作为社会概念的种族

阿什利·蒙塔古（Ashley Montague）将种族看作是我们社会中最危险和不幸的怪论之一。[11]种族被许多人错误地认为是人的生物类别。目前还没有关于“种族”特征的清楚描述。贯穿历史，不同社会和种族群体的基因偶尔被混合在一起，以至于没有一个所谓的种族有任何独特的或特殊的基因。此外，种族群体的生物差别通过社会文化因素已逐渐被淡化，例如配偶特征偏好的改变、生育者不同饮食的作用以及其他像战争和疾病这样选择谁将生存与繁衍下去的变化。[12]

尽管只是下定义的问题，但在社会科学中使用种族类别是必要的，因为种族对人们来说有着重要的（虽然未必一致）社会意义。为了使种族分类有根据，许多社会科学家使用了社会学定义而不是生物学定义。社会学定义是以社会成员按照生理特征为彼此分类的方
161 法为根据的。例如，一个经常使用的美国黑人的社会学定义是，任何有着明显的黑色生理特征或被了解到有黑人祖先的人。[13]种族的社会学分类已被不同社会中任意一个种族的不同定义所证明。例如，在美国，任何不是“纯白种”的且知道有黑人祖先的人都被认为是黑人，而在巴西，任何不是“纯黑种”的人都被列为白人。[14]

根据阿什利·蒙塔古的观点，当人们认为生理特征与智力特征及文化成就相关联时，种族就成为一个危险的乌有之说。[15]似乎每过几年，某个有名的科学家就会通过制造这种

摄影师玛格丽特·博尔克-怀特（Margaret Bourke-White）拍到一张美国的具有讽刺意味的照片，照片上是路易斯维尔洪水的受害者，摄于大萧条时期。

错误的假定来搅和国家。例如，赫恩斯坦（Herrnstein）和莫瑞（Murray）宣称，一般说来，白人更聪明，因为智商测试表明白人的平均分比黑人高10分到15分。[16]赫恩斯坦和莫瑞的研究受到了其他专家严厉的批评，因为它错误地认为智商在很大程度上是由遗传决定的。[17]这些专家断言，智商主要受环境因素影响，要是非裔美国人被给予相似的机会实现他们的潜能，他们的平均成绩很可能会和白人一样。智商测试还被指控有种族偏见的倾向。测试提问的各种问题白人比较熟悉因而也更易于正确回答。

埃尔默·约翰逊总结道，必须达到对不同种族群体的能力持一种无偏见、客观的看法：

> 种族盲信者断言，不同种族的文化成就是如此明显地不同，继而他们取得成就的遗传能力必定也不同。没有人能发现任何人或任何种族的文化能力……直到有均等的机会来证明这些能力。[18]

大多数科学家，包括自然科学家和社会科学家，现在认为，在生物遗传上所有种族在每个重要的方面都一样。除了几个非常小的、近亲繁殖、与世隔绝的原始部落，所有种族
162 群体好像都会展现出各种能力。所有已被发现的在个性、行为和成就方面的重要种族差异似乎都被归因于环境因素。[应该注意到，许多美国人把他们自己分为“杂种的”或“多种族的”，因为他们有某一种族的父或母和另一个种族的母或父。例如，著名的高尔夫球员泰格·伍兹（Tiger Woods）就有一个多种族的出身，是高加索人、非裔美国人、土著美洲人和亚洲人的后裔。]

种族歧视的原因

没有一个专门的理论能够完整地说明为什么会发生种族歧视。通过研究下面几段涉及的几种理论，读者应该至少对歧视的性质和原因更敏感。对怀有偏见的人来说，歧视的原因既有内部的又有外部的。

投射

投射是一种心理防御机制，表现为个体将其不愿在自身识别的某些性格特征归于他人。许多不喜欢他们自身所带有的个人特点的人有一种不可理解的愿望要摆脱这些特征，但这总是不太可能。因此，他们可能把某些特征“投射”给别人（经常是社会中的其他群体），从而表现出他们本来要针对自身的否定的情感。在这个过程中，他们拒绝并谴责他们已投射了那种特征的人。

例如，一个少数群体可能成为有偏见的人的恐惧和强烈欲望的投射。那就是说，认为非裔美国人懒惰而且沉迷于性的人，可能是将他们自己内在的对勤奋和性幻想的关注投射给了另一个群体。很有趣的是，在历史上是白人男性对黑人妇女（特别是奴隶）进行过性奴役，而某些白人却认为黑人混杂，在性方面不慎重、不道德。显然，许多白人男性对这些性欲和冒险活动怀有负罪感，而通过把他们自己的性欲和性行为投射给黑人男性来处理他们的负罪感。

挫折—攻击

另一种通过歧视来满足的心理需求是对紧张和挫败感的释放。当我们不能达到或获得我们想要的东西时，我们时常会感到很失败。有时我们回击挫折的来源，但很多时候直接的报复是不可能的——例如，当我们觉得受到不平等对待时，我们总是不情愿告诉雇主我们对他们的想法，因为我们害怕遭报复。

一些受挫的人将他们的愤怒和敌对情绪转移到一个替罪羊身上。这个替罪羊可能不仅限于一个特殊的人，而可能包括一群人，例如一个少数群体。就像把工作上的挫折发泄给家中配偶或孩子的人一样，一些怀有偏见的人把他们的挫折发泄在少数群体身上。（替罪羊这个词源于一个古希伯来的宗教仪式，在仪式中一只羊被象征性地载以整个共同体的罪恶，然后被逐之荒野，它“逃跑了”。因此有了替罪羊这个词。这个词也就逐渐被扩大应

用于任何代他人受过的人。)

不安全感与自卑情绪

可以通过歧视满足的另一种心理需求是反抗不安全感和自卑感的愿望。一些感到不安全的人通过贬低另一个群体试图使他们自己感觉更好些，因为这样他们就能告诉自己他们比这些人“更好”。

权力主义

关于偏见的原因的一本经典著作是 T.W. 阿多诺等人写的《权威人格》（*The Authoritarian Personality*）。[19]第二次世界大战后不久，这些研究者研究了欧洲法西斯主义发展的心理原因，并得出结论：有一种独特的人格类型与偏见和褊狭相联系。权威人格顽固、刚硬且对不确定事物的耐受性低。这种人格对权威人物非常尊敬，很快就服从于他们的意志。这样的人高度地评价保守行为，而且觉得受到其他非保守行为的威胁。为了减少这些威胁，这种人把非保守的人称为是“不成熟的”、“下等的”、“退化的”，因而没必要询问他或她的信仰和价值观念。权力主义人格认为少数群体成员是非保守的，于是贬低他们，并倾向于通过偏见和歧视来表达权力主义。

历史

对偏见还有历史的解释。查尔斯・F・马登（Charles F. Marden）和格拉迪斯・迈耶（Gladys Meyer）发现，现在被有偏见的白种人认为是二等公民的种族群体，或是已被征服、被奴役的群体，或是以从属地位为基础被我们社会接纳的群体。[20]例如，黑人在殖民时代作为奴隶被输入并被剥夺了人的尊严。土著美洲人被征服，他们的文化被认为是劣等 163
的。墨西哥裔美国人被允许进入美国主要从事季节性、低工资的农场工作。

竞争与剥削

美国社会是高度竞争和物质至上的社会。为了获取更多的可用之物，个人和群体每天在与他人竞争。这些保护商品经济的努力通常会导致权力斗争。在美国社会中，白人历来企图剥削非白人。正如前面提到的，他们不是征服、奴役非白人，就是在从属地位的基础上才允许非白人进入美国社会。一旦白人群体获得统治地位，他们就利用，并仍在利用他们的权力通过廉价劳动力剥削非白人——例如，血汗工厂的工人、移民农场的雇工、女佣、看门人还有旅馆侍者。

统治集团的成员知道他们把从属群体当作是劣等的、不平等的。为了证明这样的歧视是正当的，他们发展了一套意识形态（观念体系），即他们的群体是优等的，他们拥有更多的权利、利益等等是正确的而且合适的。他们经常宣称，上帝凭神的力量选择他们的群体占统治地位。而且，他们把低劣的品质（懒惰、野蛮、不道德、肮脏、愚蠢）归于从属群体，还断定少数派需要而且应得的相对要少，因为他们在生物学上是低等的。

社会化模式

偏见也是一种习得的现象，是通过社会化过程一代一代传递的。我们的文化有些刻板印象，关于不同的种族群体成员“应该是”什么人，种族群体成员与某些种族外群体成员交往“应该如何行事”。这些刻板印象提供了小孩子用以学会判断人、事、思想的标准。在某种程度上，偏见是通过相同的过程发展来的，通过这些过程我们学会了要虔诚和爱国，学会了去欣赏和享受艺术，学会了发展我们的价值观念体系。因此种族偏见至少在我们社会的某些部分是我们文化标准体系的一个方面。

一个宗教集团成员在一次反对堕胎的活动上表达他们信仰的宗教是唯一真正的宗教。

信仰唯一真正的宗教

一些人被教养得相信他们的宗教是唯一真正的宗教——他们会去天堂，而信仰一种不同宗教的人是异教徒，会受到永远的诅咒。有这样一种信仰体系的人得出结论，认为他或她是“上帝挑选的少数”中的一个——这会让那些人认为他自己或她自己高于“异教徒”。优于他人的感觉经常会让这样的人贬低“异教徒”，继而以一种劣等的方式对待他们。“唯一真正的宗教”的影响已经导致社会团体间的许多战争，因为每个人都认为他们的宗教更好。这些社会团体认为，在通过任何可能的手段（包括暴力）传播他们所选宗教的过程中，他们被证明是正确的。

需要思考的一个极好的问题是："如果一个人认为他或她的宗教是唯一真正的宗教，那么那个人能完全平等地接受其他宗教信仰的成员吗?"信仰唯一真正的宗教也许是形成种族偏见态度体系中最关键的决定因素之一。

在旁观者眼中 164

这些理论都没有说明偏见的所有原因，它有许多根源。然而，总的来说，它们确认了许多成为原因的因素。应该注意的是，所有这些理论都声称偏见的原因在于持有偏见的人的性格和经历，而不在于偏见所指向的那个群体的性格特征。

由尤金·哈特利（Eugene Hartley）所领导的一项新实验证明，偏见与它所针对的人没有关系。他给他的课题列出一系列带有偏见的反应，针对犹太人和非裔美国人的偏见竟然还涉及三个甚至不存在的群体：Wallonians、Pireneans 和 Danireans。有偏见的反应包括像这样的表述："所有居住在这儿的 Wallonians 都应该被赶走。"要求回答者对这些有偏见的陈述表明是同意还是不同意。这项实验也表明，大多数受偏见伤害的犹太人和非裔美国人也对他们从未见过或听说过的人们怀有偏见。[21]

制度的种族主义与制度的歧视

在过去的三十年，制度的种族主义已被认为是一个主要的问题。制度的种族主义涉及对种族群体的歧视行为和歧视政策，遍及社会的主要宏观制度，包括法律、政治、经济和教育制度。这些歧视行为和政策中有些是非法的，而其他的则不是。巴克尔将制度的种族主义定义为："那些内涵于系统地导致对有色人种不平等结果的腐败体系中的政策、准则或程序。"[22]

与制度的种族主义相反，巴克尔将个人种族主义定义为："一个人对一个种族群体或民族群体的几乎所有成员的负面态度，经常导致公开的行为比如骂人、社会排斥或暴力。"[23]卡米克尔和汉密尔顿（Carmichael and Hamilton）将个人种族主义和制度的种族主义作了如下区分：

> 当白人恐怖分子轰炸一个黑人教堂并杀死五个黑人儿童，那是一种个人种族歧视行为，会受到社会各界广泛的谴责。但是当在同一座城市……每年有五百名黑人婴儿由于缺少适当的食物、住所和医疗设施而死亡，上千名儿童因贫困和黑人社区中歧视的状况而在身体上、情感上和智力上受到伤害，那就是制度的种族主义的作用[24]。

制度的歧视是"以官方政策、公开行为或那些可能是暗地里进行却为当权者赞同的行为为根据的有组织地引起偏见的对待"[25]。

歧视经常被我们无意地纳入社会结构和形式中。下面的例子反映了制度的种族主义：

- 某个有分部的家庭咨询机构将一名技术不够熟练，只能提供低质服务的咨询员安排在位于少数派地区的服务处。

● 某公共福利部门鼓励白人申请者为特殊需要（如衣物）请求资助，或鼓励他们使用特定服务（如日托和家政服务），而非白人却没有被告知（或不够热心地被告知）有这样的服务。

● 某公共福利部门花较长的时间处理非白人申请资金和服务的事务。

● 某警察局在工作任务、雇用、晋升和加薪方面歧视非白人职员。

● 某房地产公司有个特点，就是向白人购房者展示位于白人区的房子，而向黑人购房者展示的房子却是在混合地区或主要是黑人的地区。

● 银行和保险公司参加歧视，包括拒绝在有大量少数派人口的地区提供贷款或发行保险。

● 检察和假释机构倾向于忽视白人当事人较小的违规，却因相似的违法努力要使非白人假释犯重回监狱。

● 心理卫生机构倾向于称非白人当事人为“精神病患者”，而将不太严重的精神失调归于白人当事人。

● 在某家庭咨询服务中心工作的白人职员受执行委员会鼓励，为与他们关系好的客户（通常是白人客户）提供精细的服务，并被告知对那些“与他们合不来”的客户不必太重视，这些客户可能大多是非白人。

165 制度的种族主义的结果是什么？非白人的失业率一向是白人的两倍多。非白人婴儿的死亡率将近白人的两倍。非白人的预期寿命比白人要少几年。非白人受教育的平均年数与白人相比相当地少。[26]

在学校制度中有很多制度的种族主义的例子。白人区的学校总体上比少数派地区的学校有较好的设施和较高素质的教师。一般来说，少数派家庭更没能力支付“公费”教育的隐性费用（最好的学校所处地区需要较高的财产税、运输费用、班级旅行费、服装及供给），因此他们的孩子较少被纳入教育过程。教科书通常美化白种人而对少数派的关注不足。珍妮特·亨利（Jeannette Henry）写下了关于历史教科书对土著美国儿童的影响：

> 以下这些对学生的影响是什么？当他从课本上学到，一个种族，而且仅此一个，是最多、最好、最伟大的；当他学到，印第安人①只不过是风景画部分，是为了给白人扩张的伟大“运动”开路而必须清除掉的野蛮人；当他学到，为了给冒险者（通常叫“先驱采金人”）、土地抢夺者（通常叫“殖民者”）、印第安人土地上的非法定居者（通常叫“边远居民”）开路，印第安人被屠杀并被强迫从他们古老的故乡搬走。这些对年幼的印第安儿童自身的影响又是什么？在学校制度中他也是个学生，但他被告知哥伦布发现了美洲，科罗纳多（Coronado）给印第安人“带来文明”，西班牙传教士为

① 印第安人这个词最初被早期欧洲殖民者用来描述北美洲的土著人。由于它的非本国来源及其使用的文化主导背景，许多人，特别是土著美洲人，反对使用这个词。现在一般用土著美洲人这个词。

> 印第安人提供了避难所。假设这个学生，无论他是什么种族，不会在将来某天发现，早在哥伦布航行几千年前印第安人就发现了美洲，科罗纳多给土著人带来了死亡和灾难，西班牙传教士几乎是强拉印第安人入教。试问，这种假设合理吗?[27]

即使在用校车行动试图实现种族融合的校区里，制度的歧视也会发生。一种歧视方法是使用路线制度。大多数白人儿童被置于“先进的”路线中，受到教师较多的关注，而大多数非白人儿童却被置于“慢学者”的路线中，受到教师较少的关注。

我们的犯罪审判制度中也有制度的种族主义的因素。审判制度被认为是公正而没有歧视的。正是这个制度的名称——审判——暗含着公正和平等。但实际上仍有种族主义的迹象。尽管非裔美国人仅构成人口的约12%，可是他们占监狱人数的将近50%。(这在多大程度上是由于种族主义而不是种族差别犯罪率所导致的？关于这个问题有相当大的争论。)因谋杀和绑架被判入狱的黑人一般的刑期要比白人长。将近一半被判死刑的是非裔美国人。[28]与中产阶级和上层白人群体所犯的罪相比，警察局和地区律师事务所更可能精力充沛地制裁低收入群体和少数派群体所犯的各种罪。穷人（大量的非白人是穷人）事实上不太可能有能力保释。结果，他们被迫待在监狱里直到审判，这可能要用几个月或超过一年的时间。由于支付不起辩护律师的高额费用（包括最成功的犯罪辩护律师团的收费），他们更有可能被认定有罪。

歧视与压迫的影响和代价

种族歧视是从我们竞争性的社会中获取满意舒适生活的必需资源的一个障碍。作为歧视的受害者是又一个必须被克服的障碍。因种族而受歧视，使获得足够的住房、资金、优质教育、就业、足够的卫生保健和其他服务、民事与刑事案件的公平审判等等变得更加困难。

歧视也有沉重的心理代价。我们所有的人必须发展一种认同感——我们是谁以及我们怎样适应一个复杂、多变的世界。最理想的是，我们发展一种积极的自我观念并努力获得有价值的目标，这很重要。然而，正如前面我们注意到的，根据库利的“镜中我”理论，166
我们关于我们是谁以及我们是什么的思想在很大程度上是由他人理解我们的方式决定的。[29]当少数群体成员被多数群体对待得好像他们是劣等、二等公民时，对这样的成员来说，要发展一种积极的认同感实质上比较困难。因此，作为歧视对象的人们遇到了发挥他们作为人的完整潜能的障碍。

歧视受害者群体中的少年儿童很可能使其在早年形成脆弱的自尊心。遭到歧视的非裔美国儿童对白色玩偶和白人玩伴的偏爱要胜过对黑色的。[30]

平德尔休斯（Pinderhughes）注意到非裔美国人受奴役和压迫的历史，与种族歧视及排斥结合起来，已形成了一个“受害人制度”。

> 受害人制度是一个循环的反应过程，呈现出与所有制度共同的性质，比如稳定

性、可预测性和同一性。这个特殊的制度威胁着人的自尊，并加强了社区、家庭和个人对忠诚问题的反应。这种反应运行如下：获得机会和教育的障碍限制了取得成就、就业及获取技能的机会。这种限制反过来会导致家庭关系的贫乏与紧张，影响家庭作用的充分发挥。家庭角色的压力引发个人成长和发展的问题，并限制了家庭满足自身需要或组织起来改善他们社区的机会。资源（工作、教育、住房）有限的社区不能很好地维持家庭，而且这个社区也很可能成为一个积极导致混乱的影响因素、犯罪和其他反常现象的温床、更加无权的一个诱因。[31]

歧视使多数群体也付出了很高代价。它削弱了社会团体间的合作与交流。歧视也是导致少数派之间社会问题的一个因素——例如，高犯罪率、情感问题、酗酒、吸毒——所有这些已花费了社会计划中几十亿美元。艾伯特·希曼斯基（Albert Szymanski）坚持认为，歧视是白人与非白人（特别是较低收入阶层的人）之间集合性行为（如联合）的障碍，因此是永久性低薪工作和贫困问题的一个因素。[32]能从集合性行为中受益的不太富裕的白人受到了伤害。

歧视的影响甚至反映在预期寿命上。在美国，非白人的预期寿命比白人少六年。[33]因为他们得到的是较差的卫生保健、食物和住房，所以非白人趋向于比白人早死。

最后，美国的歧视削弱了它的某些政治目标。当美国宣扬人权和平等时，许多其他国家认为它虚伪。为了在全世界范围有效论证人权，我们必须首先通过消除种族和民族歧视使我们内部保持秩序。没几个美国人认识到种族歧视损害我们的国际声誉达到了什么程度。到美国的非白人外交官经常抱怨是歧视的受害者，因为他们被错认为是美国少数群体的成员。由于世界上大多数国家是非白人，我们的种族主义行为严重损害了我们的影响和声望。

种族群体的背景

在美国最大的种族群体是白种人，在数量上（约是人口的76%[34]）和权力上都是多数群体。非裔美国人约占人口的12%[35]，拉丁美洲裔约占人口的9%[36]，其他非白人群体约占美国人口的3%，主要包括土著美洲人、日本人、中国人和菲律宾人后裔。还有少量的下列非白人群体：阿留申人、印度人、爱斯基摩人、夏威夷人、印度尼西亚人、朝鲜人和波利尼西亚人。在受教育程度、职业地位和平均收入方面，与白人群体相比，这些非白人群体大多数明显处于劣势。（现在，在社会经济地位上接近白人的两个主要非白人群体是日裔美国人和华裔美国人。）

非裔美国人

美国一直都是一个种族主义的国家。尽管国家的缔造者宣扬自由、尊严、平等和人权，但“内战”前美国的经济是严重依赖于奴隶制的。

许多奴隶来自于艺术形式、政治制度、家庭模式、宗教信仰和经济制度发展良好的文 167
化环境。然而，因为他们的文化不是欧洲的，所以奴隶主视其为“没有价值的”东西，并且禁止奴隶们从事和发展他们的艺术、语言、宗教和家庭生活。由于实际的需要，他们先前的文化在美国迅速消逝了。

奴隶的生活是残酷的。奴隶主不把奴隶当人看而是当作买卖的商品。随着他们的劳动收益流进白人主人的腰包，他们在田间劳作中度过了漫长、艰苦的日子。鞭打、致残和绞刑在白人的控制行为中被普遍采用。奴役黑人的推动力不完全是种族歧视，许多白人认为拥有廉价的劳动力供给是他们的经济优势。尤其是棉花种植，被认为需要大量廉价而又听话的劳动力。法律不承认奴隶之间的婚姻，因而奴隶就会经常被忽略婚姻和家庭关系而卖掉。整个奴隶制时代，甚至奴隶制时代之后，非裔美国人都被阻止展示他们的聪明才智、首创精神或雄心壮志。曾经有一个时期，连教他们读书和写字都是违法的。

一些专家已发现，“内战”前反对奴隶制蔓延，一方面是由于对人权和平等道义上的关注，但更多的是由于北方害怕来自奴隶劳动力的竞争以及自由黑人向北部和西部迅速增加的移民活动。[37]那时没几个白人懂得或信仰种族平等原则。

“内战”之后，联邦政府未能发展一个对非裔美国人进行经济和教育援助的全面计划。结果，他们中大多数又重新回到了经济上依赖原先奴役过他们的南方种植园主的状态。几年之内，南方各州通过法律禁止种族间通婚，而且要求在学校和公共场所实行种族隔离。

严格的等级制度在南方形成一个名为“吉姆·克罗（Jim Crow）法”的压迫制度。这个制度规定了白人在场时非裔美国人应该如何行事，宣称白人至高无上，采用种族隔离，并否认非裔美国人的政治和法律权利。反对《吉姆·克罗法》的人遭到了火刑、鞭打和各种私刑。《吉姆·克罗法》被用来“教”非裔美国人把他们自己看成是劣等的，并且在与白人的相互交往中要卑屈、顺从。

第二次世界大战为非裔美国人带来了新的就业机会，他们大量移民到北方。战时条件所提供的较大流动性导致传统等级制度内部的剧变。认识到理想与现实之间的不一致让许多人试图改进种族关系，不仅是为了国内的和平与公正，而且是为了回答来自国外的批评。随着种族关系的每一次进步，更多的非裔美国人被鼓励去坚持要求他们的权利。

民权历史上的一个主要转折点是1954年美国最高法院在布朗起诉教育局案上的决定，规定种族隔离在公立学校是违反宪法的。从那以后，非裔美国人和某些白人做了大量有组织的努力保护少数派的平等权利和机会。试图改变根深蒂固的种族主义的态度及行为引起了许多骚乱：20世纪60年代，火烧市中心①，暗杀小马丁·路德·金，好战的黑人群体与警察之间的冲突。当然，也有一些重大的进步。大范围的立法已经通过，保护例如住

① 1968年4月4日，一名白人暗杀者枪杀了小马丁·路德·金。他的死引发了四十个城市内广泛的骚乱，许多地方的整个街区都被烧毁。

房、选举、就业以及使用公共交通工具和设施这样一些领域的民权。1968 年骚乱期间，美国国家动乱顾问委员会警告，美国社会正在朝“两个社会，一个黑，一个白——分离的和不平等的”社会倾斜。[38]

美国今天不是骚乱犯罪所想象的那样严重隔离的社会。非裔美国人和白人现在经常一起工作并且一起吃午餐——可是很少有人真正把对方当朋友。

五分之四的非裔美国人现在居住在大城市地区，他们中一半以上的人在我们的中心城市。[39]美国的城市仍在很大程度上被隔离，非裔美国人主要居住在黑人区。最近几年，非裔美国人中民权运动的主要推动力是经济平等。非裔美国人与白人之间的经济差距仍然很大。美国黑人家庭跌于贫困线下的可能性是白人家庭的三倍。[40]自 20 世纪 50 年代早期以
168 来，美国黑人的失业率将近白人的两倍。失业对美国黑人青少年是个特别严重的问题，他们的失业率实际上高于白人青年而且已高达 50%。[41]

作为一个国家，自 1954 年美国最高法院的决定以来我们已走了很长的路。但在我们消除美国黑人的贫困与受压迫之前，我们仍有很长的路要走。美国黑人市中心的生活环境仍然像 20 世纪 60 年代晚期我们市中心建起时那样荒凉。20 世纪 60 年代，对生活条件的不满导致许多市中心地区的非裔美国人放火烧毁了许多建筑——大部分是白人所有的建筑。

在过去的三十年里，两种发展形成了非裔美国人社会经济状况的特点。一方面，一个中产阶级已经出现，他们与以往任何的非裔美国人群体相比，受过更好的教育、得到更好的报酬、拥有更好的住房。然而，另一方面，随着相对有钱的中产阶级搬往较好的地区，他们留下了那些生活于贫困中的人们。被留下的这个群体制造了一个相当大份额的与市中心相联系的社会病——包括高犯罪率、高失业率、高吸毒率、高辍学率、高婚外生子率以及高家庭接受官方援助率。

一半以上的美国黑人儿童生活在单亲家庭中。[42]然而，许多单亲家庭的美国黑人儿童生活在由扩大家庭的某种变体构成的家庭结构中。在灾难期间包括经济灾难时期，许多单亲家庭会搬去与亲戚生活。此外，各个水平的美国黑人家庭在他们工作时要依靠亲戚照顾他们的孩子。

尽管许多美国黑人家庭由单身母亲负责是个事实，但认为这样的家庭天生就是病态的将是个严重的错误。一个有良好的养育技巧的单亲家长，再加上一个给予帮助的大家庭，能够形成健康的家庭结构。

舍菲尔（Schaefer）总结了由全国城市联盟确认的五种力量，这些力量可使非裔美国人家庭在种族主义社会中有效发挥作用：

- 强大的血缘关系。在扩大的家庭网中黑人比白人更有可能照顾好孩子和老人。
- 强烈的工作倾向。贫困的黑人更有可能在工作，而且贫困的黑人家庭常常有一个以上赚钱的人。

●家庭角色的可适应性。在双亲家庭中，平等主义决策形式是最普遍的。作为家中主要赚钱人的黑人妇女，她们的自力更生最好地证明了这种可适应性。

●高成就倾向。工人阶级黑人表现出比工人阶级白人更大的要求他们的孩子上大学的愿望。甚至众多的低收入非裔美国人也希望上大学。

●强烈的宗教倾向。黑人教堂自奴隶制时期以来就是许多重要基层组织的发源处。[43]

所罗门（Solomon）写道："黑人文化包括'主流'白人文化的因素、来自传统美国文化的因素以及来自奴隶制重建和后来揭露种族主义与歧视的因素。"[44]非裔美国人的亚文化有不同于主流白人文化的词汇和交流风格。在这些亚文化群体中成长的儿童常常难以理解学校里讲的英语。美国黑人的方言似乎是奴隶们在南方种植园时期曾讲过的一种混合形式的英语。[45]（混合语言是说话者的土著语言，是以两种或两种以上的其他语言为基础的。）现在的美国黑人英语，是过去南方种植园时期的语言残余与当前美国黑人社会文化状况的反映这二者的结合。如此看来，按照其自身特点把它看作是一种方言而不仅仅是标准英语的一个变体，这很重要。大多数成年非裔美国人会两种语言，美国黑人方言和标准英语讲得都很流利。

以非裔美国人为主的宗教组织已倾向于不仅关注信仰，而且关注致力于反击种族歧视的社会活动。许多杰出的非裔美国人领袖曾是神职人员，例如小马丁·路德·金和杰西·杰克逊（Jesse Jackson）。美国黑人的教堂则用于发展领导技能。它们也作为满足基本需要（如衣服、食物和住所）的社会福利组织发挥作用。这些教堂已成为有困难的黑人个体及家庭的自然援助系统。

专栏 6.1　以非洲为中心的观点和世界观 169

关于美国黑人文化的一种新兴的观点是以非洲为中心的观点。①美国黑人文化有许多成分。有来自传统美国文化的成分，来自奴隶制、重建及后来揭露种族主义与歧视时期的成分和来自"主流"白人文化的成分。以非洲为中心的观点承认非洲文化、非洲信仰的表达、非洲的价值标准以及制度和行为的合法性。它认识到，非裔美国人在一定程度上保留着许多非洲的生活和价值观的成分。

以非洲为中心的观点声称，运用以欧洲为中心的关于人的行为的理论来解释非裔美国人的行为和社会精神特质常常是不恰当的。以欧洲为中心的观点中关于人的行为的理论反映了在欧洲和英美文化中发展起来的人的行为的观念。以欧洲为中心的理论家们历来贬低非洲血统的人和其他有色人种。这样的理论家已或明或暗地声称，非洲血统的人在他们的社会、人格、道德发展方面是病态的或劣等的。②

由于买卖奴隶的商人和奴隶主被迫要证明对非洲人的奴役是合理的，因此这种贬低的根源在奴隶贸易中能够被找到。欧洲中心理论的附带结果是把非洲人的文化描述成是“未开化的”，而且对世界发展和人类历史实际上没有任何价值。

通过使一种流传几千年并在今天非裔人头脑中根深蒂固的世界观合法化并使它传播开，以非洲为中心的观点试图消除关于非裔的负面歪曲。这种世界观包含一个人关于自身与他人、事物、制度及自然间关系的理解。它集中在一个人对世界的看法以及他在其中的作用和地位。非裔美国人的世界观是由其独特而重要的经历形成的，例如种族主义与歧视、非洲文化遗产、美国黑人家庭与社区生活的传统特征以及强烈的宗教信仰倾向。

以非洲为中心的观点还试图倡导一种促进人类和社会朝着道德、精神和人文主义目标转变的世界观，并试图说服不同的文化和民族群体，他们在这方面有共同的利益。非洲中心观否认这种观点，即认为个人能脱离他或她所在群体的其他人来被理解。它强调一种鼓励分享、协作和社会责任的集体一致性。

非洲中心观也强调精神性的重要，包括道德的发展以及获得生活中的意义和真谛。非洲中心观认为，在美国，人的问题的主要根源是压迫和疏离感。不仅偏见和歧视产生压迫和疏离感，而且欧洲世界观也产生压迫和疏离感，因为它教人们将自己主要看成是寻求他们自然、肉体或性需求直接满足的肉体、自然人。这种观点进而宣称，这种欧洲世界观阻碍精神与道德的发展。

非洲中心观已被用来解释特定社会问题的起源。例如，年轻人的暴力犯罪被认为是他们要在经济上改善自身的有限选择的一个结果。年轻人寻求街头犯罪生活作为一种合理的手段对付、抗议推行普遍就业歧视的社会（就像最低工资、临时解雇、缺少教育或培训机会以及贫富差距所表明的那样）。这些年轻人认为，他们能从街头犯罪中赚到较多的钱，比从上大学或经营小本合法生意中赚到的钱更多。犯罪生活的新情况也被认为更有可能发生在一个奉行欧洲世界观，即不重视精神与道德上发展的社会中，因为在那样的社会里人们很少知道或不知道集体与社会责任。

非洲中心观对一种更加全面、重视精神而且乐观的人类观评价很高。

①W. Devore and E. G. Schlesinger, *Ethnic-Sensitive Social Work Practice*, 4th ed. (Needham Heights, MA: Allyn and Bacon, 1996.)

②J. H. Schiele, "Africentricity: An Emerging Paradigm in Social Work Practice," *Social Work* 41 (May, 1966): 284 - 294.

许多非裔美国人都曾有过被学校制度、社会福利机构、卫生保健制度以及司法制度负面评价的经历。由于他们过去的经历，非裔美国人很可能以理解的态度看待这样的制度。
170 例如，学校错误地认为美国黑人不太能发展认知技能。这些理解经常成为一种自我实现的预言。如果美国黑人儿童被料想在学校表现不好，老师们可能就不会太努力刺激他们学习，那么这些儿童可能也不会太努力学习，从而导致一个较低水平的成绩。

拉丁美洲裔美国人

拉丁美洲裔美国人是西班牙血统的美洲人。根据语言、文化以及与罗马天主教的联系，他们形成了在某种程度上相连的不同群体。这个大类包括墨西哥裔美国人（奇卡诺人）、波多黎各裔美国人、古巴裔美国人、美国中南部以及西印度群岛人，还有西班牙血统的其他人（图 6.1）。拉丁美洲裔美国人人口正以其他人口五倍的速率增长。[46]这种大幅度增长有三个主要原因：出现大家庭的趋势、移民不断涌入（特别是来自墨西哥）、大量拉丁美洲裔美国人处于生育期。

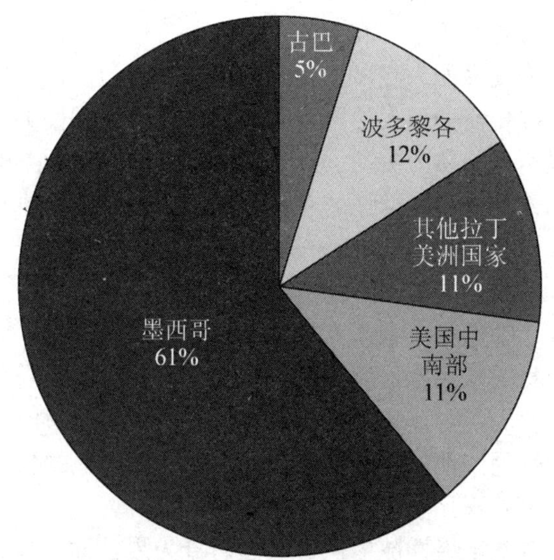

图 6.1　按西班牙血统类型划分拉丁美洲裔在美国分布的百分比

资料来源：Richard T. Schaefer，*Racial and Ethnic Groups*，6th ed.（Boston：Little，Brown，1996），p. 253。 170

墨西哥裔美国人

美国最大的拉丁美洲裔群体是墨西哥裔美国人。尽管许多美国人不了解事实，但墨西哥裔美国人在如今的美国已有很长的殖民和拥有土地的历史。18 世纪和 19 世纪，在后来成为美国西南部的地区——之后成为州的地区（包括得克萨斯州、亚利桑那州、新墨西哥州和加利福尼亚州）有许多小的拉丁美洲裔社区。这些早期的拉丁美洲裔通常是小土地所有者。19 世纪，白人迁入这些地区，对土地的竞争变得很激烈。许多墨西哥裔美国人的土地被白人的大牲口和农业利息夺去。得克萨斯曾属于墨西哥。1836 年，殖民者（包括许多西班牙后裔）发起了一场成功的反对墨西哥政府的起义，形成了一个独立的共和国。1845 年得克萨斯被美国合并。结果，许多墨西哥殖民者成为美国公民。

自 19 世纪 50 年代以来，随着大量移民非法入境，持续有墨西哥移民进入美国。在墨西哥的平均收入比在美国低得多，因此，对更高工资和更好生活的追求把许多墨西哥人吸引到这个国家。

白人和墨西哥裔美国人的关系偶尔会变得可恶而令人讨厌。与黑人—白人的对抗相似，白人与墨西哥裔美国人之间发生过许多骚乱。

许多墨西哥裔美国人生活在像洛杉矶、丹佛和芝加哥这样一些城市的集居区（美国城市中成为分离区的讲西班牙语的地区）。尽管一些人社会经济地位在上升，但大多数人从事的是低工资的职业。少量墨西哥裔美国人在从事临时的、季节性的工作，大部分在农场。一些人夏天到北方当农场工人，秋天返回西南部。在文化吸收与同化率上，这些流动工人属于所有民族群体中最少“美国化的”。[47]他们不愿从社会机构中寻求帮助，部分是由于他们的自尊心，部分是由于语言和文化上的障碍。

这个民族群体中越来越多的人在参加“奇卡诺人”运动。奇卡诺人是墨西哥血统的美国人，他们憎恶贬抑墨西哥裔美国人的陈词滥调——特别是懒惰的形象——因为许多人正做着一些我们社会中最辛苦的体力劳动。奇卡诺人这个词的来源不清楚，但它一直是白人
171 用于称呼墨西哥裔美国人的一个贬抑性的专有名词。现在这个词语相关人群本身还没什么进展，但“奇卡诺人”这个词则呈现出了一种新的、积极的含义。奇卡诺人运动主张，社会制度必须对奇卡诺人的需要更加支持。奇卡诺人研究计划已在许多大学展开。

非裔美国人的民权运动已为奇卡诺人的激进态度提供了鼓励。此外，第二、第三代的墨西哥裔美国人与墨西哥的联系比他们的前辈更少，而且在志向与目标方面，他们被更多地导向主流美国文化。然而，与非裔美国人相似，墨西哥裔美国人一般从事低工资工作，有着高失业率和高度的贫困。他们还有高婴儿死亡率、低水平的教育成绩以及高度不合格的住房。他们的生活水平并不比非裔美国人好。

与英裔男性相反，奇卡诺男性被描述为以他们身为男性而表现出更多的骄傲。[48]大男子主义——一种强烈的男性自豪感——在奇卡诺男性中受到高度评价，并被男性们展现出来以表示他们的优势与优越。不同的人以不同的方式展现大男子主义。一些人可能试图变得使女人对其不可抗拒或有许多性伙伴；一些人诉诸武力或斗争；一些人将大男子主义理解为以其大丈夫气概、荣誉和供养家庭的能力而骄傲；其他人则炫耀自己的成就，即使是那些从未发生的事。近年来专家们发现，女权主义者运动、都市化、向上的流动以及文化适应造成了大男子主义的下降。[49]奇卡诺人也倾向于比英国人更“家庭主义”。家庭主义认为家庭优于个人。舍菲尔（Schaefer）写道：

> 家庭主义一般被认为与那些在家庭危机时期能提供较大的情感力支持的扩大家庭一样好。家庭主义的重要观点包括：（1）干亲（教父或教母与教子关系）的重要性；（2）对亲属经济依赖的益处；（3）亲属们作为建议来源的实用性；（4）家庭中老人的积极参与。[50]

20世纪70年代和80年代，塞萨尔·查韦斯（César Chávez）将加利福尼亚的流动工

人组织成工会，组织了几次罢工，并成功领导了全国范围内联合抵制由报酬过低的工人采摘的水果和蔬菜的运动。强大的白人经济集团制造了几次猛烈的攻击试图破坏这些罢工。查韦斯的运动为奇卡诺人的其他集合性行为提供了榜样和鼓励。将来很有可能看到奇卡诺人成为一支日益强大、不可忽视的政治力量。

波多黎各裔美国人

“二战”后大量的波多黎各人移民到美国大陆，这在很大程度上是由于岛上的人口压力大而工作机会不足。尽管在全美都能发现他们的身影，但他们主要定居在纽约、新泽西、伊利诺伊、佛罗里达、加利福尼亚、宾夕法尼亚和康涅狄格。从波多黎各移民的人来自他们国内社会中较高的社会经济阶层。尽管他们在美国的收入比在波多黎各高，但他们的工作地位比英裔美国人低，而且许多人住在不合格的住房中。

对波多黎各人来说，西班牙文化占主导，但他们也受到美洲、非洲和欧洲文化的影响。在波多黎各，地位是以文化或阶层为基础的，而不是肤色，并且种族间通婚很普通。所以这一点可以理解：一进入美国大陆，许多波多黎各人会为过分强调肤色而感到困惑。

波多黎各岛与美国处于联邦协议中，1917 年的《琼斯法案》将公民身份扩展到了居住在岛上的波多黎各人。[51]因为它是个联邦，所以岛上的人拥有不同于大陆人的特权和权利。他们要服兵役、进行选择性的服务登记并且要遵守所有的联邦法律。然而他们不能在总统选举中投票，而且在国会中没有投票代表。波多黎各人要交当地的所得税但不交联邦的所得税。关于这个岛是应该脱离美国寻求州的地位还是保持联邦关系，目前在波多黎各有相当大的争议。

理查德·舍菲尔概括了波多黎各人现在的状况：

> 波多黎各人与其他从属群体一样有许多问题：劣质的住房、不充足的卫生保健、软弱的政治代表以及低收入。像奇卡诺人一样，他们有随着英裔社会而变化的语言与文化传统。在美国，统治阶层已消除了讲西班牙语的人取得成就的一些障碍，而对双语和二元文化的公共关注也有增加。在法人部门和政府机构中，奇卡诺人和波多黎各
> 人在决策者中未能被代表。然而，奇卡诺人和波多黎各人都离他们的祖国很近或者就 172
> 在他们本国，这种形式便于保持丰富的文化传统。西班牙裔维持其血统一致与团结的能力，指的是他们没有像欧洲移民一样被迫吸收白人的习俗与价值观念。
>
> 波多黎各的情形很独特。岛上的人必须解决好与大陆的政治关系问题、适当的经济发展速度问题和重视经济发展的问题。移民大陆的人必须适应不同于岛上的关于种族的社会定义，而且要适应一种使某些波多黎各人处于模糊的社会地位的制度。[52]

古巴人

大多数美裔古巴人是近期到美国的移民。许多是政治难民，是在 1959 年菲德尔·卡斯特罗（Fidel Castro）接管政府后逃离古巴的。这些美裔古巴人中很多人受过良好的教育，而且有管理和职业背景，大量定居在南佛罗里达，特别是迈阿密地区。

1980 年，卡斯特罗打开了他的社会主义岛屿之门，十万多古巴人离开了这个国家。许多最近的到达者来自较低阶层，他们中有些人曾因各种犯罪在古巴坐过牢。（卡斯特罗放他们去美国明显是为了减少古巴修正制度的成本。）近期的到达者中有许多已定居南佛罗里达，在那里他们经历着与欧裔美国人、高犯罪率还有其他变动问题的对抗。

土著美洲人

1492 年当哥伦布首次来到美洲时，那里有分成了 600 多个不同部落约 100 万的土著美洲人。[53]部落战争很普遍，并且部落之间在习俗、文化、生活方式、语言和宗教仪式上也有很大不同。白人逐渐扩张他们的殖民地，向西迁移，慢慢侵占了土著土地。殖民者和拓荒者采取了一项相当于蓄意灭绝土著美洲人的政策。“死了的印第安人是最好的印第安人”这句谚语变得很流行。白人夺走了他们的土地。弄走了许多部落赖以生存的牛群，屠杀部族，并通过在严寒天气使他们被迫迁移，以及带来疾病和饥荒间接杀死了许多土著美洲人。[54]由于未能动员各部族起来共同防御，到 1892 年，所有的土著部落都被打败了。

1887 年，国会通过了总分配法，单方面授权国会修改与土著美洲人制定的协约。这个举措为渴望土地的白人取得多产的土著土地开通了道路。从 1887 年到 1928 年，土著美洲人掌握的土地从 13 700 万亩减少到了 5 000 万亩，留下的大多数土地是产量最少的土地。[55]

与白人文化的联系削弱了土著美洲人的传统生活模式。据说“野牛一去不复返了”——意思是土著美洲人不能再通过打猎和捕鱼来维持生活了。保留地种族隔离进一步伤害了他们的自尊和自我价值意识。虽然政府计划现在试图满足土著美洲人的生活需要，但也在造成他们的贫困。保留地上的土著美洲人有着高自杀率、高酗酒率、高文盲率、高杀人率、高忽视儿童率以及高婴儿死亡率。

20 世纪早些时候，由于被隔离在偏远的保留地，土著美洲人的境况在很大程度上被忽略。通过印第安事务局（BIA），他们受到了政府对所有少数派的最为家长式的待遇。许多年来，印第安事务局设计了许多用来破坏土著美洲人文化、宗教和语言的计划。今天这个机构已成为一个挫折与绝望的象征。[56]

20 世纪 60 年代和 70 年代，土著美洲人的境况受到全美的注意，许多白人积极地参与到他们的问题中。过去，电影都描述白人战胜“野蛮人”的“光辉的”胜利。现在我们知道了，早期的白人殖民者通过夺取他们的土地以及破坏他们的生活方式来剥削土著美洲人。

20 世纪的大部分时期，土著美洲人在民权运动中不是非常积极。然而，20 世纪 60 年代和 70 年代，一些有组织的力量发生了改变。像非裔美国人和奇卡诺人一样，土著美洲人举行了一些引人注意的集会，例如 20 世纪 70 年代在南达科他州翁迪德尼（Wounded Knee）的那次。

173 1978 年美国国会制定了印第安儿童福利法案（PL95-608），试图保护土著美洲人的家庭和部族。由于认识到土著美洲儿童是部族最重要的资源，该法案为土著美洲儿童非自愿离开其家庭确立了联邦的标准，并为部族对已被州和当地权力机构带走的土著美洲儿童取得权限提供了一个合法机制。因此，这项法案用于促进土著美洲人家庭与部族的安全与稳定。当一个孩子从土著美洲人家中被带走时，必须通知这个部族，并且必须优先把孩子和亲戚、部族成员或其他土著美洲人家庭安排在一起。尽管有联邦法律这关键的一项，但许多土著美洲儿童仍继续被置于非土著美洲人家庭的看护或收养中。[57]执行 PL95-608 的一个重要障碍是，社会福利工作者关于法案的命令缺乏了解。

高贫困率和其他社会问题继续在土著美洲人中存在。舍菲尔写道：

> 土著美洲人的又一个敌人是他们的不团结：纯血统人与混血统人较量、保留地居民与城市居民较量、部族与部族较量、保守分子与激进分子较量。这种不团结反映了文化背景的多样性以及人们都谈到的土著美洲人的历史经历。当对抗一个中央政府时，这种不团结是达不到预期目的的。[58]

一些部族正在采取合法行动重获被非法侵占的土地。1870 年互不来往法案声明，印第安人与其他人之间未经国会正式批准的任何土地交易都是无效的。许多这样的交易都没有被国会认可。一些部族已提出对土地的合法要求，并要求维护对矿山、河流的权力，这些要求中有些已被批准。缅因州的两个部族已赢得他们对该州一半土地的权利。在阿拉斯加，土著美洲人被判给 10 亿美金和 4 000 万亩土地补偿过去对其领地的非法攫取。[59]

近些年，许多土著美洲人在许多州开了赌博娱乐场所。这些娱乐场所非常受欢迎，而且利润很高。（关于与土著美洲人的联邦协定的新近法院决议允许在这些利润上征收实物税。）许多经营娱乐场所的土著美洲人正用一些收益资助面向他们部族成员的社会和教育计划。

亚裔美国人

在美国的亚裔美国人包括日本人、中国人、菲律宾人、朝鲜人、缅甸人、印度尼西亚人、关岛人、南越南人、老挝人和泰国人。20 世纪 70 年代中期越南战争结束后，大量南越南人移民到这个国家。与流行的固定看法相反，亚洲人并不是同一种族。每个民族群体有它自己的历史、宗教、语言和文化。这些亚裔美国人群体在群体凝聚、教育水平和社会经济地位方面也不同。正如认为所有的欧洲人都相同这种认识是错误的一样，认为所有的亚洲人是一个实体也是错误的。

像其他被剥夺公民权的群体一样，亚裔美国人也受到歧视的伤害。目前的问题包括：住房、教育、维持收入、失业和不充分就业、卫生保健以及职业培训和再培训。由于语言和文化障碍，许多极端贫困的亚洲人（特别是新移民和老年人）找不到他们有资格享受的服务。在美国，两个最重要的亚洲人群体是日裔美国人和华裔美国人。

日裔美国人

1900 年以前很少有日本移民来美国，一定程度上是由于法律的限制不允许他们移民，另一方面是由于他们在这个国家受到了不友好的对待。

20 世纪以来，日本移民增加。移民主要定居在西海岸。到 1941 年（珍珠港被袭击的时候），除纽约和芝加哥以外，在西海岸之外几乎没什么日裔美国居民。“二战”期间，日裔美国人的忠诚受到强烈怀疑，他们严重地感觉到偏见、战争狂热、否定特定民权的影响。1942 年 3 月 2 日，西部剧院军事行动的指挥官建立了“搬迁中心”（集中营），居住在西海岸的日裔美国人被遣往那里。33 000 名日裔美国人为美国在军队中服役，而 11 万日裔美国人被关在集中营，这个事实证明了在这次战争期间美国混乱的政策。[60]不仅他们的
174 民权被侵犯了，而且他们还被迫出卖财产。（相比之下，尽管这场战争是对抗德国、意大利还有日本的，但德国或意大利血统的美国人却未遭到相似的迫害。）战后，日本人返回西海岸，最初受到一些阻挠，但在白人中间很快展开了一场强调公平对待与接纳的反对行动。

自 1946 年以来，日裔美国人已在美国其他地区定居，而且他们的社会经济地位正在接近白人。日裔美国人现在有比白种美国人更高的教育成就。[61]

1988 年美国国会的一项法案给予每个在“二战”时期被拘留的日裔美国人两万美元。这项法案是未来更大的群体间合作的一个充满希望的信号。

华裔美国人

19 世纪，中国人被鼓励移民到美国采矿、修铁路、干农活。由于他们愿意从事低工资的工作，这些移民很快遭到一些白人的反对，特别是在西部地区。他们在种族和文化上的特殊性也使他们成为替罪羊，特别是在高失业时期。查尔斯·亨德森（Charles Henderson）等人描述了华人在这个时期遭受种族歧视所达到的程度：

> 1854 年加利福尼亚最高法院在公众起诉霍尔案上的决定表现出了对亚洲人的种族歧视。上诉人，一个英裔美国白人，根据华人目击者的证词已被判有谋杀罪。这样的证据可取吗？法官规定亚洲人没有资格为白人作证。这一规定为反华的虐待、暴力与剥削打开了大门。群体谋杀、处私刑、毁坏财产以及抢劫华人的事件在西海岸到处被报道。由于对华人的这些苛刻对待，任何一个不幸的华人都被认为是没有“中国人的机会”。[62]

20 世纪早期，华人主要集中在西海岸，但自 20 年代以来他们趋于向全国扩散。他们定居在大城市，许多人居住在像洛杉矶、旧金山、纽约、波士顿和芝加哥这样一些城市的唐人街。“二战”前和“二战”期间，中国反对日本的斗争使得华裔美国人的形象更好了。然而，某些歧视仍在继续。他们在夏威夷比在大陆受到的歧视少些，因为夏威夷比这个国家其他地区更接近于一个多元主义社会。华裔美国人现在有比白人更高水平的教育成就。[63]尽管华裔美国人仍倾向于内部通婚，但与过去的事实相比，现在他们更有可能与另

一种族群体成员结婚。越来越多的人也在搬出唐人街住到郊区或其他地区。

促进社会和经济公正的策略

社会公正，是一个社会的所有成员有相同的基本权利、保障、机会、义务和社会公益的一种理想状态。[64]经济公正也是一种理想状态，在这种状态下，一个社会的所有成员有相同的机会获得物质产品、收入和财富。一个全面的策略已被发展起来以减少种族和民族的歧视与压迫，从而促进社会和经济公正。这些策略包括：大众传媒的呼吁、增加种族间合作、民权法、行动主义、校车行动、肯定性行动计划、直面种族主义与民族的评论和行为以及发展少数派自己的企业。

大众传媒的呼吁

报纸、无线电和电视时常推出一些节目，是为解释偏见的性质和有害作用以及促进人类和谐而设计的。大众传媒能同时触及大量的人。通过扩展关于歧视的存在及其后果的公众认知，媒体可以增加对种族极端主义者的控制。但大众传媒只能局限于它们的能力来改变有偏见的态度和行为，它们主要是信息的提供者，而很少在通过再教育改变深层偏见方面有持续作用。广播诸如“所有的人都是兄弟姐妹”和“偏见是非美国的”这样的陈词滥调不是很有效。首先，高度偏见的人经常觉察不到他们自己的偏见。即使觉察到了，他们 175
一般也不重视大众传媒的呼吁，认为不相关或视为宣传活动而不再考虑。然而，应该注意到，大众传媒通过在广告中、新闻组和电视节目中表现非白人和白人怎样和谐地工作，很可能在减少歧视方面有重要的作用。

增加种族间合作

种族间加强联系本身并不足以缓解种族偏见。事实上，加强联系在某些情况下可能使差别显著而加剧了怀疑和恐惧。辛普森（Simpson）和英格尔（Yinger）回顾了许多研究并得出结论，当联系很紧张或非自愿时，偏见很可能增强。[65]当人们处于共有某些与种族无关的特征的情况时，例如，作为同事、战友或同班同学，偏见倾向于下沉。地位平等的联系，而不是低等—高等地位的联系，也更易于减少偏见。[66]

民权法

在过去的三十年中，平等权在就业、选举、住房、公共设施和教育各个领域已被立法。一个关键的问题是法律在改变偏见这一方面产生了何种效果。

民权法的支持者做了特定的假设。第一是新法律将减少歧视行为的模式。法律将曾经的“正常”行为（歧视）定义为现在的“不正常”行为。通过时间的作用，预计人们的态度会改变且变得与强制的非歧视行为模式更加一致。

另一种假设是法律会被应用。民权法在“内战”后颁布，但很少被执行而且逐渐被侵犯。不幸的是，一些官员会通过排除仅有的极明显的歧视态度和行为而不改变其他做法找到逃避法律目的的方法，这也是事实。因此在改变歧视态度和行为的过程中，法律的颁布只是第一步。然而，正如小马丁·路德·金所写：“法律也许不能使一个人爱我，但它限制他对我用私刑，并且我认为那是相当重要的。”

行动主义

行动主义试图通过直接与歧视隔离政策对抗来改变种族关系的结构。行动主义有三种政治策略：创造性无序政治策略、无序政治策略和逃避政治策略。[67]

创造性无序政治策略

在主要社会体系的边缘，包括罢课、拒付租金、工作封锁、静坐示威（例如在被指控歧视的商店）、公众游行、产品联合抵制。这种行动主义是以非暴力抵抗的观念为基础的。非暴力抵抗的一个生动例子开始于1955年12月1日，亚拉巴马州蒙哥马利的罗莎·帕克斯（Rosa Parks）在公共汽车上拒绝将她的座位让给一个白人（见专栏6.2）。

176 **专栏6.2　罗莎·帕克斯的勇气之举引发了1955年的民权运动**

1955年12月1日，罗莎·帕克斯很匆忙。她有很多事情要做。当公共汽车来到她的上车区时，她没理会司机就上去了。她经常乘坐公共汽车，了解蒙哥马利的隔离座位法要求黑人坐在车的后面。

那时在南方，要求黑人从前面上车，交费，然后下车出去从后面再上车。但她注意到后面已经很拥挤了，只有站的地方，黑人乘客甚至站在后面车的台阶上。对罗莎来说，显然从后面再上车几乎是不可能了。此外，即使在收了他们的车费之后，公共汽车司机有时还是会开走而落下黑人乘客。罗莎·帕克斯自然决定抓住机会。她在公共汽车前面交了费，然后走过走廊找到一个朝后面的座位，但仍在为白人保留的区域。在她上车后又一次停车时，一个白人上了车而不得不站着。

公共汽车司机看见白人站着，命令罗莎·帕克斯挪到后面。她拒绝了，心想：“我要像个人一样被看待。”两个警察被叫来了，他们逮捕了罗莎。她被带到市政厅、登记、按手印、监禁、罚款。她的被捕及随后的请求——所有通往美国最高法院之路——是一年之久黑人对亚拉巴马州蒙哥马利市公共汽车联合抵制的导火线，他们构成公共汽车乘客的70%。这次联合抵制激发小马丁·路德·金也参与进来。当最高法院宣布蒙哥马利的隔离座位法违反宪法时，这场联合抵制才结束。罗莎·帕克斯对隔离座位法未经计划的反抗，引发了民权运动。这场民权运动不仅为非裔美国人促进了社会和经济公正，而且激发其他群体组织起来维护他们的公民权利。这些群体包括其他种族与民族群体、妇女、老人、残障人士及同性恋者。

资料来源：Marie Ragghianti, "I Wanted to Be Treated Like a Human Being," *Parade Magazine*, Jan. 19, 1992, 8-9。

无序政治策略

反映了来自主流文化的疏离感以及对政治体系的幻灭感。那些被歧视的人采取成群起义、暴乱以及其他暴力策略。

1969 年，暴力的起因及预防国家委员会报道，在先前的 5 年中也就是美国的市中心形成时期，发生过 200 次骚乱。[68] 20 世纪 80 年代早期，在迈阿密和其他市中心区又有过一些骚乱。1992 年，在被指控越权逮捕罗德尼·金（Rodney King）（一个非裔美国人）的 4 名白人警官被宣告无罪之后，洛杉矶发生了毁灭性的暴乱。这次残忍的逮捕行为被录像了。大多数暴乱的中心是少数群体侵犯了白人的财产。

逃避政治策略

主要关于少数派是如何受害的热情言辞。然而，由于其中心不是解决问题，因此除了可能提供一种情绪的释放外，虚夸的言辞是无益的。

行动主义或社会抗议的主要价值似乎是激起对特定问题的公众意识。归功于这种认识，至少一些歧视已经停止，种族关系得到改善。然而，超过一个特定点（尽管不确定）的继续声明似乎没有额外的价值。[69]

校车行动 176

许多大城市中心的住宅模式导致了事实上的隔离，那就是，黑人和某些其他非白人居住在一个地区，而白人住在另一地区。这种隔离已经影响到非白人的教育机会。非白人地区的资金来源较少，结果，教育质量实质上经常比白人区低。在过去的 30 年中，许多大城市地区的法院下令一定比例的非白人必须被校车送往白人区的学校，而一定比例的白人必须被送去非白人区的学校。目标是双重的：提供平等的教育机会，并通过相互作用减少种族偏见。在一些地区，校车行动已经被接受，而且好像正在达到预设的目标。然而，在其他地区，这种方法有很大争议，并且已经加剧了种族的紧张状态。有人声称校车行动在这些地区非常昂贵，破坏了"地区学校"（那里是社区的娱乐、社会和教育中心）的观念，并且导致较低质量的教育。这些地区的许多家长对校车行动的抵制如此强烈，以至于把他们的孩子送到了私立学校。此外，一些人争辩说，住宅区校车接送项目增加了"白人的航程"。[70]结果，在一些社区，曾经将黑人学生带到白人学校的校车接送计划现在只是将他们从一个黑人社区送到一个主要是黑人的学校系统。[71]

远距离校车接送儿童是非常昂贵的，并且使用了许多能以其他方式改善教育质量的经费。校车接送减少了地方的控制及其在学校的收益，而且由于学校不太容易接近，使得家长参与学校事务也不太实际。

调查证明，大量美国人（包括许多非裔美国人）反对为达到种族融合目的的校车行动。[72]对校车接送越来越反对的主要原因是，它常常没有提高有色人种学生的教育成绩。[73]作为结果，不可能再有政治的支持来扩大努力推动以实现种族融合为目的的校车行动。

20 世纪 70 年代，以达到种族融合为目的的校车行动是法院制度和司法部全力追求的。
177 1981 年，里根政府声明，不会太积极提倡以校车行动作为实现种族融合的一种手段。布什和克林顿政府也明显不积极推动校车行动。在过去十年，许多社区已较少强调通过校车行动来实现种族融合。1991 年美国最高法院规定，自发布命令时起，以实现种族融合为目的的校车行动没有再不明确地继续下去的必要了。这一规定允许各社区在让法官相信他们已经做了一切合理的事情来消除对非裔美国人的歧视这种情况下结束法院下令的校车行动。以种族融合为目的的校车行动在第十二章中会作进一步讨论。

肯定性行动计划

肯定性行动计划为少数派申请者提供优先的雇用和入学条件（例如，准许进入医学院）。这项计划适用于所有少数群体，包括妇女。他们要求雇主：（a）要为安置和招募优秀的少数派申请者做出积极的努力；（b）在一定条件下，要有确定的限额，在这种限额下必须接受特定数量的少数派成员填补空位。（例如，一个有着高比例白人的大学，男教员也许需要和妇女及其他少数群体成员一起来填补全体教员一半的空缺。）肯定性行动计划要求雇主根据赞助性行动一览表证明他们没有歧视之罪。

肯定性行动计划的一个主要困境是，有限雇用和定额计划造成了反向歧视，优秀的多数群体成员有时被专断地排除。已有几件牵涉反向歧视的成功诉讼。注明日期的最著名的案例是艾伦·巴基（Alan Bakke）案，1973 年他最初被拒绝进入戴维斯的加利福尼亚大学医学院。他指控这是反向歧视，因为他有比在大学少数派定额政策下被录取的几个少数派申请者更高的医学院入学考试成绩。1978 年在被设为先例的裁决中他的要求受到了美国最高法院的支持。[74]法院规定，严格的种族限额是违反宪法的，但它没有取消在做准入决定时将种族作为许多标准之一来使用。

查尔斯·亨德森等人总结了白人和少数群体对肯定性行动的一些看法：

> 白人机构中的少数派工人经常问自己："为什么我会被雇用？"……如果他或她是肯定性行动计划的产物，这个工人可能会遇到白人同事的抵制，在一些白人看来这只是"反向歧视"。白人可能会马上说重要的是能力。黑人认为这就是在说他们没能力。想到白人获取工作的许多途径，黑人就想知道为什么现在还在标榜能力是雇用的唯一

> 标准。每当有一个白人职员为弥补过去的排斥和不公正而厌恶肯定性行动，就有一个黑人职员觉得许多组织被迫雇用少数派是令人悲哀的。[75]

肯定性行动计划的支持者注意到，当其成员是受益者而非受害者时，白人多数派几乎不会对歧视表示关注。他们还声称，没有其他办法来迅速弥补过去对少数派的歧视，他们中许多人可能目前在能力测试中的成绩有点低，那只是因为他们没有多数群体成员所拥有的培训机会和品质。

肯定性行动计划通过对少数派的优先雇用和准入政策提出了棘手而复杂的关于实现平等的问题。然而还没有找到其他方法来结束雇用和准入中明显的歧视。

获得教育计划的准入和保障收入高的工作是寻求种族融合的关键性因素。“已实现融合”的移民群体（例如爱尔兰人、日本人和意大利人）的历史表明，只有当少数群体成员获得中上等地位，并因此成为不可忽视的经济和政治力量时才会实现平等。然后优势群体会被迫修改他们的规范、价值标准及陈规。由于这个原因，许多权威人士表示，经济歧视的消除是实现平等和种族关系和谐的先决条件。[76]种族间实现教育平等也很关键，因为较低的教育程度导致不太受尊敬的工作、较低的收入、较低的生活水平以及一代又一代种族不平等的持续。

20 世纪 90 年代中期，肯定性行动的未来成为一个热烈争论的国家议题。在 1996 年总 178
统竞选中，几个共和党内有希望当选总统的人极力主张结束肯定性行动计划。华尔街报/国家广播公司新闻调查发现，三分之二的美国人反对肯定性行动。[77]对肯定性行动的攻击积聚了来自经济缓慢增长、停滞、中产阶级的收入以及社团缩小化的力量，所有这些使得谁被雇用或解雇这个问题更加不稳定。少数派候选人获得职位被其他工人理解为肯定性行动的结果，他们常常被其他工人用怀疑的眼光看待——这有时导致工作场所中十分危险的紧张局势。批评家们断言，这样的紧张局势没有给我们带来一个色盲社会（所希望的）而是带给我们一个极端注意颜色的社会。结果，批评家们宣称，肯定性行动现在是一个高度政治化和痛苦的疗法，诬蔑了许多它计划帮助的人。肯定性行动现在被许多人理解为对不合格的人的一项优先制度。批评家们进一步宣称，肯定性行动在三十年前也许是必要的，当时是为确保少数派候选人获得公平待遇，反对源于几个世纪不平等待遇的雇用和准入的社会障碍，但这样的计划现在不再需要了。他们认为，为了补偿某人曾祖父曾对别人曾祖父造成的伤害这个唯一的原因而歧视白种男性是错误的。他们声称，一对富有的美国黑人夫妇的女儿比一个无家可归恰好是白人的酗酒者的儿子优先就业是不对的。

肯定性行动的支持者争辩道：“如果放弃肯定性行动，我们会返回到老同学关系网。”他们声称，肯定性行动帮助许多妇女和有色人种获得好的教育及较高报酬的职位，从而使他们摆脱了贫困。他们还断言，在一个种族主义和性别歧视态度存在的社会中，为了给妇女和有色人种一个公平的机会去获取优质教育和收入高的工作，肯定性行动的存在是必要的。

1996 年，加利福尼亚州的选举人通过了 209 号议案，明确否决了妇女和少数群体成员应该在申请工作、政府合同或大学录取时受特殊考虑的观点。1997 年 8 月这个肯定性行动禁令在加利福尼亚成为法律。此外，许多诉讼已被归档反对反向歧视。如果法院做出有利于那些已归档诉讼的裁决，肯定性行动计划的力量就会锐减。1997 年 11 月，美国最高法院驳回对这部加利福尼亚法的一个挑战，结束了该州的种族和性别优先。最高法院的这次行动为其他州和城市禁止肯定性行动扫清了道路。

对于肯定性行动的未来有一个中间立场吗？朱克曼（Zuckerman）介绍：

> 众多的美国人很可能会接受回归到肯定性行动最初的主张——对少数派提供积极的社区延伸服务以确保他们有公平的机会。种族公正可能在公平决胜制案件中起作用，或者可能甚至有一点好处，在接受这种观点的过程中很可能会看到一种社会公正。这个目标必定重新回到以个人公平而非群体公平为基础的政策上。然后雇主能集中精力于少数派申请者是否是这个工作的合适人选，而不为该申请者是否看起来好诉讼所动。这样所有的雇员当然会认为他们有公平的机会。[78]

直面种族主义与民族的评论和行为

有关种族的笑话和讽刺性的评论有助于形成并无限延续种族主义定势与偏见。白人和非白人都巧妙但肯定地说明他们并不认为这样的评论是幽默的或正确的，这点很重要。人们巧妙而肯定地指出其他人的种族主义行为不正确也很重要。这样面对问题很清楚地表明，微妙的种族主义评论与行为是歧视的而且有害的，这有提高意识的作用。预计这样面对问题会慢慢地减少种族偏见与行为。

著名的作家、讲演家和废奴主义者弗雷德里克·道格拉斯（Frederick Douglass）表明：

> 动力只承认需要——没有需要，就没有动力。弄清楚了人们要屈服于什么，你就明白了在他们身上被强加了多少不公正和错误。这会持续到他们起来反抗，或用言语、暴力，或两者都用。专制的界限是由被压迫者的忍耐力规定的。[79]

179 发展少数派自己的企业

许多人渴望经营他们自己的企业。经营自己的企业对少数派成员有特殊的吸引力，这意味着有机会增加他的收入和财富。这也是一种避免在工作领域发生种族和民族歧视的方法。

自 20 世纪 70 年代以来，联邦、州以及地方的政府已经尝试以多种渠道帮助少数派自有企业。有为少数派自有企业提供低息贷款的计划，有保证小额的政府合同（通常是 10％到 30％）必须为少数派自有企业保留的计划。一些大的市区已经创建了商业地带，通过运用减税优惠鼓励衰落地段的就业和投资。少数派自有企业的数量在慢慢地增加，然而被列为少数派的全体人中只有一小部分从政府对少数派自有企业的支持中获益。

美国种族与民族关系的前景

20 世纪 80 年代和 90 年代，少数派试图保留过去在对反对少数派权利的反动中所取得的进步成果。立誓要取消美国人民背后的“大政府”并通过刺激企业的发展和生产来巩固经济，里根总统和他的政府（1980—1988）大大削弱了联邦政府作为保护少数派权利计划的发起者和执行者的传统作用。布什总统及其政府（1988—1992）继续沿用相似的战略。里根和布什政府领导下的联邦政府声称，私有企业处于纠正贫困和歧视问题的最佳位置。（因为企业一般从支付低工资中获利，20 世纪 80 年代和 90 年代初的大多数公司没有积极寻求改善少数派的经济环境和生活条件。）也许由于联邦政府在政策上的转变，少数派在 20 世纪 80 年代和 90 年代（与 20 世纪 60 年代和 70 年代相比）不太积极使用行动主义策略。在 20 世纪 80 年代和 90 年代，少数群体在保持他们 20 年前在工作市场上通过肯定性行动和均等就业机会计划所取得的进步中经历了许多困难。比尔·克林顿——1992 年当选为总统——发表演说，承诺在推动该国所有种族与民族群体的社会和经济公正中，联邦政府会发挥更加积极的作用。

比尔·克林顿关于解决社会问题的观点与自由主义倾向的温和派（中间道路）相一致。他的会使少数人群受益的自由主义提案包括针对所有美国人的普遍健康保险计划和针对接受福利救济的人的可帮助他们自立的意义深远的扩大教育与培训计划。

然而，20 世纪 90 年代初自由主义倾向的运动是短命的。在 1994 年国会选举中，共和党人赢得了参议院和众议院的多数控制权。（这是 40 年来第一次共和党人在议院中占多数。）这些共和党人有个保守的政治议程，包括把预防犯罪的开销转移到监狱建设上、取消肯定性行动计划、减少用于许多社会福利的开销以及削减高收入者所付的税额这样一些组成部分。这样的提案如果颁布成法，很可能会扩大贫富间的收入差距，并导致对少数人群服务的严重减少。

显然少数派会坚定地，甚至有时固执己见地，寻求各种战略以改变种族歧视的态度和行为。白人主流社会中特定部分的反对行动也很可能发生。（即使在社会科学中，每个活动也会引发一种反应。）例如，最近几年鼓吹白人至高无上的有组织的成员越来越多（例如三 K 党）。

少数派已被给予了获得均等机会和公正的希望，显然他们不会再屈从于隶属的地位。很明显，我们会看到为实现种族平等所作的持续的斗争。

将来种族关系的模式会是怎样的？米尔顿·格登（Milton Gordon）列出了群体间关系的三种可能的模式：

英国国教、民族融合和文化多元主义： 180

> 英国国教认为，希望改良的英国制度、语言和文化是美国生活的主要标准。实际上，“同化”在美国一直意味着英国化，而最容易被同化的群体是在民族和文化上与盎格鲁—撒克逊人群体最相似的群体。

民族融合严格地讲是一个相当不同的概念，它认为将来的美国社会不是一个改良的英国而是居住在美国的所有不同群体在文化和生物学上的一种完全新的融合。实际上，民族融合在美国的经历中只具有有限的意义。

文化多元主义意味着一系列和平共处的群体，每个群体保留着自身的传统和文化，但每个群体都忠于美国国家。尽管过去一些移民群体（比如德国人）的文化在重要性上已经快速下降，但许多其他群体（例如意大利人）仍保留着很强的民族认同感而且抵制英国化和民族融合。[80]

一些欧洲民族群体的成员（例如英国人、法国人和德国人）已经吸收了美国的主流文化而且将其与欧洲文化融为一体。其他的欧洲民族群体（例如爱尔兰人、意大利人、波兰人和匈牙利人）现在几乎完全被同化和融合了。

文化多元主义似乎是种族和民族关系当前所表现的形式。许多民族的欧裔美国人重新对表达他们以自己的风俗、宗教以及语言和文化传统为骄傲感兴趣。我们看到了像“吻我吧，我是意大利人”，“爱尔兰的力量”还有“波兰和骄傲”这样的标语。非裔美国人、土著美国人、拉丁美洲裔美国人和亚裔美国人在要求进入主流美国——但不是同化。他们想要在一个多元社会中和平共处而保留他们自己的文化和传统。例如“黑人是美丽的”和“红色的力量”这样的标语表明了这种骄傲。这些群体正在寻找认同的根源，并且以他们自己的文化背景和历史为骄傲。

许多种族与民族群体以他们的文化及文化遗产为骄傲。

自从 1954 年布朗起诉教育局案最高法院作以决议以来，朝着结束歧视的目标已取得了一些进步。然而对所有人的均等机会在美国仍只是一个梦想，正如小马丁·路德·金 1963 年在他著名的演讲中所谈到的：

朋友们，今天我对你们说，在此时此刻，我们虽然遭受种种困难和挫折，我仍然有一个梦想。这个梦想是深深地扎根于美国的梦想中的。我梦想有一天，这个国家会站立起来，真正实践其信条的真谛："我们认为这些真理是不言而喻的：人人生而平等。"

我梦想有一天，在佐治亚的红山上，昔日奴隶的儿子能够和昔日奴隶主的儿子坐在一起，共叙兄弟情谊。我梦想有一天，甚至连密西西比州这个正义匿迹、压迫成风、如同沙漠般的地方，也将变成自由和正义的绿洲。

我梦想有一天，我的四个孩子将在一个不是以他们的肤色，而是以他们的品格优劣来评价他们的国度里生活。

…………

当我们让自由之声响起来，让自由之声从每一个大小村庄、每一个州和每一个城市响起来时，我们将能够加速这天的到来，那时，上帝的所有儿女，黑人和白人、犹太教徒和非犹太教徒、耶稣教徒和天主教徒，都将手携手，合唱一首古老的黑人灵歌："终于自由了，终于自由了，感谢全能的上帝，我们终于自由了。"[81]

总　结 181

美国一直是种族主义和族群中心主义的，但是在过去的几十年中在缓和偏见和歧视方面已有进步。然而我们不能放松。歧视仍对其受害者产生悲惨的后果。身为歧视对象的人被排除在特定种类的就业、教育和娱乐机会，特定的住宅区，特定宗教和社会组织的成员资格，某些社区服务的享用权等等之外。歧视也是发展肯定自我观念的一个严重障碍，而且有严重的心理和经济代价。国际上，种族主义和族群中心主义严重损害了美国推进人权的信誉。

种族主要是一个社会概念而不是一个生物学概念。没有一个"种族"群体有任何独特的或特殊的基因。社会定义是以社会成员按照身体特征为彼此分类的方法为基础的。

偏见是一种态度，而歧视包括行动。歧视经常以偏见为基础，尽管两者可以独立存在。压迫是权威或权力的不公正或残酷的运用。

种族和民族歧视很大程度上是白人的社会问题，他们是当权的主要歧视者。（然而，这不意味着只有白人必须为结束歧视而努力，努力必定是种族间的。）

关于歧视和压迫的原因的理论包括：投射、挫折—攻击、不安全感与自卑、权力主义、历史的解释、竞争与剥削、社会化过程以及唯一真正宗教的信仰。制度化的种族主义在我们的社会中很普遍，而且包括成为社会制度组成部分的歧视，例如法律制度、政治策略、就业实践、卫生保健和教育。

在美国有许多白人和非白人群体，每个群体有独特的文化、语言和历史还有特殊的需要。如果我们要朝种族和民族平等进步，这种独特性就需要被理解和重视。促进社会和经济公正的策略包括：大众传媒的呼吁、增加种族间合作、民权法、行动主义、校车行动、肯定性行动计划、少数派自己的企业以及直面种族和民族的评论与行为。

未来群体间种族关系的三种可能的模式是：英国国教、民族融合和文化多元主义。文化多元主义是种族和民族关系当前所表现的形式，而且有充分的理由在将来出现。

注释

[1] Excerpted from a speech by Abraham Lincoln in Charleston, Illinois, in 1858, as reported in Richard Hofstader, *The American Political Tradition* (New York: Knopf, 1948), 116.

[2] James W. Coleman and Donald R. Cressey, *Social Problems*, 6th ed. (New York: HarperCollins, 1996), 565.

[3] *Encyclopedia of Sociology* (Guilford, NC: Duskin Publishing Group, 1974), 101.

[4] Ibid., 236.

[5] Gordon W. Allport, *The Nature of Prejudice* (Reading, MA: Addison-Wesley, 1954), 7.

[6] Robert Merton, "Discrimination and the American Creed," in *Discrimination and National Welfare*, ed. Robert M. MacIver (New York: Harper, 1949).

[7] Marlene Cummings, "How to Handle Incidents of Racial Discrimination," in *The Personal Problem Solver*, ed. C. Zastrow and D. H. Chang (Englewood Cliffs, NJ: Prentice-Hall, 1977), 200. Permission to reprint obtained from Prentice-Hall.

[8] Gunnar Myrdal, *An American Dilemma* (New York: Harper, 1994).

[9] Elmer H. Johnson, *Social Problems of Urban Man* (Homewood, IL: Dorsey, 1973), 344.

[10] Robert Barker, ed., *The Social Work Dictionary*, 3rd ed. (Washington, DC: NASW Press, 1995), 236.

[11] Ashley Montague, *Man's Most Dangerous Myth: The Fallacy of Race*, 4th ed. (Cleveland, OH: World, 1964).

[12] Johnson, *Social Problems*, 350.

[13] Arnold Rose, *The Negro in America* (New York: Harper and Row, 1964).

[14] Paul Ehrlich and Richard Holm, "A Biological View of Race," in *The Concept of Race*, ed. Ashley Montague (New York: Free Press, 1964).

[15] Montague, *Man's Most Dangerous Myth.*

[16] R. J. Herrnstein and C. Murray, *The Bell Curve: The Reshaping of American Life by Differences in Intelligence* (New York: Free Press, 1994).

[17] G. R. LeFrancois, *The Lifespan*, 5th ed. (Belmont, CA: Wadsworth, 1996).

[18] Johnson, *Social Problems of Urban Man*, 50.

[19] T. W. Adorno, E. Frenkel-Brunswik, D. J. Devinson, and R. N. Sanford, *The Authoritarian Personality* (New York: Harper and Row, 1950).

[20] Charles F. Marden and Gladys Meyer, *Minorities in American Society* (New York: American Book Co., 1962).

[21] Eugene Hartley, *Problems in Prejudice* (New York: King's Crown Press, 1946).

[22] Barker, *The Social Work Dictionary*, 189.

[23] Ibid., 185.

[24] S. Carmichael and C. V. Hamilton, *Black Power: The Politics of Liberation in America* (New York: Vintage Books, 1967).

[25] Barker, *The Social Work Dictionary*, 189.

[26] William Kornblum and Joseph Julian, *Social Problems*, 9th ed. (Upper Saddle River, NJ: Prentice-Hall, 1998), 272.

[27] Jeannette Henry, *The Indian Historian* 1 (December 1967): 22.

[28] Kornblum and Julian, *Social Problems*, 261.

[29] C. H. Cooley, *Human Nature and the Social Order* (New York: Scribner's, 1902).

[30] Coleman and Cressey, *Social Problems*, 199–200.

[31] E. Pinderhughes, "Afro-American Families and the Victim System," in *Ethnicity and Family Therapy*, ed. M. McGoldrick, J. K. Pearce, and J. Giordana (New York: Guilford, 1982).

[32] Albert Szymanski, "Racial Discrimination and White Gain," *American Sociological Review*, 41 (June 1976): 403–414.

[33] Kornblum and Julian, *Social Problems*, 275–279.

[34] Richard T. Schaefer, *Racial and Ethnic Groups*, 6th ed. (New York: HarperCollins, 1996), 7.

[35] Ibid.

[36] Ibid.

[37] Charles H. Henderson and Bok-Lim Kim, "Racism," in *Contemporary Social Work*, ed. Donald Brieland, Lela Costin, and Charles Atherton (New York: McGraw-Hill, 1975), 180.

[38] Quoted in David Gelman, "Black and White in America," *Newsweek*, Mar. 7, 1988, 19.

[39] Schaefer, *Racial and Ethnic Groups*, 238–240.

[40] Ibid., 226–228.

[41] Ibid.

[42] Ibid., 235.

[43] Ibid., 235–236.

[44] B. B. Solomon, "Social Work with Afro-Americans," in *Social Work: A Profession of Many Faces*, 3rd ed., A. Morales and B. W. Sheafor, eds. (Boston: Allyn and Bacon, 1983), 420.

[45] J. L. Dillard, *Black English: Its History and Usage in the United States* (New York: Random House, 1972).

[46] Schaefer, *Racial and Ethnic Groups*, 252–254.

[47] Ibid., 278–298.

[48] Ibid., 294.

[49] Ibid.

[50] Ibid., 294–295.

[51] Ibid., 304.

[52] Ibid., 320.

[53] Johnson, *Social Problems of Urban Man,* 349.
[54] Dee Brown, *Bury My Heart at Wounded Knee* (New York: Holt, Rinehart & Winston, 1971).
[55] Helen M. Crampton and Kenneth K. Keiser, *Social Welfare: Institution and Process* (New York: Random House, 1970), 104.
[56] Schaefer, *Racial and Ethnic Groups,* 161–162.
[57] Communication with Mace J. Delosme, Arcata, CA.
[58] Schaefer, *Racial and Ethnic Groups,* 185.
[59] Ian Robertson, *Social Problems,* 2nd ed. (New York: Random House, 1980), 218.
[60] Johnson, *Social Problems of Urban Man,* 349.
[61] Schaefer, *Racial and Ethnic Groups,* 385–391.
[62] Charles Henderson, Bok-Lim Kim, and Ione D. Vargus, "Racism," in *Contemporary Social Work,* 2nd ed., ed. Donald Brieland, Lela Costin, and Charles Atherton (New York: McGraw-Hill, 1980), 403.
[63] Schaefer, *Racial and Ethnic Groups,* 362–370.
[64] Barker, *The Social Work Dictionary,* 362–370.
[65] George E. Simpson and J. Milton Yinger, *Racial and Cultural Minorities,* 3rd ed. (New York: Harper & Row, 1965), 510.
[66] Thomas Sullivan et al., *Social Problems* (New York: Wiley, 1980), 437.
[67] Johnson, *Social Problems of Urban Man,* 374–379.
[68] Sullivan et al., *Social Problems,* 438.
[69] Ibid., 439.
[70] Ibid., 439.
[71] Jerelyn Eddings, "Second Thoughts About Integration," *U.S. News & World Report,* July 28, 1997, 32.
72 Ibid.
73 Ibid.
[74] Allan P. Sindler, *Bakke, DeFunis and Minority Admissions: The Quest for Equal Opportunity* (New York: Longmans, Green, 1978).
[75] Henderson et al., "Racism," 403.
[76] Kornblum and Julian, *Social Problems,* 283–290.
[77] S. V. Roberts, "Affirmative Action on the Edge," *U.S. News & World Report,* Feb. 13, 1995, 32–39.
[78] M. B. Zuckerman, "Fixing Affirmative Action," *U.S. News & World Report,* March 20, 1995, 112.
[79] Quoted in Cummings, "How to Handle Incidents," 201.
[80] Milton Gordon, "Assimilation in America: Theory and Reality," *Daedalus* 90 (Spring 1961): 363–365.
[81] Jim Bishop, *The Days of Martin Luther King, Jr.* (New York: Putnam, 1971), 327–328.

第七章

性别歧视

182 **本章内容**

- 性别歧视的历史
- 性骚扰
- 性别角色与性别歧视：生物学还是社会化原因?
- 性别歧视的后果
- 近期发展与前景
- 总结
- 注释

183 全职女性工作获得的报酬只相当于全职男性工作报酬的四分之三。[4]如果工作相当的话，女性从事的工作（比如护士和小学教师）的收入比男性的收入平均少20%。[2]大学毕业的女性工作收入与高中毕业的男性的工作收入大体相当。[3]普通白人女性工作收入低于普通非裔美国男性的工作收入，而普通非裔女性（受到双重歧视）的工作收入是最低的。[4]在各种家庭中，37%的无配偶的女性家庭生活在贫困线以下，而所有家庭中只有12%的家庭生活在贫困线以下。[5]

这一章将涉及以下内容：

- 介绍一个关于性别角色和性别歧视的故事。
- 关于性骚扰。
- 讨论是否存在性别歧视方面的生理学依据，描述传统的社会角色期望和社会化过程。
- 讨论性别歧视对于男性和女性的后果。
- 描述性别角色的进化过程和实现性别平等的策略。

性别歧视的历史

在大多数已经出现的社会类型中，女性的社会地位都低于男性。[6]一直以来，女性被赋予了比男性更多的社会限制，更少的工作认同。女性被认为不同于男性——不仅是生理上的，更是情绪、智力和心理上的。在年龄测定、婚姻和社会性别行为方面一直存在着男女不同的双重的标准。

在很多传统宗教信条（包括犹太—基督教、印度教、伊斯兰教）中，女性都是低等的。虽然如今女性去教堂的次数增多，宗教信仰更强烈，祷告的次数增加，参加各种宗教活动也越来越频繁，可是原有的传统一直延续下来，没有改变。[7]很多社会甚至因此以神的名义规定女性在社会中就是低等的、辅助男性的角色。在很多基督教民族中，女性是不能成为首相或总理的。一些信仰正统犹太教的犹太男人，在日常的祷告中因没有成为一名女人而感恩。在几乎所有宗教事务中，上帝都被称为“他”。

当我们探寻女性低等社会地位的历史原因时，所谓的原始狩猎采集社会为之提供了一个切入点。在这种社会阶段，少数一些夫妇和他们的后代组成的小部落共同构成了整个社会，通常男性是狩猎者，女性是采集者（采集各种坚果、植物和其他食物）。对于这种分工的差异可以找到一些解释的原因：男性在身体上更强壮，跑得更快，因而更适合狩猎。此外，原始部落的婴儿死亡率很高，因此女性必须在整个婴儿成长阶段都承担抚育后代的任务来维持部落的人口规模。照顾孩子的需要使得女性不可能长时间离开聚居地参加大规模的狩猎活动。虽然女性在采集活动中获得的食物通常比男性狩猎的活动所获要多，但男性的狩猎活动却被认为是更有威信的，更受人尊重，这大概是最早的性别歧视的例子。

在成年女性的生活中，她们大部分时间用于抚养后代，因此她们通常待在家里，抚养孩子、洗衣做饭、服侍家人就成为了她们的责任。因此性别角色的差异开始被视为男女之间“天生”而现实的行为选择。

渐渐地，这些性别角色差异被加入了更多的行为模式特征。从小接受狩猎的训练使得男性成为抵御其他部落进攻、维护本部落安全的护卫者。抚育孩子的模式教导男孩成为有进取心的领导者，而另一个方面则赋予女孩支持性的角色，把她们培养得更加顺从、被动和依赖。

在工业革命之前，男女在不同的社会形态中都有不同的角色分工。女性往往从事居家的、抚养孩子的活动，而男性则被认为对家庭承担生产功能（比如狩猎和提供经济支持）和保护功能。“生产性的”一词就暗示了男性更高的社会地位。而实际上，在履行必需的、基本的社会任务方面，女性的角色具有同等的甚至更高的生产性。需要格外注意的是，在前工业社会，女性同样要从事食物生产和经济支持活动，比如织布、种植、收割和放牧。

专栏 7.1　佛教中理想的妻子 184

很多传统宗教宣称女性的角色是从属于男性、支持男性的。例如，佛教中宣扬的理想的妻子应该是这样的：

……像一个女仆一样周到而忠诚地服侍丈夫。尊重丈夫，服从丈夫的命令，对她本人没有任何心愿、不良情绪和怨恨，总是尽力使丈夫幸福高兴。①

①*The Teaching of Buddha*（Tokyo，Japan：Kosaido Printing Co.，1996），448.

184 然而，她们的这些专门职责常常被认为是次等的、缺乏技术的。

19 世纪的工业革命给性别角色带来了巨大的变化。男性离开了小农场，走出了家门，进入工厂等专门机构从事经济生产。女性更少地承担经济生产任务，因此经济角色弱化。在抚养后代和从事家务方面，女性的社会角色更加强化，然而由于各方面的原因，这些事情所需要花费的时间减少了。家庭的孩子数量减少。随着大众教育的普及和发展，孩子们进入学校。各种节省劳动力的设施和大众教育逐步有效地减少了家务（例如烤面包、制作蔬菜罐头和洗衣）所需的时间。由于传统角色的转变，一些女性开始追求家庭以外的，以往男性占有的社会职位。这种转变使得原有的性别角色的差异变得模糊不清了。

女权运动

美国的女权运动已经开展了将近两个世纪。在 19 世纪初期，废除奴隶制的努力让女性意识到自身也有很多权利被忽视，比如投票权（1840 年的一次废除奴隶制的会议上，虽然男性代表发表了热情洋溢的废除奴隶制的演说，但是却拒绝女性参加）。

1848 年，两名女权主义者，苏珊·B·安东尼（Susan B. Anthony）和伊丽莎白·凯蒂·斯坦顿（Elizabeth Candy Stanton），在纽约组织举行了第一个女权主义的小组会议。[8]她们要求投票（为女性投票）和修订公开歧视妇女的各种法律条文。宪法的第 19 条修正案的通过花费了很多年，这次修订使得女性在 1920 年获得了投票权。这次运动因激烈的论辩和对激进的女权主义者的监禁而著称。遗憾的是，这些斗争使得许多女权运动的领导者认为性别平等就是在投票权上的联合。经过了 1920 年的这一段高潮后，女权运动在随后的 40 多年当中实质上进入了休眠的状态。

进入 20 世纪初期，现代节育技术成为可能，这使女性更大程度地从抚养后代和家务劳动中解脱出来。

在第二次世界大战期间，女性第一次大规模地走出家门，接替那些参战的男性的社会职位。当时 16 岁及以上的超过 38%的女性被雇用，这导致了传统性别角色差异进一步减弱。[9]

对性别不平等的关注，20 世纪 60 年代出现了一次复苏。这次复苏的原因是多方面的：公民权利运动唤起并提升了人们更加关注不平等问题的意识；通过社会行动消除种族歧视的运动也给消除性别歧视的女性关注者们提供了借鉴；更多的女性进入大学学习，对于性别不平等形成了更清晰的认识；随着妇女进入新的工作职位，她们对歧视行为的认识迅速深入。有一项探索性研究表明性别角色的差异并不是天生注定的，而是社会化过程的结果，并且形成的性别角色的结果往往是女性处于受歧视的状态。

约翰·莫尼、J. G. 汉普森和 J. L. 汉普森于 1955 年进行了一项关于两性人的研究。[10]两性人是指出生时同时具有男性和女性特征的人，他们从出生开始就被当作男性或者女性，并被贴上性别的标签。研究者发现这些生理特征与两性人对性别身份的自身感受之间并没有显著的关系。虽然两性人显著的特征往往被归为相对的性别，但
是他们仍然按照社会期待的标签性别来行事。正由此，这一研究引发了性别角色的生 185
物鉴定问题。

此外的一些研究发现，男女之间在社会化模式上存在着巨大的差异。给男孩的更多的是运动器材和任务导向型的玩具（比如积木等），而给女孩的更多的是玩偶或者其他与婚姻和亲子身份相关的玩具。[11]在刚出生的几个月里，对女孩子来说，得到来自家长的更多的是远距离的刺激（注视和交谈），而男孩子得到的更多的则是最接近的刺激（摇动和触摸）。[12]父亲和儿子的玩耍通常会比和女儿的玩耍更激烈。然而美国的性别角色社会化模式并不是通用的。[13]例如：在中东的一些地方，男性被培养得比女性更加情绪化和敏感，相比之下女性则更冷静和实际。[14]在瑞典，大多数重型机械的操作员是女性。[15]在俄罗斯，大多数物理学家是女性。[16]

在贝蒂·弗里德恩（Betty Friedan）1963 年的著作《女性奥秘》（*The Feminine Mystique*）一书中，她指出了妇女运动的复苏的思想基础。[17]弗里德恩在这里所说的女性奥秘指的是女性中的消极的自我认知、缺乏目标和对自我价值的认识。这本书在女性中有着很强的号召力，1966 年弗里德恩组织了全国妇女组织（NOW）。目前，全国妇女组织已经成为美国最大的女权组织和有影响力的政治力量。全国妇女组织和其他妇女团体一直在为结束性别歧视、争取性别平等、消除性别间的双重标准和提高女性的自我认知而努力。

专栏 7.2　女性外生殖器切除：一个性别歧视的极端例子 185

女性割礼，或者更准确地说女性外生殖器切除（FGM），在一多半的非洲国家和部分中东国家的妇女当中是很平常的事情。不同文化和不同宗教中女性外生殖器切除的具体情况不同，但其原理是一致的。

香农·布朗利（Shannon Brownlee）和詹尼弗·塞特（Jennifer Seter）是这样描述女性外生殖器切除的情景的：

> 在婴儿和成年之间的一段时间里，女孩的全部或者部分外生殖器被用小刀或者剃刀刀片切除，整个过程不使用任何麻醉药。在大多数情况下，阴蒂和阴唇被切除。最极端的形式被称为阴部扣锁法，外阴唇被切掉并用线或者荆刺缝起来，仅留一个很小的口供尿液和经血流出。这个口只有到女性结婚当天才能被放开。

这个“外科手术”造成的痛苦远远超过了手术本身。8 500 万至 11 000 万之多的

> 经历过外生殖器切除的女性遭受了疾病的痛苦：从性知觉的减弱或丧失到感染、持续的疼痛、痛苦的性交、不孕和难产。这样做的目的是抑制性欲以保证女孩的贞洁直到她的适婚年龄。①

①Shannon Brownlee and Jennifer Seter, " In the Name of Ritual," *U. S. News& World Report*, Feb. 7, 1994, 56 - 58.

人类学家认为第一次阴蒂切开术就像是贞节带一样，是丈夫确认亲子的一种方式，因为女性外生殖器切除减少了女性的性趣，从而也就降低了她与其他男人性交的兴趣。目前，在许多非洲国家，没有经历过外生殖器切除的女性因被认为过度性交、不适合结婚和不干净而被排斥。女性外生殖器切除现在通常会成为用来挑选德高望重的年长妇女的一个标准。

虽然西方女性主义组织把女性外生殖器切除视为性别压迫的一种极端形式，但是大多数国际人权组织却减缓了反对这一行为的步伐。一些观察家认为，生活在一种文化传统中的人不应该介入另一种文化传统下人们的实践。

法律维护的妇女权利

旨在结束种族歧视的1964年《民权法案》也废除了歧视的性别依据。但是，很多州的立法仍然歧视女性，强化对女性的偏见。例如：有的州仍然在假定女性罪犯需要更长时间改造的基础上，规定对同样罪行的女性判处比男性更长的监禁。[18]相反，许多州认为女
186 性更需要保护，而对待女性罪犯比男性罪犯更温和。例如：很多州不要求女性承担应急的职责，除非她们自愿。[19]这样的法规和行为是歧视的相反的形式。

专栏7.3　对男性商人和女性商人的传统印象

- 他有闯劲；她爱出风头。
- 他精细；她挑剔。
- 他由于对工作过于投入而发脾气；她专横。
- 他沮丧而情绪低落时，每个人都轻步走过他的办公室；她情绪低落时，是在她的情绪低落期。
- 他坚持到底；她不知适可而止。
- 他自信；她自以为是。
- 他坚定；她顽固。
- 他有判断力；她怀有偏见。
- 他精于处世；她为人世故。

- 他因工作压力过大而喝酒；她酗酒。
- 他乐于表达自己的思想；她说大话。
- 他勤勉地行使权力；她热衷于权力。
- 他保守秘密；她不坦诚。
- 他对工作严格；她对工作苛刻。
- 他一步步朝着成功努力；她很少付出努力。

1972 年，《平等权利修正案》（ERA）得到国会通过，但是要求四分之三的州（38 个）批准才可以写入第 27 次《宪法修正案》。根据《平等权利修正案》，“美国联邦和各州均不得否认和删减性别平等权利的法规。”在经过 10 多年的广泛的政治运动后，直到 1982 年，《平等权利修正案》还是以很小的差距没能得到足够州的批准。

关于《平等权利修正案》的两派都因此而情绪高涨。赞成者认为《平等权利修正案》将消除大量针对女性歧视的法律。[20]反对者则认为《平等权利修正案》的通过将意味着女性可以被应征入伍，意味着在离婚时丧失优待，意味着父母对离婚赡养费、抚育孩子、赡养配偶上负有同等的责任，意味着给予女性优先权的那些劳动法必须要修改（比如说女性的工作量），也意味着如果丈夫愿意待在家里照看新生儿时可以休产假。[21]很多女性感到《平等权利修正案》对女性而言是弊大于利的，因此也积极反对。

虽然《平等权利修正案》没有被批准，但是各种防止性别歧视的法规出台了。1963 年的《联邦平等待遇法案》和大量类似的州立法规定同工同酬。1964 年《民权法案》规定基于种族、肤色、性别和宗教的歧视是违法的。第 11246 号行政令禁止联邦纳税人、立法者和执法者性别歧视，这一行政令在 1967 年 10 月 13 日被第 11375 号行政令修订。此外，法院的大量判决也给出了关于在雇用、提升和工资比例方面的歧视是违法行为的判例。[22]一些重大决议规定雇主支付相当数量的美元给女雇员作为对以往工资歧视的补偿。[23]例如：1988 年，加利福尼亚的国家农场保险公司同意花费数百万美元来返还给过去 13 年来被拒绝作为保险销售代理的女性，并支付其损失。当时女性被告知必须具有大学学历才可以成为销售代理，而男性则不需要。[24]

1974 年《平等信贷法案》禁止因婚姻地位或者性别原因造成的信贷歧视。很多州都通过法律禁止对孕妇在雇用、培训和提升方面的歧视。[25]虽然有了这些法律、法规和判例，实质上的非法的性别歧视仍然存在，女性常常不得不针对具体情况与之斗争。例如：一些高中拒绝接收怀孕或者已婚的女孩入校，却允许未婚父亲或者已婚男孩入校学习。

肯定性行动不仅适用于少数民族，同时也适用于女性。这些计划起源于 1964 年《平
等雇用机会法案》，它禁止雇主和拥有联邦基金的机构存在种族、肤色、宗教、性别和民 187
族歧视。这一法案促生了平等就业机会委员会来实施这一法律。委员会持续发展肯定性行

动来落实这一法案。以下雇主被要求履行肯定性行动：

- 政府立法者和纳税人。
- 政府基金的接受者。
- 从事州际贸易的商人。

肯定性行动基本适用于工作空缺。雇主必须证明做了积极的努力去安置和招募少数派的应征者（定义中包含了女性在内）；证明没有故意提高招聘条件（例如：对少数群体的特殊训练要求）；优先录取少数派应征者；甚至在有的情况下设置招聘一定数量少数群体成员的强制性定额（不考虑资格条件）。如果雇主不实行有效的肯定性行动，平等就业机会委员会可使雇主丧失政府基金。（正如第六章所说，起初存在一场强烈的反对运动威胁缩减肯定性行动。）

性骚扰

性骚扰可以被定义为再三的、未经允许的性接触。近来性骚扰被认为是性别歧视的一种形式，多数受害者是女性。霍顿等人确认了一些性骚扰的受害者：

> 性骚扰是一种古已有之的行为。漂亮的女奴隶通常被买来当作性玩物，家奴也常常被蹂躏。如果维多利亚时代的女仆拒绝好色的主人，他就会驱逐她；如果她接受了主人，很快就会怀孕并随之失宠，被女主人驱逐。无论哪一种选择，她都会失去工作！
>
> 性骚扰随处可见，但似乎只存在于那些男性拥有高于女性的管理权和支配权的地方。“被抛弃的沙发”是公众行业的一个显著特征，女性在所从事的许多行业中都是牺牲品，她们要想摆脱讨厌的关注只能放弃工作。校园中的性骚扰也不断显现。许多女毕业生反映老教授以性特权作为成绩、学位和推荐的筹码。[26]

性骚扰与否的区分有时是模糊不清的。再三的、未经允许的接触肯定是骚扰。1986年美国最高法院的一个判决拓宽了这一定义。今天，那些让女性因持续的、讨厌的挑逗，下流的行为或者猥亵的笑话而感到困扰或卑微的不友好的工作环境可以成为法律诉讼的充分理由。[27]近些年很多高等院校已经在性骚扰的定义中加入了教工和成人学生间自愿建立性关系的情况。这么做的理由是学生在地位上处在较低的一边，如果拒绝要求会遭受不利的后果。

性骚扰（见专栏 7.4）不同于调情、恭维、请求约会和其他发生在工厂和教室的可以
188 接受的行为。它也不同于那些不涉及性的其他骚扰形式。性骚扰是性强制的一种形式，性强制取决于为非作歹者影响受害者的经济和学术地位的力量大小，并不必然涉及强力。根据美国的法律，性骚扰是就业和教育领域中性别歧视的一种表现形式，是 1964 年《民权法案》第 7 章明文禁止的。性骚扰的定义如下：

性骚扰场景——女人正在阻止男人的接近。

不受欢迎的性挑逗、性要求和其他具有“性”含义的语言或身体接触在以下情况构成性骚扰：(1) 公开表示或暗示对此类行为的顺从是个人受雇用的条件；(2) 把个人对此类行为的顺从或拒绝作为是否录用该人的依据；(3) 此类行为在意图或者后果上已经对个人的工作业绩构成了不合理的干扰，或者使得工作环境令人感到具有威胁性、敌对性和攻击性。[28]

专栏 7.4　性骚扰的类型 188

性骚扰可分为三类：言辞的、非言辞的和身体上的。如果行为是不受欢迎且非相互的，那么下面的例子就可以被认为是性骚扰。

言辞的

- 性讽刺。（“你一定是很善于打扮了？我喜欢你的装束。”）
- 引起色情联想的评论。（“那些牛仔裤真是太适合你了。”）

- 对某人衣着、身材、活动的性评论。（“我注意到你瘦了，我感到很高兴的是你那迷人的胸部却没有变小。”）
- 性冒犯、笑话、对相对性别成员的刻板的或诋毁的评论。（“女人应该光脚、怀孕、住在城镇边缘。”）
- 对某人成绩或工作的暗示或言辞威胁。（“这很简单。如果这门课程你想通过，那就要好好对我，性是我可以想到的最美妙的事情了。”）
- 性建议、邀请或其他性压力。（“我上班的时间太短了，为什么你不晚上到我家来呢？我们将有更隐私和充足的时间来相互了解。”）
- 以提供就业机会来要求约会或者性行为。

非言辞的

- 可见的性暴露、色情图片、海报、卡通画等的展示。
- 身体语言（比如以亵渎的眼光看某人或过于接近）。
- 挑逗地吹口哨。
- 显露屁股。
- 猥亵的姿势。
- 涉及性别导向的偏爱或者区别对待的行为。

身体上的

- 拍、捏和其他不适当的接触或感觉。
- 抓胸罩。
- 故意触摸或碰撞身体。
- 抓或摸。
- 意图的或实际上的接吻或戏弄。
- 强迫性交。
- 意图或后果上的性攻击。

性骚扰几乎无一例外地涉及权利的不平等和强迫。虽然受害者多为女性，但性骚扰可以指向男性或者女性。多次的性骚扰往往造成威胁性的、敌对性的、焦虑的工作或教育环境。

那些被发现的性骚扰行为的当事者会导致被谴责、免职、降职以及其他与职位相关的后果。遗憾的是，即使最成功的抗议有时也会使受害者受到进一步的伤害。她必须经历不快的诉苦，她也许还会被看作是由于自身的问题招致此类事件。一些反抗的女性最终还是被迫寻找新的工作，因为她们在原来的工作环境中感到不舒服。

近年来，美国企业已经敲响了几次性骚扰的警钟。例如：1994 年一个旧金山陪审团在查明一名女法律秘书以前的老板没能阻止公司律师骚扰她后，判给了她 710 万美元作为 189
损失补偿。

1998 年，波士顿的阿斯特拉捷利康公司同意支付 70 多名妇女将近 1 000 万美元的安置费解决诉讼。起因是公司总裁及其他经理辞退了原有的年长的女职员，取而代之的是漂亮、年轻、单身的女性，并置她们于性压力之下。

同样是 1998 年，三菱汽车公司同意支付 3 400 万美元给 350 名妇女作为赔偿。这些妇女是三菱汽车公司伊利诺伊工厂装配线的女工，工厂的经理对她们被骚扰和侵犯熟视无睹。

1998 年 6 月，美国最高法院规定当主管性骚扰工人时，企业主负有责任，即使雇员的工作没有受到损害。（然而，如果公司有一套强有力的制度来预防和惩戒性骚扰，那么根据最高法院的规定，公司在性骚扰诉讼中可以得到一些保护性的措施。）

性别角色与性别歧视：生物学还是社会化原因？

在过去的 25 年里妇女运动取得了显著的进展。然而实质性的性别歧视和限制性的性别角色的刻板印象依然存在。在过去很多世纪里人们都错误地认为男性天生就优于女性。一个社会群体对另一个社会群体的统治总是要以证明这些区分正确的一整套观念来支撑。这种意识形态往往变得很流行，以至于甚至是从属的群体中大多数人也接受了。（例如：中世纪的农民相信贵族有统治他们的权力。）直到近些时候，大部分女性仍然相信自身的角色是次一等的，是辅助男性的。

性别歧视的生物学理由：事实还是虚构？

性别歧视的意识形态假定男女的不同源于生理差异。它认为身体结构赋予男性在世界上扮演积极的、统治性的角色，赋予女性扮演消极的、次一等的角色。

当然，男女之间存在明显的解剖学上的、性和生殖的差异以及荷尔蒙水平的差异。两个性别都具有雄性荷尔蒙和雌性荷尔蒙，但是女性具有更多的雌性荷尔蒙，男性具有更多的雄性荷尔蒙。一些动物种类的研究（并不都适用于人类）表明将雄性荷尔蒙注射入雌性体内，雌性的性驱动力会增加，会变得更好斗。[29]然而，科学家相信对人类而言，荷尔蒙的差异只起到了较小的作用，因为人类的行为模式基本完全是后天学习来的，而低等动物的行为模式更多地受荷尔蒙因素的影响。[30]

一般而言，男性比女性更高、更重、更有力气。女性更能够忍耐痛苦，更有持久的忍耐力。[31]在大多数方面，女性在身体上更健康。[32]女性更不容易受到疾病的感染，活的时间更长久。男性的胎儿和婴儿死亡率更高。男性胎儿会继承更多的与性别相关的弱点——超过 30 种紊乱仅在男性中发现，包括血友病、某些类型的色盲和连脚趾。

出生不久后，女婴变得更满足，且有较少身体活动。[33]随着孩子的成长，其他的差异开始显现，但是此时仍然无法确定这些差异是由于遗传还是学习因素造成的。例如，女孩子学说话和阅读都比较早。此外，女孩子更温顺和依赖，看起来智力上更成熟（大部分补习班中男生是多数）。更多的男生擅长完成以空间、机械和分析能力为基础的任务，而更多的女生擅长涉及语言能力和数字计算的任务。[34]这些差异是先天的还是后天习得的是不确定的。例如：女孩子也许在阅读和语言方面更强一些，这是因为她们常常被鼓励和大人们待在一起，去做更多的阅读，而不是鼓励她们参与其他竞争性的运动。

大量的研究表明性别角色差异基本取决于社会化模式。约翰·莫尼和他的助手们研究了那些家长希望要一个女孩，于是把男孩抚养成为一个女孩，或者相反的案例。[35]研究发现儿童学习扮演他们被社会化时学习到的角色，而不是被传统性别角色期望勾画出的生理
190 性别。莫尼做出的结论是，儿童“出生时心理性别是中性的”，性别角色独立于生理性别。

不同文化中的性别角色期待存在广泛的差异这一事实表明，性别角色是后天习得的，而非生物特征决定的。（如果性别角色差异真的存在生物学基础的话，那么所有文化都会用同样的方式来定义性别角色期望。）例如：许多文化中认为女性应该做大多数搬运重物的工作，而在美国和许多欧洲国家的观念中搬运重物是男性的事情。在一些国家与美国相反的是，男性承担做饭的任务。不久前的欧洲，男性也和女性一样穿长袜、丝绸，使用香水。苏格兰的男性还穿裙子。在毛利和特罗布里安德（位于太平洋的岛屿上），女性主动进行性活动。[36]

在一个典型研究中，玛格丽特·米德（Margaret Mead）研究了新几内亚三个部落的性别角色期待。[37]其中一个部落要求男性和女性暗中以我们称之为“男性化的”方式行动，一个要求男女都以我们称为“女性化的”方式行动，第三个部落则要求女性按照我们称为“男性化的”方式行动，男性按照我们称为“女性化的”方式行动。米德总结认为性别角色期待主要取决于文化学习的经历（见专栏 7.5）。

190 **专栏 7.5　性别角色期待是由文化决定的**

在经典研究《三个原始部落中的性与性格》（*Sex and Temperament in Three Primitive Societies*）中，玛格丽特·米德反驳了性别角色期待由生物特征决定的观点。这一研究选取了 20 世纪 30 年代初新几内亚的三个部落作为研究对象。米德指出，许多美国人作为典型的男女性格的分类并不同于这些部落的分类。

阿拉佩什（Arapesh）部落中的两性对我们而言看上去都是“女性化的”。无论男女都是文雅的、有教养的、温顺的。两性间的人格差异并不十分明显。男孩和女孩都要学习温和、合作、对他人的需要和要求敏感。丈夫和妻子的行为与我们社会中母亲对孩子的传统行为一致，丈夫通常把自身的角色当作训练他年轻妻子的范本。

相反，在芒德加莫（Mundugamors），两性看上去都是“男性化”的。无论男女都是打猎、食人肉的野蛮人，是非教化的、有进取心的、积极开始性活动的。

最有趣的发现是在查恩布里（Tchambuli）部落。在这个部落中性别角色在事实上完全与我们传统的性别角色期待和印象相反。男性比女性花更多的时间来打扮自己。他们把大量的时间用来画画、雕刻和练习舞步。相反，女性则是有能力的、客观的、朴实的、充当管理者的、爽快的。女性从事贸易，掌握大部分经济权力。

由此米德得出的结论如下：

> 我们不再有任何依据来考虑与性别相关的行为的方面……两性间的标准人格差异……文化创造的每一代人，无论男女，是通过训练来保证的。①

①Margaret Mead, *Sex and Temperament in Three Primitive Societies* (New York: Morrow, 1935), 190-192.

对性别角色的传统期待

正如我们所知道的，性别角色是通过学习得来的，每个独特社会中对每种性别的行为都有其期待模式。性别角色期待规定了男性和女性如何做事、怎样被别人看待，都基本以刻板印象为基础。刻板印象使得区分差异更容易。

传统上，美国女性被期望是感性、顺从、配合、敏感、直觉和依赖的，“认为一切是美好而甜蜜的”。她们被假定主要负责家庭生活、天生热爱照顾孩子、对自己的外表格外关注、乐于为了家庭牺牲自我。同样地，她们不能表现得野心勃勃、好斗、竞争、比男性更聪明。她们被期望是无知的，对体育、经济和政治不感兴趣。在与男性的关系上，女性被认为不应该主动建立关系，应该是脆弱的、“女性化的”、情绪化的、感激的。

在我们的社会中同样有大量对男性的传统性别角色期待。男性被要求是强硬、无畏、有逻辑性、自我依靠、独立和有进取心的。社会期望男性对当今的重大事件有明确的观点，在工作和家庭中做权威的决定，强有力，不能沮丧、脆弱和焦虑。他不能表现“娘娘 191
腔”或者其他“女性化”的特点，不能哭或流露出所谓的女性情绪。他被当作供给者，在任何情境下都有竞争力。此外，他还被要求身体强壮、自我依赖、喜欢运动、具有“男子汉”气质、坚定、勇敢而好斗、无畏而有力、在任何环境都处在统治地位——实际上，是“兰博（Rambo）”或一个克林特·伊斯特伍德（Clint Eastwood）。[38]他被要求主动与女性建立关系，并控制关系。辅助妻子的男人——或者赚的比妻子少的男人——很容易遭到批评，感到难为情和不合适。

即使是小男孩也被期望是“男子气的”。家长和亲戚对男孩子“娘娘腔”的关注远甚于对女孩子“野丫头”的关注。他们认为野丫头可以有意识地改变，但是担心男孩子的娘娘腔很难在竞争社会中消失，甚至会变成同性恋。（男生留长发的权利不得不通过很多法庭胜诉案例来获得，但是基本没有人关注女生留短发。）

性别角色的社会化

在美国，性别角色的社会化在每个人出生不久就开始了。女婴穿粉色的衣服，男婴穿蓝色的衣服。孩子们会得到与性别相关的玩具。男孩屈膝弹跳，粗暴地解决问题，而女孩则低声轻柔地说话。在很小的时候，孩子就开始意识到他是男孩，她是女孩，这远早于孩子了解解剖学意义上的两性的区别。[39]劳伦斯·科尔伯格（Lawrence Kohlberg）指出孩子们对自己是男孩还是女孩做出基本的判断（以别人告诉他们的为依据），然后选择那些重要他人（也就是说，他们认为对自己很重要的人）认为与自己的自我意识相一致的活动。[40]

家长们根据性别角色期待用整个儿童时期来实现后代的社会化过程。小男孩会得到玩具卡车，小女孩则会得到布娃娃。男孩会被鼓励进行球类运动，女孩会被鼓励过家家。鲁斯·哈特利（Ruth Hartley）指出：

> 女孩子会因为做那些期望她们做的相当容易的事情而受到赞扬。……女孩要顺从和漂亮，但却不需要聪明。……这种对待方式容易培养出胆小的、不爱冒险的、没有独创精神的顺从者类型。[41]

根据哈特利所说，男孩子的早期社会化过程是非常不同的：

> 几乎从出生开始，男孩子就有更多的问题需要自主解决。此外，他被要求在很小的时候就把兴趣集中到那些适合男孩的物品和活动上，而女孩子则被允许逐步且顺其自然地达到类似的目标……他被鼓励通过告诉他哪些不能做而发现哪些是可以做的，正如最常用的否定式的许可："不要娘娘腔！"……在美国男孩的童年时代，如果对女性化的事情感兴趣会被禁止，并引起焦虑和愤怒。……男孩子常常面对挑战以证明他
> 192 的男子气。他必须充分而公开地表现各种不同的身体技艺，而这些在成人以后的多数时间都基本没用。他常在压力下证明自己控制环境的优势，与之相伴的是压抑自己的情绪表达。[42]

小孩子正处在一个容易受影响的年龄，因此性别角色的刻板印象往往就成为了预言的自我实现。我们注意到书中已经多次提到，人们是用与自己相关的人的观点来看待自己的。[43]男孩子被鼓励公开表达感情，学会寻求物质奖励，在约会和婚姻关系中保持主动，追求尊重、实力和威望，不哭，把注意力保持在自己身上——具备"大男子主义"。相反，女孩子则被培养成更顺从的、持家的、母性的。在很多家庭里，年轻的女孩子仍然由父母培养，以便她们日后成为母亲和操持家务的人，并且（或者）被鼓励寻找低地位的工作、赚较低的工资。研究表明，有些女性实际上被培养得对成功怀有恐惧，"默默无闻"地"宣传男性自我主义"。[44]女性被期望具有"女性化"的

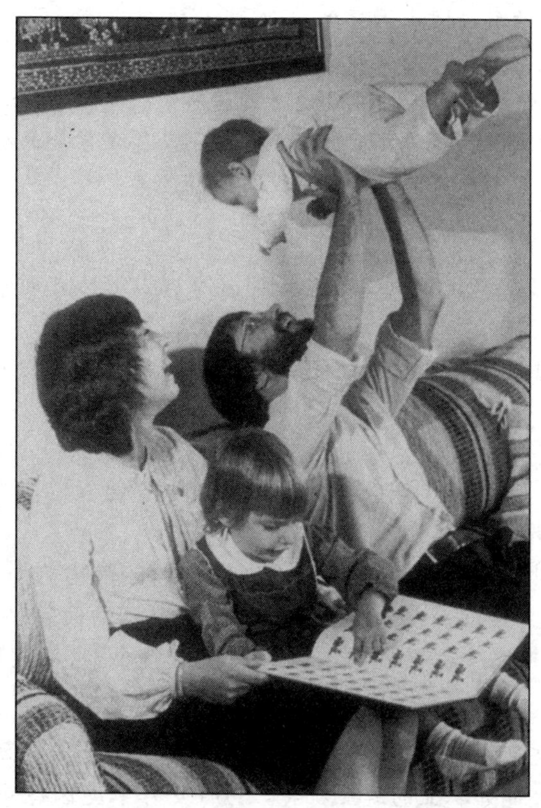

传统性别角色的刺激：父母通过与小女孩接触（看与说）产生远刺激以及与男婴接触（摇摆与晃动）产生近刺激。

柔弱、无助、温柔和善解人意。青年的和成年的女性被置于"女性—成功不相容"的双重束缚当中。[45]在美国社会的传统观念里，一个女人不可能既有女人味又是成功者；成功被理解为在一定程度上减少女性特质，真正具有女性特质的女性也被错误地认为是不想追求成功的。（当然这种传统的观念是一种武断的规定，导致女性扮演服从的角色。女性和成功在本质上并不存在任何相矛盾之处。）总之，男性被鼓励变得善于交际而有野心，而女性则被鼓励变得顺从而沉默。

社会化过程的重要部分是在学校完成的。女孩通常会被引导学习缝纫、打字和烹饪，而男孩则被引导学习木工、印刷和机械。虽然83%的老师都是女性，但是接近90%的校长是男性。[46]因此，学生们认为男性是至高无上的，有决定性的地位，而女性处于从属的地位。

一项对来自美国大学女生联合会做的100多个研究的总结表明：

- 虽然男生和女生入学时的能力和信心水平相似，但是高中毕业时女生的科学和数学成绩都落后于男生。

- 老师给予女生的关注少于男生。
- 女生被性骚扰的报道呈上升之势。
- 课本仍然忽视女性和女生或对她们有刻板印象，忽略对性虐待等压力问题的讨论。
- 有些测试对女性有偏见，因此限制了她们获得奖学金的机会。
- 非裔美国女生似乎尤其被学校忽视或者拒绝。[47]

男孩在独立和自信方面被给予了更多的鼓励，因此男孩也更乐于捣蛋，且陷入困境。[48]也许正是由于这个原因，对师生关系的研究发现男生从老师那里得到的注意多于女生。[49]迈拉·萨德克尔（Myra Sadker）和他的助手认为“男孩子是中心人物，女孩子是其他相关的、次一等的参与者”[50]。学校系统的这种社会化实践的部分原因在于，男性在进入大学学习诸如科学、数学和机械等学科时表现得更聪明，而这些领域往往直接意味着高收入的职业。

无论是学前教育、小学，还是初中和高中的课本，都把女性描绘成比男性更顺从、更有依赖性、更缺乏创造力。[51]

咨询员在建议学生选择职业时，往往不但以他们的能力为基础，而且也以传统的性别角色期待为依据。例如：一个数学出色的女孩也许会被鼓励做教师，而具有同样技能的男生会被鼓励成为一名工程师。珍妮特·查菲茨（Janet Chafetz）这样评论咨询员活动：

> 咨询员认为这种辅导活动的依据是年轻人被期望现实地面对未来：结婚、照顾孩子。女性缺乏大部分职业的就业机会，男性支撑家庭保持高收入水平和社会地位的需要。但是，“现实主义”总是为维持现状寻找借口，与性别角色的刻板印象没什么分别。例如：如果女性不准备进入那些以前由男性从事的行业，那么这些行业就仍然保持男性统治，这就使得下一代的咨询员可以告诉女生：女性不能从事这个行业。此外，咨询员的“现实”观念和实际中的现实是否一致也是存在疑问的。在机会的扩大、性别角色定义的改变和咨询员对这些现象的认知之间存在明显的不同步。[52]

193 甚至当今的心理学理论也把女性形容为更消极、情绪化、缺乏抽象兴趣、有照顾孩子的天性。[53]虽然男子气和女人味主要是后天学习得来的，但是当今的心理学理论却敏锐地（错误地）指出性别角色差异是先天决定的。西格蒙德·弗洛伊德的女性人格发展理论可能是最不合理且性别歧视的。在弗洛伊德看来，女性发现自己的生殖器不同于男性，于是她们产生“阳物崇拜”。正是因为这种差异，女性认为自己在生物学意义上比男性低等，从而发展出消极、从属的性格作为协调与比她们高级的男性的关系的方式。[54]

英语中隐含了很多性别歧视的地方。我们选择使用的词汇对我们解释现实有巨大的影响。使用带有性别歧视的语言已经成为界定和维持男性在社会中占统治地位，女性扮演辅助和从属角色的重要因素。下列单词和词组表示了男性的统治地位：人类

(mankind)、载人的（manned)、人力（manpower)、主席（chairman)、国会议员(congressman)、商人（businessman)、邮差（mailman)、销售员（salesman)、领班(foreman)、警察（policeman)、工作的最适合人选（the best man for the job)、夫妻(man and wife)。

还有一些例子可以说明性别歧视是如何渗透在英语里的。以前的书里（近年来已经有了很大的改善）在性别不明时用“他”来称呼。另一方面，女性开始用“小姐”称呼，结婚后用“夫人”称呼，清楚地表明了她的婚姻状况。此外，传统习惯要求女性在婚后用丈夫的姓（代替她自己以前的姓)。

大众传媒，尤其是广告，也在性别角色社会化中扮演了重要的角色。女性在商业广告中通常被表现为妻子、母亲或者性对象、或者被约会困扰的形象。她们常常不够聪明，比男性更不独立，基本不出现在经理位置上。一些电视广告仍然依据传统性别角色的刻板印象来展示女性，比如给地板打蜡或者发现一种新的清洁剂可以让家人的衣物洗得更干净。可喜的是，随着社会的发展，大众传媒对女性的描绘也在发生变化。许多商业广告正在走向传统角色的反面。大众传媒是重要的社会化媒介，在未来可以有助于人们改变态度，形成“正确的”性别角色。

专栏 7.6 性别歧视传统的后果：印度出现的强奸和谋杀妻子 193

1997 年 7 月，15 岁的贝斯卡和自己保守的穆斯林家庭挑选的、强壮的人结婚了。根据印度的传统，贝斯卡的家里给新郎家送了一份嫁妆（包括冰箱、家具和其他日用品)。但是，贝斯卡家买不起新郎要求的摩托车。在新婚之夜，喝醉了的丈夫和他的三个朋友轮流殴打并强奸了她，强迫她跪在地上给他们四个当摩托车骑。

在前些年，由于婆家对嫁妆不满意，有的新娘被活活烧死。在印度，每年有超过5 000名妇女因婆家嫌嫁妆少而被杀害。由于传统的原因，只有很小比率的因嫁妆争执而导致的强奸犯和谋杀犯受到处罚。里纳·班内吉（Reena Bannerjee)，一个从事嫁妆纠纷和强奸事由处理工作的女权活动家声称：“女性的地位太低了，以至于男人把她们看得比自己的鞋子还低贱。”

资料来源：Hema Shukla, “Women Seek Justice in a Land where Their Voices are Stifled.” *Wisconsin State Journal*, Aug. 2, 1997, 10A。

性别歧视的后果

性别歧视是对女性的偏见和歧视。虽然在数量上女性在我们的社会中占多数，但是她们被当作一个少数群体，因为她们在很多地方是歧视的受害者，缺乏平等获取有价值的资源的机会。

职业和收入

194 如表 7.1 所示，女性从事的职业集中在整个职业体系的低层，多为低收入的职业（秘书、儿童护理员、招待员、打字员、护士、美发师、银行出纳员、财会人员、办事员）。男性则集中在高收入的职业（律师、法官、工程师、会计师、大学教师、物理学家、牙科医生、销售经理）。正如前文提到的，全职女性的收入只是全职男性收入的四分之三。[55] 虽然性别歧视法已经颁布，但大量研究表明工作歧视仍然在继续。[56]

女性只拥有少于 10%的全国选举席位。[57] 美国历史上从没有过女性总统或者副总统。国会的参议员和众议员绝大多数是男性。男性还控制着提名总统候选人和为他们的竞选开展活动的政治程序。但是，潜在的政治打击对女性而言是巨大的，因为女性构成了选民的大部分。[58]

194 **表 7.1** **女性从事的工作职位**

职　位	女性从事的比例（%）
牙医助理	99.1
秘书	98.6
儿童护理员	97.1
招待员	96.9
打字员	94.8
清洁工、服务员	93.6
注册护士	93.3
助教	92.1
美发师、美容师	91.1
记账员	91.1
接线员	90.5
银行出纳员	90.1
小学教师	83.3
图书管理员	82.7
女佣、管家	81.8
一般公司办事员	80.8
出纳员	78.1
服务员、侍者	77.9
文员	77.6
社会工作者	68.5
心理学家	61.4
食品服务人员	56.6
作家	54.1
销售经理	54.0

续前表

职　位	女性从事的比例（%）
大学教师	43.5
自然科学家	29.3
律师、法官	29.0
物理学家	26.4
建筑师	16.7
政府官员	15.8
牙科医生	13.7
工程师	8.5
消防员	2.1

资料来源：U. S. Bureau of the Census，*Statistical Abstract of the United States*，1997（Washington，DC：U. S. Government Printing Office 1997）。

美国公司的总裁中只有2%是女性，在企业董事会中女性也只占6%的位置。[59]即使是成功的女经理也经常抱怨有一个无形的“玻璃天花板”阻止她们占据关键的位置。对美国三大公司的100位男、女经理的访谈研究得出：在升迁机制上存在明显的双重标准，女性只有表现得明显好于她们的男性同事才可能升迁。[60]

美国三分之二的职业女性就职于女性集中的行业，如管家、秘书、招待员、接线员、文员等。[61]大体上，各种工作种类中，女性获得的收入都要少于男性。[62]即使在工资待遇标准化的部队里，女性也基本不可能得到额外的“飞行补贴”、“战斗补贴”或“风险责任补贴”。[63]事实上，男女收入的差异应该部分地归因于资历（男性得到更高的工资是因为他们工作的时间更长），但是当把资历考虑进去以后，研究发现女性做同样的工作获得的收入也较低。[64]

男性和女性在收入和工作职位上的差异可能是由多方面的原因造成的。社会化的过程培养女孩子去寻找那些收入较低的职位和职业。例如：鼓励男孩当律师和法官，而鼓励女孩当老师和秘书。在男性和女性择业时存在“性别定势”：男性择业时被未来的老板鼓励 *195*
申请那些高地位的职位，女性被鼓励申请那些低水平的职位。[65]于是我们社会中才出现了女性集中的低收入的工作种类：招待员、秘书和打字员。虽然如此，做与男性同样的工作却获得低收入表明女性在被雇用后也存在着性别歧视。

保罗·霍顿（Paul Horton）和杰拉尔德·莱斯莉（Gerald Leslie）从性别角色的社会化出发，给出了男女工作和报酬不等的其他的原因：

> 职业发展的动力机制是很难测量的，鲁莽的一代是危险的，然而有充分的理由说明具有潜在的职业进取心的女性远不如男性普遍。在社会化初期，多数女孩都被教导要讨人喜欢；多数男生都被教导要引人注目，超越他人。训练男孩统治和领导；训练女孩服从和跟随。让男孩学习对他人提出要求；让女孩学习为他人的需要服务。男孩因力量而受到称赞；女孩因漂亮和优雅而被赞许。成人以后，社会基本根据工作成就来评价男人（“我的儿子，医生”），而根据人际关系能力来评价女人（“她有一个英俊的丈夫和三个

在为怀孕青少年和年轻父母所开设的高中公共课课堂上，一位 15 岁的妈妈正在哄着她的女儿。这种课堂的设立支持了他们的学业。

> 可爱的孩子”)。忽视家庭而忙于事业的丈夫（从事第二职业、上夜校、周末在办公室工作）会因有事业心而受到赞许，而因工作影响了家庭的妻子却会被指责和嘲笑。女性引人注目的成功也许使之疏远了与男人们的距离，许多文章提到了女性的避免成功综合征……这一切造成了女性比男性更低的职业期待。[66]

人际合作

性别歧视对人际合作的影响是巨大的。举一些例子会比较容易说明。

父母对十几岁的女儿的社会限制要多于同龄的儿子。女儿不能夜不归宿，她们的朋友会被更严密地关注，她们很少有机会用家里的车出去玩并且不被鼓励从事体育运动。

要拥有“美国小姐”的样子是有很大压力的——发育良好的胸部、修长的手指和漂亮的外貌，尤其是所有女性都要保持这样的状态是非常困难的。遗憾的是，按照当前美国的
196 刻板印象，不这样的女性被认为缺乏吸引力、得不到男性的关注、很难有人约会、更难获得高地位工作的机会。当女性进入中年以后，心理压力尤其严重。社会化过程使女性相信自己的主要职责是照顾家庭，她的重要价值在于身体的吸引力，她会经常失望地看着自己

的孩子们，感到她的青春年华已经一去不复返了。

社会互动中有很多男女间不同的双重标准。性活跃的十几岁的男孩会被视作“种马(studs)”，而性活跃的同龄女孩就会被人用诋毁的名字来称呼。在更大范围上来讲，男性被允许好斗和说粗话。社会规范反对女性进入一些夜总会和其他娱乐场所。已婚的职业女性比已婚的职业男性更容易遭到大量的不满。

在男女交往过程中，男性往往寻求主动，而女性或者寻求平等关系或者从属于男性的支配。例如：通常男性被希望向女性发出约会的邀请，并决定约会的内容。此外，男性也经常尽力表现大男子主义。一些女性发现为了得到社会的肯定和接受，必须表现得顺从、被动和有女人味。当夫妻双方都工作时，如果丈夫的工作地点变动，那么通常都是妻子跟随丈夫去新的地方。[67]

男女之间经常会发生与性别角色期待相关的权力争斗。男性想占据支配地位，而女性则寻求平等的关系。婚姻顾问目前正在关注那些丈夫希望妻子扮演传统角色——留在家里、照顾孩子、做家务——的夫妇。如果妻子工作的话，丈夫通常会要求工作不能影响妻子做家务，而且工作被当作“第二收入”而非“事业”。要求平等关系和很快意识到性别角色刻板印象的消极后果的妻子们倾向于与希望她们做传统妻子的丈夫们进行权力斗争。

经历过对婚姻沮丧和不满的女性多于男性。[68]社会期望女性为了家庭的完整无损做大部分必需的适应和调整。中年女性在她们做母亲和持家者的任务固定下来时会经常感到很沮丧——尤其是当她们没有工作时。[69]研究者声称有工作的妻子比全职太太要更快乐。[70]那些长期生活在被丈夫殴打的环境中的女性悲伤地诉说社会文化把她们永久地置于依赖和从属之中的程度。

霍那（Horner）发现很多女性逃避成功是因为她们害怕自己在跟男性交往过程中表现得更有雄心、更成功、更少女人味。[71]

对于有些男性只把女性当作性对象，女性在工作场所、学校和其他场合受到性骚扰的现象，性别角色的刻板印象可能也发挥了一定的作用。

引起人类交流困难的并不止是女性的刻板印象。正如前面提到的，男性在成为克林特·伊斯特伍德式的模范男人时也遇到了困难。对大多数男性来说要达到这个要求是不太可能的。但是男性努力追求这个结果时经受了非常大的压力。下面举 1968 年民主党竞选的重要运动中参议员艾得蒙德·马斯基（Edmund Muskie）的例子来说明。艾得蒙德·马斯基当时是重要的总统候选人，一家新英格兰的报纸对他的妻子做出了诋毁性的报道，艾得蒙德·马斯基的反应竟是在公众面前“情绪失控并痛哭”。很快美国公众认为他不具备做总统要求的稳定情绪，在投票时声望陡跌。戴维（David）和布兰农（Brannon）讲述了另一个例子：

> 一个朋友告诉我，经历了一些个人不幸和工作挫折后，他在一个办公室同事面前情

绪失控而痛哭。他说："我哭了的消息一个小时以内就在办公室传遍了。起初，没有人说什么，只是知道了而已。他们无法控制谈论这个的局面。在这之前，只有女孩哭。一个小伙子开玩笑说：'听说你和萨莉最近哭过？'我猜那是对我男子气的嘲笑，但是其他人'知情的沉默'说明了同样的疑问。真正的伤害发生在两年之后，我工作得很出色，有一个升迁的机会，但最后又落空了。经理仔细看了我的评语，读了一段，说：'你对哭泣事件是怎么看的？'可以想象，那是我最后一次让自己流泪了。"[72]

鲁斯·哈特利指出男孩的性别角色社会化不可避免地在随后的日子里导致人格冲突：

197 男孩没有为成年实现充分的社会化……男孩被限制在完全男性化的社会中生活，通过抵制任何女性的痕迹来建构自我形象。成年以后，他不得不适应与异性一起工作，甚至听命于女性的世界，而女性一直被他视为低等的。最终，压抑情绪的重要性和冷静坚忍的巨大价值使得男孩对尝试表达亲密的感情毫无准备，而亲密的个人交往目前是爱人和配偶所越来越期望的。[73]

男性经常感到他们必须把事业放在首位，因此严格限制作为丈夫和父亲的交往和满足。相反的，传统期望鼓励女性把妻子和母亲的角色放在首位，因此限制她们在其他领域的成长、能力和满足。

用法律的眼光来看，在一些领域男人处在不利位置。在一些法律规定中，丈夫要依法为家庭提供经济支持，无法完成将是妻子离婚的根据。如果婚姻破裂了，法院倾向于把孩子的监护权判给妻子。在争取孩子监护权的过程中，父亲为了证明自己比母亲做家长更称职要承担更重的负担，只有在母亲有明显的疏忽的情况下，父亲的请求才会被认真考虑。即使夫妻双方都可以养活自己，妻子还是可以得到赡养费。英国很多地方都组织了一些男性团体，提倡在这些法律领域实现平等对待。

性别角色的刻板印象对以下统计数字也发挥着重要作用。[74]男性自杀人数是女性的将近4倍，实际上更多地介入暴力和犯罪、酗酒和吸毒的是男性。男性患与压力相关的疾病的比例高于女性，比如心脏病、溃疡和高血压。男性的预期寿命也比女性少好几年。较短的预期寿命是不是在一定程度上因为男性经济成功的压力和社会化对不能排遣情绪的要求呢？男性经历了更大的心理压力，这导致了与压力相关的疾病的高发率，而这些疾病可能造成男性较短的生命历程。

由于对男性的刻板印象，许多男性认为如果他们不能满足家庭的经济需要就是失败。有些男性感到无法从竞争的打击中摆脱，成为"真正的男人"。很多女性在与无法坦诚开放自己感情的男性交往时有挫败感。不能成为标准男人让很多男性不开心、沮丧和不满足。因此性别角色的刻板印象无论令女性还是男性都背负了巨大的代价（经济的、社会的、个人的）。

一些男性越来越多地承担了照顾孩子和做家务的职责。

近期发展与前景 198

性别角色正经历一场变革，女性开始意识到性别角色差异的消极后果。中学、假期学校和大学都增设了此类课程。越来越多的女性走进职场。男女的就业比例现在大约是 55∶45。[75]

性别角色刻板印象的转变

女性更多地参与体育运动，并开展了以前只有男性从事的某些比赛（篮球、足球、垒球和排球）。参加田径比赛、游泳、拳击、摔跤、举重、高尔夫、网球和普通赛车比赛的女性人数在不断增加。

1981 年，桑德拉·戴·奥康纳（Sandra Day O'Connor）成为第一位被任命为美国最高法院院长的女性。1984 年，杰拉尔丁·菲拉若（Geraldine Ferraro）首次当选重要政党的副总统候选人。

女性也开始从事大量以前只有男人主导的专业和行业：军事、工程、法律、司法、消防、医药（医生、牙医）、财会、行政、法律强化（警察）和管理。商业领域中女性中层管理者的数量在不断增加。进入这样的新职业通常有很多障碍。例如：格拉斯曼（Glassman）称女警察常常被人侧目，被男同事怀疑。[76]（男警察担心女性不能承受压力、无法制服反抗的逃犯、无法控制妨碍治安的男性和控制犯罪情境。男性罪犯对女巡警既感到敌意又感到有保护感，一个女警的失败往往会成为整个行动的控诉状。）

随着更多的女性变得自信并寻求和男性的平等关系，人类交流也出现了变化。在一定程度上，男性也（更慢一些）开始认识到性别角色差异的消极后果。男性逐渐认识到刻板的男性性别角色定势限制了他们在情绪表达、人际交往、职业和家庭活动方面的机会。科尔曼和克雷西指出：

> 男性运动的提倡者认为当今的性别角色对男性同样有害，但是方式不同于对女性的危害。他们尤其反对“真正”的男人必须总是强壮的、自控的和成功的。实现这种不可能的理想（至少是表面上达到）的努力让很多男性感到焦虑和孤独。[77]

男性运动在社会上慢慢地广为人知了。有一些男性很担心被女性当作“成功对象”，因为实际上女性比男性更倾向于认为好的工作是选择配偶的必要条件。[78]离婚时男性也很担心，很多法院都以惯例认为母亲更能够成为好家长，结果母亲通常会得到孩子的监护权，父亲必须支付赡养费，得到的回报仅是非常有限的探视权利。男性运动还声称有些女性主义者有“打击男性”的倾向，他们宣称这样的女性主义者固化了男性负面的刻板印象，因那些实际上是历史造成的，不由个人和群体控制的问题而指责男性。

社会为性别角色的刻板印象付出了代价。它妨碍了很多人扮演更有创造性的角色，结果导致了大量的资源花费在处理由于这些刻板印象而产生的情感和身体问题上。

男性也同样正在扮演新的社会角色、进入新的职业。男性日益普遍地接受承担和女性相同的家务责任和照顾孩子的责任。此外，我们现在可以见到更多的男护士、秘书、儿童护理员、护士学校教师和空中服务员。[79]

在过去的30年中，数以百万计的美国人开始改变他们对性别角色的“天然”想法。传统差异开始被理解为一个不合理的体系，它使得女性一生都低等，浪费了潜能，也把男性的角色限制在有竞争力、有进取心和非情绪化上。

我们的社会正缓慢朝着性别平等发展，但是正如我们在本章开头看到的那样，相当数量的性别不平等依然存在。如果我们的社会实现了男女平等，会是什么样的结果呢？科恩布卢姆和朱利安是这样描绘的：

> 199 一个显而易见的结果是社会对每一种工作的劳动力的供给潜能都会增加。更多的男性会参与到传统的女性领域……打破隔离男性和女性的职业界限也会有助于男女间平等相处。此外，因为男性作为家庭唯一的经济来源的状况减少，工作会变得更有弹性：如果干得不高兴，男性和女性就可以自由地选择辞职。整体来说，男女会更多地分担经济和家庭责任。这将减少男性成功的压力和女性依赖的压力。真正实现性别平等的最重要结果是，人们可以自由地做他们自己。[80]

专栏 7.7 实现男女平等的策略 199

性别平等并不意味着实现无性别社会。提倡性别平等并不是鼓励使用同样的公共洗浴设备，也不是要求穿同样的衣服或者一起玩职业足球和曲棍球。性别平等提倡的是性别上的同等对待（比如就业）和取消传统性别角色的刻板印象，提倡没有性别角色，行为、能力或态度应该被限制在同性之内。真正的性别平等简单地理解就是人们可以自由地做他们想做的事情。

实现性别平等需要多方面的努力，其中的一些总结如下：

- 必须终止母亲神话，因为它使得女性首先被当作母亲。
- 父亲必须平等地分担照顾孩子和处理家务的职责。这并不是要求男性精确地完成家务的一半，而是意味着夫妻协商最好的家庭职责分配。如果女性被要求完成所有传统意义上的照顾孩子和做家务的职责的话，她们将无法在工作中与男性平等竞争。
- 需要给在职的父母提供额外的日常照顾，尤其是对单亲家庭。如果高质量的日常照顾设施不能成为可能的话，很多想工作的母亲就不可能工作。
- 禁止性别歧视的法律应该强化，法律应该在存在合法歧视的地方发挥作用。（例如：有时女性获得银行贷款更困难。）禁止歧视男性的法律在特定的领域也是必需的。（比如离婚赡养费和孩子的监护权。）
- 功能失调的性别社会化实践应该被终止，应该根据孩子们期望的态度、行为来塑造角色，这个角色中孩子拥有才能，而不是简单地把男孩子培养得有“大男子主义”，女孩子培养得有“女人味”。家长和老师应该学习把每一个孩子看作一个个体，而不是一个男人或女人。
- 应该更广泛地应用肯定性训练项目，这有助于男人和女人有效地表达自己，有能力应对性别角色的刻板印象。
- 那些仍然把女性单纯描绘成家庭主妇或者性对象的广告商应该开始平等对待男性和女性。
- 意识培养小组应该扩展到更多的男性和女性。女性自助小组将大量发展，帮助女性更多地认识性别角色的刻板印象，建立更好的自我观念，加强与同事的联系以结束性别歧视。
- 如果人们打算充分培养自身能力，那么需要继续发展各种服务，包括：被殴打的妇女的庇护所、强奸危机中心、堕胎建议、家庭计划和婚姻与性咨询。
- 学校咨询员和老师应该根据学生的能力，而不是根据性别帮助学生做职业决定。
- 应该鼓励男孩和女孩根据自己的愿望，不考虑性别去选择学习假期课程（烹饪、购物、打字、绘画等）。

- 出版商应该持续终止性别角色刻板印象，把男性和女性描绘成各种不同的角色（比如：男性做家务，女性驾驶飞机、做外科手术）。
- 法律应该规定政府和私人商业机构遵循一致的价值原则。女性有权利得到相同的报酬，即与男性同工同酬。（这个观念将在本章的最后部分得到更加充分的表述。）

200 一些女性主义者和社会科学家强调男性和女性在社会化中扮演的角色应该是弹性的，他们应该以人的方式表达自我，而不是以传统的男性和女性的方式。[81]这个观点被称为“两性合一”（androgyny），来自男性（andro）和女性（gyne）。这个概念意在让人们探索广泛的角色扮演的可能性，不以性别角色刻板印象来选择表达情感和行为的方式，从而鼓励人们去追求那些最有竞争力的、可以真正表达自己的态度和情绪的、最舒服的工作和职业。如果一个男子想成为厨师或者小学教师，一名女性想做士兵或运动员——并且他们擅长这个——那么发展他们的潜能，允许他们实现他们有能力做的任何事情就是社会的职责了。

未来妇女运动的走向

在政策导向层面关于妇女运动目前还有很多争论。科尔曼和克雷西指出：

> 正如其他的社会运动一样，女性主义在达到目标的最佳方式上意见也不一致。解放女性主义是妇女运动中最大的一支力量，她们的方法在国际妇女组织中占主导地位。运用自由和个人解放这一解放传统中的关键价值，这些女性主义者号召打击所有形式的偏见和差异。但是解放女性主义遭到了来自运动内外的批评。左派的社会主义女性主义强调对女性的剥削产生于资本主义体系，只有根本改变我们的经济体系才能解放女性。激进的女性主义更关注社会领域，号召用“女性中心”的文化代替当前的家长式（男性主导）的社会。同时，所有的女性主义都遭到了那些认为她们在损害家庭和传统社会价值的人的批判。[82]

201 20 世纪 80 年代和 90 年代初的保守趋势使得 20 世纪六七十年代女性主义取得的部分成果受到损害。罗纳德·里根总统及其夫人以及里根政府的大多数成员反对平等权利宣言，最终这一宣言未获得批准。保守运动和里根、布什政府很少强调加强肯定性行动，而是积极反对在公司设置少数群体的配额比例。大量妇女运动强烈支持的社会项目被削减，比如公共日间照顾基金、性教育和避孕法。

比尔·克林顿 1992 年当选美国总统，1996 年获得连任，他比罗纳德和布什采取了更解放的态度。他的妻子希拉里热衷于政策决议，被当今女性视为角色楷模。总统克林顿任命了大量的女性政府高层官员，并在一些社会问题上支持女性主义的立场，比如关于堕胎的讨论和普遍的健康不安全范围。

国际妇女组织已经组织起来决定与禁止堕胎的努力作斗争。女权运动把堕胎视为女性决定自己的身体和生活发生什么的基本权利。

那些负担不希望要的孩子的女性常常会变得依赖男人或公共救助机构，并发现自己很难在就业市场上与男性竞争。在关键的 1989 年的堕胎决定——生殖健康服务第 5 编中，美国最高法院暗示它是 1972 年在韦德通过的前一个决定的倒退，它规定女性在怀孕的前 3 个月有堕胎的权利。[83] 1989 年的决定给了各州颁布一些法律规范堕胎的权力。法院的这一决定更广的效果是把这个热点政治问题抛给了州立法机关。女性主义希望克林顿有机会对最高法院"前一个选择"主持公道，从而维持韦德的基本规定。

"赞成的选择"——女性有堕胎的合法权利——是女权运动的重要问题。这是女性主义多数基金会组织的一次女性集会。

妇女运动中存在女性传统角色是否丧失价值的争论。主张现代角色的人强调平等和职业，而一些国际妇女运动的领导人则主张家庭主妇的角色应该被给予平等的尊重。

妇女运动发展的一个方向是为单亲家庭寻求帮助，尤其是那些低收入、女性主导的家庭。21 世纪还出现了贫困的女性化，即增长的贫困人口主要是女性。在日间照顾费用高和女性全职工作收入远少于男性的情况下，单亲母亲要实现与男性的"经济平等"是几乎不可能的。妇女运动必然继续提倡联邦政府增加对儿童照顾的财政支持。

妇女运动还提倡“可比价值”。可比价值指“相似的工作支付相等的报酬”，而不是“相同的工作获得相同的报酬”。可比价值强调本质价值不同的工作是可以测量和比较的，比如秘书或铅管工人。那些用可比价值评判的工作应该得到相一致的工资。如果用这个概念作为工具，可以相信它将减少全职工作的男性和女性之间的待遇不均。主要由女性从事的工作的收入比主要由男性从事的工作收入平均低 20%。[84] 有些州（如威斯康星和华盛顿）已经开始发展针对本州雇员的可比价值项目。

妇女运动的另一个发展方向是鼓励和支持竞选联邦、州和地方各级官员的女性候选人。妇女运动意识到社会平等的实现部分依赖于推动政治平等。

在过去的 30 年中，妇女运动在提高妇女地位方面取得了重要成就。它指向平等的总原则将继续，这是显而易见的。

总　结

在大多数已知的人类社会中，女性的社会地位都低于男性。传统上，女性被赋予了做家务和抚养孩子的职责，被社会化为消极的、顺从的和具有“女人味”的。社会化过程和性别角色的刻板印象导致了很多问题。在就业市场中存在性别歧视，全职男性的收入高于全职的女性。男女行为之间存在双重标准。男女之间存在权力之争，因为经过社会化的男性要在与女性的交往中占据主导地位，而女性更乐于寻求平等关系。性别角色的刻板印象和传统女性性别角色导致许多女性的婚姻不幸，比男性更加压抑。

性别角色的刻板印象弥漫于我们社会的各个角落：儿童照顾、教育体系、宗教、当今的心理学理论、语言、大众传媒、商业世界、婚姻和家庭模式以及我们的政治体系。科学的证据显示社会中的性别角色差异的首要基础是社会化模式，而不是男女之间的生物差异。

202 一个女性基本不可能完全满足传统女性性别角色的要求——拥有“美国小姐”式的外貌、有女人味、消极、顺从、富有表情、“认为一切是美好而甜蜜的”。实现这些刻板印象的努力使得许多女性遭受了巨大的不幸和压力。

19 世纪 60 年代复苏的妇女运动正在推动性别角色刻板印象和社会化模式的革命。大量禁止性别歧视的法律已经生效。女性（男性也是如此）正追求新的职业，扮演同传统性别角色刻板印象相反的角色，完成与之相悖的工作。两性合一（人们探索更广泛的、可能的角色，摆脱性别角色刻板印象来选择表达情绪和行为的方式）正成为趋势。

妇女运动也给男性带来了许多收获。男性发现实现“模范男人”的刻板印象是极端困难的——总是占主动、强壮、从不沮丧或焦虑、隐藏情感、勇敢、从不哭泣。男性逐步认识到这种刻板印象限制了他们在人际交往、职业、情感表达和家庭活动中的机会。女性、男性和社会都为性别角色刻板印象付出了巨大的代价。真正的性别平等简单理解就是让人们自由地做自己。

注释

[1] William Kornblum and Joseph Julian, *Social Problems,* 9th ed. (Upper Saddle River, NJ: Prentice-Hall, 1998), 293.

[2] Ibid.

[3] U.S. Bureau of the Census, *Statistical Abstract of the United States, 1997* (Washington, DC: U.S. Government Printing Office, 1997).

[4] Ibid.

[5] Ibid., 478.

[6] Jean Stockard and Miriam M. Johnson, *Sex Roles* (Englewood Cliffs, NJ: Prentice-Hall, 1980).

[7] Joseph H. Fichter and Virginia K. Mills, "The Status of Women in American Churches," *Church and Society,* Sept.–Oct., 1972.

[8] Thomas Sullivan et al., *Social Problems* (New York: Wiley, 1980), 452.

[9] Francine D. Blair, "Women in the Labor Force: An Overview," in *Women: A Feminist Perspective,* ed. Jo Freeman (Palo Alto, CA: Mayfield, 1979), 272.

[10] John Money, J. G. Hampson, and J. L. Hampson, "An Examination of Some Basic Sexual Concepts: The Evidence of Human Hermaphroditism," *Bulletin of the John Hopkins Hospital.* 97 (1955): 301–309.

[11] H. L. Rheingold and K. V. Cook, "The Contents of Boys' and Girls' Rooms as an Index of Parents' Behavior," *Child Development* 46 (June 1975): 461.

[12] Eleanor Maccoby and Carol Jacklin, *The Psychology of Sex Differences* (Stanford, CA: Stanford University Press, 1974).

[13] Ibid.

[14] Clarice Stasz Stoll, ed., *Sexism: Scientific Debates* (Reading, MA: Addison-Wesley, 1973).

[15] Warren Farrell, *The Liberated Man* (New York: Random House, 1975).

[16] Sullivan et al., *Social Problems,* 455.

[17] Betty Friedan, *The Feminine Mystique* (New York: Dell, 1963).

[18] Kornblum and Julian, *Social Problems,* 309–310.

[19] Ibid., 309–310.

[20] Paul R. Horton, Gerald R. Leslie, and Richard F. Larson, *The Sociology of Social Problems,* 9th ed. (Englewood Cliffs, NJ: Prentice-Hall, 1988), 252.

[21] Sullivan et al., *Social Problems,* 475–476.

[22] Kornblum and Julian, *Social Problems,* 299–301.

[23] Ibid.

[24] Ibid.

[25] "ERA Stalled, But Women Make Piecemeal Gains," *U.S. News & World Report,* Aug. 20, 1979, 56.

[26] Horton et al., *The Sociology of Social Problems,* 261.

[27] Amy Saltzman, "Hands Off at the Office," *U.S. News & World Report,* Aug. 1, 1988, 56–58.

[28] D. A. Charney and R. C. Russell, "An Overview of Sexual Harassment," *American Journal of Psychiatry,* 151, No. 1, January, 1994, 11.

[29] Stockard and Johnson, *Sex Roles,* 133–147.

[30] Richard C. Friedman, Ralph M. Richart, and Raymond L. Vande Wiehe, eds., *Sex Differences in Behavior* (New York: Wiley, 1974).

[31] Shirley Weitz, *Sex Roles: Biological, Psychological, and Social Foundations* (New York: Oxford University Press, 1977); Betty Yorburg, *Sexual Identity: Sex Roles and Social Change* (New York: Wiley, 1974); and Michael Teitelbaum, ed., *Sex Roles: Social and Biological Perspectives* (New York: Doubleday Anchor, 1976).

[32] Ibid.

[33] Maccoby and Jacklin, *Psychology of Sex Differences.*

[34] Ibid.

[35] John Money, Joan Hampson, and John Hampson, "Imprinting and the Establishment of Gender Role," *Archives of Neurology and Psychiatry* 77 (March 1967): 333–336. See also John Money and Anke A. Ehrhardt, *Man and Woman, Boy and Girl* (New York: New American Library, 1974); and Richard Green, *Sexual Identity Conflict in Children and Adults* (Baltimore: Penguin, 1975).

[36] Clellan S. Ford and Frank Beach, *Patterns of Sexual Behavior* (New York: Harper and Row, 1951).

[37] Margaret Mead, *Sex and Temperament in Three Primitive Societies* (New York: Morrow, 1935).

[38] Deborah S. David and Robert Grannon, eds., *The Forty-Nine Percent Majority: The Male Sex Role* (Reading, MA: Addison-Wesley, 1976).

[39] Allan Katcher, "The Discrimination of Sex Differences by Young Children," *Journal of Genetic Psychology* 87 (Sept. 1955): 131–143.

[40] Lawrence Kohlberg, "A Cognitive-Developmental Analysis of Children's Sex-Role Concepts and Attitudes," in Maccoby and Jacklin, *Psychology of Sex Differences,* 82–173.

[41] Ruth E. Hartley, "American Core Culture: Changes and Continuities," in *Sex Roles in Changing Society,* ed. G. H. Seward and R. C. Williamson (New York: Random House, 1970), 140–141.

[42] Ibid., 141.

[43] Charles H. Cooley, *Social Organization* (New York: Scribner's, 1909).

[44] Martina Horner, "Fail: Bright Women," *Psychology Today,* Nov. 1969, 36–38; Vivian Gornick, "Why Women Fear Success," *MS,* Spring 1972, 50–53.

[45] Janet S. Hyde, *Understanding Human Sexuality,* 5th ed., (New York: McGraw-Hill, 1994), 385–394.

[46] *Statistical Abstract of the United States, 1997,* 412.

[47] American Association of University of Women, *How Schools Shortchange Women: The A.A.U.W. Report*

(Washington, DC: A.A.U.W. Educational Foundation, 1992).

[48] James W. Coleman and Donald R. Cressey, *Social Problems*, 6th ed. (New York: HarperCollins, 1996), 300.

[49] Ibid.

[50] Myra Sadker, David Sadker, and Susan S. Klein, "Abolishing Misconceptions About Sex Equity in Education," *Theory into Practice* 25 (Autumn, 1986): 220.

[51] Coleman and Cressey, *Social Problems*, 302.

[52] Janet S. Chafetz, *Masculine, Feminine or Human? An Overview of the Sociology of Sex Roles* (Itasca, IL: Peacock, 1974).

[53] Kornblum and Julian, *Social Problems*, 304–305.

[54] Sigmund Freud, *A General Introduction to Psychoanalysis* (New York: Boni & Liverright, 1924).

[55] Kornblum and Julian, *Social Problems*, 293.

[56] Ibid., 299–301.

[57] Coleman and Cressey, *Social Problems*, 305.

[58] Ibid.

[59] Ibid., 304–305.

[60] Ann M. Morrison, "Up against a Glass Ceiling," *Los Angeles Times*, Aug. 23, 1987, sec. 1, 3.

[61] Kornblum and Julian, *Social Problems*, 299–301.

[62] Coleman and Cressey, *Social Problems*, 302–303.

[63] Hyde, *Understanding Human Sexuality*.

[64] Coleman and Cressey, *Social Problems*, 303.

[65] Hyde, *Understanding Human Sexuality*.

[66] Horton et al., *The Sociology of Social Problems*, 258.

[67] Ibid.

[68] Kornblum and Julian, *Social Problems*, 303.

[69] Hyde, *Understanding Human Sexuality*.

[70] Ibid.

[71] Martina S. Horner, "Femininity and Successful Achievement: A Basic Inconsistency," in *Feminine Personality and Conflict*, Judith M. Bardwich, ed. (Pacific Grove, CA: Brooks/Cole, 1970).

[72] David and Brannon *The Forty-Nine Percent Majority*, 53–54.

[73] Hartley, "American Core Culture," 142.

[74] U.S. Bureau of the Census, *Statistical Abstract of the United States, 1997*.

[75] Ibid.

[76] Carl Glassman, "How Lady Cops Are Doing," *Parade*, July 27, 1980, 4–5.

[77] Coleman and Cressey, *Social Problems*, 313.

[78] Ibid., 309.

[79] *Statistical Abstract of the United States, 1997*, 410–413.

[80] Kornblum and Julian, *Social Problems*, 314.

[81] Hyde, *Understanding Human Sexuality*.

[82] Coleman and Cressey, *Social Problems*, 313–314.

[83] Hyde, *Understanding Human Sexuality*.

[84] Kornblum and Julian, *Social Problems*, 293.

第八章

对老年人的歧视

本章内容 203

- 概述
- 老年人面临的问题
- 当前的服务
- 前景展望
- 总结
- 注释

在美国，人们最终认识到老年人所处的困境是一个较大的社会问题。老年人面临 204
大量的个人问题：较高的患病率、情感困境、贫困、营养不良、出行障碍、较低的社会地位、在社会中不能充当有价值的角色以及住房不充裕等。作为一个"新发现"的少数群体，老年人是职业歧视的受害者，他们被排除于美国主流生活之外，这些主流生活是建立在对某些群体特征有偏见的假设基础之上的，而基于错误的陈规，老年人又必须服从于这些偏见。

本章包括：

- 回顾老年人的待遇，并给出老年人的界定。
- 阐述老年人所面临的具体问题并解释造成这些问题的原因。
- 叙述现有的解决老年人问题的服务状况和这些服务与实际需要之间的缺口。
- 提出一些社会和政治上的变革措施以改善老年人的社会地位。

概　述

一直以来，一些部落会抛弃他们中间的一些衰弱的老年人。例如：北美印第安人的一族、克里克族、霍皮族都在远离部落的地方修建了一些特殊的棚屋，老年人被丢弃到那里直到死亡。爱斯基摩人把那些没有能力的老年人丢弃在雪堆里或用皮艇将他们运到玻利维亚的希瑞南森林地带，当寻找食物时把他们丢弃在那里。[1]即使在今天，乌干达依然将老年人和残疾人遗弃直至饿死他们。[2]（一般来说，这样的社会是由于缺乏资源才被迫遗弃老年人的。）

尽管美国人可能认为这种遗弃老年人的风俗太野蛮而且骇人听闻，但是难道美国社会就没有抛弃老年人吗？当多数老年人还有生产能力时就鼓励他们退休；当一个人退休后，就忍受着失去地位、权利、自尊的折磨，这种情况太普遍了。而且美国社会也很少能为大量的老年人提供足够的活动空间，一些社区设施如公园、地铁、图书馆都是以服务孩子和青年人为导向的。大多数住房都是为有一到两个孩子、年收入超过 3 万美元的年轻夫妇设计出售的。如果老年人不能够照顾自己（同时如果他们的家人不能也不情愿照顾他们），社会便将他们安置在养老院中。因为我们很少采取行动来减轻老年人的财政经济问题，所以五分之一的老年人收入接近或低于贫困线。[3]（从某种意义来说，与那些因为生存压力而抛弃老年人的部落相比，此类对老年人的抛弃更加不道德。）

“新发现”的少数群体

老年人是一个“新发现”的少数群体，他们的待遇问题是一个巨大的社会问题。

目前人们认识到，像其他少数群体一样，老年人很容易遭受各种歧视，如工作歧视。最显著的例子就是对他们实行的基于年龄限制的强制性退休。他们一旦达到一定年龄，将被迫离开工作岗位。老年人 65 岁就被强制退休的惯例一直执行到 1978 年。1978 年国会颁布了一项法律，把大多数工作的退休年龄延长到 70 岁。1986 年国会意识到强制退休是对老年人的公开歧视，因此废止了大部分强制性退休政策。

老年人在其他方面也受到歧视。如上了年纪的人被错误地认为生产能力降低。50 岁到 60 岁失业的工人在寻找新工作时有更大的困难，他们比那些年轻的失业者失业的时间更长。美国社会是一个以年轻人为主导的社会，它低估了老年人的价值，赞美年轻人美丽、富有吸引力而贬低老年人。老年人被认为是与现时发生的事情毫不相关的人，因此他们的知识几乎没有价值。虽然有研究表明人的智力水平除了器官本身的因素外基本上不发生变化，这种状况持续到生命的后期，但人们依然错误地相信人的智力水平是随着年龄增长而下降的。[4]

老年人被错误地认为是年老体衰的，他们保守、抗拒改变、缺乏灵活性，是缺乏能力的工作者，是年轻人的负担。如果给他们机会，老年人自身会证明这样一些带有偏见的认识是错误的。与那些少数种族群体一样，老年人对于所受到的歧视的反应是怨恨，同时对
205 他们自身的社会和文化地位更加自觉、敏感，更加注意保护。[5]正如前面所提及的，如果一个人经常从他人那里得到一些消极的回应，最终他们对自身的认识也会逐渐消极。

专栏 8.1 生命中最美好的时光

故事的主人公是汤姆·汤森德（Tom Townsend）。他在一个铁器工具厂工作了42年。16年前他被提升为领班就已经实现了他的梦想，没有什么比工作和管理他的属下更让他期待的了。他和罗拉（Laura）结婚已经37年了。开始他们的婚姻有一些危机，但是在以后的生活中罗拉和汤姆逐渐习惯了彼此并且互相安慰。他们对于妇女在社会中的角色有着传统的看法。多年来罗拉的主要工作是操持家务。他们有两个已经成年的孩子，已经从这个家搬走并且有了自己的家。

工厂是汤姆的生命。他没有时间培养其他的兴趣和爱好，他也没有兴趣去野餐或参加社交活动。他把下班后的时间花在修理住所周围的农具上，把它们焊接起来以便能够继续使用。看电视代替了家人的交谈，汤姆经常看各种各样的体育节目来打发周末时间。

汤姆70岁时退休了。公司选择以晚宴的形式公布这个消息，邀请了很多人来参加。汤姆、罗拉和他们的孩子及家人，汤姆的同事和他们的妻子，公司的管理者和他们的妻子也都来了。开始在场的每个人都有点紧张，因为这些人不经常一起在公开场合露面。晚宴进行得相当好。汤姆收到了一块金表，接受了每个人的祝贺，对于公司的实际感受他还做了一个恰当的讲话。喝了一些鸡尾酒后，每个人都回家了。汤姆有些伤感，但同时自我感觉不错，因为每个人都知道他为公司所作的贡献。

第二天汤姆7点钟醒来，这个时候通常是他为上班做准备的时间。想到这儿他有些难过。他已经退休了，没有地方可去，也没有什么理由让他起床了。他在工厂的生命已经结束了，现在他能做些什么呢？

接下来的一周汤姆一直跟着罗拉在房子附近转悠，这使罗拉很紧张。有时候他抱怨自己没用，有两次他甚至说希望自己死了。汤姆回到工厂去看望他的同事，但是他们太忙，没有时间和他闲谈。而且比尔被提升为领班，他喜欢向汤姆展示他的部门是如何提高生产效率的，同时比尔想通过改革以进一步提高生产效率的计划也让汤姆感到厌烦。

长距离的散步也不能让汤姆好受些。当他散步的时候，总是想着自己的困境，因而更加压抑。怎样有意义地打发时间呢？他在镜子前仔细看，看到他后退的发际和无数的皱纹。他越来越频繁地感觉到身体各部位的疼痛。“我认为自己只是一个没有用的老家伙。”他想知道怎样维持未来的生活。他公司的养老金能与增加的账单相抵吗？他最终会被安置在养老院吗？他剩下的日子如何打发呢？对这一切汤姆一无所知。

老年的定义

科恩布卢姆和朱利安描述了关于老年人的一些神话和刻板印象：

流行文化赋予老年人的特征是：年老体衰、缺乏个性、安静、没有收益、保守、抗拒改变。尽管大量证据表明这些看法是错误的，但是它们依然存在。[6]

另一方面，大众媒体有时候把退休描述为可以去旅行、打高尔夫，身体健康，在冬天温暖的天气里享受日光浴，从金钱的烦恼中解脱。对于老年人中的年轻者，特别是那些收入高的老人来说，在某种程度上这种描述是正确的，但是这不是大多数老年人的经历。

对于老年人的社会需求和物质需求给予关注相对而言是一个新现象。在早期社会中几乎没有人能够长寿。在美国，从 20 世纪开始，人的预期寿命明显延长了，从 1900 年的 49 岁延长到目前的 76 岁。[7]与美国社会相对照，在大多数其他的社会中老年人已经充当了有意义的角色，如作为裁判者、指导者、土地所有者、领导者、部落中智慧的宝库、在其能力范围内的任务的完成者等。

206 **专栏 8.2　老年人并不完全一样**

从对生命作出重要贡献的角度来说，年龄不是障碍。这里有一些给人深刻印象的例子，是一些经常没有被人们认识到的事实：

- 罗纳德·里根在 77 岁时担任了美国总统。
- 乔治·伯恩斯（George Burns）在 80 岁时因在《阳光少年》（*The Sunshine Boys*）中扮演的角色而得到他的第一个奥斯卡金像奖。
- 约翰·沃尔夫冈·冯·歌德（Johann wolfgang von Goethe）在 81 岁时完成了著作《浮士德》（*Faust*）。
- 本杰明·富兰克林在 81 岁时通过斡旋以折中办法解决争端，使得美国宪法得以通过。
- 列夫·托尔斯泰（Leo Tolstoy）在 82 岁时写了《我不能沉默》（*I Cannot Be Silent*）。
- 丘吉尔（Winston Churchill）在 82 岁时完成了他的著作《英语民族史略》（*A History of the English-speaking Peoples*），共 4 卷。
- 康纳德·阿登纳（Konrad Adenauer ）在 88 岁时成为德国总理。
- 米开朗琪罗（Michelangelo）在 88 岁时设计了圣母玛利亚教堂。
- 巴勃罗·卡萨尔斯（Pablo Casals）在 88 岁时举办了大提琴音乐会。
- 亚瑟·鲁宾施泰因（Arthur Rubinstein）89 岁时，在卡内基山举办了意义非凡的演唱会。
- 玛丽·贝克·埃迪（Mary Baker Eddy）在 89 岁时成为基督科学教堂的主席。
- 阿尔伯特·史怀哲（Albert Schweitzer）在 89 岁时管理南非的一家医院。

- 巴勃罗·毕加索（Pablo Picasso）在 90 岁时还依然在雕刻和绘画。
- 埃蒙·德·瓦勒拉（Eamon de Valera）在 91 岁时成为爱尔兰的总统。
- 阿道夫·朱克（Adolf Zukor）在 91 岁时成为绘画理事会的主席。
- 萧伯纳（George Bernard Shaw）在 93 岁时写出了剧本《牵强寓言》（*Far-fetched Fables*）。
- 伯特兰·罗素（Bertrand Russell）在 94 岁时领导了国际和平运动。
- 摩西奶奶（Grandma Moses）在 100 岁时还依然在绘画。（实际上她从 78 岁才开始学习绘画。）

在原始社会中人们经常不知道年龄；相反，年龄对现代社会中的我们来说却很重要。我们的生命航程部分是被年龄所控制的。它决定我们什么时候可以上学、开车、结婚或有选举权。我们的社会也认为 65 岁是老年的开始。

在原始社会，老年通常是由身体状况和精神状况决定的，而不是由年龄决定的。原始
社会对于老年的界定比我们的社会更加准确。在 65 岁时每个人的身体状况和精神状况是 206
不同的。衰老是一个独特的过程，它在不同的人身上发生的速度不同，社会因素和心理因素可以延缓或加速这种生理的变化。

我们把衰老的过程称为老化，它是伴随着衰老进行的正常的身体变化过程。老化对不同的人产生的影响程度不同，老化影响身体变化的程度在不同的人中也是不同的。可以观察到的衰老信号包括皮肤皱纹出现、头发灰白脱落、紧密的脊柱椎间盘弯曲或变短。

当一个人上了年纪以后，血管、筋腱、皮肤和一些相关的器官会失去弹性。血管变硬、关节僵硬、骨头变得薄而脆、荷尔蒙活动减少、反射作用变得缓慢。老年人所面临的健康问题来源于身体整体循环系统能力的降低。血液供应量的减少损害了反应的敏锐性，干扰了身体的平衡，减少了肌肉和身体各器官的有效性，犯中风和心脏病的概率增加。

当一个人上了年纪，肌肉会失去部分力量，协调性和耐久性也会变差。身体器官如肺、肾和小范围的大脑的功能也开始下降。当衰老过程开始后，听觉和视觉能力下降、失去味觉、触觉变得迟钝，也许还会丧失部分记忆力。幸运的是，每个人身体丧失生命力的程度是受个人生活方式影响的。一个人如果在年轻时多用脑多运动，到了老年的时候就会比其他老年人更加敏捷，更加精力充沛。

人们需要记住的一个基本观点是，一个人在 65 岁生日时或其他年纪时老化并不明显。在我们的生命中到什么年龄老化是取决于许多因素的。遗憾的是，描述衰老过程容易给人留下这样的印象，即人的生理和脑力功能已经减少到更低水平了。尽管功能有所减少，但是这些功能对于老年人保持身体健康、脑力机智却是绰绰有余的。

不断有证据表明，一些衰老的症状既不是不可逆转的，也不是不可避免的。上文已经提到的一些衰老症状在很大程度上是源于因为上了年纪而不运动造成的。学会减轻压力、

做适当的运动、注意合理的饮食，能扭转至少能延缓被人们认为是因衰老而引起的症状。207 在一项研究中，一群 70 岁的不爱运动的老年人参加了一个每日健身项目，到了年底他们的身体健康程度已经恢复到大致 40 岁年纪的状况。[8]

在定义什么是老年人时，联邦政府通常采用 65 岁作为截点来区分老年人和其他人。以 65 岁划分老年人没有任何科学性。德国在 1883 年以 65 岁为标准建立了世界上第一个现代社会保险体系。[9]当美国在 1935 年通过《社会保障法案》时，也参照了德国模式，选择以 65 岁作为可以享受退休金的资格年龄。需要指出的是，老年人是一个非常多样化的群体，他们的年龄跨度为 30 年到 35 年。如此大跨度的年龄导致了老年人群体的多样性。就如同 20 岁的人和 50 岁的人之间的差异一样，65 岁的老年人和 95 岁的老年人之间也存在着巨大差异。

老龄人口的增加

目前美国 65 岁及 65 岁以上的老年人是 20 世纪初的 10 倍。（见表 8—1）

表 8—1　　美国 65 岁及 65 岁以上老年人口构成（1900—2000）

	1900	1950	1970	1980	1990	2000
老年人口数量（百万）	3	12	20	25	31	35
占总人口的比例（%）	4	8	9.5	11	12	13

资料来源：United States Bureau of the Census. *Statistical Abstract of the United States*，1997（Washington，DC：U. S. Government Printing Office，1997）。

老年人口增加这一现象的产生有许多原因。如对孕妇和新生婴儿照顾的改善降低了婴儿的死亡率；接种疫苗能使人们预防那些危及生命的早期疾病，这样就延长了寿命；新的药品、良好的卫生设备和其他方面的医疗进步也延长了美国人的预期寿命。

老年人口增长的另一个因素是出生率的下降——婴儿出生很少，而更多的成年人开始步入老年阶段。“二战”后新生儿迅速增加，从 1947 年到 1960 年这一阶段是我们社会的新生儿出生率增长最快的阶段。在 20 世纪五六十年代，那些“二战”后出生的人开始涌入学校。今天那些人挤满了劳务市场。到 2000 年这一代人将退休。1960 年以后婴儿数量减少，人口出生率明显下降（每个妇女平均生育婴儿数目从 1957 年的最高点 3.8 降到目前的 2.0）。[10]

预期寿命的延长，“婴儿潮”的涌现及随后的锐减将明显地增加未来美国人口中中年人的数量。中年人的不断增长所造成的长期影响是巨大的，因此美国将经历巨大的文化、社会及经济的变化。

增长速度最快的年龄组：“老老年”

在治疗和阻止心脏疾病、癌症、中风以及其他致命疾病方面，我们的社会取得了许多成就。活到 80 岁、90 岁甚至超过 90 岁的老老年人口所占百分比在增加。在美国 85 岁及 85 岁以上的人是增长最快的年龄组。

老年人口变得更老。1995 年在 65～74 岁年龄段的人（1 880 万）是 1900 年的 8 倍，但是 75～84 岁年龄段的人（1 110 万）是 1900 年的 14 倍，85 岁以上年龄的人（360 万）是 1900 年的 29 倍。[11]

我们正在目睹“美国的衰老”，也可称之为“老年人的老化”。人口革命正在我们的社会中悄然发生着。

那些 85 岁及 85 岁以上的人的存在使社会面临大量的问题和艰难的抉择。阿兰·奥滕（Alan Otten）指出：

> 那些“最老的人”通常伴有神经上、肉体上的缺陷，而且孤独、压抑——他们的存在将为社会在未来数年的发展带来巨大的问题。他们需要被人照顾，需要经济上的支持，从而使他们的家人深感疲惫。他们需要更多的社区帮助，如提供方便的食品、家政服务和特殊的住房。他们需要额外的医院、护理院的床位，从而给联邦政府的预算以重压。
>
> 这些老年人口数目的增加和需要的不断增长，已经引发对其健康照顾的一些配给 208
> 方面的争论。“我们能负担得起那些非常老的人吗?”这已成为一个深受医生、生命伦理学家和其他专家关注的问题。[12]

专栏 8.3　老年期是报偿期 208～209

下面的事例说明我们如何度过早年时期将在很大程度上决定我们在未来的日子如何生存。

里尔瑞（LeRoy）是个健壮的、好交际的年轻人。他比绝大多数的同学更健壮，在中学时他在打篮球、棒球和踢足球等方面表现出众。在高年级时他被选为全国足球后卫队员。在 16 岁时他开始每天喝 6 罐啤酒，在 17 岁时开始吸烟。自从成为运动员后他不得不偷偷吸烟喝酒。里尔瑞擅长研究其他人，因此他很容易找到机会来吸烟、喝酒、聚会，然后依然从事运动。他没有时间学习，而且对学习也没有兴趣。他有其他方面的优势。他得到了足球方面的奖学金并进入大学。他踢足球踢得很好，在聚会方面也很擅长，但他的学习成绩很差。当因为踢足球出色而进入大学的资格被消耗尽的时候，他被学校开除了。不久他和大学二年级学生瑞秋·露德（Rachel Rudow）结婚。她很快怀孕了，同时放弃了大学学业。离开大学后里尔瑞就荒废下来。当了 10 年运动员曾令他的同学羡慕不已，但现在他这个样子找不到工作。在做了几种临时工作以后，他获得了一份修筑公路的工作。他喜欢在户外工作，也喜欢和那些有男子汉气概的同事在一起，他和他们一起工作、抽烟、喝酒和聚会。

他和瑞秋·露德有 3 个孩子，但他不是一个好丈夫。他很少回家，即使他在家也经常喝酒。7 年犹如暴风雨般的婚姻（遭受多次谩骂和肉体虐待）过后，瑞秋·露德搬走了，并且与他离了婚。她和 3 个孩子搬到了佛罗里达州与她父母生活在一起，这样一来里尔瑞就不能再继续骚扰她和孩子们了。里尔瑞更加沉醉于烟酒中，他一天抽两包烟，有时候一天喝一夸脱威士忌酒。

几年以后，里尔瑞有了一个私生子，他需要为其支付生活费。在 39 岁时他与简结婚了，她只有 20 岁。他们有两个孩子，婚姻维系了 6 年。简最终离开了里尔瑞，因为当他酗酒时经常将她捆绑起来。里尔瑞现在有 6 个孩子需要他支付生活费，而他几乎见不到孩子们。里尔瑞继续酗酒并且饮食过量，他的体重达到了 285 磅，到 48 岁时他因工作跟不上公司其他工人而被公司解雇了。

后来的几年里尔瑞得到了一份做临时木匠的工作。他挣钱不多且把收入的大部分都花在了喝酒上。由于不能支付孩子的生活费，他经常被传唤到法院，这令他很尴尬。因为不再有朋友和他一起喝酒，他很郁闷。当他 61 岁时，医生检查出他得了肝硬化，告诉他如果再继续酗酒，他就会活不长了。因为里尔瑞的全部生活都以喝酒为中心，所以他选择了继续酗酒。随后里尔瑞发觉自己体力不济，经常会呼吸困难。医生指出可能是吸烟损害了他的肺，现在他有了肺气肿的迹象。医生告诉里尔瑞应该停止吸烟了，但是里尔瑞依然不接受忠告。他的健康状况持续恶化，体重掉了 57 磅。他 64 岁时，在一次酒后向后摔倒，摔折了头盖骨。他住院治疗了 3 个半月。这次受伤使他永远不能走路和交谈了。他现在被低档的养老院监管，不允许吸烟和喝酒。他经常感到愤怒、焦急和失意。他不再拥有朋友。养老院的工作人员都很厌恶为他工作；他不修边幅，而且经常大声说一些淫秽的话语。里尔瑞常常希望以死解脱痛苦。

埃尔瑞（ElRoy）的早年生活与他的哥哥里尔瑞形成了强烈的对比。埃尔瑞很瘦弱，几乎是瘦骨嶙峋，而且他也不擅长运动。哥哥里尔瑞是父母的最爱，他经常吸引学校和邻近地区的女孩子。而埃尔瑞在高中时没有约会过，他被认为是拘谨的人。他在数学和自然科学等方面很出色。他把多数时间都用于学习和阅读各种书籍，喜欢拆卸收音机和电器。刚开始他遇到了麻烦，因为他不能熟练地把它们安装好。但是不久以后他就被附近的人所熟知，因为他能修理收音机和电器。

他进入大学后学习电子工程学。他没有社会经验，但是他以优异的成绩毕业。随后他继续进入研究生院学习并获得了电子工程学硕士学位。毕业时他被芝加哥的摩托罗拉公司聘用为工程师。他在公司里工作得很好，4 年后他被任命为部门经理。担任部门经理 3 年后，RCA 公司提供了更为诱人的工资吸引他加盟。他在 RCA 与其他工程师们一起工作，在电视技术等方面取得了重大进步。

在 RCA 他开始和秘书埃尔维娅·麦肯（Elvira McCann）约会。在他 36 岁时他们结婚了。埃尔瑞婚后的生活更为顺利。他收入很高，并且享有年假。他和妻子一起去各地旅行，如夏威夷、巴黎、巴哈马群岛。埃尔瑞和埃尔维娅想要个孩子，但是他们却不能生育。在埃尔瑞 40 多岁时，他们从韩国收养了两个孩子。他们在郊区买了房子和游艇。埃尔瑞和埃尔维娅在婚姻生活中也有一些小的争论，但总的来说他们相处融洽。在埃尔瑞和埃尔维娅中年时，他们的一个养子金（Kim）被一个醉酒的司机残忍地杀害了。孩子的死亡给全家人以很大的打击，让他们很难接受这件事情。但是强烈的悲痛慢慢减轻了，几年后埃尔瑞和埃尔维娅又恢复了以前的生活。

现在 67 岁的埃尔瑞依旧为 RCA 工作，他本人也很喜欢这个工作。在未来几年他计划退休，然后搬到夏威夷的茂伊岛。埃尔瑞和埃尔维娅已经买下了那里的共同管辖权。他们那个依然健在的儿子已经从大学毕业，在寿险公司工作。埃尔瑞盼望退休，那时他就可以搬到茂伊岛，而且可以尽情做自己爱做的事情，如摄影、展示制作的铁路模型。他的健康状况很好，对生活有着积极的展望。他偶尔会想起他的哥哥，在圣诞节或哥哥生日时会寄给他一张卡片。因为两人没有共同点，所以他很少去拜访哥哥。

许多老老年人正在经受大量慢性疾病的折磨。他们中非常普遍的疾病包括关节炎、心脏病、高血压、骨质疏松症（骨骼脆弱）、老年痴呆症、大小便失禁、视觉听觉问题和抑郁症等。

老年人变得越老，他们成为养老院常住者的可能性就越大。尽管只有 5%的老年人目前住在养老院，而其中的四分之一是那些 85 岁或 85 岁以上的老年人。[13] 照顾他们对社会而言，成本是非常高的，每人每年要超过 3 万美元。[14]

尽管把年老父母送到养老院是许多家庭的普遍想法，然而大多数虚弱的老年人仍然
生活在照顾机构之外。配偶、孩子或亲戚是他们主要的照顾者。一些中年人同时面临两
种需要，即把孩子送入大学和供养年老的父母在养老院的生活。（术语“三明治族”指 209
的正是这样的中年夫妇，他们正在尽力满足子女和年老父母的需要，但是因能力有限被
困在其中。）

如果人在 65 岁或 70 岁退休，活到 85 岁或 90 岁再死亡，那他在退休后所度过的时光是相当长的。在退休后要维持与退休前同样的生活水平需要有相当多的财富。

健康保健费用的增加和老年人寿命的延长已经引发一场争论，即是否给非常老的人供以健康照顾。例如超过 75 岁的人是否被禁止接受肝脏移植或肾脏透析？关于安乐死（使因生病或受伤而失去生存希望的个体停止生命的实践）的讨论也在增加。1984 年科罗拉多州州长里查德·拉姆（Richard Lamm）作出了一个有争议的陈述，认为那些无法救治

三明治族：中年夫妇因要满足子女和父母的双重需要而陷入困境。

的病人有死的义务。艾斯多·费尔（Eisdor Fer）博士认为：

> 问题在于老年人与文明的融合。一旦社会的经济资源要枯竭了，最年长的人会走在死亡的最前列，次年长的人将这种方法沿袭下来。老的爱斯基摩人没有被放在浮冰上，他只是遵循自身的约定永远不再回来。[15]

210 老年人面临的问题

改善老年人的地位和生活环境这一问题和我们自身的利益息息相关，因为有朝一日我们也会变老。如果我们现在不去面对并且解决老年人的问题，将来我们也会陷入可怕的困境中。接下来的部分我们将讨论其中的一些问题。

社会地位低下

我们通常不能成功地为老年人找到一些重要的事情或是令他们满意的事情去做，所以他们感到痛苦。在早期社会中，老人受到尊敬，与我们现在的社会相比，他们在更大程度上被认为是有用的人。工业化和现代社会的演进使我们的老年人失去了较高的社会地位。在工业化以前老年人是地产的主要拥有者。土地是最重要的权力源泉，因此老年人控制着大部分的政治和经济权力。现在人们主要在职场上赚钱生活，而大多数老年人几乎没有土地，人们认为他们没有劳动价值。

在早期社会，老年人因为知识渊博而受到尊重。他们所拥有的经验使他们能指导人们种植和收割农作物。他们也能传授狩猎、建造房屋和造船方面的知识。在保留和传递文化方面他们也扮演了重要角色。然而，科学和技术的迅速发展限制了老年人的技术知
识的价值，书籍和其他记忆储存设备的出现使得老年人作为文化和记录的储藏库的价值 211
降低了。

专栏 8.4　老年人在中国、日本和其他国家有较高的地位 211

一代又一代的日本和中国的老年人比美国的老年人有更高的地位。这些国家的老年人比美国的老年人更完整地融入了他们的家庭。在日本，有75%多的老年人和他们的孩子居住在一起，而在美国大部分的老人和孩子是分开居住的。①

日本的老年人在许多方面得到尊重。比如家里最好的座位是留给老人的，饮食尽可能地去迎合老人的口味，并且每个人都会向老人鞠躬。

然而，美国人对日本和中国的老年人的认识还是有些理想化。尽管他们比美国的老年人得到了更多的尊敬，但是这种尊敬也并不是美国人头脑中固有的那种理想化的尊敬。日本现在正变得更加城市化和西方化——结果和孩子一起生活的老年人的比例在减少，并且他们经常从事地位更低的工作。②

老年人在文化方面被赋予较高的地位和哪些因素有关呢？有5个因素已被证实可以在文化方面预测到老年人有较高的地位：

(1) 老年人被认为掌握有价值的知识。

(2) 老年人掌管家庭和社会资源。

(3) 文化集体性大于个体性。

(4) 在文化方面扩大的家庭是普遍的家庭模式，且老年人也融入了这个家庭。

(5) 只要可能就允许和鼓励老人从事一些有用和有价值的工作。③

①John W. Santrock，Life-Span Development，5th ed.（Madison，WI：Brown&Benchmark，1995）.

②Ibid.，p. 562.

③Ibid.，p. 562.

老年人的地位低是与对老年人的年龄歧视联系在一起的，年龄歧视是指仅仅因为人们老了就对他们有了消极的认识和态度。今天许多人对老年人的回应很消极。如同性别歧视和种族歧视一样，年龄歧视牵涉到对特殊的社会群体中的所有成员带有的歧视和偏见。

在过去的两百年中，多种原因使得老年人的地位下降。老年人不再拥有经济地位。孩

亚洲很多文化都提倡尊敬老人。

子们不再从他们的父辈那里学习自己将要从事的职业或贸易方面的知识——相反这些技术知识可以在机构中学习到，例如学校。此外老年人的子女不再依赖父母而生活，因为他们通常能通过贸易或从事职业工作而生活，这一切使他们独立于父母。最终老年人不再从事被社会认为是重要的工作——甚至在退休前，他们的技术就通常被认为是过时的。

212 在日常用语中也显示出了对老年人的偏见，像“老秃鹰”、“老母鸡”、“老顽固”。用理性的观点来看年龄主义是毫无意义的：那些乐于歧视老年人的人有一天自己也会变老。如果你认为“老是丑陋的”，那你将来就可能对年龄主义感到心虚。

提前退休

维持较高的就业率是我们社会的一个主要目标。在许多行业，劳动力的供给大于需求。对于可用雇员的过剩供应，常用的补救办法就是提前退休。被迫退休经常会引起退休者经济和心理上的负担，因为他们没有获得更多的帮助，也没有做好充足的准备。

许多被迫退休的工人通常通过从事另外一份地位较低的工作来补充他们的退休金。将近90%的65岁或65岁以上的美国人被要求退休，尽管他们中的许多人无论在智力上还是在体力上都还能胜任工作。[16]

我们庞大的社会保险项目支持提前退休，退休年龄可以提前到 62 岁。一些公司的养老金计划和行业联盟对于提前到 55 岁退休的退休者在经济上采取了更有吸引力的政策。也许特殊的事例是一种推动力量，那就是从事 20 年服务工作后在 38 岁时就退休的人，可以得到足额退休金。

提前退休对社会是有一些益处的。比如可以减少劳动力供给，推进年轻雇员更快成长。但是提前退休也有一些严重的不良后果。在纳税人缴纳的税金中用于支付退休金的开支总额非常巨大且还在增加。退休对于退休者而言，意味着他们要面对一种新的生活和新的社会地位，而他们却没有做好充分的准备，也没有获得更多的帮助。尽管社会已经发展了教育和其他一些机构为年轻人走入工作领域做准备，但没有发展类似机构为老年人做退休准备。在以工作为主导的社会中，没有工作对老年人是一个现实的打击。

美国社会仍然按照人们所从事的工作来评价他们的价值。个人的自我形象经常是以职业来定位的——“我是老师”，“我是理发师”，“我是医生”。因为若干年后社会通常不能提供令人兴奋的新角色来替代退休者失去的职业角色，所以退休者不能自豪地说“我是……”，取而代之的是他们必须说“我过去是……”。人们的生活越是围着工作转，他们的退休生活也将越困难。

退休经常将人们从生活的主旋律中移开，它减少了退休者的社会联系，降低了他们的社会地位，使他们充当无用的角色。那些曾经作为售货员、老师、会计、理发师或是秘书而体现价值的人，现在被认为是社会边缘的没有贡献的无用的角色。

一些对老工人的看法已经广泛地被雇用者和公众所相信。例如认为老年人健康状况差、笨拙、更容易旷工和出事故、更健忘，并且完成任务很慢。[17]而研究表明这些看法都是错误的。虽然老工人的销售金额较低，但是他们有更稳定的生产率、很少犯错误、有更低的缺勤率、对工作有更积极的态度并且比年轻人有更低的工伤率。[18]但是一旦老工人患病，他们往往需要更长的时间来恢复。[19]

尽管老板们不再强迫工人去退休，但是他们会向老工人施加一些微妙的压力使其退休。对不同的人，对于退休的调整是多样化的。那些不必为钱担心且身体健康的退休者在退休后要比那些总是怀念他们的退休前的收入并且不太愿意享受空闲时间的退休者更快乐。许多最近退休的人对于退休后首次延长自童年后就不曾享有的休闲时光很感兴趣。但一段时间过后，他们开始感到不能放松自己、无聊，觉得自己没有用。斯奇克（Schick）发现最满足的退休者往往是那些身体健康的，在业余时间用他们的技能做志愿者或从事有偿工作的人。[20]

退休几乎对身体健康不产生影响，但是它有时候会影响人们的精神健康。博塞尔(Bossé)、阿德尔文（Adlwin)、莱文森（Levenson)、埃克特（Ekerdt）发现，退休者比那些还在工作的人更可能表现出消沉，有强迫性行为，还出现非器官原因引发的身体不适症状。[21]那些不想退休而被强迫退休的工人会感到很愤怒和愤恨，感到落伍于年轻人。而且当那些因为喜欢工作而尽可能延缓退休的工人被强迫退休时，可能觉得不工作是一个巨大的损失。

另一方面，一些人在工作和退休时的心境和生活满足感都是稳定的。退休对于人们生活的影响对有些人而言是积极的，而对另一些人是消极的。

和退休相联系的两个最普遍的问题，一是要面对收入的减少，二是要适应和调节对以前工作的那种怀念。那些在调节上最为困难的人通常是那些不善于改变或过于认同他们以前的
213 工作，把他们的工作视为获得满足感、树立自身形象的主要源泉的人。最令他们高兴的是能够找回工作的威望和经济地位，可以发展自我价值、发展私人友谊和享受休闲活动。

213 **专栏 8.5　脱离理论：个人和社会对老年人的回应**

1961 年，伊莱恩·卡明（Elaine Cumming）和威廉·亨利（William E. Henry）创造了“脱离”这个术语，是指人们如何回应衰老的过程，而这个过程就是人们逐渐从中年时所拥有的各种角色和社会关系中撤离。①这种撤离被认为对于个人而言是具有功能性的。因为他们在支撑年轻时所具有的角色和社会关系方面已经逐渐失去了精力和活力。

“社会脱离”这个术语是指社会从老年人中撤退的过程。②对于我们这个注重效率、竞争和个人成就的社会而言，从老年人中撤离被认为是具有功能性的。这些老年人精力最少、死亡率最高。社会以各种各样的方式脱离老人：老年人不可能在有组织的领导位置中出现，他们的老板可能试图鼓励他们退休，他们的孩子可能不再让他们参与家庭决定，并且政府对于年轻人的需要做出更多的回应。公平地说，社会脱离还没有被社会广泛主张和认可。一些老年人也不能处理作为被强迫角色所丧失的一切，一些人甚至通过酒精、药物和自杀来逃避。

参照刚刚解释的两个术语，社会脱离理论假设的是一种个体和社会间相互的解除或撤离。脱离理论已经引发人们广泛的兴趣和探索。这里有一个长期的争论，就是脱离对老人和社会是否具有功能性。研究表明一些人上了年纪但并不排斥脱离。然而脱离对于衰老既不是一个普遍性的也不是一个不可避免的回应。和脱离理论相反，大多数老年人依然和朋友们保持广泛的联系。大多数人也积极参加志愿者组织（宗教团体、友爱组织、工会）。一些老年人在退休后培养新兴趣、扩大朋友圈子、做志愿工作、参加俱乐部。其他一些人反对社会的陈规，拒绝将他们视为对社会无贡献的人。他们中的一部分人引导社会资源来强迫社会适应他们的需要和技能。

对社会脱离理论的一个尖锐的批判就是它曾用于证明社会在帮助老年人维持有意义角色方面失败了，加剧了老年歧视的发展。脱离理论充其量仅仅是对老年人和年轻人关系的一个描写（还有对他们的回应），我们应该去与它作斗争，就像我们试着和老年歧视作斗争一样。

与老年人的社会脱离理论相对照的是"行动理论"。它宣称，老年人在体质上和精神上越活跃，他们变老时就越成功。这里有充足的证据表明体质上和精神上的活跃将有利于保持老年人的生理和心理功能。与脱离理论认为的老年人一股脑"放慢速度"相对照的是，行动理论鼓励老年人保持身体和精神的活跃。

①Elaine Cumming and W. E. Henry, *Growing Old : The Process of Disengagement* (New York: Basic Books, 1961), 6.

②Robert C. Atchley, *Society Forces and Aging*, 7th ed. (Belmont, CA: Wadsworth, 1994).

紧跟退休而出现的悠闲的"黄金时光"在很大程度上不是一个神话。而劳顿（Lawton）发现退休生活很可能是长时间静坐看电视和睡觉，这一切远比园艺、体育、参加俱乐部和其他消遣这些传统的休闲活动来得重要。[22]由于一些老人所受教育很少，这使得他们不太可能享受阅读的乐趣或进行以学习和自我改进为目标的活动。收入上的明显减少、对罪犯的恐惧、交通工具的缺乏、交流的减少都促成了老年人长期闲坐的生活方式。

如果具有生产能力的工人还能够整天或部分时间留在工作岗位上，而不是让他们离开工作岗位去领取退休金，或强迫他们从事一种地位更低的工作，情况会好得多。（这种视角在本章将会继续说明。）

社会对年轻人的重视

美国社会比大多数其他社会更惧怕衰老。美国社会对年轻人的重视通过以下一些方面 *214*
表现出来：对灰白头发、皱纹和谢顶很惧怕，当一些人猜我们的年龄比实际年龄小时我们会很高兴。赋予了改变和新计划以更高的价值，这一点美国社会比其他社会尤甚。而在欧洲社会，人们往往对传统、遗留的风俗和传统的生活方式赋予更高的价值。

美国社会赞誉年轻的活力，喜欢认为自己是一个工作者。但是为什么美国社会对年轻人更重视呢？原因不是很清楚。工业化进程导致了对精力旺盛、敏捷活泼、强壮的劳动力的需求。科学技术的快速进步使得以前的知识和某些特殊的工作技能过时了（例如铁匠）。开拓者的生活和美国民族逐渐向西的扩张需要非同寻常的力量、能量和耐力。在这里强调竞争，达尔文的进化理论被强化，突出了适者生存和为生存而奋斗的必要性。

健康问题和保健费用

老年是一个社会问题，部分是因为老人的健康保健费用很高。大多数老年人至少有一种慢性病，一些人还有综合病症。最常见的慢性病有：关节炎、高血压、听力缺陷、心脏病、矫形缺陷、鼻窦炎、白内障、糖尿病、视力缺陷、耳鸣。[23]老年人频繁地看医生，花费了收入的大部分用于购买处方药，并且一旦住院，他们住院的时间会更长。正如人们预见的那样，老老人（85 岁以上）的健康状况比稍微年轻的老年人更糟糕。

一个老年人的平均医药开销是一个年轻成年人的 4 倍多。[24]老年人医疗费用高的原因之一是他们饱受那些长期性疾病的困扰，诸如癌症、心脏病、糖尿病、青光眼。[25]

老年人患病率高的原因之一是生理上的衰老过程。然而，近几年的研究表明，来自社会和个人的压力也导致老年人在疾病方面扮演了主要的角色。老年人面对的是大范围的充满压力的环境：孤独、朋友和家庭成员的死亡、退休、生活的改变、失去社会地位、收入减少、还有在精力和能力上的衰退。老年人生病也可能来源于不够标准的饮食、不充足的锻炼、吸烟和过量的饮酒。弗林（Flynn）指出：

> 对世界上的长寿者的研究表明，长寿的重要决定因素既不是遗传也不是很少生病。有 4 个因素能更好地预测长寿：1. 在社会中有一个界定范围清晰且有价值的角色；2. 积极的自我感觉；3. 持久的、适度的身体活动；4. 禁戒烟酒。在这个国家的研究表明，安定的经济地位、社会关系和较高的教育程度也很重要。[26]

（老人的健康保健在第十一章中还要进一步阐述。）

215

收入不足

许多老年人生活在贫困中。有相当数量的人缺少足够的食物、必要的衣服和药品，也没有电话。五分之一老年人的收入接近或低于贫困线。[27]只有少数的老年人有充足的存款和投资。

老年人财政问题的原因是复杂的，比如前面所讨论的高成本的健康保健。另一个因素就是通货膨胀，它对那些没有固定收入的人尤其具有破坏性。在一个工人退休后，大多数人的养老金不会增加。例如，如果年生活费上涨 7%，一个拥有固定退休金的人在未来 20 年里所购买的食品和服务仅是他在退休时购买力的四分之一。[28]幸运的是，1974 年，国会在社会保险基金会中设立自由活动条款，当消费价格指数上涨一个点，所得收入增加 3%。然而人们应该记住的是社会保险基金并不能使一个人在经济上完全独立，它几乎不可能使一个人依靠每月的保险基金过上舒服的生活。

有相当多的老年人群体生活在贫困中，他们包括非裔美国人、西班牙裔美国人、妇女和那些一个人生活或没有亲属的老人。[29]

莎利文（Sullivan）强调老年人的经济安全的重要性：

> 经济安全影响着一个人全部的生活方式。它决定一个人的饮食，寻求好的健康保健的能力，能否去走亲访友、有一些合适的衣服、拥有充裕的住房。一个人是否有可

一个老年人和他的儿子在波士顿马拉松比赛上跑步。

靠经济来源在老年人参与娱乐方面有很大的作用（看电影、玩桥牌或宾果游戏等等），并且它们在保持老年人精神愉快、独立和自我尊敬的感觉方面也起到很大作用。换句话说，如果一个老人有经济来源来保持社会独立（有自己的住房、出门方便、拥有医疗服务），和亲朋好友继续联系交往，并且保持他们喜欢的消遣方式，那么他对自己和他人的感受要比他被剥夺以前的生活方式时要好得多。[30]

社会保险体系

社会保险体系从来没有被设定为老年人收入的主要来源。最初它是作为一种保险金，当一个人退休时、残疾时或其赚取工资的配偶死亡时给予他们部分补助。然而，许多老年人没有投资、没有养老金、没有存款来支撑他们的退休生活，社会保险就成为他们收入的主要来源。

美国的社会保险体系是在 1935 年发展起来的。该体系直到最近才完全具有偿债能力。

在开始的几十年间，从老板和雇员那里征收的社会保险税金投入到社会保险体系的部分比开销的部分要多。这很大程度上源于早期人的预期寿命只有 60 岁，然而现在人们预期寿命已经增加到 76 岁。[31]这使得系统收入的资金将要大于支出的资金，这是很危险的。社会保险税在近几年开始猛增，但是老老年群体在所有年龄群体中以最快的速度增长，社会中老年人的比例也在不断增长，在这种情况下，社会保险体系可能会走向破产的境地。到 2020 年，一些项目的资金将全部被消耗尽。

依赖比是指在人口中的工作人数和不工作人数的比率。随着老年人口的增加，不工作的人就像一个气球一样负担在工作者身上。权威部门预测：到 2020 年，这个比率将从现在的 3 个工作者对 1 个不工作者的水平下降到 2 个工作者对 1 个工作者的水平。[32]

很明显，社会保险体系存在严重问题。首先，就像以前说过的，资金太少不能满足老年人的经济需要。估计有 80%的退休者从社会保险系统获得的钱比他们退休前的年收入少一半。他们每月从社会保险系统获得的钱通常低于贫困线。[33]其次，大幅度提高每月保险金是不可能的，因为由就业者提供的社会保险税已经非常高了。

在如何保持社会保险体系在未来几年里具有偿债力这一问题上，国家面临着艰难的选择。如果降低保险金，将会使保险金的接受者更加贫困。如果提高社会保险税，将得不到公众的支持，因为大额税率自 1970 年起已经提高超过 10 倍了（从 1970 年的每人 400 美元提高到现在的每人 5 000 美元）。[34]

失去家庭和朋友

结婚的老人通常要比单身老人幸运些。女性预期寿命比男性长，超过 65 岁的妇女有
216 60%已经失去了配偶。[35]戈登·莫斯（Gordon Moss）和沃尔特·莫斯（Walter Moss）评论了老人婚姻的意义：

> 他们现在有更多的时间来互相面对，彼此更加依赖。但一些人不能处理好这种增加的在一起的机会，而正是两人经常在一起才是彼此满意的最主要的源泉。一个好的婚姻或再婚，可以使老年人有了陪伴和感情上的支持，有性生活，在生病时保证得到照顾，更加注意锻炼身体，在经济上更能获得独立。性别角色经常是模糊的，丈夫更加主动地做家务。[36]

当亲密的朋友、亲属搬家或死亡后，老年人的生活变得更加孤独，当然老年期是亲密朋友最容易死亡的时候。

上了年纪的父母的需要使子女进退两难且很痛苦，当父母很贫困或健康状况不良时尤
217 其如此。子女有自己的家庭，需要他们用时间和金钱来经营。对于预算紧张的子女如何在父母、子女和自己之间分配资源令他们感到很痛苦。一些子女所面临的困难问题包括让父

母生活在家里还是让他们单独居住，把父母安置在护理院还是安置在为老年人开设的其他一些机构中（如团体之家）。

专栏 8.6 老年痴呆症 216～217

托尼是个 68 岁的老人。两年前他的记忆开始出现问题。几个月过后他甚至忘了他和罗丝结婚的日子。他的孙子们来看他，两三天后他就忘记了。

最熟悉的家庭环境对他来说开始变得陌生。甚至似乎他以前从来没有去过他朋友的家。当他在邻近街道走路时也经常迷路。

托尼现在非常糊涂。他说话很费劲，不能做一些像平衡账本这样最基本的工作。有时候，一直照顾他的罗丝也不能确定托尼是否知道她是谁。所有这些对托尼来说也非常困惑。直到 3 年前退休时，托尼一直是一个会计，并且在记一些事情和细节问题方面很拿手。

托尼得的是老年痴呆症。尽管这种病有时也侵袭中年人，但是大多数患者都超过 65 岁。估计这种病在 65 岁以上老年人中的发病率为 2%到 10%，而在 85 岁或 85 岁以上老人中的发病率为 13%到 50%。[1]统计表明这种病对非常老的老年人的影响程度大于稍年轻些的老人。

这种病是大脑退化紊乱导致人们智力、记忆、意识和控制身体功能的能力逐渐退化。在最后阶段，这种病导致麻痹扩散和呼吸困难。呼吸问题经常导致肺炎，这是导致患此病的患者死亡的最普遍的原因。其他症状包括易怒、不安、焦虑、判断障碍。尽管大多数患者超过 65 岁，但这种病偶尔也会侵袭中年人。

在短至 5 年长至 20 年的持续时间里，这种病破坏人的脑细胞。患者的行为因此发生改变，主要表现在不同的方面。布朗利指出：有些患者拒绝洗澡或换衣服，有些吃油煎鸡蛋时不用餐具，有些赤裸着在街道上行走，有些把家人最喜爱的猫弄死，而另一些错将绘画颜料当果汁喝。这些患者做出的各种古怪行为的种类和患该病的患者一样多。然而在每个事例当中，这些古怪的行为就像是一个信号：这些患者正在向无意识状态退化，这是人的第二个幼稚期。[2]

这种病最突出的症状就是丧失记忆，特别是忘记最近发生的事情。其他的早期症状（它们经常被忽略）包括玩纸牌的能力下降、体育活动减少和突然间变得奢侈起来。随后出现更多的症状：易怒、焦虑、混乱、不安、注意力和谈话能力以及方向感的缺失。随着疾病的发展，人变得更加没有能力。看护者最后不得不提供 24 小时的监护——这是一个极大的负担。当疾病发展到最后阶段时，设置一个监护室是非常必要的。最终患者经常不能认出自己的家庭成员，不能理解或使用语言，没有帮助自己不能吃东西。

布朗利描述了那些饱受折磨的患者的看护人员和家庭成员在身心方面受到创伤的经历：他们生活在个人的地狱中，不能和邻居、朋友讨论太多的细节，因为这些细节具有非常大的破坏性。他们看到自己所爱的人将他们带入了不现实的旋涡，非常悲痛。在那里，妈妈跑过客厅时只戴一个浴帽和袜带，而不穿衣服，而爷爷试图以拳重击他的孙女。③

另外，患病的人接受别人照看和关爱而没有能力做出回报的表示，也磨灭了患者和照顾者彼此之间的亲密关系。

诊断这种病很困难，因为这种病的症状和其他形式的痴呆症几乎完全相同。在目前阶段唯一的诊断方法是通过嵌入大脑的组织进行，而这是在病人死后的验尸过程中操作的。医生经常在病人活着的时候，通过排除其他可以解释说明的症状来诊断这种疾病。④

在最近几年，研究人员在鉴定这种疾病的成因方面取得了极大的进步。在1997年，有3个不同的基因已经被确认为和这种病有关系。也可能还有别的基因和这种疾病有联系。然而有一个或多个这些基因却并不经常导致该疾病恶化。因此研究人员认为肯定有一些尚未确认的“触发器”，包括病毒感染、生物化学的缺陷、高强度的压力、毒药、放射物质、营养不良等。科学家现在意识到，患者家属在未来患这种疾病的危险性增加的一个因素就是遗传。⑤

科学家现在正在调查研究大量的关于这种疾病的触发器的假设。一个引人注目的线索来自于这样一个发现，即唐氏综合征（一种严重的神经障碍，源于生物染色体的缺陷）的幸存者在活过30岁后经常会被发现与老年痴呆症患者有相似的症状。另一个最新的线索是在一个死于老年痴呆症的人的大脑中发现了淀粉状的碎片。淀粉是一种非常坚韧的蛋白质，正常数量的淀粉对于人体全身细胞的生长是非常必要的。一些研究人员假设这种大脑中不正常的蛋白质斑块建立了一个不断毁坏大脑细胞的反应链。这种淀粉蛋白作为一种不正常的产物，是形成于叫做淀粉先期蛋白质或APP的巨大合成物。

研究人员现在正在寻求去发展一种可以在早期阶段检测这种疾病的检验方法。如果这种病在它的早期可以被检测到的话，人们将可以更好地计划他们将来的治疗，并且在他们还能控制自己精神的时候，给他们的家庭做一个安顿。此外，如果事实上这种病是由淀粉蛋白质的累积造成的，并且如果这种蛋白质的早期积累可以被发现的话，那么就可能发明一些药物来阻挡头脑中淀粉的形成来治疗这种疾病所带来的行为上的混乱。⑥

当前这种疾病是无法治愈的。患这种病的病人只能通过服用一些药物得到缓解，即减轻消沉、焦虑，帮助睡眠等。维生素E和盐酸司来吉兰片（一种被用于治疗帕金森症的药物）似乎可以延缓这种病的发展。锻炼、物理疗法、适当的营养、服用适量的流食也是非常有益的。每天帮助记忆也会起作用。由某些团体提供的感情、社会的支持和一些专业建议，对患者和他们的家庭尤其有帮助。

①Diane Papalia and Sally W. Olds. *Human Development*. 6th ed. (New York: McGraw-Hill, 1995), 541.

②S. Brownlee, "Alzheimer's: Is There Hope?" *U. S. News & World Report*, Aug. 12, 1991, 40-49.

③Brownlee, "Alzheimer's: Is There Hope?," 48.

④L. L. Heston and J. A. White, *Dementia* (New York: Freeman, 1983).

⑤Papalia and Olds, *Human Development*, 539-542.

⑥S. S. Sisodia, E. H. Koo, K. Beyreuthe, A. Unterbeck, and D. L. Price. "Evidence That B-Amyloid Protein in Alzheimer's Disease Is Not Derived by Normal Processing," *Science*, 248 (Apr. 27, 1990), 492-495.

住房问题

我们经常听到护理院以至于我们很少有人认识到95%的老年人不是居住在护理院或其他别的机构。[37]大约77%的男性老人是已婚的，他们和妻子在一起生活。[38]因为女性往往要比她们的配偶活得长，超过65岁的女性大约40%都是在单独生活。[39]将近80%的老年
夫妻有他们自己的生活——在公寓里、在移动房里、在单元住宅里或是在他们自己的房子 218
里。[40]当老年人不再坚持自己的生活后，他们最普遍的是住在亲人家，主要是在自己的一个子女家中。

生活在农村地区的老年人经常比那些生活在城市中的老年人地位要高。那些以农场为生的人们可以慢慢地退休。此外如果他们的收入来自于田地，而不是来自于工作，他们到较大年纪时依然可以保持其自身的价值，令人尊敬。

然而，大约有四分之三的人口居住在城市，在这里老年人经常居住在质量差的房屋里。[41]至少30%的老年人居住在不够标准的、破旧失修的房子里。[42]城市的老年人经常住在生活条件不充足的城市旅店或公寓中。他们生活的地区可能是衰败的并且充满暴力犯罪的，这一切使这些老年人很容易遭遇盗窃和抢劫。

幸运的是，在整个国家范围内修筑的许多移动房公园、退休村庄、生活帮助住所和综合公寓，满足了老人的需要。这样的房屋社区提供了社会中心、安全保护，每天提供热饭，这也许能为老年人提供一些帮助。

专栏8.7 作为女性、非裔美国人、老人的三重危险 218

老年女性的贫困率几乎是老年男性的两倍。①在美国社会中，一些种族移民团体将妇女的角色贬低了，认为她们的任务就是操持家务，这已是一种传统。年轻的非裔女

性受性别主义、种族主义的双重压迫。尽管她们在非裔美国家庭和非裔美国文化中有积极的地位，但是超过 70 岁的非裔美国妇女是美国最贫困的群体。[②]

5 人中超过 3 人的非裔美国老年妇女独自生活，她们大多数是寡妇。[③]这个年龄组的贫困率是和年龄歧视、性别歧视和种族歧视相联系的。在过去，这些妇女往往在从事一些低收入的工作——其中的部分工作甚至没有社会保险，或者是她们的雇主不想报告内部服务，尽管这种报告是法律要求的。

许多老年妇女正在进行斗争（包括经济、社会和身体上的），埃德蒙兹指出这些老年妇女已经有了非常好的适应性、弹性，熟悉技能处理和负有责任感。[④]家庭网络的扩展帮助她们应付赤裸裸的生活本质，并且给了她们被爱的感觉。非裔美国人教会已经提供了有意义的社会参与渠道和社会福利服务，使她们有了力量感和内心的满足感。这些妇女也倾向于住在少数种族社区，这给她们一种归属感。这些妇女往往也坚持美国人的工作理念，并且也看到了她们的宗教信仰是她们获得力量和支持的源泉。无论怎样，这些非裔美国妇女的收入和健康问题（也包括其他种族、少数民族的个人）是我们这个老龄社会的主要关注问题。

①John W. Santrock, *Life-Span Development*, 5th ed. (Madison, WI: Brown & Benchmark, 1995), 560.

②Ibid., 560.

③Ibid., 560.

④M. Edmonds, "The Health of the Black Aged Female." In Z. Harel, E. A. McKinney and M. Williams (eds.) *Black Age* (Newbury Park, CA: Sage, 1990).

交通问题

拥有并驾驶一辆轿车对老年人而言是奢侈的，仅仅是那些富有的和精力充沛的老人才可以负担的。缺乏便利、廉价的交通工具是大部分老年人所面临的问题。

犯罪受害人

随着精力、力气和敏捷度的降低，老年人容易成为犯罪的受害者，特别容易遭受到抢劫、重击、盗窃、诈骗。尽管公布的针对老年人的犯罪率低于针对年轻人的，但许多老人仍生活在对犯罪的经常性的恐惧中。人们认为针对老人的实际犯罪率比官方统计数字要高很多，因为很多老人对于卷入到法律和司法系统感到很不舒服。因此他们可能不报告他们遭遇过犯罪迫害。一些老人害怕如果报告了，会受到罪犯的报复。并且如果老人起诉，他们对于必须经历的司法程序很不喜欢。

219 一些老年人不愿意离开家，因为他们担心自己外出时被抢劫或者是他们不在家的时候家中失窃。

老年人的性特征

有一种普遍的误解，认为老年人没有性需要。如果一个老年男性显示出他对性很感兴趣，他会被认为是“下流”的老人。当两个老人表现出正常的爱恋异性的行为时，别人很容易去说：“他们疯了吧?”但是实际上，许多老年人对性有很大的兴趣，并且有很美满的性生活。[43]对于性能力，尤其是妇女的性能力，没有什么证据表明其会随着年龄的增长而有所下降，而且大部分老人是有能力去处理性关系的。[44]

威廉·马斯特斯和弗吉尼亚·约翰逊认为没有任何理由去解释老年人为什么不可以享受性生活。[45]如果性能力的确是下降了，那么其中的原因可能是社会因素大于生理因素。根据威廉·马斯特斯和弗吉尼亚·约翰逊的解释，当人上了年纪后，妨碍其性行为的最主要因素是失去了伴侣、过度的酗酒和饮食无度、对伴侣的厌倦、对于性的态度（如认为老年人不适合性行为的错误观念）、身体或精神健康不好、对于妇女绝经期的态度以及担心自己在两性关系中的糟糕表现等。[46]

“年轻一代”的态度经常给老年人带来许多麻烦。老年丧偶者在重新结婚时有时候会遇到家庭其他成员的强烈反对。当老人想要找一个年轻伴侣时，反对的意见经常最强烈，因为当老人去世后，年轻的伴侣就会成为其财产的继承人。有时候老人们会被告知，当他们失去伴侣时不应该再对异性感兴趣，不应该再去建立新的两性关系。

幸运的是，对老年人性行为的态度正在发生改变。梅林·泰伯（Merlin Taber）认为：

> 随着年轻人对传统家庭态度的改变，一些老年人为了和自己喜欢的人居住在一起，做出了不拘礼节的安排。不举行仪式的老年伴侣，在不触及原有继承权和退休金等问题的情况下，可以保持伴侣关系，同时满足两性需要。只要老人注意到上述问题，子女们还是可以接受这种形式的，因为他们发现这样对老年人还是有利的。虽然我们不知道有多少人遇到过这样的事情，但是随着社会规范的改变，不管是老年人还是年轻人都有了新的观念。没有婚姻关系而生活在一起的人数将会增加。[47]

营养不良

在我们的人口组成中，老年人始终是营养不良的人群。[48]造成他们慢性营养不良的因素是很多的，例如去商店购物时交通困难、缺乏适宜营养方面的知识、没钱去购买营养均衡的饮食、牙齿不好且没有好的假牙等都极大地限制了老人的饮食。老人独自生活，没有兴趣去准备令人胃口大开的饮食，而且也缺乏炊具和储藏设备，这都会造成其营养不良。

情感问题

老年人经常是孤独的一个人。大部分年龄超过 70 岁的老人是丧偶的、离婚的或者是

对浪漫爱情和性的兴趣并不会随着年龄的增长而降低。

单身生活。当一起生活很多年的夫妻一方突然去世，会给另一方造成无法忍受的极度的孤独。他们会觉得未来的生活很渺茫。这并不奇怪，沮丧是老年人遇到的最普遍的感情问
220 题。沮丧的症状包括有无助感、觉得自己是负担、不被需要、孤独、无望等。沮丧在身体上的表现包括体重下降、食欲不振、易疲劳、失眠、便秘等。通常情况下人们也很难判断导致这些身体症状的原因是出于沮丧的心情还是身体器官出现了问题。

沮丧可以改变老年人的个性。沮丧的人可能变得冷淡孤僻且行动迟缓。老年人不情愿回答问题很可能是源于沮丧而不是年龄。[49]

那些年轻时就被感情问题所困扰的人在他们老了以后依然如此。通常情况下，这些问题会被年龄所附加的压力而强化。

妨碍老年人精神健康的因素主要有两个，一是很难恢复心理上的失落感（如亲人的去世），二是失去有意义的生活目标。老年期是老人要经受巨大变化的时期，从而给他们带来感情问题：失去伴侣、亲戚朋友的去世或搬家、健康恶化、失去往日的收入、和子孙关系的改变等。

不幸的是，有种误解认为，老年人的痴呆和心理健康问题是不可避免的，并且是无法治愈的。事实恰恰相反，面对个体或团体的劝告和建议，老年人的反应是很好的。[50]此外，甚至一些超过 90 岁的老人也没有表现出痴呆的迹象。所以痴呆并不意味着是人们走向衰老时不可避免的一部分。

在美国，老年男性在所有的年龄群体中的自杀率最高[51]，尽管老年人只占总人口的 13%，但在报道的自杀事件中，这个年龄组的自杀占 25%。[52]80 岁左右的白人男子的自杀

率是全体男子自杀率的 3 倍。[53]导致老年人自杀率很高的原因很多，包括身体健康的下降、社会地位的丧失、收入的减少、缺少和家庭朋友的联系等。人们认为造成老年男子自杀率高的原因是在我们的社会中男性比女性更容易将工作视为生活的重心，一旦退休了，一些人就认为没有生存的理由了。

死亡

在周围环境都处在面临死亡的气氛中时，老年人会格外关注这些。首先他们会亲眼见到自己的亲戚朋友去世，其次他们认识到人生已经过去大半，剩余时间不多了。

老年人关注死亡时，最关心的问题集中在他们害怕残疾、疼痛和要长时间忍受死亡的步步逼近。[54]他们希望没有痛苦，神志清醒且朋友家人相伴左右的时候，带着尊严死在自己的家中。此外老人更关心他们生病时的开销，因为他们的死亡给他人带来了困难，还关心他们目前的经济状况是否能够为自己办一个体面的葬礼。

在我们的社会中，人们倾向于用沉默回避死亡。我们这样做的原因之一是它可以使我们避免认识到自己最终也会死亡。我们经常强迫人们去孤独地面对死亡。在医院里，人们尽最大努力把将要死亡者和生者隔离开，将死的病人有时候被转移到单独的房间。有时候医务人员也会对生命垂危者隐瞒真实情况，以使病人意识不到自己正在走向死亡。在家中也是一样，当家人知道病人已经快不行了的时候，他们对待病人也变得冷漠起来。（正是家人和医务人员的漠然提示了病人，死亡已经来临了。）

在当代美国社会中，大部分老人都死在护理院和医院中，都有一群医护人员围绕在身边。[55]

幸运的是，济养院运动开展起来了，目的就是让那些将要死亡的人带着尊严离开世界——允许病人在生命的最后几周中按照自己所想的方式来生活。济养院起源于欧洲中世纪的宗教团体，他们专门收容那些身体有病的、疲劳的、饥饿的人。[56]

济养院认为是疾病走到了终点，而不是患者。济养院强调帮助患者度过他们的剩余时光，而不是尽可能地挽留他们的生命。一些末期病人护理所计划已经建立起来，旨在帮助患者在家中度过剩余时光。此外还有一些医疗服务和探访服务，临终时医院的志愿者为患者和家庭提出建议、提供交通工具、帮助他们填写保险单和其他一些文字工作、提供舒缓护理（也就是和患者待在一起，为其家人提供暂时性的放松舒缓服务）。止痛疗法也被广泛应用，使得患者在最后几天里生活得相对舒服些。

家庭虐待

家长虐待是指那些上了年纪的父母会被和他们一起生活的或所依赖的子女虐待。这个问题会在第十章有更详细的阐述。

221 当前的服务

为老人开设的服务和项目基本上还停留在自然阶段，主要是满足老人的物质需要。虽然如此，也有许多联邦基金支持的项目可以为老年人提供所需的服务。在我们简要回顾这些项目之前，先来看一看 1965 年的《美国老人法案》，它为服务老年人的项目制定了目标。

1965 年《美国老年人法案》

1965 年的《美国老人法案》在健康部、教育部、福利部（1980 年时称为健康和人类服务部）内部设置了一个执行机构（老人行政署）。这项法案及其修正法案中最基本的内容是联邦政府提供财政支持，帮助州和地方社区满足老人需要。这项法案的主要目标是为老人提供保障：

- 足够的收入。
- 最大可能的身体和健康服务。
- 合适的住房。
- 为那些需要机构照顾的老人提供有助于恢复健康和体力的服务。
- 就业机会。
- 健康、荣耀、体面地过退休生活。
- 追求有意义的活动。
- 高效的社区服务。
- 利用科研知识维持和改善老年人的健康和幸福感。
- 使老年人在计划和管理自己生活的初始阶段做到自由、独立并得到免费训练。[57]

尽管这些目标值得称赞，但事实上一些老人还没有对此形成广泛的认识。即便如此，较之以前也已经有了很大的进步。许多州有了专门处理老人问题的办公室，一些自治城市和乡村也建立了老年人社区政务会，一些大学还设立了老年医学研究中心，专门研究老人问题，在护理、心理学、医药、社会学、社会工作和建筑学等领域训练学生为老年人服务。（老年医学是从生理学、病理学、心理学、社会学、经济学观点来对变老的过程进行科学研究。）政府给予研究基金以鼓励对老年人及他们所面临的问题进行研究。出版商正在出版一些关于老人的书籍和小册子让公众知道老年人的一些情况，一些中学还开设了一些课程让年轻人理解老年人和其所处的环境。

经常有一些联邦基金、州一级或地方一级的管理项目为老人提供所需的资金和服务，一部分服务在专栏 8.9 中列出。

专栏 8.8　伦理学问题：协同杀人应该被合法化吗？ 222～223

在今天，生命维持技术的发展几乎可以无限期地维持人的生命。呼吸机、人工合成营养、静脉注射和那些所谓神奇的药物，不仅能维持人们的生命，而且还能维持那种使人们的身心状况不断恶化的晚期疾病。这些技术已经引发了一些伦理学问题。那些处于疾病晚期的正在遭受痛苦折磨的病人有权利拒绝治疗而选择死亡吗？越来越多的病人通过“生存遗嘱”表达他们的愿望并拒绝治疗。然而那些长期处于昏迷状态没有签署生存遗嘱的病人有权利去死吗？我们的社会怎样决定维持病人的努力什么时候继续、什么时候停止？目前法院和州立法机关正在攻克管理死亡和安乐死这一法律难题。

帮助死亡或协同杀人应该被合法化吗？1999 年只有荷兰允许医生给那些处于疾病晚期的病人法定剂量的药品使其死亡。在美国协同杀人这一问题引起极大的争论。毒芹会社（Hemlock Society）的创立者汉弗瑞（Derek Humphrey）写了一本《自己去自杀》的小册子（毒芹会社推动主动自愿的安乐死）。密歇根的医生杰克设计了一台机器以帮助那些处于疾病晚期的病人死亡，并且用这台机器帮助许多人实现了死亡，这已经成为一个全国性的新闻。

25 年以前，在荷兰由一些起诉人作出了一个非正式的决定，即只要有相应的安全保障就允许医生帮助病人死亡。比如，病人必须处于疾病晚期，他正在承受巨大痛苦，神志清醒，必须不断地表达死亡的愿望。

俄勒冈的《尊严死亡法案》在 1994 年经投票通过。它允许医生为那些剩余时间不足 6 个月的处于疾病晚期且不断要求死亡的病人开法定剂量的药品使其死亡。医生只允许开法定剂量的药品而不是管理这些药品。

同意帮助病人死亡的人认为忍受那些不必要的长期痛苦折磨是没有价值的，不应该的。他们认为人有权利选择尊严地死亡，这就意味着这种死亡没有过度的感情上的、肉体上的痛苦，在精神上、肉体上、心灵上没有过度的恶化。他们视帮助死亡为肯定自主性选择——支持个人在生命晚期有权利做出决定。允许疾病晚期病人做出自杀的选择被认为是个体的自我决定的最终权利。

而反对者认为自杀是不道德的，是很严重的罪过，死者不能得到宽恕。他们将帮助自杀视为帮助谋杀。他们声称现代健康护理几乎使每个人都可以平和地、无痛苦地、舒适地、有尊严地走向死亡。反对者相信大多数晚期病人考虑自杀问题不是因为他们害怕死亡，而是害怕死亡的即将来临——痛苦、孤独、失控——所有这些都可以通过临终关怀来缓解。他们认为，病人所惧怕的巨大痛苦大多数是医疗处理不当所造成的悲惨结果。而且如果帮助自杀被合法化以后，从哲学意义上来讲病人就有义务去死，以免成为家庭社会的经济和感情负担。一个有意甚至不是有意削减成本的健康护理系统会给病人微妙的鼓励使他们去选择死亡。接受昂贵医疗护理的患者的亲属可能会给患者压力，让他们选择自杀以避免家里的经济被拖垮。人们关注的问题是，如果符合条件的病人被允许寻求死亡，而对那些处于昏迷状态中或精神上不健全的（比如精神病人或有严重认知缺陷的人）成年人进行死亡处理时所受到的压力就会增加。一些人担心，如果我们的社会视"死亡权利"为人们的一个基本权利，那么对老年人、病人、穷人和其他社会评价低的人群而言，"死亡权利"就会变成"死亡义务"。

一些权威部门正在寻求分辨积极安乐死（帮助自杀）和消极安乐死（中止或停止治疗）。在一些州，医生和法院有权利对拒绝接受延长生命治疗的病人进行奖励。

下面是一则涉及南希的消极安乐死的案例。1983 年 1 月 11 日，密苏里地区的 25 岁女孩南希·克鲁赞（Nancy Cruzan）的汽车翻车了。事故发生后她的大脑缺氧 14 分钟，接下来几年她一直处于"植物人状态"，没有康复的希望。事故发生后一个月，她的父母同意给她插入一个食管。然而接下来的几个月，她的父母逐渐明白在这样一种无望的状态中来无限延长南希的生命是没有意义的。

1986 年，密苏里的法官告诉南希的父母他们因移动食管而被指控为谋杀。这对夫妇想尽办法将这一裁决上诉至美国最高法院，要求推翻密苏里地区的法律，该法律特别禁止为无生存希望的病人停止供应食品和水。1990 年 7 月，最高法院拒绝了该夫妇的请求即移开女儿的食管，但裁决各州应支持为病人"拔管"，但条件是必须有确凿的证据表明病人希望这样做。克鲁赞一家接下来发现了其他的证据，即南希不想在如此状态下继续生存。

密苏里法官判定证据符合最高法院的判决先例。1990 年 12 月，南希的食管被断开了，几天后即 12 月 26 日她去世了。

在目前有一万左右的美国人处于植物人状态，他们无法与人沟通，他们中的一些人实际上没有康复的机会。在这样的事例中，死的权利无疑将继续为人们所讨论。

1997 年 6 月美国最高法院做出裁决，晚期病人没有权利要求医生帮助其自杀。法院支持纽约和华盛顿州的法律，当医生给那些头脑清醒但不想继续生存的晚期病人结束生命的药品时，医生是有罪的。法官在他们的判决中明确指出，他们的判决不是为解决那些帮助自杀的案例做努力，实际上他们是想引起对这一问题的继续辩论。

你相信晚期病人有权利拒绝治疗而选择死亡吗？你认为帮助自杀能够被合法化吗？如果你有一个关系密切的处于疾病晚期的亲属，正在承受巨大痛苦，他要求你帮助他获得法定剂量的药品来结束生命，你将做何反应？你愿意去帮助他吗？或你将拒绝他吗？

224

专栏 8.9 为老人服务的法案

● 医疗保险：帮助支付医疗和住院费用（在第十一章叙述）。

● 人寿保险、事故保险和伤残保险：每月为那些符合条件的退休工人支付报酬（在第九章叙述）。

● 补充安全收入：为贫困的老年人提供小额收入（在第九章叙述）。

● 医疗救助：为低收入人群支付大部分医疗费用（在第十一章叙述）。

● 食物券：为那些符合条件的低收入人群报销一部分食品开支（在第九章叙述）。

● 民间冤情调查项目：对于居住在护理院的居民所关注的问题展开调查，采取行动。

● 食品供应：为那些不能得到或不能准备饮食的人提供冷、热饭食。

● 年长者活动中心、黄金俱乐部和类似的一些群体：提供休闲、娱乐活动。

● 特殊交通费用：减少乘车的费用。

● 减少财产税：在许多州的老人都适用。

● 成年人保护服务：为那些被社会所忽视、虐待或是身心有严重缺陷的成人服务。

● 扣除特殊的联邦收入税：对超过 65 岁的老人适用。

● 老年人的住房工程：由住宅和城市发展部提供经济援助，由地方负责人建造。

● 降低电影院和其他娱乐场所的票价：经常由个体所有者自愿提供。

● 家庭健康服务：提供出诊服务、身体治疗、药品、实验室服务和病房设备。

● 营养方案：在团体就餐点为老年人提供食品（这些食品一般一周提供四五次，通常是午餐。这样可以改善老年人的营养，为其社会化提供机会）。

● 家政服务：在一些社区中为那些不能自己料理家务的老人提供打理家务的服务。

● 日间护理中心：依据群体需要提供服务（这种服务减轻了家庭昼夜护理的负担，这种方案包括家庭健康服务、家务服务、日间护理中心服务，以阻止或推迟到机构中接受护理）。

● 安抚电话：经常由志愿者提供，他们给那些独自居住的老人打电话（这种电话为双方提供有意义的社会联系，同时对一些需要特别关注的事件或问题进行监督）。

● 护理院：当老年人或他们的家庭不能独自处理问题时，为其提供居住护理和熟练的医疗护理。

护理院

全社会对护理院的关注，使我们可以更深入地了解这一领域。护理院的出现，相对于高昂的医院护理是一个替代选择，它受到联邦政府在医疗救助和医疗保险制度方面的大力支持。目前大约有 16 万老年人在护理环境中生活，使得护理院成为一个金色产业。[58]护理院中的病床要多于医院中的病床。[59]

根据所提供的服务种类不同，护理院被分为几类。最低层次是居住护理，主要提供房间、膳食和一些非医疗护理（比如帮助穿衣服）。另一个是护理中心，提供全天 24 小时的有经验的护理和医疗观察。提供的医疗护理越专业、越全面，花费就越高。每个月的家庭护理费用平均超过 3 000 美元。[60]尽管只有 5%的老年人长期居住在家，但在家中还需要一些时间进行康复。

在护理院中出现了一个又一个的丑闻。一些病人被发现躺在自己的粪便上。有些护理院的饭菜非常糟糕，老人们拒绝食用。一些护理院存在严重的安全隐患。一些护理院中老人和护理人员彼此很厌烦和冷漠。

一些护理院提供的食物达不到卫生标准，在药品管理方面和为受照顾者提供个人保健方面也存在一些问题。[61]

唐纳德·罗宾森（Donald Robinson）对全国范围的护理院进行了调查，他总结道："我了解到大多数护理院是安全的、运行良好的机构，可以为病人提供很好的护理，那些
222 病人很信任它们。其中一些护理院非常好。"[62]他指出恐吓和虐待在一些护理院中也存在。这些虐待事件包括：不经患者同意就给他们服用一些新的未经过检验的药品、给病人大剂量的镇定药以使他们安静下来、偷病人的钱、向医疗保险机构提供伪造的费用报告、当病人进入护理院时向他们索要数千美元，还有一些工作人员对患者进行性侵犯。[63]

目前所有人都对护理院产生了偏见，甚至对那些运行良好的护理院也是如此。富兰克·莫斯（Frank Moss）描述了老年人对护理院的看法："地位稍高的一些人将护理院视为破烂园、监狱——是一种炼狱，处于社会和墓地的中间——或者是不可避免地滑向被人遗忘的角落的第一步。"[64]在某种程度上这是一个事实，即护理院是老年人等死的地方。

生活在护理院中的贫困者的护理成本由国民医疗补助制度支付。联邦政府对哪些护理费用需要偿还做出了限制，随之其他一些问题出现了：工资水平尽可能降低，工作人员的数
223 目减至最少，护理院推迟进行修缮和改进，食品也很便宜如通心粉和干酪，这些食品富含脂肪和糖。国会已经授权每月给护理院中享受医疗补助制度补贴的患者一定的消费补贴。但资金被护理院控制，一些护理院还将钱截留下来。

在护理院中接受护理的潜在危险来自于工作人员对护理院住户的身体虐待。在对 577 名护理人员进行的电话调查中，皮耶尔和穆尔听到过许多被护理者虐待的事情。[65]超过三分之一的被调查者说他们看到过其他工作人员从身体方面虐待病人。包括用力推、挤、

掐、打、踢被护理者，向他们扔东西，对他们进行没必要的限制等。10%的被调查者承认他们自身也做过一次或多次这样的事情。而精神上的虐待则更为平常，81%的被调查者反映他们见到过工作人员对病人大声呼叫、侮辱、咒骂，进行不必要的隔离、威胁，或是拒绝为病人提供食物等。40%的被调查者承认他们自己也做过这样的事情。

对护理院物质设施的抱怨也是多方面的，空间不足，很多人挤在一个房间中，床头的呼叫灯很难触及，厕所和浴室设计得很不方便，护理院的整体建筑很破旧。

尽管护理院的护理质量参差不齐，但人们还是需要它，尤其对那些需要长时间昼夜护 224
理的老人来说更是不可或缺的。如果护理院被取消，其他的机构如医院将不得不承担起为老人服务的业务。护理院的生活不是很糟糕，只要管理得当，老年人是能够在那里延长寿命的。

理想的护理院应该是有生气的（有娱乐、社交和教育节目）、安全的、卫生的、富有吸引力的，它应该为老人提供一些鼓励和机会，让不同性别和年龄的老人进行交往。它应该提供私人空间使那里的人有更为活跃的性生活。它应该提供范围广泛的治疗、社交、娱乐、康复等方面的服务。高质量的护理应该由较大的非营利机构提供，护理者与被护者的数量比率应该很高。[66]

在目前只有5%的老年人生活在护理院中。然而据估计，在我们65岁以后，我们5个人中的1个将会在护理院中生活。[67]

前景展望 225

尽管老年人现在能够得到赡养计划安排，但是老年人所面临的一些主要问题仍然有待解决。相当大比例的老年人还不能拥有“有意义”的生活、受人尊敬的地位、充足的收入、便利的交通、很好的生活安排、丰富的饮食、足够的健康护理等。

老年人成为一股有力的政治力量

大多数为老年人设计的活动计划都是为了保持他们现有的为社会发挥作用的水平，而不是提高他们在社会、身体和心理等方面的状态。尽管老年人能够得到赡养计划的安排，但是他们所面临的一些主要问题仍然有待解决。相当大比例的老年人还不能拥有有意义的生活、受人尊敬的地位、充足的收入、便利的交通、很好的生活安排、丰富的饮食、足够的健康护理等。

老年人是年龄歧视的受害者——针对老年人的偏见和歧视。当老年人还能工作就被要求退休时，我们怎么样保护他们呢？当他们生活在护理院时，我们怎么保护他们有良好的生活条件呢？我们怎么做才能使人们对于老年人的性生活不再有限制性的态度呢？在社会为年轻人生活得更加满足而提供相当多的服务的情况下，当老年人的赡养和生存出现问题时，我们怎样为其提供足够的服务呢？正如戈登和沃尔特·莫斯所言："正像我们开始知道黑人也可以很漂亮一样，我们必须要知道老年人也很漂亮。只有这样我们才能为自己的老年生活带来好的前景。"[68]

在过去，只有当那些被歧视的人联合在一起并诉诸政治运动时，对于他们的偏见才能被有效地消除。因此，很明显，要想在我们的社会中极大地改变老年人的角色就只有通过政治运动了。

事实上老年人正在越来越多地参与到政治活动中，甚至是一些极端的军事行动中。有两个引人注目的组织，一个是美国退休人员联合会（AARP）和它的一些加盟的群体，另一个是全美退休教师协会（NRTA）。这些群体组织一些活动，在地方政府、州政府和联邦政府层次上为老年人的利益而游说。

一个引起公众关注的，以采取行动为取向的组织名为"灰色黑豹"。这个组织认为我们社会一个十分严重的缺陷就是把关注的重点放在物质利益上，放在商品和服务的消费上，而不是改善全体国民的生活质量（包括老年人）上。这个组织正在寻求途径以消除年龄歧视，推动人们自由、尊严和自我发展目标的实现。这个组织重点运用社会行动技巧，包括推动老年人来投票，以阻碍那些有损于他们利益的结果出现。该组织的创立者马吉·库恩（Maggie Kuhn）认为："我们不是幸福的老人。我们已经诉诸行动以求改变，我们不能够再失去任何东西。"[69]

一个明显的迹象是政治时代已经到来。老年人在美国已经迅速成为最有政治力和影响力的力量。在过去的35年里，一些组织在为老年人寻求更好的生活方面取得了显著的进步：社会保障基金的增加，医疗保险制度和医疗救助制度的实施，济养院的出现和其他一些和老年人相关的项目的扩展等。随着老年人逐步成为一种强有力的政治力量，在未来几年里我们能够看到社会中出现一些老年人社会地位得到改善的变化。

帮助老年人找准社会角色

老年人面临一系列的问题。退休后，他们的收入减少，经常低于贫困水平。人上了年纪容易患上慢性病，而健康保健费用却上涨很快。收入的减少，使他们的生活水平迅速下降。收入降低，使得老年人要减少一些体力和脑力活动，这样做又会加速他们的衰老过程。在我们的社会中，老老年是增加最快的群体，老年人的生命周期延长了。老年人依靠社会保障系统来提供给他们大部分的经济来源；但每月支付给老年人的金额不能满足他们的生活，随着领取人数的增加，社会保障系统已经要破产了。今天的年轻人在年老的时候不能再依赖社会保障系统为他们提供收入的主要部分。老年人在我们的社会中没有有价值的角色，是年龄歧视的受害者。这些问题怎么得到解决呢？

226 有必要为老年人寻找有意义的创造性的角色。当前一些公司实行的提前退休计划和社会对老年人的固有看法使得老年人成为没有生产能力的、不积极的、有依赖性的、不能自

马吉·库恩是“灰色黑豹”的合伙人，拍照片时她 81 岁。

我履行任务的人。社会要为老年人创造一些有意义的角色，那些有生产能力的老人应该被鼓励继续工作，那些对老年人的固有看法也应该改变。

应该鼓励那些想继续工作且业务表现出色的老年人一直工作到 65 岁或 70 岁。如果老年人想从事半日制工作或临时工作也应该得到鼓励。举例来说，两个半日制工作的老人正好可以从事一个全日制岗位。老年人在退休后在某些领域也可以充当顾问的新角色，因为他们在该领域内拥有特殊的知识和经验。对于那些退休的人来讲，可以开发一些教育和培训类的项目来帮助老年人培养他们的兴趣和爱好（如摄影），作为他们新的收入来源。

延长工作时间对老年人和社会都有益处。老年人继续生产，造福社会。他们有一个有意义的角色，在体力和脑力方面都保持积极健康。他们会有很强的自尊心，就会开始打破社会上那些对老年人的固有看法，如没有生产能力、是社会的财政负担等。他们会支付给社会保障系统一定的费用而不是从中支取。

在这里要提出的是为老年人提供一个有创造性角色的系统，或者让他们成为带薪的工作者，或者让他们成为志愿者。在我们这个物质社会中，使老年人成为有意义角色的唯一方法就是使他们具有劳动价值。老年人面临两种选择（年轻人也是如此），或者通过工作来拥有充足的收入，或者是不工作获得有限的收入。

那些认为老年人不具有劳动价值的人可能会对这个系统提出反对意见。这也许是对的，但是一些年轻人也不具有劳动价值。要使这个系统付诸实施，有必要使提供的工作具有现实性、客观性，工作表现可以进行度量。那些不能满足工作要求的任何年龄的人首先要被告之
227 缺陷在哪里，然后通过对他们进行培训来弥补这些缺陷。如果工作依然没有达到要求，解雇将成为最后使用的方法。举例来说，一个在任期内的教师在教学方面能力不足——这一结论是由学生的课堂评价得到的，是按照其公共服务的记录、对学校和院系的服务的记录、发表文章的记录等仅仅在教学方面进行评价——首先他要被告知在教学方面存在不足，然后为其提供培训和其他方面课程来弥补这种不足。如果他工作上还是没有提高，不能达到认可的标准，接下来就要进入解雇程序了。许多大学和学院正在朝这个方向迈进。

在上述建议成立的生产系统中，老年人应在其中承担重要部分，在自身的能力范围内继续工作，通过继续工作这些例证来批驳当今社会中对老年人的那些带有否定倾向的看法。

对这个系统持另一种反对意见的人认为老年人已经工作了大半生，应该退休享受高标准的休闲生活。如果老年人有这样的选择很好。如果不必去工作而拥有高标准的生活，这是多么好的事情，然而这是不现实的。大多数老年人在退休后没有经济来源以维持高标准的生活。事实是，大多数老人退休后，他们的收入和生活水平急剧下降。在我们的社会中，只有两种选择，要么通过工作维持高标准的生活，要么退休过低标准的生活。

我们已经看到，一些老年人开始步入工作的行列。美国最高法院的大多数工作人员和国会的部分工作人员都已经 70 多岁了。此外也成立了一些组织以提高老年人的劳动价值，如退休老人志愿者项目、退休行政人员服务团和祖父母照顾计划等。

退休老人志愿者项目（RSVP）为年过六旬的老年人提供做志愿者的机会来满足社区的需要。这个机构在医院、学校、图书馆、日间护理中心、法院、护理院和其他一系列组织中安排志愿者。

退休行政人员服务团（SCORE）为那些在商界退休的男士和女士提供一些机会来帮助一些小公司的老板和那些在管理中遇到问题的社区组织的经理人。这些志愿者没有收入，但是会为其额外的花销进行补偿。

祖父母照顾计划是雇用一些低收入的老人来为那些生活在机构中的孩子提供个人服务。（这些孩子有严重认知障碍、情绪紊乱和发展障碍。）照顾孩子的祖父母照顾计划有一些特殊的任务，如谈话治疗、身体治疗和提供教师般的指导。这个计划对于孩子和老人本身都有明显的益处。[70]被照顾的孩子变得更加外向起来，与同辈和工作人员的关系也得到了改善。他们增加了自信心，提高了语言表达能力，减少了恐惧和不安全感。这些负责照顾的祖父母们可以获得额外的收入来源（尽管很少），同时感觉到自己还有精力，还很年轻，觉得自己还有价值，还能工作，他们对于自己的成长和发展有了新的认识。对社会而言，这些老年人是相对低廉的劳动力，他们做了大量社区中必要的工作。

这些项目的成功向人们展示了老年人在带薪和志愿工作中都还有工作价值。关于老年人作为志愿者参与到机构工作中这一点，阿奇利（Atchley）提出了一些建议以促进未来有更加成功的结果：

> 第一，机构在分配任务时必须有弹性，适合志愿者的背景。如果机构有开阔的眼光，任何人都可以找到有用的工作。第二，志愿者必须是受过培训的。一些机构经常将一些没有受过培训的志愿者放置到他们不熟悉的环境中。志愿者所面临的困难证实了一点，那就是你没有期待从志愿者那里获得好的工作结果。第三，应该为志愿者提供一些选择工作的机会。一些志愿者喜欢从事自己熟悉的工作，而一些人想从事他们不熟悉的工作。第四，培训志愿者的时候不要让他们感受到自己正在被当成试验品。这一点对于那些来自下层的志愿者尤其重要。第五，安置机构本身应该给予志愿者一些个人关注。要安排一些人对于缺席的志愿者给予一些回访（可以安排其他志愿者做这项工作）。这些人必须要愿意倾听来自志愿者的恭维、抱怨和对自身经历的讲述。对志愿服务来说，来自社区的公共认可对其是一个重要的奖励。最后，应该为志愿者提供交通工具用于往返机构。[71]

1990 年的一个研究表明，在最近退休的退休者中，有相当大比例的人说他们愿意回
去工作。[72]退休者中有一半的人对目前生活很满意，四分之一的人因为健康和家庭状况不 228
能工作，余下四分之一的人（大约 200 万）愿意在退休后继续工作。

专栏 8.10　社区选择项目：为护理院安置提供选择 228

威斯康星州的社区选择项目（COP）是一个创新项目，它为护理院安置提供选择。COP 的创立资金是由州和联邦政府提供的，由县级社会服务部门管理。

申请加入该项目的人必须有长期的或不能治愈的疾病、残疾。他必须现在或将来会生活在护理院或者是残疾发展机构中。这些人必须有收入，但是低于贫困线。如果这些条件都满足，社会工作者和护士就对这些申请人的社会或身体方面的能力和不足进行评估，以确定他们需要什么类型的服务。

如果得到了护理院安置的选择机会，且在经济上可行，最重要的一点是申请人接受以后，那么针对申请者的一个服务项目就开始启动了，在家中或社区中接受服务的开始时间也就确定了。

该项目会提供很多类型的选择性服务，包括居家服务、探访护理服务、送餐服务、团体家庭护理和个案管理。COP 是一个合作项目，它所利用的资源是由一些机构提供的。

威斯康星州发现，这个项目相对那些昂贵的护理院护理，不仅成本低，而且服务的对象也愿意接受。

为老年做准备

逐步衰老是一个生命过程。人即使到了 65 岁也并没有破坏他的过去和将来的连续性。认清这个事实以后就会减少对衰老的恐惧。对于那些有思想准备的中年人来说，老年只是一个阶段，即使不奢侈，至少也应是舒适的愉快的。

我们在很大程度上要依靠目标和实现这些目标的动机而生活。在退休之前怎样生活将在很大程度上决定老年生活是一场噩梦还是富有成就感和满足感。有一些问题我们在年轻时就应该给予关注：

健康

固定的健身计划和定期的健康检查对于防止慢性疾病很重要。保持身体健康一个非常关键的方面就是要学会和使用减少心理压力的方法。

金钱

为老年生活而储蓄金钱很重要，同时也要学会做预算、管理金钱。

兴趣和爱好

因为退休而造成心理创伤的人通常是那些自我观念和生活中兴趣的重心都是围绕着工作的人。而那些有其他兴趣和爱好的人则盼望退休以便有充足的时间来享受。

自我认同

那些生活舒适，且对自己是谁和自己想过什么样的生活有比较实际的看法的人，通常准备得很充分来处理现在和以后生活中的压力和危机。

前景展望

一个人如果经常沉溺于过去的生活中、停留在过去的成就上，他就很容易发现老年生活是令人沮丧的。相反，如果一个人经常展望未来，同时有很多的兴趣，并且在以后不断拓展兴趣，那么他就会在以后的生活中不断发现新的挑战和新的满足。展望未来包括设计晚年生活、决定居住在哪里、在什么样的房子和社区中生活、空闲时喜欢做什么等。

有效解决问题

一个人年轻时就应学会有效地处理危机，这些处理危机的技巧会保留到他的晚年生活。参与有效解决问题的过程就是学会以客观的、建设性的方法来面对问题。

229

总　结

衰老过程是一个个人过程，在不同的人身上衰老的速度是不同的。生理年龄在测量一个老年人身体怎么样、脑子是否灵活方面是不准确的。

65 岁和超过 65 岁的老年人占美国总人口的十分之一以上。在美国社会中老年人是增长最快的一个群体。他们面临很多问题：较低的地位、不能充当有意义的角色、社会关注年轻人、健康问题、收入不足、失去家庭和朋友、住房问题、交通问题、人们对他们的性问题有限制性态度、营养不良、是犯罪的受害人、感情问题（如心情压抑、对于周围环境中的将要死亡的人过分关注）。大部分的老年人依赖社会保障系统作为收入的主要来源。然而社会保障系统的财政不足，使他们每个月得到的钱并不充足。

老年人可以得到大量的服务，但是提供这些服务的目的首先是要维持他们的生活，提供的服务经常或仅仅是稍高于老人的生存水平。在一些护理院中所提供的服务是不充足的，护理的水平也经常受到批评。护理院被批评为是老年人的“储藏中心”，老年人进了护理院，年轻人就可以不用去面对自己的伦理道德问题了。

尽管在一些护理院中护理的水平有待提高，但对于那些不能自己照顾自己的老人或者是家庭不能为其提供护理的老人而言，护理院的存在是很有必要的。然而大多数老年人不需要护理院的长期护理（95%的老年人在独立生活或者有亲戚照顾而没有生活在护理院中）。

在许多方面老年人是年龄歧视的受害者。老年人在政治方面逐渐活跃起来，他们经常组织起来为改善地位而行动。慢慢地老年人口的组成将会发生变化：老年人的受教育程度越来越高，将来会成为一个有力的政治力量。在未来，在社会、经济和政治方面会出现一些变化来改善老年人的地位。

注释

[1] Gordon Moss and Walter Moss, *Growing Old* (New York: Pocket Books, 1975), 17–18.

[2] Colin M. Turnbull, *The Mountain People* (New York: Simon and Schuster, 1972).

[3] American Association of Retired Persons, *A Profile of Older Americans: 1996* (Washington, DC: AARP, 1996).

[4] Diane E. Papalia and Sally W. Olds, *Human Development,* 6th ed. (New York: McGraw-Hill, 1995), 543–550.

[5] Milton L. Barron, "The Aged as a Quasi-Minority Group," in *The Other Minorities,* Edward Sagarin, ed. (Lexington MA: Ginn, 1971), 149.

[6] William Kornblum and Joseph Julian, *Social Problems,* 9th ed. (Upper Saddle River, NJ: Prentice-Hall, 1998), 333.

[7] American Association of Retired Persons, *A Profile of Older Americans: 1996,* 1.

[8] Joan Arehart-Triechel, "It's Never Too Late to Start Living Longer," *New York,* Apr. 11, 1977, 38.

[9] Thomas Sullivan, Kenrick Thompson, Richard Wright, George Gross, and Dale Spady, *Social Problems* (New York: Wiley, 1980), 335–370.

[10] U.S. Bureau of the Census, *Statistical Abstract of the United States, 1997* (Washington, DC: U.S. Government Printing Office, 1997).

[11] American Association of Retired Persons, *Profile of Older Americans: 1996,* 1.

[12] Alan S. Otten, "Ever More Americans Live into 80s and 90s, Causing Big Problems," *The Wall Street Journal,* July 30, 1984, 1.

[13] Papalia and Olds, *Human Development,* 569.

[14] Ibid., 569–570.

[15] Eisdor Fer, quoted in Otten, "Ever More Americans Live into 80s and 90s, Causing Big Problems," 10.

[16] American Association of Retired Persons, *A Profile of Older Americans: 1996,* 11.

[17] Kornblum and Julian, *Social Problems,* 333–337.

[18] Ibid.

[19] Ibid.

[20] F. L. Schick, ed., *Statistical Handbook on Aging Americans* (Phoenix, AZ: Oryz, 1986).

[21] R. Bossé, C. M. Aldwin, M. R. Levenson, and D. J. Ekerdt, "Mental Health Differences Among Retirees and Workers: Findings from the Normative Aging Study," *Psychology and Aging* 2, 1987, 383–389.

[22] M. P. Lawton, "Leisure Activities for the Aged," *Annals of the American Academy of Political and Social Science,* 438 (1978), 71–79.

[23] American Association of Retired Persons, *A Profile of*

Older Americans: 1996, 13.

[24] Ibid., 14.

[25] Ibid.

[26] Marilyn L. Flynn, "Aging," in *Contemporary Social Work,* 2d ed., Donald Brieland, Lela Costin, and Charles Atherton, eds. (New York: McGraw-Hill, 1980), 353.

[27] American Association of Retired Persons, *A Profile of Older Americans: 1996,* 10.

[28] Kornblum and Julian, *Social Problems,* 342–344.

[29] American Association of Retired Persons, *A Profile of Older Americans: 1996,* 10–11.

[30] Sullivan et al., *Social Problems,* 357–358.

[31] *Statistical Abstract of the United States, 1997.*

[32] Kornblum and Julian, *Social Problems,* 342–344.

[33] Ibid.

[34] Ibid.

[35] American Association of Retired Persons, *A Profile of Older Americans: 1996,* 3.

[36] Moss and Moss, *Growing Old,* 47.

[37] American Association of Retired Persons, *A Profile of Older Americans: 1996,* 3–4.

[38] Ibid., 3.

[39] Ibid.

[40] Ibid., 3–4.

[41] Ibid., 5.

[42] Ibid., 3–5.

[43] Janet S. Hyde, *Understanding Human Sexuality,* 5th ed. (New York: McGraw-Hill, 1994).

[44] Ibid.

[45] William H. Masters and Virginia E. Johnson, "The Human Sexual Response: The Aging Female and the Aging Male," in *Middle Age and Aging,* L. Neugarten, ed. (Chicago: University of Chicago Press, 1968).

[46] Ibid., 269.

[47] Merlin Taber, "The Aged," in *Contemporary Social Work,* Donald Brieland, Lela Costin, and Charles Atherton, eds. (New York: McGraw-Hill, 1975), 359.

[48] Papalia and Olds, *Human Development.*

[49] B. M. Newman and P. R. Newman, *Development Through Life: A Psychosocial Approach* (Pacific Grove, CA: Brooks/Cole, 1995).

[50] R. C. Atchley, *Social Forces and Aging,* 5th ed. (Belmont, CA: Wadsworth, 1988), 8–10.

[51] *Statistical Abstract of the United States, 1997.*

[52] Ibid.

[53] Ibid.

[54] Carol Staudacher, *Beyond Grief* (Oakland, CA: New Harbinger, 1987).

[55] Ibid.

[56] Sullivan et al., *Social Problems,* 363.

[57] *Older Americans Act of 1965, as Amended, Text and History* (Washington, DC: U.S. Department of Health, Education and Welfare), November 1970.

[58] American Association of Retired Persons, *A Profile of Older American: 1996,* 4.

[59] *Statistical Abstract of the United States, 1997.*

[60] Ibid.

[61] Kornblum and Julian, *Social Problems,* 340–341.

[62] Donald Robinson, "The Crisis in Our Nursing Homes," *Parade,* Aug. 16, 1987, 13.

[63] Ibid.

[64] Frank Moss, "It's Hell to Be Old In the U.S.A.," *Parade,* July 17, 1977, 9.

[65] K. Pillemer and D. W. Moore, "Abuse of Patients in Nursing Homes: Findings From a Survey of Staff," *Gerontologist,* 29, 1989, 314–320.

[66] Ibid.

[67] Paplia and Olds, *Human Development.*

[68] Moss and Moss, *Growing Old,* 79.

[69] Quoted in Robert N. Butler, "Why Survive? Being Old in America" (New York: Harper & Row, 1975), 341.

[70] Robert C. Atchley, *The Social Forces in Later Life: An Introduction to Social Gerontology,* 2d ed. (Belmont, CA: Wadsworth, 1977), 267.

[71] Ibid., 81.

[72] Tamar Lewin, "Many Retirees Tire of Leisurely Lives, Seek New Jobs," *Wisconsin State Journal,* Apr. 22, 1990, 1A.

第九章

贫　穷

本章内容 230

- 美国的贫穷状况
- 消除贫穷计划
- 总结
- 注释

贫穷一直是美国最严重的社会问题之一。（在大多数其他国家，贫穷甚至更严重。）在现 231
代社会，大约占人口 14%的 360 多万美国人生活在贫困线以下。[1]（贫困线是政府规定的不能充分满足基本衣、食、住的需要的收入水平。）换言之，几乎七分之一的美国人是穷人。

本章包括：

- 简要介绍美国关于回应贫穷的历史。
- 界定贫穷以及它的影响和程度，包括收入和贫富之间的差距。
- 总结贫穷的原因。
- 概括当前解决贫穷的项目以及它们的优缺点。
- 提供可能在未来解决贫穷的政策。

美国的贫穷状况

追溯历史，总有相当比例的人生活在贫困中。然而，贫穷很少被认为是一个社会问题。20 世纪 60 年代之前，在社会问题类教科书中很少讨论贫穷这个话题，而在社会文学作品中贫穷几乎是不存在的。[2]

我们回应贫穷的历史

我们的社会面临的问题之一就是怎样满足那些生活在贫困中的人的需要。整个社会满足贫困人口需要的方式体现了这个社会的价值观。在工业革命之前，扩大的家庭成员、教堂和邻居通常承担了这个责任。历史上基督教的价值观之一是人道主义，即把自身价值的实现归于生命本身和慈善地帮助那些有需要的人。

18 世纪中叶到 19 世纪，是工业革命在欧洲和美国的繁荣时期。工业革命发展的一个主要原因是一系列技术的进步，例如，蒸汽机的发展。但是人们也认为工业革命与所谓的新教伦理和自由主义的经济观点有关。这两种观点对穷人有很大的影响。新教伦理主张个人主义，它强调一个人应该为他自己的行为和生活条件负责。勤奋工作和做自己感兴趣的事情是具有很高价值的。新教伦理高于一切的实践目标是获取物质财富。人们倾向于根据一个人获得多少物质财富而不是其个性去评判一个人，并且认为贫穷是由于自己的缺陷造成的。

自由主义经济理论主张，如果人们允许商业和工业怎么获利就能怎么做，那么这个社会和经济会更加繁荣。不鼓励任何由政府制定的商业规则（例如：实施安全标准、通过最低工资法律、禁止使用童工）。许多商人用新教伦理和自由主义经济理论来宣告诸如激烈竞争、独占规则、可悲的安全和工作条件以及通过低工资、过长的工作时间和童工进行的剥削都是有其道理的。

新教伦理对穷人的暗示达到了社会达尔文主义不人道的顶点，社会达尔文主义是基于达尔文进化论而产生发展起来的。达尔文理论认为生命的高级形式是从幸存者的低级形式进化来的。达尔文曾经看到过在动物世界里的生存斗争，那些适应环境的幸存者会受到奖赏从而发生进化。赫伯特·斯宾塞（Herbert Spencer）把这个理论延伸到社会学，他认为人们通过斗争生存下来是人类社会进化的本质。理论中最不人道的观点认为，强者（富人）生存下来是因为他们的优秀，弱者（穷人）应该死亡，而且帮助弱者生存是错误的。尽管让弱者自生自灭不被大范围地提倡，但理论却证明社会并没做太多的努力去帮助穷人。

大约有 1 800 种不同类型的人开始意识到无限制竞争以及经济权利滥用的罪恶。当大部分人的生活水平维持不变或稍微高于生存线，而一部分资本家会变得很富有，这一事实就不言而喻了。

232 莱斯特·沃德（Lester Ward）是新社会观点的领导者之一，他曾经致力于研究动态社会学，并对无目的的动物进化和人类进化进行了明确区分。[3] 他主张每个人都能从环境的改善和经济社会的控制中受益。这种新思想与社会达尔文主义和自由主义是对立的。他号召联邦政府建立新的功能：通过立法和为穷人提供项目来实施商业法规。因此，大约在 1900 年萌生了社会需要的启发：联邦政府拨出有限的资金分配给一些项目，例如健康、住房和贫民区的票证。

20 世纪 30 年代经济大萧条给穷人的项目带来了深远的变化。直到这时，大部分美国人仍赞同个人主义思想（见专栏 9.1）。大萧条证实了这一理论。随着 150 万左右中产阶级和上流社会人们的失业，我们很清楚地看到剥削、苦难和贫穷等依靠个人力量所无法左右的事情的发生。除此之外，以前是穷人主要财政来源的私人社会工作机构已经不能满足大量的失业者和穷人的需求。因此，人们要求联邦政府来扮演这个角色。

专栏 9.1 个人主义思想 232

在美国这个国家，财富是逐渐积累的。很少有个人能够逐渐提高其社会地位的。已经拥有的财富为富有的孩子成人后赚取更多的财富打开了很多渠道（通过教育和关系）。而对于贫困中的孩子来说，在他们成人后却很难有机会逃脱贫困。然而很多人却支持个人主义的思想。个人主义思想认为，富人成功是因为他们是有责任的人，而穷人却要为他们的失败受到谴责。其主要观点如下：

- 每个人都应该勤奋工作以通过和别人的竞争获得成功。
- 勤奋工作的人应该为他们的成功受到奖赏（例如财富、财产、名望和权力）。
- 由于就业机会的扩大与平等，努力工作的人会因成功受到奖赏。
- 经济失败是个人的失误并且说明其不够努力和具有其他性格弱点。

在现代社会，穷人把贫穷归罪于他们的环境。责备穷人会使穷人感到耻辱，特别是那些已经接受公共援助的人。

资料来源：Philip R. Popple and Leslie H. Leighninger，*Social Work*，*Social Welfare*，and *American Society*（Boston，MA：Allyn and Bacon，1990），28－30。

1935 年《社会保障法案》通过，它是现今大部分帮助穷人公共项目的基础。（这些项目将在本章稍后介绍）。社会保障法案的基本目的是给每一个美国人提供体面的生活。富兰克林·罗斯福（Franklin Roosevelt）总统是这个法案的主要设计者，他相信财政保障（包括公共援助）不是一个慈善问题而是一个公平问题。他不仅认为在社会中每个人都有权利达到最低的生活水平，而且认为自由和保障是同义词。他还认为没有财政保障的人会逐渐陷入绝望和敌对的态度。因此，他认为一个民主社会的存在要取决于其公民的健康和福利。

1935 年以后，美国的经济开始缓慢复苏，一些生活在贫困中的人们开始享受更富裕的生活（尽管许多人仍生活在贫困中）。不幸的是，仍生活在贫困中的人却被人们遗忘。在 20 世纪 40 年代早期，人们更多地关注“二战”，然后关注朝鲜战争以及共产主义的迅速传播发展。从 20 世纪 40 年代到 50 年代，尽管大部分人仍继续生活在不幸的贫困中，但是贫穷不再被认为是一个主要的社会问题。

1960 年，约翰·肯尼迪（John Kennedy）总统看到许多州的很多人由于贫困仍生活在卑劣的人文环境中。他把贫穷作为其任总统期间的主要问题，因此贫穷又一次被定义为一个主要的社会问题。1962 年，迈克尔·哈林顿（Michael Harrington）出版了一本名为《另类美国》（*The Other America*）的书，其中生动地描述了占人口五分之一的生活在贫困中的人们的困境[4]，同时媒体也报道了贫穷问题，自此公众对于贫穷的关注度急剧上升。 233

1964 年，林登·约翰逊（Lyndon Johnson）总统发动了贫穷战争并且陈述了要根除贫穷和创造一个伟大社会的希望。消除贫穷成为美国最优先考虑的事。我们建立了各种各样的项目来根除贫困：开端计划、VISTA（美国志愿者服务项目）、工作组、“我”主题教育基金、社区行动计划、青年组织以及地区法律服务。

尽管这些项目在一定程度上减少了贫困，但20世纪60年代早期那种乐观地认为能成功根除贫困的想法是不现实的。20世纪60年代末期的越南战争耗干了本应用于民主项目的资金，同时转移了人民对贫穷的注意力。

20世纪60年代几年的骚动，在20世纪70年代早期越南战争结束以后，被国内外相对平静的环境所代替。同20世纪60年代政府计划能解决贫困的希望相反，一种反对的哲学理论出现了，它认为许多问题是超出政府解决能力之外的。因此，20世纪七八十年代的更为保守的提议代替了20世纪60年代的根源于新的社会计划的扩展和发展的自由主义。实际上，没有新的大范围的社会福利项目发动起来。

在吉米·卡特（Jimmy Carter）总统执政期间（1976—1980），有一种认识在逐渐上升，即联邦政府不管花多少钱都没有能力来解决贫困和其他社会问题。而另外一种认识是政府能够部分地减轻许多问题。很明显，许多公民开始绝望，他们认为政府应该大幅度减少花费在社会福利项目上的税款。

1980年，罗纳德·里根（Ronald Reagan）总统执政，在其政纲中要求：（1）大力减少个人和公司税；（2）大量增加军费开支；（3）急剧削减社会福利计划。里根成功地完成了这三个目标。联邦政府支持大量削减社会福利计划是美国历史上首次大幅度在此类项目中缩减拨款。事实上，每个社会项目都受到了削减，有的甚至取消了。1988年，乔治·布什（George Bush）总统执政，他继续采用了里根期间的社会福利政策。

里根和布什政府都赞同削减税费与政府开支、取消烦琐的政府规定、抑制商业和工业增长的官僚作风以及鼓励私营企业扩展和增加就业。以上的目标是为了创造一段时期的繁荣以减少社会底层的人数，同时可以使所有人都受益。但结果是穷人和富人的差距越来越大，穷人并没有从富人改善了的财政环境中受益。[5]以前和现在的接受者由于联邦政府减少社会福利项目的财政支出而受到了伤害。

这些削减的长期影响又是什么呢？我们现在有许多社会问题在不断加重：生活在贫困中的人口比例在增加，更多的人在挨饿，贫富收入差距在拉大，减少种族歧视的努力在放慢，监狱已爆满，许多慢性精神病人从医院释放出去，他们生活在无人救助的悲惨境地，城市居民的困境就像20世纪60年代城市爆发一样凄惨，单亲家庭的数量在持续增加，我们听说越来越多的人生活在贫困和绝望中。在一些城市，失业的人在等待慈善组织提供的免费食物。无家可归和处于饥饿中的人数在持续上升。

1992年，比尔·克林顿（Bill Clinton）当选总统。在他任职期间，他承诺要结束我们知道的福利。他特别提到联邦项目，尤其是AFDC（对有未成年子女家庭的社会援助）。AFDC是防止贫穷发展为饥饿和悲惨境地的所谓的社会安全网络的主要组成部分，从20

世纪 30 年代起支持穷人家庭和个人，在这方面最深远的变化，是在 1996 年总统大选之前克林顿总统和国会双双赞同的 1996 年《社会福利改革法案》这一重要的政治步骤。1996 年《社会福利改革法案》（也被称为《个人义务与工作机会相结合法案》）结束了长达 60 年的 AFDC 计划。

专栏 9.2　不均衡的个人收入令人吃惊 234

世界上一些国家个人的平均年收入不到 500 美元。在美国，3 600 多万（几乎是总人口的 14%）人生活在贫困中。（1996 年，一个 4 口之家的贫困标准是年收入 16 036 美元。）1997 年秋天，凯文·加内特（Kevin Garnett）和明尼苏达州森林狼队（NBA 的一个职业球队）签署了一份 1.23 亿美元的 6 年合约。每年 1 730 万美元的合约在当时是最昂贵的长期运动合同。凯文·加内特当时只有 20 岁，他高中毕业就加入了 NBA，没有上过大学。①

从 1996 年到 1997 年，根据《福布斯》杂志报道，比尔·盖茨（Bill Gates）的净资产在一年的时间里翻了一倍。他的净资产在 1997 年 10 月是 398 亿美元。在这一年的时间里，他的收入是每周 4 亿美元，每天 5 000 多万美元，这个数字令人十分吃惊！比尔·盖茨是微软的总裁。

①此处数字似有误，原文如此。——译者注

资料来源：U. S. Bureau of the Census，*Statistical Abstract of the United States*，1997（Washington，DC：U. S. Government Printing Office），1997；Randolph E. Schmid，"Census Bureau：Poor Lose，Rich Win，" *Wisconsin State Journal*，September 30，1997，2A；and Eric R. Quinones，"Rich get Richer：Forbes Lists 170 Billionaires，" *Wisconsin State Journal*，Oct. 14，1997，2A。

根据 1996 年《社会福利改革法案》，家庭收入低于规定的水平（取决于家庭规模）不再享受国家和州社会福利机构提供的基金。然而，各个州仍在接受联邦政府的大量补助金（大量用于帮助穷人的钱），这些补助项目具体指出没有工作的人接受资助不能超过两年，而且成年人不能超过五年。1935 年，当 AFDC 作为《社会保障法案》组成之一颁布时，人们认为对待在家里抚养孩子的单身母亲来说是最合适的。而 1996 年《社会福利改革法案》主张单身母亲或父亲有义务去找工作谋生。

那么最近的福利工作法案的长期影响是什么呢？法案是否会伤害到穷人，特别是穷人的孩子呢？现在下结论还为时过早，不过对以前的福利系统有保守批判的人都在担心福利受益的急剧减少和新的惩罚性的措施将会产生其他的社会问题和潜在的对 1996 年《社会福利改革法案》的反对。[6]

科恩布卢姆和朱利安描述：

> 关于自由主义和政治左派的福利批评不断受到质疑，既然 AFDC 是一个很小的联邦项目，为什么公众和政治领导人要攻击它呢？它从来没有花费超过联邦预算的 1%，

名单也只有不到 500 万人。自从 20 世纪 70 年代以来这个数字就没有改变过。其中一个答案就是在 20 世纪 80 年代早期，福利穷人曾经被作为自由主义反贫穷政策失败的典型案例。对于大多数脆弱的和政治上无权的人来说，减少缴纳的税费和缩减财政预算是必须的。而且穷人是这部分人当中首当其冲的，其次是移民。在一些州，这些人受益是因为财政的减少也变得模式化了。一些穷人有这样的想法：即使他们不工作也可以依靠从富有的人那里得到资助而生存，针对这种想法，有些人认为应当减少联邦支出对这个项目的资助。[7]

1996 年《社会福利改革法案》和其他的与贫困相关的法规在本章后面的部分将会详细地讨论。

富人和穷人

世界上大多数国家的家庭和个人都关注财富。因为大量的财富通过剥夺别人而获得，所以贫穷和财富有着密切的联系。

有两种方法可以评判经济不平等的程度。收入是指一个人在既定的一年所获取的钱的数量。财富是指一个人的全部资产——房地产、现金、股票、证券等等。

财富和收入的分配在我们的社会是很不平等的。像大多数国家一样，美国以社会等级
235 为特征，也就是说它有社会阶层，上流社会极大接近于钱所能买到的任何快乐。

尽管这一章所关注的是美国的贫穷问题，但在大多数国家贫富差距的扩大也是值得关注的。在当今世界，共有大约 170 个亿万富翁和 200 万个百万富翁，但是，也有大约 1 亿无家可归的人。[8]美国人每年要花费 50 亿美元来节食以消耗掉他们身体内的卡路里，而世界上却有 4 亿左右的人因营养不良而导致身体健康恶化。[9]

科恩布卢姆和朱利安描述：

> 因为美国的工作被出口到大量穷人愿意接受任何工资的地区，所以世界上富人和穷人不断增长的不平衡对美国穷人的状况有直接的影响。世界性的贫穷也促成了环境的退化、政治的不稳定和暴力——所有这些问题也剥夺了本来被用来满足民主需要的资源。[10]

在美国，最富有的 1%的家庭占有了大约 34%的个人财富。[11]（净资产是指减去债务的所有资产的价值，资产包括储蓄、支票账户、汽车、房地产、股票和证券。）收入的分配也是不平等的。在美国，最富有的 20%的家庭占有几乎所有收入的 50%。然而，最穷的 20%却占有收入的不到 5%。[12]

罗马天主教大主教在一封牧函里这样写道："在我们的社会，收入和财富的不平等程度已达到了道德无法接受的水平。"[13]经济学家保罗·萨缪尔森（Paul Samuelson）用一个比喻描绘了美国最穷的和最富的人们之间的差别：

如果我们用孩子的积木做一个收入的金字塔，每一层是 1 000 美元的收入，顶层会比艾菲尔铁塔还要高得多，但是我们大多数都处在金字塔的底层。[14]

如果被给予巨大财富的 20%，将顶层财富的五分之一再分配给底层的五分之一，也会消除贫困。当然，顶层成员是不会接受的。因为这些人对政府有巨大的控制力。同时还要注意的是这些富有的家庭会利用法律的空子来逃避税款。

大约 3 000 万的美国人由于没有财政来源至少在一个月的一段时期内在挨饿。[15]挨饿的美国人中有成千上万的儿童。

饥饿对儿童有很多不良影响，包括大脑发育迟缓。婴儿的大脑在生命的头 3 年里会发育到成人的 80%的大小。如果在这个时期蛋白质的供给不充分的话，大脑会停滞生长，危害是不可扭转的，小孩就会永远大脑发育迟缓。[16]

科尔曼和克雷西描述了富有和贫穷不同的影响：

富人、穷人和中产阶级之间的经济差异对他们的生活方式、他们对别人的态度甚至对自己的态度都有深远的影响。穷人缺乏在社会中的自由和自治权。他们受周围环境局限，生活在贫困、犯罪率高而他们却无法离开的环境中。他们经常要面对他们期望却极少降临在他们身上的事情。相反，富人拥有权力、自由以及控制别人命运的能力。富人生活在自己选择、随心所欲、没有经济压力的环境中。因为穷人缺乏教育和旅游经费，他们很少能超越自身周围环境的限制。相反，富人的世界为其提供了最好的教育以及去世界上最好的地方参观的机会，而这些地方穷人可能连听也没听过。

富人的孩子接受了社会所能提供的一切最好的东西，包括最有价值的保险。因为穷人的孩子缺少每一个人都应该有的很多东西，对他们来说要发展为富人很艰难。在这个物质社会，人们被他们所拥有的物质来判断他们是什么人。穷人只能在这样的环境自认低劣。[17]

贫穷问题

1997 年，美国大约有 14%的人口，共约 3 600 万人生活在贫困线以下。[18]（贫困线是政府规定的不能充分满足基本衣、食、住的需要的收入水平。）我们对此应当提高警惕，因为现在的贫困率比 1980 年还要高，几乎和 1966 年一样高。[19]

236

专栏 9.3　富人永远富有，穷人永远贫穷

下面分别有两个人一生的经历，他们的结局证明了在美国富人会永远富有，穷人会永远贫穷。

蒂姆（Tim）的父母很富有，他的祖父母也都是上流社会人士，蒂姆的母亲苏珊娜（Suzanne）是一个成功的股票经纪人。他的父亲戴维（David）是一个成功的律师。

(他们的家庭收入每年超过 300 000 美元)。蒂姆出生后，他一直穿的是用钱可以买到的最好的衣服，并且他的父母为他提供广泛的早期激励和最高质量的教学实验。

他上的是昂贵的私人幼儿园、小学、中学和高中。这些学校师生比率低，所以蒂姆受到来自老师们的广泛关心与爱护。在学校系统中，蒂姆的父母一直和老师有高度密切的联系，这种紧密联系鼓励了老师给蒂姆额外的关注，并且也会频繁表扬他，这些都促使蒂姆发展自我肯定和高度自信。

蒂姆的父母一年里有两三次去别的国家旅行，而且他们都会带着蒂姆，这样帮助蒂姆学习理解与欣赏多样化和其他文化。同时也能让蒂姆了解，为了获得一个高收入的地位和用钱可以买到的特权需要达到大学教育水平。

蒂姆的父母有一些朋友，这些人在他们的交际圈中是有能力的杰出人物。蒂姆被介绍到这个高级圈子中，并且和这些杰出人物们的孩子成为朋友。在这个有能力的杰出人物的圈子里，通过这些能人他获得了用自己的能力使自己社会化并且增加实际决策训练的技术和信心。高等学校毕业后，他上了东海岸一所闻名于世的私立大学，而且他很多的高中同学也进入了这所学校。在大学 4 年毕业之时，他上了一所有威信的法律学校，并且光荣毕业。他父亲的关系帮助他进入一家卓越的法律公司，凭其法律学位成为一名合作律师。从法律学校毕业一年后，他和弗吉尼亚（Virginia）结婚了，弗吉尼亚也是一个律师并且和他在同一所法律学校，还拥有相同的上层阶级背景。5 年后，他们的家庭收入每年超过 500 000 美元。

相反，马西（Marcee）的一生描述了贫穷和阴沉的生活条件如何导致绝望、失望和失败。

马西出生并成长于纽约。她的父亲因为对可卡因上瘾很难有一份工作，并且她的母亲是一个酒鬼，在马西 3 岁时与丈夫离婚。马西的母亲起初为了马西和她的 3 个兄弟尝试去提供一个较好的家。她在业余时间工作并继续 AFDC。然而她的酒瘾耗费了她大部分的时间和钱。邻居们向相关机构报告了孩子们正生活在一个无人关心的悲惨环境中，为此保护机构把马西和她的兄弟们转移到养护中心。马西被安置在很多养护家庭，共 17 个不同的家庭。在这些家中，有一家她的养父对她进行性侵犯，另一家的一个养兄强暴了她。从一个养护家庭到另一个养护家庭导致频繁地变换学校。马西增加了对福利系统以及学校老师、管理者、男性等任何企图接近她的人的不信任。

当她 18 岁时政府不再付给她抚养费。她得到一个小而合适的出租房间，但一个月要花费她几百美元。因为 16 岁时辍学，她几乎没有什么工作技能。她在快餐店工作了一段时间。她收到的最低工资不足以偿付她的账单。8 个月后她被逐出了出租房。因为没有能力供养另一个住所，她开始在纽约市的地道中居住。因为缺少卫生学的知识和不整洁的外表，她很快失去了麦当劳里的工作。

因为不能改善她的外表，她不能获得另一份工作，在过去的两年里她没有家，只在街道和地铁里居住。她已经放弃了改善情况的希望。现在她偶尔和人共用静脉针管，并且夜里在地铁里被男人强暴。她认识到她处在感染 AIDS 病毒的危险中，但是却不再过多关心。对她来说，死亡的出现，是从充满欺骗和痛苦的生命中的最后解脱。

在美国，贫穷并不仅仅简单地意味着他们的收入比平均水平底，而是意味着很多穷人 237
都营养不良，一些人还以狗食或猫食作为食物；贫穷意味的是住不好的房子，是暴露于危险的老鼠、蟑螂和其他害虫中；贫穷不仅仅意味着在冬天没有足够的温暖，并且因为墙太薄以致不能阻隔来自邻居们的生活噪音而导致不能入睡；它意味着有许多破衣服；意味着严重的情绪失调、酗酒、成为犯罪的牺牲品，意味着寿命可能不长；意味着缺少在社会、生活或教育等领域发展自己的机会；意味着要住在贫民区，不能结婚，并且没有机会去感受生活中如旅行、外出用餐、看电视、玩游戏、听音乐会和运动等美好事情。

穷人的婴儿死亡率几乎是富人的两倍。[20]穷人很少能接近医院服务机构，而且受到专业健康中心低质量的治疗服务。穷人生活在高度空气污染、水污染和不卫生的条件之中，导致他们营养不良和生病几率较高。贫民区的学校质量低并缺少资源。结果，穷人很少上大学，但更多的是辍学。他们可能更多地被捕、被控告和监禁，同样罪名穷人会比富人被判处更长时间的刑罚。他们很少得到缓刑、假释或中止判刑。[21]

贫穷也常常导致绝望、自卑，以及身体、心理、情绪和能力生长发育不完整。当贫穷导致一个人自认为其低等或认为自己是下层阶级时，贫穷会对穷人伤害得更深。

我们可能会认为美国是一个机会平等的地方，在这里人只要肯努力就有可能进入上层阶级。现实是与神话相反的。大量研究表明，贫穷几乎是“不可解脱的”。成长于穷人家里的孩子们在他们成年时可能还是生活在贫穷之中。大多数人会有和他们的父母同样的身份、社会地位。在现实中，由低层社会地位发展到高层社会地位都是不可能发生的——包括美国。[22]

贫穷定义：政策问题

尽管有很多关于贫穷的研究，但我们仍不能就如何给那些条件下定义达成一致意见。在农村生活的四口之家，他们每年赚 15 000 美元不会被看作是“受贫穷打击”，特别是他们不需要付出大笔租金，并可以得到很多他们需要的食物。另一方面，在城市生活的四口之家每年赚 20 000 美元却由于高消费仍欠债很多，特别是他们要付高额租金，并面临着意想不到的高额医疗费用支出。

定义贫穷一般是以缺少钱为基础，并且以每年收入作为最常用的衡量标准。这里有两个关于定义贫穷的提议：绝对提议和相对提议。

绝对提议认为一定数量的物品和服务对一个人或一个家庭的生存是必不可少的。那些连最低物品和服务都没有的人被看作穷人。这种提议的根本问题是“最低标准”构成的条件始终没有一个统一的看法。根据所选择的收入水平不同及如何确定穷人标准不同，穷人人口的数量与其占总人口的百分比也不同。

关于绝对贫穷的定义方式有一个严重的问题就是没有考虑事实本身。事实上人们的贫穷不仅要根据他们的需要，而且还要对比其他非贫困的人的生活条件。也就是说，贫困是一个相对的时间和空间的概念。今天被贴上贫穷标签的美国人与1850年的标准相比肯定不会被认为贫穷，与现在印度的标准或其他不发达国家的生活标准相比也不会被看作贫穷。在19世纪90年代没有一个人因为没有电灯而感觉特别贫穷，然而今天一个没有电器的家庭通常被看作是贫穷的。

重要的是，人们要认识到感受贫穷是以自己所在社会条件为基础的。人们感到贫穷和富有都是根据与周围人相比较，而不是与世界上其他地区的人相比较。对于美国的穷人而言，如果让他们生活在埃塞俄比亚（或其他贫穷的国家），则他将过着富裕的生活（根据他们的收入和财富），但这对他们来说没有一点安慰。

作为世界最富有的国家之一的美国大约有14%的人生活在贫困中。

相对提议认为，本质上，当人们的实际收入低于人口的平均收入时，那他便是贫穷的。例
238 如，在人口最底层的五分之一（或十分之一或四分之一）的人被认为是贫困的。通过这种方法

对贫穷定义，我们避免了给绝对需要下定义，并且我们也可以多关注在收入上的不平等。根据相对提议，只要收入不平等存在贫穷就会存在。相对提议最大的弱点就是它没有告诉我们在收入分配最底层的人们实际是如何生活的，比如生活得是好还是不好。根据贫穷标准，我们想要知道的不仅是有多少贫穷的人，而且还要知道他们的生活条件是如何令人绝望的。

联合政府一般选择在贫穷定义上的绝对论。由于通货膨胀的调整，贫困线每年都有提高。在 1996 年，政府以四口之家为标准建立的贫困线是 16 036 美元。[23]

穷人

令人欣慰的是在过去的 100 年里，低于贫困线的人口比例在逐渐减少。20 世纪以前大多数美国人生活在贫困中。1937 年富兰克林・D・罗斯福说道："我了解到在美国没有房子、没有衣服、没有食物的人占人口的三分之一。"[24] 在 1962 年经济顾问总统会议中估计全国有五分之一的人口生活在贫困中。[25] 1996 年估计大约有 14%的人生活在贫困线以下。一件令人担忧的事情是自从 1978 年以来，贫穷人口比例一直在增加。[26]

贫穷集中在以下可能的人口中：单亲家庭、儿童、老年人、大家庭和有色人种。教育水平、就业和居住地也是贫穷的相关因素。

单亲家庭

大多数单亲家庭是以妇女为主，而且以妇女为主的家庭中有 37%生活在贫困中，这和双亲家庭的 12%形成对比。[27] 少数群体的单亲母亲（例如非裔、拉美裔和印度裔等）因为在劳动力市场上受到双重区别支配（种族和性别），特别容易受到贫穷的影响。

全职工作的女性收入只有全职工作的男性收入的 75%。[28] 因为交通不便，昂贵的日托
费和不够充分的训练导致很多单亲母亲不能工作。生活在贫困中的家庭，大约一半是以单 239
亲母亲为主的。[29] 在美国中每出生 5 个孩子就会有一个和其母亲或父亲一个人生活。此外因为离婚、分居和私生子的增加，估计在今天每两个出生的孩子中大约有一个将在由单身母亲支撑的家庭里长大成人。[30] 现在美国的单亲家庭比例超过所有家庭比例的 20%。[31] 单亲家庭的增长导致了女性贫穷的增长。

儿童

18 岁以下的儿童中有 20%生活在贫困中，此外将近有 40%的穷人家的孩子在 16 岁以下。[32] 这里有超过一半的孩子生活在没有父亲的家庭里。[33] 在 1996 年《社会福利改革法案》通过时，国家的福利接受者约三分之二是孩子。[34] 1996 年《社会福利改革法案》关注于让成年的福利接受者去工作。由于接受者的三分之二是孩子，这样的问题引起了广泛关注：这样家庭的父母会用所获得的福利而不是靠劳动所得来养活自己和孩子，那么长此以往，会在这些孩子身上发生什么情况呢？

老年人

许多老年人依靠社会保障养老金或公共援助（以辅助保障收入的形式）满足他们的基

本需要。从1964年贫穷战争开始以来，老年人是一个受益最多的人群。该计划包含：医疗照顾方案和辅助保障收入，给非老年人增加每月收入，幸存者、残疾人和健康保险政策。这些措施减少了老年人中的贫困率，从1964年的25%减至今日的11%左右。[35]

大家庭

大家庭比小（人口少）家庭更可能贫穷，部分原因是家庭支出的增长远远大于收入的增长。在一个低收入家庭里，抚养一个孩子，从出生到18岁估计要消费掉161 000美元。[36]

有色人种

同一般的观点相反，更多的穷人（超过60%）是白种人。[37]但是少数民族的大多成员有更高的贫穷率。例如美国黑人，他们构成人口总数约12%，但是25%的人是穷人。[38]10个白人中有1个是穷人，而每3个美国黑人就有1个是穷人。[39]大约土著美国家庭的三分之一生活在贫困线以下。此外在约每3个拉丁美洲裔中有1个生活在贫困中。[40]种族歧视是大多数少数民族不成比例的贫穷的主要原因。

教育水平

未接受九年教育是贫困的预兆。然而有了高中文凭还是不能保证将来能够赚取足够的钱避免贫困，因为大多数穷人已经从高中毕业。大学学历是一个极好的避免贫困的预言，那些拥有大学学历的人中只有一小部分是贫困的。[41]

就业

失业和贫困的原因相互关联。然而，有职业仍不是一个避免贫困的保证。超过15万的家庭从事全职工作，但是他们的收入仍在贫困水平以下。[42]一般公众（和很多政府官员）错误地认为工作是消除贫困的关键。但是事实上工作并没有减少贫穷。

居住地

生活在乡下的人比居住在城市的人有更高的贫困发生率。在乡下工资低、失业率高、工作趋向季节性。欧萨克地区、阿巴拉契亚山区和南部地区有很多失业率高的农村贫困区。[43]居住在城市贫民区的人构成了穷人最大规模的地域组织。在东北和中西部城市有相当大的贫民区。贫困也广泛存在于土著美洲人居留地和季节性移民工作者中。

所有这些因素都表明一些人比其他人更容易受贫困的影响。迈克尔·哈林顿为美国的穷人创造了“另类美国”这个术语，认为穷人“犯的简单错误”是：

> 出生于不好的家庭，生活在国家的不好的区域，在不好的单位里工作或者属于不好的种族或少数民族组织。一旦“犯这样的错误”，他们可能会成为道德中的杰出典范，但是他们中的大多数人永远不可能有机会摆脱“另类美国”。[44]

240 贫穷的原因

这里有一些可能引起贫穷的原因：

- 高失业率。
- 身体状况欠佳。
- 身体残疾。
- 情绪问题。
- 过度医疗支出。
- 酗酒。
- 吸毒。
- 大规模家庭。
- 由于自动化引起的工作调动。
- 缺乏工作技能。
- 较低的受教育水平。
- 妇女单独抚养孩子。
- 生活消费增长与人们收入不平衡。
- 种族歧视。
- 被贴上“前科罪刑”或“疯狂”的标签。
- 生活在一个工作稀少的地区。
- 离婚、被对方抛弃或丧偶。
- 赌博。
- 预算问题和资源的管理不善。
- 性别歧视。
- 犯罪受害者。
- 持反工作价值观。
- 未充分就业。
- 低薪工作。
- 心理障碍。
- 超过退休年龄。

这里列出的贫穷原因并不完整。然而，它说明有很多引起贫穷的原因，要想除去这些贫困原因需要一个广泛的社会计划政策，此外贫困几乎和所有其他社会问题相互作用——如情绪问题、酗酒、失业、种族和性别歧视、医疗问题、犯罪、赌博以及心理障碍等。贫困和这些其他社会问题之间的相互影响是复杂的。这表明这些其他社会问题是导致贫困的原因，然而对于一些社会问题来讲，穷困也是形成这些问题的原因（如情绪问题、酗酒和失业）。贫穷加剧了所有社会问题的影响（伤害）。

贫穷文化

从某种程度上说，贫困是循环的，是从一代到另一代延续的（见图 9—1）。为什么呢？一些权威人士认为应当归咎于贫困文化。人类学家奥斯卡·刘易斯（Oscar Lewis）是这种“文化解释”的主要支持者。[45]

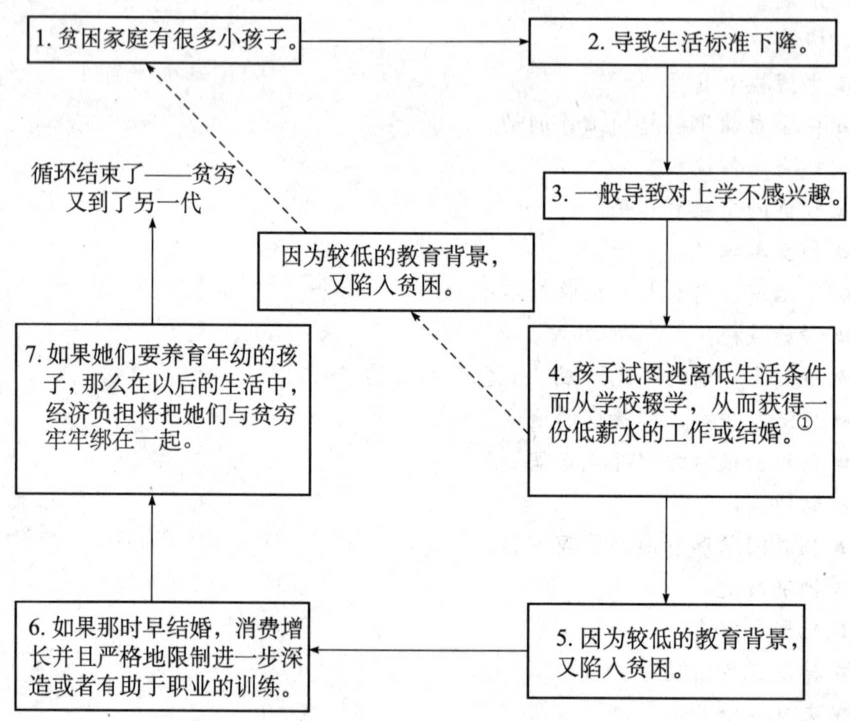

241 **图 9—1　贫穷循环**

①其中一些成年妇女中断循环而成为一个单亲母亲。——译者注

刘易斯考察了解到世界上有很多的地方是贫困区，并且总结出穷人是因为一个有差别的文化或生活模式从而导致了贫穷。当经济剥削使社会中形成资本主义阶层后，贫困文化便出现了。由于就业能力低下和低薪就业，一些经济剥削引起了高失业率。这种经济剥削引起一些看法和绝望的价值观。刘易斯描述这些看法和价值观如下：

> 生活在这种文化中的人有一种强烈的宿命论、绝望、依赖和自卑的感觉，有一种相对较少的延期满足和为将来做计划的现代思想，有一股强大的对各种身体疾病的忍耐力。[46]

这种文化一旦产生，将继续存在，即使促成这种文化的经济因素（如缺少就业机会）

不再存在。对这种文化的态度、标准和期望适合限制机会及防止脱逃。社会孤立穷人是他们仍深陷这种文化中最大的原因。他们很少有机会与他们文化圈以外的组织交流，并且受到很多社会机构和教育事业机构的敌视，以至于不可能帮助他们脱离贫困。他们拒绝社会事业机构，因为他们觉得它们是属于卓越的有优势的阶级。此外，因为他们把他们的财政环境看作是一种隐私，并且对其参政状况感到失望，加之他们缺乏政治及组织能力，所以他们不会采取集体行动去解决他们的问题。

贫穷文化理论一直存在争议并受到广泛批评。伊莲内·李柯（Eleanor Leacock）认为这种文化不是贫穷的原因，而是他们继续贫穷的结果。[47]她赞同穷人趋向强调“立即满足”的观点，这指的是陷入不断花费和及时赚钱的境地。但是她认为立即满足是成为贫穷的结果，因为当一个人对未来采取悲观看法时立即满足使人对延期满足没有判断力。只有 241
当一个人是乐观主义者时延期满足才是一个合理的反应，今天的延期满足是通过节约金钱以便在将来得到更大的利益来实现的。（令人感兴趣的是，研究已经发现，当城市中犹太人得到稳定、高薪工作时，那时他们也会展现中产阶级延迟满足的价值观。）[48]李柯认为，穷人因为贫穷被迫放弃中产阶级的态度及价值观，因为这些价值观与他们的环境无关。如果他们得到稳定、高薪的工作，他们将可能采用中产阶级的价值观。

威廉·瑞恩激烈地评论了贫穷文化作为一个“指控受害者”的典型案例。[49]根据瑞恩的理论，真正的犯人是社会系统，是它让贫穷存在。瑞恩很直接地说，穷人不是因为他们的文化而贫穷，而是因为他们没有足够的金钱。

正反两方面的论点都认为贫穷文化理论会持续存在。这里有许多关于为什么一个人可能贫穷的原因，包括内部原因和外部原因。外部原因包括高失业率、未充分就业、种族歧视、机械自动化使人失去工作、缺乏工作培训项目、性别歧视、缺乏反贫穷的项目以及通货膨胀。内部原因包括身体或心理的损害、酗酒、陈旧的工作技能、过早的家长身份、辍学以及缺乏获取工作的兴趣。 242

贫穷功能

贫穷的功能显然是针对穷人自身，贫穷的功能是机能失调的，但是它也对富人起作用。然而，贫穷有一些社会功能能够帮助我们理解为什么一些决策者不能寻找到根除贫穷的措施。

这里有 11 项穷人的社会功能：

1. 他们能去做一些别人不想去做的工作；
2. 他们的行动帮助了很多富人（例如，低薪的家政服务）；
3. 他们创造就业（例如，一些为穷人提供服务的社会工作者）；
4. 他们购买卖不出去的低质量的物品；
5. 他们适合做大多数人不认同的行为不轨的例子，因此被统治标准支持；

6. 他们为一些人提供机会，即实践他们帮助穷人的“基督教信仰”；

7. 他们更可能因为别人而改变，因为他们被迫远离好工作和良好的教育；

8. 他们促成文化活动（例如，为建造纪念碑和美术工作提供廉价劳动力）；

9. 他们创造文化形式（例如，爵士乐和蓝调），并且此形式被富人接受；

10. 他们适合做政治组织的象征对手，并且作为其他人的组成部分；

11. 他们通常是变化的代价（如，成为由先进技术引起的高失业率的牺牲品）。[50]

此外，有一些自我感觉良好的美国人中伤穷人，认为他们有心理障碍。

部分原因是因为贫穷是功能性的，我们的社会只用了一半的努力去根除贫穷或者最低限度缩小贫穷。消除贫穷将意味着从富人到穷人收入的重新分配，一般的方针被看作是不民主的（通常是共产主义的），即使是由非富人通过的。因为富人控制政治权力，消除贫困的建议（如保证每年收入的计划）一般都遭到反对。甘斯（Gans）强调这个观点：

> 在美国，法律趋向维护商人的利益，而不是消费者，维护业主，而不是租户，维护医生，而不是病人，尽管后者是一个巨大群体，只有一些爱心组织在政府官员提供帮助时，才会用时间、员工以及金钱以满足他们的要求。因为穷人只是人口中的一小部分，所以他们不能形成政治组织，经常也很难组织，甚至连一个相同利益的同性质的组织也不是，他们只能组成一个独立的受强迫的组织，所以他们没有权力……考虑到在美国人中有很多人持反对论，因此任何可以提供给他们足够利益的计划都可能被大多数人选择否决。一个大规模的扶贫工作的立法建议……在华盛顿一直遭到一致联合的反对。[51]

美国政府有能力去消除贫穷——但是却不愿意。在现代，美国能在准备作战时找到上亿的金钱、资源（这已经发生几次了），但是不愿意留下相同的资金去改善那些无家可归的人以及上千万生活在贫穷之中的人的生活条件。

关于贫穷原因的其他看法

这部分将对三种观点进行讨论——功能论观点、矛盾冲突论观点和相互作用论观点——贫穷的诸多原因和如何去和这个问题斗争。

功能论观点

功能主义者认为贫穷是在经济方面的功能障碍。广泛的功能障碍已经被证明，其中一些将在此叙述。迅速工业化引起经济系统的瓦解。例如，缺乏工作技能的人被迫从事低薪水、低贱的工作。当自动化来临时，他们被解雇了，没有工作、钱或可供出卖的工作技
243 能。一些工业产品也变成过时的——如蒸汽机、牛奶瓶以及四轮马车——导致工人失去工作。此外，职业培训中心和学徒计划可能继续培养不再符合市场需求的毕业生。例如，打字员在现在不再有市场。同样，直拨的电话机也急速地缩小了对接线员的需要。

功能主义者也关注解决贫穷问题的社会福利系统，认为它存在很多功能失调。社会福利系统有时没有足够的资金去满足潜在贫穷人群的需要。这些服务提供者更多地关心他们个人的生活。某些官僚主义通常为了帮助一个该受奖赏的家庭而勉强周旋于复杂的规则中，比如某个家庭因“技术”上合格而获得帮助。社会福利计划时常打算让功能障碍者满足接受者的需要，例如，过去某些州，只要父亲抛弃家、离开家，许多小孩的母亲就有资格获得公共援助。因此，一些失业男人被迫遗弃他们的家人以便他们的小孩可以得到抚养和保护。

社会福利系统中一些额外问题是由不充分的信息系统引起的。比如不及时通知那些有资格获取福利的穷人，或者为了某些职位需要培训和教育计划通常会培训某些人，但该职位是还没有对外聘任的。

根据功能主义者所说，处理贫穷的最佳方法就是去做调整，以便纠正那些功能障碍。

应该注意到很多功能主义者认为某些经济不公平之处（这里指贫穷）是功能障碍。因为穷人是社会阶层中的底层，所以他们获得很少的社会物质和报酬。功能主义者为了激励人们成功扮演他们合适的角色而把对待社会底层中的大量人看作是一个重要的心理激励。功能主义者认为，当贫穷不再履行激励人们为社会作贡献的职能时，它就会变成一个社会问题。

矛盾冲突论观点

矛盾冲突论假设在现代社会中有如此巨大的财富，以至于在这个社会中如果一个人的最基本需求得不到满足，他将无法生存。这种理论主张贫穷的存在是因为权力结构想要它存在。坚信由于穷人得到低于贫穷水平的工资而他们的雇主获得高额利润并过上更富裕的生活，所以工作着的穷人正在被剥削。

没有工作的人是权力结构的牺牲品。因为雇主不想付出多余的税去供养失业人，便以一些计划措施来减少失业人数（如教育和工作培训措施）。

富人坚持个人主义，他们认为穷人因为不够努力而导致失业和贫穷，而不是来自社会的不公平或是其他不能自我控制的情况导致贫穷。因此，富人们忽视了贫穷的经济和政治基础，取而代之的是为穷人所做的慈善努力，这些慈善成果会让他们感觉他们做了好事。慈善机构和政府福利措施是一种保持永久贫困和经济不公平的力量，有一些措施是缓和政治矛盾及社会动荡局面的方式。矛盾冲突论认为，很多穷人最后会以社会整顿、调整他们的期望以及降低自尊的方式接受降临到他们身上的判决。

矛盾冲突论把贫穷看作既不是本质也不是功能，而是看成兴起的现象。矛盾冲突论认为，当一些组织察觉到资源分配存在不公平，并且有些事情应该被处理时，贫穷会变成一个社会问题。

矛盾冲突论相信，只有穷人产生政治意识并采取行动，利用他们组织自身通过政府行为去减少不公平的方式，贫穷才会得到很好的解决。这些理论者把穷人对贫穷的调整看作是一套必须被破坏的桎梏。只有穷人采取政治行动，贫穷才会有效减少，然而只有少部分权力机构支持这样的行动。

相互作用论观点

相互作用论者强调贫穷的主观性，认为贫穷是相互关联的，是相互比较而存在的。在美国，大多数穷人现在的生活标准比两百年以前的中产阶级要高得多。在这个国家的穷人，实质上要比第三世界的穷人好得多。

244 在这个国家中穷人最主要的参照就是他们周围的穷人。他们对一个成功人的定义就是知道自己下一顿饭着落（来自哪里）的人，而且一个大的成功也许就是能够在社会上得到一份工作。因为他们抱有这样的态度，所以他们陷入了自己的信仰之中，以至于他们目标很低又不愿付出努力去改变现状，他们认为在这种困境中他们可以得到短暂的满足，他们不想推迟目前的回报来实现长远的目标（如大学教育）。

相互作用者也很强调在富有的社会中穷人的心理因素，通过把他们自己与富人进行比较，许多人开始相信自己是失败者并且把他们的失败归因于个人的缺点，而不是他们无法控制的社会力量。基于这种失败的原因，他们也许会脱离社会且由于自己的感觉而逐渐形成情绪上的问题借助于药物以逃避，或通过违法和犯罪等非法方式来获得他们不能合法得到的物质商品。

相互作用论者观察到贫穷是一种普遍希望的事，他们被有权势的人归为穷人，被赋予穷人称谓的人受到指责且开始按照其被期望的那样去表现。相互作用论者强调贫穷不仅仅是没有经济能力，而且还包括一个人的自我观念，例如，一个第三代领取福利救济的人比靠打工挣钱的人容易读完大学，即使与其有同样收入的人更多地否定自己。

为了解决贫困问题，相互作用论者强烈要求应减少对其否定的看法，消除他们与贫穷有联系的思想，直到穷人确信他们自己不再是命中注定贫穷时，这种贫穷问题才可能发生实际的改变。在公共援助计划的实行下，贫困的困境能够得到改善，从而使穷人达到一个适当的生活水平。与计划相结合，放开机会能促进社会经济的发展，且计划鼓励穷人更乐观地界定他们所生活的环境。

消除贫穷计划

贫穷几乎与每个社会问题都有联系，甚至与每种与贫困作斗争的社会服务都有联系
245 （例如戒酒协会、健康保护计划、重新就业、单身父母协会、养育看护、收养、日常照顾、住房计划、城市修建、社区事业计划），这些计划缓和了与贫穷相联系的社会问题，从而间接减轻了贫穷。这样的计划太多了，以至于在本书中不能完全地描述出来，本节将阐述旨在直接缓和贫穷的收入维持计划，这一计划包括社会保险项目和公共援助计划。

虽然许多穷人都居住在乡村，但是他们中的大多数人已住进了城市，美国中西部和东北部各州的古老城市中有大量经济萧条的地方。

两种对立的观点

过去的项目对目前的项目有很大的影响，目前美国社会对于贫穷计划有两种对立的观点[52]，其中一个观点被称为“滞后”，是一个“弥补差距”或“救急”角色，这种观点认为只有当个人的需要不能通过家庭或市场经济等满足时才能提供贫穷计划。根据这种滞后观点，只有在个人和家庭的资源都已耗尽且所有其他的措施和努力都失败时才可以提供社会服务和经济上的援助。另外，这种观点主张提供资金和服务应是短期的（主要的紧急事件期间），且一旦个人或家庭可以自食其力，就应马上终止提供资金和服务。

这种滞后观点已被描写成“对不幸人们的赈济”[53]，接受者获得资金和帮助的同时要负有一定的义务，这种行为是一种赠予而不是权利，例如，为了得到经济上的援助，领取者可能会被迫去完成一些烦琐的工作。这种观点还认为大多数穷人贫困是因为他们自己本身的问题，也就是说，他们应该为自己的不良行为或是“罪恶”所造成的困境而自责。在滞后观点的影响下，穷人经常会因接受帮助或资助而蒙受耻辱。

持反对观点的组织机构认为在当今社会人们应当接受贫穷计划，并把它作为自我实现的合法责任。根据这种观点，领取者是有权享受此帮助的，所以当穷人再接受帮助时就不会蒙受耻辱了。这种观点认为贫穷是由于他们所无法控制的原因造成的（例如，一个人失业的原因很有可能是由于缺少就业机会）。在这种观点的影响下，当贫困出现时人们就会到社会环境中去寻找原因，并且努力的焦点是改变社会机构中的个别功能。

公共援助滞后观点的支持者们通常相信下面的观点，塞缪尔·门彻（Samuel Mencher）概述为：

● 公共援助应尽可能不令人满意，从而阻止其实施。坚信人本善而不拜金；不断对需求作出新的判断与评价；公共援助仅仅是一种暂时性的援助；如果家庭涉及不法行为，不符合标准条件时，则应对其立即停止援助，并将孩子从他们的家庭中转移。

● 通过要求接受者为获得救济而工作，不论工作的性质、工资的低廉或者这种要求可能是一种拥护廉价劳动的行为。这样，受救助者也许会感到不愉快。但即使这样，这种有劳动的收入，人们仍认为是一种救济。

● 当薪金远远低于任何想得到它的人的期望时，救助就可能会减少。该观点的支持者认为，这样一来，给予救助的数量大于愿意接受低薪水的人的数量，此时，大部分地位不高的工人将鼓励自己在求职场上寻找援助。

● 局外人应通过对他们仅提供短期的紧急救助来防止其寻求帮助。

● 通过拒绝援助那些自愿停止工作的人，而迫使工人留在岗位上或再就业。[54]

对比之下，公共援助机构的观点，如斯基德莫（Skidmore）和萨科瑞（Thackeray）所描述的那样，有如下的假设或主张：

● 政府应为所有的市民提供最低收入，使之成为消灭饥饿、贫困或它们的威胁的一种社会政策。

● 政府应对有资格的申请者进行救济。也就是说，不存在主观的、偏见的因素，当救济被确定应存在时，应是建立在一定需要的基础上的，而不是依据主观、准则或作为一个合法的决定权。

246 ● 人们认为相对于公共福利而言，工人更喜欢自己的劳动所得。并且在经济建设中，通过给工人提供社会、文化和经济方面的利益来激发其工作的积极性。

● 心理的和社会的障碍有时阻碍着就业，心理咨询和其他的社会服务应使个人恢复其经济和社会上的自给自足。

● 在救济计划的执行过程中，申请者是否独立和有自尊是一个需要主要考虑的因素。

● 一种惩罚性的方法会使援助不能达到预期目标，即个体恢复到正常功能。它加深了不充足和依赖的感觉，引起了困难和耻辱，而且产生了有害的心理防御。

● 在社会上有很多有吸引力的事物使人觉得工作比领取公共福利更具诱惑力，一个人可以从工作、任期、社会和其他的报酬中得到一个较高的生活水平、威望和重要感。[55]

社会保险项目

社会保险项目主要是建立在社会事业观点基础之上的，它包括社会保障、老人医疗保险制度、失业保险和工人赔偿保险。

20 世纪 30 年代经济危机以前，贫困项目一直以“滞后”观点为特征。但 20 世纪 30 年代以后，两种观点同时贯穿于贫困项目。一些项目主要是性质上的滞后，其他的则是在设计和执行中更制度化。

这一节将描述社会保险项目，在下一节将介绍公共援助计划。（工人或雇主或二者一起上缴的税款资助着社会保险项目，而公共援助计划的救济金一般由政府总收入支付。）

老年人、幸存者、残障者和健康保险（OASDHI）

OASDHI 根据 1935 年《社会保障法案》建立。它通常被公众称为社会保障，当一个公民退休或成为残疾人时，它是最大的收入保险计划，也是用来补偿那部分失去的收入的，投保人中的幸存者可以获得现金救济。

收益人所得到的支付款是建立在其早期工资基础上的。富人和穷人都有资格参加保险。65 岁及以上的被保险人将获得保险金。（62 岁时也可以获得一部分保险金。）62 岁以上无劳动能力的人和不满 18 岁无谋生能力的儿童（18 岁以前成为残疾的儿童没有年龄限制）根据规定也在保险金领取范围之内。

大多数员工包括个体经营者有义务参与这个保险项目，这个项目通常是由雇主和雇员的个人所得税（FICA——联邦保险税特别税法）集资而成的。税率在不断上涨。根据每个人支付社会保障税金的年数和工作收入来确定其是否有资格领取保险金。

OASDHI 财政是否稳定是一个关注的焦点。1935 年以后，OASDHI 在信托基金中的资金通过社会保障税已经积聚增加。但近些年来，由于救济金的自由化和接受救济人数的增加，该组织的支出大大超过了它的收入。在高失业率和经济危机时期，支付 OASDHI 的人数减少了，而退休人口稳定增加，人口出生率下降。被保险人数的大量增加与支付该项目人数的减少，可能会危及该项目原有的经济上的稳固。若 OASDHI 想要保持财政上的稳固，就不得不将保险金按比例缩减，或者提高 FICA 税率，或者两者同时进行。

老人医疗保险制度

1965 年国会将《社会保障法案》的标题制定为 XVII。老人医疗保险制度为那些 65 岁以上的老人提供了两种同等健康保险项目：项目 A 是为住院治疗和需要长期护理的人提供的，它是在自给自足的基础上而集资的，这种自给自足的基础是通过在社会保障上收取额外的附加税的方式形成的，所有 OASDHI 的退休救济金的接受者都是有资格的。项目 B 是为老人医疗保险制度服务的机构，尤其是针对医疗费用而制定的一种自愿保险。老人医疗保险制度是一个公共卫生保险计划，本书将在第十一章中做具体介绍。

247 **失业保险**

这个项目也是通过1935年《社会保障法案》建立的，它为那些已经被解雇的或处于困境中的人提供援助。失业保险金由就业者所缴纳的一定税款集资而成。不管到哪里，只要连续失业数个星期，就可以领取失业保险金。很多州的失业者可以领取为期1年的保险金。在大多数州中，领取失业保险有一些条件限制，比如他们已经隐性就业达一定时间；他们是准备工作、乐意工作而且有能力工作的人；申请领取失业保险金的人要在公共职业介绍所登记，并且要给予证明；他们仅仅是由于缺少工作岗位而失业的等等。

失业保险救济金帮助那些因工作岗位不够而失业的个人和家庭。在这个就业观念很强的社会，我们把没有工作看作一个贬低身份的象征。在过去的20年中，失业率已经从4%上升到11%，如此高的失业率表明缺少能够提供真正就业的工作岗位；另一方面，由于一些申请人仅靠保险救济金过活而不愿去尽力获得职位，失业保险项目受到严厉的批判。

工人赔偿保险

工人赔偿保险由就业者所缴纳的一定税款集资而成，它为那些因工受伤的人提供收入和住院医疗费用援助。这个项目是在一系列的受伤员工反对雇主的诉讼案件发生之后被制定的——员工具有唯一的追索权（请求偿还权）。第一个工人赔偿项目是1908年联邦政府的《员工赔偿法》。个别州仿照这个项目的形式逐渐通过了工人的补偿法。到1920年，除了6个州以外，其他州都通过了这个法案。但是直到1948年，所有的州才都有了较完备的保险项目。[56]全部或暂时丧失劳动能力或死亡的人可以获得现金救济。医疗救济包括住院医疗和门诊医疗的费用，再就业救济对那些需要通过就业辅导和再培训而重新具有就业资格的人也是非常有用的。

公共援助计划

公众有时认为公共援助与福利是同义词，然而还存在数以百计的其他社会福利项目，公共援助有滞后性，且申请者必须要经过一个复查其财产和负债情况的“财富调查”以决定他们是否有申请资格。

公众援助计划的不同之处是：

- **财富调查**　申请援助的个人必须在收入和财产上接受调查以决定他们经济上的需要是否符合要求，财富调查旨在保证接受援助的个人没有足够的资源来维持生活，劳动所得的收入和非劳动所得的收入，都需要被调查。以工资和薪水的形式得到的收入是劳动所得，从其他的公共地方或私人的财政计划中得到的救济金、赠与物、人身保险金、股票股息、出租物的收入、遗产、亲戚的资助等等都是非劳动所得。
- **复查**　为了确认申请是否符合资格和确定享受救济金水平，要对每一份申请进行复查。虽然对于申请人资格和具体可以领取多少救济金方面，联邦、州和地方都有指导方针，但是实施公共援助的工作人员还是相当谨慎地决定是否申请人可以得到除了基本救济金以外的那部分特殊补助，工作人员同时也很慎重地决定，哪种社会服务和其他的来源可以以申请人的名义而使用。对于申请人资格和享受救济金水平的确认是一个麻烦而冗长的过程。

- **救济金** 被认为是慈善金，领取社会保险金通常被认为是领取者的合法权利。与之相反，公共援助金被认为是慈善金。在美国，穷人不被认为生来具有获得最小收入的权利。（相比之下，一些国家——例如英国——承认那些处于贫困的人具有被政府支持和保护的权利。）
- **基金** 救济计划从一般的政府收入中支付，联邦、州和地方的公共援助救济通过个人所得税和财产税的形式集资而成。

主要的公共援助计划包括辅助保障收入计划、普通援助、国民医疗补助制度、食物 248
券、住房补助、个人义务和工作机会相结合计划（这一计划于1996年被制定，用以代替对有未成年子女家庭的社会援助）。

辅助保障收入计划（SSI）

根据辅助保障收入计划的规定，联邦政府每月向需要救助的65岁以上的老人、失明者及残疾人支付保障金。为保证支付的合理性，申请人必须没有（或仅有很少）现金收入，有很少的财产及可以兑换现金的有价值物品（如股票、债券、珠宝及其他珍贵的物品）。

辅助保障收入计划于1974年1月1日生效，代替了1935年的《社会保障法案》，它包括：老年人救助、失明者救助和长期永久性残疾人救助。辅助保障险收入计划是第一个联邦掌管的援助计划，其他形式的援助政策都隶属于州及地方政府。在辅助保障收入计划中之所以用“辅助”这个词，是因为在大多数事例中补助给申请人任何形式的收入报酬都是可行的，甚至**ASDHI**救助也通过这一计划来补助。

辅助保障收入计划为老年人、合法失明者和残疾人提供了有保证的最低收入。“合法失明者”是指视力不到20/200（即使戴眼镜后）或者管状视野。“残疾人”是指有身体上或精神上的残疾而不能从事获得物质报酬的劳动，至少持续12个月或致死的。

辅助保障收入计划组织已经被分派到社会保障部门，资金来自于税收，尤其是个人所得税。

普通援助（GA）

普通援助项目主要是对短期需要援助的对象进行财政援助，旨在为那些没有资格接受其他形式援助的人提供资金援助，没有明确规定具备哪些条件可以接受此项援助。普通援助是唯一不接受政府基金的公共救援项目，通过物业税为其筹集资金。在一些大城市，政府为普通援助的支出提供物质援助。然而在大多数地区，项目资金的筹集和管理都在地方，遍及国家、乡镇、农村和城市。在许多地方的政府单位，一个行政官员有任意裁定申请是否可以得到批准的权力。普通援助大多数的支出用于医疗，也用于频繁的物质支出（食物、医药、衣服和别的一些不同于钱的东西）。在适当的时候，社区居民经常试图把普通援助的接受者转为联邦公共基金救助的人，以减少地方开支。

少而可怜的物质支付，使人们开始怀疑普通援助的实施能力，因而改为去依靠福利。用实物及票券形式支付的普通援助使人们怀疑它是否能处理好自己的事务。有时游手好闲的人向普通援助寻找救济，所以普通援助被看作是为那些假困难者提供援助的公共组织。在一些地区，由于普通援助的负责人对接受援助的人表现出消极的态度而产生了不良影响。

近些年一些州和地区已经取消了普通援助项目。

国民医疗补助制度

这个制度为很多确实贫困的人提供医疗服务，这些人必须个人收入很低且没有很多家庭财产才有资格申请这个项目。医疗补助制度是联邦政府和州政府合作制定的，所以，法律规定的条件和利益，因地区不同而改变。总的来说，其他公共援助制度的接受者都符合被医疗补助制度帮助的条件。另外，州政府对那些可以用自己的收入及积蓄维持日常生活，却没有能力支付医疗费用的人具有选择是否对其援助的权利。

医疗补助制度由州政府管理，联邦政府参与资金的筹集，直接提供给被服务的人。和任何一个公共援助项目一样，接受者必须经过财富测试。

食物券

可悲的是，在美国（全世界最强大、富有的国家）据估计有 3 000 万人没有足够的食品维持生活。[57]这些缺乏食物的人非常贫困，不仅影响到成人，而且研究表明孕妇的食物缺乏，更可能会导致儿童大脑的缺陷。

249 食物券制度是为了战胜饥饿而制定的，食物券可以为那些接受援助的人和一些低收入的人直接应用，这些食物券现在用于食品杂货的交易，对于数以千万计的美国人的饥饿状况，这些食物券显然是不够的。食物券是一项用来援助穷人个人及其家庭的公共援助计划。

住房补助

和食物券、医疗补助相似，住房补助是一项非现金补助的实物补助。总的来说，这样的补助是以公共房屋的形式提供住房，大量房屋工程通常是由政府拥有和管理的。在公共住房工程中，租户有一定的租金补贴，因为他们支付的房租少于市场上的房价，所以实际上相当于是另一种收入。

那些低收入却在私人市场租用或购买住房的人依然有住房补助，在这个制度下，租金或抵押款就减少了，由城市房地产开发商和行政部门补足剩下的钱。

对有未成年子女家庭的社会援助（AFDC）

随着 1996 年《社会福利改革法案》的施行，此项制度逐渐停止，取而代之的是个人义务与工作机会相结合制度，为了让读者明白两者的不同点，下面解释一下 AFDC。

AFDC 制度制定于 1935 年的《社会保障法案》，最初命名为“援助困难儿童”，十几年后重命名为 AFDC。第一次颁布时，其中的一个目标是抚养小孩的母亲能留在家中，以便更好地照顾小孩。自从 1935 年后，我们围绕母亲的工作重心发生了改变，即令有孩子的成人公共救助接受者去工作。（大量建立于 1996 年的个人就业机会调节制度，是用来强调这种期望中的从依靠福利到就业之间的改变。）

州与州之间的 AFDC 限制条件不同，援助支付只给那些符合条件家庭的孩子和父母。根据条件，小孩必须缺乏来自父母的援助和关心照顾，这种缺乏来自于父母的死亡、长期不在家（遗弃、离婚或分居）或未婚。AFDC 也可以援助那些有双亲，但都失业的家庭。这种情况下，受益者必须承诺会积极地找工作，在失业服务中心注册登计，并参加就业培训。大多数受救助的家庭为单亲（经常是只有一个妈妈，因为父亲离开了家）。

AFDC 的筹资与管理由联邦政府和州政府共同分担。在许多州，乡村管理机构也参与其中。联邦政府通过健康服务部门制定规则，完善社会保障法律。州及乡村的管理机构在联邦路线指引下制定自己的规则、符合救济的标准、受益标准和公共援助资格条件。

对 AFDC 申请援助条件标准的裁定权由政府的行政、立法、司法分支部门根据联邦、州及地方水平决定，因此这项制度变得很麻烦，发现、处理问题缓慢，并且被拖拉的公事 250
程序和官僚作风弄得停滞不前。

从此 AFDC 成了最受指责的公共援助计划。AFDC 制度及综合的福利制度，在 AFDC 上投入的资金要高于其他任何公共援助计划。可能与受救助的成年人的父母依然为被救助对象的事实有关，AFDC 被批判者看作是那种不靠工作而光靠福利的人的一种生活方式。[58]研究还发现家庭接受 AFDC 救助的时间越长，在他们的子女十几岁时暴露出的社会问题率就越高（包括未婚先孕、早婚、思想问题、逃学、懈怠、辍学）。[59]一些当权者断言这不是 AFDC 本身导致了社会问题的增加，这些问题应归咎于那些接受救助的公民经常被鄙视为“二等公民”。[60]这项制度因其不充足的救济金，使大多数接受者仍处于贫困之中，以至于平均水平低于贫困水平，所以也受到指责。[61]

AFDC 的观念与现实 AFDC 制度于 1996 年结束的主要原因就是许多错误荒谬的观念产生，本段将概括那些观念，摆出事实，驳斥错误观念。这些观念与事实是由科尔曼、克雷西、科恩布卢姆和朱利安概括提出的。[62]

观念 1：大多数接受福利的儿童是私生的。

事实：相当数量接受 AFDC 救助的儿童是合法的（作者强烈反对把儿童说为“私生”，一个人父母的婚姻状况不代表本人的任何东西）。

观念 2：福利有益于妇女生育私生子。

事实：由于把一个婴儿抚养到 18 岁需要 16 万美元，而即使把抚养孩子的开支预算降低，那些能从 AFDC 得到的救济也只是一点点，孩子多使一整个家庭贫困。

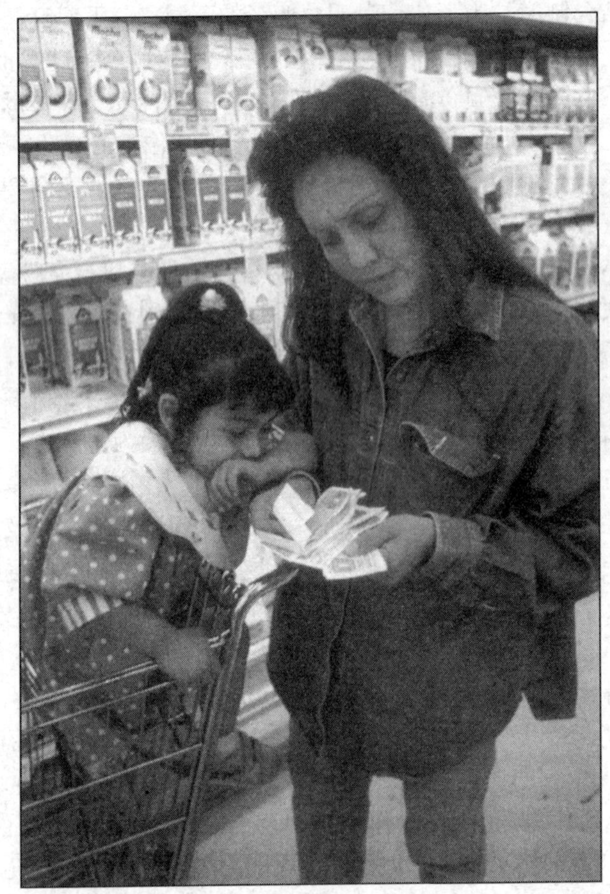

公共援助项目的其中一项是给贫穷的家庭和个人发放食物券。

观念 3：给他们更多的钱，他们会花在酒和药上。

事实：当一个接受 AFDC 援助的家庭接到额外的收入（罕有发生）时，他们几乎会全用在很重要的地方。

观念 4：大多数福利接受者是骗子和虚伪的人。

事实：如果骗子被定义为处心积虑地通过委托人骗代理机构的话，那么，欺骗的发生率明显是低的，一项全国性的调查发现大于 1/20 的 AFDC 接受者不符合条件，少于 0.5%的救助者是以欺骗为目的的。[63]因为裁定申请条件是一个很麻烦、复杂的过程，所以多数的错误出在州及地方政府的官员身上或者申请人身上。相对于税务骗术来说，福利系统更纯洁些，据国家税收部门估计，在税收方面有 20%～25%的错误率，多数属于纳税人少报收入。[64]

观念 5：福利名单的膨胀已达到不可控制的地步。

251 事实：在 1973 年以前，许多待处理的 AFDC 案例迅速增加，且在 1970—1973 年之间戏剧化地增长，在 1976 年的初期到 1996 年受 AFDC 援助的人的数量每年只有极少的增长。

观念 6：福利只是一种金钱的施舍——一种救济金。

事实：大多数接受一种或几种救助的家庭用之设法解决他们的个人或社会问题，使他们能够自立，现有的社会服务制度在地区与地区之间有着很大的差别，一些服务还包括医疗服务、财政咨询、家庭管理咨询、雇用咨询、日托、职业整顿、主妇服务、客户培训、儿童抚养援助、良好的开端、工作培训和婚姻咨询，这个为低收入家庭提供服务的条款是 1935 年《社会保障法案》通过的三个条款之一。

观念 7：接受福利的都是游手好闲的健康人。

事实：和大众的看法正好相反，只有很少数的健康人接受援助，接受 AFDC 援助的主要是儿童，只有少于 1%的接受者是健康的没有工作的人，接受援助的成年人中，单身家
庭的家庭主妇占大多数，而这些妇女中多数正在工作或积极地找工作、接受就业培训或正 251
准备再就业，其他接受 AFDC 援助的母亲面临着严重的就业障碍：小孩需要抚养却缺少抚养费、缺乏工作技术、缺乏广泛的就业能力所需要的医疗救助服务及康复服务。

观念 8：大多数福利家庭是非裔美国人。

事实：接受 AFDC 的白人家庭的总数和非裔美国人的家庭数几乎相等。这种观念主要因为非裔美国人占了美国人口的 12%和几乎所有接受 AFDC 的 45%还要多。对 AFDC 的这点认识和种族偏见有联系。

观念 9：如果依靠福利能生活下去为什么要工作呢？

事实：在大部分州，AFDC 的接受者都是在贫困线以下的，而生活在贫困中并不能快乐地生活。

观念 10：一旦依靠福利，就永远依靠福利。

事实：在 19 世纪 90 年代早期，只有 10%左右的家庭在十年或更长时间里接受 AFDC 的救助，有一半的福利家庭接受救助只有 20 个月或更短，还有三分之二的家庭接受救助不到 3 年。

观念 11：福利用光了我们税款的巨大的面包，导致通货膨胀并吸干了国家的血。

事实：以联邦的水平，只有 1%的联邦预算分配给 AFDC。国家预算中最庞大的一笔是国防开支。

观念 12：福利仅仅是给穷人的。

事实：美国对富人比对穷人付出的更多。这些付出不叫福利而是研究基金、培训基金、税的漏洞、补偿、低利息的贷款和类似的东西。戴尔·图新（Dale Tussing）描述了美国的两种福利系统：

> 这个国家同时存在两种福利系统。一种是众所周知的。它是明确的，以穷人为基础的，被污蔑的和污蔑性的，直接用于穷人。另一种事实上不被人所知，是含蓄的，

看不见的，是没有污蔑性的，但是为非穷人提供巨大而不为人知的利益……我们的福利系统不是以需要为基础来分配的。相反，它们是在合法的基础上来分配的。穷人被认为比非穷人更不合法……更大程度上，穷人的福利项目是明显的、公开的和被清楚贴上标签的，而那些非穷人的福利项目是保密的和难理解的或者是被披上有保护性语言外衣的……一个人是否是穷人经常被他所享受的福利项目的名称来决定。如果他的福利项目被称为救助、福利、救助金、慈善或类似的东西，那他就是穷人。但是如果它们被称为平价、保险、补偿或义务储蓄，那他一定是大部分非穷人中的一员，他们甚至不认为自己是福利项目的接受者。[65]

埃利诺·克利夫特（Eleanor Clift）又补充道：

如果一个人包括了广泛范围的联邦花费和税收项目，那么中上收入的人将会比一个典型的穷人得到的更多。

中产和高等收入的家庭享受税收优惠以及被赋予的社会保障的权利已经不再是秘密。但是这样一些家庭，他们还抱怨政府忽略了他们，可能会很惊奇地发现他们已经比他们穷苦的对手得到的更多。在某种形式上，这样的受益保持了“神圣不可侵犯”的好处。[66]

个人义务和工作机会相结合项目

查尔斯·莫瑞（Charles Murray）于 1986 年在他的有争议的书《脱离实际：美国 1950—1980 年的社会政策》（*Losing Ground*：*American Social Policy*，1950—1980）中提出政府应减少那些工作年龄的成人的福利受益。[67]他主张我们社会中的法庭判决、政府改革和反贫困项目事实上由于未创造独立而使穷人的境遇更糟糕。本质上，他断言依靠福利的人们认为接受政府的事业救济金比工作要好得多。

莫瑞尤其批判 AFDC 项目。他断言这个项目成为单身女人为接受福利帮助而要孩子的动机。他还断言犯罪和毒品滥用、学校可怜的教育成果和城市内部破坏性行为的增加大部分根源于单亲家庭的增加，而且他把这归罪于政府项目在支持这样的家庭。他对 AFDC 项目的结论是简单的：“如果想切断穷人中的非法出生，我知道该怎样做。你只需要根除掉每一个支持它的政府项目。”[68]

对这个结论的批评也是令人恐惧的。

他们争论道，莫瑞的计划会使无知的孩子承受他们父母不检点的痛苦，这无疑是不公平的。AFDC 三分之二的受益者是孩子。如果 AFDC 项目被消除而没有任何项目来代替，
252 会有更多的孩子无家可归和挨饿。莫瑞的回应是不能抚养孩子的单身母亲就应该让孩子被收养。他进一步断言 AFDC 的消除会迫使单身女人考虑是否要怀孕，也会迫使更多的低收入的男人不能逃避非婚生的父亲的责任。

尽管很少有人支持没有替代品就消除 AFDC 项目，但决策者还是在 20 世纪 90 年代早

期对消除 AFDC 项目产生了兴趣，用一个能迫使单亲母亲或单亲父亲去找工作的项目来代替。

在 1994 年的选举中，共和党在近 40 年的时间中第一次在国会中获胜，并且控制了两会。新的国会发言人，纽特·金格里希（Newt Gingrich）提出 AFDC 项目不再给没结婚的青少年和他们的孩子提供救助。除此之外，他还提出 AFDC 的接受者接受救助不能超过 5 年，而且州还有权将福利受益减少到两年。

1992 年比尔·克林顿在总统竞选中承诺："终止我们所知道的福利。" 1994 年，他提出着手用一个计划来代替花费很大的国家福利问题，这个计划能强迫不断增长的年轻的福利母亲有一个公共的或私人的工作。这个计划的目标是当她们接受工作培训时给她们钱或婴儿护理来使年轻的母亲们自给自足，但是在两年内必须切断她们的现金收益。那些找不到工作的人将得到临时税金资助的工作，或者在社区服务，或者在公司中工作，从而得到他们最低的工资。

1996 年，克林顿总统以及国会的民主党和共和党，折中了福利项目的改革，通过了《个人义务和工作机会相结合法案》。这个法案的主要条款是这样的：

- 在 AFDC 项目下的为有孩子的穷苦家庭提供的联邦现金救助取消。每个州以大量的资金来操作自己的福利和工作项目。这些州的专项资金现在称为有需要家庭的暂时救助基金（TANF）。
- 每个家庭的主要成员在两年内必须去工作，否则此家庭要失去救济。接受福利两个月后，成人必须提供社区服务，除非他们已经找到固定的工作。（州可以选择是否要社区服务。）
- 长期的公共福利救助被限制在 5 年之内。（州可以建立更严格的限制。）
- 如果未婚妈妈未满 18 岁且仍住在家里或其他有人监护的住所，仍在高中或其他教育机构的培训项目中，美国政府便要从孩子满 12 周起向这对少年父母支付孩子的抚养费。
- 如果各州不能使更多的福利接受者去工作，则它们需要支付相当于 1994 年支付额的 75%甚至 80%来维持公共福利。
- 各州不能因为没有为 6 岁以下的儿童请日间看护而处罚接受公共福利没有工作的母亲。
- 各州被要求减少对拒绝帮助指认父亲的福利母亲的救助。各州可以拒绝对成人的医疗保障。如果他们没能满足工作需要，会失去福利救助。
- 若依靠公共福利的母亲拒绝合作指认孩子的父亲，必须减少至少 25%的救助。
- 还没有成为公民的未来的合法移民在美国的前 5 年没有资格接受大部分的联邦救助和社会服务。SSI 救助和食物券在 1996 年结束了对非公民的援助，其中包括合法移民。[69]

在本书写作时，各州在联邦的《个人义务和工作机会调节法案》下正在设计和履行自己的福利系统。现在确定这个法案的长期影响还为时过早。最初的积极影响是项目实行的第一年美国的现金救助数额直线下降到 1 700 万美元，是历史上福利下降最快的一年。[70]新法的规定可能驱逐了一些接受者，他们能或多或少离开公共救助（至少是暂时
253 的），因为他们有不公开的收入——从朋友、家庭或者非法工作。格拉斯特瑞斯（Glastris）描述道：尽管生活离豪华奢侈还很远，然而，大多数这些欺骗者还是能满足基本需要的。[71]

关于 1996 年的《社会福利改革法案》至今还有许多无法回答的问题。这个项目能否成功地将成人福利接受者变为体面的工作报酬者以及也让他们的家庭离开公共救助？即使成人福利接受者获得工作，那么当他们在工作时他们的孩子是否会受到照顾呢？对一个单亲父母来说——缺乏市场工作技能、吸毒习惯、慢性的医疗问题、有一个体力或智力残疾的孩子在家、缺乏合适的交通工具、处于暴力的家庭关系中、没有正确的工作伦理、有慢性的行为或感情问题——他们要想找到合适的工作有多大困难呢？有一些州在设计惩罚性的福利系统，将福利减到联邦指导下的最小量以完成两件事：避免成为吸引穷人的地方和纳税最少的州。

新法将会对无家可归的人数的增加有影响吗？——当成人接受者到达了他们没有工作也可以接受救助的一定年限他们就必须离开公共救助。这个项目会增加对成人接受者的生活的额外压力吗？会因此增加儿童虐待的事件吗？（也就是会有一些成人接受者会把他们的挫折和压力的感情释放在他们的孩子身上吗？）如果儿童虐待和被忽略增加，将会有更多的儿童被置于昂贵的领养系统吗？将会有一些成人接受者在到达了他们的期限而没有找到合适的工作转而去卖淫或偷盗吗？在失业率高的地区怎样来找到工作和创造工作机会？

AFDC 的本意是为孩子或单身的失业的父母提供一个稳定的、安全的、健康的生活环境。1996 年《社会福利改革法案》将会继续为这些家庭的孩子寻找一个能提供稳定、安全、健康的生活环境提供怎样的救助呢？1935 年《社会保障法案》为孩子和其他有需要的人们创造了一个社会安全网项目。1996 年《社会福利改革法案》会在这个社会安全网中扮演合适的主要的角色吗？

提议福利选择

如果 1996 年《社会福利改革法案》被认为是失败的，还有什么其他的系统会被制定呢？这部分将会考察三个提案：提供家庭津贴、保证每年的基本收入、消除或减少贫困的原因。

提供家庭津贴

美国是唯一一个没有家庭津贴项目的西方工业国家。在家庭津贴项目下，政府根据每户孩子的数量给予家庭一定数额的津贴。如果津贴数额足够大，像这样的项目在减少贫困特别是大家庭的贫困方面很有帮助。

关于家庭津贴也有很强烈的批评。第一，如果津贴被给予所有的孩子，那么项目就会非常昂贵而且很多钱可能就会到了非贫困的家庭。这个问题可以通过根据家庭收入给津贴分类和收入达到标准津贴就终止的办法来解决。（然而，这样的办法可能会给接受者带来耻辱。）第二，在当前人口过剩为主要关注的情况下，这个项目可能会导致出生率的极度增长。第三，这个项目没有给单身或没有孩子的贫困家庭以津贴。

保证每年的基本收入

各种各样的保证每个美国人每年有一定收入的建议被提出，包括尼克松总统和卡特总统的提议。基本的水平是稍高于贫困线并根据通货膨胀每年调整。这样的提议如被履行，将会根除贫困。

实际上，所有的保证每年收入的提案均是基于负所得税的理念。也就是说，收入在一定线上的人要缴纳收入税，然而，收入在这个线以下的人将会获得补偿——用被忽略的税来使他们的收入增长到保证的水平。大多数负所得税的计划也包含鼓励工作收入，即允许接受者把他们的收入保持在保证水平线上一定比例。

许多负所得税的提议是可能的，一些也已经被联邦政府测试。例如，一个四口之家最 255
少的保证收入会是在贫困线水平，这样鼓励工作因素能广泛扩大。但是这样的计划将会非常昂贵。

专栏 9.4　福利改革会终止贫困陷阱吗？ 254

伊莱恩·约翰逊（Elaine Johnson），35 岁，最近刚刚成为外祖母。她最大的女儿，西尔维娅（Sylvia），是一个 16 岁的未婚妈妈。今天，1997 年 10 月 13 日，是她们生命中有纪念意义的一天，因为伊莱恩和西尔维娅在密尔沃基的公共福利办公室申请在美国福利名册上新添上婴儿托尼的名字。他代表了约翰逊家族的第三代来接受公共救助金。

伊莱恩的父母在 1962 年她出生后不久，从密西西比迁移到密尔沃基，她的父亲找到了一份在学校看门的工作，她的母亲曾经是一家医院的兼职护士助理。伊莱恩上了高中。她希望能得到学生贷款去上大学。她想逃出她生活的内部城市。

在 17 岁时，伊莱恩却怀孕了。她的父母让她堕胎，她却生下了西尔维娅。在生产后两个月，在父母和朋友的忧虑中，她签下了 AFDC。她以为那只是暂时的，直到她有更好的解决办法。她发现同时上学和照顾孩子负担太重，于是在高中二年级时辍学了。她和她以前的没有孩子的朋友不再有同样的兴趣。

有时她发现照顾西尔维娅很有乐趣，而有时却很讨厌。当她有一点多余的钱，她就尽可能出去寻找一个能帮她照顾小孩的保姆。在接下来的15年里，伊莱恩又有了其他的三个孩子。四个孩子的不同的父亲只有一个和她结了婚，并且那次婚姻只维持了两年半。她的丈夫抱怨孩子和责任，有一天离开了家，再也没有回来，伊莱恩也没听过他的任何消息。

在依靠AFDC时，伊莱恩尝试过各种各样的工作——护士助理、洗碗工、女招待、车站服务员。但是交通、制服和照顾孩子的费用并不比她在家里每月接受AFDC的救助得到的钱更多。生活对伊莱恩是艰难的。因为她依靠福利，她感觉像一个二等公民和一个慈善案例。她不得不一生精打细算来勉强维持生计。无数个日子，她仅仅用豌豆和米饭来喂孩子。她很遗憾没有给她的孩子其他的孩子都有的物质。当别的父母在给孩子买电脑的时候，她却带着她的孩子在美好愿望服装店里试图找到便宜的二手的裤子、衬衣、牛仔裤和夹克。

她生活在被破坏的城市内部，并被警告她的大儿子——马尔文在尝试可卡因和其他的毒品。学校制度是另外的关注：学生的高辍学率、楼的窗户被打破、破坏公共财产的行为经常发生、对老师的人身攻击时有发生、教学质量低劣。

伊莱恩发现西尔维娅在15岁时就性行为活跃，她祈祷她的女儿不要再重复她的错误。伊莱恩甚至带她到计划生育站去领避孕药。伊莱恩仅存的梦想就是她的孩子会比她生活得好。当她发现她的孩子又陷进和她同样的贫困，她忍不住泪如雨下。西尔维娅吃了几个月的避孕药，当药用完了，她没有再去领同样的药。

是的，今天对伊莱恩是有意义的一天。一走进福利办公室，她就被告知，她必须马上参加工作培训，很快找到工作。她也被告知了1996年《社会福利改革法案》，对她来说，所有的公共救助金在几年后都将被终止。而且，伊莱恩和西尔维娅还被告知，西尔维娅必须继续上高中以便取得接受公共救助的资格。西尔维娅还被告知，她和托尼有资格接受公共救助的最长时间是5年。伊莱恩很焦虑，开始哭泣。她的生活已经是一团糟，现在她又被告知她和西尔维娅只有几年的领取救济金资格。她们俩必须马上开始工作，学习市场工作技能，当她们接受培训和找工作的时候，需要安排好托尼的照顾，使她们的生活有规律，想办法帮助马尔文戒掉毒品，寻找有效的交通工具，在一到两年内找到有报酬的工作。伊莱恩对这一切怎样完成一无所知。

1996年《社会福利改革法案》会帮助伊莱恩和她的家人摆脱贫困的恶性循环吗？或者，1996年《社会福利改革法案》会增加这个家庭的压力并逐渐地使这个家庭更趋于毁灭吗？

用一个假设的例子，一个四口之家的保证基本水平是16 000美元，税后率是50%——允许一个家庭每100美元收入中保持50美元——32 000美元以下的家庭将会收到津贴。这个例子可以用下表来解释：

表 9—2 保证每年基本收入案例 255

你每年的工作收入（美元）	你每年从政府得到的收入（美元）	你的总收入（美元）
0	16 000	16 000
5 000	13 500	18 500
10 000	11 000	21 000
15 000	8 500	23 500
20 000	6 000	26 000
25 000	3 500	28 500
30 000	1 000	31 000
32 000	0	32 000

反收入税的计划有许多优点。他们会将收入维持项目的焦点从慈善转移到保证收入的适当权利上来。作为接受者的耻辱感会大大减少。这样的项目对行政者来说相对简单，例如资格就以收入税的返还为基础。还有这样的项目将服务于穷人，如果基础水平是贫困线，贫困将会被消除。另一个优点是将会减少当前项目下发生的平等问题，例如，不工作的人们也有资格接受几种类型的受益（如食物券和医疗），而且可能会比有职业低收入的接受这几项的人的生活水平要高。反收入税计划也会代替事实上的所有其他的公共保险项目，因此可减少采取多个项目所需的花费和补偿。

不过，关于反收入税的计划也有一些问题被提出：

- 这样的计划是以登记收入税的形式为基础的。如果一个家庭有很少的或几乎没有收入（也没有财产），他们必须要等一年后他们的税登记后才能有资格受益吗？
- 保证的收入会破坏工作的动机吗？
- 国家的不同地区城乡之间的生活水平差距会加大。财政调节会为这而制定吗？
- 也许反收入税计划最大的问题是包括曾经被称为“金三角”的计划，也就是说，发展一个计划要考虑：

1. 有足够的保证基本水平。
2. 允许低收入工人在保证基本水平以上保持充足的高收入率，以保证他们的工作动力不被破坏。
3. 是否会过度昂贵？这样我们国家的经济不会受太严重的影响吗？

过去联邦政府对反收入税项目表现出了相当大的兴趣，1973 年的补充保障收入可以证明，它有保证收入基础。但是为失业人员提供的反收入税项目，却使在国会中没有太多支持的有孩子的成年人受益。自由主义反驳道：保证基本收入太低，不能使一些家庭摆脱贫困。保守主义反对说，这个计划太昂贵了，要比当前的公共救助项目花太多的财政支出。保守主义反对这项计划还因为他们害怕会破坏工作动力，而且要为无所事事的人提供收益。

消除或减少贫困的原因

早前提到过，许多原因导致了永远的贫困。另外一种和贫困斗争的方式是发展和扩大项目来消除它的主要原因。

终止种族和性别歧视的法律应被更强有力地实施。控制酒和毒品滥用的项目应被扩大以便为更多的有毒瘾的人服务。在贫困的角落（如城市内部）需要更多的高质量的教育项目（或更多的资源）来鼓励学生，帮助他们待在学校，帮助他们达到更高的学术水平。同
256 时还需要对更多的青少年和年轻的成年人提供性教育和计划生育服务来教他们负责任的性行为和应对意外的怀孕，这些在使年轻人变为贫困的过程中起着重要的作用。也需要为夫妇们扩大家庭计划服务来帮助那些不想要也负担不起大家庭的夫妇。应扩展更大的住房项目来为穷人提供更充足的房子。更有必要建立一个国家性的健康保险项目来支付那些高医疗账单，目前这样的账单足以让一个家庭花完他们所有的钱并欠下债务。

一些家庭需要财政咨询来帮助他们在有限的财政资源内更有效地管理和消费。许多中年人需要教育培训项目来帮助他们完成在退休以后的计划——他们想要的生活方式、怎样保持健康、怎样准备财政。

为有能力的工人提供工作准备金是减少贫困人数的关键所在。最近几年高失业率已经迫使许多失业的人和他们的家庭陷入了贫困。也有许多建议被提出来用以创造一个充分就业的社会。

没有市场工作技能的有能力的成年人（也许他们的技能已经陈旧了）需要接受有效的工作培训。（在德国，成年人在接受工作培训和再培训的期限内是由政府提供费用的。）美国政府也应该给工人和他们的家庭提供财政支持，使他们从失业地区搬到繁荣地区。许多地区需要合理收费的日常护理中心，这样单亲的父母（当然也包括父母双方的家庭）就可以去工作。对那些失业的、有能力的人来说，政府是最后一个能求助的雇主。在许多其他的国家，政府给工业提供税收动力来刺激萧条的地区。另外一个建议是鼓励企业雇用长时间失业的工人，并以一定比例的新工作的薪水补偿工人。

前景展望

随着 1996 年《社会福利改革法案》的通过，美国正在从事一个有批判性的重要的新过程。受这个新法影响最大的人们将是成人接受者和他们的孩子。大多数家庭能够从福利转变到工作吗？即使成人接受者能成功地找到工作，他们的孩子能平等地接受照顾从而他们的生活不会受到太大的冲击吗？过去主要的新的社会项目实施的经验暗示着，首先，很可能会有一些实际的困难需要在项目设计上有所调整，例如，1935 年《社会保障法案》曾经修改了很多次来调整已经很明显的人们的需要。很明显，政治领导者要想使 1996 年《社会福利改革法案》可行，必须给予其特别的关注。公众强烈支持为失业的单身父母福利转工作的概念。共和党和民主党的政治领导人都同意应该为失业的有孩子的父母提供福利项目，这些领导人也表态做一些变化以使这个项目可行。然而，美国的政治领导给这个项目以特别的关注使它可行的另外一个原因是解决贫困的可替换的项目（例如家庭救济金

项目和保证收入项目）都比此项目昂贵得多。在别的国家，例如瑞典，也有类似的帮助公共救助接受者获得工作的项目曾经得以实施。[72]

不出意外的话，很快，我们就会听说关于家庭因为这个项目而受到重创的令人心碎的故事。所以必须进行一些调整以消除这些有害的影响。

当前，美国正在经历着和 20 世纪 30 年代一样有意义的一些社会福利变化，那时，《社会保障法案》就建立在公共救助项目的基础上。现在，在我们这个社会，发生了关于人类服务准备金的转移性的改革。转移性的改革是指主要的社会福利项目的供应正在从联邦政府转移到各州和地方政府。AFDC 项目被 1996 年《社会福利改革法案》所替代就是转移性改革的典型例子。

很明显地方政府在为穷人和其他易受伤害的人群、教堂、市内俱乐部和其他的组织发 257
展福利项目和服务中扮演着逐渐重要的角色。在联邦政府减少对社会福利项目的支持的情况下，就要求地方政府把这个松弛的部分捡起来。健康社区就旨在为家庭和个人提供支持网络以弥补由于转移性的改革而发生在社会服务安全网络中的漏洞。

贫困是和其他很多社会问题都有联系的。因此，如果贫困增强了，那么犯罪、感情错位、婴儿死亡、不充分的健康照顾、城市内部问题、不合标准的住房、酗酒、辍学、营养不足、儿童被忽视和自杀这些问题的概率都会上升。如果 1996 年《社会福利改革法案》失败了，贫困问题就会增加，其他问题的严重性都会上升。

总　结

大约有 14%的美国人口生活在贫困线以下。贫困是和时间地点有联系的。贫困的一致性的定义是不存在的。通常的定义是以缺钱为基础的，并且以每年的收入作为最常用的衡量标准。收入被界定为绝对的和相对的。贫困的痛苦不仅包括财政的困难，还有心理上的被指为贫困。

社会中最富的五分之一和最穷的五分之一之间存在着巨大的收入和财富差距。在美国社会，社会流动率（上升到上流社会顶层）很少发生。富有永远富有，贫困永远贫困。个人的自由主义和新教伦理仍然困扰着穷人。

那些最可能贫穷的人包括单亲家庭、儿童、有色人种、老人、大家庭、没有受过教育的人、失业的和生活在高失业率地区的人。

贫困的原因是多方面的。贫困和所有其他的社会问题相关联。因此，几乎所有的社会服务，在某种程度上，都在和贫困战斗。一些研究者指出，穷人的一系列的价值观和态度已经形成了贫困文化。当前有一个争论就关于文化使贫困永存或者仅仅是适应贫困。

贫困在某种程度上是社会的功能。由于这个和其他的原因，一些政策的目标并不是积极地去消除贫困。

和贫困战斗的主要的收入维持项目是1935年的《社会保障法案》。由于这个法案，联邦政府在提供社会保险和公共援助方面的角色被确定。

社会保险项目受到的批评要比公共援助项目少得多。公共援助项目也有许多消极的作用，特别是现在已经被废止的AFDC项目。惩罚性的公共援助项目的危险是贫困和非独立可能会影响到以后的几代。

1996年，《社会福利改革法案》颁布，焦点是使有孩子的成人公共援助接受者去工作。1935年，当AFDC项目颁布时，认为单身母亲最好留在家里照顾孩子。1996年《社会福利改革法案》恢复了单身母亲或父亲必须去工作的条款。

注释

[1] William Kornblum and Joseph Julian, *Social Problems,* 9th ed. (Upper Saddle River, NJ: Prentice-Hall, 1998), 2.

[2] Ian Robertson, *Social Problems,* 2d ed. (New York: Random House, 1980), 176.

[3] Lester F. Ward, *Dynamic Sociology,* reprint of 1883 ed. (New York: Johnson Reprint, 1968).

[4] Michael Harrington, *The Other America* (New York: Macmillan, 1962).

[5] "Poverty Gap Widens, Studies Reveal," *NASW News,* Jan. 1990, 19.

[6] Kornblum and Julian, *Social Problems,* 253.

[7] Ibid.

[8] James W. Coleman and Donald R. Cressey, *Social Problems,* 6th ed. (New York: HarperCollins, 1996), 156–159.

[9] Kornblum and Julian, *Social Problems,* 229.

[10] Ibid. .

[11] Ibid., 227–231.

[12] Ibid.

[13] Quoted in Kornblum and Julian, *Social Problems,* 232.

[14] Paul Samuelson, quoted in Kornblum and Julian, *Social Problems,* 230.

[15] Coleman and Cressey, *Social Problems,* 162.

[16] Robertson, *Social Problems,* 31.

[17] James W. Coleman and Donald R. Cressey, *Social Problems,* 4th ed. (New York: Harper & Row, 1990), 161.

[18] Randolph E. Schmid, "Census Bureau: Poor Lose, Rich Win," *Wisconsin State Journal,* September 30, 1997, 2A.

[19] Kornblum and Julian, *Social Problems,* 227–230.

[20] Ibid., 32–35.

[21] Ibid.

[22] Ibid., 235–237.

[23] Schmid, "Census Bureau: Poor Lose, Rich Win," 2A.

[24] Second inaugural address of President Franklin D. Roosevelt (Jan. 20, 1937).

[25] President's Council on Economic Advisors, *Economic Report of the President* (Washington, DC: U.S. Government Printing Office, 1964), 56–57.

[26] Schmid, "Census Bureau: Poor Lose, Rich Win," 2A.

[27] U.S. Bureau of the Census, *Statistical Abstract of the United States, 1997* (Washington, DC: U.S. Government Printing Office, 1997), 478.

[28] Kornblum and Julian, *Social Problems,* 293.

[29] *Statistical Abstract of the United States, 1997.*

[30] Kornblum and Julian, *Social Problems,* 240–242.

[31] Ibid.

[32] *Statistical Abstract of the United States, 1997,* 475.

[33] Ibid.

[34] *The Future of Children,* Volume 7, no. 1 (Los Altos, CA: Center for the Future of Children, 1997).

[35] American Association of Retired Persons, *A Profile of Older Americans, 1996* (Washington, DC: AARP, 1996).

[36] R. V. Kail and J. C. Cavanaugh, *Human Development* (Pacific Grove, CA: Brooks/Cole, 1996).

[37] *Statistical Abstract of the United States, 1997.*

[38] Ibid.

[39] Kornblum and Julian, *Social Problems,* 227–232.

[40] Ibid.

[41] *Statistical Abstract of the United States, 1997.*

[42] Ibid.

[43] Kornblum and Julian, *Social Problems,* 242–243.

[44] Harrington, *The Other America,* 21.

[45] Oscar Lewis, "The Culture of Poverty," *Scientific*

American, 215 (October 1966), 19–25.

[46] Ibid., 23.

[47] Eleanor Leacock, ed., *The Culture of Poverty: A Critique* (New York: Simon and Schuster, 1971).

[48] Elliott Liebow, *Tally's Corner: A Study of Negro Street-Corner Men* (Boston: Little, Brown, 1967); Ulf Hannertz, *Soulside: An Inquiry into Ghetto Culture and Community* (New York: Columbia University Press, 1969); Leacock, *The Culture of Poverty.*

[49] William Ryan, *Blaming the Victim,* rev. ed. (New York: Vintage Books, 1976).

[50] Thomas Sullivan, Kendrick Thompson, Richard Wright, George Gross, and Dale Spady, *Social Problems* (New York: Wiley, 1980), 390.

[51] Herbert J. Gans, *More Equality* (New York: Pantheon, 1968), 133–135.

[52] Harold Wilensky and Charles Lebeaux, *Industrial Society and Social Welfare* (New York: Free Press, 1965).

[53] Ibid., 14.

[54] Samuel Mencher, "Newburgh: The Recurrent Crisis in Public Assistance," *Social Work* 7 (Jan. 1962): 3–4.

[55] Rex A. Skidmore and Milton G. Thackeray, *Introduction to Social Work,* 2d ed. (Englewood Cliffs, NJ: Prentice-Hall, 1976), 111–112.

[56] Helen M. Crampton and Kenneth K. Keiser, *Social Welfare: Institution and Process* (New York: Random House, 1970), 73.

[57] Coleman and Cressey, *Social Problems,* 6th ed., 162.

[58] Charles Murray, *Losing Ground* (New York: Basic Books, 1986).

[59] Ibid.

[60] Kornblum and Julian, *Social Problems,* 243–245.

[61] Ibid.

[62] Coleman and Cressey, *Social Problems,* 6th ed., 166–179; Kornblum and Julian, *Social Problems,* 243–245.

[63] Kornblum and Julian, *Social Problems,* 243–245.

[64] Ibid., 243–245.

[65] A. Dale Tussing, "The Dual Welfare System," *Society,* 11 (January–February 1974), 50–57.

[66] Eleanor Clift, "Benefits 'R' Us," *Newsweek,* Aug. 10, 1992, 56.

[67] Charles Murray, *Losing Ground.*

[68] Quoted in David Whitman, "The Next War on Poverty," *U.S. News & World Report,* Oct. 5, 1992, 38.

[69] Ralph Dolgoff, Donald Feldstein, and Louise Skolnik, *Understanding Social Welfare,* 4th ed. (White Plains, NY: Longman Publishers, 1997), 217–218.

[70] Paul Glastris, "Was Reagan Right?," *U.S. News & World Report,* October 20, 1997, 3.

[71] Ibid.

[72] James Midgley and Michelle Livermore, "The Developmental Perspective in Social Work: Educational Implications for a New Century," *Journal of Social Work Education,* Vol. 33, No. 3, Fall 1997, 573–585.

第三部分 Part Three

3

制度缺陷

第十章

家　庭

本章内容 258

- 美国家庭：过去和现在
- 家庭问题
- 社会变迁和美国家庭的未来
- 总结
- 注释

家庭是在每一种文化中都存在的社会组织。对家庭的一种比较通用的定义是：“通过 259
婚姻、血统或者收养而联系在一起的一群共同居住的人。”[1]应当注意到，这一定义没有包括一些人们自认为是家庭的组织形式，这些形式有：

- 一位丈夫和妻子抚养了两个孩子，这两个孩子在这个家庭已经生活了好些年了。
- 两个相爱的女同性恋者共同抚养其中一方在以离婚告终的异性婚姻中所生育的子女。
- 家庭的配偶双方有一方长期在外生活，也许是由于在海外服兵役，也许是因为服刑。
- 一对相爱的男女在一起生活了多年，但他们从未履行过结婚的法律程序。

下面将简要介绍世界范围内的各种家庭形式。这一章的主要内容如下：

- 简单描述美国自殖民地时代以来的家庭变化简史。
- 描述美国家庭中现在所发生的一些问题。
- 描述生物医学的生育技术发展如何对家庭产生影响。
- 总结未来对家庭产生深远影响的新家庭形式（比如合同婚姻）。

世界上家庭的形式存在很大的差异。不同文化中的家庭呈现出不同形式。在一些社会中，丈夫和妻子各自分开居住。在其他一些社会中，夫妻希望在生了第一个孩子后分开一些年，丈夫可以允许拥有多个妻子。在一些国家中，妻子可以允许有不止一个丈夫。在一些文化中，婚前和婚外性行为得到允许（还有一些受到鼓励）。

在一些社会中，成年人和孩子生活在一起，家庭的规模很大。在一些社会中，孩子和成年人分开生活。在一些文化中没有亲子间的抚养，孩子由养父母照顾。特定社会有特定的同性恋形式，在一些社会中，同性恋婚姻得到了与异性恋婚姻同样的认可。

在一些文化中，婚姻仍然由父母决定。某些社会中，一些婴儿甚至在出生以前就已经“结婚了”（如果性别的预测出了问题，那么婚约取消）。一些社会中并不认为存在浪漫的爱。一些文化中崇尚年龄较大的男子娶年轻的女性为妻，另外一些文化却鼓励少夫长妻。绝大多数社会禁止近亲结婚，但也有一些亚文化社会鼓励兄弟姐妹间或者堂表兄弟姐妹之间的婚姻。一些社会鼓励男子娶自己的堂姐妹为妻，而另一些社会却坚持男子只能娶表姐妹为妻。在一些社会中，男子为了结婚要给岳父一份丰厚的聘礼，而在另外一些社会中，新娘的父亲却要给新郎一份丰厚的礼物。

事实上，家庭的形式非常多样。在每一种社会中生活的人一般都强烈地感觉到他们的特殊的家庭形式是最正常的和最合适的，一些人认为他们的家庭形式是神圣的，是注定的。如果有人提出一些改变的建议，他们将受到质疑和抵触，并且常常受到严厉的批评，他们会被指责为不遵守传统、不道德，并且被视为对现有家庭存在的威胁。

尽管存在多样的家庭形式，社会学家指出家庭系统还是可以被划分为两种基本的形式：扩展家庭和核心家庭。一个扩展家庭有较多亲戚共同居住，比如父母、孩子、祖父母、曾祖父母、姑姨、叔舅以及姻亲和侄甥。扩展家庭在前工业化社会居于主要地位。人们的身份区分来自于文化、家庭和其他义务。

核心家庭包含一对已婚夫妇和他们的孩子，他们共同生活在一起。核心家庭来自于扩展家庭。扩展家庭更加适合农业社会的功能需要，因为需要更多的劳力；核心家庭更加适合复杂的工业化社会，因为它的规模小，并且地理上潜在的迁移能力强，这就使得核心家庭易于改变目前条件，比如换个居住地以得到一份好工作。

应该注意到，在美国和其他很多国家，第三种家庭形式逐渐出现：单亲家庭。单亲家庭的产生有多种途径：一个未婚者收养一个孩子；一个未婚妈妈生下一个孩子；一对夫妻离婚，其中一方（通常是妻子）获得了孩子的监护权。目前单亲家庭的数字接近美国家庭
260 总数的25%。[2]

美国家庭：过去和现在

我们常常认为美国家庭是一种非常稳定的结构，在那里很少有什么改变发生。但令人惊讶的是，从殖民地时代到今天，很多变化已经在美国家庭发生了。

前工业社会

1880年以前，美国以农业经济为主。大多数美国人居住在农村的小农场中。在前工业化社会，流通很困难，旅行受到限制。家庭基本是自给自足的，家庭所需要的消费品基本由农场自己生产。家庭和农场是生产的中心。最常见的家庭形式是扩展家庭。每个家庭成员都有特定的角色规范和责任义务。在小农场中有许多工作要做，扩展家庭提供了许多家庭成员来承担这些工作，满足了这些功能需要。

经济上的考虑对家庭形式的影响很大。婚姻具有很高的价值，因为结婚可以生育很多的孩子。大家庭对于从事大量的劳作是非常必要的，这些劳作包括种植和收割谷物、饲养牛和其他家畜。孩子多，就可以开垦更多的耕地，农场的产出就会更多。孩子因此成为一种经济资产。父母希望儿子们娶到强壮的、勤劳的妻子，她们可以做好必须做的工作。[3]

约翰·F·丘伯尔（John F. Cuber）指出前工业化的美国社会发展了一种文化信仰的“单路编码”，那一时代的大多数人都接受它。[4]（一种单路编码只允许接受一种行为方式。）这种编码的内容包括：

- 每个成年人都要结婚。女性往往在青年时或20出头时就要结婚。（女性结婚晚或者不结婚会被称作是“老处女”和“老姑娘”。）
- 婚姻被认为是稳定的，要维持一生。离婚很少，并且很少有人赞成离婚。
- 个人应该把家庭的利益放在首位，优先于他或她的个人意志。（比如，一个人想要和谁结婚的意愿，和父母出于家庭整体利益的考虑所做决定相比，显然是后者更具重要性。）
- 性行为被严格局限在婚姻关系以内。（然而，这里有一种双重标准，如果女性有婚前或婚外性行为，她们将会受到比男性更加严厉的批评和指责。）
- 已婚夫妻应该有孩子。孩子不仅是一种经济上的财富，生育孩子还是一种宗教上的义务，正如《圣经》（*The Bible*）上教导人们的，“要多子多孙”。
- 无论花费多少，父母都要抚养孩子。孩子要服从父母，并且要为父母争得荣誉。孩子要赡养年老和无法劳作的父母。
- 父亲是家庭的领导，他负责做出重大的决定。妻子和孩子要服从于他。作为男人的好处很多。女性通过婚姻离开父母家来到丈夫家（通常离她们的父母家不远）。男孩的价值被认为高于女孩，部分原因是男孩婚后还可以留在家里。美国的前工业化社会是明显的父权社会，父亲是家庭的领导。
- 女性的位置是局限在家庭中的，她应该负责烹饪、洗衣物、打扫卫生和做其他的各种家务活。

这些假想如此强烈地被大多数人坚持着，它们被认为是道德的、得体的生活方式。试图违反这些假想的举动被认为违反了传统和上帝的意愿。正如我们应该看到的，这些假想的残余仍然存在于美国社会之中。

工业社会

工业革命大约开始于两百年前，它极大地改变了家庭生活。工厂和大规模的商业取代了家庭农场的经济生产中心体的地位。大多数人目前生活在城市和半城市地区。城市化伴
261 随着工业化。小家庭农场或小家庭店铺生产的产品无法与通过流水线或复杂设备和技术大批量生产的产品相竞争了。

随着工业革命的到来，家庭逐渐失去了它的经济生产功能。家庭中只有更少的人需要扮演经济支持的角色。经济上对扩展家庭的需要迅速降低。事实上，更小的家庭形式更好地满足了工业社会的功能需要，因为这些小家庭可以轻易地迁移到那些提供大量雇佣劳动就业机会的地方。

逐渐地，对个人主义的看法有了变化。个人主义的一个核心要素是个人的意愿应该被置于家庭之上。部分的原因是个人主义的兴起和家庭生产功能的逐渐丧失，人们迅速地认可了婚姻择偶应该基于个人的意愿。

另外，随着家庭经济生产功能的弱化，孩子逐渐被视为经济上的责任（而不是一种财富了），也就是说，孩子不能给家庭收入增加带来帮助，但同时孩子们却要穿衣吃饭，需要住所。因此，父母们开始少要孩子了。

还有其他的很多变化。如在第八章中所述，老年人的智慧不再受到很高评价了，因为现在孩子们在教育系统中接受培训和教育。在迅速变化的工业社会中，老年人的工作技能常常过时。作为结果，老年人无法获得曾经得到的尊重了。

逐渐地，妇女赢得了选举权，并且过去 30 年间的女权主义运动唤起了人们对性道德的“双重标准”的质疑。女性也开始寻求与男性平等的关系。持续增加的女性进入劳动力大军并且在各种社会机构中寻找工作，而有些工作原来被认为只适合男性（比如警察部门）。性方面的事情现在是一个可以更加公开讨论的问题，婚外性关系一直在增加。[5]然而，艾滋病（AIDS）的出现，成为一个使得一些人减少性伴侣的因素。（得艾滋病的几率随性伴侣数量的增加而增加。）

然而，旧的“单路编码”（唯一行为方式）的残余仍然保留到今天。一些人认为已婚夫妻不要孩子是一种“道德错误”。离婚在一些人眼中仍然是一种污点。一些人觉得独身主义者是“怪人”。未婚怀孕仍被认为是某种程度的道德污点。

1938 年，社会学家威廉·奥格本（William Ogburn）[6]指出，由于工业化和技术进步，美国家庭的功能发生了许多变化：

- 家庭经济/生产的功能逐渐消失。在绝大多数家庭中，经济资源的获得来自于

家庭外部。

● 家庭的安全和防卫功能现在也已经逐渐消失，这一功能依靠警察部门、医院、保险公司和护士之家这样的机构来提供。

● 家庭教育功能显著弱化。学校、日托中心和智力开发计划履行了很多教育功能。

● 家庭作为宗教活动中心的地位逐渐弱化了。

● 家庭娱乐功能显著减弱了。每一位家庭成员都更希望加入到家庭以外的娱乐活动中去。

● 家庭中获得社会承认的功能同样大为减弱，个人现在通过他们在家庭以外的社会组织中的成功来获得社会承认，这些组织如学校、工作的机构以及社会和宗教组织。

● 家庭仍然保留着情感满足功能。家庭成员从家庭得到社会和情感满足，从家庭得到他们所需要的伙伴关系。

大多数专家同意奥格本关于家庭的功能很多已经消失，而很多被极大地弱化了的论断。然而，正如将要提到的那样，现代家庭仍然保留有一些奥格本没有注意到的功能。[7]在现代工业社会，家庭发挥了下面这些至关重要的功能来保持我们社会的持续性和稳定性：

● 人口再生产。任何一个社会都必须有一些系统去完成人口再生产的需要。事实上所有社会都认为家庭是人口生产的单位。社会规定了家庭中人口生育者的权利和义务。这些权利和义务的规定有助于社会的稳定性，虽然这些规定在不同社会中各不相同。

● 对孩子的养育。孩子至少在青春期以前是需要得到养育和保护的。家庭是养育 262
孩子的首要的组织。现代社会已经发展出了一些服务性组织来帮助照看年轻人，比如，医疗服务机构、日托中心、父母培训计划和定居者治疗中心。

● 新成员的社会化。要成为有贡献的社会成员，孩子们必须被社会文化所同化（社会化）。孩子们要掌握语言、学习社会价值观和道德观、学习社会一般认可的穿着和行为方式。在这个社会化的过程中，家庭发挥了一个主要的作用。在现代社会，有很多其他群体和资源参与到这种社会化中来。学校、大众传媒、伙伴群体、警察和文学等等都对社会化过程发挥重要影响。（有时来自不同方面的相反的价值观和态度会引起冲突。）

● 规范人们的性行为。性行为规范失调的后果是人们之间由于妒忌和自私而不断产生冲突。性行为失控也许会导致大量只有母亲来抚养的私生子的出现。每一个社会中都有一些家庭内部对性行为的规范。比如在绝大多数社会中都存在乱伦禁忌，并且多数都反对婚外性行为。

● 情感满足。斯皮茨（Spitz）和奥格本有相同观点，他指出人类需要情感的支 263
持，需要来自其他人的积极的尊重（包括赞同、微笑、鼓励和对达到目标的支持）。[8]

（如上面所提到的，奥格本认为情感满足功能是现代家庭所剩下的最重要的功能。）如果没有这种情感和尊重，个人的情感的、心智的、身体的和社会的成长都会受到阻碍。家庭是获得情感和尊重的重要渠道，家庭成员相互之间认为对方是自己生活中最重要的人，他们从家庭成员的相互关系中获得情感和社会的满足。

262～263

专栏 10.1　浪漫的爱和理性的爱

获得一份美好的、持久的爱情是我们的一个永恒追求。坠入爱河的体验是激动人心的，赋予了我们的生活更多的意义，并且在心理上可以给我们良好的感受。不幸的是，极少有人可以保持长期相爱的关系。相反，很多人碰到问题，包括单相思，最初陶醉过后爱情的消失，被对方限制了很多自由或者与相爱的对方因为对相互关系的期望不同而爆发严重的冲突。不管人们的意愿如何，恋爱关系以失败而告终往往更加常见，这似乎是一条定律。

爱情，常常被视为（错误地）一种无法由我们控制的情感。很多常见的说法暗示我们爱情是我们所不能控制的："我坠入爱河"，"一见钟情"，"我无法控制自己"。如果把爱情视为一种我们对我们所碰到的某个人的一种主要是建立在自我对话（自己告诉自己）之上的自我暗示将会更加有帮助。

浪漫的爱可以通过下面的流程图来加以表示：

事件

遇见或者与某个人熟识起来，他（她）身上明显有一些你希望在爱人身上出现的特征。

↓

自我对话

"这个人真有吸引力，真漂亮；有我期望的爱人身上所应具有的全部优点。"

↓

感情

强烈地陶醉于浪漫的爱情之中，感觉像是着了迷。

浪漫的爱建立在自我对话的基础之上，而这种自我对话又来自于强烈的愿望得不到满足和挫折感，这都不是来自于理性的思考。愿望的不满足和挫折包括极端的性挫折、强烈的孤独感、父母和个人的问题以及对安全和获得保护的强烈需要。

浪漫的爱的一个主要特征就是把对方理想化，觉得对方是一个"完美的爱人"；也就是说，我们发现对方身上明显有一些我们所期望的爱人所应具有的特征，于是我们得出结论，对方具有一切我们所想要的优点。

浪漫的爱的第二个特征是一定的距离感会使爱情更强烈。爱情越是遭到阻止，越为社会道德观念所反对，反而越强烈。（举例来讲，同居的一对伴侣结婚了，他们感觉原来同居的日子更加令人激动和浪漫。）为了在一起（比如要经历很长的旅程）所要付出的努力越多，浪漫的感受越强烈。挫折感越强（比如孤独和性的需要），浪漫的感受越强烈。

对于浪漫的爱来说，具有讽刺意味的是，人们一旦得到了他们想要的，浪漫通常就开始消退了。通过实质性的交往，恋爱中的人们意识到，被自己理想化的恋人只不过是另外一个既有优点也有缺点的普通人罢了。一旦这种情况出现，浪漫的爱的关系要么转变为理性的爱，要么会陷入严重的冲突和不满之中，并最终以浪漫的彻底消失而宣告结束，后者发生得更为常见。

浪漫的爱倾向于是暂时性的和人为的。一个经历浪漫之爱的人从来爱的不是一个现实的人——只是爱一个理想的、想象中的人。

与浪漫的爱相对比，理性的爱可以通过下面的流程图来加以表示：

事件

对自己的需要、目标、身份和愿望了解得很清楚，并且很好地认识到某个人在一定程度上满足你所期望的恋人（配偶）所应具有的优点和特征。

↓

自我对话

"这个人具有很多我所追求的恋人（配偶）身上所应具有的优点和品质。我欣赏这个人的优点，同时我认识到并且可以接受他的或她的缺点。"

↓

感情

理性的爱。

下面罗列了一些理性的爱的构成因素：

- 对于你自己的愿望、身份和目标，你很清楚并且感到舒服。
- 你对别人了解得很清楚。
- 你对所爱之人的优点和缺点可以做出准确客观的判断，并且准备接受它们。
- 对这个人的自我对话与你的短期和长期目标是一致的。
- 你的自我对话是现实的和理性的，因此你的感受不是建立在幻想的、超越期望的或者愚蠢的想法之上的。

- 你和这个人可以开诚布公地交流，所以当问题出现的时候可以得到很好的处理，你们的相互关系可以不断成长和发展。
- 理性的爱与付出和得到紧密相关，友好、爱的表现、知道并且做一些能使对方高兴的事情、开诚布公和热情的交流，这些都是相互的和必须的。

爱情建立在自我对话基础上，并且由之产生情感，因此爱情是我们自己创造的。理论上来讲，我们通过改变自我对话就可以爱上任何一个人。另一方面，如果我们与某人相爱，我们可以通过分析自我对话来测量这一相互关系的质量，并且可以探测相互吸引的性质以及自我对话在多大程度上是理性的和发自真心的。

资料来源：Charles Zastrow, *You Are What You Think: A Guide to Self-Realization* (Chicago: Nelson-Hall, 1993), 56－60。

家庭问题

上面描述的美国家庭简史的框架显示美国家庭的一系列变化已经发生，但是，几项重要的功能仍然被保留了下来。我们现在要检验一下我们面对的问题：离婚、空壳婚姻、家庭暴力和非婚生育。

离婚

美国社会与其他社会相比，对浪漫爱情的评价更高。在那些婚姻由父母做主的国家，与谁陷入爱河对于择偶者来讲发挥不了重要的作用。然而，在美国社会中，浪漫的爱情却是结成一段姻缘的核心因素。

264 在浪漫爱情的光环下，孩子们从很小的时候就在潜移默化中相信“爱情可以战胜一切”。电影、电视和书籍总是描绘“幸福结局”的浪漫故事。所有这些激动人心的爱情故事都表明任何人只要爱上特定的某一个人，并且与对方结婚，从此就可以“幸福生活到永远”。然而，“幸福生活到永远”只是一种理想而很少会成为现实。现在每两个婚姻中就会有一个以离婚而告终。[9]这种高离婚率自第一次世界大战以来一直在持续着，而在那之前，离婚是很罕见的。

离婚给当事人带来很大麻烦。首先，人们会面临感情上的纠纷，比如挫折感，会怀疑自己是否还有付出和接受爱的能力，会感到孤独，背负离异者的名号。亲友们也会对此做出反应：他们分开是否正确，并且这种事会不会有一天发生在自己身上。许多分开或正考虑分开的人都感觉自己被束缚住了，因为他们认为自己既已不能与对方再生活下去，也无法完全脱离对方。其次，双方个人财产的划分是另一个常常带来痛苦与分歧的方面。如果他们有孩子，还要考虑到孩子会受到的影响。

另外一些事也必须解决。比如，谁将得到孩子的监护权。（共同监护权现在成为了一种选择，双方可以各自抚养孩子一段时间。）如果其中一方得到了孩子的监护权，那么围绕着探视孩子的权利和孩子抚养费应该支付多少的问题又很容易产生争吵。离婚者常常面临寻找新的住处及结交新朋友的难题，以及在一个以夫妻为主导的社会中独自生活，一方面在经济上要取得独立，另一方面对竞争心存恐惧。

研究表明，离婚者在离婚的过程中很难在工作中有出色表现，反而很容易丢掉工作。[10]离婚者的预期寿命较低。[11]离婚男性的自杀率更高一些。[12]

现在离婚已经不会被自然地认为是一个不好的社会问题了，虽然它的一些负面后果依然存在。从另一个角度看，对于一些十分紧张、痛苦和不满的婚姻来讲，离婚也是一种受到认可的解决方法：它是一些人用来结束不愉快的生活而开始丰富多彩人生的切实一步。渐渐地，离婚还被认为是对孩子有益的，因为这样他们就不会再受到紧张与不愉快的家庭氛围折磨了。

离婚率的增长不一定就意味着更多婚姻即将失败，而是意味着越来越多的人可以分开，而不必再忍受着不幸的婚姻生活。

离婚率增长的原因

婚姻的破裂是有很多原因的。一些比较明显的原因比如：酗酒、经济上的冲突、性格不和、嫉妒、身体上或言语上的不敬以及来自亲戚朋友的干涉。然而，这些因素已经存在了几个世纪了。那么我们如何解释直到最近离婚率才猛升呢?

据早期的观察发现，许多人结婚是因为他们相信自己已经疯狂地坠入了爱河。如果这种疯狂的爱不能转化成理性的爱，这段婚姻就很易结束。而不幸的是，我们这个社会的年轻人普遍地相信，婚姻可以使浪漫的感觉得以延续，解决他们的一切问题：保持两性间的互相吸引与兴奋感及充满冒险与刺激，甚至可以一直保持着刚开始相恋时的那份甜蜜。（大多数年轻人只要看看他们父母的婚姻就应该意识到，这种不切实际的浪漫想法几乎是无法实现的。）更不幸的是，婚姻生活中与另一半相处就必须面对生活琐事，比如倒垃圾、刷碗、洗衣服、工作后的疲惫、配偶的恶习（比如打嗝）、换尿布等；还要处理一些诸如经济上的问题和不同的兴趣之类的麻烦。所以，维持好一桩婚姻需要夫妻双方共同的努力。

另一个导致离婚率增长的因素是，一些男人不愿接受妻子角色的变化。许多男性仍然赞成传统的婚姻形式，也就是丈夫在家中扮演统治者的角色，而妻子只是个服从者，她们要抚养孩子，做个好的家庭主妇，还得是一个感情上的安慰者。而许多妇女已经不能再接受自己这样的家庭地位了，她们需要能够在决策权、家务、抚养孩子、交钱养家和分担责任上都能够享受到平等的婚姻生活。

今天，大约有三分之二的美国妇女是子女不到 18 岁而在外工作的。[13]出外工作的女人在经济上就不再那么依赖丈夫了。经济上独立的女人在自己的婚姻变质时，会更多地选择离婚。[14]

265 再有一个导致离婚率升高的因素是利己主义。利己主义追求自我价值的实现，快乐至上，把自我的兴趣和能力发挥到极限，并且追求自己的需要与要求的满足。当今社会的人们越来越多地接受了利己主义的生活方式。相反，生活在比较传统的社会中的人和在大家庭中长大的人，普遍地会先考虑自己所在群体的利益，而自己个人的利益次之。在大家庭中，人们首先把自己看作集体的一员，然后才是一个个体。随着美国人利己主义观念的增长，人们只要认为自己的婚姻是不幸的，就会很容易结束掉这段婚姻再去寻觅另一段。

随着离婚率的增长，人们也渐渐地接受了离婚这个现象。由于离婚的恶名不再那么被人嫌恶，越来越多生活在不幸婚姻中的人得到了解脱。

最终，现在的家庭已经不再拥有像传统家庭一样多的功能了。教育、种庄稼、娱乐和其他一些曾经以家庭为中心的活动，现在已经被外界的一些机构发展扩大。科内斯顿（Kenneth Keniston）写道：

> 早期，婚姻的崩溃更多地是剥夺了夫妻双方相互应尽的职责而不是互相陪伴的快乐。由于家庭成员要为对方担负起许多的责任，所以离婚在过去就好比让一个没有媳妇的农民把奶油搅拌到黄油中去或是当他生病时由他自己来照顾自己，或是相当于让一个没有丈夫的妻子到地里耕田来养活她的孩子。今天，当感情上的满意与否成为婚姻的结合点时，爱情的逐渐褪色和现实中夫妻间无法缓和的冲突与危机，使得婚姻越来越没有了维系的理由。学院派、教授、法律顾问和社会工作者都提出了关于家庭是否完整无缺的论点。现今，一个离婚的人失去的东西会比早些时候要少，因为婚姻带来的关于生计上和满足感上的东西也越来越少了。[15]

专栏 10.2 提供了一些因素来预测婚姻是否能维持下去。

265 **专栏 10.2　离婚的真实原因**

夫妻双方的年龄　离婚最易发生在夫妻双方处于 20 多岁这个年龄段。

婚约的长短　草率的婚姻离婚率很高。

结婚时的年龄　结婚年龄越小的人（尤其是青少年时期）越容易离婚。

婚姻的长度　大多数离婚发生在刚结婚的前两年。在孩子成年后不久也是一个离婚高峰，其中部分原因是一些夫妻等待孩子长大成人再结束这段不幸的婚姻。

社会阶层　离婚更多地发生在生活水平较低的人群中。

教育　教育越少的人群离婚率越高。离婚也常发生在妻子学历比丈夫高的家庭。

居住地　城市的离婚率要高于农村。

第二次婚姻　再婚双方结婚次数越多，他们分开的几率也越大。

信仰　夫妻双方之一的信仰越深，他们离婚的几率越小。新教徒的离婚率要高于天主教徒和基督教徒。不信教者比虔诚的教徒离婚率要高。

资料来源：William J. Goode，"Family Disorganization，" *Contemporary Social - Problems*，4th ed.，eds. Robert K. Merton and Robert Nisbet（NewYork：Harcourt Brace Jovanovich，1976），511－556；William J. Goode，*After Divorce*（New York ：Free Press，1956）；Paul C. Glick，*American Families*（New York：Wiley，1957）；J. Richard Udry，*The Social Context of Marriage*，2nd ed.（Philadelphia：Lippincott，1971）；William Kornblum and Joseph Julian，*Social Problems*，9th ed.（Upper Saddle River，NJ：Prentice Hall，1998），359－361。

关于离婚的法律

过去，社会尽可能地阻止婚姻的崩溃。其中一个办法是通过制定法律使得离婚不是那么容易实现。从前，一对夫妇若向法院提出离婚请求，随之而来的将是案件受理前无尽的等待。离婚的审判遵循"诉讼"的公正的司法程序，夫妻为达到离婚的目的，必须陈述对方的一些冒犯性的罪行，例如通奸、遗弃或者是粗暴的没人性的虐待等。在许多案例中，离婚的真正原因（像是总觉得对方一无是处）很少有和法庭允许的离婚原因沾太大边的。于是，夫妻双方往往会编造一个故事来赢得法律上的支持，从而顺利离婚。 266

大多数离婚的人都将原因归咎于婚姻的破裂。而传统的关于离婚的法律，却错误地将离婚的双方判定为一方有罪、一方无罪。传统的离婚法重视的是夫妻双方所遭受的外伤。这样的审判不仅使夫妻的感情留下了伤痕，而且审判的费用也很昂贵。

因为这重重困难，大多数国家通过了"无过错"离婚法律，只要夫妻双方都认为自己的婚姻是无可挽回地破裂了，就允许他们通过法院，公平快捷地达成离婚协议。（但诉讼的审判方式还适用，只要双方有一人选择如此即可。）

在离婚过程中，围绕着财产分割的问题，还是会产生争吵，像男方给女方的赡养费、孩子的抚养费以及孩子的监护权问题。过去，法庭会把孩子的监护权判给母亲，母亲会得到孩子的抚养费及男方所付的赡养费（尤其是当母亲失业的时候）。许多丈夫不履行应付给前妻的孩子的抚养费和赡养费，这会使这些前妻们陷入糟糕的经济状况。

性别角色上的换位和工作女性的增多，重新构成了离婚的一些问题。大多数国家已经制定了相关法律，允许法庭要求女方支付其前夫赡养费，但是很少有法庭执行这样的法令。虽然这种分配方式不再是自然而然的了，但孩子的监护权仍旧多数判给母亲。多数父亲都在争取他们对孩子的监护权，并且表达他们对法庭的不满，因为法庭总是凭借对大男子主义的偏见，认为母亲更有资格抚养好孩子。

有这样一个事实，即当离婚发生时，这个家庭破裂所造成的损失大部分是由社会所负担的。在处于平均收入水平或低于平均收入水平的家庭中，由离婚所造成的经济贫困全部由社会来负担。带孩子的离婚女性，如果只有最低生活来源便可以申请社会公共救助金。低收入水平的人离婚会造成额外的花费。其中包括住房津贴、公共部门介绍工作还有为母亲和孩子辩护所付的律师费。

如今，法院考虑将孩子的监护权判给父亲的意愿，正在给社会造成隐性的负担。父亲们可以并且能够延长法庭的判决。但结果是，只要孩子的母亲要争取孩子的监护权，那么，无可置疑地，作为监护权的交换条件就是降低孩子的抚养费。于是这些妇女和儿童就成为了社会福利计划的照顾者。州最高法院法官理查德·尼里（Richard Neely）宣称：

> 我们之中多数人都坚信，女人享有和男人一样的经济权利，并且就此得出结论认为事实如此。所以，法律明确规定女人可以和男人一样抚养好孩子，并且谁抚养孩子谁就要支付起抚养费。但事实上，女性比男性要穷得多，并且这种情况没有多少改变的可能。[16]

现如今，关于孩子的监护权之争，在离婚案之中已越来越普遍了。典型的监护权之争，法院会处理得非常缓慢，全过程达两年之久。其间，夫妻双方更会在律师费上、专门证人上以及法庭处理费上花至少数千美元。在此期间，某些家长会利用孩子当人质，来得到更多的经济补助，纵容自己无耻和贪婪。同时，他们还会通过中伤来使得孩子恨另一方家长。监护权之争不仅太昂贵，而且还从感情上伤害了夫妻双方和孩子。

在许多国家，年满 14 岁的孩子可以选择跟谁一起生活，如果这位家长合适的话。为了避免陷于监护权之争，并且避免降低母亲获得的抚养费，尼里劝告 14 岁以下的孩子，哪一方家长主要照顾他们就应该得到监护权，这样的家长是：

> （1）准备食物；（2）给孩子换尿布、洗衣服、洗澡；（3）送孩子上学、去教堂和参加其他活动；（4）预约看医生并经常观察孩子的健康状况；（5）与孩子的朋友、学校的老师以及和孩子参加的活动有关的成人互动的家长。所以并不奇怪，符合以上条件的“主要照顾者”几乎都是母亲，但也不是绝对的。[17]

90%的离婚案中，都是由母亲获得孩子的监护权。[18]由于离婚，母亲的生活水平迅速下降，而父亲一方的生活水平却由于减轻了经济上的负担而逐渐有所提高。[19]在离婚过程中，仅有 15%的母亲得到了赡养费。[20]由于要照顾孩子，父亲就必须支付孩子的抚养费，
267 但法院判给母亲的抚养费往往不够支付孩子的经济开销。另外，一半的父亲都不能全额支付孩子的抚养费，并且有 24%的父亲根本不履行法院的判决。[21]结果是，离婚妈妈和她的孩子的生活水平陷入极低的水平。在许多案例中，纳税人都会通过社会福利体系来接济这样的母亲与孩子。[22]

为了努力解决这些问题，在 20 世纪 80 年代末，美国国会要求各州必须制定相关法律，保证孩子从无监护权的家长（一般为父亲）手中得到抚养费。例如，威斯康星州通过了这样一条法律，无监护权的家长拿出自己工资总额的一定百分比（由孩子的数量决定）的钱，以支付孩子的抚养费——百分比从 17%（1 个孩子），到 35%（5 个孩子或更多）。这些孩子的抚养费由处理离婚案件的法院工作者寄出，然后法院会给无监护权一方家长寄

回收据。其他一些新增的强制无监护权一方家长支付孩子抚养费的机制包括：扣留无监护权一方家长的工资所得税的返还，拖延支付孩子抚养费的要向消费者信用机构报告，在报纸上公开失职的无监护权一方家长的名字以及失职家长的留置权会受到威胁。以上这些机制减少了无监护权家长的失职行为的发生几率——还增加了监护权一方家长（一般为母亲）较稳定地得到孩子抚养费的机会。

空壳婚姻

生活在空壳婚姻中的夫妻没有强烈的依附感。这样的婚姻是靠外界的一些压力得以维系，而不是靠夫妻间的温存与互相吸引来维系的。这所谓的外界压力包括：事业上的原因（比如：公务员选举，需要给人一个家庭稳定的好印象）；投资上的原因（比如：丈夫与妻子有一个富裕的家庭和其他一些财产，他们不愿意因为分割财产而使得这些财产受到损失）；一些外界形象上的原因（比如：这对夫妇共同生活在一个很小的圈子中，希望避免离婚后亲戚朋友的一些强烈反应）。另外，夫妻双方都认为离婚会给孩子造成伤害，而且这从道德上来讲也是不对的。

约翰·F·丘伯尔和哈罗夫（Peggy B. Harroff）已经鉴别出三种空壳婚姻的类型。[23]在没有活力的婚姻关系中，丈夫和妻子缺乏与对方的共同爱好，并且失去了对家庭的兴趣。这种婚姻中只存在着厌烦与冷漠，很少有激烈的争吵。

在习惯性冲突的家庭关系中，丈夫与妻子私下里会经常争吵。他们还会在公共场合进行正面的冲突。这种关系里充满着冲突、紧张与痛苦。

在性格内向的关系中，夫妻双方都不快乐，但他们还常常装作对自己的婚姻很满意，并且好像他们之间很少争吵似的。夫妻之间或许有一些共同爱好，但这些爱好却很少掺入兴趣与浪漫。总之，夫妻双方很少关心对方的满意程度。

空壳婚姻的数字不得而知——肯定比幸福婚姻的数字要多得多。空壳婚姻中很少有笑声，而且成员间更不会互相分享他们的经验与困难，自发地倾诉情感或是分享一些个人的经历就更不可能了。在这样的家庭中，孩子通常都缺少爱或者他们会将爱的索取转移到自己配偶的身上。有时这些孩子会对父母的行为感到难为情，从而影响到他们的顺利交友。

生活在空壳婚姻中的夫妇很少参加聚会活动，而且在彼此的朋友面前还会表现得很不愉快。夫妻的异性朋友往往很少，或是都不太令他们满意。来访者都会注意到，这些家庭成员（常常是孩子）会表现出反应迟钝、冷淡、僵硬等。虽然这些家庭成员们对互相之间的弱点与易受攻击之处都很知悉，但他们时不时还会把这些痛处提出来，互相伤害。

古德（Goode）将空壳婚姻与以离婚告终的婚姻做了如下比较：

> 多数离婚的家庭都会经历这样一个阶段——有时是在离婚之后——丈夫与妻子不再感到被对方所吸引，停止互相间的合作与分享，而后视对方为陌生人。而空壳婚姻

> 处于这样一种情况：成员们感觉不到任何强烈的角色意识与责任，而只是由于许许多多的原因，夫妻才勉强维持而不离婚。[24]

268 虽然我们不知道空壳婚姻中有多少最终是以离婚告终的，但应该不在少数。所以，夫妻双方都应该对自己的婚姻生活多付出一些努力，从而避免空壳婚姻的发展。

家庭暴力

我们普遍认为家庭是一个充满爱和温存的社会化的组织。但令人悲伤的是事实往往与之相反，因为暴力普遍深入地存在于美国的家庭中。

殴打、伤害与袭击普遍地存在于许多家庭中。而家庭暴力的程度是不为人知的，因为许多暴力行为是不被公之于世的。据估计，美国一半以上的家庭里存在着诸如虐待儿童、虐待妇女这样的对人身体上的伤害。[25]估计每年约有 5 000 万人成为他们伴侣暴力行为的受害者。[26]研究表明，在 20%的虐待儿童案件中，另一位家长也遭受虐待。[27]

家庭暴力不仅止于虐待儿童与妇女。孩子攻击父母的数字远比父母虐待儿童的数字多得多。[28]于是，虐待老人很快地受到了关注。这是一种“对老人身体和心灵上的摧残”。[29]犯罪者一般都是受害者的子女、看护者或者其他人。乔安妮·科克和刘易斯·科克(Joanne and Lewis Koch)给我们提供了这样一个例证：

> 在芝加哥，一个 19 岁的女孩承认她折磨了自己 81 岁的老父亲，并把他关在厕所里长达 7 天之久。她还趁父亲熟睡时用榔头打他：“我用榔头好好打了他一顿。然后，等他很虚弱时，把他的腿锁起来。将他放在那里后就去休息了。后来我又看了会电视。”[30]

各种各样的虐待老人的形式归结起来，可以典型地分为以下 4 类：

- 身体上的虐待，就是使人承受身体上的伤痛与伤害，包括淤伤、打伤、限制人身自由和性骚扰。
- 心理上的虐待，是指使人承受感情上的折磨，像是胁迫、羞辱以及威胁使用暴力。
- 经济上的虐待，是指不合法或不合理地剥夺受害者的资产和财产。
- 忽视，包括故意犯错和拒绝尽照顾老人的义务，像是食物或健康上的照顾不周或是遗弃老人。[31]

孩子们之间的暴力也是普遍存在的。有些孩子仅仅由于与自己的同胞发生争执，就使用武器（像是枪或匕首）。

家庭暴力的模式表现得似乎是在家庭中学来的。如果一个孩子被虐待了，这个孩子（当他长大成人并成为一名家长时）很可能会去虐待自己的孩子。同样的，如果一个成年人被他的父母虐待了，那么当他担当起照顾父母的重任时，他就很可能会虐待他的年老了的父母。

家庭暴力的受害者——挨打的孩子、挨打的家长以及挨打的妻子——都有共同的弱点。他们一般来说是属于体格偏小的一方，没什么体力，对自己与攻击者的关系感到无能为力（主要是因为他们从生理上、经济上以及情感上都依附于攻击者）。

在20世纪60年代之前，家庭暴力根本不受重视，部分原因是家庭原来被视为一个神圣的机构并且还是一块属于私人的领域。在家庭中发生的事都被视为私人的事，其责任由家庭成员来负——不需要外人插手。在过去40年中，人们逐渐意识到，家庭暴力是一个主要的社会问题。

家庭斗殴成为报警解决的最大一类暴力事件。警察因公受伤主要是由人身侵犯的报警引起的，而家庭暴力事件占了很大的一部分。[32]斯坦梅茨（Suzanne Steinmetz）和斯特劳斯（Murray Straus）写道："在美国，很难找到比一个家庭在一天内发生暴力事件还要多的一个组织或机构。"[33]暴力不仅给家庭的成员造成身体上的伤害，而且每次伤害都会削弱家庭成员间的忠诚、情感与信任，而这些正是使一个家庭具有积极功能的基础。

有这样一个关于家庭暴力产生的解释，它以挫败感会激发侵犯性行为作为理论基础。无论是丈夫还是妻子，只要他们在工作上受了挫折，那么，他们就会把这种挫败感发泄到配偶或孩子身上。当小孩子被自己手足同胞的行为挫伤后，他们会反过来去伤害他（她）。斯坦梅茨和斯特劳斯发现："在像我们这样的一个社会中，侵犯行为被认为是受挫后的正常反应，那么，等着我们的只能是越来越多在家庭或职业上受挫的人造成越来越多的暴力事件。"[34]

还有另一种解释，奥布赖恩（John O'Brien）写道：家庭成员常常利用身体上的强制力来取得在家中的优势地位。[35]家长打孩子屁股是为了让他守规矩。姐妹把自己的兄弟推 269
开是为了得到他们俩都想要的东西。奥布赖恩认为，当其他资源都不存在或减少消失时，家庭成员一般都会选择诉诸体力来解决问题。比如，一旦酗酒的丈夫感觉自己已经失去了在家庭中的尊严时，他就会通过诉诸"武力"来保住自己最后一点威严。

配偶间的虐待行为

配偶间的虐待行为主要指殴打妻子。非常不幸，妻子们忍耐了很多年，但在现如今看来，这已经上升为一个国家的问题了。这个问题随着1994年尼科尔·辛普森（Nicole Simpson）的死亡而被揭露了出来，她是被残忍地刺死的，她的前夫辛普森正是涉嫌此起谋杀案的嫌疑犯。在尼科尔死亡前，警察至少有8次因为她报警而赶来处理她遭辛普森殴打的事件。[36]［在因民事案件入狱两年后，辛普森又被怀疑与前妻的死以及罗纳尔多·戈尔德曼的死亡有关。］

其实，不光是妻子会受到虐待，丈夫被推打的几率和妻子是一样多的。[37]但最严重的身体伤害一般都是由女性遭受的。研究表明，之所以丈夫对妻子造成的身体伤害程度比较

婚姻紧张和冲突会严重地影响到孩子。

大，是因为男人的身体比较强壮。[38]超过10%的谋杀案中的受害者是被其配偶所杀。[39]值得注意的是女人比男人更能隐藏遭残忍虐待，通常因为她们会考虑到自己没工作，也就没有经济上的安全感，所以会受到一定的束缚。夫妻间的暴力行为有时是由受害者一方引起的，也就是说，虐待行为的施行者一般是指在事件中首先使用言语上或肢体上暴力的人。[40]但是，在美国关于夫妻间暴力的主流观点，还是在关注丈夫如何对妻子施暴的问题。也就是说，我们的社会被一些传统的枝节片段蒙蔽而相信，丈夫总是命令自己的妻子做事，并且强迫她们服从自己。

来自丈夫的或男性家庭成员的暴力行为或来自其他家庭成员的此类行为，发生得极其频繁，以至于成为造成女性受伤的主要原因。[41]女性所遭受的此类痛苦要比强奸、抢劫或遭遇车祸频繁得多。[42]

夫妻间身体上的虐待行为的发生不是一次性的，它会经常性地复发。夫妻间虐待行为的发生，与家庭成员受教育水平的高低无关。[43]

大多数被丈夫严重殴打过的妻子不会选择离婚。妻子们大多会选择继续维持这个家，只要：(1) 暴力不常发生；(2) 童年时她们被家长虐待过；(3) 她们认为自己在经济上还要依靠自己的丈夫。[44]

许多学者都认为，美国家庭夫妻间的暴力行为与人们对暴力的容忍度有关。斯特劳斯（Straus）写道：

> 似乎有这样一个约定俗成的不成文规定，认为家庭成员间的互相伤害是合法的。270
> 对于丈夫与妻子来说，这意味着结婚证书也是一张打人许可证。[45]

一些研究表明：有相当多的人，包括男人和女人，认为丈夫“随时”打妻子是合理的。[46]

男人使女人痛苦有很多的理由。许多是没有一个好的自我形象评价：作为一个养家糊口的人或一个父亲或一个性伴侣，他们都会对自己的价值感到不确定。而他们往往倾向于用一成不变的眼光来看待妻子，认为妻子就应该扮演服从者的角色，她们需要被控制。很多男人过度服用酒精或其他药品，结果当他们喝醉或犯晕时，他们就倾向于使用暴力。

在一个有暴力行为发生的家庭中，暴力会不间断地重复发生。像下面这样：伤害的事件发生了，妻子受了伤害。丈夫感到很懊悔，但他又担心妻子会离开他或去报警，于是他就用“蜜月攻势”哄自己的妻子，让她相信他是个好丈夫，下次绝不会再伤害她了（他会送花，买贵重的礼物，而且会表现得非常体贴）。随着丈夫“蜜月攻势”效应的消失，在他心中，又开始堆满了工作带来的压力和家庭琐事。随着压力的慢慢堆积，一点小事就会使他爆发，尤其是在他喝醉时，于是他又开始伤害自己的妻子。伤害—蜜月攻势—紧张积累—再伤害，不断地循环往复。

虐待妻子的丈夫常常会孤立自己的妻子，从而使得妻子依赖他们。他们试图切断妻子与亲戚朋友的来往。他们奚落妻子的亲戚朋友，还常常当妻子与亲戚朋友一起的时候，制造一些令人尴尬的事件。妻子为了避免尴尬，只好断绝与亲戚朋友的来往。丈夫还会不断地奚落妻子，从而达到让妻子只依赖自己，丧失自信与自尊，最终只得扮演服从者角色的目的。丈夫还制造妻子对自己经济上的依赖，比如制造障碍使得妻子找不到高薪的工作。

令人吃惊的是，很高比例的受虐待的妻子不会选择永久地离开自己的丈夫。这有很多原因：许多妻子已经习惯扮演丈夫的从属品了，丈夫们使用身体上和心理上的双重摧残，使得妻子觉得自己没有足够的能力自己生活；一些妇女认为她们有道德上的义务去遵循这样的教条——婚姻是永恒的，不管变得更好或更坏；很多人希望（不考虑没完没了的暴力）她们的丈夫是可以改变的；有些人害怕如果自己离开，那么丈夫为了报复会更狠地打她们；相当多的人认为离开丈夫不是个可行的办法，因为她们在经济上严重依赖自己的丈夫；那些有很小的孩子要抚养的妻子，不认为自己有经济实力单独抚养孩子；有一些人认为，偶尔挨几下打，总比因为离开而带来的孤独和不安全要好；还有的人恐惧分居或离婚而带来的恶名。以上这些女人完全成为家庭的奴隶了。

幸运的是，近年来已经有一些为受虐女性服务的受虐女性运动。社会上有很多团体为受害女性及她们的孩子建立了避难所。这些避难所为受害的妻子们创造了一个可以躲开她们悲惨现状的机会。她们还会常常得到忠告，在找工作时得到帮助以及一些法律上的援助。这些帮助受害女性的机制包括“安全计划”，它可以切实帮助女性发展自身资源，从而达到保护自己并且自立的目的。在某些地区，这项计划还对丈夫们实行了。这一计划包括小组治疗、对施暴者的情绪控制计划、对夫妻双方的婚姻忠告以及鼓励隐藏着家庭暴力的夫妻拨打 24 小时热线。（不幸的是，许多施暴者不愿意加入到这一活动中来。）许多社团还会做一些公共宣传活动（例如，电视宣传短片）来告诉这些受害的妇女们，她们有权不受虐待，而且她们也有能力阻止虐待行为的发生。

为了努力使普通人将家庭暴力看成同陌生人之间的犯罪同等严重，许多州都制定了关于家庭虐待行为的法律，如果有类似身体上的伤害或有更严重的伤害存在的可能，警察就可以依法对犯罪嫌疑人进行逮捕。如果警察有拘捕令而没有拘捕他们，警察将会依法面对刑事或民事处罚。[47]

随着保护受害妇女的机制逐渐可行起来，我们更希望这些妇女中能够有越来越多人，挣脱自己的牢笼不再回去，直到她们有能力保护自己为止。

虐待与忽视儿童

虽然不同地区对虐待儿童的定义不同，但卡督新（Kadushin）和马丁（Martin）还是
271 总结出了以下几种情况：

- 身体上的虐待。
- 营养不良、衣着寒酸、没有适当的住所、轮流睡觉、未被尽责照料或者受到过度监督。（包括“发育不良”的综合病症，也就是指孩子不能按正常的速度成长。）
- 忽视必要的医疗护理。
- 没有在适龄时受到应有的教育。
- 受剥削，超负荷工作。
- 生活在不卫生和不利孩子身心发展的环境中。
- 性别歧视。
- 还包括一些不常提到的形式，比如情感上的虐待，包括忽视孩子的各种体验：有关感受爱的体验、需求的体验、安全感的体验以及自我价值的体验。[48]

对孩子的虐待与忽视，会造成严重的后果。盖利斯（Gelles）写道：

> 专家和临床医生对受到身体上、心理上、性的虐待与忽视的孩子分别做了相应的观察记录。身体上的损伤包括：致死，脑部损伤以及由暴力造成的永久性残疾。心理上造成的后果包括：由强烈的精神紊乱造成的自我价值感的降低，包括一种非社会化游离状态。感知问题包括：严重的大脑器官功能紊乱造成的注意力剧减和学习能力下降。受虐孩子的行为问题包括：严重的暴力和犯罪以及自杀行为，或者出身名门但却表现无能。[49]

身体上的虐待 在过去40年中，“受虐儿童综合征”已经受到国家的重视。美国一个人道主义的儿童机构做了一个全国性的问卷调查，并在报纸上对虐待儿童做了报道，得出如下结论：

> 在孩子身上施加的虐待方式与虐待类型，是对成人“天才的”灵活性与创造性的最好证明。无数的儿童伤害都是使用各种工具与器皿殴打造成的。梳子是最常用来打孩子的工具。虽然同样能达到教育孩子的目的，但是使用拳头、皮带、电线、电视天线、绳子、塑料马、扇子把儿、棒子、木头鞋、撞球杆、杯子、笤帚把儿、网球拍、椅子腿，更甚的是船桨，却会造成致命的伤害。缺乏想象力但却同样有效的办法，是用皮鞋或者是沉重的工作鞋踢到孩子屁股上。
>
> 孩子们的手足——手、胳膊和脚——被打火机和烟头烫伤。其他地方的烫伤是由点燃的香烟、电熨斗或热的拨火棍造成的。还有一些烫伤是被滚烫的液体泼到身上或被按到热水中造成的。
>
> 有些孩子是被掐死的，或是被枕头或塑料袋罩住头捂住口鼻而窒息死亡的。还有好多孩子被淹死在浴缸里，甚至有一个孩子是被活埋的。
>
> 让我们把这些行为列完整：孩子们被刺伤、殴打、射伤、电击，被无情地摔打在地板或墙上，被踩踏，有个孩子甚至遭到胡椒面塞到喉咙里的厄运。[50]

调查还报道了这些受虐孩子所受的各种各样的伤害：

> 大多数受虐孩子都有各种形状、大小和形式的淤伤与擦伤。到处都是伤痕，肿胀的四肢、干裂的嘴唇、黑眼圈以及被打掉牙，有个孩子甚至失去了一只眼睛。骨折也是常事，有些是普通的骨折，有些是复合型的。孩子们不是断胳膊就是断腿，要不就是断肋骨。好多孩子还不止一处骨折。有个才5个月大的孩子，他弱小的身体上却发现了30处骨折。
>
> 最令人瞠目的报道是关于内伤与脑部伤害的。脑部的伤害尤其占一大部分。无论是内伤还是脑部伤害，都是由于太多的不幸造成的。我们发现孩子们体内器官很多都受损了，像是肝破裂、脾破裂和肺破裂。脑部受伤的诊断有：脑震荡、头骨骨折、脑出血和脑损伤。
>
> 这些发生在孩子身上的残忍的、令人难过的、肮脏的以及充满恐怖色彩的恶行，却真真实实地存在于美国的每一个州的每一个社区里。[51]

只要造成了孩子身体某一部位的伤害，都属于身体上的虐待。但在身体上的虐待与父母的管教之间却没有一条明确的界限。西尔弗（Silver）写道：

> 如果家长用皮带惩罚孩子，那么当他打孩子第4下之后，他的行为就属于虐待了？如果他使用皮带抽孩子的伤痕超过两毫米，那么，此时他的行为也属于虐待?[52]

关于虐待的定义多种多样。一种范围很窄，只将虐待限制在孩子受到很严重伤害时。另一种比较宽泛的定义，是将故意伤害孩子和言语上的伤害都算作虐待。

272 **专栏 10.3　一起暴力伤害和谋杀案件**

芝加哥的乔迪只活了 102 天，在 1994 年的 11 月 16 日。验尸官的报告指出她遭受了比一个成年人所可能受的还多的伤害。其父亲，34 岁的马尔科姆被指控二级谋杀。

乔迪生于 1994 年 8 月 5 日。她的父母是未婚同居的。她母亲莱迪是一名女服务员。她父亲失业了，他在感受巨大的失业压力的同时还要承担家长的责任。

乔迪出生后的两个月一切正常。她的儿科医生在 10 月初看过她，并且报告上写道，她已经增长了近两磅，而且看起来很健康。不久，乔迪的噩梦开始了。病理学家在检查乔迪尸体时记录，她至少有 5 根肋骨骨折，这大约发生在一个月前，是由猛踢或用拳猛打造成的。

病理学家还指出，在乔迪死亡的 10 天前，她的头、胸及左肘都受了伤害。大约与此同时，她的臀部和头部都被烫伤。地方检察官已确认马尔科姆承认自己在被捕时把乔迪放在了一个空的加热器上。

病理学家的报告还指出，乔迪的一个膝盖受伤，另一个也被严重扭伤，这可能是由于孩子被拿着腿抓起，又被摔下才折断的。在乔迪死时，她的体重降至 6 磅，这比出生时还轻了一磅。

11 月 15 日，乔迪由于呼吸困难死了。当时莱迪正在工作，地方检察官陈述道，当时马尔科姆正感到自己处在财务和家庭危机的边缘，由此他开始酗酒，乔迪还像前些天一样哭个不停（大概是由于伤痛引起的）。马尔科姆说，他无法忍受这长时间的哭声，于是抓起乔迪并举起大约 10 英尺——希望她能够掉在沙发上。然而乔迪并没有落在沙发上，而是掉在了地上，并且她的头正摔在硬地板上。马尔科姆告诉警察说，在接下来的几个小时里，乔迪停止了哭泣，而且表现出呼吸困难和间或的呕吐。当莱迪晚上回家时，她发现乔迪已经不再呼吸了，于是她马上叫了救护车。乔迪在到达医院时被宣告死亡，死亡原因是颅骨骨折导致的血栓。当警方询问莱迪她为什么不报告在过去几个星期里发生在乔迪身上的暴行时，她说："马尔科姆对我说，如果我报警，他将离开我，不再管我。"

272 在 60 年代后期，所有的州针对全社会对虐待儿童事件不断增长的关注和重视，采用了关于虐待（疏忽）儿童的一些法律，这样的法律是非常重要的案件判决设置。他们要求专业人员（比如医生、社会工作者、律师、医院管理者、学校管理者、护士和牙科医生）把他们知道的虐待儿童的可疑案件告知某些特定的机关，如地方警察局和地方福利救济部门。

认定虐待儿童的确切范畴尚未确定。精确的数据资料是很难获得的，其原因主要有二：其一是市民和专业人员不履行报告可疑案件的义务；其二，在了解受虐儿童情况时受到阻挠。很多受到伤害的儿童认为他们受到虐待是理所当然的，因此他们在面对可以帮助他们的人的访谈时保持沉默，而且他们也日益形成了对自己的消极的看法。

虐待儿童的一个显著后果就是暴力传递了暴力。乔治·C·柯蒂斯（George C. Curtis）报道，许多证据表明被虐待的儿童很可能成为“明天的谋杀犯和其他暴力犯罪的罪犯”。[53]当他们成为父母时，他们成为虐待孩子的父母的可能性很大。[54]在理论上，虐待造成很高程度的敌对行为，这种敌对在将来很可能会导致暴力。在强奸犯、杀人犯、抢劫犯和家庭虐待者中，很高比例的人在幼年时是虐待的受害者。这些孩子有可能离家出走，同时他们还可能面对着其他的危害，这些危害有时是由于他们卷入犯罪活动而导致的，诸如商店盗窃、盗窃或卖淫。

虐待儿童的案件很少是偶尔出现虐待行为，事实上这大多是重复发生的。偶尔发生的虐待通常难以被统计在内，因为通常情况下，虐待者会对孩子受到伤害一事编造一个看似合理的解释。

盖利斯对孩子的父母和看护者的性格进行观察，看哪类人虐待儿童的可能性最大，并 273
发现：

> ● 虐待往往会出现在受教育程度和职业技术所要求的技术程度不高的父母身上，也易于出现在非白人家庭、母亲主导的家庭和单亲家庭中。
>
> ● 在很多家庭里显而易见会有因财务困难导致的“家庭不和以及压力”。（虐待在下层社会的发生频率很高，这很可能是由于中上层社会的父母可以更好地去隐藏虐待这一事实。）
>
> ● 母亲比父亲更有可能虐待孩子。性别的这一差异很可能与母亲和孩子在一起的时间更长而且母亲在社会里被认为对孩子的行为比父亲更有责任这种看法有关。
>
> ● 很多被虐待的儿童（超过三分之二）被保护机构允许仍然留在家里，即使是已经判定家长构成虐待的。（保护机构会在下面的部分讲述。）[55]

身体忽视 与虐待儿童相比，忽视儿童这一问题是一个更易于被忽略而不是被关注的问题。典型的身体忽视包括：（1）孩子被抛弃；（2）环境忽视——让孩子生活在垃圾中、没有合适的衣服、无人看管、无人监督或是没有足够的食物；（3）教育上的忽视，孩子被允许大量逃课；（4）医疗上的忽视，主要表现在使孩子不能得到必需的医疗。虽然忽视儿童比虐待儿童得到的社会关注少，但却是保护机构必须干涉的一个非常普遍的现状。

很少有遗弃孩子、父母拒绝抚养孩子的案件。在大多数儿童被忽视的案件里，无论怎样都是父母没有充分履行自己角色的义务。卡督新和马丁描述了一种典型的疏忽孩子的母亲形象，她们精疲力竭，心理上贫瘠，情感上空虚，被社会孤立。[56]父母的疏忽比较容易在那些贫困或收入低的人群中出现。

温森特·德·弗兰西斯（Vincent De Francis）提供了下面一段一位社会工作者在调查一个有关儿童忽视控告时的经历：

当我进屋时，看到的是一个异常混乱的场面。这个房间分为厨房和饭厅。在房间的另一头，有两个骨瘦如柴，长着像猫头鹰似的眼睛，并且看起来十分恐惧的孩子——一个 4 岁左右的女孩和一个 3 岁左右的男孩，他们静静地盯着我。除了薄薄的棉内衣外，他们几乎赤裸着。他们的腿上和胳膊上都有伤口好了之后结的硬皮。他们难以形容地脏，头发蓬乱，身体和手也很脏，并且还沾着食物的残渣。在那两个孩子的后面的婴儿床里一个更小的大约两岁左右的孩子正坐在一个被尿和粪便浸透的褥垫上。

满地都是撕碎的齐脚跟的旧报纸，地板上有很多粪便的痕迹，而且屋子里溢满了小便的恶臭气味。

屋子里到处都是苍蝇，还有一些看起来像大蟑螂的东西正在散落的碎报纸上爬。厨房的阴沟处和燃气炉上都堆积着油污的没洗的碟子、盘子和锅。[57]

情感忽视 虽然满足一个孩子的情感需要对孩子的正常成长与发育与满足他们的身体需要同等重要。然而情感忽视在法律上很难用准确的辞藻去定义和评述。

全国消除儿童忽视与虐待运动对情感忽视的定义为：

……没有提供给孩子对其健全人格发展非常必要的情感培养及情感上的支持。例如，置孩子于被拒绝或处于一种紧张、敌对、产生焦虑的家庭氛围中，这些导致了生活于其中的孩子产生可感觉到的一些问题。[58]

泛泛地讲，用这个定义来看，几乎在每个父母身上都会时常出现这样定义的忽视儿童的不法行为。其他的对于情感忽视的定义也存在同样的问题。然而它们都一致同意，一些孩子的确在情感忽视中受到了伤害——甚至当他们在身体上被照顾得很好时。

情感忽视在法庭上也很难得到证明（见专栏 10.4），当情感忽视与身体忽视同时存在时，保护机构会依照身体忽视来判决这个案子。

274 **专栏 10.4　案例：这是情感忽视吗？**

下面的案例提出了大量的围绕情感忽视而展开的尚无法回答的问题。

盖瑞，九岁，是吉姆·N 夫妇唯一的孩子。吉姆·N 一家住在一个大城市的郊区，盖瑞的身体需要被很好地满足，然而盖瑞学习不是很好。他重读过一年级而且现在正在重读三年级。

盖瑞通过心理测试被发现其自我概念非常低。由于他的否定的自我概念，他害怕失败，拒绝学习数学，而且不愿意参加任何竞争性的集体活动。相反，他喜欢自己玩那些适合五岁孩子玩的玩具。

对吉姆·N一家的家庭调查发现，吉姆先生是个禁欲主义者，而且是个缺乏情感的人，他花在经营自己的服务站的时间很多，并且很少在家。N太太有着令人讨厌的性格和脾气，以至于她不能找到工作，而且没有亲密的朋友。由于她的智力低于平均水平，因此，她只读完九年级。与盖瑞相处时她的容忍力很低，因此她会经常责骂或批评盖瑞，并且叫盖瑞“傻瓜”或“白痴”。盖瑞很害怕她，而且试着尽量不去面对她。父母双方都拒绝接受有效的培训或建议。

- 盖瑞的个人问题（否定的自我概念）是受父母的影响还是其他的一些原因（例如，学校的环境、过去受伤的经历或者遗传导致的）？
- 假使他的问题是由于受父母的影响，那么这又拿什么在法庭上来证明呢？
- 如果他被收养到另一个家庭里，那么他的个人问题会减轻还是加重？

有虐待和忽视行为的父母　为什么一些父母会虐待或忽视他们的孩子呢？虐待和忽视涵盖着多种不同的行为，这些行为会对孩子产生不利的影响。单独的一个原因是无法完全解释父母为何虐待、忽视自己孩子的。一些调查表明，有虐待和忽视行为的父母或许在某些方面是共同的，而且已经发现下面的这些因素[59]和那些虐待儿童的父母有关系： 274

- 很多虐待孩子的父母在自己小的时候受到过虐待。如果没有受过虐待，那么他们通常是在儿童时期缺乏稳定的友爱关系，并且在早期情感需要上得不到满足。
- 虽然虐待孩子和忽视孩子一样，在下层社会里比较集中，但是虐待比忽视所涉及的人群更加广泛。
- 儿童成为虐待的对象，这种情况经常发生。一些不同的原因看起来似乎能够解释这一现象：这个儿童被看成智力低下，或者被看成是一个潜在的罪犯；若有婚姻上的不合，那么这个家庭里的孩子很可能成为牺牲品，因为这个孩子与配偶的一方总有着某种相似；这些孩子会更容易哭，或者多动，或者更需要父母的关爱；这个孩子会受到伤害，是因为他或她是在父母婚前怀孕所生的，或者是父母亲并不想要的一胎。
- 在一些案例中，被虐待的儿童与正常有耐心的父母抚养的孩子相比，表现出这些情形：非常坏的脾气；吃饭、说话或训练上厕所时遇到困难；比较好动、消极、迟钝、无条理、无精打采或易怒等。
- 在心理不正常的家庭里，作为牺牲品的儿童也许对实现家庭的平衡有着很重要的作用。一些心理不正常的家庭看起来也很需要有一个“替罪羊”或“代罪羊”来维持家庭的稳定。有时当一个受虐儿童离开了，会有另外一个被选作牺牲品，而且因此他也就担当了这样一个“维持稳定”的角色。
- 虐待的父母通常都会表示自己无罪，还会有社会孤立的倾向，有很高的侵犯性，有易冲动的倾向，在情绪上有问题，在情感上空虚，而且对批评的忍耐能力也很低。

● 环境压力因素（如婚姻问题）、经济压力和社会孤立有时会成为虐待的导火索。

● 虐待的父母都有这样一种倾向，那就是认为要严格训练孩子并且视孩子的违反纪律行为是故意的或蓄意的不服从的挑衅行为。同时他们很需要孩子做使他们高兴的事。

● 酒精、毒品的泛滥在这些案子中起到很重要的作用。

而下面的这些因素已经被确认与虐待（忽视）孩子有关[60]：

● 数量较多的忽视儿童的家庭是社会经济收入低的阶层。经济拮据是一个非常重
275 要的因素，很多人没有住房。

● 一个很高的百分比（在一些研究里是60%）是单亲家庭，而且大多数是单亲妈妈家庭。

● 通常忽视孩子的父母会被发现有一大群孩子。

● 很大一部分忽视孩子的父母的智力水平都低于一般人。

● 忽视孩子的父母（尤其是母亲，因为她们与孩子的接触最多）在身体上和情感上都很疲惫，或健康有问题，或被社会遗弃与孤立，或受到挫折，或性格冷漠，或觉得希望渺茫，这样的因素导致他们对孩子不关心。

● 忽视孩子的父母倾向于童年时在情感上没有得到满足。与虐待型的父母相似，他们在年轻时都不曾维持一个很稳定的情感关系。童年早期的那些经历似乎导致了现在的情感缺乏，当这些经历和生活压力联系起来时，就会导致身心上的疲惫。

● 忽视孩子的家庭并不是内心不痛苦，而只不过是与虐待孩子的父母比起来在情感上受到的打击较少而已。与虐待孩子的父母相似，他们一般也是被社会所孤立的。

保护性服务 在父母这一概念上，国家最终是所有的孩子的家长。如果孩子的亲生父母有忽视、虐待或剥削孩子的行为，国家有法定的权利和义务去干涉。这一干涉权力被授予保护机构（很多州的保护机构设立在社会公共福利部门里）。这些机构为被忽视的、虐待的、剥削的或遗弃的孩子及他们的父母提供专门的帮助。帮助的焦点在于找到能起预防作用的而非惩罚性的，能够实现和改善家庭关系并使家庭复原的方法。

虐待案件往往是通过控诉人告发发现的。控诉人一般是邻居、亲戚、公共医疗护士、医生、学校管理者、警察或其他社会机构成员。一个控告就是对一项需要调查的可能存在的忽视或虐待现象的检举。控告者也可以是匿名的。当一个控告被受理，保护机构就会开始调查是否有充分的证据证明存在忽视或虐待。（偶尔，无根据的控告会使孩子的父母很苦恼。）

如果虐待或忽视存在，这些父母就会被告上法庭。保护机构的中心目的就是防止更进一步的忽视和虐待出现，从而减轻对儿童所造成的伤害。很多家庭被判定虐待或忽视，这其中是存在很多问题的，因为服务机构有时对这些家庭提供的帮助是力所难及的（例如健康服务、教育、经济帮助、房子、消费、就业帮助、父母培训、家务帮助、日间照顾等等）。

如果没有证据显示存在忽视或虐待，这个案件就有可能在一次开庭后结案了。某些家庭如果存在很严重的问题，那么就会被提供好几年的帮助。

如果孩子很明显地处于一种危险中（例如，经常受到虐待），或者父母无能为力，或不愿意去从根本上改变孩子长期所处的现状，那么这个孩子就会被带走，保护机构把上法庭的举动看作“一种保护孩子的手段而不是为了起诉这些家长”[61]。

保护机构即使发现作为当事人的父母不合作或是反抗，也不能妥协，因为保护机构是仅有的几个不需当事人自愿参与的机构之一（监察机构是另外一个）。由于保护机构不是自愿参与的，而且因为提供服务基于有“外面的”控告，所以这一帮助的领受者，很容易把这种帮助看成对个人隐私的一种侵犯，而对于保护机构的工作人员来说最主要的矛盾就是因此而产生的一些敌对行为，比如视这一帮助威胁了家庭的隐私，并且还可能会出现增加虐待孩子的行为。对家长的讯问和调查往往激起了这些家长的愤怒并导致违法行为。虽然保护机构的核心目的是预防而不是惩罚，但至少有一项调查发现，当事人一开始都把这种帮助视为惩罚性和审查性的。[62]

一些接受服务者仍然会在整个提供帮助的过程中持有敌意和抗拒，另外一些人则是慢慢与机构形成一个有创造性的工作关系，这种情况下积极的改变就容易发生了。一些接受服务者在一开始就表现出合作，或许是因为他们认识到了他们的家庭需要帮助。

在虐待和忽视儿童这一领域中，一些主要问题仍未解决。身体的虐待很难和严厉的管教区分开来。情感上的忽视尚未有一个完整的定义，很多虐待和忽视的案件没有被报告。在很多社区中保护机构的资源是很有限的，以至于经常不能对虐待、忽视孩子的父母进行有效干涉。

专栏 10.5 匿名父母（Parents Anonymous，PA） 276～277

匿名父母是一个全国性的针对虐待或忽视自己孩子的父母的自救组织（其他的匿名自助组织包括匿名酗酒者、同性恋父母，匿名肥胖者和体重看管者），已经取得了修复家庭的重大成功。匿名父母是用来帮助那些虐待孩子的父母的方法中的一种。

匿名父母（一般为匿名母亲）是乔莉·K（Jolly K.）在加利福尼亚于 1970 年建立的，她急切地想寻求帮助来满足她的需要。四年来，她一直在与强烈地要严厉惩罚自己女儿的冲动做艰难的斗争。一天下午，在企图扼死自己女儿的绝望中，她在当地关于儿童指导的心理诊所找到了帮助。当她的心理医生问她在何种情况下会如何做时，她产生了一个想法。她回答道："如果酗酒者聚在一起不再酗酒，赌徒聚在一起不再赌博，也许同样的准则也会对虐待者起作用。"[①] 在她的心理医生的鼓励下，她组建了匿名母亲这个组织，并且在加利福尼亚设立一些地方分会。现在这个组织在美国和加拿大已经有了很多的地方分会，并且组织的名字也改为匿名父母，因为虐待孩子的父亲也同样适合参加。

匿名父母运用了一些用于匿名酗酒者的一些基本的治疗方法，主要内容是一种重要的干涉计划，提供两种主要形式的帮助：

- 在每周一次的小组聚会里，成员之间一起分享自己的经历、感受，并学习如何更好地控制自己的情绪。
- 在紧要关头成员可用电话联系，尤其是当成员感到自己无法控制自己的冲动，而将要把她或他的愤怒或受挫的不满发泄到孩子身上时。

父母意识到自己需要帮助时，可以经社会机构（包括保护机构）推荐去加入 PA 或者自己申请。

卡西·斯塔克韦瑟（Cassie Starkweather）和 S·迈克尔·特纳（S. Michael Turner）在解释为什么一些虐待孩子的父母宁可加入自救组织也不愿接受专家建议时指出：

> 很多虐待孩子的父母在评价自己时要比那些能够客观地评价他们的人更加严厉。他们从其他成员那不断得到保证，他们并不是自己以为的那样是一个怪物，这使得他们害怕失去孩子的恐惧逐渐减少。
>
> 一般来讲，匿名父母的成员太恐惧他人会像自己评价自己一样严厉，因此他们害怕到外界寻求帮助。通常情况下，我们的成员表示害怕与专业人员打交道，害怕看到不同的教育水平、性别或社会地位的人，这些基本不同之处会妨碍他们从容地交流或互相理解。
>
> 成员们表示找其他的"同病相怜"的父母令他们觉得高兴。他们拿这种感觉与找专业人士的感觉相比。他们通常宁愿自己承担也不愿找专业人士，因为他们认为，专业人士不会把时间用在他们的训练及培养他们工作养家的责任感上。[②]

匿名父母强调的是诚实与坦白。在外界社会，那些有虐待倾向的父母会试着隐瞒这一问题，因为外界很难容忍这样的行为。与之相反，PA 的目的是帮助那些父母认识到并且接受他们有虐待倾向这一事实。虐待这一措辞被自由地在一些会议上使用。PA 发现这一坦白的坚持产生了一个非常健康的效果。父母们也得到了解脱，到最后他们获得了一群能够理解那些虐待的父母真正内心世界的人的接纳。此外，他们一旦能够承认自己的问题，他们唯一会做的就是寻找方法来解决这一问题。

在匿名父母会议中，父母们期望去说出他们为什么会打自己的孩子，并且成员们之间还互相鼓励去寻找防止虐待出现的方法。此外，成员们也相互督促找到有用的方法来制止虐待。其结果能够帮助处理好以前导致虐待事件发生的类似情况。成员们学会了去认识危险预兆，并且采取有效的行动去抑制潜在的攻击。

匿名父母强调要保护成员的隐私和秘密。这项保护就保证了组员之间讨论自己的经历和反社会的想法而没有被公开的危险。事实上，他们和其他父母一起分享自己虐待孩子的经历就已经确认了他们可以坦白，而没有被羞辱、斥责或孤立的危险。

组员之间逐渐形成了一种统一的观念，并且这个组通常就会成为一个替代的家庭。每个人都有彼此的电话号码，并且成员们在痛苦时会有强烈的愿望打电话而不是打孩子，成员们逐渐成为“调解专家”，并且能够帮助其他虐待者，而且他们还意识到自己在这方面的能力，因为他们也曾经是虐待儿童者。

组长或地方分会的负责人也通常都是曾经虐待过孩子的人。与心理学家相比，成员们会很容易认同这样的人。匿名父母成功的原因就在于这个组织能够减少社会对虐待父母的孤立，并提供给他们社会支持。

①Phyllis Zauner, “Mothers Anonymous: The Last Resort,” in *The Battered Child*, ed. Jerome K. Leavitt (Morristown, NJ: General Learning Press, 1974), 247.

②Cassie L. Starkweather and S. Michael Turner, “Parents Anonymous: Reflections on the Development of a Self-Help Group,” in *Child Abuse: Intervention and Treatment*, ed. Nancy C. Ebeling and Deborah A. Hill (Acton, MA: Publishing Sciences Group, 1975), 151.

家庭维护计划 在20世纪60年代，随着实行对虐待和忽视儿童进行强制报道，有关 276
虐待和忽视嫌疑的报道的数量猛增。在众多案件中，一旦虐待和忽视被证实发生了，那么这个被虐待的孩子就会被安置到一个临时性的地方——特别收养家庭。在20世纪60年代末，对那些被收养的孩子的保护和巨大花费的关注有所增加。当这种把很多孩子从他们的有血缘关系的虐待家庭中带走的需要与原本作为保护孩子们的一种手段的收养家庭也成了新的虐待和忽视的时候，这两种矛盾的问题都在增长，引起了人们的持续关注，其结果是，有效的家庭维护计划逐渐成为一种保护孩子和家庭的方法。

家庭维护计划是一种干涉的模式，它特别发展成为一种对那些有一个或几个孩子的家庭的紧急工作方式。盖利斯对家庭维护服务的描述如下：

> 家庭维护机构的主要特点就是能够进行短期的、强烈的、决定性的干涉，服务在委托人的家里提供，虽然社会工作者往往并不能真正进入。家庭访问的时间长度是不确定的——不像常规门诊的时间就是50分钟。在一周的整7天和每天24小时里都可以得到服务，而不只是在工作日周一至周五里才能得到。每个工作人员的办案量很小，每个人大约负责2～3个家庭。在这里，你可以得到软性服务，诸如心理治疗及教育，和硬性服务，如食物满足、住房、管家及社会福利保障。[63]

家庭维护机构的服务时间是有限的，一般在 4 至 6 周。

277 对家庭维护计划的评价是一致的褒扬。它们最初被期望要成功地保护受虐待的孩子并且通过减少被收养的孩子的安置费用来节约经费。然而在近些年，对家庭维护计划的批评有所增加。盖利斯断定："到目前为止，没有一个用随机控制的样本的研究可以得出可靠科学评价，即家庭维护计划减少了安置用房、资金或者虐待的危险。"[64]那些没有能够离开家的，在家里受虐待的孩子们有着被再次虐待甚至受到致命虐待的危险。

帕特里克·莫菲（Patrick Murphy）描述了一个以悲剧结尾的家庭维护的案例：

> 1991 年 12 月，一个 3 岁的女孩的姨妈告诉家庭维护机构她的姐姐和其恋人对这个小孩子进行身体虐待。州调查员证实了这一虐待事件：这个孩子浑身青肿，还有一道道的烧伤。相关部门并不是把这个案件诉之法庭，而是为他们提供了一个管家和一位社会工作者，他们在接下来的 90 天里一共去了这个家庭 37 次。管家帮助那个母亲整理房间和做饭。社工则带她到外面吃饭和买东西。
>
> 1992 年 3 月 7 日，那个女孩的姨妈又打电话到家庭维护机构，说那个孩子还在被虐待。但机构没有理会她。3 月 17 日，机构以一份"漂亮"的报告——现在这个家庭过得如何的好——结束了这一案件。几个小时后，那个女孩死了。验尸报告显示这个孩子的生殖器官被热水泼过，并且她的头部还被钝器击打过。她全身共有 43 处青肿、烫伤等伤疤，而且这些伤疤都是在最近几个星期里留下的。她死时体重只有 17 磅。[65]

278 **孩子的权利与父母的权利的对立**　在早期的美国历史上，法律注重保护父母的权利，而忽视了孩子的权利。在这些年，对孩子权利的阐述与保护受到了全国性的普遍关注，比如各种保护儿童的努力及各种"儿童权利法案"的公布。保护性服务尤其在法庭辩论上常会遇到一个问题，那就是对父母和孩子的合法权利在法律上有着各自不同的界定，父母和孩子的权利的平衡在不同社会中也各不相同。[66]

在有些情况下，这种平衡也会产生一些问题，如下所述：

- 如果由于宗教原因，父母在孩子病重时拒绝对孩子进行救治，这种情况政府该干涉吗？
- 当未婚父（母）使孩子去面对他们的性乱交，但同时他们也能满足孩子的基本身心需要时，政府应该干涉吗？
- 当一个孩子处于一个同性恋的环境或者住在一个生活方式、道德观念与美国社会有着本质区别的社区中，政府应该干涉吗？
- 当一个家庭里的孩子在情感上有严重问题，而父母拒绝找专业人士来帮助，这时政府该干涉吗？

- 在特定的种族或少数民族地区里孩子需要受教育，但是却得不到满足时，政府该干涉吗?
- 当一个孩子的父亲一周几次用鞭打的方式来管教孩子时，政府应该干涉吗?
- 当一个家庭的家长长期酗酒或长期存在婚姻冲突时，政府应该干涉吗?
- 当一个孩子生活在肮脏的环境中，穿着破烂的衣服而且经常不洗澡，但是孩子的情感和社会需要都得到了满足，这时政府应该干涉吗?

对于上述的这些情况，不同的工作人员、不同的法官和不同的社区对该做什么都会有不同的意见。强制干涉会产生悲剧性的结果，正如下面案例所描述的那样：

> 1953 年，一个 13 岁的男孩被引导去求助儿童法庭，其原因是长期的旷课。一个精神病学测试显示这个孩子有暴力倾向，这意味着对他自己和其他人都是一个很严重的威胁。精神病学家和社工推荐他去进行精神心理治疗。但他的母亲却拒绝接受推荐并且拒绝把孩子带去治疗。他的母亲应该被强迫带孩子去治疗吗? 这就是保护干涉局限性的一个问题。其结果是什么也没做。10 年后，这个孩子，李·哈维·奥斯瓦尔德（Lee Harvey Oswald）暗杀了肯尼迪总统。[67]

非婚生育

在 15～24 岁的妇女中，40%的人有孩子——而这其中大约 70%是非婚生育的。[68]每年都有 100 多万青少年怀孕，大多数怀孕都是无计划意外发生的，原因是错误的知识或缺乏控制生育的手段。这些少女中的大约 60%最后要了孩子，而其余的人通过堕胎或流产来终止怀孕。[69] 5 个美国妇女中就有两个在怀上第一个孩子时并未结婚。[70]每 5 个这样的未成年人的婚姻中就有 4 个以离婚而告终，很多这样的婚姻都是在怀孕后才结成的。[71]这些未婚生育者中的 90%以上都要自己抚养孩子，而不是放弃监护权将孩子送去收养。[72]

大约 70%的非裔美国人的孩子都是单身女性所生。[73]非裔美国妇女未婚生育的比例大大超过白人妇女。[74]科尔曼和克雷西认为非裔美国妇女独自生育率很高的原因有以下这些：

> 虽然其原因并不是十分清晰，但是有一些因素却是很明显的。第一，最主要的是因为黑人比白人更穷，而且非婚生育在穷人里的发生率要大大高于富人。第二，很多年以来的对黑人的歧视严重伤害了穷苦的黑人男子。在这些人里很高的失业率使黑人男子很难真正做到一个父亲所应做的，而且父亲们会感到不能充分满足家庭的需要，这就使他们很容易逃离，把对家庭的责任留给社会福利部门。第三，早孕及单亲家庭的模式在黑人下层社会里被世代传袭着。[75]

279 非白种人的独身女性的生育率很高并不能说明未婚的非白种人更容易乱交，也许只不过表示非白种人的节育途径比较少，或者她们可能不愿意去堕胎抑或她们不太愿意在生孩子前与孩子的父亲结婚。

虽然十几岁的妇女代表着近25%的育龄期人口，但是实际计算有超过45%的生育都是非婚生育的。[76]这些数据强调未婚先孕比例过高，的确需要青少年去认真面对。怀孕后结婚的青少年看来在将来一些时候很容易成为单亲家长（由于离婚），所以在孩子出生时很多家庭又成了单亲家庭。

很多青少年并不熟悉生育的过程而且不注意避孕。一些未成年女孩认为如果她们一周服用一次避孕药，她们就会没事；一些人则认为，站着进行性交很安全；还有一些人害怕避孕控制会伤害她们和她们将来的宝宝。[77]

很多未婚妈妈并没有在教育、工作经验或身体发育方面准备好为人母所需承担的家长身份和经济基础的双重责任。因此，社会不可避免地必须要通过一些公共资助和社会福利服务去帮助他们。

在50年前，不论是婚前性行为还是非婚生育都被人们认为是不道德的。（事实上，非婚生的孩子都被贴上“私生子”的标签，孩子们受到和他们母亲受到的同等程度的歧视和侮辱。现在私生子及私生这些词汇依然存在并被人使用，但现在被这样称呼的人被认为是清白的，与道德无关。）在20世纪40年代，阿尔弗莱德·金赛发现，占总人口中很高百分比的人都有过婚前性行为的经历。[78]自从金赛的研究发表后，人们对婚前性行为的态度越来越宽容了。今天，很少有人在他们结婚时还是处女或处男。

人们对非婚生育的态度也越来越宽容了。现在很少有父母把自己未婚怀孕的女儿送到专门照顾产妇的家庭，原先人们这样做可以避免使家庭蒙羞。然而，有时我们还是会看到一些不寻常的情况，那就是虽然父母可以忍受子女有婚前性行为，但如果他们的女儿怀孕了，他们就会极力谴责。

为什么婚前生育被大多数美国人视为一个社会问题呢？这里有很多解释。如果他们的孩子怀孕了，一些父母还是会感到羞辱。一些单身孕妇（和她的父母）要面对困难的但必须做出的决定，因为他们要决定是否生下孩子。如果决定不堕胎，决定的同时就需要考虑是否将孩子过继给别人领养，自己是否继续学习和工作，是否可能结婚，考虑住房和寻求可能的社会福利帮助等一系列问题。孩子的父亲必须考虑到自己的角色和他所应提供的情感及经济上支持的范畴。

一些人把非婚生育看成是一个社会问题——因为他们认为这是传统家庭破灭的现象和道德衰退的征兆。其他人认为这之所以成为一个社会问题，主要是因为众多这样的孩子是由这样的女性生育的：她们由于工作经历、教育或发育等原因而没有做好成为一个母亲的准备及经济上的准备。一些权威人士认为非婚生育是一个社会问题，主要是因为那些未婚妈妈自己还只不过是个大孩子而已，这将会带来一些影响。他们还关注这些妈妈如何用有限的经济和个人资源来保住这个单亲家庭以及由此带来的影响。最后，一些权威的人士认为非婚生育是一个问题乃是因为社会要花费大量金钱用于社会福利支出来帮助大量的单亲家庭（见第九章）。

非婚生育耻辱的社会标签是否会发生作用，从而降低非婚生育呢？回答是无论对孩子还是其父母都无作用。一方面，有些人认为耻辱标签是有一定社会功能的，因为它反对非婚生育，因此保持了核心家庭的稳定，稳定的核心家庭提供了一种好的结构，有利于孩子的经济保障及社会化需要。与此相反，有人争论道，这种惩罚方式不是最理想的降低未婚生育发生率的方法。美国性知识传播与教育委员会（SIECUS）认为更有效的方法是向孩子们提供高质量的性责任感教育计划。SIECUS 认为性教育目的是：

1. 知识。提供正确的性知识，包括关于生长和发展、生殖、解剖学、生理学、发育成熟、家庭生活、怀孕、生孩子、父母身份、性反应、性取向、避孕、堕胎、性虐待、艾滋病（HIV/AIDS）和其他性传播疾病等方面的知识。

2. 态度、价值和洞察力。为年轻人提供一个质疑、探索和估测他们自身对于 280
两性态度的机会，目的在于发展他们自身的价值，增强他们的自尊心，发展他们对于两性关系的洞察力，并且使他们懂得自己应履行的义务和他们所应承担的责任。

3. 处理亲属关系和人际关系的技能。帮助年轻人逐渐形成人际交往能力的方法包括，与他人交流、自己做决定、办事情果断自信以及拒绝别人的技巧，创造良好的人际关系的能力也同样包括在内。性教育为学生们有效并创造性地理解他们成年后的角色是极有帮助的，这包括帮助年轻人发展充满关怀友爱的、非强迫的、相互都感到愉快的亲密关系或者性关系。

4. 责任。帮助年轻人履行性关系的责任（的方法）包括追求节制、抵制过早出现性行为的压力以及鼓励避孕和一些其他的性保健方法。性教育应该成为这一计划的一个主要环节，从而减少当前普遍存在的性行为所导致的医学问题，包括青少年的早孕现象、性病的传播，例如艾滋病的传染以及性虐待现象。[79]

每年有超过 100 万的青少年发生早孕的现象，“是否提供有关‘性’的教育”这一问题仍旧是存在于许多教育系统中的一个尖锐的问题。显然，许多人认为性教育将引导青少年的乱交和早孕现象，而主张进行性教育的人们则认为这一课程能够减少青少年的早孕现象。

健康门诊设置在高中内或者高中附近，似乎在减少青少年早孕方面特别有效，这种门诊提供控制生育的相关知识，也为有性行为的人开避孕药。[80]批评者断言，青少年在没有任何困难的情况下得到避孕的知识和避孕药，将绝对地增加他们的性行为。而健康门诊对这种批评的答复则是：在学校教育的环境下学习人类繁殖的正确知识，比起从大街上的同伴那里获得大量的不正确的性知识要好得多。

近些年来，艾滋病（AIDS）的危险已经由学校里的性教育做了巨大的宣传。预防艾滋病传播最好的办法是通过有效的性教育工作对学生们讲授如何进行安全的性行为。[81]

1996 年《社会福利改革法案》针对这一社会问题，要求改变被保守派称作是“奖励过早生育的单身妈妈”的政策，《福利改革法案》明确了给予未成年妈妈的公共协助的界限，不符合条件的将无权得到帮助。如果孩子满 12 周时，他（她）的妈妈在 18 岁以下，并且仍然住在父母家里或其他监护人的家中，或者仍旧在校学习或参加其他的教育培训或训练，那么就不能够提供给这位未婚妈妈协助了。

大多数未成年妈妈得不到福利金的事实是要告诉那些未成年人，有了孩子并不意味着就能得到国家财政上的帮助。保守人士希望这样做能够打消未成年的女孩试图去怀孕以获得经济支持的念头。[82]大多数研究这一问题的专家则认为这一理由是站不住脚的。如果“福利刺激”的理论是准确无误的，那么人们将发现福利越高的国家青少年生孩子的比例就该更高，而事实上，这种情况从来没有产生。[83]

社会变迁和美国家庭的未来

美国人普遍认为家庭是我们的社会中最稳定的组织之一。然而，在过去的年代里，家庭却已经经历了许许多多的变化。在两百年前，婚姻是由父母来安排的，其中经济条件是决定嫁娶的最重要因素。两百年前，离婚的现象是很少见的，但现在二分之一的婚姻以离婚或是婚姻终止而告结束。[84]两百年前，妇女们只在自己的家里或家庭的农场里工作，孩子们对家庭的经济收入也是有所贡献的，现在，有大约 60%的已婚妇女在家庭以外的环境中工作[85]，而孩子们被认为是父母的一种经济责任。

纵观美国家庭的未来，许多专家预测，家庭这种组织将逐渐地消灭。精神分析学者威廉·沃尔夫（William Wolf）曾断言：“除非在第一年或第二年生育孩子，否则家庭就会不存在，生养孩子将成为家庭唯一的职责。”[86]社会学家卡尔·茨莫尔曼（Carle Zimmer-
281 man）是针对现代家庭提出“社会解体论”的创始者。[87]他提出：现代家庭正在向原子型转变，他发现，家庭正在被打破并变得越发不完整，同时也正在失去其履行重要社会职能的能力（比如，使儿童在接受传统文化的过程中被社会化）。他认为快乐主义（以寻求快乐为人生最主要的目标）和个人主义（将个人利益放在家庭利益之上）的倾向非常严重，其后果是导致更高的离婚率、青春期问题、丁克家庭，并丧失维持婚姻和家庭形式的兴趣。

另外，家庭乐观主义者预测，家庭将进入一个黄金的年代——在这个年代里，家庭成员们将会有更多的闲暇时间来共同分享，将从家庭生活中获得相当多的乐趣。[88]然而，大多数社会学家既不同意悲观主义者的观点，也不同意乐观主义者的观点，他们提出家庭正在经历着许多类型和形式的新颖转变，其中很多类型和形式将被抛弃掉，但一些类型却可能被发现是令人满意的，其功能性也很好，这些类型将可能逐渐发展成为家庭的“典型形式”。

在社会飞速发展的情况下，将来，家庭很有可能会有戏剧性的变化。在过去，家庭往往受技术改变的影响比较显著。[89]家庭中解放劳动力的设备（如家用电器）无论是在过去还是现在，都是使夫妻双方有可能在外工作的重要因素。避孕手段的发展毫无疑问地成为了婚前性行为和婚外性行为增加的最重要因素。[90]现在通常人们会将不想要的孩子堕掉。堕胎现象的增加已经极大地并有效地减少了需要被收养的孩子。许多收养机构已经中止了那些想要一个健康的白人婴儿的申请。现在，一种不合乎伦理道德的事情发生了，那就是妇女们生下婴儿，并将婴儿交给那些没有生育能力的夫妇们收养，以此来获得收入。如果避开正当的收养程序，这些女性往往能将一个不想要的婴儿卖到2万美金。[91]

实际上，将来的美国家庭很可能受到生物学和医学领域的重大科技成就的影响。在这些领域内一些科技进步的例子将不断地呈现，这些进步给人们带来了担心和恐惧，但其魅力也是难以抗拒的。

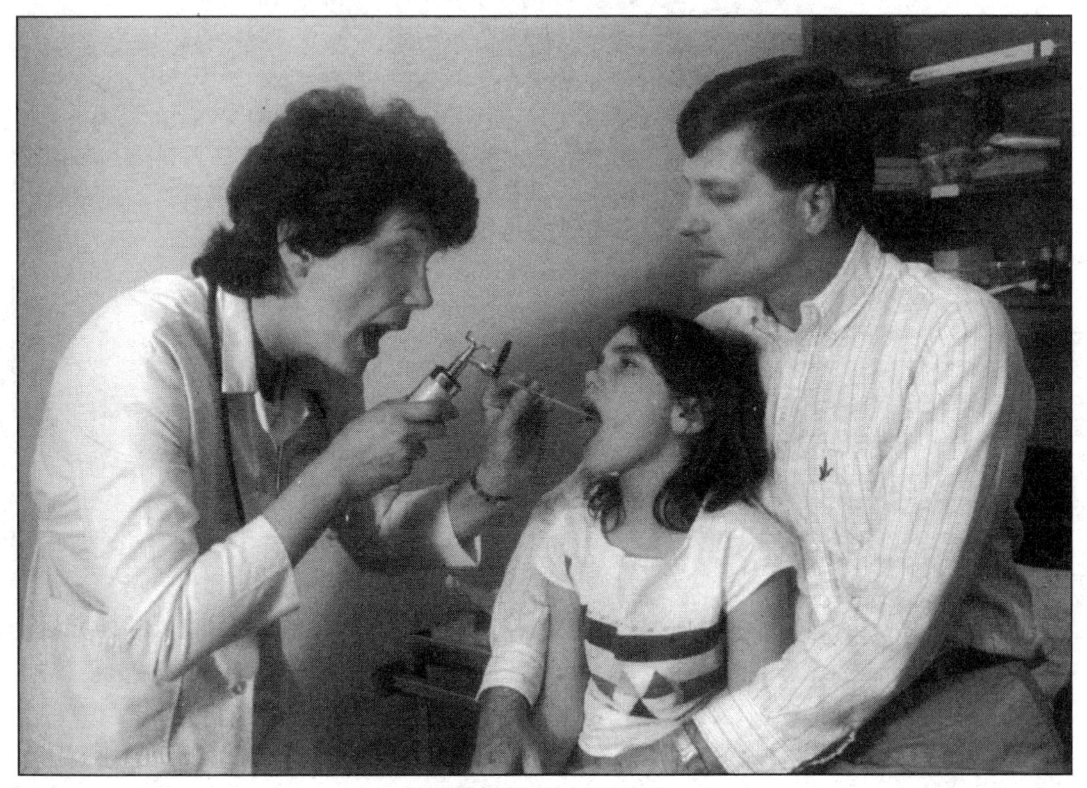

传统性别角色正缓慢改变。

生物医学技术

282 **专栏 10.6　生物技术的不道德的应用**

塞西尔·雅各布森博士（Dr. Cecil Jacobson）是美国最先提倡利用“羊水诊断”技术来诊断未出生胎儿缺陷的人，许多年以前，他在弗吉尼亚开设了一家治疗不孕不育的诊所。1992 年 3 月，联邦陪审团发现他犯了欺骗和伪证等共 52 条罪。他被指控利用自己的精子而并非他所声称的其他捐赠者的精子来欺骗病人，并为病人进行人工授精，他还被指控欺诈病人，使那些并没有怀孕的病人相信自己怀孕了。据不完全统计，雅各布森博士已经通过人工授精而成为至少 75 个孩子的父亲。雅各布森博士被判入狱 5 年并责令付 116 805 美元作为罚款和赔偿金，在他出狱后还要被监控 3 年。这一案件表明，新生物医学的生殖技术会被不道德地使用。

塞西尔·雅各布森。

282 ### 人工授精

在美国，每年有数千婴儿是通过人工授精的方式出生的，将来这种人工授精的方法仍然会像人们所期盼的那样被继续使用下去，而且使用它的人会越来越多。[92] 人工授精被广泛应用于家畜的育种过程中，因为应用这一技术能够消除育种过程中所存在的所有的问题。一个饲养员可以运输动物的冷冻了的精液到世界的任何地方，同时几乎可以不费力气地饲养起一群新的动物。

人类的精液能够被冷冻很长一段时间（这段时间有多长还没有被确定下来，精液通常公认的100%安全的期限为5年)。之后精液被解冻并用来给妇女授精。这项新技术已经产生了一个独特的社会机构——私人精子银行。这种私人精子银行通常是私人的机构，它有着双重的职责。它收集并保存一些想得到报酬的人的精子，保存多久视需要而定。在之后的日子里，通过医生的帮助，这些精子通常被用来给妇女授精。

第一种应用于人工授精技术的精子也可能是丈夫的（它被称为AIH)。有一些原因使得人们使用AIH。一个精液量少的男人很可能会聚积其精液并将精液注入其妻子的阴道中，这样大量的精液可大大增加怀孕的机会。AIH很可能也被用于完成家庭的预期目标。例如，一个男人可以将他的精子存放在精子银行中，然后做输精管切除手术，最后取回自己的精子来生育孩子，高危险的工作（如暴露在放射性的物质下的危险工作）可能会鼓励男士们去存放他们的精子，以防发生不孕或意外身故。

人工授精的第二种类型被称为AID，它是由丈夫以外的其他捐赠者的精子来完成的。AID作为一种弥补男性无生殖力的技术已经被应用了数十年之久了。当某位丈夫是遗传疾病的带病者时（如是血友病的情况下）也通常采用这种人工授精方式。近些年，一些想要一个孩子但不想要丈夫的单身妇女的数量正在增加（至少在今后的一段时间内)，她们都在请求得到精子银行的服务。通常的手续包括：妇女向精子银行提出想要从男性那里得到的最基本的遗传特征的要求，然后精子银行便试着去找那些捐赠者中符合女性要求的精子。

第三种人工授精的类型是近些年来才出现的，并且已经获得了社会广泛的关注。一些已婚的夫妇，妻子没有生育能力，他们与另一个妇女订立合同，并使此妇女用丈夫的精子进行人工授精，这位“代孕母亲”将会得到一定的报酬，并且要在孩子出生后不久将孩子交到那对已婚夫妇的手中（有关代孕母亲的详细内容将在下一节作具体的讨论)。

人工授精这种技术已经诱发了许多道德的、社会的和法律上的问题。宗教领袖们提 283
出异议，他们认为这些做法是完全错误的，上帝没有允许人们以这种方式进行繁殖。使用AID技术会给丈夫们和婚姻带来一定的心理上的压力，因为使用这种技术的家庭中丈夫是没有生育能力的，至少在生物学的意义上，他们并不是孩子真正的父亲。从更宽的视野来看，人工授精还会产生一些问题，比如，婚姻和性的目的是什么？那些未曾谋面却已生育了孩子的男性与女性之间是什么关系？

已经有一些不寻常的法律案件迫切要求出台新的法律条文来解决这些问题。例如，有一起约翰·M·布鲁丁夫妇（Mr. and Mrs. John M. Prutting）的案件。布鲁丁先生由于在高辐射的环境下工作，被临床诊断为丧失生育能力，在没有征得丈夫同意的情况下，布鲁丁太太便做了人工授精手术。在孩子出生以后，布鲁丁先生便以妻子与他人通奸为理由，向法院提起了离婚诉讼。[93]

另一个案件，一位妻子征得了自己丈夫的同意做了AID人工授精手术，但不久后夫妻二人便离婚了。当丈夫要求得到孩子的探视权时，妻子却以他不是孩子的父亲，不该享有这一权利为理由，将他送上了法庭，在纽约这位父亲赢得了这一权利，但后来孩子的母亲移居俄克拉何马州，法庭判决的结果却是相反的。[94]

最后，有一则曾被报道过的案件，当事人是一对已订过婚的准夫妇，经调查发现他们的母亲都做过人工授精手术，而且接受的是同一捐赠者的精子，也就是说这对准夫妻从生物学意义讲是兄妹关系，他们的婚姻是要触犯乱伦罪的，因此这桩婚姻被取消了。[95]

还有一些其他的法律问题被牵连了进来。如果精子银行中用来做 AIH 手术的精子所有人没有付款，将发生什么事？它将归精子银行所有吗？它将被拍卖吗？如果一个妇女利用捐赠者的精子进行人工授精，之后却发现所生的孩子有遗传疾病，那么孩子的父母所要起诉的该是医生、捐赠者还是精子银行呢？

精子银行也被用于遗传工程中。1980 年春，罗伯特·格雷厄姆（Robert Graham）被揭露建立了一个有着严密系统的精子银行用来繁育异常聪明的孩子们，他曾透露，至少有 5 位诺贝尔奖获得者已经捐赠了精子，许多妇女也已经通过这个精子银行生育了孩子。[96]这种做法产生了这样的问题：繁殖技术是否应该被用来创造“神童”？“神童”的特征该如何定义？

代孕母亲

有许多的已婚夫妻想要孩子，但由于妻子没有生育能力而不能生育，这使得他们不得不求助于代孕母亲。借助这种形式，代孕母亲用丈夫的精子进行人工授精，代孕母亲怀孕（通常这种代孕母亲是要得到报酬的），等到婴儿出生后，这位代孕母亲便结束了自己做母亲的权利，精子的提供者和他的妻子便合法地拥有了这个孩子。

使用代孕母亲的夫妇，一般都比较轻信医学技术，并且认为这是一种解决他们不能生儿育女困境的一种很可取的方法，然而，有另外一些人断言，使用代孕母亲会产生许多道德的、法律的和个人的问题。

一些神学家和宗教领袖坚定地认为上帝所想要的人类的怀孕只能由已婚的夫妇通过性交来得到。这些宗教领袖认为代孕母亲犯了道德上的错误。因为代孕母亲并没有与精子提供者结婚，人工授精也是一种“违反自然”的做法。一些宗教领袖还认为代孕母亲接受报酬（通常为 5 000 到 10 000 美元），其品行是可鄙的。他们坚持，人类的繁衍是神圣的，受到上帝的祝福，而绝不应该被商品化。

代孕母亲还产生了一些对社会有较大影响的复杂的法律问题，例如，代孕母亲通常会签订一份放弃自己孩子的监护权的没有约束力的合同。如果在孩子出生之前，代孕母亲改变主意想自己留下这个孩子，那该怎么办呢？代孕母亲一般都宣称自己在怀孕期间开始与孩子有了情感上的联系，并且无法分开了。[97]

现在的代孕母亲大多数是已婚的，并且有孩子的妇女。许多问题又出现了，代孕母亲的丈夫对自己的妻子怀了别人的孩子感受如何呢？这样的夫妇将如何向他们的孩子解释，他们的弟弟或妹妹将被放弃，并且交给另一个家庭抚养？这样的夫妇又将如何向他们的亲戚、邻居和周围的人们解释这件事呢？如果这个孩子出生时便伴有严重的智力或身体上的疾病，谁来照顾这个孩子并负担医药费呢？是代孕母亲和她的丈夫，还是签订合同的孩子的养父母或者是社会呢？ 284

1983 年，一位代孕母亲在密歇根生下了一名患有小头病的婴儿，这种病通常表现为患者的头比正常的要小，而且很可能患者的智力发育也比较迟缓。起初，代孕母亲和拟收养孩子的父母都不想照管这个婴儿，孩子的收养父母也拒付 10 000 美元给那位代孕母亲。一场法律上的纷争便随之而来，血液测试最终表明，这个孩子的父亲并不是与其母亲签约的孩子的养父而是代孕母亲的丈夫，在测试结果公布后，代孕母亲和她的丈夫便承担了照顾这个孩子的义务。[这一案件显示出了与代孕母亲相关的又一个问题：如果代孕母亲在进行人工授精的同时还和她的伴侣（丈夫）有性生活的话，那么孩子的真正生父很可能是代孕母亲的那位伴侣。]

1986 年，玛丽·贝斯·怀特海德（Mary Beth Whitehead）作为代孕母亲生了一个孩子。她拒绝将这个孩子交给其遗传学上的父亲和他的太太，虽然她已经签了以 10 000 美元放弃这个孩子的协议。这个孩子遗传学上的父亲威廉·斯特恩（William Stern）提起了诉讼，要求怀特海德遵守已签订的协议。而怀特海德却提出她是孩子的母亲，因此享有作为这个孩子母亲的权利，这件案子受到了全国的关注。1987 年春天，法院审理了这件代孕母亲案件，一审判决这份协议是有效的，因为和男人们享有宪法允许的可以出售他们的精子的权利一样，女人们也能够决定用她们的子宫来做什么。[98]怀特海德向新泽西州最高法院提起了上诉。1988 年这个法院判决怀特海德和斯特恩家签订的协议是无效的，因为它所出卖的是一位母亲作为自己孩子的母亲的权利，这违反了该州关于禁止售卖儿童的法律。法院的判决否定了斯特恩太太提出的收养要求，结果斯特恩先生获得了孩子的监护权，怀特海德也获得了孩子的探视权，新泽西最高法院的这一判决是否能够成为处理代孕母亲纠纷的法律标准，将会由将来法庭上关于此类案件的判决决议来决定。

专栏 10.7　胚胎案件受到国际社会关注 285

一对南美洲出生的夫妇，艾莎和马利奥·阿瑞尔斯在洛杉矶积储了大约几百万美元的房产，1981 年，当他们的小女儿去世后，他们加入了位于澳大利亚墨尔本的维多利亚女王医疗中心的“试管婴儿”计划，来自阿瑞尔斯夫人的几粒卵子与来自她的丈夫的被收集在一个容器中的精子进行了授精。一粒受精卵被移植到了阿瑞尔斯夫人的子宫中，但是她 10 天以后就流产了。有两枚被保留下来的受精卵被冰冻了起来，以便医生今后再进行移植手术。

1983 年 4 月 2 日，这对夫妇在智利死于自己的私人飞机坠毁。在这之后，医生成功地融化并移植了冰冻的胚胎（已经成功地生出了孩子），一些社会和法律问题随之便产生了：

- 这些胚胎能够被移植到可以使孩子出生的代孕母亲的子宫内吗？
- 这些胚胎能够成为阿瑞尔斯夫妇上百万财产的法定继承人吗？
- 生命能够合法地开始，如果一位代孕母亲得到了胚胎并生出了孩子，她是孩子的合法母亲吗？她对遗产有部分的继承权吗？
- 在子宫外怀孕的胚胎有权利吗？如果有的话，有什么权利呢？这些权利和正常生育的人相同吗？（澳大利亚的某法庭 1987 年做出裁定：这些胚胎必须在找到志愿的代孕母亲后才能被解冻并移植。然而，由此而产生的后代将不能成为其生物学上父母的遗产继承人。）

这一案件强调了人工授精技术（体外授精）的发展之快已经超越了常理和法律。

资源来源："Embryo Case Opens New Debate," *Wisconsin State Journal*, June 19, 1984, 1 - 2; Stephen Budiansky, " The New Rules of Reproduction," *U. S. News & World Report*, April 18, 1988, 66 - 67。

285 **试管婴儿**

1978 年 7 月 20 日，英国的莱斯利·布朗（Lesley Brown）夫人生下了第一个"试管婴儿"。一粒从布朗夫人的生殖系统中取出的卵子运用 AIH 手术进行了体外人工授精，然后再移植到布朗夫人的子宫中去完成正常的怀孕过程。这项技术被称为胚胎移植，是专门为那些输卵管受损，受精卵无法通过输卵管进入子宫（这对受精卵的生长、发育至婴儿出生是个必要的过程）的妇女们发明的。在这一技术产生之后，有数以千计因生育障碍而缺少子女的夫妇向医院申请做这种手术。[99]

在这一领域的另一项突破发生在 1984 年，一位妇女捐赠的卵子移植到了另一位妇女的体内。澳大利亚的学者们在 1984 年 1 月报道了这一成功的手术——使胚胎在体外受孕，然后再植入一位代孕母亲的体内。[100]现在这种代孕母亲类似于过去的奶妈。这项新技术的又一次不寻常的应用发生在 1987 年的南非，外祖母帕特·安东尼（Pat Anthony）生下了她自己的外孙。她的女儿没有生殖能力，因此她女儿的卵子（已经在试验室接受授精）被植入了安东尼太太的体内，几个月以后，安东尼太太生下了三胞胎。[101]这种代孕母亲不同于早先的那种捐赠自己的卵子，使婴儿具有一半自己的遗传基因的代孕母亲。这种代孕母亲既不捐出自己的卵子，也不遗传给孩子任何遗传特征。

代理怀孕被看作是女性生物学意义上的解放的最具决定性的一步。像男人们一样，女性也可以不通过怀孕和生小孩而有自己的后代。

然而，代理怀孕的协议也引发了一个法律上的噩梦。孩子遗传学上的父母有法律所赋予的权利吗？孩子遗传学上的父母能够规定代孕母亲在怀孕期间的健康状况、医疗情况和饮食吗？孩子遗传学上的父母能够提出不允许代孕母亲抽烟、喝酒的要求吗？孩子遗传学上的父母能够要求代孕母亲流产吗？如果孩子的代孕母亲和遗传学上的母亲都想在孩子出
286 生后成为孩子的法定母亲，该怎么办？是否低收入的妇女将为上流社会的妇女们做这种服

路易丝·布朗（Louise Brown）（左）是世界上第一个试管婴儿——她生于 1978 年 7 月 25 日。

务呢？法律专家们看到家庭法律将要发生一系列的深远变化。对于卵子在试验中受精又由代孕母亲生产，其继承和合法性的界定，已经逐渐为社会所承认。

专栏 10.8　妈妈先生：男人们能够生孩子 286

科学家们表示，当今所出现的技术能使男人们也生出小孩。男孕妇能够利用捐赠者的卵子与精子进行体外授精。然后胚胎被移植到内脏部位，以便找到其附着的器官，比如肾脏或者大肠壁。此外，为了怀孕，男人们还要接受荷尔蒙治疗，以此来刺激其产生自然怀孕的妇女们所产生的那些变化。胚胎能产生胎盘，就理论上说，胚胎能够得到足够的营养，婴儿将能够被生下来。

在男子怀孕方面的尝试将会给男子和胚胎带来一些危险（或许有些危险还是未知的）。有男士想试着做一下吗？如果有人将自己的生活与埃佛勒斯（Everest）先生相联系，那么，这些人将有可能去这样做，"妈妈先生"技术在 1994 年的电影《大三学生》（*Junior*）中得到了描述，主要内容是：男演员阿诺德·施瓦辛格（Arnold Schwarzenegger）扮演的一位研究者怀了孕，并且生下了一名男婴。

1990 年 8 月，代孕母亲安娜·约翰逊（Anna Johnson）通过申请想得到一个孩子的法定监护权，这个孩子是由加利福尼亚的马克的精子和克里斯宾娜·卡沃特的卵子经过人工授精而形成的。[102]约翰逊夫人生下了这个孩子，并得到了 10 000 美元的报酬，她是第一个要求得到孩子监护权却与孩子没有任何遗传关系的代孕母亲。1990 年 10 月，法官的判决书指出约翰逊夫人在加利福尼亚的法律规定下，不能得到孩子的监护权。法庭将这个孩子的永久监护权交给了孩子的遗传学上的父母。如果法庭的判决成立，将给母亲的观念下一个新的定义，也就是说遗传因素是确定孩子父母的主要标准，代孕母亲与孩子是没有遗传关系的。

按照基因选择的原则进行的人类胚胎移植，能够使那些想得到超常儿童的人们选择胚胎，从而使生产后婴儿具有较高的避免带有遗传缺陷的可能性。同样地，也许孩子的父母做出其他选择的成功几率也是相当大的，他们所期望的孩子能获得的一些遗传特征——比如，孩子的性别、眼睛和头发的颜色、肤色、体重、肌肉的力量以及 IQ 值。一个超常的人类胚胎是由期望孩子得到某些遗传特征的男子的精子和妇女的卵子结合而成的，这一项突破将会引发一系列的个人和道德上的问题。想要孩子的父母们将很可能面对一种抉择——通过正常的怀孕来得到一个孩子，还是通过预先超常的遗传特征来进行胚胎移植？另一个问题便是：我们是否应尝试着利用这项新技术来控制人类进化的不断发展？如果答案是肯定的，那么，哪种遗传特征应被认为是“可取的”？这是一个迫切需要解决的问题。随之而来的问题便是：谁能够作为权威来做出这一决定呢？虽然美国没有打算做些什么来控制人类进化发展，但是如果一个怀有敌意的国家先这样做了，我们还会觉得这样做没有必要吗？此外，如果父母对孩子（通过胚胎移植得到的孩子和通过自然的正常怀孕得到的孩子）的感觉存在着相同的或者某种程度上的不同，又该怎么办呢？

基因审察

现在，几乎所有的州都要求做必须的基因审察来防止各种遗传疾病的产生。有大约 2 000种人类的疾病是由不健全的遗传因子造成的。而且据估计，我们每个人的身上均携带了两到三个这种遗传因子。[103]对大众的基因审察能够除去一些疾病。一项被越来越多地应用在怀孕妇女身上的审察技术为“羊水诊断”，这是一项用来确定染色体异常的技术。“羊水诊断”作为一项外科技术是通过一根中空的针刺透孕妇的肚皮和子宫来获得其羊膜内的流体，从而来确定染色体的变异情况的。越来越多的孕妇由于生产的高危险性或是胎儿已经被证明有缺陷而感到压力巨大，她们需要决定是否终止怀孕。同时，一些遗传疾病如果被及时发现的话，将能够被治好。

基因审察产生了一些严重的问题：哪些胎儿能够被允许继续成长，哪些胎儿应该夭折呢？谁又能被允许而生育孩子呢？谁来做这样的决定呢？这是美国应该去为之努力的方向吗？

怀孕时的基因扫描技术可以查明各种各样的遗传性疾病，例如亨廷顿舞蹈病是一种
遗传性疾病，它的主要症状是不自觉的身体运动——快速而剧烈的、突然的身体摇动或 287
者身体扭来扭去。这种疾病通常会伴随着失去智力。它在中年人中的发作最为明显。如果一个胎儿被诊断有导致这种疾病的基因（其通常后果是在中年遭受严重的心理和身体伤害），怀孕的母亲和她的配偶就会面对痛苦的抉择，终止妊娠是不是一种最好的解决办法？

优生学（科学生育）运动在19世纪末被提出，被很多科学家和政府认可、提倡。同样在今天，基因被用来提高人类素质或者某个人种，其方式是鼓励生育“最完美”的孩子，并且舍弃掉“有缺点的”。但有一段时间，优生运动也遭到很大质疑，当阿道夫·希特勒用它来指导大屠杀的时候，数百万的犹太人、吉普赛人、同性恋者、智障者和其他一些人遭到了杀害。我们是否又在沿着相似的方向前进了呢？

克隆

这一节讨论这样一种从单细胞细胞核复制一个新生命的过程。新生命体与提供细胞核的生命体之间有完全相同的基因特征。也就是说，现在具有了利用生物复写技术从一个人的细胞复制一个人的可能性。从生物学的角度来看，每一个细胞都包含了一个生命体的设计图的全部遗传代码信息。克隆技术已经用于制造青蛙、老鼠、牛、绵羊和一些其他的动物。[104]（见专栏10.9）

专栏10.9 克隆：多利（一只绵羊）和基恩（一头小牛） 287

1997年初，科学家在苏格兰宣布，他们克隆了多利，一只绵羊。1997年8月，科学家在威斯康星州的温莎宣布，他们已经克隆了基恩，一头霍尔斯丁小牛。

基恩来自于一头牛的胚胎干细胞的克隆。（干细胞是“一块白板”，它们的功能尚未确定。而肝细胞和肌肉细胞是功能确定的细胞。）科学家们从一头小牛的胚胎细胞中取出细胞核，再把这个细胞核植入一个取自一头奶牛的去除掉遗传信息的干细胞中。这个新细胞长成一个胚胎，然后将其植入一头母牛体内，后来基恩诞生了。这个工作是由ABS环球有限公司进行的，他们指出这项技术可以用来可靠而快速地生产那些可以带来牛肉、牛奶产量很高的小牛。

这项相同的技术会用来复制人类吗？也许。

资料来源：Rick Barrett, “Calf Cloning May Lead to Food, Drug Advances,” *Wisconsin State Journal*, August 8, 1997, 1A。

克隆是细胞核的移植。一个未受精受精卵的细胞核被破坏和移除，来自同一或其他物种的体细胞核被植入到其中。这个卵于是开始听从新细胞核的指令，开始再造细胞，并且最终制造出一个与细胞核捐献者具有相同基因特征的生命。胚胎需要一个地方来生长发育，可以是一个人造的子宫或者哪位妇女愿意提供帮助来孕育胎儿。制造完全的人

造子宫的技术目前尚没有成功的希望。靠着基因捐赠开始的新生命，虽然其基因与捐赠者完全相同，但也会由于后天的学习和经历的不同而在体质和个性心理上与之不同。克隆的种种后果使人感到难以接受的同时也使人感受到神奇。用四分之一英寸的一小块皮肤，一个任何知名的科学家或者其他任何人可以制造上千个复制品。想象一下一支优秀的篮球队里有两个沙奎尔·奥尼尔（Shaquille O'Neal）或者两个迈克尔·乔丹（Michael Jordan）。

1993 年，一所大学的研究者在华盛顿克隆了一个人类胚胎，使用了一项广泛用于动物胚胎克隆的技术。这项技术将一个人类的胚胎切为完全相同的两部分。[105]由于人类的胚胎可以冷冻并在日后使用，因此现在可以让一对夫妇生育一个孩子，若干年后使用这个克隆的冰冻的胚胎再生育一个完全相同的双胞胎。现在可以使用胚胎克隆的方法使一对夫妻保留一个复制的完全相同的胚胎，因此，一旦他们的孩子需要一个器官的移植，母亲可以生下与这个孩子一样的双胞胎，一个完美匹配的器官捐献者。

288 1998 年，理查德·希德博士（Dr. Richard Seed，芝加哥的一个医生）宣称他开始着手进行一个克隆人的计划，使用与克隆羊多利同样的过程和方法。他认为克隆人技术可以帮助不孕夫妇，并且可以促进基因技术往医学方面的有效利用，比如用来治疗癌症等疾病。

克隆技术和其他的一些技术，可以用于解决由来已久的关于遗传决定与环境决定的争论问题。一方面，生命复制有严重的危险性和不可预见性。什么办法可以用来阻止希特勒这样的人物复制他们自己呢？克隆会引起人口大爆炸吗？克隆人享有哪些权利呢（比如继承权）？宗教会认为克隆人具有“灵魂”吗？谁来决定有谁可以克隆他们自己呢？夫妻双方可能将要面对这样的选择，他们是自然生育，还是抚养他们自己的复制人呢？

288 **专栏 10.10　胚胎会用于医疗吗？**

对志愿者进行的外科手术表明了胚胎组织移植可以成功地用于替换帕金森氏综合征患者的严重受损的神经细胞。帕金森氏综合征是一种神经疾病，它导致严重的颤抖甚至死亡。移植胚胎的胰岛素生产细胞还明显地对糖尿病有治疗效果。

一位妇女可以为了治疗这些疾病而去孕育一个这样的胚胎吗？1998 年 1 月，一位妇女出现在泰德·科佩尔（Ted Koppel）的“午夜在线”电视谈话节目，她宣布她将为了治疗她父亲的帕金森氏综合征这唯一的目的而孕育一个可以为之所用的胚胎。

许多人发现这项生命的再生产技术是非常可怕的。然而大多数的州并没有法律措施去制止这样的行为，或者至少阻止胚胎组织的买卖行为。1993 年，克林顿政府通过联邦许可令，准许在美国利用胚胎组织进行医学实验。

破解基因密码

生化基因学是研究基因控制机体功能发展和保持的机制的学科。目前的研究重点是试图更清晰地了解 DNA（脱氧核糖核酸）和 RNA（核糖核酸）在人类生长和机体功能保持中的作用。当未来 DNA 和 RNA 得到更多更充分了解的时候，也许可以使人类永葆长生不老和健康。可以预见，人的年龄可以得到控制，任何病患（比如过敏、肥胖症、癌症、关节痛等）可以被轻易治好。这种可能性使人们的想象左右摇摆。

1989 年 1 月，美国健康委员会制订了一个计划去绘制人类基因组图谱，需要对整个的大约 30 亿对基因组（包含了人类某项生理功能的遗传特征）进行鉴别和罗列。一旦完成，科学家可以利用这张图谱来预测一个人是否有遗传疾病的弱点，可以用之治疗遗传疾病，或者可能通过基因移植来增强一个人的遗传潜能。[106]科学家已经发现了多种致病基因，比如囊胞性纤维症。就这种病而言，科学家已经证明了基因治疗可以矫正潜在的基因缺陷。[107]遗传治疗方法是把健康的基因通过冰冻的无害病毒输入到人体中。（囊胞性纤维症是由于基因突变导致的，一种叫做囊性纤维化跨膜转运调节因子的蛋白质一旦进入肺里就会出现稠的黏液，造成肺坏死甚至死亡，一般发作于 30 岁。）潜在的基因遗传代码的破译使人类生命和健康得到无限的延伸，将使人们面对许多法律和伦理问题。也许至关重要的问题是谁活着、谁会死、谁可以生孩子。这样的事情仍然发生在我们的生活中。这种青春永驻的人也许在我们有生之年会大量出现。

新的家庭形式

上面讨论的这些技术发展对美国目前和将来的家庭影响很大。现在一些困扰人们的围绕技术进步而用于生育控制和流产带来的道德和伦理问题，与一些即将出现的问题相比，将会显得无足轻重。

当前，美国家庭正在试验着一些新的形式，看来一些将被发现其功能性不错且是令人满意的，其范围将逐渐扩展。现在先简要介绍这些新的家庭形式，在可见的未来，这些形式将会是普遍的。

丁克家庭 289

传统上，我们的社会已经形成并鼓励这样的观念，即如果哪对夫妻决定他们不要孩子，那么他们一定有什么问题。为人父母在婚姻关系中被上升到法律和宗教因素作用下的中心地位。在一些国家，结婚前对配偶隐瞒了自己不想要孩子的想法可以被认为此婚姻无效。也许将来这种非要生育不可的观念会在人口膨胀以及巨额抚养费用的影响下而动摇。平均估计，一个孩子从出生到 18 岁，低收入家庭要花费161 000美元，中等收入家庭要花 225 000 美元，高收入家庭要花 315 000 美元。[108]

推迟生育到中年或者更晚的时候

生物学的创新和发展，例如胚胎移植技术，使妇女有可能在 50 岁甚至 60 岁生育。这让夫妻可以有更多的回旋余地决定何时生养孩子。年轻夫妇经常在孩子和工作之间奔波。在我们的社会很多夫妻在最忙的时候生孩子。推迟生孩子到生活基础牢固的时候，但同时也到了人生晚期。一个主要问题当然是，社会上孤儿的数量会大大增加，因为高龄家长的死亡率高于年轻家长。（孤儿数量的增加会对社会收养和育儿服务产生很大的影响。）另外的问题是，年老的父母是否和孩子间存在更大的隔阂或者代沟，同时，年老的父母是否有充足的精力去抚养他们年幼的孩子。

专业家长

阿尔文·托夫勒（Alvin Toffler）预言我们的社会会发展出一个专业的、训练有素的、持有许可证的养父母这种养育培养孩子的体系，生父母会委托他们来抚养孩子。[109]亲生父母当然被允许在任何他们希望的时候经常看望、打电话联系和照顾孩子。托夫勒认为：即便是现在也有很多家长很高兴放弃他们养育孩子的工作，如果不被指责为毫无责任感，且孩子并不缺少爱和关怀的话。很多人急急忙忙而莽撞地成了父母，他们越来越发现自己不能够很好胜任照顾孩子的重任。[110]大量孩子被虐待和忽视，大量的十几岁的孩子离家出走，这些情况逐渐证明了很多家庭中的孩子和家长的关系不满意多于满意这样的断言。许多家长雇用了专业家长，形式有如保姆和日间托儿中心的工作人员等专业照顾孩子的人。

在我们的社会中目前有这样一种观念系统，那就是亲生父母必须抚养孩子，即使他们发现他们的这种付出和义务并无任何回报的时候也是如此。目前，只有一小部分人放弃了他们为人父母的权利。那些与子女关系不好的家长是否是因为害怕背负不尽父母责任的名声而不愿意放弃父母义务呢？两百年前离婚是罕见的，因为那时人们认为离婚是一种耻辱，现在随着人们接受离婚的程度增长，二分之一的婚姻以离婚而告结束。许多不能选择孩子个性的家长也许会发现与孩子的关系是不满多于满意，这同样是不可改变的吗？尤其当怀孕和生育是无计划的和不希望发生的，这种情形就更多了。

阶段和合同婚姻

按照文化的、宗教的和法律的说法，婚姻仍被期望能够在有生之年稳定，夫妻要共度一生。这个观念要求人们，在结婚时两个人做出正确的决定，他们的个性和能力彼此互补和协调，他们的个性和兴趣会在以后的生活中趋于一致。然而，所有这些假定（在婚姻永久观念作用下）导致了一些问题。

随着离婚和再婚率的增高，一些社会学家指出人口中的一小部分正在进入（也许是无意识地）阶段婚姻的状态，这是一种成功的暂时的婚姻模式。[111]阶段婚姻曾在名人中被广泛地宣扬过很多年。把婚姻看作暂时的会帮助减少因离婚带来的尴尬和痛苦，同样的效果也会作用于那些日益增加的对婚姻不满并且想离婚的人们。离婚既不好也不坏，如果夫妻双方通过合法途径离婚发现他们的生活更加快乐和满意了，那么离婚就是值得期待的。

离婚率的提高还导致了一些与婚姻相关的服务行业的发展，比如婚前咨询、婚姻咨询、离婚咨询、单亲服务计划、再婚咨询。这些咨询服务的对象包括婚姻当事人双方和孩子。如果暂时婚姻观念迅速地被人们接受，离婚就会经常发生，随之而来的是与之相关的 290
社会服务行业的极大扩展。

几位社会科学家建议把婚姻通过订立结婚合同的形式来制度化和法律化。例如，一对夫妻会维持婚姻两年（只针对那种没有孩子的情况），两年后婚姻在法律上就自动终止，除非他们通过签署法律文件来延续婚姻。[112]还有一种相类似的合同是夫妻双方在结婚前签订一个协议，具体指明如果结婚后又离婚则财产如何分割。（这种财产分割协议受到不少批评，因为它有一种心理暗示的倾向作用，即暗示这个婚姻将以离婚宣告结束。）

另一个暂时婚姻概念的具体表现形式是“试验婚姻”，正在被越来越多的年轻人接受。他们在一起生活一段时间，共同分担开销。与之相关的，或者更加普遍的形式是，他们仍然维持独立的住处，只是每个月当中有几天在一起生活。（这后面的这种形式也许被称为“连续的蜜月”比“试验婚姻”更加贴切。）现在，“试验婚姻”正被一些宗教哲学家所提倡，很多国家不再认为同居是违法的。

逐渐地，法院在做出相关裁决时，越来越倾向于裁定同居与夫妻具备非常近似的法律义务。

开放婚姻

奥尼尔夫妇以“开放婚姻”来抗拒传统婚姻。奥尼尔认为，传统的婚姻或者说“紧密的婚姻”，其概念的具体内涵是：(1) 占有或拥有配偶；(2) 否定或者抑制自我意识；(3) 空闲时间一起做“夫妻游戏”所包含的一切内容；(4) 丈夫在家里居于支配地位，丈夫在外面忙事业，妻子要温顺，只要待在家里操持家务照看孩子；(5) 绝对忠诚。而一个开放的婚姻提供了追求个人兴趣的自由。面对经济责任时、分担家庭工作时以及家庭和个人的成长发展时，开放婚姻中的角色规范比较有弹性。这种婚姻的基础是交流、信任、欣赏，并且双方意识到一方的发展同样有利于对方的发展。[113]

婚姻咨询顾问不断增多的报告显示出，夫妻间一方持传统的婚姻观念而另一方持开放的婚姻观念，会带来严重的沟通困难。女权主义者和力图打破传统角色束缚的女性把这两种婚姻观的冲突摆到了世人目前。婚姻咨询顾问看到了这样的很多夫妻，他们中，妻子想出去工作，想要平等，想要丈夫分担家务，但是她们的丈夫却坚持传统婚姻观，只是希望妻子待在家里操持家务。

群体婚姻

群体婚姻以保证有人相伴来反对孤立。在 20 世纪 60 年代和 70 年代，青年公社一度很繁荣，70 年代末 80 年代初绝大多数青年公社解散。这些公社的结构形式和它们的目标一样无所不包，它们的目的有社会的、政治的、宗教的、性的或娱乐的等等。

有意思的是，许多社会学家提倡老年公社（这种形式具有很多群体婚姻的特征和义务）。[114]这种形式可能是应对老龄社会各种社会问题的一个有效办法。这种公社可以给人们提供伴侣，人们可以在那里找到生活的意义和兴趣，在其中，身体能力逐渐衰退的人们可以互相帮助。老年人可以结合在一起，汇集起资源，如果需要的话可以雇用护士和管家提供服务，以至有的老年人感到"生活从 60 岁才真正开始"。在护理家庭、退休者社团、老年人群体家庭、一些协助居所，一些老年人发展出了类似于群体婚姻的相互关系。

同性恋婚姻与领养孩子

男性同性恋解放团体力图对公众传递同性恋可以"自然地"表达，并且力求改变目前法律认为成年人中自愿发生的同性恋行为非法的状况。英国重新规定了同性恋行为的法律地位，自愿的同性恋关系在那里不再被认为是一种犯罪了。很多同性恋者之间的婚礼在美国、欧洲和一些其他地方的教堂中举行。（然而，应该指出的是，这些国家中并没有哪个承认同性恋婚姻合法。）

儿童领养的中介机构和法庭现在面临着需要做出的一个决定，是否允许同性恋配偶领
291 养孩子。单个的个人已经被一些机构和法庭允许领养孩子了，所以，坚持认为孩子在家庭中需要一个父亲和母亲的观念站不住脚了。

跨种族领养

亚洲人和本土印第安人的孩子在超过 40 年前已经被美国的白人家庭领养。[115]大约 35 年前一些白人夫妇开始领养非洲裔孩子。把非洲裔孩子安置在白人家庭的意愿产生了一些问题。为了回答这些问题，一位专家比较研究了领养同种族孩子和不同种族孩子在满意度和面对的问题上有何种区别。[116]跨种族领养与同种族收养看来是同样令人满意的。此外，这些被不同种族收养的孩子被新的亲戚、朋友、邻居和所在社区所接纳。收养这些孩子的父母表示，收养他们遇到的问题比原来设想的要少了不少。这些家长指出，他们产生了对孩子的爱，视这些孩子为他们亲生，他们说他们的家庭是"色盲家庭"，他们没有意识到孩子是非洲裔，而只知道他们是家庭一员。

遗憾的是，这项研究中没有一个孩子的年龄超过 6 岁。一些研究者指出，这些被白人抚养的非洲裔孩子，当他们长大成人后，会不会面临严重的身份认同问题？比如，这些孩子在白人家庭长大，由于种族身份的混淆，他们在把自己归于哪个种族，如何应对种族歧视，如何与白人和黑人交往等方面可能会面临难题。相对的，提倡不同种族收养的人士指出，在家庭成员中，亲子关系在身份结构中的重要性要远远大于种族身份的认同。这个问题确实是至关重要的，因为有大量的无家可归的非洲裔孩子，而可以收养他们的非洲裔父母却很少。

美国黑人社会工作者联合会是一个最强烈反对白人家庭收养非洲裔孩子的组织。这个团体视这种收养为"文化侵略"。[117]

1971 年，丽塔・J・西蒙（Rita J. Simon）开始研究 204 个收养有色人种孩子的白人家庭。后来霍华德・奥斯丁（Howard Altstein）和许多届的研究生加入到她的研究中，

他们在超过 20 年的时间里不断走访这些家庭，分别在 1971、1979、1983 和 1991 年进行了采访。[118]他们所研究的绝大多数孩子都已经离开家独立生活了。被收养者认为，虽然也曾有过冲突，但他们的养父母确实把他们照顾得很好，如果非要说在什么方面他们的父母做得有点过了，那就是对他们进行的美国黑人传统的教育。比如，这些曾被收养的黑人孩子抱怨道，有太多的晚餐聚会时间变成了对美国黑人历史的演讲。这些父母很清楚与孩子之间会偶尔发生一些冲突，但他们仍然对当初做出收养他们的这一决定感到非常满意。足有 90%的家长建议那些想要收养孩子的父母考虑收养其他种族的孩子。研究者总结道，有色人种的孩子在白人家庭长大并不会带来身份、种族等方面的混淆。

伴随婚姻的性关系

伴随婚姻的性关系指发生在配偶双方都认可的伴侣交换和其他形式的婚外性关系。伴随婚姻的性关系与传统意义上的婚外性关系不同，传统的婚外性关系通常是秘密状态的，有外遇的一方总是想方设法去隐藏这一关系。

虽然一些配偶对这种额外的性关系可以成功适应，但也有配偶将会以离婚收场。[119]婚姻咨询顾问认为，一些人从这种性关系中解脱出来，而一些人走向离婚，原因来自于人们的妒忌、竞争和占有欲。[120]

人们对这种伴随婚姻的性关系和额外的性关系的兴趣引出了一个古老的问题：是否一个人可以满足另外一个人的亲密的、性的和人与人之间的一切需要？在未来（或许现在），伴随婚姻的性关系和额外的性关系可能会因为对艾滋病（AIDS）的恐惧而减少。

单身家长

虽然在很多人的意识里，结婚和生育是紧密联系的，但实际在我们的社会中，单亲是一种突出的形式。在许多州未婚者可以领养孩子。同样，未婚的孕妇可以拒绝结婚而
依然生下孩子，并且一直抚养孩子。一些未婚父亲成功地获得了他们孩子的监护权。今 292
天，虽然未婚先孕不再如过去一样被视为严重的道德污点，但一些人依然对此十分反对。

与单身家长相似的是单亲家庭，单亲家庭是家长的一方离婚或通过其他法律途径分开后，而得到了一个或几个孩子的监护权，但他们不再选择结婚。虽然传统上监护权给予母亲是天经地义的事，但现在法庭比过去有更多的可能把监护权判给父亲。另外一种形式是共享监护权，无论父亲和母亲都可以照看孩子一段时间。

单身家长和单亲家庭会带来严重的社会问题吗？在单亲家庭长大的孩子会受到显著的影响吗？帕帕利亚和奥尔德（Papalia and Olds）总结了单亲家庭的孩子可能遇到的问题：

> 单亲家庭的孩子显然要比双亲家庭的孩子有更多的问题，需要更多的帮助。双亲家庭父母二人共同分担抚养孩子的责任，他们有较高的收入，是近似于文化期望的“理想家庭”的形式，可以给孩子们提供一个学习性的角色模式和人际互动的机会。

但双亲家庭并不一定总是理想的，单亲家庭也不一定就必然不好。[121]

研究者指出，孩子在一个没有紧张气氛的单亲家庭中成长要比在一个关系紧张的双亲家庭中更好一些。[122]

混合家庭

有一些词汇用来描述一位家长与另一位家长结婚带来的两个家庭的结合，如：加入家庭、混合家庭、重组家庭和非传统家庭。这里我们使用混合家庭一词。

每两个婚姻中有超过一个以离婚而告终，而许多离婚者都有孩子。大多数离异者在随后的几年中会再婚。更有甚者，一些人头一次结婚时已经生有一个孩子了。混合家庭的这种变化已经在我们的社会中形成了。

在混合家庭中，夫妻一方或双方在这次婚姻以前已经生有一个或几个孩子了。通常他们还会在这个新的婚姻中再生孩子。以至于在一些混合家庭中，从血缘的角度讲，孩子们可以分成是“他的、她的和他们的”。

我们的社会中，混合家庭在数量和比例上都在增加。混合家庭的功能和亲属关系比传统的核心家庭复杂了许多。简单讲，混合家庭的夫妻双方与那些初婚的没有孩子的夫妻相
293 比背负了大得多的“包袱”。混合家庭必须面对大人和孩子都必须承受的失去亲人（离婚或死亡）的重压，这会导致人们害怕付出爱和信任。孩子先前与亲生父母（离异或死亡了）建立起来的纽带或忠诚会影响到与继父母的关系的建立。如果孩子在两位家长之间无所适从，继子女与继父母之间的冲突就会加强。有时候，已经离婚的家长双方一直不和，在这种情况下，孩子可能被当作“棋子”，在那些形成不久的混合家庭中，冲突会由此产生。

继父母和这些继子女们相处时的困难是可以被预见到的。[123]孩子们很可能由于亲生父母把一些注意力转移到继父母和新的兄弟姐妹那里而产生怨恨和妒忌。另外一个问题是孩子要与一位可能在理想、价值观、行为规范上以及与孩子们的期望不同的继父母相互适应。此外，如果一位继父母从来没有过为人父母的经历，那么整个家庭都有必要去帮助他（她）学习和适应。

人们带着过去经验形成的观点和问题进入到混合家庭。过去的亲属关系和为人处世方式依然发生作用。当讨论到混合家庭的时候，斯图尔特和雅各布森指出，与一个人结婚实际等于是与一整个新家庭结婚。[124]混合家庭与传统家庭的不同之处在于有更多的人被联系在一起了，包括前夫或前妻、从前的姻亲、各类堂表兄弟姐妹、叔叔舅舅和阿姨。夫妻双方对这一个庞大的亲友群体可能会有积极或消极的不同评价。如果再婚双方或一方的前一个婚姻是在痛苦中结束的，而感情上的遗留问题（比如愤怒和缺乏安全感）没有得到解决而依然存在，那么目前的关系会受到消极的影响。

对继父母来说，最大的难题是对继子女的培养。继子女一向被一种既有的方式来管教着，他（她）可能会有较大的障碍去适应一个新的方式或者接受继父母作为自己父母

西班牙裔混合家庭的子女围在父母的结婚蛋糕旁边。

的身份。如果孩子们对离开的一方亲生父母感到同情，那么这种障碍就更强了。如果父母双方对于如何管教孩子意见不统一，那么冲突爆发的可能性就会大大增加。继父母和继子女还要面对的一个难题是，他们要适应彼此的习惯和个性。孔姆帕拉（Kompara）建议继父母不要急切地试图与继子女建立起亲属关系，循序渐进的方式对于建立起一种相互信任的、积极的关系要更为有效。[125]他还指出继母的难度要更大一些，因为相对于他们的亲生父亲来说，孩子一般与他们亲生母亲的关系更加亲密，他们也更多地在一起。

有必要指出混合家庭的三个神话。[126]第一，关于“邪恶的继母”的神话，这种观念认为，继母并不会真正关心继子女，而只可能对她们的亲生子女好。童话故事中灰姑娘的一幕或许正好表达了人们的看法。在这个故事里，邪恶的继母残酷地禁止灰姑娘参加舞会，为的是让她的亲生女儿有更好的机会来俘获英俊王子的心。实际的情况是，继母们被证实已经建立起与继子女之间的积极的、关怀的关系，这证明继母有积极的自我观念，并且她们的丈夫也断言确实如此。[127]

第二个神话是，“继父母当然不如亲生父母”[128]，换句话说，继父母永远不可能取代亲生父母的地位。事实上是，人们可以学会相互去爱对方，并且相互激发把新成员牢牢地团结在家庭里。

第三个神话是，家庭一旦建立起来，家庭成员就会立刻开始彼此喜爱。[129]亲属关系是需要时间来发展和成长的。迅速建立起强烈关爱的亲属关系是不现实的。任何人际关系中的人们都需要时间来相互了解，来试探着交往，并且逐渐地感到彼此间的默契。

斯汀奈特和瓦特兹（Stinnet and Walters）总结了对继父母研究的文献，得出了如下的结论：(1) 继父母融入一个因为离婚而解体的家庭，并组织一个新家庭，比融入一个因丧偶而解体的家庭更容易一些，也许是因为孩子们意识到上一次的婚姻确实不尽如人意；(2) 混合家庭中的继父母和继子女确实存在不切实际的想法，以为相互关爱和和睦相处的关系可以立即建立起来；(3) 孩子们往往觉得与自己性别不同的继父母对他们自己的孩子非常偏心；(4) 绝大多数孩子仍然想念离开的亲生父母；(5) 男孩更容易接受一位继父母，尤其当他们有一位继父的时候；(6) 青少年比儿童和成年人更难以接受一位继父或继母。[130]

贝尔曼和维舍（Berman and Visher）针对如何增加混合家庭中继父母与孩子之间积极关系的发展机会问题，提出了下列一些建议[131]：

294 **与从前的配偶保持友好礼貌的关系** 孩子们在父母离婚后调节得最好的情况出现在那些父母仍然保持和谐关系的情况中。问题集中出现在那些离婚的父母仍然继续相互侮辱并且孩子被用作武器（“棋子”）去激怒对方或者相互伤害的情况中。

理解孩子的情感 虽然一个为新成立的混合家庭举行的婚礼是对他们关系的美好祝愿，但家长还是应该理解并对孩子们的担心、顾虑和愤怒有所反应。

继父母和孩子之间的关系发展是需要时间的 继父母应该明白，他们的继子女很可能与不在身边的亲生父母仍然有强烈的情感纽带，并且会对亲生父母的离异心生怨恨。一些孩子甚至感到应该对父母的离异有所作为。一些孩子试图给家庭生活制造麻烦，为的是把继父或继母撵走，这样亲生父母有可能回来。继父母要明白和接受孩子的这些情感，并且耐心地解除孩子们的顾虑并与他们慢慢建立情感联系。

新的礼节、习惯和行为方式要得到混合家庭的所有成员的认可和欣赏是需要逐渐发展的 对一个新成员来说，不要总对自己过去的经历念念不忘是有很大帮助的。空闲的时间要计划好，用来安排孩子和亲生父母、继父母单独相聚或者他们一起相聚。另外，新结成的夫妻双方也需要时间来单独相聚。逢年过节、生日或其他特殊日子的新的庆祝仪式需要被建立起来。

寻求社会支持 混合家庭中的家长应该寻求把他们的顾虑、感受、挫折、经历、策略和成功与其他的混合家庭中的父母与孩子们分享。这种分享可以让他们对自己的状况有现实的认识并且可以学习别人有益的经验。

给家庭提供一种组织方式 孩子们需要明确什么是禁止的和什么是得到赞许的。孩子们面对新家长时的一大困难是，在他们尚未从继父母那里获得很多愉快的支持和积极的经历的时候，继父母就试图去管束他们。因此，对继父母来说很重要的一点是必须在管教和控制孩子们的时候对孩子们尽养育的义务，并且积极地对孩子们有所回应。

独身

女性（某种程度上，男性也是如此）在我们的社会中从小被灌输了这样的认识——结婚是人生的重大目标之一。不结婚的女性被人们称为“老姑娘”。举行婚礼仪式被用来加强婚姻和婚礼的浪漫感受。不幸的是，许多夫妻在蜜月之后发现婚姻并不总是浪漫的和令人激动的。许多人不得已不断地以离婚、再婚来应对这种对婚姻的不满。在 20 世纪 70 年代和 80 年代初，有许多成年人（数字持续增长）通过独身从婚姻的义务和束缚中解脱出来。人们进入临时的和有时是长期的、很深的情感关系之中，而不再有过去靠法律安排赋予的责任和制约了。

目前来看，人们的性观念有了转变。20 世纪 60 年代开始的性革命倡导的多伴侣和娱乐的性行为关系出现了下降的迹象。目前人们急遽减少性伴侣的主要动力是对艾滋病的恐惧。人们认识到，性伴侣数量越多，暴露于艾滋病威胁中的可能性就越大。

出于对艾滋病的恐惧，独身者的数量是否会有所下降，目前仍然无法得出结论。应该提到的是，随着独身者数量的增加，他们中的下列情况都有了显著的提高：申请社会救助，统计数字表现出的更高（与非独身者相比）的消极、孤独、酗酒、自杀、吸毒和对社会的疏离。

总 结

在每一种社会文化中都能发现家庭这种社会组织的存在，从不存在家庭这种组织的社会并不存在。虽然存在大量的家庭形式，但世界范围内的绝大多数家庭都可以被划入两种基本的形式之中，即扩展家庭和核心家庭。我们的文化中，家庭从扩展家庭系统（工业革 295
命以前）进入了核心家庭系统。在许多国家中，第三种家庭形式——单亲家庭现在出现了。

没有存在过家庭组织的社会并不存在。取代旧家庭形式的新家庭扮演的五大核心功能是：人口再生产、对孩子的养育、新成员的社会化、规范人们的性行为和情感满足。

我们检视了美国家庭的四个主要问题：离婚、空壳婚姻、家庭暴力和非婚生育。

现在，每两个婚姻中就有一个以离婚而宣告结束。离婚不止是一个社会问题，有时是社会问题的后果。我们社会中高离婚率的原因包括：过分强调浪漫的爱情、女性地位的变化（她们的经济独立不断提高）、利己主义的增长、人们对离婚接受程度的提高以及现代家庭某些功能的丧失。

在空壳婚姻中，配偶之间感觉不到强烈的相互吸引。我们描述了三种情况：没有活力的关系、习惯性冲突关系和双方性格内向的关系。一些空壳婚姻最后以离婚而告终。

配偶虐待、儿童虐待和虐待父母在超过半数的美国家庭中存在。在过去的 30 年间，家庭暴力逐渐为人们意识到是我们社会的主要社会问题之一。

在配偶虐待中，最主要的身体受害者通常是女性。虽然丈夫被推打的比率与妻子差不多，但丈夫在暴力行为中的暴力程度却没有如妻子一样的受到制止。配偶虐待看来与美国社会中对暴力容忍的标准有关。相当数量的男性和女性认为丈夫偶尔殴打一下妻子是可以接受的。服务机构（比如家庭避难所）在很多社区中发展起来去帮助那些受害的妻子。

很多孩子成为儿童虐待和忽视的牺牲品。对儿童的身体虐待常常是超乎想象的，并且受到了全国范围内的关注。儿童忽视受到的关注要少一些，虽然它发生的频率比儿童虐待要高。身体虐待、身体忽视，尤其是情感忽视这些词汇的含义有一些模糊，难以准确定义。主要用来对付儿童虐待和忽视的是保护服务机构。

婚前性行为很普遍，并且在我们的社会中常常得到容忍。然而，如果一个单身女性怀孕了，在她的家庭内部还是会产生混乱。非婚生育在我们的社会中变得更加易于为人们所接受了，虽然它仍然被视为一个社会问题。至于非婚生育为什么仍然被视为一个社会问题，其原因从有人断言这是道德沦丧和家庭破灭的征兆，到考虑到单身家长和她们的孩子所要承受到很大的困难等等。青少年中出现的异常高比例的非婚生育率说明了对青少年进行关于性行为责任感的高质量教育是非常必须的。

当前，美国家庭出现了戏剧性的变化。科技的发展（尤其在生物学领域和医学领域）开始引发了一系列的伦理的、法律的、社会的和个人的问题。这些看来对家庭产生影响的技术进步包括人工授精、代孕母亲、试管婴儿、基因审查计划、克隆和破解基因密码。

此外，很多美国人正在实践着一些不同的家庭模式，这些模式也许会戏剧性地改变未来家庭的核心特征。这些模式包括丁克家庭、推迟生育、专业家长、阶段和合同婚姻、伴随婚姻的性关系、开放婚姻、各个年龄群体的群体婚姻、同性恋婚姻和收养、跨种族的收养、单亲家长、混合家庭、独身（家庭）。生物学和医学上的发展，伴随着人们对新家庭形式的实践，将无疑地对所有家庭的生活方式产生显著影响。

注释

[1] James W. Coleman and Donald R. Cressey, *Social Problems,* 6th ed. (New York: HarperCollins, 1996), 124.

[2] Ibid., 126.

[3] Philippe Aries, "From the Medieval to the Modern Family" in *Family in Transition,* ed. Arlene S. Skolnick and Jerome H. Skolnick (Boston, MA: Little, Brown, 1971), 90–104.

[4] John F. Cuber, Martha Tyler John, and Kenrick S. Thompson, "Should Traditional Sex Modes and Values Be Changed?" in *Controversial Issues in the Social Studies: A Contemporary Perspective,* Raymond H. Muessig, ed. (Washington, DC: National Council for the Social Studies, 1975), 87–121.

[5] Janet S. Hyde, *Understanding Human Sexuality,* 5th ed. (New York: McGraw-Hill, 1995).

[6] See William F. Ogburn, "The Changing Family," *The Family* 19 (July 1938), 139–143.

[7] George P. Murdock, *Social Structure* (New York: Free Press, 1949); William F. Ogburn, "The Changing Family," *The Family* 19 (July 1938), 139–143; William J. Goode, "The Sociology of the Family," in *Sociology Today,* ed. R. K. Merton, L. Broom, and L. J. Cottrell (New York: Basic Books, 1959); and Talcott Parsons and Robert F. Bales, *Family, Socialization and Interaction Process* (Glencoe, IL: Free Press, 1955).

[8] Rene Spitz, "Hospitalism: Genesis of Psychiatric Conditions in Early Childhood," *Psychoanalytic Study of the Child* 1 (1945): 53–74.

[9] Coleman and Cressey, *Social Problems,* 130.

[10] Diane E. Papalia and Sally W. Olds, *Human Development,* 5th ed. (New York: McGraw-Hill, 1992), 457–459.

[11] Ibid.

[12] Ibid., 514–516.

[13] William Kornblum and Joseph Julian, *Social Problems,* 9th ed. (Upper Saddle River, NJ: Prentice Hall, 1998), 359.

[14] Ibid.

[15] Kenneth Keniston, *All Our Children: The American Family under Pressure* (New York: Harcourt Brace Jovanovich, 1977), 21.

[16] Richard Neely, "Barter in the Court," *The New Republic,* Feb. 10, 1986, 14.

[17] Ibid., 17.

[18] Coleman and Cressey, *Social Problems,* 133–134.

[19] Ibid.

[20] Ibid.

[21] Ibid.

[22] Ibid.

[23] John F. Cuber and Peggy B. Harroff, "Five Types of Marriage," in *Family in Transition,* Arlene S. Skolnick and Jerome H. Skolnick, eds. (Boston: Little, Brown, 1971), 287–299.

[24] William J. Goode, "Family Disorganization," in *Contemporary Social Problems,* 4th ed., Robert K. Merton and Robert Nisbet, eds. (New York: Harcourt Brace Jovanovich, 1976), 543.

[25] Richard J. Gelles, *Intimate Violence in Families,* 3d ed. (Thousand Oaks, CA: Sage Publications, 1997).

[26] Ibid.

[27] Ibid.

[28] Ibid.

[29] Coleman and Cressey, *Social Problems,* 564.

[30] Lewis Koch and Joanne Koch, "Parent Abuse—A New Plague," *Parade,* Jan. 27, 1980, 14.

[31] Gelles, *Intimate Violence in Families,* 116.

[32] Coleman and Cressey, *Social Problems,* 136.

[33] Suzanne K. Steinmetz and Murray A. Straus, *Violence in the Family* (New York: Dodd, Mead, 1974), 3.

[34] Ibid., 9.

[35] John O'Brien, "Violence in Divorce Prone Families," *Journal of Marriage and the Family,* 33 (November 1971), 692–698.

[36] Steven V. Roberts, "Simpson and Sudden Death," *U.S. News & World Report,* June 27, 1994, 26–32.

[37] Gelles, *Intimate Violence in Families.*

[38] Ibid.

[39] Ibid.

[40] Ibid.

[41] Ibid.

[42] Ibid.

[43] Ibid.

[44] Murray A. Straus, Richard Gelles, and Suzanne Steinmetz, *Behind Closed Doors: A Survey of Family Violence in America* (Garden City, NY: Doubleday, 1979).

[45] Ibid.

[46] Gelles, *Intimate Violence in Families.*

[47] Andrea Saltzman and Kathleen Proch, *Law in Social Work Practice* (Chicago: Nelson-Hall, 1990), 296–307.

[48] Alfred Kadushin and Judith A. Martin, *Child Welfare Services,* 4th ed. (New York: Macmillan, 1988), 218–327.

[49] Gelles, *Intimate Violence in Families,* 66.

[50] Vincent De Francis, *Child Abuse—Preview of a Nationwide Survey* (Denver: American Humane Association, Children's Division, 1963), 5–6.

[51] Ibid., 6.

[52] Larry Silver et al., "Does Violence Breed Violence? Contribution from a Study of the Child-Abuse Syndrome," *American Journal of Psychiatry* (September 1969), 404–407.

[53] George C. Curtis, "Violence Breeds Violence-Perhaps?" in Jerome E. Leavitt, *The Battered Child* (Morristown, NJ: General Learning Press, 1974), 3.

[54] Gelles, *Intimate Violence in Families.*

[55] Ibid.

[56] Kadushin and Martin, *Child Welfare Services,* 243–244.

[57] Vincent De Francis, *Special Skills in Child Protective Services* (Denver: American Humane Association, 1958), 11.

[58] American Humane Association, *National Analysis of Official Child Neglect and Abuse Reporting* (Denver: Author, 1978), 27.

[59] C. Henry Kempe and Ray E. Helfer, *Helping the Battered Child and His Family* (Philadelphia: Lippincott, 1972); Kadushin and Martin, *Child Welfare Services;* Jerome E. Leavitt, *The Battered Child* (Morristown, NJ: General Learning Press, 1974); and Gelles, *Intimate Violence in Families.*

[60] Ibid.

[61] Kadushin and Martin, *Child Welfare Services,* 218.

[62] Edith Varon, "Communication: Client, Community and Agency," *Social Work* 9 (April 1964): 51–57.

[63] Gelles, *Intimate Violence in Families,* 152.

[64] Ibid., 153.

[65] Patrick Murphy, "Family Preservation and Its Victims," *New York Times,* June 19, 1993, 21.

[66] Gelles, *Intimate Violence in Families.*

[67] Kadushin and Martin, *Child Welfare Services,* 315.

[68] U.S. Bureau of the Census, *Statistical Abstract of the United States, 1997* (Washington, DC: U.S. Government Printing Office, 1997), 73–76.

[69] Ibid.

[70] Ibid.

[71] Ibid.

[72] Ibid.

[73] Ibid., 74.

[74] Ibid., 74.

[75] James W. Coleman and Donald R. Cressey, *Social Problems,* 4th ed. (New York: Harper & Row, 1990), 136.

[76] *Statistical Abstract of the United States, 1997.*

[77] C. P. Green and K. Poteteiger, "Major Problems for Minors," *Society* (1978), 10–13.

[78] Alfred C. Kinsey, W. B. Pomeroy, and C. E. Martin, *Sexual Behavior in the Human Male* (Philadelphia: Saunders, 1948); and Alfred C. Kinsey, W. B. Pomeroy, C. E. Martin, and P. H. Gebhard, *Sexual Behavior in the Human Female* (Philadelphia: Saunders, 1953).

[79] SIECUS, *Guidelines for Comprehensive Sexuality Education,* (New York: Sex Information and Education Council of the United States, 1991).

[80] Janet S. Hyde, *Understanding Human Sexuality,* 5th ed. (New York: McGraw-Hill, 1994), 659–674.

[81] Joseph P. Shapiro, "Teenage Sex: Just Say 'Wait,' " *U.S. News & World Report,* July 26, 1993, 56–59.

[82] Kornblum and Julian, *Social Problems,* 369.

[83] K. Luker, *Dubious Conceptions: The Politics of Teenage Pregnancy* (Cambridge, MA: Harvard University Press, 1996).

[84] *Statistical Abstract of the United States, 1997.*

[85] Ibid.

[86] William Wolf, quoted in Alvin Toffler, *Future Shock* (New York: Bantam, 1970), 238.

[87] Carl C. Zimmerman, *Family and Civilization* (New York: Harper and Row, 1947).

[88] John Edwards, "The Future of the Family Revisited," *Journal of Marriage and the Family* 29 (Aug. 1967): 505–511.

[89] W. F. Ogburn and M. F. Nimkoff, *Technology and the Changing Family* (New York: Houghton-Mifflin, 1955).

[90] Kingsley Davis, "Sexual Behavior," in *Contemporary Social Problems,* 4th ed., ed. R. K. Merton and R. Nisbet (New York: Harcourt Brace Jovanovich, 1976), 219–621.

[91] Kadushin and Martin, *Child Welfare Services.*

[92] Hyde, *Understanding Human Sexuality,* 654.

[93] L. Rifken, *Who Should Play God?* (New York: Dell, 1977).

[94] Ibid.

[95] Ibid.

[96] Art Caplan, "Superbaby Sperm Bank Morally Bankrupt," *Wisconsin State Journal,* Nov. 28, 1989, 9A.

[97] Rita Christopher, "Mother's Little Helper," *Maclean's Magazine,* March 10, 1980, 10.

[98] "Dad Wins Custody of Baby M," *Wisconsin State Journal,* April 1987, 1.

[99] Hyde, *Understanding Human Sexuality,* 189–190.

[100] "Healthy Baby Is Born from Donated Embryo," *Wisconsin State Journal,* Feb. 4, 1984, sec. 1, 2.

[101] Stephen Budiansky, "The New Rules of Reproduction," *U.S. News & World Report,* April 18, 1988, 66–69.

[102] Susan Peterson and Susan Kelleher, "Surrogate's Loss Could Redefine Motherhood," *Wisconsin State Journal,* Oct. 23, 1990, 4A.

[103] Philip Reilly, *Genetics, Law, and Social Policy* (Cambridge, MA: Harvard University Press, 1977).

[104] William R. Wineke, "Calves Cloned Successfully in UW Experiment," *Wisconsin State Journal,* Sept. 9, 1987, 1.

[105] Gina Kolata, "Human Clones," *Wisconsin State Journal,* Oct. 23, 1993, 3A.

[106] Barbara M. Newman and Philip R. Newman, *Development Through Life,* 6th ed. (Pacific Grove, CA:

Brooks/Cole Publishing Co., 1995) 142.

[107] Daniel O. Haney, "Cystic Fibrosis Therapy Promising," *Wisconsin State Journal,* Oct. 29, 1993, 7A.

[108] R. V. Kail and J. C. Cavanaugh, *Human Development* (Pacific Grove, CA: Brooks/Cole, 1996), 363.

[109] Alvin Toffler, *Future Shock* (New York: Bantam, 1970), 27.

[110] Ibid., 243–244.

[111] Ethel Alpenfels, "Progressive Monogamy: An Alternate Pattern?" in *The Family in Search of a Future,* ed. H. Otto (New York: Appleton-Century-Crofts, 1970), 67–74.

[112] Ibid.

[113] George O'Neill and Nena O'Neill, *Open Marriage* (New York: M. Evans, 1971).

[114] Victor Kassel, "Polygamy After Sixty," *Geriatrics* 21 (April 1966).

[115] David Fanshel, *Far from the Reservation* (Metuchen, NJ: Scarecrow Press, 1972).

[116] Charles Zastrow, *Outcome of Black Children—White Parents Transracial Adoptions* (San Francisco, CA: R & E Research Associates, 1977).

[117] David L. Wheeler, "Black Children, White Parents: The Difficult Issue of Transracial Adoption," *Chronicle of Higher Education,* Sept. 15, 1993, A16.

[118] Ibid., A9.

[119] Hyde, *Understanding Human Sexuality,* 349–350.

[120] Ibid.

[121] Diane E. Papalia and Sally W. Olds, *Human Development,* 2d ed. (New York: McGraw-Hill, 1981), 326.

[122] Diane E. Papalia and Sally W. Olds, *Human Development,* 6th ed. (New York: McGraw-Hill, 1995), 328.

[123] C. Janzen and O. Harris, *Family Treatment in Social Work Practice,* 2d ed. (Itasca, IL: Peacock, 1986), 273.

[124] R. B. Stuart and B. Jacobson, *Second Marriage* (New York: Norton, 1985).

[125] D. Kompara, "Difficulties in the Socialization Process of Step-Parenting," *Family Relations,* 29 (1980): 69–73.

[126] Janzen and Harris, *Family Treatment,* 275–276.

[127] G. L. Shulman, "Myths That Intrude on the Adaptation of the Step-Family," *Social Casework,* 53, no. 3 (1972): 131–139.

[128] E. Wald, *The Remarried Family* (New York: Family Service Association of America, 1981).

[129] Ibid.

[130] N. Stinnet and J. Walters, *Relationships in Marriage and Family* (New York: Macmillan, 1977).

[131] C. Berman, *Making It as a Stepparent: New Roles/New Rules* (New York: Bantam, 1981); E. Visher and J. Visher, "Stepparenting: Blending Families," in *Stress and the Family: Vol. I. Coping with Normative Transitions,* ed. H. I. McCubbin and C. R. Figley (New York: Bruner/Mazel, 1983).

第十一章

卫生保健

296 **本章内容**

- 生理性疾病和卫生保健系统
- 卫生保健中存在的问题
- 解决卫生保健问题的提案
- 总结
- 注释

297 保证健康对于美国健康产业的重要性就如同美国汽车产业生产出安全、便宜、高效率、低污染交通工具的重要性。

——芭芭拉·艾布伦赖希和约翰·艾布伦赖希（Barbara and John Ebrenreich）[1]

健康和幸福可能是我们社会的最高价值准则。那些患有慢性疾病的富人们总是说，如果再有一次选择，他们希望散去钱财以换得健康。大多数美国人认为，当一个人自己不能保证时，社会提供适当的医疗保健是一种基本的人权。这种健康是一种基本人权而不是某种特权的观点是最近才产生的。例如，直到 1967 年，美国医学会主席还声称，卫生保健是为那些支付得起者所提供的服务。[2] 1971 年美国总统尼克松的健康咨文中确立了卫生保健是一种基本人权：

> 正如我国政府在教育、就业和选举领域提供平等的机会一样，我们必须努力使全体国民获得享有适当医疗保健的机会。我们必须尽我们所能，去除任何种族、经济、社会或地理上的隔阂，而这些隔阂阻碍了我们的国民获得适当的医疗保健。因为没有好的健康状态，没有人能够充分利用他的其他机会。[3]

这一章：

- 提供关于美国卫生保健系统的概述。
- 概要列举卫生保健的问题（利益至上、对预防医学的忽视、不平等的医疗卫生资源分配、非必要和有害的医疗卫生服务、对残障人士的歧视、艾滋病、老年人卫生保健、生命维持设备的使用、医疗保健服务的昂贵费用等等)。

● 讨论针对解决这些问题所作的努力和概述改进卫生保健系统的一系列目的。

生理性疾病和卫生保健系统

在医学上，人体有千百种病理状态，从很轻的小病到终末期疾患。病因也同样千差万别：事故、感染、先天性畸形、病毒、细菌、衰老、压力过大、食物短缺等等。

美国的医疗服务机构有 4 个基本组成部分：单独执业的医师、院外患者服务机构、医院和公共卫生服务机构。

与城市地区比较，从比例上讲，个体医师或单独执业的医师在农村地区更为普遍。这些医师通常是全科医师，受过专业训练，可以处理大多数常见的疾病。全科医生的监管者实际上是不存在的，这些全科医生要对自己的病人负基本责任。除了寻求一些咨询和偶尔使用实验室和医院设施，他们同事间基本上是相对独立工作的。

院外患者服务机构可以通过几种方式组织起来。一个小组的全科医生可以分享使用医疗设施，如候诊室、检查室和实验室。或者，在这个团体中的每一个医生有不同的专业方向，在业务上能相互补充。因为医学知识和治疗技巧是如此的博大精深，对于一个单独的医生来讲，不可能在每一个领域都有深入的了解。院外患者服务机构的另外一种形式是，由第三方（一所大学、一个联合会、商业机构或工厂）聘请一个医疗小组为他们的顾客提供医疗服务。还有另外一种模式是专业相同的一组医生（如神经外科）组合在一起，使用相同的设施提供服务。

卫生保健的第三个部分是医院。在医院里有全套的实验室设备、专业化的治疗设施、住院患者监护设备和娴熟的技术人员，医院还聘请各个专业的医学人员。一般来讲，一所医院是社区医疗服务系统的中心。为了应对不断上升的住院费用，许多社区为那些需要额外医疗服务但并不需要住院的人们建立了护理院[①]和康复者之家。

公共卫生服务机构在 5 个层面开展工作：当地（城市或县）、地区、州、国家和国际。社区的大多数公共卫生服务通过当地保健计划提供。

公共卫生事务的轻重缓急一直在变化之中。当成功地处理了一项事务后，另一个问题就表现出应予以充分的重视。公共卫生服务实际上致力于消除国家中的传染性疾病，如结核、脊髓灰质炎、天花等。从本质上讲，公共卫生服务的中心工作是预防疾病。下面列举 298
了一些通过当地健康部门提供的服务项目：

● 对家庭成员进行关于计划生育、产前产后、孩子生长和发育、营养和医疗等方面的健康咨询。

---

① 提供打针、换药等由护士完成的服务。——译者注

- 训练有素的护理服务和对急慢性疾病的治疗。
- 身体康复（中风、关节炎以及相似的情况）。
- 为公众和本地区的学校提供健康服务，作为家庭、学校和社区的联结纽带。
- 疾病的预防和控制传播。
- 计划免疫。
- 转诊介绍。
- 环境卫生，包括制定法规、调整设计以保证或（和）改善影响健康的环境条件。这是一项内容相当广泛的工作，包括处理大气和水源的污染、食品保护、废旧物品处理、娱乐设施的卫生等等。
- 编制关于整个地区的出生、死亡、婚娶和当前传染性疾病情况的档案。
- 公共卫生教育和信息服务。

在美国，绝大多数公共卫生保健机构是由私人而不是政府管理的。

卫生保健中存在的问题

这一节将要介绍一些卫生保健系统中的问题，包括利益至上、对预防医学的忽视、不平等的卫生服务资源分配、非必要和有害的医疗卫生服务、对残障人士的歧视、艾滋病、老年人卫生保健、生命维持设备的使用、医疗保健的昂贵费用以及如何筹措经费等等。

在美国，几乎所有花在卫生保健上的钱都被用来治疗已经发生的病理状态，只有很少的钱用在预防上。许多人要获得医疗服务资源分配相当困难。获得资源分配对于低收入社区和小一点的农村社区更是难上加难，因为保健设置倾向于被配置到较富裕的城市和城乡接合部社区。已故的罗伯特·肯尼迪将美国的保健系统形容为“一个国家的失败”——“用很高昂的代价提供很差的服务”[4]。

服务至上与利益至上

大多数美国人相信，保健的唯一目的是保持人们健康——预防疾病和疾病所带来的损害，并当疾病发生时，尽可能快地恢复健康。如果单就这个目的而言，美国的保健体系并不能得到高分。有许多国家的人口预期寿命比美国人长，包括澳大利亚、奥地利、比利时、加拿大、法国、意大利、日本、荷兰、西班牙、瑞典、瑞士和英国。[5]人口预期寿命与这个社会的保健系统的质量高度相关。如果有较好的医疗服务以及生活条件的改善使人口的健康状态得以改善，可使人口平均寿命提高。（另外一方面，美国的人口预期寿命是一些发展中国家的两倍。如美国的人口预期寿命是 76 岁，而在乌干达只有 34 岁。[6]）

评价保健体系质量的另外一个指标是新生儿死亡率。许多国家的新生儿死亡率比美国低，包括澳大利亚、奥地利、丹麦、比利时、德国、加拿大、法国、日本、荷兰、西班牙、瑞典、瑞士和英国。[7]一个国家的新生儿死亡率与其向新生儿和他们的母亲所提供的保健的质量直接相关。（同样，美国的新生儿死亡率比许多发展中国家低。在美国，新生儿死亡率是8‰，而在阿富汗，这个数字是150‰。[8]）

美国的保健体系的目的不仅仅是为了恢复和保持健康，而且还是为了赢利。有大量的统计数字说明，这个体系是十分兴旺发达的。美国7 000多所医院中的大多数是世界上最 299
现代化的。医生收入的中位数是所有行业中最高的。他们的收入是平均收入的好几倍。医师的平均收入大约是每年20万美元左右。[9]医院中每张床位的每日平均费用从1970年的74美元上升到1997年的至少900美元。[10]在美国，私人诊所是最挣钱的小型商业机构之一。护理院是所有中型商业机构中效益最好的。参与药品生产和销售的医药工业是美国利润最高的大型产业之一。[11]

美国比其他国家在保健上花费更多的金钱（无论是绝对值还是相对值）。医疗费用占美国全部商品和服务产值的15%。

其他工业化国家认为医疗服务是一种社会服务，一种基于对症下药的哲学观点。相反，在美国，你能接受的医疗服务不仅仅取决于你的病情，还取决于你能够或愿意支付多少费用。

预防医学

在当今美国，导致死亡的大部分主要原因是慢性疾病：心脏病、癌症、脑血管疾病（例如中风）、阻塞性肺疾病以及其他类似疾病（见表11—1）。慢性疾病常常持续和进展很长一段时间，它们很可能在我们发现它们之前就已经存在了，因为在早期常常是没有症状的，而我们又总是忽略一些早期症状。社会的、心理的和环境的各种因素对疾病的进展有重要的影响。例如，已知心脏病与动物饱和脂肪饮食（牛肉、黄油和奶酪）、缺乏持久和充分的锻炼、重度吸烟和精神紧张有关。

表11—1　　美国前10位死亡原因

	疾病	占全部死亡的百分比
1	心脏病	32.0
2	癌症	23.3
3	中风	6.8
4	慢性阻塞性肺疾病	4.5
5	各种事故	3.9
6	肺炎和流感	3.6

299

续前表

	疾病	占全部死亡的百分比
7	糖尿病	2.6
8	自杀	1.3
9	慢性肝疾病和肝硬化	1.1
10	肾炎、肾病综合征和肾小球肾炎	1.0

资料来源：U. S. Bureau of the Census, *Statistical Abstract of the United States*, 1997 (Washington, DC: U. S. Government Printing Office, 1997), 94.

一个主要的问题是，现代医学源于危象医学，它适合于处理当人们发生疾病时的状态。这种危象处理方法，对处理某些医学情况十分有效，如一些急症（损伤、流感和肺炎）。但不幸的是，对于慢性疾病而言，一旦症状表明它们存在，许多损害已经发生，而且对于有效康复来说，已经太迟了。所以，保健系统要强调在发生广泛损害之前预防这些疾病。但到目前为止，从研究经费、人员配置和医疗设施建立等角度讲，预防医学与危象起源医学相比获得的重视还是偏少。（治疗项目比预防项目能获得更多的利益。）对治疗的过分强调违反了这样一个常识："一盎司的预防顶得上一磅的治疗。"

在美国，我们所面临的多种健康问题很大程度上来源于生活方式。大量的美国人吸烟、酗酒或饮食过量。吸烟对健康有严重的危害，它与一长串的疾病相关，包括心脏病、溃疡、肺癌和肺气肿。严重吸烟者（每天至少两盒）的死亡率较不吸烟者高两倍。[12]一些专家目前认为，尼古丁的成瘾性比海洛因或可卡因还要高。[13]被动吸烟（吸入他人呼出的烟雾）被认为同样有致癌的危险。[14]

300 **专栏 11.1　健康与长寿**

下面 10 条健康守则被证明有益于好身体和长寿。

1. 吃早饭。
2. 吃家常便饭，不吃快餐。
3. 适度饮食以保持体重。
4. 不吸烟。
5. 适度锻炼。
6. 适度饮酒或根本不喝。
7. 每晚规律睡眠 7～8 小时。
8. 避免使用非法药物。
9. 学会应对压力。
10. 健康的性生活。

资料来源：Diane E. Papalia and Sally W. Olds, *Human Development*, 5th ed. (New York: McGraw-Hill, 192), 372 - 373.

酗酒对健康的危害在第四章中有详尽的介绍。酗酒者的预期寿命较不酗酒者少 10 年到 12 年。[15]

饮食是生活习惯中另外一个对健康和预期寿命有重要影响的因素。我们进食太多的油 300
脂性食物（如红肉），而蔬菜、水果和谷物产品的进食量却不足。我们应当减少蔗糖的消费量，增加食物中纤维的含量。[16]此外，我们还喜欢高热量食物和过量饮食，这两者均可导致肥胖。[17]大约有三分之一的美国人超重。[18]

医学研究显示，规律运动是保持健康的基本要素。运动能够明显减少患心血管疾病的风险——这是美国第一大死因。[19]规律运动是长寿最好的预言者之一，但绝大多数美国人不进行经常性的锻炼。[20]经常被引用的关于运动的简化指南是每天运动 30 分钟，每周至少运动 3～4 次。

环境因素同样对健康有所影响。我们的大气和水源充满了数以千计有毒的化学物质（来自汽车和工厂的排放物），这些造成损害健康的危险，如导致肿瘤和肺气肿。机动车交通事故的死亡率不断攀升。许多事故是因为醉酒驾车。

医师们习惯于处理慢性疾病的症状而不是潜在的病因。表现出紧张和焦虑的患者常常被开具镇静剂而不是接受心理治疗来减少产生紧张的心理压力。表现出抑郁的患者经常按医嘱服用抗抑郁药物，而不是进行咨询寻找产生抑郁的原因。患有压力相关疾病的患者（如溃疡、偏头痛、头痛、失眠、腹泻、消化不良和高血压）经常服用处方药物而不是接受治疗来改变他们生活方式中的某些方面以减少潜在的心理压力，而这压力正是产生这些问题的主要原因。

近年来，一些从根本上预防疾病的整体计划在工厂、医院、学校、诊所和其他地方建立起来。整体医疗认为，我们所知的各个生理功能汇合在一起是一个有机的整体，它对我们的生理和心理同样予以关注。大多数疾病的决定因素是我们的生活方式（包括锻炼模式、饮食、睡眠，特别是压力反应模式）。整体医疗向人们介绍了适度锻炼、饮食和减少心理压力的技巧，以保持健康和阻止慢性疾病的发展。

托马斯·麦基翁（Thomas McKeown）强调，每人都有保持健康的责任（尽管大家常常没有认识到）：

> 在预防疾病和过早死亡中，个体医疗服务的角色较其他因素是第二位的，但保健领域的社会投资却基于它是主要决定因素的认识。假设我们患病了又被治好了，实际上，更接近事实的是，我们本应没事，却被治疗了。很少有人认为他们对自己的健康负有主要责任……
>
> 公众相信，健康主要依赖于医生的干预而健康的基础要素是早期发现疾病。这种观念应该被其他一些理念所替代，即疾病常常不能被有效地治愈，健康与否是被每个人所选择的生活方式所预先决定的。对健康有重要影响的生活方式有：吸烟、滥用酒精和药品、过量或不平衡的饮食、缺乏锻炼。研究表明，前面所罗列的典型行为毫无疑问地增加了患病的危险。[21]

301 卫生服务资源的不平等分配

获得并利用卫生资源的多少直接与社会经济地位和种族相关。例如美国白种男性的人口预期寿命较非洲裔男性的预期寿命长 8 年。而美国白种女性的预期寿命较非洲裔女性长 7 年。[22]另外，非洲裔美国人的婴儿死亡率较美国白种人至少高出两倍。[23]几乎在每一种疾病的患病率上，有色人种的比率均较高。[24]许多因素可以帮助解释这种差异：有色人种分配到较少的保健资源，经常遭受各种形式的歧视，而且只能从保健体系中得到较低水平的医疗保健。

较低社会阶层的成员有较高的患病率。穷人们患严重疾病的次数更多且持续时间更长。他们有较高比率的疾病得不到医治，几乎在所有疾病上的死亡率都较高。与公众的一般概念相反，是最低收入人群而不是大公司经理或管理层这样的社会精英们的心脏病死亡率最高。[25]（实际上，在穷人中，承受的压力水平也是较高的，因为他们总是要面对因为经济窘境而产生的心理压力。不同的饮食结构、锻炼和生活方式也是造成这些差异的原因。）

当然，穷人中的高患病率很大程度上是因为他们无力承担私人的、高质量的医疗保健。受利益驱使，卫生保健服务总是被配置到较富裕的城市地区和近郊。生活在小乡村或城里低收入阶层地区的人们很难获得医疗卫生资源的分配，特别是当他们缺少交通工具时。在美国，卫生保健服务是按照以质论价的原则运转的。结果产生了两个并行的体系，上面的体系为富人们提供高质量的保健服务，而下面的体系为穷人们提供较差的保健服务。

当穷人们下决心治疗疾病时（往往他们都等到疾病很重的时候），他们更多地是去诊所而不是找私人医生或家庭医生。他们常常觉得自己就应该出现在诊所里。但常常他们必须在候诊室的拥挤人群中等上好几个小时并常常受到医师不耐烦的诊疗。他们很少与医师之间建立一种相互信任的关系。

医师们通常来自中上层社会，因此在与低收入人群和有色人种之间建立友善关系时，会面临多种障碍。西海（Seham）写道：

> 一般来讲，卫生专业人士很少——如果有的话——理解穷人的生活方式。因为一名医生建议生活在贫穷之中的病人增加蛋白质的摄入量，而不去给他一些帮助告诉他如何完成这项工作，其实是根本没有用的。还有，建议一个有工作的母亲每周到诊所进行诊疗，而诊所的工作时间又和她的上班时间相一致，那就等于根本不能提供这种诊疗。[26]

生活贫穷会造成健康匮乏。穷人支付不起合理饮食的费用，所以食物短缺使他们更容
302 易感染疾病。他们更有可能生活在受污染的地区，所以他们更有可能患癌症、肺气肿和其

诸如在医院或养老院中饲养宠物等创新疗法对于病人和动物都是有利的。爱和陪伴都是不能制造出来的治疗药物。

他呼吸系统疾病。他们买不起舒适的住宅，在冬天供暖情况较差，并更多地暴露在作为疾病载体的鼠类和垃圾之间。他们的生活充满压力，特别是收入捉襟见肘的时候。他们很少了解并应用疾病的预防方法。即使能预防许多严重疾病的发生、发展，他们也不太可能去进行早期诊疗。因为他们有时受到医师或其他医务人员充满敌意和侮辱的对待，他们总是避免寻求医疗救助。

非必要或有害保健

正如前文所指出的，保健系统的目标之一是赢利。所以发生非必要诊疗措施的事情太平常了——进行非必要的诊断检查、开具处方药物和其他非必要的药物，甚至进行不必要的手术。

如同前文所提到的，穷人和有色人种经常成为劣质保健服务的牺牲品。另外一个劣质保健服务受害人群是妇女。保健产业是由男性主导的，男性占有大多数有声望、高收入和有权力的职位。目前有78%的医师是男性，而94%的注册护士是女性。[27]几乎所有的牙医都是男性，另一方面，几乎所有的牙科技师和医师助理都是女性。[28]美国的卫生保健系统显然由一些身处高位的男性所主导，由他们来指挥那些女性辅助人员如何工作。近年来，有许
303 多剖腹产婴儿出世，这个比例从大约全部新生儿的5%上升到25%。[29]莎利文写道：

> 这些剖腹产当然是医学上的决定，但是这很让人怀疑。有一些剖腹产是为了医务人员的方便以避免可能因医疗差错所引起的诉讼，或者因为医生和医院从剖腹产婴儿中得到的收入更多。在任何一个事件中，母亲都没有对分娩方式的决定权，因为这时已经完全是从医学上考虑问题。经过这么多年，男性在医学中的主导地位决定了男性有教导妇女关于她们自己身体情况的“权威”，而男性所教导妇女的这些内容有时候是只是验证了一些不准确的说法和医师临床手册上的条文，实际上对妇女的健康并无多大帮助。[30]

在所有医学诊疗中，可能最没有必要的处理就是子宫切除术了，当然，这种手术只是在女性患者身上适用。经过多年的随访，据估计，有三分之一的子宫切除术从医学上来讲是不必要的。[31]

对于这些不必要甚至有害的保健，苏珊·丹泽尔（Susan Dentzer）写道：

> 专家估计，在美国所有医疗服务中有三分之一以上是值得商榷甚至是有害的。实际上，去年花在卫生保健上的大约2 000亿美元打了水漂，并且可能有50 000名美国人死于他们本不需要的诊疗。[32]

每年抗生素和其他处方药的药物作用，造成数以千计的死亡案例和千百万的住院患者。每年有相当多的人因为服用医师开具的镇静剂和止痛药物而成瘾。每年有数以千计的人死于不必要手术所引起的术后并发症。没有无风险的外科手术。即使是像扁桃体切除术这样的小手术，每千例中也有两名患者因手术而死亡。[33]

为什么有害性治疗会发生？其中一个原因就是医师想从这些非必需的诊疗中获得利
304 益——这些处理有时可导致很多并发症。另外一个原因是据保守估计，美国国内大约有10%的医师是不合格的，应该被吊销行医执照。[34]不幸的是，绝大多数患者不能准确判断他们的医生的专业素质。

在美国，诉讼已经成为一种全民消遣，特别是在医学领域关于医疗差错的诉讼案里。大量胜诉案例证明了目前有害性治疗存在的普遍性。与此同时，因为没有进行某项可有可无的检查而不能做出正确诊断的医生，在面对日益增加的关于医疗差错的诉讼时，总是常规地应用更多可能本不需要的诊断检查项目，而这些检查往往十分昂贵。

专栏 11.2　理解和减少压力 302～303

米勒和史密斯写道：理性和积极的思维方式是保持和促进健康最主要的方面，非理性和消极的思维方式是引起压力相关疾病的主要因素。（如果符合下列表现，思维方式就是非理性的：对客观现实不确定、阻碍保护自己的生活方式、阻碍自己达到短期或长期的目标、与他人有严重的麻烦、使你处于一种无欲的状态。）与压力相关的生理性和心理性疾病目前成为影响我们健康的一个重大问题。①

下面用流程图的形式，简要说明我们的思维方式在形成压力相关性疾病时的作用。

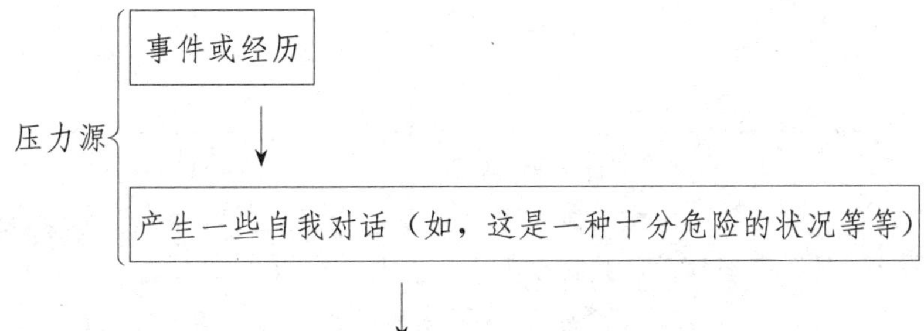

↓

压力

情感（例如紧张、焦虑、担忧、惊恐）

↓

生理反应

将发生一般压力反应的警觉阶段。这个阶段的生理改变包括心率和脉搏加快、浅呼吸、手心出汗、脖子和后背梗直、白细胞计数增加以应对感染、基础代谢增加。②大多数学生在人群前做一个演讲时，都经历过这些生理反应。

↓

压力相关疾病

如果情感和生理反应是强烈且长期的，将会形成压力相关疾病——溃疡、偏头痛、腹泻、心脏病、消化不良、肿瘤、高血压、支气管哮喘、某些皮肤病、便秘等。

根据上面的流程，构成压力源有两个因素：（1）事件；（2）我们给自己的关于这个事件的自我对话。压力是人体对压力源的一种情感和生理的反应。

自我对话在压力形成中起核心作用。自我对话方法能帮助我们了解到所发生的事件有多正面（或负面），而这些事件常常导致压力反应。例如：

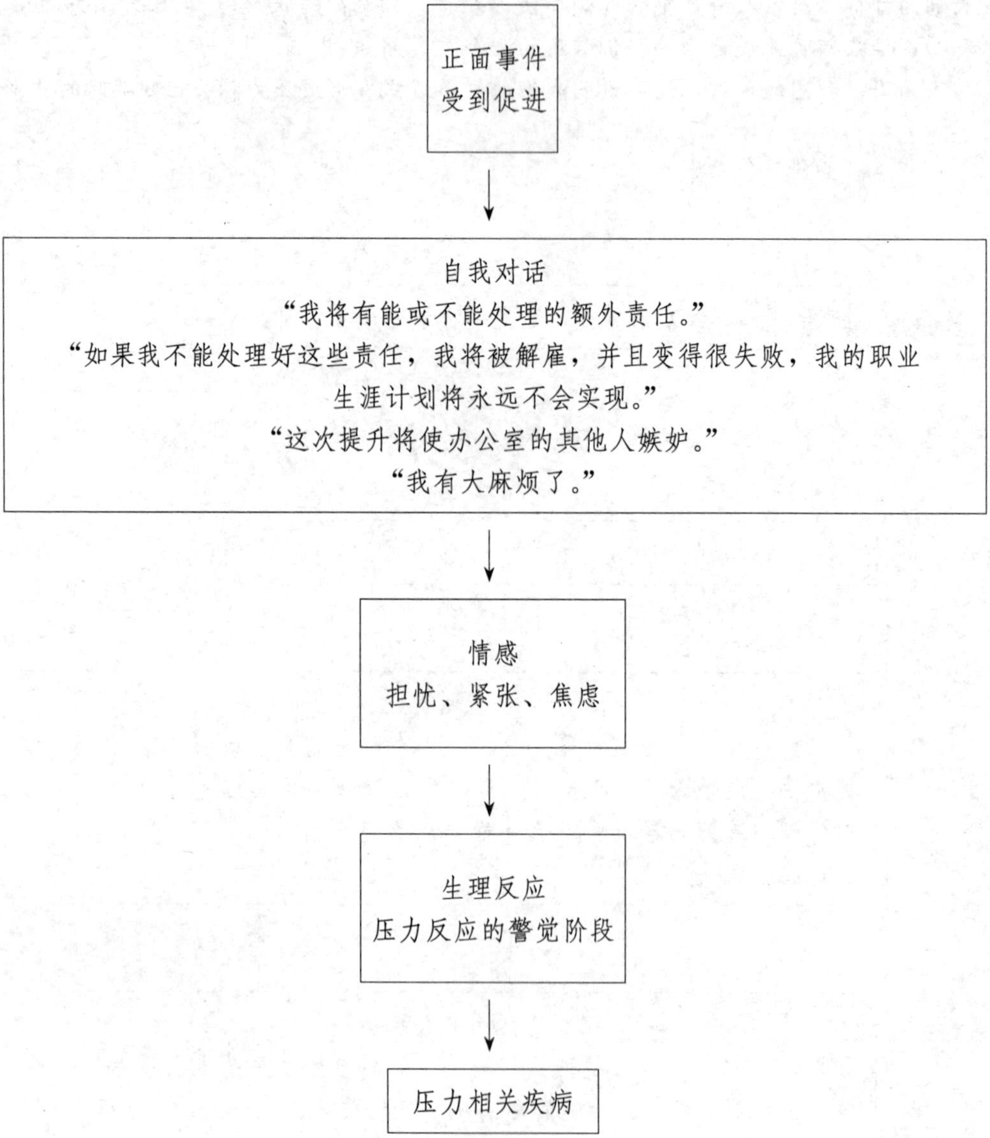

正面事件
受到促进

↓

自我对话
“我将有能或不能处理的额外责任。”
“如果我不能处理好这些责任，我将被解雇，并且变得很失败，我的职业生涯计划将永远不会实现。”
“这次提升将使办公室的其他人嫉妒。”
“我有大麻烦了。”

↓

情感
担忧、紧张、焦虑

↓

生理反应
压力反应的警觉阶段

↓

压力相关疾病

在长期的焦虑的自我对话后，压力相关疾病——如溃疡或高血压——将发生。

有三种基本的方式减少压力。第一种是分辨出非理性和消极的自我对话，给自己一个理性的自我挑战（第三章举例介绍了这种方法）。第二种方法，加入到你所喜爱的活动中去。这将帮助你停止非理性思考，而将注意力转向你能更积极看待的事情上。例如，如果你喜欢打高尔夫球，那么打高尔夫球可以使你不去想那些日常的烦恼之事，而是让你体会打高尔夫球所带来的乐趣。那些能帮助你停止非理性思考的活动有：兴趣爱好、娱乐活动、慢跑或其他锻炼计划、生物反馈疗法、肌肉放松锻炼和服用一些药物。③第三种减少压力的办法是改变产生压力的原因。（例如，你可以换一个压力较少的工作。）

①Lyle H. Miller and Alma D. Smith, *The Stress Solution* (New York: Pocket Books, 1993).

②Hans Selye, *The Stress of Life* (New York: McGraw-Hill, 1965).

③These stress-reducing techniques are described in Charles Zastrow, *The Practice of Social Work*, 6th ed. (Pacific Grove, CA: Brooks/Cole), 1999.

对残障人士的歧视

据估计，在美国有 5 000 万残障人口——几乎占全部人口的五分之一。[35]残障人口包括下列人士：

- 暂时性损伤（严重烧伤、脊柱或背部损伤、四肢骨折）。
- 慢性生理性残障（包括使用拐杖、助步架、支撑物和轮椅者，行动能力受损的老年人以及有严重心血管疾病者，脑瘫、慢性关节炎和艾滋病患者）。
- 听力障碍。
- 视觉障碍。
- 智力障碍（包括情感异常、迟钝、严重的学习障碍）。[36]

满足那些残障人士需要的社会意愿，很大程度上取决于造成残障的可觉察的原因、现时的医疗知识和总的经济条件。在数千年前的古希腊文明早期，希腊人发展出一种灵肉合一的哲学思维：灵与肉之中一个方面有缺陷就意味着另一方面有缺陷。[37]这种哲学导致了对那些残障人士采取一种很消极的态度。斯巴达将这种教条应用到极致。许多生活不能自理的成年人被处死。[38]数个世纪以后，罗马人同样将一些因有残障被认为"没有生产力"的人处死。在古代社会，几乎没有系统的努力来帮助满足那些有认知障碍的人。（因为"头脑迟钝"这个词太过于负面，所以用"认知障碍"这个词来代替。[39]）在古希腊和罗马帝国时期，那些有精神异常的人被认为是魔鬼附体，所以驱魔是最主要的治疗方式。[40]

在中世纪，残障人士被认为是魔鬼附身或遭受上帝的惩罚。[41]在那个时代，慈善和人道的现代价值观念普遍缺乏，部分的原因是当时较差的经济条件。残障人士能得到的唯一工作是为联邦领主们做宫廷小丑，这个职位被认为很适于那些有认知障碍的人。[42]这些精神障碍长期被认为是魔鬼附身所致，常常遭受很残忍的惩罚以驱除魔鬼。

我们的文化将拥有美丽身材置于很高的价值观念。由此产生了大量的健身中心和健康俱乐部，美国人将预算中很大的比例用于服装、化妆品、健身计划和使自己有更充沛体力的饮食。美丽被认为与善良相联系，而丑陋则与罪恶相关联。电影、电视和书籍经常将男女英雄描绘得英俊潇洒或美丽动人，而坏人则十分丑陋。孩子们被错误地灌输这样的观点：拥有吸引人的外表，则会有美好的生活，同时，丑陋的外表是劣等的标志。理查德森(Richardson) 发现那些被认为有残障的孩子较那些没有残障的孩子有“较少的渴望”。[43]

不幸的是，这些对身体美丽的强调使那些有残障的人成为一些很残忍笑话的对象，还经常导致他们被人回避并被看成低人一等。那些有残障的人经常被描绘成失败者、怪物和不完整的人。正如库利所说，如果人们有残障，总是被和劣等人或二等公民相联系，那么他们最终也会有负面的自我定位，认为自己是较差的一类。[44]我们这个社会需要重新评估拥有完美体型的价值。另外一些因素应更加得到重视——诚实、正直、有个性、负责、善良和乐于助人。

赖特（Wright）写道：对美丽身体的强调导致社会相信那些有某种残障的人“应当”感到低人一等。他创造了一个新词——“哀痛的需求”来形容这种社会预期。一个肢体健
305 全的人花费大量的时间、金钱和精力使自己更加英俊潇洒，而内心却希望一个残障的人为自己的残疾自哀自怜，因为这些肢体健全的人需要从他们身上得到一种对比，以证明拥有动人身段的重要性和为此所付出的是值得的。[45]

对“身体美丽”膜拜的另外一个结果是，残障人士有时被作为不幸的事例给予怜悯和同情。残障人士谴责怜悯和被施舍。他们要的是被平等对待的权利。

在我们社会中还有一种趋势是，认为一个人在某一方面有残障，那么他在其他方面也有残障。韦伯格（Weiberg）写道：人们在盲人面前大声谈话，仿佛这些有视觉障碍的人同时也有听觉问题。[46]成年残障人士常常被当作儿童看待。身体残障的人经常被误认为还有智力和社交方面的迟钝。一名 22 岁坐在轮椅中的大学生举了这样一个例子来形容这种偏见：

> 我和我的父亲在教堂里面，他站在我的旁边，我坐在轮椅中。我还算比较聪明，但是有残疾。我坐在那里同大家一样。这时，有人向我父亲走来，他站在我们父子之间，向我父亲问候，可能是“他怎么样?”或“他看上去真漂亮。”之类的话，这时，我真想踢他的肚子。[47]

不幸的是，这种将残障人士与智力或社交迟钝相联系的偏见可能使他们相信自己就是在智力和社交能力方面比较差。

研究发现，人们总是很快结束与残障人士的交流。[48]当残障人士在附近时，许多人感到不舒服，因为他们不知道什么该说，什么不该说。他们害怕说出一些冒犯残障人士的话。他们不想为残障做任何直接的评论，但是如果他们试图忽略这些残障的存在，就可能

里克·格林，一个终生使用轮椅的人，在佛罗里达州代托纳比奇经营着一家成功的照相机修理店。

满足不了残障人的需求。（例如，他们可能在残障人士不能到达的一座大楼中安排一个会议或社交活动。）人们有多种方式表达这种与残障人士接触的不适感——生硬和肤浅的对话、避免看到他人的残障部位、不情愿的交谈或假装严肃。残障人士对这些行为十分敏感。戴维·弗雷德（David Fred）（一个残障人士）形容他对这些行为的反应：

> 当人们说“让我们去……呃……啊……（混乱和迟疑的言语）推你出大楼”的时候，我十分怀疑他们能否真的这样做。我之所以怀疑是因为这意味着他们清楚，十分清楚，轮椅就在那里，对他们来说，这可能才是最主要的。许多人试图向你表示他们并不在乎你在轮椅中可能做的疯狂的事情。我知道曾经有一个人，他总是在踢我的轮椅，仿佛说：“我不在意你坐在轮椅中，我甚至不知道轮椅在那里。”但这正是他知道轮椅在那里的表现。[49]

一般公众都憎恨仅仅因为身体残障就被给予不同的社会对待。

但那些残障人士还是通过多种形式被歧视。一些学校没有安装电梯，所以一些坐在轮椅上的孩子就无法入学。一些公共交通设施（如公共汽车）没有安装轮椅通道。许多运动场不提供轮椅。从社交层面上讲，残障人士在交友、约会和加入一些组织时，会遇到许多障
碍。因为老板不愿用残障人士，所以他们是失业率最高的人群。据估计，大约有50%的尚有 306
工作能力的残障人士处在失业中。[50]即使有工作，因为雇主不愿花费时间和精力去了解他们，他们也常常被大材小用（与他们的资质相比，他们仅能从事低薪水和低级别的工作）。

一旦残障人被雇用，他们常常用自己的行动驳斥这些负面印象，证明他们是最尽职、最能干、最可靠、返工率较低的工人中的一员。他们的缺勤率仅仅比正常人稍高一点，但他们有极好的安全记录，与其他工人一样的生产率和工作速度。[51]

在第二次世界大战期间，劳动力严重短缺，这给残障人士提供了许多工作的机会。他们向千百万雇主证明了，如果能被安排到合适的位置，他们能做得同普通工人一样好。由于对他们能力认识的不断增加，美国于 1945 年成立了残疾人雇用总统委员会。[52]在“二战”后，大量的联邦计划反映了社会逐渐增长的观念：残障人士可以成为高产的工人并应享有机会和培训来证明他们的工作能力。[53]

受到 20 世纪 50 年代至 60 年代民权运动的激励，在 60 年代末至 70 年代，一个新的少数族群逐渐被人所知。生理性残障人士开始大声疾呼并要求平等权利。他们寻求通过立法和诉讼的方式结束就业歧视、教育机会缺乏、建筑物障碍和社会歧视。1973 年国会通过了《职业康复法案》，其中一节禁止任何接受联邦经费的计划或组织歧视残障人士。人们将这项反歧视政策总结为一种肯定行为的政策（在第六章中有论述），它使接受联邦经费的雇主必须证明他们尽最大努力雇用残障人。

1990 年《美国残障人士法案》被签署成为法律。这项法案禁止在工作中歧视残障人士以及禁止在公共设施，例如餐馆、商店、博物馆和剧院中缺少辅助设备。这项法案的拥护者认为，这是自 1964 年禁止种族歧视的法案通过以来，民权立法领域最有意义的事件。但正如布什总统所指出的，这项法律应当被慎重地推行。例如，法案要求新落成的建筑物必须为残障人士留有专用出口，但是仅仅当没有经费上的困难或花费不大时，现有公共建筑物的一些障碍才会被拆除。

在 20 世纪有众多的发展规划和科技进步来帮助残障人士，但在改变社会对残障人士的态度和帮助他们过满意和有创造力的生活方面，仍有大量的工作需要做。

艾滋病

获得性免疫缺陷综合征（AIDS）是一种传染性疾病，它可以摧毁人体的免疫系统，而目前尚无法治愈。艾滋病是由人类免疫缺陷病毒（HIV）所引起的。这种病毒在人与人之间通过性接触或共用静脉注射药物的针头和注射器传播。

艾滋病成为全美国关注焦点是从 1985 年开始的。当时演员赫德森·罗克（Hudson Rock）被披露感染有艾滋病。（在公开他的经历后几周，赫德森去世。）美国国民对这种疾病的关注在 1991 年被再次激发起来。“魔术师”约翰逊（一名十分杰出的篮球运动员）宣布他的 HIV 检测呈阳性反应。（见专栏 11.3）

307 **专栏 11.3　“魔术师”约翰逊，一个美国式英雄，加入到抵抗艾滋病的战斗中**

1991 年 11 月 18 日，当“魔术师”约翰逊在新闻发布会上宣布他感染了艾滋病时，全世界数百万的人惊呆了。他还宣布，在经历了 12 个辉煌的赛季后，他将从美国职业篮球协会（NBA）和洛杉矶湖人队退役。他还说道："我将成为抵抗 HIV 病毒的发言人。"

13 年前，"魔术师"约翰逊第一次走入公众视线时，是一名大学二年级的学生，率领密歇根州得到全美大学生体育协会（NCAA）冠军。以他 206 厘米的身高，他胜任场上任何位置，包括中锋。

在他为洛杉矶湖人队效力的 12 年生涯中，他率领湖人们 5 次夺得总冠军，并 3 次获得最有价值球员奖。"魔术师"约翰逊不仅是最具天分的篮球运动员之一，并且相当慷慨，还有一个吸引人的微笑。在参加新闻发布会几天后，约翰逊指出，他是因与一名受到感染的女性有性行为而被感染的。他还承认，在过去的许多年里，他有许多女性伴侣。

在新闻发布会几天后，他出现在阿塞尼奥·霍尔（Aresenio Hall）访谈节目中，说道："如果我明天死去，你不必为我感到难过，我曾有过最辉煌的人生。"他对霍尔的听众和广大民众传达他的主要信息："开始使用避孕套，了解并实践安全性行为。请给你的思想加上保护层，并给你的下面也加以保护。"（在皮带下做手势）

1991 年关于这种疾病的恐惧散播开来。因为可能对他的队友和其他队员的健康有危险，当 1992 年他试图重返赛场时，约翰逊引发了一场批评浪潮。1996 年 2 月，约翰逊停止了退役生涯，重新为湖人队效力。他得到了队友热烈的拥抱和全国上下强烈的支持。相对于 1992 年，1996 年对于他复出的态度所体现出的变化是民众对于一些感染艾滋病的公众人物越来越多的理解和同情的明显标志。（约翰逊在 1996 年赛季结束后，"因为个人原因"再次退役。）

这种病毒由蛋白质外壳保护的基因物质组成，它侵入健康人体细胞，转变这个细胞的正常基因表型，使这个细胞复制病毒。在这个过程中，被感染的细胞常常死亡。HIV 病毒属于分类学上一种十分特殊的病毒——逆转录酶病毒，之所以这样命名是因为它们改变被感染的细胞内正常的复制顺序。HIV 病毒侵入的细胞参与人体抵抗疾病的正常生理过程，并且它使这些细胞产生更多的病毒。HIV 明显破坏正常白细胞，而这些细胞本应去战胜侵入人体的疾病。结果，机体变得没有抵抗力，成为其他感染的牺牲品。这种病毒毁坏人体免疫或防御系统，所以其他各种疾病乘虚而入，甚至导致死亡。缺乏免疫系统杀死微生物的功能，感染者变得十分容易被细菌、真菌、恶性肿瘤和其他病毒感染，这可造成威胁生命的疾病，如肺炎、癌症和脑膜炎。

几年来，已经清楚地了解到，不止一种病毒与艾滋病的发病有关。最先被确定的，也 307
是引起绝大多数艾滋病病例的病毒被称为人体免疫缺陷病毒－1 型（HIV－1）。在日益增长的艾滋病和艾滋病相关病毒家族中，这种病毒表现出最强的毒力。HIV 有一种强效的酶，总是在不断地变化或突变之中，所以呈现出各种不同的病毒株。为了简化后面章节中我们关于艾滋病的讨论，我们将感染病原体统称为 HIV。

HIV 是一种很细小的、脆弱的基因物质。正如科学家们所了解到的，它只能在有限的环境下存活，即一种类型的细胞——人类血液中的 T 淋巴细胞。暴露在血液或其他体液之外，病毒会迅速死亡。

据记载，艾滋病可以传播的方式有：与患有艾滋病者性交，与感染者共用皮下注射器，输入含有病毒的血液或其他血液制品，婴儿在出生时或通过哺乳从受感染的母亲那里被传染。

在精液、血液、阴道分泌物、唾液、母乳和尿中均可分离得到 HIV。只有血液、精液和阴道分泌物以及在极少情况下的母乳，被证明有传播艾滋病毒的能力。许多专家怀疑，在唾液和泪液中，病毒的数量是否少到不足以传播疾病。专家们指出，偶尔的接吻或在泳池中游泳在某种意义上是在接触艾滋病。打喷嚏、咳嗽和握手被证明是没有危险的。只有在体液交换时（如通过肛门、口腔或性器官）才可能感染艾滋病。这种病毒是十分脆弱的，在不适宜的环境中不能长时间生存，同时它也不能穿透皮肤。总的说来，没有任何证据显示艾滋病可以通过任何形式的偶然交往传播。你不可能通过触摸门把手、上厕所、打电话感染艾滋病。同样没有证据表明 HIV 可以通过蚊虫叮咬传播。

很少有女性同性恋者感染艾滋病。女性同性恋行为只有很低的被感染危险，除非她们静脉注射药物或与高风险人群有不安全性行为。然而，女性和女性之间也可能通过阴道分泌物或血液传播。

使用已感染艾滋病的捐赠者提供的精子进行人工授精的女性也存在感染艾滋病的危险。作为一种保护措施，取得授权的精子银行将筛选普查捐赠者样本。

308 一旦某人受到感染，病毒常常以不活动的形式存在。一旦它在机体中存在，就需要某些帮助来保持活力。这种帮助可能是另外某种病毒的感染病史、全身较差的健康状态、滥用某些娱乐性药物（如硝酸丁酯）、营养不良和易患病的体质。一旦这些人发展成为艾滋病，死亡率是相当高的。

在 20 世纪 80 年代早期，有一些艾滋病病例是通过血液传播的。今天，用于输血的血液都要经过艾滋病抗体的检测，使通过这条途径传播艾滋病的可能性大大降低。但是因为在接触病毒后，抗体并不能马上生成，因此一名新的感染者可能在发生感染后仍在不知情的状况下献血，而在此之前他或她的抗体检测是阴性的。

绝大多数感染 HIV 者最终都会发展成为艾滋病患者。首次感染病毒的时间和出现艾滋病症状的时间间隔被称为病毒的潜伏期。平均潜伏期过去估计为 7 年～11 年（领先于目前药物学的进展）。[54] 其潜伏期的变化相当大，可从几个月（特别是那些 HIV 阳性的新生儿）到 20 年甚至更长。

一种叫做 AZT（azidothymidine）的药物被发现在某些人身上可以减缓疾病的发展。这种药物在 1964 年被首次合成，最先用于治疗癌症。AZT 帮助延长生命，给患者以希望。使用这种药物有一些严重的困难，且仍不能治愈艾滋病。AZT 和 Retrvir（该药物的商品名）必须不分昼夜每 4 小时服用一次。服用者经常有非常不适的不良反应，如恶心、头痛、贫血、白细胞降低、肝脏功能损害、肾功能受损和骨髓抑制。服药时间越长，就越有可能遭受逐渐加重的副作用折磨。此外，这种药物还十分难以生产，要经过 17 步化学反应和另外 6 步处理才能够上市。这就导致了药品短缺和价格昂贵。尽管如此，这种药物的存在至少能够抑制这种摧毁性疾病的作用，给被艾滋病所笼罩的悲观情绪一线希望。

另外一些对抗艾滋病的药物正在研制中。美国食品和药物管理局（FDA）于 1991 年批准将 DDI（didanosine）用于成年和儿童艾滋病晚期不能耐受或不能使用 AZT 的患者。[55]在 1995 年和 1996 年，FDA 批准了一些被称为蛋白酶抑制剂的药物，它们通过剪断病毒感染人体血细胞所需要的一种酶而对抗 HIV。研究者发现，将 AZT 和一些蛋白酶抑制剂联合使用将在相当程度上延缓感染 HIV 患者的艾滋病进程。[56]

那些 HIV 阳性但是没有表现出艾滋病症状的人有很大的健康问题。他们中的大多数人没有进行过艾滋病毒检测，因此并不知道已被感染。尽管他们有一些不危及生命的症状，但是他们还是可以感染他人。下面概括列举了感染艾滋病的几种高危因素：

- 有多个无安全措施（如使用避孕套）的性伙伴。感染艾滋病的风险取决于性伙伴的数量、性别。考虑到感染艾滋病的危险，一个人应当注意这样的断言："当你和一个新伙伴有性行为时，你不但是和这个人一块上床，而且是和这个人在此之前的所有性伙伴上床。"
- 共用静脉注射针头。HIV 可以通过重复使用的针头和注射器传播。
- 与被感染者进行肛交。
- 嫖妓。因为妓女有多个性伙伴，而其经常是静脉注射药品使用者，她们属于高危人群。

未成年人和青年的性行为正逐渐增加，这使他们变成接触 HIV 的高危人群。在这个年龄段的人倾向于有多个性伙伴。通过性交，由男到女传播疾病的危险大于由女到男的危险。如同前文所及，女性之间通过性接触传播 HIV 的风险较小。尽管不是每次接触病毒的性交都会传染，但是多个性伙伴增加了疾病传播的可能性。

劳埃德（Lloyd）介绍说，通过性传播 HIV 的途径可以被预防和减少发生：

> 只有两种方式被证实能够完全预防性传播疾病：(1) 禁欲；(2) 仅与一名未感染 309
> 者保持忠贞的性关系。通过性交被感染的危险可以借助被称为"安全性行为"的一些措施来减少，主要是每一次性器官插入（阴道、口腔和肛门）时使用避孕套而不论是否怀疑性伴侣的 HIV 情况，应当鼓励非插入性行为，限制性伴侣的数量，避免与类似于妓女这样有许多性伴侣者发生性行为。[57]

许多人相信，与艾滋病感染者的任何接触都一定会致病和死亡。这种恐惧心理是不公正的。被感染的体液（如新鲜血液、精液、尿液和阴道分泌物）只有进入另外一个人的血液中，才可能将病毒从一个人传播到另一个人。男性同性恋者有较高的艾滋病感染率，是因为他们喜欢进行肛交。肛交常常导致直肠黏膜撕裂，使被感染的精液进入血液中。当与一名带病毒者共用一个注射器进行静脉注射用药时，也是十分危险的，因为在这个过程中，病毒可以通过血液传播。前一名使用者少量的血液经常还存在于注射器针头中，被直接注射到下一个使用者的血液中。

目前没有证据表明，这种病毒可以通过嘴对嘴的“干吻”传播。在理论上，充满激情的“湿吻”和法式接吻有可能传播病毒，因为被感染的血液可以在接吻者之间相互传播。

人们研发了一些检查手段以检测一个人是否感染了这种病毒。这些检查不是直接检测病毒——只是检测人体免疫系统为抵抗病毒而生成的抗体。应用得最广泛的两种检测方法是酶联免疫吸附测定（ELISA）和蛋白质印迹法（Western Blot）。ELISA 是酶联免疫吸附测定法的缩写，它在两个方面有重要的作用。首先，普查献血样品，阻止艾滋病通过输血传播；其次，害怕自己带有艾滋病的人可以通过这种方法检测。但当一个人感染艾滋病毒时，一般要经过 2～3 个月血液中才能产生足够的能被检测出的抗体。

酶联免疫吸附测定是一种极度敏感的检查手段，对检测抗体的存在有高度的准确性。只有一些极少的病例呈假阴性。但同时，它也有很高的假阳性率。也就是说，它可以提示实际上并没有的抗体存在。因此，对于酶联免疫吸附测定测定为阳性的病例必须要用另一种方法确认，即蛋白质印迹法或免疫印迹法。后一种检测方法有较高的特异性，假阳性较少，但蛋白质印迹法比较昂贵且较难操作，不能像 ELISA 法一样用于大量样本。

必须强调的是，没有一种方法可以检测出是否一个人已经患有艾滋病或病情的准确进展程度。这些检查只是建立在检测抗体的存在上，以提示是否有 HIV 病毒感染。

尽管有许多假说，但艾滋病的真正起源目前还不清楚。（我们可能永远不能找到源头，特别是在艾滋病在全球如此广泛传播的情况下。）

带有艾滋病毒的人目前被分为 HIV 隐性感染者（无艾滋病症状）和 HIV 发病者（有艾滋病症状）。HIV 特异性攻击白细胞（淋巴细胞）中的 T－辅助细胞（T－4 细胞）。这些细胞依次产生其他细胞，可以激发人体免疫反应抵抗感染。当 HIV 攻击 T－辅助细胞时，阻止了它们产生抵抗疾病的免疫细胞。此外，HIV 还使 T－4 细胞发生变化，转而产生 HIV 病毒。最终，被感染者的健康 T－4 细胞数量严重减少，以至于对感染没有任何抵抗力。

某人感染 HIV 后，在出现艾滋病症状以前，会经过许多年。最初的症状包括干咳、腹部不适、头痛、口干、食欲下降、发热、夜汗、体重下降、食欲减退、腹泻、皮肤瘙痒、乏力、淋巴结肿大和对感染缺乏抵抗力。（许多其他疾病也有相似的症状，所以一旦出现上述症状，就认为自己感染了艾滋病是十分不理智的。）当艾滋病病情继续发展时，免疫系统越来越不能抵抗“条件性”疾病。使被感染者对于多种肿瘤、神经系统变性以及其他病毒、细菌、寄生虫和霉菌缺乏抵抗力。一般来讲，在有健康的免疫系统存在的情况下，条件性疾病并不致命，但对于艾滋病患者，因为他们的免疫功能严重缺失，可导致死亡。

这些折磨艾滋病患者的严重疾病包括：卡波氏肉瘤（Kaposi's sarcoma，一种相当罕见的肿瘤，但造成许多艾滋病患者死亡），卡式肺囊虫肺炎（pneumocystic carnii pneumonia， 310
导致艾滋病患者死亡的主要病因）和其他多种常见的机会性感染，如带状疱疹、病毒性脑炎，可导致脑膜炎的严重霉菌感染，食道和口腔的酵母菌感染以及小肠、肺脏、中枢神经系统的其他机会感染。由于近年来 HIV 与艾滋病的泛滥，曾一度几乎在美国销声匿迹的结核病又死灰复燃。

最初，HIV 感染只有在艾滋病发展到相当严重的程度，对免疫系统造成严重损害，发生卡波氏肉瘤和卡式肺囊虫肺炎等重症时，才可能被诊断。1992 年 4 月 1 日，美国疾病控制中心（CDC）放宽了对艾滋病的诊断标准，现在任何感染了 HIV，并且血液中 T－4 细胞的计数少于每毫升 200 个，不管有无临床症状，即可被诊断为艾滋病。（未感染 HIV 的健康人群，血液中正常的 T－4 细胞计数为每毫升 800～900 个。）

艾滋病是一组综合征，而不是某一种特定的疾病。它是对被病毒感染者伴随其他疾病进行性恶化状态的一种简称。艾滋病的病程是一个连续的过程，那些被感染者对一些破坏性疾病的抵抗力会越来越差。

在一些病例中，艾滋病可以侵犯到神经系统，引起大脑的损伤。这种恶性病变，被称为艾滋病痴呆综合征，常常在一段时间内逐渐发生（有时是几年）。艾滋病可以造成某些特定智力活动的损伤，包括不能集中注意力、健忘、不能迅速和有效地思考，肌肉神经反射减慢，还有视觉空间定位障碍，以至于不能在两点之间移动或不能做一些复杂和模拟动作。有趣的是，与一些特定人群的早老性痴呆（Alzheimer's Disease）不同，艾滋病患者的语言能力和学习能力似乎并不受到影响。

与公众普遍的观念相反，HIV 呈阳性反应的人可以生存很长时间。加弗泽（Gavzer）将这些艾滋病患长期生存的特点概括为：

- 他们认识到并接受艾滋病的诊断并不等于被宣判死刑。
- 他们具有战斗精神，拒绝变得“无助—无望”。
- 他们有充分的自信，并能摆脱这些压力和坐以待毙的心情。
- 他们总是向自己的心理医生和临床医师寻求帮助，而后者能够照顾他们。
- 他们可以公开谈论自己的疾病。
- 他们对自己的健康有一种个人的责任感，将参与治疗的医师看成是合作者。
- 他们无私地参与到为其他艾滋病患者服务的事务中。[58]

有一个十分幸运的 HIV 感染者群体——一些科学家称之为长期不进展者——他们在 10 年甚至更多年都没有可以观测到的艾滋病症状，有稳定的、近似正常的 T—辅助细胞计数。只有大约5%的HIV感染者是这群体中的一员。[59]他们的免疫系统是如何与HIV战斗的？如果这种有效的物质可以被鉴定，那么是否有可能也被复制，为其他HIV感染者提供一种治疗方式？科学家们目前正努力解答这些重要问题。

如上文所及，目前艾滋病是无法治愈的，在战胜这种疾病时，有许多需要跨越的障碍。艾滋病是一种病毒性疾病，即使有现代科技，我们仍不了解如何治疗一种病毒。普通感冒同样是病毒引起的，尽管医药公司在研发上花费成千上万的美元，希望找到一种能有效治疗感冒的药物，但到目前为止，仍没有结果。当前，针对更好地了解、预防和战胜艾滋病，开展了广泛的研究。

艾滋病主要可以通过两种方式预防。首先，人们对可能接触到这种疾病的行为或活动加以自我约束。其次，科学家研发出这种疾病的疫苗，就像预防天花和麻疹的疫苗一样。疫苗还可能阻止病毒攻击人体免疫系统，或刺激免疫系统，使病毒不能入侵。

前美国公共卫生部部长C·埃弗里特·库普（C. Everett Koop）为避免感染艾滋病毒提出如下建议：

> 在美国，对每个人来说，避免感染艾滋病和控制艾滋病流行的最确定方法是避免滥交，在单一的性关系中保持相互忠诚，以及避免静脉注射违禁药物。[60]

311 在与一名新的性伙伴发生性行为时，建议使用避孕套，直到你确定他没有感染HIV。你不可能从一名未感染者那里被传染HIV。

1998年6月，美国高等法院规定，1990年《美国残障人士法案》涵盖了感染HIV者（包括艾滋病患者），以保护他们在就业、居住和公共交往中不被歧视。

老年人的卫生保健

在第八章曾提到，美国社会老年人比例急速增加，其中“老老人”（85岁以上的老年人）是数量增加最快的群体。目前老年人的卫生保健存在着很大的危机，而产生这种危机的原因是多种多样的。

老龄化意味着遭受更长时间的病痛。20世纪60年代，建立了老年医疗保健和医疗补助项目以支付老年人相当多的医疗费用。由于这些制度的高昂费用，近年来，受益人范围受到裁减，由政府支付的各种诊疗措施受到限制。[61]

医师们主要被培训来为年轻人治疗，而对为老年人服务缺乏兴趣。正因如此，当患病时，老年人不能享受高质量的医疗保健服务。电视明星主持人修·唐思（Hugh Downs）记述了一个案例：一名82岁的老妇人，在3个月的时间内，被从一家医院转运到另一家医院，最后被送到一家乡村医院，在那里，她最终死于一个很明显的褥疮。

> 长寿的变革催生了一种对急救医学的新的综合性需求，而我们这个国家还没有为这种需求做好准备，在很多方面似乎都希望渺茫，例如需要大量的老年医学工作者为

> 老年人提供保健，而这个领域是年轻医生所不愿从事的。高龄所产生的一系列复杂问题，需要更多的健康评估服务和更多的精神病和康复援助。即使我们只是做这些有限的工作，也总是受到经费短缺问题的困扰。
>
> 长寿变革的新时代正在给我们带来各种健康问题，而我们的社会却茫然无知……在美国庞大的医疗体系中，许多本可以得到帮助的老年人被冷落、遗弃，他们的需求得不到认可。[62]

老年人的疾病经常被误诊，因为医生很少受到专门培训以处理老年人的特殊病情。许多身患重病的老年人得不到充分重视。医师们不愿为老年人提供治疗的原因之一是保险公司的赔偿机制。在为老年人提供的多种诊疗方案中，医疗保健制度都对赔偿加以限制。结果是，大多数医师更愿意为较年轻的患者服务，以便能从“论量计酬”系统中得到更多的利益。

住院费用支付制度同样受到医疗保健制度的限制。过去，支付系统涵盖了各种住院时发生的费用。但是面对迅猛增长的医疗费用，联邦政府在20世纪80年代初期，建立了按病种付费（DRG）计划，即为每一类别的疾病设定了单一的支付标准。而DRG的一个无心的、违背原意的结果就是许多患有严重疾病的老人被过早地放弃治疗。[63]在DRG体系下，有社会良知的医院如果对那些已经超过DRG所规定的治疗时间的患者继续治疗，就要自己支付所产生的费用，也就将面临破产的危险。

此外，在社区中的老年人在得到医疗保健时，经常有交通方面的困难。那些生活在护理院中的老年人常常受到一些保健工作者不恰当的照料，因为这些人认为这种病人活不了多长时间，不愿为他们提供高质量的医疗服务。所以，老年人的医疗保健成为这个国家的一种尴尬。[64]

生命维持设备的使用

在20世纪，医学科技取得了巨大进展。科技可以使过去认为必死无疑的生命维持几个月，在许多情况下，甚至维持多年。

即使在一个人失去大脑功能后，现代科技仍可维持其呼吸过程，保持心脏、肝脏和其他重要器官的功能数月。那些终末期疾病患者的生命可以通过这些设备延续相当长一段时间，但这些人可能经历相当大的痛苦，并且生存质量相当差。关于使用生命维持科技的争论逐渐升温。既然大脑死亡后，重要生命器官的功能可以被维持，那么死亡应该如何被定义？关于器官捐献的诉讼已经开始增多，在一些案例里，有人被指控在捐献者还没有死亡的情况下，就取下了其器官。在一些晚期病患没有康复希望，并且遭受巨大痛苦的时候， 312
是否应延长他们的寿命？社会是否应当试图维持那些因有严重智力障碍而不能（并且将来也不能）行走和坐立者的生命？当胎儿被检测出有严重的基因缺陷时，是否应强制流产？何时生命维持设备可使用，以及何时一名患者可以被允许死去？如果一名遭受巨大痛苦的晚期疾病患者想通过自杀结束他的生命，是否应被合法地允许——是否其他人（例如医师和近亲属）应当合法地协助这种自杀？

因为无限制维持这种没有希望康复的生命的严重后果，越来越多的人签署了“生存遗嘱”。在一份生存遗嘱中，人们声明，如果因为那些看不到任何恢复希望的生理或精神障碍引发了威胁生命的疾病，他或她要求不借助人工的方法维持生命，而是被允许死亡。生存遗嘱并不具备约束力，但是它将患者的愿望传达给他人，特别是那些必须要做出决定是否使用生命维持设备的人（如亲属和主治医生）。作为生存遗嘱的补充，许多州通过立法，使一名本州的成年人可以授权（在填写卫生保健律师授权书表格以后）其他人（被称为健康代理人）在自己失去行为能力的时候，代表他做出有关健康方面的决定。

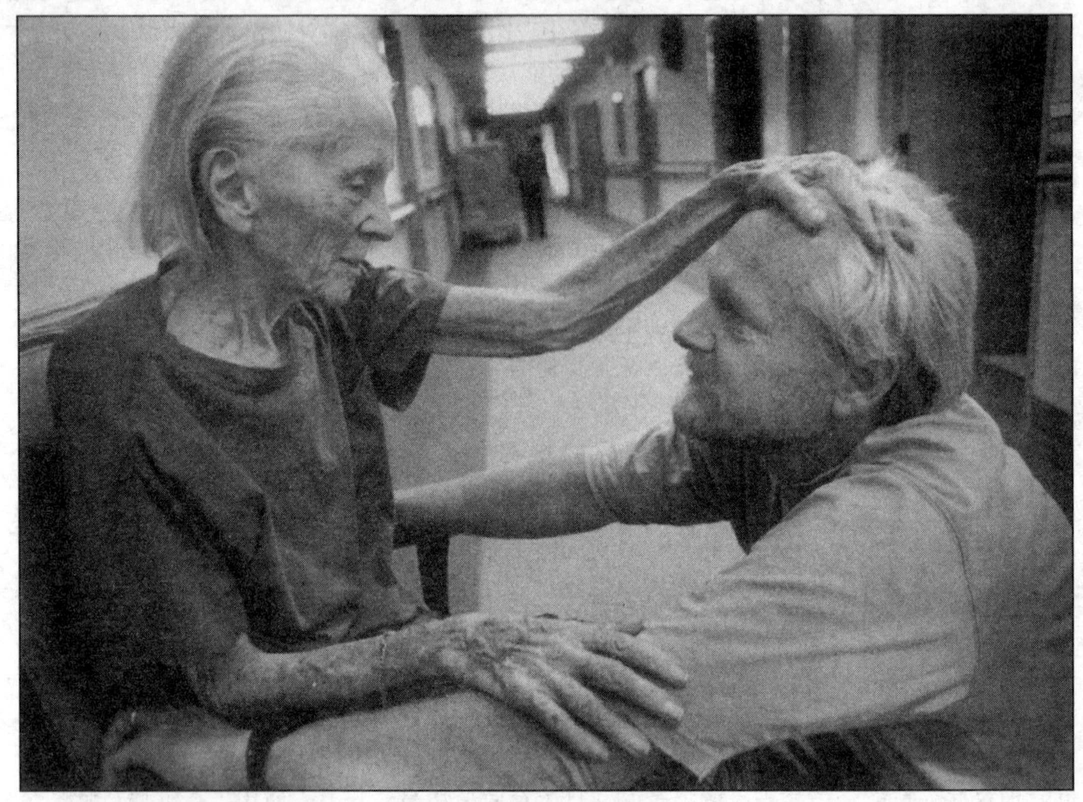

一个儿子在探访他的母亲。她因患早老性痴呆住在加利福尼亚的一所私人保健中心。

美国医学、生命医学暨行为研究伦理问题总统委员会于 1981 年建议各州将死亡定义为满足下列任意一个条件时的情况：(a) 不可逆转的循环和呼吸功能停止（这是以前所用的基本定义）；(b) 不可逆转的全脑功能的停止，包括脑干（这是新的定义）。在采用“全脑功能”这个概念时，委员会拒绝了一个更具有争议性的观点，即当“大脑高级中枢”（控制清醒、思考和情感的中枢）功能丧失时，死亡注定要发生。那些丧失了大脑高级中枢功能而仍保留脑干功能的患者，能以慢性植物人状态存活许多年。目前许多州将这种关于死亡的定义写入他们的法规中。

医疗保健的昂贵费用

在过去的30年里，医疗费用迅猛增长。医疗保健支出占美国全部商品和服务总额的百分比从1956年的5.6%上升到1996年的14.6%。[65]这些高昂的费用已被认为是全国性 313
的问题。有许多原因导致了健康支出如此巨大，并且以高于通货膨胀率的速度持续高速增长。

首先，正如我们所见，卫生保健系统的目标之一是赢利，并且很少有限制措施保持费用和价格的低水平。尽管美国的卫生保健体系按照市场化原则运作，但患者对于医疗服务，并不处于在商场购物那样的位置。一旦得病，他们最首要的要求就是感觉能舒服一点，所以，无论医生们选择何种治疗，他们都愿意为此付费。甚至大多数病人在接受治疗前均不被告知医师将如何收费。医生服务的收费不是公开招标的，因此没有市场经济体系中普遍存在的竞争机制。医师们成功地给公众灌输了这样一种印象：医生们是如此受人尊重，以至于大多数患者要在候诊室里等上一个小时而不能抱怨；还有，不应当在接受治疗前询问收费问题。（而同一个人，在商店的结账台前排上五分钟的队，可能就要毫不犹豫地说出他们的不满。）

卫生保健费用高昂的另一个原因是，在应用生命救护设备方面高速的科技发展。新装备，加上价格不菲的操作人员培训费用，是一笔昂贵的支出。35年以前，我们还没有那么多钴治疗仪、心脏起搏器、人工心脏瓣膜和能使医生在显微镜下进行外科手术的显微外科设备。科尔曼和克雷西写道：开发新疗法和新药物有着巨大的商业利益，以至于花费较少（常常是更有效）的预防医学却得不到重视。[66]克林（Klein）和凯斯特曼（Castleman）认为："医疗研究向昂贵治疗发展的趋势，使研究远离了那些不能保证商业利润的预防性方法。"[67]

还有另外一个原因是美国人口寿命的延长。我们现在人口中很大一部分是老年人，而老年人较年轻人需要更多的卫生保健。经过专业性和技术性培训的群体（如护士和医师）要求与他们所受的培训和所承担责任相一致的收入。当然，这些较高的薪水会反映在整体医疗费用之中。

另一个因素是，第三方资助增加了对医疗账单的付费。历史上，医疗账单基本上开具给接受医疗服务者并由其付费。现在，大多数账单是由第三方来付费的，其中包括私人保险公司及医疗保健和医疗补助项目。如果医生觉得患者没有经济负担，他就更加倾向于建议进行昂贵的诊疗计划。第三方支付者有时也怂恿一些医生开展一些可能没有必要的手术。

不断攀升的有关医疗差错诉讼也是导致高昂医疗费用的原因之一。在许多案件中，当所发生的医疗差错被认定时，陪审团常常给予巨额赔偿。法律要求医师们参加医疗差错保险，其年金受多种因素影响——从大约每年 5 000 美元到 90 000 美元——包括地理位置和执业地点。（神经外科和麻醉师要支付的比率最高，因为他们的专业被认为是“高风险”领域。）当然，这些年金最终都会转嫁到消费者身上。

医生的专业化趋势也是原因之一。目前大约 90%的医师是专科医生。[68] 不断增长的医学科技促进了专业化的发展。对今天的一名医师来说，在所有领域成为专家是不可能的。为了使他们额外的培训和专业知识得到补偿，专科医生的收费要比全科医生贵得多。专业化提高医疗费用还表现在，患者常常需要为他们的每一种疾病向两个或更多的医师咨询（当然付费）。（专业化导致的另一个严重问题是，医疗保健变得冷淡、不人性化和支离破碎，因为患者很难同一名医师建立起长期的相互信任的关系。）

住院治疗的花费极高。医院之间竞相使用最昂贵最先进的治疗设备，使这些设备进行了不断的重复建设，但因为利用其治疗的价格过高而较少使用。同时，选择医院与选择医生一样，并不受病患基于供求关系而所愿付给费用的约束。事实上，住院的病患通常因为不能去医院附近自己满意的商店购物而加大开销。

医院、医师、护理院的管理者以及医药公司具有很大的政治影响力。卫生保健提供者的代表是像美国医师协会（American Medical Association）、美国药品生产者协会（Pharmaceutical Manufactures Association）、美国医院协会（American Hospital Association）
314 和美国医学院协会（American Collage Association）这样有很大影响力的组织。至少到目前为止，卫生保健提供者们表现出很强的政治影响力以阻止在卫生保健领域做出任何可能限制他们获益的改变。

314 **专栏 11.4　卫生保健要多少钱？**

财务保守主义者认为，我们的经济不能担负使用医学高科技手段来延长那些不可能再具有生产能力的人的生命。他们举出像格蕾·D（Geri D）这样的事例，来说明在一些领域已经花费了太多的财力。

5 个月大的格蕾·D 生活在为那些有严重发育障碍的患者设立的居住所，在那里，她每年至少要花费 10 万美元。她有许多严重的医学问题，包括心血管畸形。她还有深度的认知障碍——永远不可能坐起来，这是一个智力正常的孩子在发育到 6 个月时的一个里程碑。格蕾有先天性畸形和多种疾病。生命维持技术使她存活。为了维持她的生命已经花费了 25 万美元。如果她一直活到成年，将总共至少花费 200 万美元。这些费用的大部分将由政府在医疗援助计划下承担。

随着科技的进步，我们的社会将面临越来越多的棘手问题，来决定财政资源应当用在何处。面对类似案例中的巨大医疗支出，我们的政府就不应当将财政基金用于支付那些仅仅通过生命维持设备才能存活的人们的医疗开销。

医疗保健资助

医疗费用由私人保险公司通过政府项目或由个人直接支付给卫生保健提供者。1996 年私人保险公司支付了全部卫生保健费用的 34%，消费者自己支付了 22%，政府支付了 44%。[69]在联邦政府买单的 44%卫生保健费用中，大多数是通过医疗保健和医疗补助项目支付的。（政府还是联邦雇员健康保险的参与者，为武装部队的家庭成员提供医疗项目并且资助退伍军人管理医院。）

联邦医疗补助制度

这个计划是根据《社会安全法案修正案》于 1965 年制订的。医疗补助制度为公共援助的接受者提供基础的卫生保健。医院、医生、医学组织和保险公司为公共援助对象提供服务，而这项法案可使各州能够直接给它们付费。按照 55%和 45%的比例，联邦政府和各州共同担负这项费用。医疗开支包括了由外科医生、内科医生、牙医和家庭护理机构或其他类似机构进行诊疗活动时产生的费用，还包括医疗用品、药物和实验室检查的费用。

在医疗补助制度下，各州之间的福利差别很大。立法的初衷是鼓励各州将所有能够自食其力但收入较少，不能负担医疗开支的人口涵盖进来。但实际上，这种保险范围并不是强制性的，“医疗性贫穷”在各州通常被限制于为公共援助接受者提供基础的医疗补助。

尽管医疗补助制度的目的据称是确保美国的穷人和贫困家庭得到充分的卫生保健，但实际上这个项目仅仅覆盖了不足美国所有贫困家庭的一半，因为联邦政府对入选对象进行甄别以控制支出。[70]在过去，医院通过为患者支付更多的费用来支持那些没有医疗保险的人。但经过多年的医疗费用上涨，政府和私人保险公司通过对医院提供的将要付费的服务加以限制，来反对所谓的“费用转移”。许多医院无力承担穷人的医疗费用，而将这些人拒之门外。在美国，根据每个人的支付能力，出现了两个并行的卫生保健体系。[71]

医疗保险制度

老年人最容易受到疾病的影响，同时也是对医疗保健支付能力最差的群体。在目前美国人口中，有 13%超过 65 岁，而这个百分比每年都在上升。按人口平均计算，老年人的医疗费用是年轻人的 4 倍以上，而且绝大多数是发生在医院和护理院内。[72]因此，1965 年 315
国会通过了《老年医疗保健法案》（《社会安全法案》第 XVIII 部分）。老年医疗保健制度帮助老年人支付高昂的卫生保健费用。它由两部分组成：医院保险（A 部分）和医疗保险（B 部分）。每一名年龄在 65 岁及以上的老人，根据老年人、存活者和残疾人保险计划，有资格自动获得 A 部分的利益，即不需要每月缴纳月金而能够按月享受一些补贴。另外，美国每一个 65 岁及以上的老人有资格加入 B 部分。B 部分是自愿加入的，受益人需要每月支付月金。连续 24 个月或更长时间享受社会安全救济金的 65 岁以下残疾人同样有资格进入 A 和 B 部分，且从成为残障的第 25 个月开始生效。

A 部分——医院保险——帮助支付在医院或护理院里一定时间内的费用，也包括家庭上门服务（如家庭走访护士）。这种保险范围被限定于 150 天的住院时间和 100 天的在护理院中的时间。如果达到限定时间后连续 60 天内患者仍不能出院或离开护理院，他们可以再次申请这个保险项目。由这项计划支付的费用还包括伙食费和半私人的房间费用、常规的护理服务费用、药品、医疗耗材和器械。如果补贴申领者符合下列条件，在部分或间断时间内，A 部分还可支付家庭卫生保健的费用：有家庭负担，需要熟练的护理或者物理和语言治疗，以及已经预约了服务需要经常去看医生。最终，A 部分可以为身患晚期疾病的老年医疗保健制度受助者提供超过 210 天的临终关怀服务。

一名需要借助于老年医疗保健制度帮助支付高昂医疗费用的老人，在这里示威以表达他反对削减个人老年医疗保健制度报销范围。

B 部分——附加的医疗服务——帮助支付医师服务费用，适用于急诊室的门诊病人服务、院外物理和语言治疗和其他一些医生开具的医疗和健康服务，如诊断服务、X 射线或其他放射性治疗和一些救护车服务。

每一个老年医疗保健制度的受益人都有权从为他们量身定做的健康计划中选择自己的“字母形花片汤”[①]。这些多种多样的计划包括：优先供应者组织、供应者服务组织、点服务

① 美国俚语，尤指繁多的政府机构。—译者注

计划、私人的论量计酬计划和个人医疗储蓄账户。(详细论述这些计划超出了本文的范围。)

私人保险

所有的医疗保健的费用都在急速上涨，也包括健康保险的费用。那些在工作地点不能通过团体计划支付医疗费用的人们，发现他们购买私人健康保险越来越困难。据估计，大约有 4 000 万美国人没有健康保险。[73]科恩布卢姆和朱利安写道：

> 与许多美国人所相信的相反，大多数没有医疗保险的人是全日制或兼职工人以及他们的子女。那些丧失体力劳动能力的赤贫者享受到医疗补助制度的保障，而老年人则有资格进入老年医疗保健制度。经常遭受短期失业的年轻人以及在没有健康福利岗位上工作的少数民族，最有可能没有保险。[74]

解决卫生保健问题的提案 316

有两种方法解决卫生保健系统的问题。一种是建立一个全新的体系，如同英国的国民医疗服务。还有一种方法是改进或改变我们现有的制度。首先，让我们观察一下英国的制度。

与英国卫生系统比较

大约在 50 年前，英国建立了被称为社会化医疗的卫生保健制度。我们简要对比一下这个制度在提供卫生保健方面与我们的市场化营利性体制之间的不同。

与美国的制度不同，英国将医疗保健作为一种社会服务来提供，这就像在美国提供初级和中等教育。大多数医生由英国政府雇用，而医院、诊所和其他医疗机构都是政府所有的。英国保健制度的经费来自于税收。

按照英国的制度，每个人都可以选择并登记一名医师。大多数医师是全科医生，他们在自己的办公室看病人，如果有需要，也会进行上门诊疗。政府支付给医师一份基础工资，另外，根据医师们的登记病人数量，还有少量的年金。(这种收费无论是每年看 50 次还是根本不看医生，都是一样的。) 医生们的收入，取决于他们的注册病人数量，而不是他们提供何种诊疗。在英国，还有一些政府付费的专家，这些全科医师可以向他们就病例和治疗方案进行咨询。全科医师的平均收入不足美国医生的一半。[75]

英国的医师还被允许为一些愿意付费者提供有偿私人服务。不多的医师选择只为私人服务。此外，有一些人（一般是富人）选择私人医师和私立医院提供保健，并为此付费。一般来讲，公共保健的质量与私立保健的质量相仿，当然，在私立保健中，如果没有急诊情况，能较快就诊，私立医院的病房一般也显得更宽敞和舒适。

英国保健体制为在这个国家的每一个人提供了免费的医疗服务——包括身患急症的旅游者。实际上所有费用（包括医师会诊费、外科手术费、医院病房的费用、就餐费用、救护车费用、诊断性检查和诸如眼镜或轮椅之类的基本医疗用品的费用）都是由政府支付的。人们只需要为处方药物付很少的费用，尽管这些药物的实际价格要高出几倍。人们还只需为口腔门诊付很少的费用。(对 65 岁以上及 16 岁以下的人全部免费。) 人们只需要为一些纯粹的商业服务付费，如面部拉皮整容手术和镶金牙。

英国的民意测验表明，大约 80%的公众赞同国民医疗服务制度。在英国，卫生保健是政府化程度最高的公共服务。这种服务还受到医学专业人士和政党的支持。从费用角度上讲，这种制度比美国的效率更高。英国的人均医疗保健费用不到美国的一半。[76] 从另外一些指标上也反映出，英国人比美国人更加健康——他们寿命更长，有较低的新生儿死亡率和较短的住院时间。[77]

英国人对公共卫生保健制度的最大不满是非急性病的候诊时间太长——几天，有时甚至几个月。当然，急症（如心肌梗死和四肢骨折）会得到很快的处理。

英国在卫生保健上的历史传统不同于美国。他们制度的首要目的是公共服务，而美国则要兼顾提供服务和赢利。英国的制度并不一定适合美国。医疗行业进行了大量的投资来保证它们的高利润，所以很有可能会成功阻止在美国建立起类似于英国的制度。同时，美国版图之大，也可能使行政管理问题和相关费用十分惊人。最后，许多美国人反对社会化医疗的概念，认为那些不人性的生产线式治疗措施常常与政府建立的医疗体制有关。

改进现行卫生系统

实际上，每一个人都认同不断上升的医疗费用会威胁到一个家庭的财政稳定，并且从
317 更广的意义上说，会威胁到我们社会经济的稳定。但是，采取何种特定的方法来降低医疗费用以及解决这一章中所指出的其他问题，现在仍未达成广泛共识。下面简要概括由该领域权威人士提出的一些有针对性的建议。

削减开支

关于削减卫生保健开支有大量的建议：

- 增加医学院的招生规模以培训更多的医生。增加医生的数量可以减少获得卫生保健资源分配的困难，同时在医师间造成吸引病人的相互竞争，以降低诊疗费用。
- 扩大门诊机构的规模（例如急诊机构应不仅在白天，而且在夜间和周末均开放），这样疾病便可得到早期诊断和治疗，防止病情发展到十分严重和花费巨大的阶段。
- 允许医师为他们的服务的收费进行宣传。其他行业，如律师和牙医越来越多地开始这样做。竞争可以导致收费降低。
- 鼓励（通过津贴和奖学金）医学生成为全科而不是专科医师。
- 扩大门诊治疗机构，这样许多疾病就无须住院诊治。
- 培训更多的医师助理和辅助医务人员来处理一些常见的疾病（如流感和伤风），提供预防服务以及到没有医师的地区工作。
- 为了减少非必要手术，鼓励患者在手术以前寻求其他意见。许多保险项目现在

可以支付寻求其他意见的费用。

● 开发和鼓励使用仿制药物。仿制药物是一些同专利药物有相同的化学成分而没有专利权的药物。在仿制药物和专利药物之间的主要区别是后者有注册商标，并且价格相当高。

预防医学和管理保健

从长远的观点看，预防医学可以节省医疗费用。有关对预防医学增加重视的建议有：

教育计划　应当在学校推广，使广大公众获知我们的生活方式（饮食、处理压力、锻炼模式、睡眠时间和卫生习惯）对我们是否患病以及患何种疾病有着决定性的影响。教育计划还需要帮助人们认识到，当他们患病时，他们是整个治疗过程的重要参与者，他们的态度、情绪、饮食和卫生习惯很大程度上影响治疗的结果。很不幸的是，大多数美国人相信，医师们有近乎神奇的力量，能治疗他们所患的所有疾病。患者们总是依赖于医师去治疗他们。

联邦政府成立了健康维护组织（HMOs）作为私人保险公司的另外一个选择。现存的卫生保健体系被自己的目标扭曲了，以至于它关注疾病和伤害甚于关注预防。当前，大多数私人保险公司不承担流行病筛查的费用，却在一个人真正患病或受伤时才支付费用。这种模式促使保健服务提供者治疗疾病而不是预防疾病。

相反，健康维护组织是一种预先支付的健康保险计划，它强调的是预防。参加者支付固定的年金，通常是分期付款的，作为回报，他们能够接受内容广泛的保健。健康维护组织在规模和结构上有很大不同，但是一般都包括提供广泛服务的医师（专科和全科）——诊断、治疗、住院和家庭保健。一个健康维护组织项目的运作方式与保险项目相同。参加者付费（一般由参加者的雇主支付），健康维护组织承担产生的所有医疗费用。健康维护组织的收入是固定的，因为它的动力是保证患者健康，并从参加者健康而不是疾病的时间中获得收益。它的整个消费结构非常适合于防止疾病发生，即使患病，也要在保证质量的前提下，以最小支出的服务迅速康复。与论量计酬的保险计划相比较，健康维护组织的财政动力促使它最小限度应用高收费保健，并且可以限制非必要诊疗。

与论量计酬的保险计划相比，健康维护组织计划的建立达到了：(a) 减少住院患者费 318
用的 15%～40%；(b) 降低整体医疗费用的 15%～20%；(c) 提供更好（至少是相等）的保健质量。[78]

至关重要的是，应鼓励整个卫生保健系统对预防和削减费用增加关注，如 HMOs 所做的那样。大量公共或私人雇主选择为他们的雇员提供健康维护组织。健康维护组织成功地减少了每个患者的整体医疗费用，有一部分原因是他们强调预防的作用。

健康维护组织、医疗补助制度和老年医疗保健制度构成了美国管理保健系统。管理保健计划的增长是十分显著的，在 1970 年，有 30 个不同的计划，现在约超过了 1 500 个。[79]大多数有健康保险的美国人被某种管理保健所涵盖。[80]从某种意义上讲，管理保健使保健制度发生天翻地覆的变化，从一种使医生多劳多得的制度，到一种使医生多劳少得的制度。在旧的体系下，患者得病对医生来说是一件好事，因为他可从治疗中获得收入。

在健康维护组织和管理保健的经济政策下，当大多数医师只能从登记患者手中收取固定费用，而不涉及患者所需治疗的费用时，这种关系被逆转了。但这样的结果是，慢性病患者成为健康维护组织和医师们的必须承担的责任。[81]

健康维护组织最近因为下面的实践和程序受到了指责：

- 全日制医院仅限于产科医院。
- “限制条款”限制医生向患者自由谈论他们可能得到的治疗。
- 支付健康维护组织管理机构的巨额加盟费用。
- 因为被拒绝救治而发生了耸人听闻的案例。（例如在加利福尼亚，一名年轻母亲因为健康维护组织拒绝将其转诊给专科医师而死亡。）
- 为了得到被认可的保健，患者奔波于官僚机构之间。（例如佛罗里达的一名老人被健康维护组织开具了 30 000 美元的账单，因为他没有得到急诊室授权，就去看护他患脑出血的妻子——她后来死于脑出血。）
- 患者对医院和医生的选择减少了。
- 医生被要求从更廉价药品的目录中使用药物。
- 患者们感觉到，必须战胜健康维护组织的官僚作风才能得到所需的治疗。因为 HMOs 利用复查小组来评估患者的病历，以决定哪一种治疗可以报销。
- 当复查小组对某些患者建议一种治疗方案而主治医师认为另一种更为合适的时候，医生们往往会不知所措。[82]

随着管理保健制度在美国的推广，有关它的优缺点的争论还会增加。

其他领域的建议

下文列举了一些为解决其他问题而采取相关行动的建议：

- 还需要发展鼓励医师到农村和城市中低收入地区的激励机制。有一种方法是给予定期生活津贴用以帮助医学生支付日常开销，作为交换，要求受助者到目前缺少医生的地区工作一些年限。
- 医学院应该招收更多的有色人种学生。这些学生在毕业后，更愿意在有色人种社区服务。
- 医学院和口腔医学院应该招收更多的女性学生，以改变卫生保健体系由男性主导的现状。
- 考虑到有可能不惜代价使用各种生命维持设备，以及一种“拔掉管子即结束生命”的状态，需要制定进一步的指南来规范行为。维持那些不再有意义的生命的高昂费用，在全国范围内引起了关于安乐死——所谓“仁慈杀人”——的争论。围绕协助自杀的争论也需要解决。
- 大学和医学院需要发展现有的并开发新的计划以适应所出现的老年人卫生保健需

要。医生和其他卫生保健工作者（护士、社会工作者、物理治疗师等等）需要接受培训以便能诊疗老年居民的疾病。需要建立一种激励机制，鼓励卫生保健工作者为老年人服务。 319

● 性教育和艾滋病教育必须在尽可能低的年级开始进行，并作为任何健康和卫生计划的一部分。人们应当被告知安全性行为的重要性（如使用避孕套）。

● 办公室、工厂和其他工作岗位应当制订计划对工人和留宿人员进行艾滋病教育。那些 HIV 阳性和患有艾滋病的雇员不应受到歧视，而是应与患有其他慢性疾病的员工受到同样对待。

建立美国国民健康保险制度

美国目前还没有一个国民健康保险制度。而加拿大、英国和其他许多国家都有类似的计划，在这些国家，公共税收的经费可以被用来支付全民的医疗费用。在过去的 30 年里，许多国会议员和组织敦促建立公众医疗服务保险计划。目前许多家庭通过与私人保健计划签订协议报销部分医疗费用，但这些计划主要是为有工作的人和他们的家庭提供的。那些勉强维持生计的人或失业者，一般不被健康保险所涵盖。

有多种原因说明为什么一个国民健康保险计划是十分必要的。迅速增长的保健和保险费用对收入勉强糊口的穷人来讲是不可能承受的，即使是对中产阶级家庭，支付保险和大量的医疗账单也是困难的。那些没有被老年医疗保健制度涵盖的穷人，甚至不能承担中等程度的医疗开支，因此他们所患的疾病经常错过早期治疗的机会，发展到严重阶段。老年医疗保健制度报销老年人短期住院费用，但是不负责长期的开销。大量的医疗处理可以消耗掉大部分积蓄并使一个家庭深陷债务之中，因此大大改变原有的生活水平和生活方式。

当提供了服务而没有收入时，医院不能生存下去。同样，医师们需要为他们的服务收取费用。从富兰克林·罗斯福总统开始，除了罗纳德·里根和乔治·布什以外的历任总统，都在倡导建立一个国民健康保险计划，但一直没有实现。其结果是美国成为唯一没有广泛国民医疗保险的工业化国家。[83]民主党和共和党的立法者们、行政当局、工会、私人保险公司的代言人和美国医师协会在过去提出过多种版本的国民健康保险计划。1993 年，克林顿总统提议建立一个能够将全体美国人普遍涵盖的国民健康保险计划。克林顿将通过这一计划作为他的政府首要工作。国会于 1994 年激烈讨论了这个计划。其他多种可供选择的计划也由一些国会议员提出，同样引起了争论。至今没有一种计划能够在国会得到通过需要的足够支持。

反对建立国民健康保险计划的主要原因是考虑到纳税人的负担和建立这样一个花费巨大的计划在经济上的成效。人们还关注这样一个计划是否会像医疗补助制度和老年医疗保健制度一样使健康费用逐步攀升。

总　结

美国的卫生保健系统有大量的问题存在。在其他工业化的国家，卫生保健被视为一种社会服务，与此不同的是，美国的保健系统有服务和赢利两个并行的目的。这个系统实际上很繁荣。目前美国人均卫生保健费用水平比其他工业化国家高得多。但有许多的国家有较低的新生儿死亡率和较长的预期寿命。这些统计数字说明，其他国家用较少的花费提供了和美国一样甚至更好的卫生保健。

卫生保健系统还有其他的问题。这个系统专注于治疗患病后的人们，却很少关注如何预防疾病发生。人们现在越来越多地认识到，生活方式（包括锻炼、饮食、睡眠和缓解压力模式）很大程度上决定疾病是否发生，对康复的过程也有影响。人们需要认识到，是他们而不是医生对他们的健康负有主要责任。

320 穷人和少数民族有较高的患病率和较短的预期寿命。城市里低收入地区和农村一般情况下卫生保健服务缺乏 。

利益动机导致使用非必要诊断和治疗，包括诊断性检查、药物治疗和外科手术。一个后果更严重的问题是有害保健。据估计，有 10%的执业医师不称职。

老年人的卫生保健正在成为美国的耻辱。许多老年人缺乏高质量的保健，他们的疾病经常被误诊，治疗有时也不充分。

身体残障者受到各种各样的歧视。他们是粗鲁玩笑的对象，被当作下等人，有时还被认为在智力和社交方面迟钝。他们被排除出了公立学校，受到建筑物障碍的阻隔以及雇主的回避。

艾滋病已经成为主要的健康问题。它主要通过两条途径在人群中传播：性活动和共用静脉注射针头。公众对艾滋病有许多错误理解，导致那些 HIV 阳性者与艾滋病患者受到躲避和歧视。

生命维持医疗设备的使用带来了一系列道德、伦理和立法的问题。是否应对那些身患绝症又遭受巨大痛苦者使用这种设备来延长生命？如何定义死亡？社会是否应当试图维持那些因有严重智力障碍而不能（并且将来也不能）行走和坐立者的生命？社会能否继续担负起广泛使用这种生命维持设备的昂贵费用？协助身患绝症者用自杀结束自己的生命的行为是否应当被合法化？

巨大的医疗保健支出还在急速上升中，这已经成为一个全国关注的问题。疾病可以威胁到家庭的财务稳定，巨额支出同样威胁到社会经济稳定。导致医疗支出居高不下的原因很多：利益动机、昂贵的尖端科技、延长的寿命、第三方资助、不完善的卫生保健计划、医疗差错诉讼的增加和医生的专业化分工等等。

解决这些问题中的每一个都有大量的可能性。其中一些建议诸如增加医学院招生规模、允许医生为他们的服务和收费做广告、训练更多的医师助理和辅助医务人员、推广仿制药品的使用、鼓励患者在手术前寻求其他的意见、开发更多的预防医学计划、扩大利用健康维护组织和建立国民健康保险制度等等。

注释

[1] Barbara Ehrenreich and John Ehrenreich, *The American Health Empire: Power, Profits and Politics* (New York: Vintage Books, 1971), vi.

[2] Joseph Julian, *Social Problems,* 3d ed. (Englewood Cliffs, NJ: Prentice-Hall, Inc., 1980), 25.

[3] Richard Nixon, "Health Message of 1971," Feb. 18, 1971, White House.

[4] Quoted in John A. Denton, *Medical Sociology* (Boston, MA: Houghton-Mifflin, 1978), 65.

[5] William Kornblum and Joseph Julian, *Social Problems,* 9th ed. (Upper Saddle River, NJ: Prentice-Hall, 1998), 31.

[6] Ibid., 29–31.

[7] Ibid.

[8] Ibid.

[9] U.S. Bureau of the Census, *Statistical Abstract of the United States, 1997* (Washington, DC: U.S. Government Printing Office, 1997).

[10] Ibid.

[11] James W. Coleman and Donald R. Cressey, *Social Problems,* 6th ed. (New York: HarperCollins, 1996), 248.

[12] Ibid., 224.

[13] Ibid.

[14] Ibid.

[15] Kornblum and Julian, *Social Problems,* 134.

[16] Coleman and Cressey, *Social Problems,* 223.

[17] Ibid.

[18] Ibid., 224.

[19] Ibid., 223.

[20] Ibid.

[21] Thomas McKeown, "Determinants of Health," *Human Nature,* 1 (April 1978), 66.

[22] Kornblum and Julian, *Social Problems,* 9th ed., 34–36.

[23] Ibid.

[24] Ibid.

[25] Ibid.

[26] Max Seham, *Blacks and American Medical Care* (Minneapolis: University of Minnesota Press, 1973), 22–23.

[27] Thomas J. Sullivan, *Social Problems,* 4th ed. (Needham Heights, MA: Allyn and Bacon, 1997), 146.

[28] Ibid.

[29] Ibid., 147.

[30] Ibid., 147–148.

[31] Ibid., 148.

[32] Susan Dentzer, "America's Scandalous Health Care," *U.S. News & World Report,* Mar. 12, 1990, 25.

[33] Ibid.

[34] Larson, *The Sociology of Social Problems,* 10th ed. (Englewood Cliffs, NJ: Prentice-Hall, 1991), 232.

[35] *Statistical Abstract of the United States, 1997.*

[36] Ibid.

[37] G. L. Dickinson, *Greek View of Life* (New York: Collier, 1961), 95.

[38] G. L. Dickinson, *Greek View of Life* (New York: Collier Brooks, 1961), 95.

[39] S. Nichtern, *Helping the Retarded Child* (New York: Grosset and Dunlap, 1974), 14.

[40] J. F. Garrett, "Historical Background," in *Vocational Rehabilitation of the Disabled,* D. Malikan and H. Rusalem, ed., (New York: New York University Press, 1969), 29–38.

[41] J. C. Coleman, *Abnormal Psychology and Modern Life,* 3d ed. (Glenview, Ill.: Scott, Foresman, 1964).

[42] C. E. Obermann, *A History of Vocational Rehabilitation in America* (Minneapolis, Minn.: Dennison, 1964).

[43] S. Richardson et al., "Cultural Uniformity in Reaction to Physical Disabilities," *American Sociological Review* 26 (April 1961): 241–247.

[44] C. H. Cooley, *Human Nature and the Social Order* (New York: Scribner's, 1902).

[45] Beatrice A. Wright, *Physical Disability: A Psychological Approach* (New York: Harper, 1960), 259.

[46] Nancy Weinberg, "Rehabilitation," in *Contemporary Social Work,* 2d ed., eds. Donald Bieland, Lela Costin, and Charles Atherton (New York: McGraw-Hill,1980), 310.

[47] Salvatore G. DiMichael, "The Current Scene," in *Vocational Rehabilitation of the Disabled: An Overview,* David Malikan and Herbert Rusalem, eds.(New York: New York University Press, 1969).

[48] Weinberg, "Rehabilitation," 310.

[49] R. Kleck, H. Ono, and A. H. Hastorf, "The Effects of Physical Deviance Upon Face-to-Face Interaction," *Human Relations* 19 (Nov. 1966): 425–436.

[50] Kornblum and Julian, *Social Problems.*

[51] Ibid.

[52] Stanford Rubin and Richard Roessler, *Foundations of the Vocational Rehabilitation Process* (Baltimore, Md.: University Park Press, 1978), 30–32.

[53] Ibid., 32–45.

[54] G. A. Lloyd, "HIV/AIDS Overview." In *Encyclopedia of Social Work,* 19th ed. (Washington, DC: NASW Press, 1995).

[55] C. Scanlan, "New AIDS Drug Wins OK by FDA," *Wisconsin State Journal,* October 10, 1991, 3A.

[56] S. Brink, "Beating the Odds," *U.S. News & World Report,* February 12, 1996, 60–68.

[57] G. A. Lloyd, "AIDS and HIV: The Syndrome and the Virus," *Encyclopedia of Social Work: 1990 Supplement* (Silver Spring, MD: National Association of Social Workers, 1990), 25.

[58] B. Gavzer, "Why Do Some People Survive AIDS?" *Parade,* Sept. 18, 1988, 5.

[59] Brink, "Beating the Odds," 60–68.

[60] C. Everett Koop, *Surgeon General's Report on Acquired Immune Deficiency Syndrome* (Washington, DC: U.S. Department of Health and Human Services, 1987), 27.

[61] "Growing Old in America," ABC News Program Transcript (New York: Journal Graphics, Dec. 28, 1985).

[62] Ibid., 11.

[63] Ibid.

[64] Ibid.

[65] *Statistical Abstract of the United States, 1997.*

[66] Coleman and Cressey, *Social Problems,* 249–250.

[67] Jeffrey Klein and Michael Castleman, "The Profit Motive in Breast Cancer," *Los Angeles Times,* April 4, 1994, B7.

[68] Coleman and Cressey, *Social Problems,* 250.

[69] *Statistical Abstract of the United States, 1997.*

[70] Kornblum and Julian, *Social Problems,* 35–36.

[71] Ibid., 34–36.

[72] American Association of Retired Persons, *A Profile of Older Americans: 1996* (Washington, DC: American Association of Retired Persons, 1996).

[73] Kornblum and Julian, *Social Problems,* 29.

[74] Ibid., 58.

[75] Coleman and Cressey, *Social Problems,* 251.

[76] Judith Randa, "Health Services is 30 and British Still Love It," *New York Daily News,* July 5, 1978, 36.

[77] Coleman and Cressey, *Social Problems,* 251.

[78] Dorothy P. Rice, "Health Care: Financing," *Encyclopedia of Social Work,* 19th ed. (Washington, DC NASW Press, 1995), 1171.

[79] Susan Brink and Nancy Shute, "Are HMOs the Right Prescription?" *U.S. News & World Report,* October 13, 1997, 60–64.

[80] Ibid.

[81] Ibid.

[82] Ibid.

[83] Coleman and Cressey, *Social Problems,* 251.

第十二章

教　育

本章内容 321

- 教育领域存在的问题
- 教育制度的改进
- 倡导教育机会均等
- 总结
- 注释

1957 年，美国和苏联就谁先成功发射全球第一个人造卫星开展了非正式的竞赛。这 322
一竞赛成为国际荣誉和声誉的标志。结果，苏联因成功发射第一颗人造卫星而获胜。为什么美国输了呢？原因有很多，但是，美国公众都指责卖国的教育系统忽略了那些对民族生存至关重要的科目。例如，一位著名的评论家，麦克斯·拉弗提（Max Rafferty）就认为："美国的高中没有提供 4 年的数学、历史、外语和其他科目的教学计划，而是鼓励学生选修一些分散精力的课程，如陶艺课、演戏技巧课、桌面装饰课、墙面装饰课和高尔夫球课。"[1]人们呼吁美国的教育系统应该将更多的精力、注意力放在数学、自然科学和其他一些有助于提高美国竞争力的课程上。

要求教育系统解决或减轻社会问题的呼吁也频繁出现。例如，通过开发旨在改变对在校儿童态度的新课程来减少种族歧视和性别歧视，通过为来自低收入家庭的学生提供教育和技能培训使他们摆脱贫困的生活。教育系统的功能之一就是识别那些有情感问题的儿童、嗜酒和毒品成瘾的儿童，并为他们提供治疗。教育系统是一种机制，是可以向青少年传播遵纪守法的价值观，同时可以对那些可能在生理上遭受伤害、忽视或遭受性别歧视的儿童提供保护服务的机构。

教育，过去一向是被用来解决社会问题的途径，现在自己成了社会问题，因为它不能满足社会的期望。教育正处于纷争四起、难以决断的关键时期。教师的自信、道德和动机都在衰败。社会在指责学校在延续而不是减少对穷人和少数民族人口的社会不公平。尽管近来有了一些改进，但是，学生能力测试的分数已远远低于 35 年前。[2]城市里的一些学校因为遭受故意破坏公共财物和暴力行为的侵害，学生和老师已经只能设法生存，无暇顾及教育。

本章内容包括：

- 总结目前学校系统中存在的问题。
- 提出改进的建议。
- 提出增加低收入家庭子女和少数民族家庭子女受教育机会的建议。

教育领域存在的问题

教育系统中存在许多危机和问题。这一部分考察一些具体问题，如教育质量问题、少数民族和穷人受教育的机会平等问题、教育目标是否明确问题和一些学校教师工作条件恶劣问题。

教育质量问题

在美国，许多指标显示教育质量存在问题。从学习能力测试分数看，如今，高中学生的语言运用能力和数学推断能力的分数已低于 35 年前的分数。学习能力测试是一种针对 100 万名希望进入大学的高中生进行的测试，每年一次。从 20 世纪 50 年代中期到 60 年代中期，测试分数基本稳定，语言运用能力保持在 472 分至 478 分之间，数学推断能力分数保持在 495 分至 502 分之间。20 世纪 60 年代后半期，这两部分的成绩都开始下降，并持续到 1980 年，那时，语言成绩下降到平均 424 分，数学成绩下降到 466 分。1980 年之后稍有回升，但是，分数还明显低于 35 年前的成绩。[3]

1996 年，美国教育部发布了第 3 次国际数学和科学研究的结果[4]，该研究通过对 8 年级学生的数学和科学的测试，对 41 个工业化国家进行排序比较。美国 8 年级学生的数学成绩排名第 28 名，科学成绩排名第 17 名。（数学成绩排名前 3 位的是新加坡、韩国和日本，科学成绩排在前 3 位的是新加坡、捷克和日本。）

估计美国至少有 300 万成年人根本就不会读写。[5]更糟的是，有 10 倍于此的人是“功能性文盲”，也就是说，在一个工业化社会，他们在读书、写作和完成数学计算时无法展
323 现出令人满意的行为和效果。[6]复杂多变的技术社会必然要求受过教育的劳动力大军不断增长，这就使知识贫乏问题尤为突出。

在针对工业化国家学生的测试中，美国学生的地理成绩奇差。[7]最近的研究发现，对于“美国有多少人口”这样的问题，18 岁到 24 岁的年轻人中，加拿大、法国、德国、日本、墨西哥和瑞典人都比美国人更清楚。[8]

1993 年，美国教育部公布的一项调查显示，几乎有一半的美国成年人阅读与写作的

能力都很差，因此很难有一份体面的工作。[9]该调查还发现，15 岁以上的美国人中，几乎有一半的人没有能力写一封短信来解释一个错误的账单，或者用计数器弄清楚甩卖价与普通价格之间的差别。

杰出教育国家委员会这样总结美国教育中存在的问题："平庸的浪潮正在兴起，这种潮流正在侵蚀我们的教育基础，作为一个民族、一个种族，我们的未来将受到严重的威胁。"[10]

关于美国学生成绩下降问题，有人给出了两种解释，不过，这两种解释均未经证实。一种观点认为这是美国教育系统的问题，另一种观点则认为这是社会变化造成的。

根据第一种解释，教育系统只是通过调整课程对 20 世纪 60 年代的抗议运动做出反应。20 世纪 60 年代，整个国家到处是抗议的声音：反对种族轻视、反对越战、反对传统制度（比如教育）对社会的束缚。作为对这些抗议的回应，许多学校进行改革，减少了必修课，增加了选修课。结果，学生们花在基本知识和基本技能课上的时间减少了。据说，这种宽松的学校课程导致了学生成绩的下降。

第二种解释则将重点放在了 20 世纪 60 年代后的社会变化上。现在，学生看电视的时间越来越多，甚至多到除了睡觉，花在看电视上的时间多于任何一项其他活动。孩子们花在电视上的时间越多，用来看书写字的时间就越少。再者，随着计算机时代的出现，青少年花大量的时间玩电子游戏，这样，他们花在读写上的时间就更少了。同样，家庭结构也发生了变化。单亲家庭的数量在急剧上升。即使在拥有双亲的家庭，父母也大都选择了在外就职。这样，家长参与学校教育工作的时间可能就少一些，对孩子的家庭作业就不会盯那么紧。另一种相似的观点（也未经证实）认为困境家庭的比例增大了。这些困境家庭不仅在孩子的学习成绩上有负面影响，而且造成了一些个人问题，这些问题有时会导致暴躁、暴力或嗜毒。

无论是哪种解释，学校都面临相当大的压力，学校必须改革，通过改革增强学生读、写、计算等基本技能。

受教育机会是否平等

一个平等的社会，有义务为所有公民提供高质量的受教育机会，而且这种机会应该是均等的。美国社会却未能履行这样的义务，特别是没有为那些少数民族和穷人提供这样的机会。

许多研究发现社会阶层是决定学生学习成绩的最具影响力的因素。[11]中上等收入家庭的孩子往往得分较高、上学时间长、在标准化测试中的成绩较好。对于这种关系，主要有两种解释——家庭背景和学校系统。

家庭背景说认为低收入家庭的孩子与中上等收入家庭的孩子相比，生活在完全不同的生活环境中，这种社会环境的不同导致了不平等。一般情况下，低收入家庭的杂志、报纸和书要少一些。父母受教育的时间较短，鼓励孩子阅读的倾向就不那么强，因为家长在读书方面没能以身作则。低收入家庭孩子多，又多为单亲家庭，他们的孩子在教育上得到的引导和鼓励就少。由于这样的原因，穷人家的孩子对把受教育作为在社会上成功的手段的认知就不那么强，也就不太可能树立教育目标。同样，穷孩子更易于挨饿和营养不良，这又会减少他们的学习动机。相反，中高收入家庭往往把受教育看得很重，对孩子的家庭作
324 业和学校里的学习，都花更多的时间和精力帮助他们。

学校系统主要适合来自中高收入家庭的学生。纳税多的地区，花在教育上的钱就多，该地区学生自然受益，而穷人区的学生则相反。美国公立学校经费中，几乎有50%来自地区教育税。[12]因为大部分钱来自于财产税，那些高档住宅多的地区，学校可使用的经费就多。公立学校的经费中，40%是地方税，10%是联邦税。[13]

例如，在伊利诺伊州，就学校花在每个学生身上的钱而言，最富学区是最穷学区的6倍。[14]这一指标，在纽约州高达8倍。[15]

具有讽刺意味的是，与住在较富地区的人相比，那些住在较穷地区的人，缴纳的财产税税率还要高一些。下面是一项教育研究的结论：

> 极不公正的是，一个住在贫穷地区的穷人要为他的孩子接受质量不太高的教育付较高的地方税，而一个住在富裕地区的富人只交较低的地方税就可以让他的孩子接受较高质量的教育。是的，这是令人难以置信的，但是，这在美国50个州中是极为普遍的情况。[16]

大部分老师都出生于中上等收入家庭，这可能意味着他们更容易与来自中上等收入家庭的孩子建立良好的关系，因为他们有相同的背景。有证据表明，教师在学业成绩和行为规范上，对中上等收入家庭的孩子有较高的期望，对低收入家庭的孩子则期望较低。这样，作为对这种期望的反应，低收入家庭学生表现出学业差、行为不当。[17]因此，成绩差与表现差成为一个自我满足的预言。(见专栏12.1)

325 **专栏12.1　皮格马利翁效应**

在希腊神话中，皮格马利翁是塞浦路斯的国王，他用象牙做了一个女子像，阿佛洛狄特（希腊爱与美的女神）赐予了她生命。罗伯特·罗森塔尔和勒诺·雅各布森做了一组实验，该实验说明教师对学生的高期望可能提高学生的智商得分。他们把这种自我成功预言称为皮格马利翁效应。

这组实验是在一个小学进行的，先对18个班的学生进行普通的智商测试。（该小学的教师被告知，这种测试是哈佛大学潜能变化测试——实际上根本没有这样的测试。）之后，研究者从被测试的学生中随意选出20%，告诉他们的老师，测试成绩说明这些学生在下一学年的学业中将取得显著的进步。8个月之后，这20%学生的智商成绩明显提高。研究者认为这种提高归功于老师对他们的高期望，以及这种高期望导致的老师对他们的特殊关注。如果教师的期望确实影响学生的成绩，那么以下的结论就

是成立的：大部分教师都来自中上等收入家庭，他们对低收入家庭子女和少数民族子女的期望总是比较低，这种看法可能对这些学生造成不利的影响。

资料来源：Robert Rosenthal and Lenore Jacobson，*Pygmalion in the Classroom*（New York：Harper and Row，1969）。

许多学校规章将学生分成了几类或几个能力组。在高中，所谓的最有前途的学生被分在了大学预科班，而其他人则进入“基础”班或职业教育班。低收入家庭的孩子和有色人种的孩子大多被分在了基础班和职业教育班[18]，他们就没有机会接受为大学教育做准备的课程教育：数学、科学和文学。

另外，因为这些学生几乎没有机会与那些准备上大学的学生接触，他们对大学教育的渴望就少一些，即使想上大学，对研究生教育的渴望也没那么强烈。没有大学教育背景，就很少有机会找到高收入的工作。

有很少一部分低收入家庭和有色人种家庭的孩子上了大学，但是，因为交不起昂贵的学费及其他费用，他们无法进入好大学。同样，在学业上与富裕家庭孩子竞争时，他们也有很大的困难，因为他们不得不工作（至少边上学边打工）以支付一部分学费。

有色人种学生受到的教育尤其差。直到1954年，美国南部黑人与白人都实行分校制，黑人学校的教学质量与教学条件都远远不如白人学校。1954年，美国最高法院在“布朗与教育委员会”一案中，裁定公立学校的种族隔离是违宪的。尽管在法律上的隔离终止了，但是在许多社区相当多的有色人种仍然被隔离、被歧视。在这些社区，由于住宅的实际隔离，学校的隔离仍然存在。针对这一问题，最高法院规定学区必须在学校内寻求种族平衡。在许多学区，校车被当作达到种族平衡的途径。研究表明，种族隔离在学区内减少了，但在学区间增强了。[19]这种隔离的增强很大程度上由于“白人迁徙”，即白人从市内搬到了郊区。在一些社区，法院要求安排学区间班车，一些白人就把他们的孩子送到私立学校就读。芝加哥的公立学校是实际种族隔离的典型。尽管这些学校已有了改进，但是，一些权威人士仍认为这些学区是美国最差的学区。从在校学生看，90%的城市公立学校是有色人种学校，而私立学校则主要是白人学校。[20]

具有讽刺意味的是，今天，种族隔离在美国南部要比美国其他地区轻得多，同时，美国北部成为了种族隔离最为严重的地区。[21]北方的种族隔离主要是因为住宅的隔离。

调查发现，现在，大部分美国人赞同混合学校，但是，大部分美国黑人和白人反对通过学校班车实现学校的种族混合。[22]在许多大城市（比如巴尔的摩、芝加哥、克利夫兰和底特律），公立学校注册学生中90%是少数民族。[23] 325

经过30年的实践，学校班车失败了，它没有达到其鼓吹者希望的、批评者反对的结果。许多研究都认为通过学校班车减少种族隔离的办法并没有影响白人学生的学业成绩。[24]通过学校班车减少种族隔离看起来似乎提高了非洲裔美国学生的学习成绩，不过，这种改进主要是在小学，而不是在初中或高中。[25]

通过学校班车减少隔离还有其他益处。和白人一起上小学和高中的美国黑人很多都进了白人为主的大学，在没有种族隔离的工厂找到了报酬较高的工作，而且与成年白人做朋友。[26]同样，与上城市隔离学校的学生相比，在郊区混合学校就学的非裔美国学生发生了以下变化：高中辍学率下降、与警察发生冲突的人次减少、大学退学率下降、18 岁以前怀孕率下降、与白人交朋友的人增多、在黑人白人混合区住的人增多。[27]与非裔美国学生一起上学的白人学生也有了改进：他们懂得了什么是多样性，而且能更全面地正视种族问题。[28]

学校班车的收益值得吗？这是一个非常复杂的问题，还没有确切的答案。把孩子从一个学区送到另一个学区的成本是很高的。白人和非白人地区的权威人士都认为，与其花钱接送孩子，不如花钱改善学校设施。学校班车的批评者指出学校班车的开通与邻居学校的理念是不一致的（邻居学校的理念是，学校是社区居民教育活动的中心、社会活动的中心、娱乐与交往的中心）。批评者还指出，因为学校与家庭居住地之间距离过远，为混校而设的班车几乎成为家长参与学校教育的主要障碍。（家长的广泛参与和学生的高质量教育成果是密不可分的；家长参与有助于老师、家长和学校管理者共同协作改善教育质量，开发具有创新性的教学计划。[29]）正如第六章所说明的，非裔美国人的领导者、最近的美国总统和著名的教育权威都不再倡导通过学校班车来实现混校。

消除隔离的计划是否减轻了种族歧视？研究结果相互抵牾。一些研究表明歧视减轻了，另一些研究则表明歧视一如既往，甚至更严重了。[30]在一些社区，消除隔离是在合作和友好的氛围中进行的，那里的歧视便减轻了。然而，在另一些社区，消除隔离是在法院的强制下，在对抗和误解中进行的，那里的歧视可能就没有减轻。近年来，最高法院要求通过学校班车消除隔离的命令也不那么激进了。例如，法院已经声明在强制实施学校班车
326 制度之前，要有证据表明该学校有意歧视少数民族学生。

1991 年，最高法院声明，那些旨在实现融合的强制学校班车并不是无限期的，尽管法院并没有说明确切施行多长时间。这条法令允许有以下行为：如果社区能够说服法官他们已经进行了“有效的”工作，并消除了针对少数民族的“种族歧视的痕迹”，那么，这些社区就可以终止学校班车。城市里的许多地方，少数民族学生依然被隔离在危险的、拥挤的、质量差的学校中。

遭受不良教育机会的，不只是城里的拉丁美洲裔美国人和美国黑人，美国土著人、阿拉斯加的爱斯基摩人和移民工人都缺乏接受高质量教育的机会。许多美国土著人只能在质量差的居留地学校上学。

对于拉丁美洲裔美国人，双语（双文化）教育是争论焦点。（在城市内，对于美国黑人学生比例较高的学校是否要开设黑人英语课，有许多不同意见。）双语（双文化）教育就是在学生流利讲英语之前，先完全或部分使用本民族语言教学，在某些情况下这种双语教学的时间可能还要更长。坚持这种观点的人认为，保存少数民族的文化和语言是公共教育的本质目标之一，是很有价值的。反对这种意见的人则认为，如果少数民族学生从一开

始就完全“融入”英语语言指导的氛围中，他们就能为在美国社会的有力竞争做最好的准备；而且，双语（使用黑人英语或西班牙语）教育花费很高又重新强化了分离，因为双语教学把有色人群聚集在少数民族社区。

在清楚上述因素之后，我们对美国白人和黑人之间、白人和拉丁美洲裔之间在教育成 327
绩上存在的巨大差别就不会惊讶了。在高中阶段，拉丁美洲裔美国人和美国黑人比白人学生更易辍学。[31]（与白人学生相比）拉丁美洲裔美国人和美国黑人的半文盲率要高得多，这里的半文盲是指用任何语言都不能读或写简单的句子。[32]（在我们这个社会，能为半文盲提供的就业岗位寥寥无几。）

不同少数民族的高中生在一个精英学校使用电脑。

模糊的教育目标

大家一致认为，学校教育应该教授像读、写和计算这样的基本技能。然而，相当多的反对意见认为，学校还应该教授其他的价值、知识和技能。

● 女权主义者批评学校教授并且维持性别歧视。例如，劝阻女生追求科学和数学方面的事业（现在的社会，读技术倾向的大学专业，常常能找到高薪工作）。

● 有人批评学校对等级教育推波助澜。

- 关于在学校进行性教育的程度问题争论很大。
- 公立学校是否应该允许做祷告也有不同意见，最高法院甚至裁定在公立学校进行祷告违犯了教堂与国家分离的原则。
- 关于是否要将教学重点放在音乐、体育和家政服务课上，也有争议。
- 反对种族歧视、制止吸毒、避免未婚先孕、帮助残疾人和减少青少年犯罪都是被学校和社会认可的，但是，对于学校究竟该花多大的精力去做则众说纷纭。
- 关于学校的重点该放在什么课上也聚讼纷纭：开发学生的创新性思维能力还是教授学术性知识？
- 现在艾滋病的威胁已经来临，人们又在争论学校是否要为学生提供有关避孕方法的信息以防止艾滋病。
- 对于学校怎么介绍同性恋也存在争论。

近几年，社会上有一种保守的趋势，这种趋势在学校表现为一场“回归基础”的运动。教育的保守主义者反对下列行为：学校实验、学校对感情纠葛的监管制度、学校的娱乐设施、学校“不必要的装饰”、选修课和像性教育这样的“社会服务”。这场运动提倡为学生建立明确的成绩规则，“（某门功课是否）精通的（评判）标准”要作为（学生）升级的根据，只有成绩达到一定标准水平才能参加校体育队，重视学术科目和教授“核心价值”，增加测试和家庭作业，延长在校时间，并且严格学校纪律。这场运动还坚持教师薪水的多少要看其教学成绩如何，而不是根据他的职称的高低。（所有这些建议，最基本的前提是要建立一个能够激励教师做好教学工作的制度。）

在“回归基础”运动内部也存在着分歧。如“向别人学习”和“有效地交流”是否算“基础”教育组成部分的目标？针对所有学生，“基础”都是指同样的内容吗？

关于教育，已经提出了很多其他问题。一些家庭已经纳税给公立学校，可是又将他们的子女送到了私立学校，那么，是否应该将这些税重新配置给私立学校呢？公立大学是否应该从录取的高中生中收更多的学费？（这样一来，那些来自低收入家庭的学生进入大学就更困难了。）目前，高技术人才的需求量正在增加，课程设置怎样调整才能更好地将学生培训成适合这种工作的人才呢？显然，在教育的优先领域和教育目标方面，要进一步努力以达成一致意见。

教师工作条件恶劣

根据调查，一半教师认为，如果他们有机会再选择自己的生涯，他们不会选择教学。[33]有许多因素影响教师职业吸引力：收入低、社会地位低、（知识）准备不充分、妇
328 女可选工作的种类增多和工作条件不好。大学毕业生在其他行业工作能挣到很多钱，比如会计、工程师、计算机科学家或者售货员。

学校恶劣的工作条件包括初中教师受到学生威胁甚至殴打。在一些学校，教师花在课堂秩序维持与管理上的时间比上课的时间还多。学生吸毒酗酒的比率很高，教师常常没有

做好足够的准备就不得不面对这些问题。许多学校教学设备不足。低的师生比是另一个因素——每个教师教的学生越多，对学生进行个性化教学就越困难。

1998 年对在校生暴力行为的研究发现，1997 年，至少有过一次严重犯罪（比如强奸罪或抢劫罪）记录的美国中学生（包括初中生和高中生）达 20%。1997 年，全美公立学校各类暴力事件包括：11 000 起使用武器的斗殴案、4 000 起强奸和其他性侵害案和 7 000 起抢劫案。[34]

许多教师都感觉自己没有足够的知识储备去教学生以下内容：自我保护（如怎样防备性侵害）、防止酗酒和吸毒以及其他类似的题目。

许多老师因为无法忍受恶劣的工作条件离开了教师岗位，但是，令人高兴的是有不到五分之一的教师在工作 10 年之后仍然坚持在教学岗位上。按教师报酬排名，在主要工业化国家中，美国的排名相当靠后。[35]

教育制度的改进

迈克尔·拉特（Michael Rutter）和他的助手对一部分高中生进行了评估，得出的结论与大部分父母的看法相同："学校对孩子的发展确实有非常大的影响，小孩上一个什么样的学校确实非常重要。"[36]拉特的研究发现那些最好的学校具有以下特征：家庭作业比较多，保持高标准的学术水平，有既易于理解又容易实施的规章制度，还为学生创造了轻松的、鼓励上进的学习氛围。[37]在这一部分，我们将考察 4 种改进教育制度的建议：增强对教师的激励、改善课程设置、家长选择学校和延长学年。

增强对教师的激励

也许鼓励大学高才生选择当教师，进而提高教师水准的唯一办法就是增强对教学的激励。这里所谓的激励包括以下内容：提高报酬、增加实用性知识培训、提供充足的学校资助、增加在教室使用高科技教学设备可能性（比如电脑、电影和录音设备）并且改善教师的工作条件。

一个有争议的建议是设立优秀教师奖，通过这种排序就会挑选出，并且奖励那些能力强且有奉献精神的教师。越来越多的证据表明优良的教学能对学生产生非常大的正面影响。彼得森（Pedersen）和法彻（Faucher）发现高水平的教学与学生以后的成就之间有高度的相关性，这些成功的人士大多毕业于市内的学校。[38]优秀教师会得到更丰厚的报酬，担负更大的责任，比如设计课程、指导新教师。

对于设立优秀教师奖有很大的争议。教师协会反对这一提法，担心在评选过程中使用的不是教学能力和奉献精神（如对教育的热爱）而是一些其他标准。教师协会还反对按工作业绩来决定报酬和职位升迁，因为工作业绩的概念与协会按教师资格付酬的标准有冲突。

改进课程设置

实际上如果需要的新资源不那么多，每个人都赞成这一建议。但是，主要的问题是：课程改进的方向是什么？如前所述，目前对高质量教育的目标是什么还混淆不清。在 20 世纪 60 年代和 20 世纪 70 年代早期，对学校管理中的严厉、僵化和独裁主义进行了批判，结果在
329 高中和大学增加了许多选修课，基础“学术”课被大幅度削减。增加了一些新学校，如果学生觉得在传统学校“沉闷窒息”，他就可以转到这些新学校。这些新学校的教学内容包括了历史和社会课，这些课介绍美国土著人、非裔美国人、拉丁美洲裔美国人和其他少数民族群体的辉煌贡献。开发的新课程试图增加学校工作与少数民族生活的相关性。

“阅读伙伴”系统，就是让在同一学校的高年级学生指导低年级学生，这种方法被用在许多双语教育阅读大纲中。

到 20 世纪 80 年代和 20 世纪 90 年代，关注的重点转移到学业成绩的下降，学校制度又返回到严格的学术计划。事实上，在 20 世纪 60 年代和 20 世纪 70 年代早期取消了的一些基本学术课程中的许多课都又恢复了。在 20 世纪 80 年代和 20 世纪 90 年代出现了增强基本技能（读写和算术）和减少选修课（社会学、心理学或者特殊的文学和历史学）的趋势。教育孩子尊重权威、热爱祖国、讲道德，也成为这场运动的一部分。一些学校已经恢复了严格的着装制度，寻找并约束不规范的行为。

与此同时，一场旨在开发学生思维能力的批判性思维的运动正在发生。这种方法鼓励

学生观察并且进行批判性分析，强调班级讨论和互动讲座，批判性地分析生搬硬套的学习，学生通过分析文章中的问题或概念（而不是通过客观性测试）最好地评估了批判性思考方法。在某些方面，批判性思维运动与回归基本（教育）运动是相互冲突的。后者更强调学习和记忆事实，前者则强调开发思维能力比记忆（事实和知识）重要得多。

1994 年，国会通过克林顿总统签署了《2000 年美国教育目标法》。该法是一项彻底的改革计划，旨在为美国建立永久的教育目标。该法旨在使美国学生在世界经济中具有更强的竞争力，告诉学生家长如何界定杰出的教育，衡量地方学校教学的好坏。各州的参与是自愿的，但是，该法要求通过为学校提供教育拨款，提升教室等级，强化激励机制。在 2000 年，美国要实现以下 8 个教育目标：

1. 所有美国学龄儿童都要接受教育。

2. 高中毕业率将增长到至少 90%。

3. 所有美国学生都将根据其英语、数学、科学、历史和地理能力分为 4、8 和 12 三个等级。美国的每所学校都保证所有学生都要开动脑筋做一个有责任感的公民，提高进一步 330
学习的能力和参与生产性就业。

4. 美国学生的科学和数学成绩要在全世界位居第一。

5. 消灭文盲。

6. 美国的每所学校将不再受到毒品和暴力的侵害，将有一个严格的环境。

7. 学校将鼓励家长参与学校教育。

8. 学校将加强对教师的职业技能培训。[39]

但是迄今为止，几乎没有采取什么促进这些目标实现的实质性进展。保守主义者攻击这些目标是“强占联邦权利”，是“试图让政府来决定官方知识”[40]。根据传统，地方学校委员会（该委员会对在该地区学校教授什么内容有相当大的控制权）制定政策来确定地方学校的讲授内容。目前实现 2000 年教育目标的实际行动很少。美国人都同意应该改进其教育体制，但是在如何改革课程上却存在非常大的分歧。

家长选择学校

在家长选择学校制度的背景下，不仅家长有权选择让孩子去读本地以外的公立学校，政府税收也将会投入到注册人数最多的学校。通过市场激励机制的淘汰，学术优先的学校应该繁荣，教学质量差的学校要么改进它们的教学要么学校停办。“家长选择制度”常常通过一种凭证制度来实施。凭证制度是这样一种计划：政府将通行的用于支付教育费用的凭证发放给学生，学生或他们的家长可以凭借教育凭证选择任何他们想上的学校。

家长选择学校制度已经在好几个州进行了尝试，包括明尼苏达州、艾奥瓦州、内布拉斯加州和阿肯色州。初步的发现显示家长和学生之所以选择某一学校往往并不是因为这所学校的教学质量高。[41]有时，一些家长选择低水平的学校是为了让他们的孩子容易毕业——或者容易拿到较高等级的毕业分数。另一些家长为了方便，为孩子选择离家近的学校。还有一些家长选择孩子容易加入各种体育运动队的学校。许多情况下，由于交通问题，家长选择家庭住所附近的学校。

家长选择学校制度的一个主要问题是，这种方式潜在地削弱邻居学校的概念。邻居学校认为学校应当是社区生活的中心，青少年和成人一起使用社区内的公共设施，比如教育、娱乐、休闲、聚会、体育运动和社区会议。如果家长都把他们的孩子送到社区以外的各种学校，邻居学校就不会成为社区生活的中心。

家长选择学校制度的另一个弊端是，许多孩子没有能力自己去较远的学校。这样的孩子（有些在受教育方面已经处于劣势）就可能被"摔"在最糟的地区，随着学生向富裕学校的聚集，这些地区的学校就更加穷困。

延长学年

在美国，小学和初中每年平均上学 180 天。相反，在日本每年平均上学 240 天。结果，日本学生上 12 年学所受的教育相当于美国学生上 16 年学所受的教育。[42]与其他先进国家相比，也有同样的悬殊。[43]

1994 年，美国时间和学习教育委员会发现美国高中生在学术性科目上仅仅花 41%的课堂教学时间。[44]下面是一个普通的评论：

> 典型高中学生的时间表——"第一节：驾驶课；第二节：艾滋病预防；第三节：咨商"——看起来越来越不像传统教育。[45]

美国时间和学习教育委员会发现美国高中学生一天只花 3 个小时学习英语、科学、数
331 学、公民学、语言或历史——在德国、法国和日本则有一半的时间花在学术性课程上。[46]
在 1994 年，这个委员会建议将这些基本学术课程的课时增加到平均每天 5.5 小时，而且该委员会强烈要求国家延长学年时间。[47]

331 **表 12—1　高中班级学术性课程①必修时间表（4 年）**

国家	平均小时数
德国	3 528
法国	3 280
日本	3 170
美国	1 460

①学术性课程指英语、科学、数学、公民学、语言和历史。

资料来源：Rod Little，"The Endangered Summer Vacation，" *U. S. News & World Report*，May16，1994，12。

这里有一个支持这一建议的案例。通过对 100 个研究项目的评估，托克（Toch）发现随着教学时间的增加，9/10 的学生提高了学习成绩。[48]托克写道：

> 对参加国际数学竞赛的1989名学生的研究发现，竞赛中有微积分预备知识和微积分知识，日本学生已经学过这部分内容的98%，而美国的选手只学过50%。将近有一半的日本学生与美国前5%的学生成绩一样好。[49]

研究还发现悠闲自在不动脑筋的暑假生活使学生忘了许多以前学过的知识。在秋季开学后，教师要花一个月的时间来复习暑假忘记的知识。[50]问题最为严重的是那些家境贫困的学生，因为他们在暑假期间通常很少有学习的机会。一项研究发现富裕人家的孩子暑假里平均获得一个月的知识，而一个穷人家的孩子则会忘记三到四个月的知识。[51]

延长学年时间（缩短到传统的暑假时间）也将帮助那些双职工，因为他们的孩子还小，需要在白天安排看护人员。

倡导教育机会均等

如前所述，在美国，少数民族和穷人所接受的教育是劣质的。几乎所有的人都同意每个人都应该享有平等的受教育机会。但是，对于究竟如何达到这一目标却众说纷纭。以下是三种增进平等教育机会的建议：

1. 改革学校融资制度，使每个学生使用的教育经费相等。
2. 补偿性教育，为处于劣势的学生建立特别的补偿性教育计划。
3. 有效融合，让不同民族背景的学生进入同样的学校学习。

改革学校融资制度

富裕社区的学校通常比贫穷社区的学校收到的学生人均经费要高得多。目前，各州社区学校的主要收入都来自地方财产税。衰败城市的学校融资面临相当大的压力，这些地区的许多学校教学质量都比较差。

在美国，将财产税作为学校融资收入的主要来源正遭到越来越多人的反对。收入固定的财产税纳税人（如退休的老人）越来越难以支付日益增长的财产税。1993年，密歇根的纳税人投票以废除用财产税为本州的公立学校融资。1994年，密歇根州投票通过了宪法修正案：提高州销售税和香烟税，将增加部分作为州公立学校的主要经费来源。密歇根州这一行动的结果之一就是导致了不同社区学校学生的人均教育经费均等化。[52]其他州也会这样吗？

另一项使学生人均教育经费均等化的建议是，联邦政府支付小学和初中的所有教育经费，每个学校接受任何一个学生都得到相同金额的教育经费。但是，反对这一建议的人则认为，美国的学校之所以好是因为地方的控制和参与。反对者认为，如果经费转到联邦政府手中，经过巨大的联邦官僚体系，结果只会导致更强的联邦控制和更多的“官样文章”。 332

332～333 **专栏 12.2　没有失败的学校**

在 1969 年，威廉·格拉瑟（William Glasser）写了《没有失败的学校》（*Schools without failure*, New York: Harper & Row），该书对教学的改进有相当大的影响。格拉瑟的理念现在和 20 年前一样中肯、重要。格拉瑟方法包括以下主要理念。

格拉瑟认为学校最大的问题是学校组织方式，现行组织方式使得大部分学生经历的是失败。他认为学校在许多方面都做得不好，应该受到批评。学习成绩得 A 被认为是学生在学校的最高目标；因为大部分 A 都集中于少数学生，这样大部分学生就没有成功感。记忆与开发思考能力相比，被赋予更高的价值（而他认为教育就是一个开发学生思考能力的过程）。格拉瑟坚持认为学生的思考能力（包括学生的创新思考、艺术性思考以及在娱乐游戏中的思考）正在急剧下降。而且，学校并不真正处理孩子们在生活中面临的问题，（与真实生活）相关的（内容）经常与课程脱节。结果，孩子们不能从课堂学习方式转到解决真实生活问题的学习方式，也就无法产生真正的学习动力。

格拉瑟说：

> 除非我们能为孩子们提供这样的学校，在这样的学校中，通过适当地利用学生自身的能力就可以让学生有成功感，否则，我们几乎无法解决我们国家的主要问题。我们将面临越来越多的社会动荡，越来越多的人将需要被关在监狱和精神病院中，越来越多的人需要社工人员照顾他们的生活，因为他们觉得自己在生活中不可能成功，再也不愿意努力了。

一个孩子要想在这个世界上成功，她（他）必须树立自信心。缺乏自信心的孩子不太可能成功。相反，他们容易生气、沮丧、不合群、孤独或敌意，而且他们可能通过青少年犯罪、退缩或情感波动来表达他们的失败感。

格拉瑟推断，培养成功感有两个先决条件：爱和自我价值感。没有这两个前提，孩子就会产生失败感。相反，孩子就会产生成功感，并且通过作为一个有责任感、对社会有贡献的公民来多倍地回报社会。

因为很多家庭的家庭条件不太理想，许多孩子得不到他们需要的爱和自我价值感。格拉瑟认为，当孩子在家庭中得不到这些时，他们应该有机会在学校中得到这些，否则他们就会产生自我失败感。因为每个孩子都上学，所以学校处在一个独特的位置，在这里孩子开始产生自我失败感。

为了弄清哪些孩子有失败感，老师需要更好的培训。教育学院应该提供更多内容来识别这样的孩子，也应该更多地把重点放在开发教育专业学生的协调关系的能力上。

格拉瑟认为，作为一个好教师最重要的也许是与学生建立正面关系的能力。教师要有能力表达并形成这样的结果，即每个学生都有自己独特的价值。教师还必须能够让学生感觉到老师真的关心每一个学生。一旦发现学生有自我失败感的苗头，就应该让学生得到学生辅导中心的帮助，或者找到一种方式让这些孩子（和所有孩子）在教室有机会体验成功。

格拉瑟建议把教学重点放在个人能力开发上：自信、学习解决生活问题、改进关系、控制有害的情感、学会有责任地表达自己的性欲、学会处理压力等等。

班上每天都应该进行解决问题小组会。这样的小组会应该关注学生在学校和社会中面临的问题，寻找解决问题的办法。讨论的主题常常会由学生自己提出来（比如，与某人的关系比较紧张）。这样的讨论应该在一种支持的、正面的气氛中进行，指责和挑毛病应该最小化或完全消失。这种氛围应该是每一个人的意见都同等重要。

根据格拉瑟的观点，学生不应该分班（好班、中班、差班），因为那些被分在差班的学生就可能认为他们是失败者。他还建议废除现行的 A—B—C—D—F 成绩分级体系，代之以每门课程的能力标准评价体系。比如，在数学课上，为了通过课程考试，学生应该能够完成预先决定水平的数学计算。那些达到这些标准的学生在他们的成绩报告卡上应该得到 P（即通过），那些做得非常好，而且帮助那些做得不太好的同学的学生应该达到 S（即优秀）。那些达不到标准的学生则没有成绩，学校也不会有任何记录。学生需要重修那些基本知识和基本技能课程，直到他们能成功地通过能力水平测试。

补偿性教育

许多权威认为特殊项目和额外帮助会提高穷人和少数民族学生的成绩。（事实上）现在已经有各种各样的项目。

预科学习项目就是为那些家庭条件差的孩子举办的校前指导班。预科学习结果的评估显示，家庭条件差的孩子，参加过该项目的比那些没参加过的孩子为开始一年级学习准备得更好。[53]遗憾的是，一旦这些学生不再接受这种服务，项目的益处就开始减少。科尔曼和克雷西指出，如果继续接受这种项目（像《小学和初中教育法》[54]第一条列出的项目）的额外帮助，家庭条件差的学生就会继续受益。科尔曼和克雷西的结论如下：

> 不要短短几年之后就停止（特别支持）项目。只要他们需要，家庭条件差的孩子应该一直得到这样的帮助，在高中毕业之前，大多数这样的孩子可能一直需要这样的帮助……当然，为所有需要帮助的学生在高中毕业前的各年级都提供特别的支持要花许多钱，但是，这样的投资将在未来产生无穷的收益，我们将拥有更富裕的、更具有竞争力的经济，更低的犯罪率和福利国家，更重要的是，我们将拥有一个更公正的

社会。[55]

许多有学校的地区都有学生服务社来评估那些在学校进步不太快的学生，判断他们究竟在学业、社会和情感哪一方面需要特别帮助。一旦完成评估，就开发一些独特的项目来帮助这些孩子学习。根据确定的不同需求，可能会提供各种各样的服务。对于有情感问题
333 的学生和学习能力差的学生开设的班是不同的。有时还提供咨询服务。一些学生药物成瘾，另一些视觉有问题，还有一些听力有障碍。学生服务社有许多专家——学校心理学家、社会工作者、指导顾问。1975 年，国会通过了《残疾儿童教育法案》，现在称为 PL94—142。该法案指出，目前存在许多生理的、发育过程的、学习中的和社会情感方面的问题正在阻碍儿童的教育。在大范围的立法中，该法律责令所有校区识别存在这些问题的学生，然后根据他们的需要开发专业项目。令人遗憾的是，许多低收入学区受财务状况所限，未能达到该法案的目标。

许多州开发了一些阻止学生辍学的项目。一些学区的辍学率高达 50%，而全国平均辍学率只是高于 10%。[56]辍学率代表了那些个体和社会的巨大损失，因为失去了潜在的生产力。据估计，高中毕业生一生的收入比那些辍学者的收入高 20 万美元。[57]针对“风险”儿童设计的项目是为了帮助那些高中生，使他们能留在学校，并且学到一些实用性工作技能。

现在，一些小学和初中开设了暑期读、写和算术项目来帮助那些在这些科目需要帮助的学生。同样，在大学也开设了许多辅助教育项目。包括不计学分的英语和数学课、个别辅导和各种测试项目。针对那些没有达到学校入学标准的少数民族学生，许多学院开设了
334 特别辅导课，鼓励这些学生利用教育机会项目。（在读、写和算术方面，那些在市内低水平小学和初中上学的学生常常比上好学校的学生落后两到四个年级的水平，因此，需要教育机会项目来帮助他们，使他们有机会在大学取得成功。）

教育机会项目已为大多数学院和大学所接受。一个棘手的问题是少数民族学生在进入研究院和专业学校时是否要给予特殊的照顾。支持给予特殊照顾的人认为这是对少数民族学生过去所受低质量学校教育和其他歧视的补偿。另一方面，因为进入这些学校的机会有限，竞争非常激烈，白人学生抱怨他们是另一种歧视的受害者——尽管他们的入学成绩比一些被录取的少数民族学生的成绩高，但是他们仍然被学校拒之门外。这一支持性行动政策的法律地位目前还没有被完全解决。

有效融合

如前所述，校车已经被用来促进学校地区内学生的融合。大城市的许多白人对此做出的反应是搬到郊区或者把他们的孩子送到私立学校。通过法院决议，一些大城市正在尝试整合郊区学区和市内学区，使校车在整个地区接送孩子。这样的做法能否扩大还是未知数。距离是一个主要问题，因为一些郊区社区离市内相当远，那么，学生一天的很大一部

新墨西哥州，阿卡摩普韦布洛，土著美国儿童参加预科学习项目。

分时间就得花在校车上。郊区的大部分白人家长都不会强烈反对用校车把市内的一小部分孩子送到他们郊区的学校。但是，大部分郊区居民（担心潜在的暴力和低质量教育）会反对用校车把他们的孩子送到市内的低质量学校上学。如果法院发布决议，许多白人家长很 335
可能会把他们的孩子送到私立学校。

理想的学校融合方式是通过居住地区来融合，这样邻居学校自然混校了。这样的融合会不断提供种族间合作的机会以及孩子间和大人间建立友谊的机会。然而，把这种建议变为现实的机会却是很小的。一般来讲不同民族不同种族的人是不愿意做邻居的。另外，许多少数民族家庭也住不起公寓，富裕的白人也反对在他们的社区建低档住宅。

另外一个可能的街道取向融合方式就是在城市中建立“磁力”学校。所谓磁力学校就是一些具有特殊课程、活动和设备的学校。比如，磁力学校可以是一个非常好的艺术中学或高中，也可以是一个侧重技术及科学课程的学校。磁力学校的倡议者希望这些建在市内的学校凭借其提供的突出的教育机会吸引那些郊区的学生。

期望将来联邦政府给市内学校提供重大支持的前景并不很乐观。20 世纪，联邦政府正在通过削减预算来减少联邦财政赤字，通过一项大胆的新联邦计划来转移资源给那些处于财务困境中的地区学校是件很遥远的事情。

约翰·法利（John E. Farley）先生这样概括为少数民族和穷人提供同等受教育机会对所有美国人的重大意义：

> 面对竞争程度日益激烈的世界，如果整个教育体系的有效性很差，美国的生产力就会受到影响，我们的生活水平就可能下降。同样，年轻人在整个社会中占绝大多数，而且人数在不断增长，他们是美国黑人、拉丁美洲裔美国人或来自任何种族低收入家庭的年轻人，如果我们让他们失败了，结果也是一样的。在这些占美国未来劳动力很大比例，而且比例还不断增长的年轻人的教育问题上失败了，同样会对美国的生产力和生活水平造成类似的覆灭性影响。[58]

总　结

今天，过去一向被用来解决各种社会问题的教育已成了社会问题。教育正在很多方面经历着危机和问题。

许多指标显示美国的教育质量存在问题。比如，每年针对高中高年级学生的学习能力测试成绩已远远低于35年前的成绩。

第二方面的问题是学校为穷人和少数民族子女提供的教育机会是较差的。在低收入社区学校和少数民族学生占绝大多数的社区学校，学生人均经费要低得多。在美国社会中，在学校的成就与社会经济地位高度相关。

第三方面的问题是教育目标的模糊。大家一致认为学校应该教给学生读、写和计算的基本技能。然而，就教育应该力争达到的其他目标上，不同利益群体之间有相当大的矛盾。

第四个方面的问题是一些学校为教师提供的工作条件是难以容忍的。难以容忍的条件包括收入低，社会地位低，要直接面对吸毒酗酒的学生、来自学生的身体上的威胁，不充足的教学设备，低的师生比甚至要忍受一些学生的殴打或袭击。

本章还针对改进美国教育提出了四个建议：增加对教师的激励、改进课程设置、家长选择学校和延长学年。一个有争议的关于教学激励的建议是设立优秀教师称号来奖励杰出教师。在课程究竟应该包括哪些科目才能改进教学效果的问题上，还缺乏一致意见。家长选择学校则恰恰与邻居学校的理念背道而驰。

为了给低收入群体和少数民族学生提供同等受教育的机会，提出了三个建议：（1）改革学校的融资制度，使花在每一个学生身上的教育经费都是相等的；（2）为弱势学生建立特殊的补偿性教育计划；（3）将不同民族、不同种族背景的学生融合到同一所学校学习。

注释

[1]Quoted in William Kornblum and Joseph Julian, *Social Problems,* 6th ed. (Englewood Cliffs, NJ: Prentice-Hall, 1988), 394.

[2] James W. Coleman and Donald R. Cressey, *Social Problems,* 6th ed. (New York: HarperCollins, 1996), 103.

[3] Ibid.

[4] "The Learning Lag: You Can't Blame TV," *U.S. News & World Report,* December 2, 1996, 16.

[5] Coleman and Cressey, *Social Problems,* 103.

[6] Ibid.

[7] Ibid., 105.

[8] Ibid.

[9] "If U Cn Reed Thiz Storie . . .," *U.S. News & World Report,* Sept. 20, 1993, 10.

[10] Quoted in Coleman and Cressey, *Social Problems,* 105.

[11] John E. Farley, *American Social Problems,* 2d ed. (Englewood Cliffs, NJ: Prentice-Hall, 1992), 446–451.

[12] "Michigan's Model," *U.S. News & World Report,* March 28, 1994, 16.

[13] Ibid.

[14] Coleman and Cressey, *Social Problems,* 96.

[15] Ibid.

[16] Manley Fleischmann et al., *The Fleischmann Report on the Quality, Cost, and Financing of Elementary and Secondary Education in New York State* (New York: Viking, 1974), 57.

[17] Farley, *American Social Problems,* 448–455.

[18] Ibid., 448–464.

[19] Coleman and Cressey, *Social Problems,* 98–100.

[20] Jerelyn Eddings, "Second Thoughts About Integration," *U.S. News & World Report,* July 28, 1997, 32.

[21] Ibid.

[22] Ibid.

[23] Ibid.

[24] Ibid.

[25] Ibid.

[26] L. Tye, "Study: U.S. Retreats on Integration," *Wisconsin State Journal,* Jan. 12, 1992, 9A.

[27] Ibid.

[28] Ibid.

[29] Coleman and Cressey, *Social Problems,* 98–101.

[30] L. Tye, "Study: U.S. Retreats on Integration," 9A.

[31] Coleman and Cressey, *Social Problems,* 100.

[32] Ibid., 100.

[33] Ibid., 114.

[34] Robert Burns, "20% of Middle Schools, High Schools Had at Least One Serious Crime in '97," *Wisconsin State Journal,* March 20, 1998, 2A.

[35] Coleman and Cressey, *Social Problems,* 114–115.

[36] Michael Rutter and Associates, quoted in W. William Salgank, "British Study Finds Sharp Differences in Schools," *Los Angeles Times,* Nov. 22, 1979, Part VIII, 1–2.

[37] Michael Rutter, *15,000 Hours: Secondary Schools and Their Effects on Children* (Cambridge, MA: Harvard University Press, 1979).

[38] Eigil Pederson and Therese Annette Faucher, with William W. Eaton, "A New Perspective on the Effects of First-Grade Teachers on Children's Subsequent Adult Status," *Harvard Educational Review,* 48 (1978), 1–31.

[39] "Education Reform Signed," *Wisconsin State Journal,* Apr. 1, 1994, 2A.

[40] Thomas Toch, "The Case for Tough Standards," *U.S. News & World Report,* April 1, 1996, 52–56.

[41] "The Uncertain Benefits of School Choice," *U.S. News & World Report,* Nov. 6, 1989, 79–81.

[42] Rod Little, "The Endangered Summer Vacation," *U.S. News & World Report,* May 16, 1994, 12.

[43] Ibid.

[44] Ibid.

[45] Ibid.

[46] Ibid.

[47] Ibid.

[48] Thomas Toch, "The Perfect School," *U.S. News & World Report,* Jan. 11, 1993, 60–61.

[49] Ibid.

[50] Ibid.

[51] Ibid.

[52] "Michigan's Model," *U.S. News & World Report,* 16.

[53] Coleman and Cressey, *Social Problems,* 109.

[54] Ibid., 108–109.

[55] Ibid., 109.

[56] Coleman and Cressey, *Social Problems,* 100.

[57] William Kornblum and Joseph Julian, *Social Problems,* 9th ed. (Upper Saddle River, NJ: Prentice-Hall, 1998), 375.

[58] Farley, *American Social Problems,* 480.

第十三章

大企业、技术和劳动

336 **本章内容**

- 大企业
- 技术
- 劳动
- 劳动问题
- 对大企业的规范和技术发展
- 目前的劳动问题及建议解决方法
- 总结
- 注释

337 1993年，迪斯尼公司付给了其主席迈克尔·D·埃斯内（Michael D. Eisner）惊人的1亿9 700万美元，大部分来自于该公司的股票期权。[1]这个数字意味着每周收入近400万美元，如果按照一周5个工作日来计算，埃斯内每天至少能挣75万美元（许多的美国工人一辈子也挣不到这么多钱）。虽然埃斯内的情况比较例外，但是美国收入最高的25个公司行政主管，每人每年都能挣400万美元以上。[2]微软公司董事会主席比尔·盖茨仅在1996年就有200亿美元的收入——平均每周4亿美元（不过微软公司是由盖茨自己投资建立的）。[3]而普通美国工人在大企业的规模与力量面前却显得异常渺小与无助。技术进步——其正处于历史的最高水平——是大企业发展起来的主要推动力。

本章将主要讨论以下问题：

- 描述大企业对我们生活的影响，并审视其与政府之间的关系。
- 概述技术的变化如何改善或者危害我们的生活。
- 讨论三个与劳动相关的问题——疏离感、失业和职业病。
- 针对与大企业、技术和劳动相关的社会问题，我们给出了一些相关的建议。

本章将覆盖三个分离但是相互联系的领域：大企业、技术优势和劳动问题。

大 企 业

企业发展简史

随着“内战”后工业活动的兴起，大公司开始发展起来。早期这些公司大多为个人或家族所拥有，而到了19世纪末，所谓的“强盗式资本家”则占了主要地位。这些资本家靠着超长的工作时间、低工资以及无安全保障的工作环境剥削工人——约翰·D·洛克菲勒（John D. Rockefeller）、J. P. 摩根（J. P. Morgan）和安德鲁·卡内基（Andrew carnegie）是其中的典型代表。他们互相进行着残酷无情的竞争，所用的许多商业手段都是法律所禁止的（他们必须在提高产品价格与贿赂政府官员之间进行选择）。

到20世纪末的时候，通过业务扩张及对其他公司的兼并，企业的规模仍在不停地增长。多数企业的法定所有权分散在数以千计（甚至是百万计）的股东手中，复杂的官僚机构被引入以管理这样的公司。全体股东亲自参与公司的重大决策已显得花费太高或过于麻烦，因此他们选举了董事会为公司制定大政方针并监督公司的运转。而公司的日常决策则由公司聘用的经理们负责。

大企业的影响

200年来，美国的经济体系发生了巨大的变化。200年前，大部分美国人都在小农场工作；而现在，农民只占劳动力总数的2%。[4]

今天，我们经济体系中占主导地位的是全国性的公司和跨国公司。全国性的公司是那些业务活动集中在总部所在国国内的大公司，跨国公司则是总部设在某一国，并在其他国家广泛扩展业务活动的企业。通用汽车、国际电话电报公司和德士古公司①都是跨国公司的典型代表。像通用汽车这样的跨国公司，其年销售额超过了许多国家的国民生产总值——并不仅仅是第三世界国家，甚至包括像瑞士这样的国家。[5]

美国是最大的跨国公司总部所在地，但其他许多国家（如英国、日本）也有自己的跨国公司。像东芝、雀巢等都是较有影响力的外国跨国公司。

从下面这个事实我们可以部分看出大公司的规模究竟有多大——如果把包括政府机构在内的全球最大的企事业单位按照规模大小进行排列，大公司将会在排行榜中占据半壁江山。[6]一些公司，例如埃克森美孚和福特，拥有高达数百亿美元的资产。

反托拉斯法禁止单个公司巨头对行业的垄断，一些公司为适应这些法律而转向相近行 338
业扩张，如收购并控制批发商和供应商。另一些公司则发展成为了企业集团，即在多个领

① 世界著名的跨国石油公司之一。——译者注

域均有业务开展的公司。许多企业集团进入了完全不相关的多种领域，比如菲利普—莫耶斯公司（烟草企业）拥有奥斯卡迈耶（Oscar Mayer，肉类加工企业），通用电器拥有NBC（美国国家广播公司）等。

垄断虽然是被禁止的，但寡头却常常存在。当市场供应仅为少数几个厂商所支配时，它们便被称为寡头。以汽车行业为例，美国的主要制造商只有通用、福特和克莱斯勒三家。事实上全国60%的产品和服务都是由寡头企业提供的，汽车、汽油、啤酒和阿司匹林等都是如此。[7]即使在几个寡头之间，通常最大的寡头也比其他人强大很多。例如，通用公司的汽车产量比所有美国其他厂商生产的总和还要多。

寡头的主要危害在于，它们可以一起商定产品的价格，而不是通过相互间的市场竞争。常见的是，行业内最大的企业成为价格制定者，即其独自定价。而其他的厂商则在与其相似的水平上定价。

一些寡头企业之间会存在联合董事会。由于一人在两家有竞争关系的企业的董事会同时供职是违法的，这两家公司的董事往往会同时担任另一行业的第三家公司的董事。这种安排使得有权势的个人可以通过成为不同巨型企业的董事，而与其他公司领导人相互交流他们的计划与主意。这些企业的董事也在宴会或其他社交场合进行交流，就像他们总是加入相同的乡村俱乐部和社交名人录一样。

美国工人的生活直接受到大公司行为的影响。雇员们会受到诸如薪水计划、加薪安排、工作满意度、升职政策以及医疗和养老金计划的影响。许多工人购买了大企业的股票，因此这些公司的财务状况也会影响到他们的收入来源。因为工人们同样是大公司提供的产品和服务的买主，所以作为消费者，产品的价格和质量也关系到他们的利益。

大公司可以通过不同方式在全世界范围内影响人们生活。通过建立新的工厂，大公司能提供许多就业机会并复兴当地的经济；关闭一家工厂则会使数千工人失业。而大公司工业污染可能污染整个天空、河流或者湖泊。

公司管理意见

一个现代公司是一个复杂而巨大的金融网络。竞争对手、股东、董事会成员、经理人员、普通员工、承包商、工会、地方或中央政府以及公众都与这家公司有着千丝万缕的作用与联系，这些联系复杂而又多变。所有这些群体都对公司的治理有着自己的意见。

富有的股东对公司有着强大的发言权。虽然许多美国人都有一些股票，但大部分的股票都为小部分的富人所拥有。据估计，半数的公众股在最富有的0.5%的美国人手中。[8]手中股票比重很小的股东是没法有效控制公司的。所有的公司都受其投资者，也就是股东的控制，而最大的股东也最具控制力。拥有仅仅20%股份的最大股东就能有效控制公司，而他真正的力量与整个公司相当，因为他的意愿能够决定公司的决策。同样，机构投资者（银行、投资公司和保险公司）也拥有大量的股票，所以它们也能对公司的重大决策拥有自己的发言权。

小股东通常没有直接管理公司的能力，他们一般只是投票赞成或反对现有管理层的建议。他们一般都缺乏作出生产或经营决策所需的专业知识。

许多公司的决策是由经理们作出的。这些经理被称为企业的技术合作结构。大部分不 339
知名的经理人员在其整个职业生涯都致力于提高管理公司的技巧。他们工作的保障程度主要由公司盈利状况决定。高利润会带来高额奖金和大幅加薪，而利润下滑是公司总裁们失业的主要原因。[9]

大企业：利益和权力滥用

跨国公司的存在引起了相当大的争论。一些观察家认为这些企业是革新者，它们创造了许许多多提高生活水准的技术进步（如电视、电话、汽车、电脑等）。跨国公司也是美国拥有世界上最有影响力的经济体系的主要原因。它们还为本国和世界其他国家提供了千百万的工作机会。一些人把跨国公司作为走向世界联合的重要一步，他们认为经济上的联系能够促进政府之间的合作。跨国公司还被认为能够促使其他国家从美国的文化和民主政治中受益。美国的经济实力——这恐怕是美国最为人所羡慕的——也主要是由大企业所取得的。

批评者则有完全不同的观点。他们把跨国公司看作依靠低工资和对自然资源的损耗来剥削小国的“国际强盗”。在小国中跨国公司的形象往往是：它们赚取了大量利润，并且贿赂政府官员和有钱人，而底层大众却得不到任何利益。依赖外国技术使得小国的政治和经济独立性降低，其经济决策往往严重受到外国公司管理层的影响。这样作出的决策一般都会靠牺牲普通大众的利益来使跨国公司盈利。公司的管理人员则被认为是只顾为公司赚 340
钱，不顾提高大众生活水平的一群人。

20 世纪 60 年代在智利发生的事情可以算是史上最无耻的权力滥用了。当时，国际电话电报公司（ITT）试图阻止萨尔瓦多·阿兰德（Salvador Allende）——一个马克思主义者——当选智利总统。ITT 失败了，阿兰德当选后没收了美国在智利的一些商业财产，其中就包括 ITT 公司的。然后 ITT 便和美国中央情报局合谋制造经济混乱以推翻阿兰德政府。部分由于这起合谋，阿兰德和他的许多支持者被一群军人暗杀了。随后一个军事独裁政府建立了，并且很快就因为其残暴的镇压而臭名昭著。[10]

在所有国家，批评者都宣称跨国公司污染了空气、水源和土壤。它们也被认为对政治家施加了太多的影响，使得政治决策更多的时候使跨国公司而不是普通大众获益。

最近跨国公司被指责以低工资雇用童工。以耐克公司为例，它与雇用了 75 000 名童工的亚洲当地厂商签订了承包合同。许多童工只有 11 岁，他们每天只能挣 2.20 美元。这样每双耐克鞋只有 6 美元的制造成本，而在美国却要卖到 80 美元一双，并且邀请像迈克尔·乔丹这样的名人做广告。乔丹光从与耐克的合同中每年就能赚到 2 000 万美元。[11]

许多的事例表明，跨国公司受其利润驱动影响，会卷入到犯罪活动或者其他不道德的行为中。经常有这样的报道：跨国公司在外国贿赂政府官员，以换取购买坦克或者喷气式飞机的合同。

1970 年，福特公司匆忙地开发了一种新型的福特斑马车，力图与外国的小型汽车展开竞争。在投产前的碰撞测试中发现，当发生追尾事故时，油箱可能会破裂并且爆炸。福特公司有更安全的油箱，但却决定继续使用不安全的油箱——为了每辆车节省 11 美元的成本。从 1971 年至 1976 年，福特公司一直销售不安全的斑马车。结果有 500 多人在汽车追尾事故中被烧死，另有数千人被烧伤。福特公司早就明白了这种危险性，但直到 1977 年才开始安装更安全的油箱。1978 年，美国交通部最终下令召回所有 1971 年至 1977 年生产的斑马车，以加装金属护罩，这成为史上最为昂贵的汽车召回。福特公司陷入了极度的窘境之中，以至于它撤回了它的播音广告："福特给你留下温暖的感觉。"[12]

几家公司勾结起来共同抬高价格的行为，也即"价格制定"，是非常普遍的。这种行为无疑是非法的，但是它如此普遍，以至于 1959 年一些共同定价的商人居然写信给司法部长，询问如果他们之中有人违反共同定价协定，他们应该如何应对。价格制定被认为是给消费者带来最大损失的犯罪活动。

另一个著名的价格制定案例发生在重电机领域。西屋、通用电气和爱迪生公司的高层管理人员们承认，他们多年来秘密会晤以制定价格。他们行事时非常注意不在公共场合来往，互相采用密码对话，并且只用公用电话。这一合谋估计给公众造成了 10 亿美元以上的损失。[13]

1994 年，烟草公司被指责隐瞒证实吸烟是对健康的主要危害的研究结果长达 30 余年。在 1997 年和 1998 年，许多烟草公司的经理们承认确有其事。

许多公司采取了许多非法的策略来试图超越竞争对手，甚至使其破产。其中一个策略便是使用商业间谍，这又包括多种方法：在办公室和电话上安装窃听器，以获得竞争对手的确切行动计划是一种，收买竞争对手的雇员又是令一种，还有一种则是试图窃取他人的电脑数据。一些大企业通过低于成本的倾销来使较小的竞争对手破产。而当竞争对手消失后，价格马上大幅提升，从前因降价造成的损失马上得到了超额的补偿。另一种让较小的竞争对手破产的方法是：向主要的原材料供应商订货，以使其不向竞争对手出售原材料，或者索取过高的价格。

341 **专栏 13.1　是否存在权力精英阶层?**

1956 年出版的《权力精英观点》① （C·赖特·米尔斯著）引起了社会学领域的一场大争论。

米尔斯认为美国存在着一个他称之为"权力精英"的统治阶层。权力精英阶层是由在经济、政治、军事等领域的高层人士的联合而形成的。

1998 年，最高法院下令烟草公司将所有的文件向政府公开。图中竖起大拇指的是明尼苏达州首席检察官休伯特·汉弗瑞三世（Hubert Humphrey Ⅲ），他在律师迈克尔·奇雷斯（Michael Ciresi，左一）的陪同下检查这 39 000 份从前保密的烟草文件。现在烟草公司承认，它们曾经隐瞒了香烟有害健康的证据。

权力精英阶层的联合主要来自于他们相同的社会背景。他们都出生于城市中的白人上层或中上层家庭，都进入了属于常春藤联盟的大学学习，因此他们对世界具有相同的看法，并且都认同自身的权势地位。他们在社交俱乐部中相互交流，这使他们之间联系更为紧密。他们在企业、政府和军队中都获得了领导地位。而手中掌权的老一辈会帮助年轻一代继续获得相似的权势。精英阶层并不是一个巨大的合谋集团，但是他们经常在社交场合或者工作场合见面，所以他们的行为往往是一致的。

米尔斯认为，在权力等级结构中还存在着两个阶层。最底层的是大众，他们无知、松散、毫无力量。在大众和精英之间是所谓的“中间等级”，国会则是这一阶层的代言人。只有在中间等级中，不同利益集团之间才存在真正意义上的竞争。而中间等级往往避免作出会与精英阶层发生冲突的决策。

近来，权力精英学派的支持者接受了米尔斯大部分的观察结果，但是反对他关于军队领导层也属于精英阶层的论述。[②]他们认为，军队虽然重要，但关键性的决策都是由政治和经济精英作出的。

在米尔斯提出自己观点的同时，大卫·里斯曼（David Riesman）却得出了完全不同的结论。③他的被称为“多元论”的观点承认大众的力量很小，但是重大决策并不仅仅由精英阶层作出，而是不同利益集团相互斗争的结果。利益集团就是“选票集团”，他们的目标就是阻止损害他们自身利益的提案获得通过。米尔斯看到了权力的集中，而里斯曼却看到了权力的分散；米尔斯注意了精英阶层的联合，里斯曼则观察到他们之间的分歧。

现在多元论者们的观点与里斯曼基本相同，但他们认为：利益集团不仅仅是为了阻碍对自身有害的提案通过而存在，他们也积极地致力于提出自身偏爱的提案并采取行动加以支持。

在多元论者和权力精英论者的争论中，主要的分歧在于：在有权势的人们中，究竟是相互合作为主，还是相互竞争为主。精英论者认为他们基本是联合的，而多元论者则相信相互斗争才是主流。

①C. Wright Mills, *The Power Elite* (New York: Oxford University Press, 1956).

②John E. Farley, *American Social Problems* 2d ed. (Englewood Cliffs, NJ: Prentice-Hall, 1992) 484 - 485.

③David Riesman, *The Lonely Crowd*, abridged edition with a 1969 preface (New Haven: Yaee University Press, 1969).

341 ## 大企业和政府的关系

美国、加拿大以及其他国家大多实行的是资本主义经济体系。一些原本支持共产主义的国家，如俄罗斯、捷克斯洛伐克和罗马尼亚等，目前也开始在其经济中加入资本主义成分。资本主义经济体系主要有三个基本特征：

1. 资本（如厂房）为个人或企业所拥有。
2. 投资决策由个人或企业而非政府作出。
3. 在自由市场中的竞争决定产品的价格、分配以及产量。

关于一个理想的自由市场的运作的经典描述是由亚当·斯密于1776年作出的。[14]这个
342 著名的“看不见的手”的理论认为个人在其个人利益的驱动下，会努力工作以生产出更多的产品。意味深长的是，个人的贪婪会转化为公众利益，因为它会使得人们努力工作，以生产出消费者最喜爱的产品。唯一需要的就是一个让看不见的手发挥作用的自由市场。利润动机驱使厂商生产公众需要的产品，而竞争能保证这些产品合理定价。按照亚当·斯密的观点，政府不应干预市场。市场在供需法则的作用下能够自我运行良好。这个观点当时被许多政府所坚持。

然而，自亚当·斯密时代以来，大企业的出现让情况发生了很大的变化。许多厂商发现，与其相互竞争，倒不如一起抬高价格或是限定产量更加合算。大企业还发现将废物丢弃在河流和湖泊中也能带来好处，而其他人则对此没有采取任何行动加以阻止。许多大企业还依靠长工作时间、低工资以及危险的工作环境获利。大企业通过关税、专利、税收减

免和其他从政府手中得到的特权从而减少竞争程度。此外，贸易协会、商业会议等鼓励大企业合作而非竞争的组织也建立起来。

各国政府都发现了对企业立法的必要性。环境保护法禁止工业污染；反托拉斯条例限制垄断的出现；公平贸易法案则禁止贿赂、虚假广告以及倾销等行为。

政府开始调节货币供应量和贷款利率的水平。通过增加货币供应量，从而降低利率，政府能够刺激经济与消费。由此而伴随的副作用是可能加剧通货膨胀。相反，减少货币供给、提高利率能够减轻通胀的压力，但会减缓经济增长并导致更多的失业。

政府也对企业收税。高税收减缓经济增长，低税收则能刺激经济增长。但低税收会导致政府收入减少，从而必须减少其为大众提供的服务。有趣的是，公众一般认为政府而不是企业应对经济增长与衰退负责。

当大企业面临破产危机时，政府有时会帮它们维持偿债能力。洛克希德公司在 20 世纪 70 年代就曾获得联邦政府的特别贷款。在 80 年代早期，克莱斯勒公司也获得了相同的待遇。

政府建立了许多机构（例如联邦贸易委员会和食品及药物管理局）以对企业从各方面进行监管。这些机构是为了监督企业而建立的，但最后它们往往却是在维护企业而非公众的利益。它们与被监管对象结盟，以保护现有企业不受到新的竞争威胁。这种联盟部分是因政府的雇工政策导致的。政府雇用那些从前在被监管企业工作的员工（政府的理由是他们具备工作所需的专业知识），而监管机构现有的员工以后也会到被监管企业中工作。如果监管者希望未来在监管对象中获得工作机会，他们的监管必然会倾向于有利于它们。

企业与政府的关系中另一值得注意的是大企业巨大的政治影响力。在美国，竞选国会议员需要数百万美元，而候选人主要是从大企业的捐助中获得这笔资金的。作为回报，当他们当选后，会按照主要捐助者的要求提出或者支持某项法案。如果他们不回报那些捐助者，下次竞选时就无法再次获得他们的支持。一些观察家认为，许多当选的官员是被他们主要的捐助者所“拥有”的。

专栏 13.2　军工联合体 343

在其告别演说中，德怀特·D·艾森豪威尔（Dwight D. Eisenhower）总统警告大家要当心军工产业的影响。数百家像洛克希德、通用动力和罗克韦尔国际公司这样的企业都通过政府合约在军队中开展业务。这样就使大企业与军方有着共同的利益。事实上他们是相互依赖的，许多前任军官都在军工企业中继续工作。

军工企业常常向军方索取过高的价格。因为大部分军方的预算是保密的，所以很难知道钱究竟是怎样花掉的。另外，国会给军方的拨款通常很慷慨，因为议员们已被大量游说，而且他们也不想显得自己不爱国。而来自军工产业或军事基地所在的州的议员，往往是军事拨款的积极支持者，因为他们的选民能从中直接获益。

军方、军工企业和劳工组织都在华盛顿有自己的游说专家。军事支出在政府支出中一直有着很高的优先地位，而军工企业也很少因索要高价而受到处罚——或许是为了避免国防部感到难堪。

我们很难准确计算核潜艇、坦克和轰炸机的真实造价。这些东西都过于复杂，有各种机密的性能，由数千个不同的部件组成。我们只知道军方实际支付的价格：

- 钳子：748 美元/7.61 美元（军品/民品，下同）
- 压气机阀：100 美元/25 美分
- 垫圈：387 美元/10 美分
- 螺丝钉：37 美元/5 美分
- 电池：114 美元/9 美分
- 灯：511 美元/60 美分
- 电子二极管：110 美元/4 美分
- 锤子：435 美元/17 美元
- 螺母：2 043 美元/13 美分
- 通用扳手：9 606 美元/12 美分
- 马桶的塑料盖：1 118 美元/31 美分
- 电铃：714 美元/46.68 美元
- 金属用螺钉：75 美元/57 美分

每个国家都要在大炮和黄油之间做出选择。大部分的总统制政府都会选择大炮，而艾森豪威尔总统——一位五星上将——却警告我们要当心军工产业控制国家。

资料来源：Daniel J. Curran and Claire M. Renzetti, *Social Problems*, 3rd ed. (Boston, MA: Allyn and Bacon, 1993), 121; Jack Anderson, "We Can Help End Government Waste," *Parade Magazine*, Jan. 20, 1985, 14-15; Robert A. Kittle, "Pentagon Bogs Down in Its War on Waste," *U. S. News & World Report*, June 4, 1984, 73-75; Julia Malone "No Bargains: Military Buys Pricey," *Wisconsin State Journal* March 19, 1998, 2A。

343 技　术

技术是一面双刃剑。所有重要的技术革新都既使人们从过去的艰难困苦中解脱，又带给人们新的、未曾预料的难题。技术可以定义为"用以提供维持人类生计并使其舒适的必需物品的方法的总和"。贝尔（Bell）则把技术进步定义为"提高劳动力与资本的生产能力的所有方法（器械、技能和组织）的结合"[15]。

技术革新改变了美国工人的主要工作方式。蓝领和农业工人逐步减少，而高技术领域（如计算机）的工作机会却越来越多。[16]在 20 世纪，美国经济由以制造业为主转向以服务业为主。留在衰退行业（比如钢铁工业）的工人发现很难在一个满意的工资水平上找到工作。人们加紧受训，以期在高技术行业内获得良好的职业发展机会。技术进步对一些人是件好事，而对另一些人则是一场灾难。例如：汽车厂商的经理会欢迎装配线上机器人的使用，而失业的工人则会诅咒这件事。

教育家、政治家和民权领袖都越来越关心这样一个问题：当我们的社会更为依赖计算机和其他的高技术时，只有少数具有相关技能的人们可以在社会上有所作为，缺乏这些技 344
能的人们的社会地位则会逐步降低。

技术进步在某种程度上令世界成为了一个“地球村”——这个术语是由未来学家马歇尔·麦克卢汉（Marshall Mcluhan）发明的。[17]随着电视、电话、互联网、电信网、传真机等通信手段的发展，这个星球上的人们联系更为紧密了，全球的人们可以观看同一场体育比赛或是听相同的政治演说。这是否会增强我们的世界公民感？或者电视机和计算器只是会降低我们的阅读和算术能力？

技术进步为大企业的发展和生产效率的提高作出了巨大的贡献。但正如后文将阐述 345
的，它同样是一把双刃剑。它使许多工人正在远离他们的工作岗位。

344

专栏 13.3　技术引起的灾难

在解决问题的同时，技术也给我们带来许多灾难。下面是一些 40 年来较为闻名的因技术而引起的灾难。

1958 年——苏联境内的一所钚武器研究机构发生事故，导致 1 500 平方公里范围内都受到辐射污染。

1961 年——超过 2 500 个畸形儿在欧洲出生，因为他们的母亲在怀孕期间使用镇静剂来减轻身体不适。

1967 年——一起发射前的火灾使得 3 名宇航员丧生，他们原本将成为最早的阿波罗飞船成员。

1971 年——一艘名为“联盟Ⅱ号”的苏联宇宙飞船在重新进入大气层时船舱减压，3 名船员全部丧生。

1976 年——米兰附近的一家瑞士化工厂发生爆炸，向天空中排放了大量的有剧毒的二氧（杂）芑气体。这使数万鸟类及其他动物丧生，并使500多名儿童得了皮疹。

1978 年——宾夕法尼亚州的一个核反应堆发生事故，泄漏了大量的低放射性气体。

1984 年——美国公司在印度的一个硬质合金厂的化学储存池发生爆炸事故。致命的异氰酸甲脂毒气的泄漏使 2 000 人丧生，数万人受伤。

1985 年——全球共有 2 000 多人在空难中丧生。

1986 年——美国“挑战者”号航天飞机起飞后爆炸，机上 7 名宇航员全部遇难，包括宇航员中的第一名教师。

1986 年——切尔诺贝利核电站的一个反应堆发生爆炸，核泄漏遍及整个欧洲。数周内有 25 人死亡。数万人因此次事故而寿命减短。

1987 年——9 月 28 日，美国空军上尉劳伦斯·哈斯克尔（Lawrence Haskell）驾驶的 B—I 轰炸机在科罗拉多州上空失控，因为一只鹈鹕钻了进来。6 名机组成员中的 3 人丧生。

1989 年——3 月，美国史上最严重的埃克森美孚漏油事故发生。一共有 1 100 万加仑的原油泄漏至威廉王子港。埃克森美孚公司花了 20 亿美元试图清洗泄漏的原油，但只清除了其中的 5%到 9%。数百万的鸟类、哺乳动物和鱼类死亡。当地的捕鱼业从此消亡。

1994 年——9 月，一艘从爱沙尼亚至瑞典的渡船沉没，900 人丧生。这是史上最严重的渡船灾难。

1996 年——7 月 17 日，环球航空公司 800 次航班从肯尼迪机场起飞后不久坠毁，机上 230 人遇难，事故原因不明。

资料来源：William L. Chaze，"Living Dangerously，" *U. S. News & World Report*，May 19，1986，19－25；William Kornblum and Joseph Julian，*Social Problems*，6th ed.（Englewood Cliffs，NJ：Prentice-Hall，1989），404；Matti Huuhtanen，"Death Toll Surpasses 900，" *Wisconsin State Journal*，Sept. 30，1994，11A。

未来震惊

在《未来震惊》（*Future Shock*）一书中，著名的未来学家阿尔文·托夫勒（Alvin Toffler）提出了一个命题，即技术进步正在以人类历史上最快的步伐不断出现。[18]这些进步迅速地改变了人们的生活方式，并给个人带来了巨大的社会和心理压力。传统的价值观和风俗已被颠覆，但却很少有新的价值观前来代替。托夫勒认为，技术进步已经失控，人们无法调整自我以跟上它的速度。"个人是否能生活在一个失控的社会里呢？正是这个问题把未来震惊这个概念摆在我们面前。"[19]托夫勒说。根据他的观点，未来震惊就是对现在和未来的一种疑惑和忧虑的感觉，这种感觉是迅速的技术变革带来的。然而，虽然托夫勒的观点引人注目，但却没有什么具体的证据证明技术的快速进步导致了焦虑感的出现。

文化滞差

关于技术有一个著名的"文化滞差理论"。威廉·F·奥格本（William F. Ogburn）说："一种文化存在着相互关联的两部分，当其中的一部分率先发生变化，或者变化程度比另一部分大很多时，双方之间的关系来不及作出足够的调整，这时就出现文化滞差。"[20]文化滞差的例子有很多。胚胎移植技术让女人可以不经怀孕就成为母亲，而人工授精使得代孕妈妈出现。技术的发展使堕胎成为可能，并且可以让强奸犯和弱智人失去生育能力。我们可以利用先进的技术来维持一个垂死的人的生命，即使我们已没有任何希望治好他。我们甚至可以克隆人类。上面提到的这些技术都已出现，但它们是否是我们真正需要的呢?

奥格本认为，社会福利措施的发展落后于技术的发展。健康保健技术的进步让人们寿命更长，但我们却很难真正满足老人们的需要。机器人等自动化设施的使用可以减少所需的蓝领工人，而我们却没能及时为那些技能过时的失业者提供有效的再培训计划。

奥格本注意到，还存在着一种“技术滞差”。例如，我们的社会过于依赖便宜的石化能源，原油将以很快的速度耗竭，因而低耗能技术的突破十分重要。同样，里根和布什都想发展星球大战计划以抵抗核武器的威胁，但这也需要一定的技术突破才能实现。

劳 动

当人们初识时，最常见的问题就是：“你靠做什么谋生?”劳动是我们生活的中心内容，它可使我们能够挣钱养家，也可使我们拥有自尊，还给予我们结交同事和朋友的圈子，它是我们自我实现的根源。挑战性的工作能够使人充满智慧、心理成熟而且受人欢迎。劳动也决定了我们在社会结构中的位置。我们精心选择我们的职业，因为职业影响力是决定我们社会地位的关键因素。可以这么说，我们的劳动就是我们本身。

在我们的社会，“工作观念”受到高度重视。我们认为，劳动是光荣、有创造力并且有利于社会的。而没有工作的健全人则会被人瞧不起。

劳动简史

劳动并不是一直受人尊重的。古希腊人认为劳动是诸神给人类的惩罚，他们觉得劳动
如此繁重和令人不快，故而是不适于由一位公民来从事的。公民应该有足够的闲暇时间，
从而培养他们的头脑。希腊人靠着奴隶养活自己，而把时间用于发展哲学和文化。亚里士 346
多德的名言是：“农夫和手工业者无法拥有美德。”[21]

罗马人只认为放贷是一项可以接受的职业，其他的工作则显得既粗俗又没有身份。古代希伯来人对于劳动的态度是自相矛盾的：他们一方面认为劳动是无可避免的苦差，另一方面又认为劳动是对人类原罪的救赎（按照《圣经》上所说的，原罪起自于亚当和夏娃对上帝旨意的违抗）。

早期的天主教徒对劳动的看法要稍微正面一些。与希伯来人一样，他们也认为劳动是在赎罪。但同时他们也相信劳动可以维持我们的生计，而且可以用来帮助需要的人，所以是必要的。他们同样认为劳动也有精神价值，可以用来净化自身。不过，僧侣们认为劳动对于他们自己而言是可耻的，他们宁可前去乞讨。

17 世纪的新教改革，使对劳动的社会评价发生了深远的变化。劳动第一次被高度赞扬。宗教改革的领袖马丁·路德（Martin Luther）声称劳动是为上帝的服务。自此以后，劳动一直被认为是光荣而有宗教意义的。

另一个宗教领袖约翰·加尔文（John Calvin）对改变对劳动的偏见有着更重要的影响。加尔文宣称劳动是神的意志。努力工作，并在自己的职业中成功的人，将肯定获得拯救。上帝让人们节俭持家，并将利润重新投资，之后获得新的利润，再开展新的投资。努力工作并勤俭持家的人受到赞誉，而懒惰者被认为充满罪过。受加尔文的学说影响最大的是持禁欲主义的清教徒。这种学说的广泛流传使得一种新的社会价值体系（新教伦理）产生了。新教伦理有着三个核心内容：努力工作、节俭和禁欲主义。

努力工作和节俭的观念一直延续下来。本杰明·富兰克林（Benjamin Franklin）就有许多格言是赞扬这些观念的：

> 省下一分钱就是挣得一分钱。
> 记住：时间就是金钱。
> 除了勤奋和节俭外，没有比准时更能让年轻人成长的事情。
> 懒人在浪费金钱。
> 时间的损失就是金钱的损失。[22]

347 美国前总统尼克松在作一次福利制度改革的演讲时宣称，劳动力有其内在的价值。劳动不仅是美国的优良传统，而且与我们受到的宗教教导一致。尼克松补充说："擦洗地板和其他的工作——比如我的工作——一样高尚……而我们中的大部分人都认为懒惰是可耻的。"[23]

现在我们已不再信奉节俭和禁欲的清教徒观念，但是我们仍然相信应该努力工作。为了得到大家的赞赏，一个健全人应当能够获得一份工作或者至少在接受工作培训。靠救济生活的人往往被看不起。我们的收入与个人价值强烈相关，挣得越多，旁人对你的评价也越高，而我们的自我评价也越高。

从事底层工作的人们很难有一种满足感。比如在装配线上，只有工头才会觉得自己重要，而其他的工人只是在做一些重复性的工作——拧螺钉一类的。这一类的工人总是为没有更好的工作而烦恼。[24]

由于工作状况会影响到我们的自我概念，所以不体面、令人厌烦和非人性化的工作会影响我们的心理健康。我们不是仅仅根据收入来评价自己，同时还要考虑工作是否具有挑战性、是否令人有满足感或者是否能够提升自我。

346

专栏 13.4　马克斯·韦伯和新教伦理

德国社会学家马克斯·韦伯（Max Weber）于1904年发表了社会学领域最具煽动力的著作《新教伦理与资本主义的精神》①。在此书中，韦伯认为是新教伦理促进了资本主义的兴起。韦伯论证了被马丁·路德和约翰·加尔文所推崇的清教徒道德观念是如何给传统社会向工业革命的演化提供价值体系的。

韦伯注意到，新教伦理认为人们不能改变自己的命运。人们注定要面临最终的审判，要么得到拯救，要么遭受永久的惩罚。人们不能确认自己的命运，但人们都在寻找上帝的暗示。由于他们相信劳动是对上帝的服务，所以他们认为赚取利润符合上帝的喜好。因此，他们努力工作以积累起尽可能多的财富。

新教伦理把奢侈浪费看作是有罪的，因此利润被节省下来，重新用于投资。新的投资带来了新的厂房和机器，这样工业革命就开始了，而资本主义随之诞生。

①Max Weber, *The Protestant Ethic and the Spirit of Capitalism* (New York: Scribners, 1958).

美国劳动力趋向

20世纪以来，美国工会的力量越来越大，而工人的工资和其他收入也随之有了很大的增长。但80年代后，工会与管理层之间权力的天平逐渐倒向管理层。在许多企业，管理层以将企业搬迁或关闭为威胁，让工人接受零工资增长，甚至减薪。工人们一般都勉强接受这样的安排，而不是选择失业或者罢工。

在20世纪，劳动的特性和劳动力的组成都发生了巨大的变化。这些变化主要集中在以下七个方面：白领工人的增加、雇佣社会的显现、专业化、劳动力的性别和年龄结构的变化、对内在报酬的重视、低工资岗位的增加以及“全球工厂”中的外包生产。

白领工人的增加

殖民地时期，大部分人都是小农场主或者在那里工作。后来，我们逐步从早期的农业经济过渡到了现代的工业经济。

在1990年，27%的劳动力是农业工人，18%的劳动力是白领工人。到了1995年，只有2%的劳动力是农业工人，而白领工人的比重上升到了58%。[25]正是工业生产力的高速发展使2%的劳动力就能养活我们！农业工人（自耕农、雇农和农业经理们）曾经是最大的职业集团，现在却是最小的之一。

而现在占劳动力比例最大的白领职员（专业人员、办公室职员、销售人员和经理们）从前曾是人数最少的。这一群体在1956年超过了蓝领工人的数量。[26]

工业社会的产业可以分为三种：第一产业、第二产业和第三产业。

第一产业是对未开发的自然资源的提炼，农业、采矿业和捕鱼业都属于第一产业。

第二产业将原材料加工而生产出制成品，食品加工、钢铁业和汽车业都是这一行业的成员。在产业发展的中期阶段，大部分工人都在第二产业工作，其中主要是蓝领工人。

第三产业就是各种各样的服务性行业，比如临终关怀、医疗服务、汽车维修、销售和病虫害防治等。在我们所处的发达社会中，第三产业的工作在社会中占了主要地位，而这些产业主要提供的就是白领工人的职位。现在60%的劳动力都在第三产业中工作。[27]在第三产业中工作往往会比在另两个行业工作要干净而舒适一些。

雇佣社会的显现

像在殖民地时代那样大部分美国人都为自己工作的情况早已一去不复返了。现在只有 348

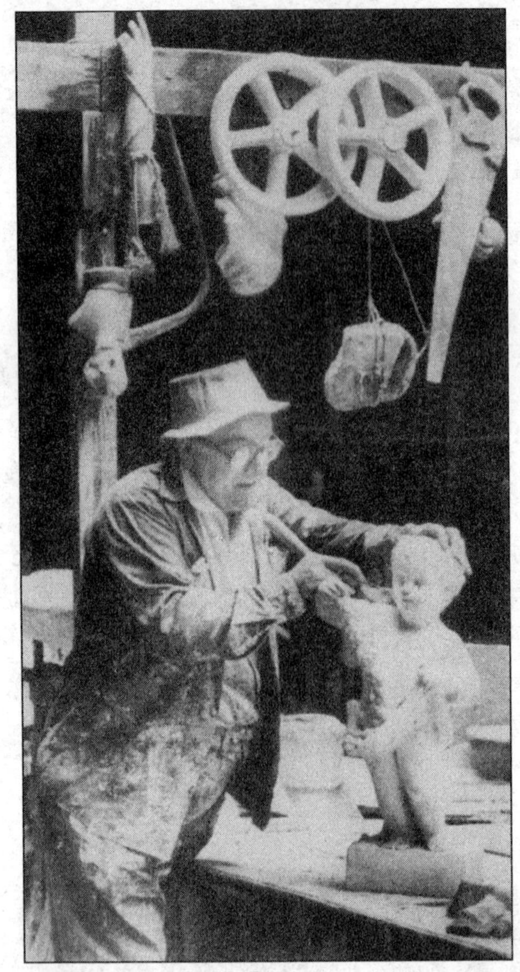

由于我们社会变得越发机械化，艺术家的价值随之越发提高，而靠自己独自生产某种产品谋生的机会则越来越少。

不到10%的劳动力是“自雇”的。[28]现存的这类人主要有小企业主、家庭农场拥有者、自营小商店主、木匠和艺术家。但是这些自营小企业发现它们越来越难以和组织良好的大企业进行竞争。大部分工人受雇于大公司、政府等单位。即使是内科医生这种传统上自雇的人员，现在也主要在医院的门诊部或其他组织工作。

专业化

1850年的调查发现，当时美国一共有323个不同的职业头衔。[29]现在这个数字增长到了35 000个——不同职业的数量在此期间增加了100多倍。[30]现在我们可以选择从事一些像品茶师、闻水师这样的古怪职业。在极度专业化的背景下，生产过程被分解为许多重复而单调的任务，每个工人只对整个产品的生产作出他的极小部分贡献。一个装配线上的工人这样说道：

> 我敢说装配线真不是个工作的好地方，没有比拿来一桶螺钉并把这 10 000 个螺钉一个一个地用完更令人沮丧的事情了。然后你还要再拿一桶螺钉，而且你还知道这 10 000 个螺钉得装在和前面 10 000 个螺钉相同的地方。[31]

专业化为复杂程度很高的产品和服务的生产技术发展作出了很大的贡献，但它同时也带来了一些问题。当工人发现他们只是机器的助手以及他们的工作只对整个生产过程起着很小的作用时，他们很难再有工作自豪感。这些专业化往往带来对工作的不满情绪。而那些只为了一项涉及面很窄的工作而接受培训的人们，当所学的技能过时后，他们就发现自己很难找到新工作了。专业化也使得工人们之间以及经理之间的互相合作成为难题。我们的社会由于专业化而极度互相依赖。因为这种依赖，某一领域工作的中断将会影响到整个经济运行。1997 年，美国联合包裹运输服务的雇员罢工一周，这使得依赖邮递产品的美国经济的运行发生了严重的中断。

劳动力的性别和年龄结构的变化

劳动力包括正在工作或者正在找工作（失业者）的 16 岁以上的人群。劳动力的组成
成分已经发生了重大的变化。 349

老年人越来越不容易成为劳动力中的一员了。1954 年时，40％的 60 岁以上老人仍然是劳动力的一分子，但到 1995 年时这个比例已经下降至 16％。[32]雇主跟前有许多新近受训并且愿意接受低薪金水平的年轻工人，所以他们并不十分情愿雇用老年工人。而技能退化以及老年工人的生产力较低的说法使失业的老年人很难找到新工作。

女性加入劳动力大军的比重则在不断增加。1900 年只有 20％的成年女性被雇用，而现在已经达到了 55％。[33]不过女性仍然主要在声望与工资都较低的职位上工作（见第七章相关部分）。

少数民族工人和青少年工人是历史上失业率最高和工资最低的两个群体。非白人青少年的失业率尤其高，在某些城市甚至达到了 50％。[34]而全职女性的平均工资只有相同情况下男性员工工资的三分之二。[35]非白人女性因为受到双重歧视，所以工资往往更低。

对内在报酬的重视

内在报酬是基于工作本身的报酬。工作能够带来充实感和挑战性；工作能使我们善于交际并且充满激情；工作可以使我们身体更健康；工作给我们天生我材必有用的成就感；工作让我们拥有自尊；工作可使我们充满兴趣；工作带给我们结交新朋友的机会。这些都是工作本身带给人们的内在报酬。过去人们只是为了外在报酬而工作——他们收到薪水支票后就可以付账了。而在最近的 30 年中，人们更加关注工作能够带来的内在报酬。[36]

低工资岗位的增加

即使考虑到 20 世纪 80 年代和 90 年代美国经济工作机会总量的增加，同期经过通胀调整后的工资水平在多数行业也都有所下降。[37]低工资岗位的增加是造成这种趋势的主要原因。例如，在快餐行业就大量出现只支付最低工资的工作。此外，兼职工作也大量兴起（兼职是

指每周工作时间少于 35 小时）。现在每月出现的新的兼职工作机会都多于新的全职工作机会。[38]而现在雇主们也比 20 年前更乐于聘用临时工。[39]通过聘用临时工，雇主们可以省下许多员工福利（比如为医疗保险费埋单或者为员工的退休计划付账等）。另一个使低工资岗位增多的原因是劳动力从制造业向服务性行业的转移。随着工厂的关闭和制造业工作机会向发展中国家的转移，工人们只好转向接受服务和贸易行业的工作。而这些行业中低工资岗位的比重是制造业的两倍。[40] 20 世纪 90 年代许多制造业企业都重点削减了全职工人的数量。

“全球工厂”中的外包生产

跨国公司正在使世界经济体系成为一座“世界工厂”。它们不再只在一国生产某种产品。高速的交通工具使得跨国公司能够把原材料从一个地方运至地球上任何一个地方，在那里完成生产。这样的交通系统使跨国公司能够利用发展中国家的廉价劳动力。例如，美国棒球制造商把人造丝、皮革、接合胶、纤维等原材料运至海地进行生产，而那里的工资比美国境内任何地方都要低。

外包生产就是把工厂建在第三世界国家，利用那里廉价的劳动力，生产供应美国市场所需产品的行为。外包相当于把美国制造业的工作机会出口到了第三世界国家。（一些政府把这种现象称为美国的“去工业化”进程。）

350 劳动问题

异化

异化的社会学含义是：人与社会的交往过程中感觉的一种压抑和无能为力。马克思最早使用“劳动的异化”一词（或许因为马克思总跟共产主义联系在一起，劳动者异化在美国一直被忽略）。马克思认为，劳动者与企业所有权及其生产的最终产品无关导致劳动者异化。工人们觉得没有意义和无能为力。马克思说：

> 首先，劳动对工人来说是**外在的东西**，也就是说，不属于他的本质；因此，他在自己的劳动中不是肯定自己，而是否定自己，不是感到幸福，而是感到不幸，不是自由地发挥自己的体力和智力，而是使自己的肉体受折磨、精神遭摧残……他的劳动不是自愿的劳动……最后，对工人来说……这种劳动不是他自己的，而是别人的；劳动不属于他；他在劳动中也不属于他自己，而是属于别人。[41]

按照马克思的解释，专业化分工是异化产生的一个重要原因。专业化分工使工人不得不长期反复从事一种工作，工人认为自己的能力没有得到充分发挥，工作缺乏创造性，是被迫的、非人性的。

马克思认为异化会导致工人们集体反抗企业主。工人反抗的另一个原因是他们认为统治阶级剥削他们辛勤劳动的成果。

美国并没有发生马克思预想的阶级革命。马克思未能预测到工人集体的讨价还价能力和 20 世纪科技革命极大地改善了工人生活条件。

或许马克思认为资本主义国家的异化是由于工业革命产生的吧。与马克思预测的相反，美国工人仍然信任资本主义。很多工人有股票、债券、不动产、储蓄等。很明显，工人中也有部分统治阶级。马克思只看到了两阶级——工人和资本家——间的斗争，但他没有预测到这两个阶级有可能重合，更没能预测到包括资本家和工人的中间阶级的出现。工人相信美国资本主义体系，因此在可预计的将来，美国是不会发生阶级革命的。

事实上，任何工业化国家都没有发生社会主义革命。社会主义革命仅发生在发展中或未工业化国家，如中国、古巴、苏联等。

异化的来源

导致异化的原因很多。由于专业化分工，工人觉得工作没有意义，自己微不足道。一个仅焊接点火线的工人不会为一辆汽车的下线而骄傲。在大企业工作，随时都可能会被替代，会觉得自己微不足道，自尊贬低。不能参与企业决策以及意识到监管者希望自己按部就班也使工人觉得自己微不足道。

一些行业的大多数工作都由机器完成。自动化（如汽车行业）使工人觉得自己不过是 351
工作流程中一个微不足道的螺丝钉。甚至工人的工作快慢都由机器决定。缺乏创造性的工作（如打字员、接待员、清洁工、流水线工作人员、电话接线员等）也导致了异化。很多美国工人不愿长期从事的工作包括：一切都被安排好的工作和缺乏机会的工作。结果，一些工人觉得工作是对自己的羁绊。[42]

导致异化的工作多缺乏如下条件：学习机会、成功感、和与自己好处的人共事。很多专家认为异化导致生产过程的崩溃——工作效率低、缺勤率高、破坏甚至偷盗公司财物等。

对工作的不满度

对自己工作的不满度是异化的一个重要显示指标。关于工作满意度的研究显示不同职业间的工作满意度差异很大。很多工作是无聊的。对于已经满足生活需要的人们，这些工作的薪水不能抵补其工作的索然无味。

专栏 13.5 对工作不满 352

玛丽和罗伯特在大学认识，1999 年毕业不久后即结婚成家。罗伯特主修历史，先于玛丽一年毕业，玛丽主修心理学。两人都有一个共同的希望是在郊区安个家，有自己的汽艇和汽车，去好多地方旅游。刚刚毕业时，他们认为自己的梦想会逐步实现。

六年过去了，现在罗伯特 29 岁，玛丽 28 岁，已经有两个孩子，他们只旅行了一次。他们负债累累。买了一个破旧的毛坯房，仅有两个房间，这间破房子经常要维修，为此花了不少钱。此外，医疗、食物、衣服也很破费。

更倒霉的是他们都没找到满意的工作。在过去三年半的时间里，罗伯特一直在一家小保险公司卖保险，他说：

我因为找不到其他的工作而不得不做这份工作。毕业时，学历史的找不到好工作，因此，我找了很多临时工作，这其中没有一件我看得过去的。我做过卡车驾驶员、比萨店经理、出租车司机、汽车销售人员。很多时候，我处于失业中。

我希望找到能够赚大钱的工作，但我一直没有找到。我憎恨卖保险。很多情况下，我是抱着电话本打电话，劝说他们买保险，就像乞求别人给施舍似的，有时候接电话的顾客重重地扣上电话，震得我耳朵好痛。我非常憎恨这种贬低自尊的工作。但我毫无选择。每月有大量的账单要付，不能不工作。我不忍心看见玛丽带着孩子却还要工作。真正令我伤心的是，我们都是自己不喜欢的工作的奴隶。由于众多负债，我们连圣诞礼物都没钱买。

玛丽是一个服装店的文员。她也找不到她专业（心理学）内的工作。毕业后，做了两年打字员，薪水和现在的工资——略高于最低工资——差不多。生了第一个孩子（鲍尔）后，玛丽放弃了打字员工作。她对现在的工作不感兴趣，但更不喜欢秘书工作。鲍尔出生几个月后，玛丽就开始做兼职工作，现在又做全职工作。

玛丽说：

我想我在大学是过于理想化了。我期望得到一个富有挑战性的工作，能锻炼我成长，薪水高。但一切都没有出现。挣的钱微薄得可怜，支付了保姆的费用后就所剩无几了。工作很烦人，尤其是当事情少时。11月和12月恰恰相反，全天不能半点松懈。要么是盛宴，要么是饥荒。我已经烦透了。但离开服装店后，我的不如意并没有结束。我开始做诸如烹饪、洗涤和清洁的工作，并找时间与孩子们在一起。过去四年，对我简直就是噩梦，要换尿布，半夜起床照顾生病的孩子。我不是说孩子有什么不好——不会拿他们去交换物品，但有时我真弄不明白我到底错在哪里。真正伤我心的是直到目前，我的努力仍然没有留下任何东西。

告诉你，有几个早上，起床后，我的确非常厌恶我的工作。上班的路上，我眼泪都流下来了，尤其当我想起丈夫也极度讨厌他的工作，而且，天气不好的时候，他酗酒，这使我越来越担心。我的工作是不可能有多大起色了，但我不能放弃。难道这就是命运？

失业

本部分介绍失业的成本，分析高失业人群及其原因和影响失业率的因素。

失业成本

如专栏 13.6 所述，失业会产生诸多严重后果。最明显的是，失业减少了家庭或个人的收入。短期失业，特别是能得到失业补助的情况下，产生的负面效果还不明显。但长期失业会产生严重的问题。

专栏 13.6　失业使美国之梦灰飞烟灭 354～355

洛林和德瑞克认为他们已经实现了自己的美国之梦。他们在湖边风景区有一座有五个卧室的石头地基房子，有两个乖孩子、一辆小汽车、一辆有篷货车、一艘游艇。房子、汽车和船是以按揭的方式购买的，因为是双职工，他们相信每月能很轻易地归还按揭。德瑞克女士如此描述：

> 我丈夫工作的德纳公司，是一家小汽车和卡车制造厂。他是监工，每年挣 37 000美元。我一直是法律文秘。
>
> 1993 年春天的大裁员开始时，我们认为不可能裁掉我丈夫，他有六年高级管理工作经验。但 1994 年 3 月，我们意识到一场裁员不可避免。德纳公司财务状况欠佳，1994 年 6 月，我丈夫被裁，我们对此一点也不吃惊。
>
> 起先，我们并不担心，丈夫认为可以趁空度了暑假，维修一下房屋。因为他已经 39 岁了，自 18 岁开始，一直在那工作，我也认为几个月的休息对他是件好事。当然，他能拿到失业保障，加上我的薪水，我们确信可以渡过这场危机。我们确信德纳公司最终将恢复如前，我丈夫也将回到工作岗位。
>
> 夏季后，谣言传出德纳公司将被关闭，9 月，工厂宣布即将关闭。
>
> 我们开始紧张起来，丈夫开始积极寻找其他工作。然而，附近地区没有适合的工作。
>
> 丈夫开始申请很多不同的工作，但都没能如愿。我看到他每天被拒回家时的那副表情，痛苦极了。一个曾经给我安全感，值得我骄傲的人，竟变得如此落魄。因为求职路上的坎坷，丈夫得了胃病。我也出现了神经紧张、头痛。过去，我们经常出去聊天散步，有说有笑。现在我们没钱出去旅游，也没有兴趣。
>
> 丈夫力图抓住每个机会，他甚至到密尔沃基和芝加哥去求职。去年他已经是 40 岁的人了。1995 年 2 月，他的失业保障终止了，债权人开始催我们还债。不久，我们耗尽了我们的所有储蓄。天天要接到众多的催款电话，不得不换了一个未登记的电话号码。以前根本就没有这样的事。
>
> 2 月后，简直就是地狱。我们的争吵越来越多。无论我什么时候拿账单回家，丈夫脸上总是不愉快，似乎不关他事。我知道这不是他的错，但我们每次谈到账单时，他总是很受伤，而且发怒。
>
> 2 月后，他开始口头宣传自己是个独立的木匠，手艺不错。不幸的是，他揽到的活还不够买工具。这使我们越来越穷。
>
> 上班途中，我常常流泪。这是我唯一的单独时间。回家的途中，我也时常哭泣，因为回家后又不得不面对丈夫那张难过的脸。
>
> 我们很少和朋友联系。他们要么同情我们，要么带着那副“我早告诉过你们呀”的傲慢样跟我们说话，因为丈夫被裁后的前一段时间，我们很乐观。

> 似乎丈夫在这儿已经很难再找到工作了。下周，他将去亚特兰大。听说那儿有很多工作机会。
>
> 我们的儿子，丹尼，已经12岁了。他对离开这儿既伤心又生气。他在这儿有很多朋友，喜欢去划船、钓鱼，到海边去玩。我必须让儿子放弃这些他喜欢的东西，虽然很困难。
>
> 我们的女儿，卡蕊，已经15岁了。她的学习很糟，学分很低。问到为什么时，她说："学习有什么用——又不能帮助我找到好工作。"或许因为她的话一针见血，我感触良久。
>
> 似乎我们不得不放弃这所湖边的房子（德瑞克夫人流泪了）。我们在这儿住了五年，这儿是我们第一个真正的家，我们很喜欢它。我们新修了天井，花了很多精力在房屋装修上。房子已经成为我们的一部分。如果丈夫在亚特兰大找到工作，我们就不得不把它卖掉。我们问了一下这个房子的价格，远远不及我们对它的投入。
>
> 几年前，我们认为我们已经实现了美国之梦。但仅仅一年半后，我们就进入了地狱之门。梦想破碎了，家要搬了。我们的年代，或许最开始的生活（通过借贷）并不是我们能够消受的。

哈罗德·威伦斯基（Harold Wilensky）发现长期失业导致极度个人孤立。工作是绝大多数人一生的中心所在。一旦失业，工作关系就切断了。许多失业者几乎不看朋友，也很少参加社区活动，变得日益孤立。[43]

D. D. 布拉吉涅茨和 B. M. 布拉吉涅茨（D. D. Braginsky and B. M. Braginsky）发现长期失业造成态度改变，即便再就业仍然可能存在。[44]失业者认为被解雇是不胜任和没能力的体现，从此自尊受损，意志低落，远离社会。失业者贬斥现存社会和经济体系，力求寻找其失业的社会原因。即便找到工作，也不能完全恢复自尊。

布雷内（Harvey Brenner）发现失业和情绪问题存在很大的关联。经济低迷时期，精神病院人数增多、自杀率升高（意味着压抑度增加）、离婚率升高、孩童照应不够、胃溃疡发病率增多等。[45]所有这些都是情绪原因所致。

多数情况下，长期失业者储蓄耗尽，变卖家产，沦为社会救助对象。一些人，尤其是年轻人，会犯罪。失业者不再有机会与同事一起。失业者通常困窘、愤怒、绝望、消沉、忧虑、厌倦、冷漠等。这些特征导致酗酒、吸毒、失眠、与压抑相关的病症、婚姻不幸以及对家人施暴。结果是，失业者自贬身份，失去了工作给其带来的自尊。

带孩子的单身女性的失业问题更严重。纽曼（Newman）发现中产阶级妇女离婚后不得不想办法解决由于离婚家庭收入减少29%～39%所带来的问题。[46]当这些离婚的工作妇
353 女失业后，会发现其找工作期间很难维持家庭生计。她们因为婚姻或者抚育孩子中断了工

作，找工作时竞争不过那些一直在工作的人。

大范围的失业缩小了政府税收来源。由于税收减少，中央政府不得不减少相应公共服务，而恰恰相反，此时这些服务是最需要的。这些服务的减少进一步加剧了异化和消沉。

高失业率也导致了高就业不足。就业不足指工人从事比自身技术水平低的工作。例如，大学毕业生被迫从事非技巧的筑路或文员工作。

失业者

过去 20 年内，根据劳工统计局的数据，失业率为 4%～11%。统计局按月随机抽查形成失业率数据。

一般来说，我们的工作生涯中总有一部分时间处于失业中。不同的失业人群失业时间是有差异的。20 世纪 70 年代末 80 年代初，钢铁和汽车产业工人失业率很高。70 年代中期，文科和社会学博士很难找到工作。80 年代前期，房地产业持续低迷，木匠和建筑工人工作难找。80 年代中后期，则是石油制造厂工人（遭遇失业）。90 年代，企业纷纷裁员，包括行政性职位，中层管理人员大量失业。

一些人群存在持续很长的失业。如美国黑人、拉美人、十几岁的年轻人、妇女、大龄工人、无技术或技术不熟练的人以及残障人群。

美国黑人和拉美人的高失业率部分是由于种族歧视。不幸的是，有句陈词滥调“第一个解雇黑人，最后一个雇用黑人”仍是有一定道理的。另一个原因就是他们低的教育水平使得他们抓不住很多工作机会（低的教育水平和缺乏市场需要的工作技术水平部分是由于过去的歧视所造成的）。

妇女的失业率高也有部分原因是歧视。很多雇主（多为男雇主）倾向于雇用男性而非女性。很多工作还一直错误地被认为是仅适合男性的工作。妇女被认为是低薪一族的，没有竞争力的，她们的位置是在家而不是去工作（第七章作了详细介绍）。

关于大龄工人——一般 40 岁以上——的一些偏见也使得他们再找工作困难重重。人们认为他们生产率低、难与人相处、不易教化、笨拙、容易犯错、身体不够好、更易旷工（第八章对这些偏见作进一步阐述，并介绍了驳斥此种偏见的研究发现）。大龄工人的另一个问题就是年轻人更容易接受那些比大龄工人最后一次工作的工资低的薪水。

年轻人失业率高，部分原因是他们没能掌握市场要求的工作技巧。

雇主对简单重复性工作喜欢雇用无技术工人。但经济低迷时，无技术工人是最先被解雇的。即便经济高涨，无技术工人也很容易被替代。高技术水平工人的工作很难被替代，雇主会花很多时间和资金培训高技术工人。

相比白领，蓝领工人更易被替代。雇用大量蓝领工人的产业，如房地产、修路、重型装备如拖拉机制造业、汽车产业，受经济景气程度影响很大。一旦经济低迷，这些行业必大幅裁员。如上文所述，蓝领工人数量正在下降，白领工人数量正在增加。主要原因是自动化，生产过程越来越多地采用自动控制。自动化的例子包括汽车生产线和直拨电话（代 *354*

替了众多的接线员）。机器人已经在很多产业替代了人力，尤其是那些简单重复性工作。

有障碍人群失业率很高。这由很多偏见造成。社会认为，他们有一方面的障碍，肯定在其他方面也不行。如人们认为肢体残疾的人的社会交往能力也不够。大量的研究发现，有障碍的人工作时会鄙弃外界对他的偏见。[47]绝大多数是积极努力、有能力的劳动者，只有缺勤率比别人略高一些，但工作更忠诚。他们并不比其他人工作慢或生产效率低，他们有良好的安全纪律。[48]

有时，新毕业的大学生及其他几类人会遭遇不充分就业。关键是大学生选择的专业应该能够帮助他找到称心的工作。坦率地说，这很难做到。一方面是劳动市场波动大。如，1980 年，有很多社会服务岗位。然而，里根上台后，严厉的紧缩政策大幅度减少了社会
355 服务工作岗位。1981 年至 1985 年，社会服务工作岗位极少。劳动市场变化如此激烈，以至于很难在选专业时就预计就业市场的发展方向。这是为什么基础学科或文科教育尽管短期内与就业联系不紧，但从长期而言却更有用。比起狭窄的技术教育而言，广阔的基础教育更能适应变化的市场需求。

高失业率的原因

近几年，官方失业率数据一直在 4%～11%间波动。为什么美国的失业率如此之高呢？原因很多而且复杂。首先必须说明的是，即使在完全就业的情况下，仍然有部分有能力的人偶尔没有工作：更换工作、没有找到工作的新毕业生（中学或大学的辍学生）、长期生病或缺勤后开始找工作的人。因此，一般都认为失业率 2%～3%即达到了充分就业。

美国的很多地区是劳动大军的人数多于工作岗位数。自动化使很多产业大幅度裁员，很多工作技巧（如铁匠）过时。农业中收割机的出现，大大降低了农业就业人数。过去需要大量人力的农业劳动，现在由机器完成。

356 “二战”至 1956 年，是婴儿出生的高峰期。过去的 35 年里，这些人已经加入劳动大军。最近几十年，妇女从应该待在家里的思想束缚中解放出来，也参加了工作。这些增加的就业需求直接促进了失业率的升高。

从国外采购的全球生产模式使很多工作岗位从美国流到第三世界。例如，美国的全球体育用品公司总部在印尼用一天工资仅两美元的女工生产鞋后出口到美国。[49]

结构性失业延续了多年。很多找工作的人没有工作岗位需要的技术。高科技人才，如计算机人才，需求旺盛，但这些领域的人才很少。人们为目前岗位而培训，但经济发展对人才的需求会不断变化，因此结构性失业总是存在。

失业率升高的因素

其他很多国家政府家长般的关怀失业人群，为他们创造就业机会。在美国，一旦经济低迷，公司就会裁员。而在日本，员工是终生为企业所雇的。很多国家政府都力图在经济低迷时为失业人群创造就业机会。如，德国失业人员的培训费由政府支付。

经济低迷不是失业率高的唯一原因。外国对美国产品的订单下降也会促使公司减小生

产规模，裁退员工。

20 世纪 70 年代，石油输出国组织大幅提高油价。由于石油是众多公司的燃料和原料，石油价格上涨直接促使产品价格升高。商品价格上涨，消费者需求下降，公司减少生产，裁员增加。

过度干旱大幅减少了农业产品产量，供给需求法则决定农产品价格升高。消费者购买食物支出增加，对其他产品的需求下降，于是公司裁员。

高利率提高了消费者借贷购房、购车及其他贵重物品的成本，消费需求下降，公司裁员。

降低失业率的因素

降低失业率的因素很多。低利率激励贷款消费，消费需求增加，公司提高生产规模，就业增加。低利率能直接影响就业，降低企业购买固定资产的成本，企业扩大规模，就业增加。

战争几乎总是降低失业率。一些工人被拉去当战士，他们的工作岗位留给了失业者。此外，战争需求也促进了不少产品的生产，如子弹、炸弹、坦克、飞机、食物等。

新产品问世也能提高就业人数。如汽车、飞机、电视、计算机、干洗机和电熨斗的发明创造了大量工作机会。

20 世纪 80 年代早期，经济低迷，失业率和通货膨胀都居高不下。里根总统通过减税降低公司和个人税收负担。减税增加了个人可支配收入，增加了公司的再投资资金。里根
政策的结果是：经济得到推动，生产增加，就业增加，失业率下降。里根政策大幅削减联 357
邦社会福利和教育投入，以降低通胀率（一般认为联邦的这些大量投入是导致通胀的重要原因）。大体上，里根政策是行得通的。经济再次得到推动，失业率和通胀率均降低近半。不幸的是，大幅度减税和提高军费支出导致了一系列的问题：巨额财政赤字增加了未来的通胀压力和减少了未来社会福利支出，导致贫困、无家可归、饥饿以及一系列社会问题。

经济学是一个复杂的领域。认为减税就一定能刺激经济、解决滞胀是错误的。如 70 年代油价上涨造成的滞胀的解决不是靠减税，而是靠 80 年代油价的回落。石油是很多产品的生产燃料和原料。油价上涨，产品价格上涨，导致通货膨胀。由于通货膨胀，消费者支出减少，产品供给大于需求，企业裁员，失业率增加。油价下跌，商品制造成本下降，商品价格下降，通胀率下降，消费者购买力增加，生产增加，失业率下降。

职业健康危害

很多职业危害工人健康。这些危害包括作业事故、职业病。

作业事故与职业病

每年，美国有 5 000 人工作期间死亡，300 万人工作致残。[50]对工作健康的关注已经包括疾病和事故，而不仅仅是赔偿。每年有 10 万人死于与工作相关的疾病。[51]

高工作事故（有些是致命的）率的职业包括：船舶制造和维修、肉制品包装、移动通信基站建设、木材砍伐与搬运、航空、石棉绝缘、金属架线、电线电缆安装与维修、采矿业、消防、屋顶材料铺设、农业和法律执行。

危险工作的一个例子是农业。农场主及其家庭和所雇工人使用多种重型机器。通常他们没有接受安全操作的培训。结果，很多人因拖拉机翻倒而死亡，工作事故频繁发生。更严重的农业危险源于农药滥用或使用过量。很多农业工人化学品中毒。[52]

其他行业也存在严重的健康危险。棉花尘埃是纺织和棉籽加工业的隐患。连续吸入棉埃会引起难以治愈的棉纤维吸入性肺炎。尽管人们 18 世纪已经发现了该病，但直到 1968 年，官方才将之定义为职业病（企业主因为不愿承担已患此病的工人的赔偿，迟迟不承认其为职业病）。虽官方承认，但又花了 8 年，政府才在劳工组织的压力下制定棉埃的许可水平。企业主因为该政策涉及厂房改造、必需设备的购买，而不愿承认。企业主认为他们可以将厂房安置在国外一些职工安全标准低和低工资的国家。

358 目前最有争议的职业危害是核能发电。目前有很多核电站。1979 年，美国宾夕法尼亚三里岛核电站事故导致少量放射性物质逸散于大气中。尽管周围数千居民被疏散，但专业人士仍然害怕大量的放射性物质外漏会造成更严重后果。事故显示，核能对核电站工人和周围居民是一种危险。1986 年乌克兰切尔诺贝利事故导致大量的放射性物质逸散于空中。几天之内，20 人死亡，成千上万人长寿无望。这次事故引发了世界范围内关于核电站危险的重新思考。

职业病的一个严重问题是通常发病有一个很长的潜伏期。石棉是一个很好的例子。石棉是有多种用途的矿物质，从建筑到酿酒都用到它。很多行业工人使用石棉。20 年前，工人发现长期接触石棉可能致癌。不仅工人，他们的配偶和孩子也会因工人衣服上的石棉颗粒而有危险。政府现在已经建议接触过石棉的人定期进行健康检查，以尽早发现和治疗癌症。

石棉工人的肺癌发病率比普通人高出 7 倍。[53]间皮瘤是一种罕见的癌症，损害人体胸部和腹部器官，并且这种损害是致命的。石棉工人现在普遍患有这种病。生产商和保险人半个世纪前就知道石棉工人因此病寿命大减，但直到 70 年代中期才为大众所知。

这仅是职业病的冰山一角。截至目前有 2 400 多种可疑致癌物质，但只有很少数为政府所管制。[54]

橡胶工人面临多种致癌物质，多患有前列腺癌、胃癌、白血病、其他血液和淋巴组织癌。[55]

钢铁工人，特别是手工操作焦炭的工人得肺癌的几率很高。长期接触对二氨基联苯和其他芳族胺化合物，得膀胱癌的几率很高。干洗工人、油漆匠、印刷工和石油工人易接触到苯，苯能导致白血病。开采铁矿石、铀、铬、镍等重金属的矿工易患职业癌。杀虫剂喷洒工人，农场工人，铜、铅炼制工人经常接触砒霜，淋巴癌和肺癌发病率高。

最危险的行业之一是化工业。化工业源于第二次世界大战的技术革新，目前发展迅速。化工产品现在已被用于各行各业，如服装、食品加工、制皂、电视、汽车等。人们发现很多化学品会导致很多疾病，如癌症、出生缺陷、心脏问题、神志不清、体重偏轻、无 359
生育能力等（第十七章将介绍一种致癌物质，DDT）。有证据表明过去被用于减肥软饮料的糖精是致癌物质。每 20 分钟就会有一种新的化工品诞生[56]，检验目前所有化工品的危险是困难的，更不用说还没出现和正在出现的化工品了。

很难证明一种物质就会导致癌症。科学家对于这些因果关系还没有达成统一意见。癌症和其他疾病一般有好几年的潜伏期。当一类人群被发现某种疾病发病率很高时，很难找到数年前的致病原因。

简单地说某些化工品是危险的并不代表着其会从市场上消失。例如，一致认为香烟会致癌，但香烟依然有广阔的消费人群。

现在，石棉垫料被认为是一种非常严重的健康危险品。但它仍是许多产品的组成成分，其中还包括防火服。

在没工作和在一个危险环境下工作间做出选择，人们通常选择后者。因为存在高的安全维护成本，企业主通常不愿执行安全标准，并且常用将工厂搬到国外威胁政府，政府不得不降低执行标准。在很多行业，如纺织，关于安全标准的争议很多。

工作压力

很多标准的医学教科书将生病原因的50%～80%归为压力或心理方面的因素。[57]主要压力是工作压力。实际上，任何工作都有压力。压力很大的工作如交通管理、警察、消防、职业教练、劳动仲裁、犯人看管、大机构的管理等（见表13—1）。由压力导致的疾病包括：支气管哮喘、胃溃疡、溃疡性结肠炎、干草热、甲亢、酗酒、失眠、癌症、偏头痛、头痛、阳痿、遗传性皮炎、无月经、慢性便秘。第三章已讨论了，压力还会导致情绪不稳。

359 **表13—1　　压力最大的工作（按压力顺序排列）**

1. 闭塞城市学校的教师
2. 警官
3. 空中交通管制员
4. 实习医生
5. 消防员
6. 服务员
7. 流水线工作人员
8. 客户服务代表
9. 证券交易人
10. 报纸编辑
11. 广告总监
12. 公共关系专家
13. 中层管理人员
14. 销售人员
15. 律师
16. 城市出租车司机
17. 盖屋顶工
18. 不动产经纪人
19. 政客
20. 银行家

资料来源：“Stressed Out?” *Wisconsin State Journal*，Sept. 3，1996，2C。

雇主开始注意压力对雇员和其企业的影响。这些影响有：缺勤、生产率低、短期或长期与压力相关的疾病、劳动者异化、工作不满、婚姻问题和情绪紊乱。很多企业已经着手压力管理，以帮助雇员通过一系列措施减轻压力，这些措施包括：医疗、放松措施、催眠、锻炼、时间管理、生物反馈和娱乐。[58]

360 对大企业的规范和技术发展

对任何政府来说，在多大范围内规范大企业和技术发展一直是其日程表上的问题。基本上，这个表包括从自由放任政策到计划政策的一个连续的范围。

自由放任政策

在 20 世纪 80 年代，里根政府削弱了政府管理机构，如职业安全与健康署（OSHA）、联邦商业委员会（FTC）和顾客保护计划。它也决定不启动对 AT&T 和 IBM 的反倾销行动。在与大公司的关系上，里根政府接近自由放任政策，促进自由化。乔治·布什 1988 年当选为总统后，继续执行里根的经济政策。在很大程度上，政府的目的是将经济的控制权从政府转移到私人机构那里。某种意义上讲，里根和布什的观点与亚当·斯密所支持的基本一样，亚当·斯密宣称如果私人企业受到的政府影响最小，那么公众将会得到最大的利益。

里根和布什总统认为如果政府减少对它们的管制，私人机构将会做到最好。这样，会更好地发展新的市场，增加生产，从而创造新的就业机会。

里根和布什的计划被称为供给经济学，因为它通过增加商品的供给来促进经济增长（大多数早期的政府倾向于通过增加对产品的需求来刺激经济）。供给学派的支持者试图在顾客消费品安全和环境保护方面减少政府的干预。他们也倾向于通过全面的减税计划来刺激经济。随着税收的减少，企业将会有多余的资金再投资，增加生产。减税行为也会使各个居民有钱来购买更多的商品。经济以此得到扩张，生产上升，更多的就业机会被创造出来。在一个产量更高的社会中，政府税收将会逐年增加从而弥补早期的减税方案中收入的减少。

批评者指出供给经济学首先是让富人受益，因为他们的所得税减少，而且他们也能够通过投资生产性的产业来进一步增加他们的财富。减税和与之相对应的社会福利方面的降低，加大了富人和穷人之间的差距。而供给经济学家试图用点滴投资理论来回应这些批评。

根据这个理论，政府采取的帮助商业和富人的行动将会刺激经济增长，并为那些失业和贫穷的人提供工作机会。对这一理论的批评认为有证据显示一旦政府减少税负和社会福利服务，贫困人口的比例会提高。[59]

计划政策

对自由放任政策的主要改变是提倡增加联邦政府的计划和管制。美国的许多成功的竞争者（比如日本、瑞典和德国）政府更多地参与到经济计划和管理他们国家的经济中去。在这些国家，政府拥有更多的企业。它们与私人部门和工会更加紧密地联合以刺激经济。

计划政策的辩护者断言美国的联邦政府需要提出一个综合的计划，这个计划对经济中的优势和弱点进行定义，这个计划将分析什么类型的商业投资由私人工业和政府共同合作竞争比较有利。下面是一些建议：可以成立一个联邦银行或者金融公司，对那些高成长的产业提供低息贷款，而对那些落后的产业提供帮助以使他们在产品制造方面现代化从而提高竞争力。例如，看起来计算机、通信产业和其他的高科技领域在世界产业发展中将成为未来的第一流的部门。政府可以通过特别的税收减免、低息贷款和直接补助来鼓励它们的发展。如果美国不再发展这些技术并保持领先地位，其他的国家（如日本）将会取而代之。最近几年，日本已经在发展、制造和推广这些高科技产品方面成为突出的领导者。

361 对政府的一个建议是提出一个计划并花费资源来激活教育系统，以教给学生未来高科技的情况下所需要的技术。对政府的另外一个建议是帮助工人们（也许可通过贷款）接管出现财务危机的工业企业的所有权。掌握所有权的雇员们将会接受必需的工资削减，并且当他们为自己工作的时候会更加努力。

很多团体正在游说联邦政府在经济计划和管制大企业的活动方面发挥更重要的作用。纺织工业部门正在促使政府提高从国外进口服装的关税，因为国外的纺织企业可以通过支付实质上非常低的工人工资来生产低成本的服装。环境保护群体希望政府立法实施更严格的环境污染法规和标准。反歧视组织催促政府扮演更积极的角色，通过立法禁止对妇女、不同种族人群、老人、残障人士和同性恋者的工作歧视。其他的组织敦促政府让公司对工人找工作负更多的责任，这些工人因为自动化、利用机器人、为了在其他地方开展更有竞争力的商业行为导致的工厂关闭而失业。

克林顿政府比里根和布什政府采取更多的计划措施来刺激经济。1993 年，克林顿政府成功地通过一个增加富人和公司的税的法案。额外增加的税收将用于一系列的目的，包括减少财政赤字，对 95％被认定为深度贫困社区的雇员给予税收减免，给那些雇用在经济上无利可图的年轻人和残疾人的雇主以税收延缓。[60]克林顿政府还成功地和墨西哥、加拿大和其他一些国家签署了自由贸易协定，降低或取消关税（关税是政府对进口货物征收的税）。一般认为，这些协定将会刺激加入这些自由贸易区的国家的经济增长，因为它会增加贸易，引致更多的产品需求，最终创造更多就业机会。因为经济发展非常强劲，1998 年克林顿总统宣称他的经济政策非常有效，可以在 10 年内实现第一次的预算平衡（即没有财政赤字）。

对政府在经济中重要性增加的批评者声称，政府越深入地介入经济，经济会变得越无效和浪费。而支持政府参与经济者则断言，过去政府介入经济产生问题是因为特殊的利益集团通过政府的计划来为自己小范围的利益服务。

目前的劳动问题及建议解决方法

这一节将说明那些试图用来减少意见分歧和对工作不满的计划。我们也会关注那些降低失业率和减少健康危害的计划。

面对疏离和对工作的不满

增加工作满意度和创造力的研究中最著名的一个是霍桑效应，一个关于芝加哥西部电力公司的分析。就像专栏 13.7 所描述的那样，结果是振奋人心的。

专栏 13.7　霍桑效应 362

在 1927 年芝加哥西部电力公司的霍桑效应引致了一系列实验，设计这些实验是为了发现提高工人满意度和工作产出的方法。霍桑效应最先表现在一个有生产线的工厂的电话生产上。工人们在生产过程中不需要特殊的技能，只要完成简单、重复的任务。工人们没有被组织起来，管理部门试图找到提高生产能力的方法。一般认为如果找到方法来提高工作满意度，雇员的工作将会更有效率（相应地提高了产量）。

这个公司尝试改变很多影响因素来检验它们对产量的影响。这些因素包括：中间休息、更好的灯光、工作时间的变化、支付的工资的变化、食物质量的提高等等。

结果非常令人吃惊。随着工作环境的改善，产量得到预期提高；但是当工作环境恶化的时候产量也提高了。恶化工作环境的一个方法是通过昏暗的灯光来实现的。工作环境恶化而产量提高的发现是始料未及的，于是需要进行额外的研究来寻找合理的解释。

调查发现参与到实验中去对工人们特别有吸引力。他们感觉他们因为自己个人的能力而被管理者选中，于是他们更加努力工作，即使工作环境变得不舒适。另外还有其他的原因。工人们的职业道德和对工作的态度提高了，因为他们感觉他们受到管理层额外的关注。通过参与这项研究，他们能够在小的工作组内工作，并且能够参与到决策中。在小的工作组中工作使得他们与小组中其他成员产生休戚相关的意识。参与到决策过程使得他们不再有自己的工作无意义和无助的感觉。

这项研究的结果在社会学和心理学的研究中以霍桑效应而闻名。霍桑效应持这种观点：参与者知道自己参与研究他们的行为就会改变，因此这会相应地影响研究结果。

资料来源：Fritz J. Roethlisberger and William J. Dickson, *Management and the Worker* (Cambridge, MA: Harvard University Press, 1939)。

很多雇主都知道对工作不满意经常会减少工作效率和生产能力。有很多方法来提高工作满意度。第一步是准确找出什么是工人不满意的地方，然后尝试改变。在一个工作环境中，工人们可能最关心的是安全状态（像在煤矿里）；另外，他们也许最关心的是无聊、重复的工作（像在装配线上）；还有可能是报酬（像那些等于或者稍微高于最低工资的工作）；或者可能是缺少承认（比如那些让他们的监督员看起来“有事可做”的工人），还有很多类似的情况。

可以进行一系列广泛的改变来提高工作满意度。下面的单子也许远远不够详细：

- 找到方法使工作变得有挑战性和有趣。
- 提供职位上升的机会。 362
- 提供与工作内容相关的在职培训，如加强管理计划。

- 增加收入、薪水和额外的所得，比如现场的当天补贴。
- 吸收工人参与到决策过程中来。
- 建立社会性的团体活动来提高团队的士气。
- 通过利益共享计划使工人分享收益。
- 建立奖励系统以反映工人们做出的巨大的贡献。
- 建立雇员计划以产生工作安全的气氛。
- 制定政策，允许工人们对他们的工作时间有一些控制力，比如弹性工作时间。
- 允许工人对他们的时间表有一些控制权，比如通过弹性工作时间。

如果工人们感到他们有做决策的责任和对自己的工作时间表有控制权的话，他们会感到更满意。他们不喜欢像在跟着一个时钟，因此弹性工作时间会很有吸引力。弹性工作时间背后的意思是在一天中最繁忙的时间大部分工人要来工作，剩下的时间由工人自己安排。那些希望早点开始，从而可以早点离开的工人可以这么做。那些希望晚点开始工作并工作到更晚的人也可以有选择权。在一些地方，工人们可以有弹性地一周工作四天（每天十个小时），这样他们就可以多一天休息日。许多政府部门和私人企业现在采用弹性的时间表。

虽然监督者发现在弹性工作制下更难调节工作安排，然而在这种计划下缺席会减少，而产量也会提高。

- 将工作安排得尽量自由。

363 - 有内部提拔的政策、培训机会、人性化的政策来保证平等的晋升、教育的机会和好的物质设备和便利（休息室、自助餐厅、健身房及相关的设备）。

大量的计划把工人们吸收到参与性管理中来。例如，在管理咨询中，管理者与他们的雇员协商（或者单独的或者以小组的形式）来鼓励他们思考与工作相关的问题并在决定做出之前贡献他们自己的想法。民主化管理在这方面走得更远，它系统性地允许雇员小组做大量的重要的决定。一个民主化管理的例子是让工人小组雇用、引导、解雇和培训新的雇员。

自我管理组织是民主化管理下面的一个小类，他们自主地被赋予高度决策权力，并被希望控制他们自己的行为和时间表，他们的所得也基于小组的全部产量来决定。质量检测小组是工作提高性质的特别工作组，在这里管理者和雇员经常性地见面来允许雇员发泄不满的情绪（这件事本身在减少职业不满情绪方面有缓和气氛的功能），确定妨碍生产能力的问题，并提出减少这些问题的建议。

建议项目是以正式的程序来鼓励雇员提出提高工作效率的建议，通常采用书面的形式，在许多公司提出成本节约建议的雇员将会得到金钱奖励。股票信托允许雇员购买或获得公司的股票，从而成为部分所有者，股票信托的好处是它们将成为雇员中提高产量的一个诱因。若雇员提供资本购买现存公司的控制权，雇员将拥有所有权；雇员所有制通常增加雇员在公司财务成功上的兴趣，实践中也成为工人们留在公司的一个因素。[61]

很多美国公司通过采用“倾向调查”提高了产量，在调查中，工人们被要求表达他们的想法和批评他们的工作。有时这样的调查能够识别有问题的情况，而这些情况可以通过相对很小的改革来完善。即使这些问题不能解决，仅通过允许工人表达自己的不满，工作气氛也经常暂时性地缓和。与 X 型经理理论相比，Y 型经理理论被发现能实质性地提高产量和工作满意程度（见专栏 13.8）。

专栏 13.8　Y 型理论：不断提高的产量和工作满意度 364

道格拉斯·麦格雷戈（Douglas McGregor）用两个形式来描述管理思想和态度：X 型理论与 Y 型理论。

X 型经理理论认为雇员没有太大的发展能力。雇员被认为有与生俱来的对工作的反感，并且假设他们将会尽一切可能来逃避工作。因此 X 型经理认为他们必须控制、指导、强迫或者威胁工人来工作。X 型经理相信雇员倾向于避免承担新的责任，并倾向于被指导。X 型经理因此仔细列出工作责任，在无员工参与的情况下设定工作目标，用额外的奖励（如金钱）促使雇员工作，惩罚那些违反现存的规章的雇员。因为 X 型经理将雇员的责任降低到一个很低水平上，员工将不会犯什么错误。因此工作就变得非常成型，也会非常单调和无趣。X 型理论的假设当然与行为科学不同，行为科学家认为指导、影响、激励人们是最基本的有效的规律。

相反，Y 型经理认为雇员会运用自己体力和脑力上的努力获得想要得到的工作结果，雇员也会在此过程中成长和发展。Y 型经理相信内在的收获，如自尊和个人的提高，比外在的奖励（如金钱）和惩罚更有效。Y 型经理也相信，在合理环境下，雇员不仅会接受责任，还会主动去承担责任。因此，雇员被给予相当的责任以检验他们工作能力的极限。失误和差错被认为是学习过程中必要的部分，由于工作是不断地构造的，因此雇员有获得成就和成长的感觉。

为 Y 型经理工作的雇员一般更有创新能力和生产能力，具有更高的工作满意度，并且比在 X 型经理管理下工作有更高的主动性。在两种管理体制下，预期经常是自我实现的。

资料来源：Douglas McGregor，*The Human Side of Enterprise*（New York：McGraw-Hill，1960）。

面对失业

经济学家一致认为理想的根治失业的方法是有不断增长的经济。然而，在萧条经济产生的原因和最好的刺激经济增长方法方面，他们的观点却有尖锐的冲突。

虽然快速的经济增长将可能实际上降低失业率，但这也仅是各方面好运的结合。历史上快速的经济增长通常对自然环境有相反的影响并通常导致对稀缺资源的快速消耗（见第十七章）。这种相反的影响再一次说明了一个问题的解决通常导致另一个问题的出现或加重这一原理；也就是说，在社会学意义上，解决方案通常有好的效用和不好的效用两个方面的影响。

一些为降低失业率而采用的建议将会被重温一遍。如以前提到的那样，里根总统用减税来刺激经济，从而在私人部门创造了更多的就业就会。

那些失业者和在私人部门找不到工作的人可以被政府这一最后可求助的雇主雇用。表现理想的话，这些工作会有利于社会。比如建造和维修高速公路，种植树木或者在社会服务机构提供服务（如在犯罪高发区为青少年提供娱乐的服务）。在这些部门为政府工作也会使工人学到工作技巧，从而增加他们在私人部门受雇用的机会。

对政府的另外一个建议是让私人部门在经济衰退的时候保持薪资水平。很多外国政府这么做。

在美国历史上，曾经有些地区有很高的失业率，而同时有些经济繁荣的地区却需要更多的工人。政府可以在以下几个方面扮演更重要的角色，如确定经济繁荣的地区、公开可
364 以获得的工作岗位、提供搬迁费帮助那些愿意搬离高失业率地区的失业者。

对政府的另外一个建议是它可以扩大在提供职业培训方面的作用，为那些无技术、技术薄弱或者拥有过时技术的人提供培训。就像之前提到的那样，德国政府不仅比美国提供更多的培训，而且在培训期间付给工人工资。

政府作为最后的雇主、附属的薪水册、工人搬迁费的提供者并提供工作培训的做法也受到批评。批评者指出，过多的服务将会大大增加政府的花费，提高通货膨胀率。他们也指出，政府提供的就业机会只是紧急情况下应付一时之需，并不能解决所有的失业问题，政府不应该参与到能够创造就业机会的产业中来。

面对职业健康危害

联邦政府近十年来越来越关注职业疾病。1970 年政府通过了《职业安全与健康法案》，建立两个新的组织来减少职业健康危害。职业安全与健康署（OSHA）归属于劳动部，负责建立工业健康标准。归属于健康和人权服务部下的国家职业安全与健康研究所（NIOSH）负责研究职业健康危害。1976 年政府制定了《毒性物质控制法案》，这部法律为使用和控制有害物质建立了管理指导系统。随着化学制品和其他物质制造业的快速发展，OSHA 与 NIOSH 在检验这些物质的影响和加强对已被发现对健康有害的物质的管理方面面临非常艰巨的任务。

大的公司和庞大的政府似乎正在合谋试图避免大的改变来适应政府的管治。可以负责地预测下一个循环将会继续。工业部门会继续开发新的化学物品和其他物质。几年以后，
365 政府或一些私人组织也会最终确定其对健康的危害。各种压力会促使制造公司进行改变来减少危害。在这一段时间里，很多工人将会不幸受到伤害。

1986 年的“切尔诺贝利事故”引起了对原子能危险的国际性关注。在事故发生一年后，在核电厂附近，车辆还要被检查核辐射。

总　结

今天美国的公司被全国性的和跨国的公司所统治。有的跨国公司每年的销售额甚至比一些国家的国民生产总值还要多。垄断虽然被反托拉斯法案所阻止，但是很多重要的产品部门出现了寡头统治，它们能相对容易地确定市场价格。

一个重要的问题是重大的经济、政治、军事问题是应该由企业精英还是相反地由相互竞争的团体来制定。大的公司通过制造必需的产品、开发新的技术、提供就业机会为社会做出贡献。然而，也有一些大公司却在滥用他们的权力，如任意制定价格、污染环境、干预政治决策、剥削大部分人。

大的公司和政府在许多方面相互联系。政府管理部门往往是它们管理的商业部门的盟友。政治决定经常受大的商业部门的影响。军事工业部门就是一个两者相互依赖的例子。

技术是一把双刃剑，因为任何一项重大的技术发明在使人们从以前的艰难工作中摆脱出来的同时也会产生新的问题。艾伦·托夫勒（Alvin Toffler）的理论表明，快速的技术变化将导致未来的强烈冲击，这种强烈冲击包括普遍的关于未来和现在的疑惑和忧虑。威廉·奥格本的理论说明，在发展利用新技术价值方面经常存在文化滞差，而在决定怎么利用新发展的技术方面也会落后于技术的发展。奥格本也指出在发展新的社会福利来满足由于新技术带来的人们的新需要这个问题上，总会有社会文化上的落伍。

在政府扮演什么样的角色来管理大型商业企业和技术的发展方面，已经产生了两个主要的政策。自由放任政策要求政府缩小自己的管理范围，并预测经济将会从中受益。相反，计划经济政策鼓励政府增加管制和计划。

工作在我们的社会受到极大的尊重。在宗教改革之前，工作是耻辱的事情并一度为社会学家所诅咒。在新教伦理的影响下，工作成为道德义务。工作也是自尊的源泉、建立友谊的渠道、自我完善的潜在资源和发挥自己天赋的机会。很大程度上，我们的工作决定了我们的社会地位。

366 最近几十年，我们工作的性质和工作能力的组成方面出现了很大的变化和新的趋势。白领工人不断增加，农民和蓝领工人不断减少。大部人工人是被别人雇用而不是自己雇用自己。工作变得越来越专业化，出现了显著的自动化进程。更多妇女进入劳动力市场，男人退休年龄不断地增加。工人们不断获得工作本质上的收益，即来自工作性质本身的收益。在过去的20年，低报酬的职业不断增加。也出现了制造业的工作岗位向第三世界转移的趋势（在美国有的专家称这种现象为去工业化趋势）。

对很多工人来说，工作的异化成为一个严重的问题。异化的源头包括专业化、自动化、决策过程的缺少参与、例行公事和重复的任务、缺少创造性工作和利用自己的聪明才智的机会。异化能导致低质量的工作、心不在焉和低的效率。

对工作的不满度是工作异化的一个度量指标。关于美国工人对他们工作满意度的研究却得出相互矛盾的结论。工人对他们工作满意的源泉有：部分参与管理、有趣的工作、在做好工作方面能得到充分的帮助和支持、完成工作过程中有足够的信息与权威、良好的报酬、发展特殊才能的机会、工作安全、能看到工作的前景、愉快的工作设置、一些制定决策的责任和内部晋升的政策。

现在存在着一个问题，就是传统的工作伦理是不是在减弱。一些学者认为专业化和自动化将导致工人们竭尽全力工作的兴趣降低。

在过去20年里，失业率一直在4%～11%这一被认为已经相当高的范围内变动。长期的失业会产生严重的恶果：储蓄用尽，自尊丧失，经济危机，失去朋友，孤立隔绝和窘迫、愤怒、失望、丧气、急躁、无望、冷漠的情绪。这可能出现情绪问题、自杀、酗酒和压力相关的疾病。

具有长期的高失业率的群体为：有色人种、十多岁的年轻人、妇女、老人、无技术的人群、技术不熟练的人群和残疾人。这些群体失业率高的原因有：种族和性别歧视、低的教育水平、缺少市场工作能力、年龄歧视。全部劳动力市场高失业率的原因包括自动化、生育高峰期出生的孩子进入劳动力市场、妇女找工作的百分比增加、一些工作缺少受过培训的工人、经济的萧条。

经济学家一致认为根治失业的理想方法是快速的经济发展。然而，在什么原因导致经济萧条和刺激经济最有效的方法是什么方面却存在重大的分歧。降低失业率的建议包括用减税计划来刺激经济、政府作为最后的雇主、经济衰退时政府支持私人部门维持工人就业数量和薪资水平、政府提供失业救济和政府的工作培训计划。

有三种职业健康危害：作业事故、导致身体疾病的工作环境、导致疾病的高强度的工作压力。许多化学物质产生延迟的不良反应，就像癌症，经常在辐射几年后才出现。联邦政府越来越重视职业病并且建立政府组织（如 OSHA）来减少职业危害。很多公司现在发起压力管理计划和雇员帮助计划来帮助那些受到化学物质滥用危害的雇员。

注释

[1] John A. Byrne, "Their Cup Runneth Over—Again," *Business Week,* March 28, 1994, 26–27.

[2] William Kornblum and Joseph Julian, *Social Problems,* 9th ed. (Upper Saddle River, NJ: Prentice-Hall, 1998), 414–416.

[3] Eric R. Quinones, "Rich Get Richer: Forbes Lists 170 Billionaires," *Wisconsin State Journal,* Nov. 3, 1997, 2A.

[4] U.S. Bureau of the Census, *Statistical Abstract of the United States, 1997* (Washington, DC: U.S. Government Printing Office, 1997).

[5] Kornblum and Julian, *Social Problems,* 410.

[6] James W. Coleman and Donald R. Cressey, *Social Problems,* 6th ed. (New York: HarperCollins, 1996), 30–34.

[7] Kornblum and Julian, *Social Problems,* 410–413.

[8] Coleman and Cressey, *Social Problems,* 31.

[9] David R. James and Michael Soref, "Profit Constraints on Managerial Autonomy: Managerial Theory and the Unmasking of the Corporate President," *American Sociological Review,* 46 (Feb. 1981): 1–18.

[10] Anthony Sampson, *The Sovereign State of I.T.T.* (New York: Stein and Day, 1980).

[11] Kornblum and Julian, *Social Problems,* 413.

[12] Mark Dowie, "Pinto Madness" in *Crisis in American Institutions,* 4th ed., ed. J. Skolnick and E. Currie (Boston, MA: Little, Brown, 1979).

[13] Richard Austin Smith "The Incredible Electrical Conspiracy," *Fortune,* May 1961, 161–224.

[14] Adam Smith, *An Inquiry into the Nature and Causes of the Wealth of Nations,* (1776; reprint ed., New York: Random House, 1937).

[15] Daniel Bell, *The Coming of Post-Industrial Society: A Venture in Social Forecasting* (New York: Basic Books, 1973), 188–195.

[16] Kornblum and Julian, *Social Problems,* 417.

[17] Ibid., 412.

[18] Alvin Toffler, *Future Shock* (New York: Bantam Books, 1970), 27.

[19] Alvin Toffler, "The Strategy of Social Futurism" in *The Futurists,* ed. A. Toffler (New York: Random House, 1972), 96.

[20] William F. Ogburn, "Cultural Lag as Theory," *Sociology and Social Research* 41 (Jan.–Feb. 1957): 167.

[21] Aristotle, *Politics,* Book 3, Sec. V (Jowlett translation).

[22] Quoted in Thomas Sullivan, Kenrick Thompson, Richard Wright, George Gross, and Dale Spady, *Social Problems* (New York: Wiley, 1980), 300.

[23] Quoted in Ian Robertson, *Social Problems,* 2d ed. (New York: Random House, 1980), 87.

[24] Coleman and Cressey, *Social Problems,* 37–41.

[25] Kornblum and Julian, *Social Problems,* 417.

[26] Ibid.

[27] Ibid., 417–418.

[28] Coleman and Cressey, *Social Problems,* 36.

[29] Seymour Wolfbein, *Work in American Society* (Glenview, IL: Scott, Foresman, 1971), 45.

[30] Coleman and Cressey, *Social Problems,* 420.

[31] Charles R. Walker and Robert Guest, *Man on the Assembly Line* (Cambridge, MA: Harvard University Press, 1952), 54–55.

[32] American Association of Retired Persons, *A Profile of Older Americans, 1996* (Washington, DC: American Association of Retired Persons, 1996), 12.

[33] *Statistical Abstract of the United States, 1997.*

[34] Coleman and Cressey, *Social Problems,* 38–39.

[35] Ibid., 302–304.

[36] Kornblum and Julian, *Social Problems,* 417–418.

[37] Coleman and Cressey, *Social Problems,* 420.

[38] Ibid., 420–421.

[39] Ibid.

[40] Ibid., 421.

[41] Karl Marx, *Selected Writings in Sociology and Social Philosophy,* T. B. Bottomore, trans. (New York: McGraw-Hill, 1964), 47.

[42] Karen Ball, "Most Jobs Aren't What We Planned," *Wisconsin State Journal*, Jan. 12, 1990, 1A.

[43] Harold L. Wilensky, "Work as a Social Problem," in *Social Problems*, Howard Becker, ed. (New York: Wiley, 1966), 129.

[44] D. D. Braginsky and B. M. Braginsky, "Surplus People: Their Lost Faith in Self and System," *Psychology Today* (August 1975), 70.

[45] Harvey Brenner, *Mental Illness and the Economy* (Cambridge, MA: Harvard University Press, 1973).

[46] K. Newman, *Falling From Grace* (New York: Free Press, 1988), 202.

[47] Kornblum and Julian, *Social Problems*, 46–47.

[48] Ibid., 47.

[49] Thomas J. Sullivan, *Social Problems*, 4th ed. (Needham Heights, MA, 1997), 61.

[50] Kornblum and Julian, *Social Problems*, 426.

[51] Coleman and Cressey, *Social Problems*, 41.

[52] Ibid.

[53] Ibid.

[54] Kornblum and Julian, *Social Problems*, 426–427.

[55] Ibid., 427.

[56] Ibid.

[57] Brian L. Seaward, *Managing Stress*, 5th ed. (Boston: Jones and Bartlett Publishers, 1994).

[58] Ibid.

[59] Philip R. Popple and Leslie H. Leighninger, *Social Work, Social Welfare, and American Society* (Boston: Allyn and Bacon, 1990).

[60] Robert A. Rankin and Brigid Schulte, "Detailed Look at Budget Plan," *Wisconsin State Journal*, Aug. 8, 1993, 1F.

[61] Keith Davis and John W. Newstrom, *Human Behavior at Work*, 8th ed. (New York: McGraw-Hill, 1989), 232–249.

第四部分 Part Four

4

一个变化的世界中存在的问题

第十四章

暴力、恐怖主义与战争

本章内容 367

- 暴力类型
- 暴力行为原因
- 减少暴力的方法
- 总结
- 注释

暴力对于美国人来说像樱桃派。 368

——瑞普·布朗（H. Rap Brown）[1]

美国有两座最高、最引人注目的摩天大楼，这就是纽约的国际世界贸易中心的双子大厦。1993 年 2 月 26 日，恐怖主义分子在连接两座建筑的地下停车场安放了一枚炸弹。爆炸造成了六人死亡，千余人受伤，并带来价值数百万的损失。四名犯罪分子均被判处终身监禁不得赦免。长时间以来，国际恐怖主义一直是世界各地的祸根，然而美国却在很大程度上免于恐怖威胁。世界贸易中心的爆炸事件表明，面对国际恐怖主义的暴力，美国也是脆弱的。

美国人对暴力持有矛盾的态度。一方面痛恨恐怖主义，同时又对“以法律的名义”使用恐怖主义感到自豪。暴力是普遍存在的，不仅是在美国，即便是在世界范围里也是如此。

本章的内容：

- 总结暴力表现的途径（比如恐怖主义与战争）。
- 介绍关于暴力的理论并描述其他暴力相关原因。
- 对减少暴力，并针对恐怖主义、战争、核战争的方法提出建议。

暴力类型

暴力的表现方式是不同的：战争、核战争、恐怖主义、暴力抗议、暴力犯罪、自杀、家庭暴力、针对有色人种的暴力、警察的暴力行为以及青年暴力行为。

战争

美国是一个充满战争的国家。早期欧洲定居者到来之后不久，即与本土美洲人展开了战斗，并逐渐占据了他们的领土。

美国独立革命（1775—1783）持续了7年多，战争夺去了4 435个美国人的生命。[2]美国人公认这是一场为了获得解放、自由、自主，以摆脱英国人不公正与压迫的必要战争。然而在英国方面则把美国独立革命看成是社会动乱和反叛，把它视为大英帝国的殖民当局所不愿看到，也不会予以协助的革命。殖民当局不会在革命期间针对饥荒、药物短缺提供任何帮助，在同印度人和其他敌人的战争中，也不会如此，当然也不会给敌方提供兵援（每场战争对于敌我双方来说，他们的观点都是截然不同的）。

墨西哥人反对得克萨斯被兼并成为美国的领土，那是美国挑起的墨西哥战争（1846—1848）所导致的结果。尽管美国也损失了17 000人[3]，却是胜利者。墨西哥人则不仅失去了在得克萨斯定居的权利，而且失去了大量的领土，这些领土现在变成了美国亚利桑那州、加利福尼亚州、新墨西哥州、内华达州、犹他州和科罗拉多州。

南北战争（1861—1865）是美国曾经发生的最血腥的战争。至少30万美国人在战争中死去。[4]战争摧毁了联邦国家的经济，并且这场战争的有害影响在南方持续了很多年。

根据美国政府的说法，美西战争（1898）是一场为将古巴从西班牙人手中解放出来的战争。美国在战争中又是胜利者，并在战争获得了圭亚那、波多黎各和菲律宾。美国人死于战争中的人数为2 500人。[5]

第一次世界大战（1914—1918）曾被预期为一场保证世界“民主安全”的战争。德国是战败国，美国成为公认的世界强国。美国在战争中死亡的人数是53 400人。[6]

第二次世界大战（1939—1945）是一场针对德国、日本和意大利的战争。统计中有40万美国人死于战争。而整个世界则损失3 000万人，包括士兵与平民。[7]这场战争中，美国在世界上最早引爆了两枚原子弹。首枚原子弹于1945年8月6日在日本的广岛爆炸，第二枚3天后在长崎爆炸。有近20万人在两次爆炸中死去。[8]核武器使用的权力现今已经成了平民生存的一种威胁。

“二战”之后的几年，美国被卷入了朝鲜战争（1950—1953）。美国政治领导人说，朝鲜战争的目的是为了阻止共产主义在亚洲的扩张。朝鲜战争中，有近55 000美国人失去了生命。[9]中国非官方地派遣了大量军队进入朝鲜，与联合国军队（主要由美国与朝鲜南部士兵组成）展开战斗。

越南战争是贯穿 20 世纪 60 年代和 70 年代早期的一场战争。有将近 60 000 美国人死 369
亡。[10]战争曾预期为一场抑制共产主义的战争。这场不宣而战的战争，是一场美国不可能获胜的战争。北越南凭借游击战术来瓦解南越南人和美国人的士气。这场战争导致了针对美国政府的广泛暴力反抗。反对者在校园中是如此众多，以至于许多院校被迫停课，学校中也被派驻国家警察。反对者的行为如此极端，以至于一些观察者担心美国政治体系受到了威胁。这场战争，以及校园中的抗议活动，在美国直到 20 世纪 70 年代早期才告结束，当时南北越南间达成了停战协议。美国军队撤出越南的几个月之后，北越南军队接管了南越南。

最近的一场战争是美国 1991 年卷入的波斯湾战争（海湾战争）。这是一场美国与 30 个其他国家一道，与伊拉克进行的战争。萨达姆（伊拉克总统）挑起了冲突，他于 1990 年侵占了科威特。这场战争中，伊拉克不是联合国军队的对手。战争仅仅持续了 6 个星期，不到 200 名美国士兵阵亡。据统计，死亡的伊拉克士兵介于 75 000 到 100 000 之间。[11]

美国的确有着一个内外战争的历史。然而，美国并不是唯一这样的国家。绝大多数其他国家都同样具有一个战争冲突的历史。

美国基本成功的战争历史，成了某种假想发展的要素，使暴力与侵犯受到了鼓励。在获取某种期待目标的时候，暴力被认为是许可的。历史显示，奖赏通常给予的是暴力和强者。当冲突发端于群体中的时候，结果通常由谁是其中的最强者来决定，而不在于谁是其中的公平者和正义者。

战争和军事防御的代价是高昂的。战争不仅夺去很多士兵与平民的生命，而且还将耗费大量的资金。用各种标准来衡量，20 世纪都是人类社会最危险的历史。成千上万的士兵与平民被夺走了生命。[12]与每一个死去的人相对应的是，有更多的人负伤并要求得到医疗护理，护理的时期往往要几个月和几年的时间。许多人的伤势已经重得使他们无法从事工作，并丧失了正常人的生活。

当看到朋友和战斗伙伴死亡，艰辛的沙场生涯，把杀害他人的冲突当作有价值的事情以及无力控制自己行为的时候，战争还会给暴露在死亡危险面前的战士们带来心理上的损伤。在返回家乡后，许多战士仍然常年罹受痛苦折磨：他们精神抑郁、远离人群、暴躁易怒，并为战争经历的回忆和梦魇所困扰。这种情绪性的损害状态，目前在临床上被称作“战后创伤压力失调症”。

战争的成本还包括其他方面。战争扰乱了居民的正常生活。战争摧毁了建筑、道路、桥梁、家园、政府和学校，这些都需要重建。战争导致大规模的人口迁移，迁移的人口中有急于逃避危险、压迫或追杀的人，有被迫迁移去寻求新工作机会的人。即便较小规模的战争成本，也对人们的思维方式构成影响。例如，第一次世界大战之后，许多欧洲人心目中的传统价值观念破灭了，这些传统价值从他们先前的生活方式里被清除了，他们对人类文明的未来悲观失望了。[13]

人们为着不同的理由而从事着战争。比如，南北战争的原因是美国北方和南方在奴隶制度应否存在的问题上没有达成一致，美国介入第一次世界大战其表面原因是为了世界民主的安全，美国卷入朝鲜战争和越南战争则是要阻止共产主义的扩张。许多战争还源于宗教分歧，像中世纪的十字军东征。希特勒是第二次世界大战发端的一个关键性人物，因为他想统治全世界。另有许多战争源于经济理由，17、18 以及 19 世纪的欧洲国王们经常为了领土、声誉和其他利益而投入战争。许多从前的殖民主义者还曾为了建立国家统治，并争取独立而进行革命战争（这其中包括美国反对英国的独立战争）。为了转移民众对国内困境关注的视线，国内政治领导人还会煽动民族间的冲突来发动某些战争，因为一个国家的民众几乎总是会联合起来去支持他们的政治领导人，不管他们能否察觉国家正在（或易于）遭受到其他国家的攻击，他们都会这样做。

应当注意的是可能没有哪场战争仅仅为了一个理由。多种多样的理由增加了战争的可能性。拥有一支强大、配备良好的军事力量，使得政治领导人更易于选择战争，而不是通过和平谈判来平息国际争端。强烈的民族主义情感也可以增加战争的机会。（民族主义是一种献身于本民族的情感认同——一种关注提高本民族文化和利益高于其他所有民族的情感。）

370

专栏 14.1　迈莱

美国人在越南的暴行与我们的历史不相匹配。（这些暴行部分地被解释为由战争的另一方所实施的暴行——这是两条并行的行为之路。）美国使用化学武器迫使敌方士兵从隐蔽处跑到可见的地方，然后在那里射杀他们。子弹耗费在对人体的射击上，巨量凝固汽油弹也被使用（凝固汽油弹燃烧、熔化人的肌肉，并抽净了空气中的氧气，这导致躲过燃烧的人也会因窒息而死），白磷也同样被用于战场（它将会在受害者的身体中继续燃烧）。此外，美国还在空中投下了大量的炸弹，并对战俘施以酷刑。

尽管美国士兵被官方设想为“赢得人民的精神与心灵”，然而他们的行动却表现出他们中的许多人普遍把越南人视为“可鄙的东方人”和“共党信徒”。许多士兵都有这样的概念：“除了死者外没有好的越南人。”许多美国士兵抱有很深的种族偏见，这部分是来自战场本身。（我们的军事领导人怂恿我们的士兵仇视敌人，为的是使他们更容易杀死对方。）

伴随着这样的态度，发生在越南战场上的屠杀就不再令人惊奇。最出名的屠杀发生在 1968 年 3 月 16 日的迈莱村庄。五百多名平民——妇女、男人和儿童——被有秩序地杀害了。这些杀戮行为发生在美国军队的一个兵营中，实施的士兵有六十到七十名。

一位拒绝参与杀戮的军士描述了屠杀场景：

> 他们（美国步兵营士兵）把人们聚拢成几个人群。然后，他们用步枪和机关枪向他们射击。走遍整个村庄，我看到在类似炸弹坑一样的洼处有许多尸体。我清楚地看到他们向其中的人们射击。我当时看到他们正在向约二十个人的人群射击着。①

①Quoted in Alphonso Pinkney，*The American Way of Violence*（New York：Random House，1972），66.

在民主政体的国家，当政府领导人确信公众是政府策略支持者的时候，他们更易于选 370
择战争。一方更强大并可以轻易获胜的观点也增加了军事冲突的机会。一个民族，如果它的民众被教化为相信暴力是唯一最好的平息争端的方法，这个民族就越容易加入战争。浪漫化的战争（就像美国在美国革命和第一次世界大战中表现的那样）增加了未来战争的机会。当一个民族把战争和战斗看成是英雄力量的表现的时候，当年轻人把战争看成是个人名望和未来之路的时候，战争也同样易于发生。如果军事领导人和武器商们已经深深影响了政府，战争就更容易发生，因为这些群体能从战争中获取利益。

核战争

1945 年 8 月 6 日清晨，日本广岛的成年人正准备去工作，他们看到了一架美国轰炸机出现在头顶上。几秒钟后，一枚原子弹投掷了下来，在距城市中心两百米的上空爆炸了。它的破坏力是毁灭性的。爆炸产生的巨大热力几乎马上造成成千上万人丧生。炸弹还释放出了光辐射，它最终导致 10 万多人死亡。[14] 自此之后，无以计数的核炸弹被制造出来，此后制造出的核炸弹比投放在广岛的这枚炸弹的能量可以多出 1 600 倍。[15]

也许对于幸存的平民来说，最危险的就是核战争了。许多专家都确信，一场核战争能够终结人类文明。俄罗斯和美国所拥有的核武器分别可以把对方摧毁多次。许多其他国家现在也拥有核弹或者正在寻求开发和购买核武器。[16]

如果一场核战争发生了，那些靠近核弹攻击地的人们会马上死去。那些最终活下来的人们则要面对爆炸辐射所带来的癌症，以及一系列危险的医疗困境。一些科学家预测，幸存者将面临一种所谓的“核冬天”气候，这种气候的表现是核烟云遮蔽了太阳，使地球不见天日。它将带来气温的急剧下降，造成绝大多数食物无法生长。另一种担忧是臭氧层将被打破。臭氧层是庇护地球免受太阳直接照射的空气保护层。臭氧层的打破将导致太阳光
直接照射人类和动物，导致皮肤癌和其他失调现象。另一种危险是谷物将被辐射污染，并 371
成为食物来源的潜在危害。它最好的结果也将使最后生存下来的人们面临一种慢性、痛苦的死亡。他们的生活质量将滑落到一个人类时代，在这样的人类阶段他们将以一种野蛮的、几乎非人的方式生存着。幸存者的生活质量将由于社会结构的解体而严重倒退，工业、教育、农业、运输、健康管理、政治、信息沟通系统都将停止功效。那些生存者还将面对来自悲伤、绝望、迷失、无助、愤怒等的极度生理紧张。[17]

美国现在仍然是唯一在战争中使用过核弹的国家。此外，自 1946 年以来，美国还至少十一次在不同场合威胁要使用核武器，这其中包括 1961 年的柏林危机、1962 年的古巴导弹危机以及越南战争中的两次。[18]来自俄罗斯的针对共产主义的抵制以及其近年的民主运动，已经拉近了美俄之间的关系。这两个国家拥有着世界最多的核武器。两个超级大国改善后的关系，已经在某种程度上减轻了人们对发生令人惊颤的核战争的恐惧。然而，严峻的核战争危机仍在继续，正像科恩布卢姆与朱利安所指出的那样：

> 美国、俄罗斯和乌克兰已达成了销毁核武器，或者说使它们的导弹失效的协议，但是大量摧毁性的核能量仍保留在世界各地。核弹有可能被不稳定地区的国家所获取，比如南亚、朝鲜以及中东等地，这种可能性使核战争的威胁依然存在。即使在一定程度上有限的一场核战争，也会给人类造成迄今尚未经受的灾难，不要说战后将导致的多年环境损伤与破坏，就是冲突双方以外的地区也不会逃过灾难。对这些问题的关注，也是对核武器可能被恐怖主义使用的关注，这暗示着目前庆祝核战争威胁的终结还为时尚早。这一问题领域的专家们一致认为，在今天控制核武器渗透的努力像以往一样重要。[19]

1998 年 5 月，印度进行了五次地下核试验，以加速核武器的开发。这种试验的危险是它像催化剂一样，促使邻国（比如中国和巴基斯坦）扩张与发展自己的核武器。

恐怖主义

恐怖主义对世界的稳定来说，是一种严重的威胁。恐怖主义与传统的战争相似，因为它杀害或者严重伤害很多人，包括无辜公民。它耗费着人类的能量和钱财，破坏着经济与政府的稳定，并干扰着解决社会问题的努力。

众所周知，与战争不同的是，恐怖主义是隐蔽的。它通过恐吓与胁迫来影响大众。恐怖主义者共同的行为包括，绑架或者暗杀政治官员与商界领袖、劫持飞机、敲诈、爆炸、纵火以及劫持人质。恐怖主义者的行为在 20 世纪日益频繁。[20]

近几十年来，美国对大量的恐怖主义行径抱以宽大态度，它们发生在北爱尔兰、以色列、伊拉克、伊朗、意大利以及德国。然而，美国还是没有完全逃过恐怖主义的袭击。1977 年，一伙哈乃斐派穆斯林在华盛顿强占了 3 栋联邦大楼，并把 132 名人质扣留了将近两天。人质中没有一人与和哈乃斐派穆斯林敌对的黑色穆斯林事业有牵连。[21]

1979 年 11 月 4 日，伊朗学生冲进美国驻伊朗德黑兰大使馆。52 名人质被监禁在伊朗长达 15 个月，这次劫持人质事件很大程度上得到了伊朗政府的同意和协助。学生和伊朗政府要求遣返被逐的前伊朗国王，归还国王的财产，并要求美国为支持前国王当政时所犯下的罪行进行道歉。美国没有满足对方提出的任何要求。

1988 年 12 月 21 日，美国泛美航空公司（Pan Am）103 号航班爆炸了。一枚炸弹造成了 259 名机上人员和 11 名陆地人员死亡。许多乘客都是美国驻外人员，他们正在返回美国过圣诞节的路上。几个月之后，ABC 广播电台报道，一个恐怖主义组织在机上放置了炸弹，伊朗为这个恐怖组织支付了 1 000 万美金以报复美国。同年 7 月份，美国曾击落一架伊朗商用航班，当时机上有 290 名乘客。（美国军方当时错误地判定，伊朗喷气式战斗机正试图攻击地中海的美国船只。）

正如本章开始时所提到的那样，1993 年 2 月 26 日，纽约的世界贸易中心也因此遭炸弹袭击，造成数人死亡和严重破坏。

372～373

专栏 14.2　细菌战的幽灵

美国以及许多其他国家都有一段进行细菌战试验的历史，它们在人所不知的实验材料上进行这些试验。一些国家和恐怖主义组织已经开始使用生化武器了。我们将在下面看到试验和使用这类武器的一些例子：

1900 年，美国医生在菲律宾用天花（一种致命的疾病）做实验，使许多囚犯受到感染。这名医生接着又引进脚气（另一种潜在致命疾病）在另外 29 名囚犯身上进行试验。这些试验导致了两个众所周知的灾难性后果。

1931 年，康纳利斯·罗德斯在洛克菲勒医学调查研究所的赞助下，有目的地将癌细胞感染给了受试验对象。13 名受试人员死亡。

20 世纪 40 年代一项应急的研究项目要求开发新药抵御“二战”中的疟疾，美国的医生们用这种病菌使近 400 名囚犯感染，而囚犯们并没有完全被告知他们是疟疾研究的参与者。

1950 年，美国空军在旧金山上空泼洒下细菌。他们当时正在进行一种刺激性细菌武器的攻击实验。许多旧金山居民都出现了肺炎样的疾病症状，其中一人死亡。

1965 年，70 名志愿参与实验的囚犯在费城霍姆斯伯格州立监狱接受二氧化物的试验，这是一种来自奥兰治机构高度有毒的化学沾染物。受试者被用来研究二氧化物是如何导致癌症发展的。

1968 年至 1969 年，美国中央情报局对饮用水的毒化可能性进行试验，做法是把一种化学物质注入华盛顿地区食物与药品管理中心的供应水源中。可是并没有征得囚禁在这楼里的人们的同意。

1981 年，有 30 多万古巴人感染了登革热。人们暗示这种疾病爆发是因为古巴反革命分子释放了携带感染细菌的蚊子。

1984 年 9 月，一个宗教狂热分子［他的领导人是薄伽梵·室利·拉杰尼希 (Bhagwan Shree Rajneesh)］在其农场的实验室里面培植了沙门氏病菌，并将这种病菌散播在俄勒冈州达拉斯的 4 个饭馆的沙拉棒中。约有 750 人因此染病。

尽管美国总统尼克松 1972 年下令禁止生产和使用生化战争剂，可是美国国防部还是被迫透露，1987 年美国仍在进行 127 项生化武器的研究项目。

1996 年，美国国防部公开表示，至少 20 000 名美军服役人员有可能在 1991 年的“沙漠风暴”行动中受到化学武器影响，这是摧毁伊拉克地下武器库的结果。

1995 年 3 月 20 日，一个日本的宗教团体奥姆真理教（Aum Shinrikyo）在东京地铁系统内泄漏“沙林”神经剂。12 人死亡，5 500 人受伤。一滴沙林毒剂在黏附皮肤或者其烟雾被吸入体内后，几分钟内就可以致人死亡。

有无以胜计的生物制剂可以被用在细菌战场。有些具有令人震惊的致命性。比如，埃博拉病毒可以在不到一星期的时间里杀死 90%受害者。针对埃博拉疾病目前还没有可知的医治方法。就连它传播的方式人们也不清楚——也许与密切接触受害者和他们的血液或者其他体液有关，或者仅仅是吸入了受害者周围的空气。

根据引自 1995 年美国参议院听证会技术评估办公室的资料，17 个国家已经标明被怀疑正在开发生物武器。这些国家包括伊朗、伊拉克、利比亚、叙利亚、朝鲜、中国台湾、以色列、埃及、越南、老挝、古巴、保加利亚、印度、韩国、南非、中国和俄罗斯。此外，恐怖主义组织在开发生物武器方面的兴趣也正在不断增长。

是否细菌战攻击的危险较之核攻击更有可能？答案是肯定的。制造一个核武器要耗费 10 亿美元或者更多，需要千名以上的科学工作者，花费多年的时间。而开发生物武器仅需要耗费不到 10 万美元，需要几名生物工作者和一间房子，花费几个星期的时间。所需设备几乎在世界的任何一个地方就可以找到。一个人可以培植成千上万的细菌，他自己承受的相关风险却很小，而他仅仅使用如下的工具——一只啤酒发酵容器、一块蛋白质培养基、一副防毒面具和一身塑胶制服。

大量的人群目前为止还不能抵御生物武器的攻击。疫苗可以阻止一些疾病，不过仅仅是在导致疾病的细菌剂被事先知道的情况下才能这样。如此众多的生物武器，只有在它们被泄露几天之后——当许多人被确信患病的时候，导致疾病的病因才能被发现。在 20 世纪的生物技术下，新生物有机体可以被制造用来对抗疫苗和其他抗生素，而使之失去效果。此外，某种微生物还可以在某种环境中顽强地生存。例如，20 世纪 40 年代，苏格兰海岸外的格林纳德岛进行生化武器试验的炭疽病孢子（可以导致致命的炭疽病），直到 50 年后的今天仍然能够传染疾病。感染了炭疽病菌的人会高热、呕吐、关节疼、呼吸困难、间歇性的外伤出血，且可能死亡。

资料来源：Leonard A. Cole，“The Specter of Biological Weapons，” *Scientific American*，December 1996，60－65。

372 1995 年 5 月，俄克拉何马的阿尔弗雷德 · P · 默拉联邦大楼被炸毁了，死亡 168 人。1997 年，蒂莫西 · 麦克威格（Timothy McVeigh）被判死刑，因其蓄意炸毁上面所说的这座建筑。同犯泰利 · 尼古拉斯（Terry Nichols）因协助放置炸弹被判终身监禁。

一些观察者断言，美国政府所从事的几次行动都可以解释为恐怖主义行为。例如，1986 年 4 月，里根总统命令喷气式战斗机攻击利比亚的的黎波里和本格兹两座城市。袭击者炸死了 37 人并造成 93 人受伤。里根总统宣布这些袭击是为了报复利比亚，因为利比亚宣称它是西柏林歌舞厅爆炸案的发起人。在该爆炸案中，两名美国服务员和 1 名土耳其妇女死亡，229 人受伤。[22]

20 世纪 80 年代，里根政府给予尼加拉瓜反政府军队成百万美金的军事援助，这支军队正在试图推翻由丹尼尔·奥特加领导的政府。毫无疑问，奥特加政府把这种援助看成是对恐怖主义的支持。

1993 年，美国联邦调查局与戴维宗教支派领导人戴维·克莱什关系紧张。联邦调查局最后对该宗教信徒进行攻击，纵火驱散了人群，几名宗教成员被害。

多数恐怖主义者的行为都可以分为革命的或者镇压革命的。革命的恐怖主义被那些寻求给某个政府带来决定性政治变化的群体所利用。相反，镇压革命的恐怖主义目的在于保证现存的政治秩序。由政府官员所施行的恐怖主义行为通常用以平息反对派别，以及警告群众不要公开反对政府。阿道夫·希特勒的纳粹集团将大批平民（他们中绝大多数都是犹太人）送
入了集中营，那里灭绝了 600 万人的生命。在过去的几个时代里，许多拉美国家都有一种政 373
府支持的混合组织——敢死队，他们暗杀了无以计数的在政治上与政府做对的反对者。

最普遍的一种恐怖主义形式是革命恐怖主义。一些革命群体相信不断的恐怖主义行为将造成他们所反对的政府的混乱，使政府要么满足他们，要么就倒台。一些群体期望他们的暴力行为会使公众了解他们的事业，使他们能够获取广泛的支持，并征募到组织成员。老于世故的恐怖主义者则公开寻求媒体的关注，他们会通过把特殊的会见机会给予记者，或者将精心准备好的宣言透露给新闻界来做到这点。一些革命的恐怖主义者还从国外政府得到帮助，以支持其所要达到的目标和目的。

多数革命的恐怖主义应征者都是年轻、受过良好教育，并有中上层阶级出身背景的人。[23]他们想要拯救世界，不择手段地证明自己的信仰是正当的，尽管他们关于世界应当是什么样子的观点与他们坚定不移的信仰交织一体。结果经常是无辜者的生命成了牺牲品。改良的恐怖主义者因为社会存在弊病而对之施以惩戒，并恫吓群众接受他们的要求。牺牲者经常被看成是应对社会弊病负责的人，或造成社会弊病的罪魁祸首，因此也较少被给予同情。

牺牲者也许可以分成两个不同类型的群体。[24]“随机的受害者”，即那些发现自己在
错误的时间处于错误地点的人。比如在过去 40 年里遭到阿拉伯群体攻击死亡的以色列平 374
民，那些攻击他们的阿拉伯人不把以色列视为一个国家。“被选择的受害者”，即因为其声望而被选择的受害者。例如，1978 年，时任意大利总理的阿尔多·摩洛就遭到了意大利红色旅的绑架，他们希望能得到意大利政府的妥协。当企图失败后，他们处决了人质，把这作为是否满足其要求的约定标志。

特殊的信仰和革命的恐怖主义目标有时只被模糊地领会。一些恐怖主义者凭借暴力行动为他们的事业赢得公众，表明他们有能力摆脱逮捕和指控，并激励其他对政府不满的人加入他们的组织，开展革命。一些恐怖主义者寻求通过发动革命战争来推翻政府。

革命的恐怖主义群体一般不是孤立的派别，有证据显示他们与不同的群体有着实质性的合作与相互保护的关系。[25]克莱尔·斯特尔林（Claire Sterling）注意到，在国家与国际法律之外有一张庞大的地下网在支持着恐怖主义组织，它为恐怖主义提供军火走私、军事训练营地、帮助伪造和盗取政府文件、藏匿和保护法律要求归案的恐怖主义成员。[26]许多革命恐怖主义组织通过非法行为来资助其恐怖活动，类似造伪、抢劫银行、绑架和敲诈等做法。

随着核技术与细菌武器的发展，对革命恐怖主义群体可能获取此类武器的关注也与日俱增，恐怖主义者有可能会使用武器来胁迫国家释放政治囚犯、支付赎金或者把政治权力赋予恐怖主义群体。

暴力抗议

暴力抗议与恐怖主义紧密相连。有些国家——包括北爱尔兰、以色列和波斯尼亚——最近经历了一系列暴力抗议。

从 1965 年到 1970 年，美国一直受到暴力抗议的困扰。在这段时间里，各城市内部，底特律、纽瓦克、华盛顿、洛杉矶、芝加哥以及其他地方，都有成千上万的非裔美
375 国人走上街头，通过哄抢、枪击、纵火的方式来表示他们对生活状况的抗议。这些年轻的非裔美国人因对 20 世纪 60 年代早期许多政府允诺的公民权利未付诸实施而感到挫折和愤怒。

在这段时期，我们的城市内部爆发了暴力抗议，此后，院校学生开始整体地抗议越南战争。学生们占领了校园建筑，毁坏了教室。当警察试图驱逐他们的时候，一些学生进行了暴力反抗。暴力在许多校园不断升级。建筑物燃起了熊熊烈火，校园周围的商店被哄抢一空，并遭到破坏。在有些校园，政府还出动了国民警卫队。学生与国民警卫队之间的冲突，导致了芝加哥、俄亥俄州的肯特大学和华盛顿地区的流血事件。20 世纪 60 年代晚期，美国支持与反对越南战争的人们之间形成了尖锐的对立。美国“建国”的信心在那个年代被严重地削弱了。

有时候演变成暴力的抗议也会小规模地不断进行着。例如，企业中的雇员为了争取到较高的工资和工作条件的改善而进行罢工。类似的冲突还表现在先选择抑或先生活的人群里，在核武力的反对者与支持者之间等等。

暴力犯罪

大城市的报纸和国家每周新闻杂志充满了各种令人毛骨悚然的情节，这些都是关于冷血与行为古怪的谋杀者的。例如，1998 年 1 月，西奥多·凯辛斯基（Theodore kaczynski，邮寄炸弹者）被指控对 13 件联邦法庭指控案件负有罪责，他对此指控表示服罪并请求宽恕。这些犯罪案件涉及 3 人的死亡和 20 多人的受伤，受害者均由炸弹所伤——通过邮件

寄来的炸弹。这名邮寄炸弹者还承认他安放或邮寄了其他 11 枚炸弹，这些炸弹导致了 21 人或更多的人员伤亡。凯辛斯基先生邮寄这种炸弹已历经 17 年，为的是抗议（至少在他的头脑里是这样）美国社会中高技术的发展。凯辛斯基的认罪使他最后被判终身监禁。[27]

1996 年 4 月 4 日，在蒙大拿的赫勒拿，西奥多·凯辛斯基环顾四周，此时他正被美国市政法官带入联邦法院。凯辛斯基承认他在 17 年的时间里邮寄了 16 枚炸弹，致使 3 人死亡，20 多人受伤。

在谋杀之外的暴力犯罪通常还包括恶性伤害、武装抢劫、暴力强奸、绑架、劫持、纵火等（见第二章）。

专栏 14.3　罗来纳·伯彼特与约翰·伯彼特：一宗奇怪的家庭暴力案 375

1994 年 1 月 22 日，根据“不可抗拒的冲动”这一法律依据，罗来纳·伯彼特以暂时失去理智为由被法庭宣判无罪释放。这种冲动被认为是驱使她几个月前割掉她丈夫生殖器的原因。她宣称，她嫁给约翰·伯彼特的 4 年是一段“恐怖时期”，在那几年里，她受到她丈夫语言、性和生理的虐待。

几个月前的分庭审理中，在被控告强奸罗来纳·伯彼特的婚内性骚扰案中，约翰·伯彼特被宣告无罪，而恰在此后不久，罗来纳就割下了他的生殖器。（之后，罗来纳·伯彼特将他的生殖器扔到了玉米地里，警察找到了它，医生经过手术将它在约翰伯·彼特身上缝合了起来。）

罗来纳·伯彼特用了几个星期的时间在弗吉尼亚州的一家精神病医院接受治疗，并在暂时非理智状态恢复到“痊愈”后释放。约翰·伯彼特在与罗来纳·伯彼特离婚之后又数次被捕，逮捕的原因都是被控告家庭暴力，在这些控告中，他都被说成是对他约会的其他妇女实施了虐待。

美国人已经懂得，每个人都可能是暴力犯罪的牺牲品。20 世纪 70 年代晚期，洛杉矶市市长遭到城市委员会一名不满成员的射击而身亡。1980 年，披头士乐队的约翰·列侬在纽约他自己家门前被暗杀。1981 年美国总统里根和教皇约翰·保罗二世都遭到未遂刺杀而严重受伤。1981 年，埃及总统安瓦尔·萨达特被暗杀。1981 年 8 月，伊朗总理和总统都因炸弹爆炸死亡。1995 年 11 月 4 日，以色列领导人伊沙克·拉宾，被一名与拉宾先生持不同政见的以色列公民刺杀。20 世纪 60 年代到 20 世纪 70 年代，美国遭到暗杀的政治领导人包括约翰·F·肯尼迪、小马丁·路德·金、马尔科姆·X 和罗伯特·肯尼迪。再加上比凶杀更为普遍的强奸、诈骗、恶性伤害以及武装抢劫等，美国人对于成为暴力犯罪牺牲品的担心就现实化了。

担心成为暴力犯罪的牺牲品，已经使许多美国人惧怕夜晚在街道上步行，有些人甚至
376 连白天也不敢冒险外出。在许多大城市，公共汽车司机不允许收取乘客现金，以防抢劫。有些教堂在为教民服务期间也遭到抢劫，有的教堂已经雇了保安来看护那里的募捐盘。成千上万的美国人现在自备武装步枪、猎枪或手枪以保护自己。

376

专栏 14.4　惧怕卷入麻烦与对陌生人的麻木冷漠

1964 年的一个晚上，凯蒂·格娜维斯走出她的公寓楼，来到纽约一片中产阶级居住区。一个男人跟踪并突然抓住她，持刀向她刺来。她挣脱开来，凄厉地叫喊着。格娜维斯小姐的惊呼叫喊与挣扎反抗持续了 37 分钟，有 38 名当地居民从窗内看到了这个过程。多数目击者看到这一幕的时候，就如同他们在观看一部电视恐怖片一样。没有一个人冲出去援助。在这痛苦的 37 分钟内，没有一个人去叫警察。如果他们果真报警的话，那么这位小姐也许已经获救。[①] 为什么没有一位目击者对之加以任何阻止呢?

一个不卷入麻烦的主要理由似乎是，暴力犯罪的目击者惧怕凶犯了解到他们的身份后，会紧随而至。[②] 担心卷入麻烦也许是为什么没人跑去干涉的主要原因。但是为什么旁观的人们也没有悄悄报警呢? 一个解释是，他们或许并不关心大城市中陌生人的冷暖。如果是这样，那么它就提出了这样的问题：“对需要帮助者伸出援助之手”的传统价值究竟还在多大程度上存在?

①Robert B. Toplin, *Unchallenged Violence: An American Ordeal* (Westport, CT: Greenwood Press, 1975), 15－17.

②Ibid., 17.

武装公民表现了一种危险的处境，因为枪支的存在有时会导致一时冲动下的暴力行为。例如，在威斯康星州的詹尼斯维尔的一个小社区内，一个家庭的父亲在 1994 年 4 月的一个晚上责骂了他 10 岁的儿子。儿子思前想后觉得父亲的处罚不公。当他的父亲倒在沙发上睡觉的时候，这名男孩从他父亲的枪柜中取出了一支上膛的步枪，用它指向父亲的脑袋，然后扣动了扳机。杀死了父亲之后，这名男孩来到最近的警察局，向警察自首。

自杀

每年发生的 3 万起自杀案件，使自杀成为美国人十大致死原因中的一个。[28] 自杀可能发生在生命的任何时段。为什么人们要终结他们自己的生命？是因为生命难以忍受，痛苦、绝望，或者无用？

帕特森（Patterson）等人引述了实际可能被带入自杀中的各种潜在危险因素。[29] 他们提出了如下用以评估自杀潜能的分析方法，这种方法叫做“悲观人”尺度。

以下的每一个字母都对应着一个高危险的因素。

S（性别）
A（年龄）
D（抑郁）
P（自杀前科）
E（酗酒）
R（理性思维丧失）
S（社会支持缺乏）
O（有条理的计划）
N（无配偶）
S（疾病）

应当强调的是，用来分析自杀潜能的任何一个指标，仅仅是指标而已。任何一个人在实际中威胁说要自杀，都应当相信那是真的。这个事实标示着，当他们说出要自杀时，意味着他们正在实际地考虑着实施它，这意味着存在着他们自杀的某种机会。然而，如下的变量在用来确定危险的指标时是有用的。也就是说，它们确定的是自杀者尝试自杀和自杀成功的可能性有多大。

性别

在青年人当中，女性比男性更可能尝试自杀；然而，男性更容易持续他们的企图。[30] 任何一种性别的青年人都可能具有严重的自杀潜能。不过，当威胁说要自杀的是一名男性的时候，他自杀的危险要大于声言要自杀的女性。这其中的一个原因是，男性选择致命方式实施自杀的可能性更大。

年龄

377 尽管任何年龄的人都可能尝试自杀，但是某些年龄的人群比其他人群有更大的危险。统计显示，19 岁以下 15 岁以上的人是自杀的高风险人群。在美国最高的自杀比率出现在年龄较大的男性中。[31]

抑郁

抑郁可以作用于一个潜在的自杀者。抑郁不仅仅涉及情绪低落。它与人的一组特征相关，有情绪以及与情绪连接在一起可能发生的行为。有这种情绪行为经历的人才被说成是抑郁。这些特征和情绪包括不快的一般性情绪，生理能量较低，与他人交往时出现问题，负疚感，紧张与负担沉重的情绪，各种生理问题，如睡眠困扰、头疼以及无食欲。[32]

自杀前科

曾经试图自杀的人，比第一次尝试自杀的人更容易自杀死亡。[33]

酗酒

酗酒就是滥用酒精。酒精中毒与自杀相关联。一个嗜酒的人比一个不嗜酒的人更容易自杀。[34]尝试自杀或是自杀死去的人，在当时经常处于醉酒状态。

理性思维丧失

精神或者情感失调的人，比如抑郁者，更容易自杀。幻觉、妄想、极度思维混乱或焦虑，都是促成个体自杀的因素。如果一个人不现实地、客观地思考，那么情感和冲动更容易占据头脑，一个人也更容易以一种绝望的方式来行动。

社会支持缺乏

孤独和寂寞是导致自杀的基本因素。感觉别人不关心自己的人，会觉得自己无用和无助。自杀在一个爱人刚刚死去，或者自己被遗弃的个体身上发生的可能性尤其高，这些人总是威胁说要自杀。

有条理的计划

一个自杀者将要实施自杀的相关计划越是特殊和周密，那么自杀的危险性也越大。此外，自杀的方法越是危险，自杀的危险也越大。一个当夜 7：00 把一只藏在地下室的枪放在枕下的计划，比一个某时摄入某种药物和超量服药自杀的计划要危险得多。当评估这种危险因素的时候，存在着几个需要问的问题。计划的可信程度有多大？个人是不是在如何自杀的特定计划内容上，投入了许多思考？所选择的自杀方法有多危险？自杀的方法和武器是否能立即为自杀人所使用？当自杀将要发生时，特定的时间是否已被选择？

无配偶

无配偶者比在婚姻内的人具有更大的自杀可能。[35]单身者、离异者、寡妇或者独居者都属于这个高自杀危险的范围。这个群体具有较大的几率被冷落和孤立。

疾病

患病的人更易于自杀。[36]这对于那些因长期疾患已处在生命边缘的人尤其真实。也许

流行的电视图像访谈秀的主持人拉里·金（Larry King）采访杰克·凯沃尔基安（Dr. Jack Kevorkian）。

在如上的一些情况下，他们对额外病痛压力的无能为力，已经消磨掉了他们整体的承受力，从而导致他们选择简单的放弃。

其他症状

自杀警告的信号还有其他特征。比如，滥用毒品比酒精更可能影响自杀潜能。[37]

情绪、行为或者一般态度上的迅速变化，是一个人处于自杀危险中的其他指标。一个可 378
能成为自杀者的人，可能是一个突然陷入严重抑郁和幽闭的人。另一方面来说，一个长期抑郁而突然变得极度兴奋的人，处在同样的自杀危险中。有时，这类个人在此之后即已经作出了自杀的决定。在那样的情况下，兴奋的情绪可能源自最终作出消极决定后的压力解除。

突然放弃特别重要或有意义的个人财产，是自杀另一种可能的信号。好像一旦自杀决定作出了，放弃这些事物而去选择其他行为，就成了最后作出一种决定的办法。也许这是一种为不确定的目的做最后肯定的方法，或者是为了确证生命最后的细节也被周全考虑到了。

青少年自杀

青少年是一个自杀高危险群体。青少年的自杀尤其使人不安，因为它通常很突然并且难以预见，亲人和朋友通常没有机会终止这种行为（使冲突或者告别人世的决定不成功）。自杀者的亲属和朋友经常感觉到内疚，因为他们没能发现青少年痛苦的情绪，也没能阻止青少年自杀弃世。这些亲属和朋友也会深深地自责：死去的青少年的生命是如此短暂，并且他们将永远不再有完满幸福生活的机会。

青少年自杀的原因

弗雷茨（Freese）分析了五种看来与青少年自杀相关的变量。[38]

无助与绝望的感觉　当青少年努力构建一种身份，并在其父母之外独立发挥作用的时候，他们中的许多人将感到无助，这是不足为奇的。他们必须遵守他们父母和学校的规则。他们受到来自同龄群体的压力，而被迫遵从他们同龄群体的规范。他们寻求社会和某个他们将去适应的地方的认可。同时，一个青少年必须努力发展独特的个性，一种对他自己来说有价值的自我意识。此时，这种拼争可能确确实实是无助的。

孤独 隔离与孤独的感觉也会塑造试图自杀的青少年的个性。雅各布斯（Jacobs）和泰舍尔（Teicher）研究了试图自杀的青少年，并判定这些青少年与和他们相联系的他人关系日益疏远和隔绝。[39]有四个变量可以用来表示这种隔绝。第一个是他们生活中长时期的各种问题。第二个是自杀前急剧出现的一系列所经历的困境。第三个是这些青少年处理紧张压力的能力逐渐降低，这导致他们更多地把自己封闭起来。第四个是自杀之前似乎存在着一个反应链，一个接一个的关系在此时接连被破坏掉了。

冲动 冲动，或者一种未经过很多思考的突然行动决定，是与青少年自杀相联系的另一个变量。困惑、隔绝、绝望的感觉，可能对于作出冲动决定来结束一切构成影响。

缺少稳定的环境 许多时候，家庭中的纷扰和混乱对于青少年自杀产生着侧面的影响。缺少稳定的家庭环境会使青少年产生孤独与隔绝的感觉，同时也侵蚀着一个人的社会支持基础。除了童年期经历的许多问题在青少年期逐步升级以外，试图自杀的青少年也是易于被他们父母疏远的人。[40]

不断增加的外部与内部压力 今天的青少年们对他们不得不承受的许多压力表现出关心。从某种程度上，这些压力也许与目前社会和经济状况相关。许多家庭解体了；要求成功的压力巨大；许多年轻人甚至不能确定当离开学校时，他们是否能够找到工作；同龄群体要求遵从以及希望被社会接纳的压力。这些不断地对青少年产生着影响。自杀的青少年也许仅仅是因为丧失了顺应能力，而放弃了人生。

荣恩（Rohn）等人对 65 名试图自杀的青少年进行了研究。[41]被研究者选自城市中一个阻止自杀的项目。他们主要是非裔美国人，以及来自社会经济地位较低层社会背景的青少年。四分之三的被研究者是女性。最小的被研究对象只有 7 岁，最大的 19 岁，平均年龄 16 岁。研究结果显示，这些年轻人是生活中遇到麻烦的、被隔绝的、社会压力沉重的人。大约有一半的被研究者被标定为“孤寂者”。超过一半的人生活在单亲家庭。他们中约四分之一的人生活在没有亲生父母的家庭里。几乎三分之一的人至少拥有一名酗酒的父母。约四分之三的被研究者在学习上遇到了困难。超过三分之一的被研究者从不上学或者频繁逃学。

379 家庭暴力

斯坦梅茨和斯特劳斯指出：“在美国的社会中，日常生活里很难找到一个群体或者机构所发生的暴力多于家庭中的暴力。”[42]在家庭中的暴力也许像爱与理解的表达一样平常。配偶虐待、儿童虐待、同胞虐待以及其他各种身体暴力案件发生在超过半数的美国家庭里。[43]

针对有色人种的暴力

在我们的社会中，有色人种受到广泛暴力行为的迫害。（这是一个两条平行路径上的同一种行为，因为也有大量的白种人受到了有色人种暴力侵害。）

19 世纪的后半叶里，在美国西部不断有中国矿工与铁路工人遭到集体杀戮。例如，在 1885 年的铁路罢工中，白人工人袭击了怀俄明州岩石泉的中国社区，杀死了 16 个人，整个社区的房屋被烧毁，可是却没有一个人为此被捕。1871 年，一个白种人的暴力团伙袭击了洛杉矶的中国社区，杀死了 19 人，并将其中的 15 人用脚手架吊了起来，以警示其他幸存者。[44]

阿方索·品克内（Alphonso Pinkney）在评论黑人奴隶受到白人奴隶主虐待时说道：

> 很少有成年奴隶逃过奴隶主某种形式的虐待。一个女奴隶主因为打奴隶的脸部来进行惩罚而远近闻名。另一个女奴隶主则用烧红的铁钳子来灼烧奴隶女孩的脸部。一个喝醉酒的奴隶主肢解了他的奴隶，并将他的肢体一片一片地扔进了火里。另一个奴隶主把他的奴隶从床上拉起来，用鞭子抽打了上千次。[45]

奴隶主经常使用一种用牛皮做的鞭子，或者叫牛皮鞭，来控制他们的奴隶。他们发明了一种精心设计的惩罚制度，把奴隶遭受鞭打的次数与奴隶被告冒犯的程度联系在一起。

在美国南北战争之前，游荡的白人帮到处袭击黑人社区和住所，并殴打黑人。奴隶们有时候也会反击，并杀死他们的主人或者其他白种人。在南北战争之后的重建年代里，经统计，由南方白人治安维持会群体所杀害的黑人有 5 000 人。[46]

南北战争之后，白人暴徒开始私刑处死黑人，这种私刑处死黑人的惯例一直持续到了 20 世纪 50 年代。被私刑处死的黑人有窥视白人窗户的，试图投票选举的，被认为出口不逊的，寻求在饭馆受到雇用的，与白人进行争辩的以及对另一个被私刑处死的黑人表示同情的。因为私刑处死黑人而遭到逮捕的白人寥寥无几。从事私刑的暴徒不仅包括成年男子，有的时候还有妇女和儿童。有时私刑处死的决定公开宣布，公众也被邀请来参与。公众经常表现出乐于参与这类活动，并且对私刑者更大的残暴举动推波助澜。

种族暴乱自南北战争之后变得普遍了起来。例如，1919 年夏天，发生了 26 起种族暴乱，最为严重的一次种族暴乱发生在芝加哥。暴乱从 7 月 27 日持续到了 8 月 2 日。15 名白人和 23 名黑人被杀，537 人受伤，1 000多人无家可归。[47]

自从欧洲移民到来之后，本土美洲人就一直受到绑架、屠杀、征服和暗杀、谋杀的迫害。有些部落已经完全灭绝了。白种人对待本土美洲人的做法，成为历史上最令人作呕的系列暴力行为。

灭绝本土美洲人是从早期基督教移民实行屠杀与灭绝的政策开始的。1636 年，清教徒向马萨诸塞海湾派来了一支军队去屠杀莫希干族的一个分支——皮库奥特人。居民区被焚毁，600 名居民遭到屠杀。[48]

1642 年，新荷兰总督对美洲本土的土著提供了慷慨的赞助。然而，一年之后，同样是这位总督，却命令对瓦平戈尔部落进行屠杀。品克内描述了这场屠杀：

> 在屠杀中，婴儿被从他们母亲的怀里夺走，被刀切成碎片后扔进了一堆火里或者

> 扔进河中。有的儿童还活着就被扔进了河里，而当他们的父母试图去救他们的时候，也和他们的孩子一起被冲走了。当屠杀将要结束的时候，杀人的这群人受到了来自那位慷慨总督的庆贺。[49]

这次暴力的主要动机是欧洲定居者陷入了饥饿中，不去与最初土地占有者，即本土美
380 洲人争夺将很难获得土地。这场精心策划的对本土美洲人的屠杀和灭绝行动，从 17 世纪一直持续到了 19 世纪的大部分时间。白种人制定并破坏了与当地人的条约，并以占据土著人绝大多数土地，大幅度削减他们的人口，结束了这场屠杀。在 1838 年一次强迫的行军中，有 4 000 名易洛魁人死于寒冷和精力枯竭。[50]本土美洲人被认为是野兽，白种人觉得“唯一好的印第安人是死去的印第安人”。本土美洲人被灭绝的原因是，他们被认为阻碍经济的进步。

今天，在不同群体间激烈的冲突仍然在街道和学校中小规模地发生着。光头党、三 K 党、美国纳粹党以及其他“白种族优越”群体，仍然活跃在美国的许多地区。来自这些组织的示威已经造成了一些流血冲突。近些年来最严重的一次发生在 1979 年的北卡罗来纳
381 州的格林斯博罗，这是一次枪杀暴行，5 名反三 K 党的抗议者遭到枪杀。

380

专栏 14.5　被殴打的妇女因刺死丈夫被捕

托尼·索尔蒂斯女士，28 岁（名字和其他身份信息有所改动），因杀死丈夫希尔顿遭到逮捕，时间为 1998 年 8 月 27 日。密尔沃基验尸官办公室确定死亡是由一把匕首切穿颈部动脉所致。当局指出他们将把此案归为凶杀来起诉索尔蒂斯女士。

索尔蒂斯女士曾从警局叫来警察，并在早上 3：30 分来到邻近的一家商店，说她的丈夫打了她。她说：

> 我丈夫喝了一夜酒之后回到家里。他喝得酩酊大醉，几乎无法站直身体。他因为我做家务的方式而向我大声叫喊。我试图解释，带着两个孩子，我很难把家打扫干净，何况我还有一份非全职工作。他就命令我给他做早饭，并让我做得好点儿。我提醒他我们只有昨晚剩下的晚餐，并问他想吃什么。他跟着我进入了厨房，接下来就是一边喊叫一边打我。

索尔蒂斯女士说，她曾经两次离开她丈夫到一个为被家庭暴力所伤害的妇女提供的庇护所，因为过去他经常打她。她说，之所以总是又回到她丈夫身边，是因为她没有独自养育两个孩子的经济能力，也不想靠福利救济过日子。她补充说，当她丈夫清醒的时候，他对她和两个女儿的确很好，他们的两个女儿一个三岁，一个五岁。

警察记录显示，她有两起挨打的事件记入了档案，但是并没有进行正式控告。1997 年 12 月，她曾在圣·鲁克医院接受治疗，此前她的丈夫把她打得昏了过去。1998 年 2 月的时候她又接受了圣·鲁克医院的紧急治疗，因为她的嘴唇被她丈夫用燃烧着的

香烟严重烫伤。索尔蒂斯女士说当希尔顿喝醉酒的时候，她经常遭到他毒打。而第二天当他清醒过来的时候，他不会记起打她的情节。

索尔蒂斯女士接着描述眼下的这次事件说：

> 当我们在厨房的时候，他抽我耳光，我感觉到我倒在了墙上。他接着在我的身体侧面踹了几脚。我劝说我们之中的一个人应当离开这里，这样我就不会受到伤害。他一边抓住我摇晃着，一边大喊："我现在就杀了你，这样你就不能离开我了！"他不停地向我叫喊并把我撞来撞去，我哭喊着却无法反抗。最后，他折磨我折磨得累了，把我放倒在餐厅的地板上，我几乎不省人事。
>
> 他离开后进了卧室，很快呼呼大睡。我逐渐停止了呻吟，也慢慢恢复了力气。我知道他将永远不会放任我不管，即便我要离婚的话也是如此。如果真离婚的话，他会追着来把我杀了。我真的不能再忍受了。我站了起来，拿了一把切肉刀，进入卧室。他仰卧在那里，鼾声如雷。我把刀刺入了他的喉咙。我知道如果我不能杀死他，他就要杀死我。在我看到血的时候，我从家里跑了出来。
>
> 我跑到街道上，害怕他来追我。我不停地向后看着。

警方报告说，索尔蒂斯女士赤着脚跑在街上，并招手截下了一辆汽车，汽车带她去了邻近的一家商店。警方进行调查，发现索尔蒂斯先生已经死在床上。索尔蒂斯女士被带进圣·鲁克医院，在那里医生为她治疗被打断的肋骨、折断的下巴以及无数的各种创伤。

经过仔细回顾这个案例的事实，地区法官裁定她的行动应被考虑为正当防卫，并不予追究。许多其他国家司法执法官员都在被这样一个问题所困扰：如果其他被丈夫殴打的妻子也采取了同样的行动，是否应不予追究或者被视为正当防卫？

警察的暴力行为

警察同样也存在着一系列被指控为非必要暴力的行为。从下面的一些例子中可以看到。

1969 年 12 月 4 日的早晨，15 名警官（配有手枪、冲锋枪和狙击步枪）冲进了芝加哥的一所公寓，这所公寓由黑豹党（黑豹党寻求结束种族隔离，有时候借助暴力行为）成员占据。证据表明公寓中的居住者正在睡觉，没有任何证据显示黑豹党成员开火。结果两名黑豹成员遭到射击死亡，至少四名受伤。

1968 年 9 月 4 日，黑豹党在布鲁克林分会的三名成员出现在布鲁克林犯罪法庭的初审听证会上。他们被控袭警和拒捕。八至九名其他黑豹成员来到现场旁听。当这群人离开法庭时，在法院走廊里，他们遭到将近 50 名非公务白人警官的攻击。这些警官用铅头棍棒打、脚踢，对他们进行了数分钟的殴打。然而，此后却没有一名警察因此遭到逮捕。

1968年，从8月26日到8月30日，民主国家会议在芝加哥召开。反战示威者来到现场抗议美国卷入越南战争。警方使用催泪瓦斯、棍棒和无节制的暴力驱散了示威群众。在那一周内，1 100多名平民被芝加哥警察打伤。有些无辜者在下班回家的路上遭到警察攻击。一名33岁的学校教师在和平示威的时候被警察打得倒在地上。他的女朋友冲过去保护他，却遭到六名警察的不断殴打。警察被示威者频繁地激怒，这是事实，但是他们的反应却严重地丧失了节制。一个研究暴力原因和阻止暴力的国家委员会研究小组总结说：

> 在警方一边，有的是狂舞着的棍棒、仇恨的叫喊声、无理由的殴打，这使人不可避免地得出这样的结论：许多警察所施展的暴力行为，远远超过了驱散群众或者逮捕所需要的武力。[51]

美国警察杀死别人的可能性要比被杀害的可能性多六倍。在欧洲，很少有警察被害，而警察也很少会伤及无辜。[52]

有时候，我们仍然会听到有人在遭到警方逮捕之后被野蛮殴打，甚至死亡的消息。1980年5月17日，四名白人警察被控告使用棍棒将亚瑟・麦克杜菲（Arthur McDuffie）殴打致死，起因是他驾驶摩托车闯了红灯。麦克杜菲是来自佛罗里达州迈阿密的一名非裔美国人，他是一名保险推销员。一个全部由白人组成的陪审团宣判四名白人警察无罪。愤怒的非裔美国人涌上了迈阿密街头，他们控诉说，这只是警察野蛮对待非裔美国人，并逃过惩罚的许多事件之一。三天激烈的暴乱也就此爆发。在这次暴乱中，九名非裔美国人和六名白人警察死亡。暴乱中烧毁和抢劫的损失约两亿美元。[53]

1977年，三名休斯敦巡警杀死了一名墨西哥裔美国人，并将其尸体扔进了海湾。当事警察被地方法院缓刑处理。[54] 1979年，尤莉亚・洛夫（Eulia Love），一名非裔美国妇女死在了洛杉矶。当时她拒绝关闭她的汽油服务站，竟被两名白人警察杀害。两名警察被警察局的射击检查处赦免。[55]

1991年，警察野蛮行为再次引起了全美国的关注。一名叫做罗德尼・金的非裔美国人，遭到洛杉矶四名警察的警棍殴打，他当时骑着摩托车被拦截下来。殴打罗德尼・金的现场被一位路人用摄像机记录了下来。金先生至少被警棍打了50下，这使他的颅骨出现了11处骨裂，脚踝骨折，并造成各种其他创伤。

国家犯罪裁判标准与目标顾问委员会发现，尽管非裔美国人仅仅占美国总人口的12%，然而50%以上被警察杀死的人却是非裔美国人。[56]

不过，以这些警察为模式来推断所有警察都是野蛮的，是一个严重的错误。绝大多数警察在执行其公务的时候还是具有谨依理性的职业风范的。亨利・辛格（Henry Singer）注意到，那种把警察形象看成野蛮到濒于罪犯边缘的方式是错误的：

> 在过去的四年里，我与很多警察打过交道，我发现一些警察属于这种野蛮类型。

不过，我也发现许多我所见过的警察是属于最有奉献精神的、努力工作的、负责任的警察。

> 一名警察的工作是我们社会目前为止，所有市政职务中最令人灰心、耗费精力、 382
> 使人痛苦以及最少报酬的职业之一。……警察是少数使社会正常运转的动力之一，他被要求从事不愉快的工作，即便有三到四倍于我们的工资水平，我们也没人愿意去做。[57]

罗伯特·托普林（Robort Toplin）补充说：

> 即便进行超凡的警察职业的改革，警察虐待、暴力以及难与社会相融等，也都将作为严重的问题保留下来，直到针对警察的暴力危险得到大幅度的削减。当看到警察每日面对的威胁时，许多警察变得神经紧张和随便开枪也就可以理解了。……比如，当三名芝加哥警察发觉他们自己陷在一个住宅工地的电梯中长达一个小时，而此时一些居民又试图用莫洛托夫鸡尾酒点燃电梯的时候，我们就可以设想到，此时究竟什么会进入他们的头脑中。警察应当因为他们所从事的极为困难和经常收不到任何感谢的工作，而得到公众更多的同情。[58]

青年暴力行为

1998年3月24日，米歇尔·约翰（13岁）和乔伊·格登（11岁）在阿肯色的小城琼斯博罗伏击了他们学校的一群学生和教师。四名学生和一名教师中弹身亡，10人受伤。报道中介绍，米歇尔·约翰由于对学校中一名11岁女生的浪漫追求遭到拒绝而心烦意乱。[59]这使他这样正在成长的年轻人的暴力更加显著起来。在一些案件中，警察已经逮捕的年轻人里，有些只有七岁，他们的罪名有强奸、抢劫、伤害。八岁到九岁的年轻人里还有因谋杀而被逮捕的。

美国的枪支超过了两亿，约每位公民一支枪。[60]大批的青年人都有接触枪支的机会。今天许多的校园和城市的街道都有战区的面貌。大城市中越来越多的青年人加入团伙，团伙成为多数大城市的威胁，而许多小社区也正在经受暴力团伙的暴力行为。

许多学校像监狱一样，它们成了犯罪与暴力的学校，这种学校的氛围成了训练抢劫、 383
破坏、帮派械斗和越轨的地方。学校频繁发生爆炸、纵火行为。教师常常成为抢劫的牺牲品，有时在坐满学生的教室中，他们也会遭到突然出现的闯入者的抢劫。教师还是严重人身伤害的牺牲品，女教师还会惧怕遭到强奸。一个权威人士指出："少年携枪入校就像我们曾经习惯怀揣着香烟一样。"[61]而当报纸讲到行凶、破坏财产、持刀抢劫、斗殴和强奸的时候，它们并没有提到下层社会，而是说我们的学校，我们的孩子。

一个16岁的青年人若无其事地解释了他无情地杀人的经历，解释的时候他并无悔罪之意：

暑期，学校教师将两名在自助餐厅扭打的学生分开。这是发生在加利福尼亚北部的一所公立小学中的事情。

> 我们刚刚开车来到街道上，就见一个人乘坐在一辆蓝色的小货车上。我们看着他。我们不知道他是谁。我们不很确定。我们推测我们见过他。我们开车紧跟着他，并打量他。我们仍然不能想起来——我们不很肯定。我看看那辆车上的某个人，而他说叫我走开。我就把枪探出了车窗，向他开了一枪，这一枪正好打在他的耳朵下面。理由仅仅是——我们过分友善。我不知道那是不是为了好玩儿或者其他什么。我们仅仅是决定那样做而已。[62]

一些青年人通过参与团伙来获得身份和自我评价，在团伙中表现出强悍可以帮助他们在青春期应对危机。通过犯罪和显示斗志、不学无术、辍学可以在朋友的眼里感到有成就。今天的团伙所从事的暴力要比过去年代的团伙更为严重。[63]在 20 世纪 50 年代，团伙械斗使用的是酒瓶、木棒、锁链、匕首和拳头；现在的团伙械斗使用的是手枪、左轮枪、突击武器和猎枪。

科尔曼和克雷西指出：

> “打斗团伙”最初的动机是控制他们的“地盘”，并维护他们的声誉，有时候可以为此械斗致死。有些团伙有着较长的历史，可以向前追溯30到40年，团伙械斗和凶杀在一些都市邻里间已经成为几代人的生活事实。[64]

大量流行的可卡因和其他非法毒品已经造成了严重问题，这既是对法律实施而言，也是对毒品使用者生活的社区而言。这一问题的主要方面是，许多青少年团伙卷入了毒品的运输和吸食，许多城市都经历了一系列团伙争斗，争斗的目的是为了扩张和保护他们有利可图的毒品营生。

暴力行为原因

探求暴力行为原因的理论主要有三个：生物学理论、挫折—攻击理论、控制理论。也存在着特定暴力行为原因的研究，包括社会化进程、语言影响和媒体影响。

生物学理论

由于暴力变得如此普遍，一些社会科学家论证说，人类就如同动物一样，都具有一种内在的侵犯本能。弗洛伊德的理论认为人类具有死亡渴望，这导致他们伤害和杀死别人及他们自己。[65]罗伯特·阿德里（Robert Ardry）暗示人类有一种征服和控制领土的本能，这经常导致人与人之间的暴力冲突。[66]

康拉德·洛伦茨（Konrad Lorenz）断定，侵犯和暴力有利于生存。具有侵犯性的人类和动物更易于再生产和生存，相反较少侵犯性的物种则容易灭亡。侵犯性有助于确保强壮雄性的交配，从而增加该类物种生机。侵犯也帮助建立了一个支配的系统，从而给予群体一种秩序和稳定。[67]

其他社会科学家对暴力和侵犯是遗传的观点持有高度的批评态度。因为至少目前为止，还没有决定性的证据证明，暴力是或者不是遗传的。对本能理论的批评观点指出：侵犯和暴力并不必然是同样的东西。如果人类确实具备一种侵犯的原动力，也不意味着人类同时具备一种暴力的本能。进一步说，即便有些动物确实具备维护或者侵犯领土的本能，也不意味着人类必须如此，因为人类的行为倾向远远不像动物的行为那样依靠本能。最后，人类所培植起来的一些文化显示出了较少的侵犯性或者暴力，这暗示着人类可能不具备侵犯或者暴力的本能。[68]塔萨傣是一个生活在菲律宾的，处于石器时代生活状态的原始部落，在这个部落甚至在他们的语言中，根本没有表达暴力或者侵犯的词句。

雄性比雌性具有较多的侵犯与暴力是被广泛承认的。一些生物理论假设雄性荷尔蒙导致了更多的侵犯行为。另外，知识理论家论证说，这种侵犯行为上的区别主要是由于在男孩与女孩间进行的社会化不同而造成的（见第七章）。问题由此变成了：是暴力经过社会 384
化进入了原本没有暴力的社会，还是暴力经过社会化被排除出原本有暴力的社会？

挫折—攻击理论

挫折—攻击理论把暴力解释为一种释放紧张的方法，这种紧张是挫折情景造成的。这种理论来自这样的常识，即一个受到挫折的人常常会卷入侵犯的行为中。受挫的人可能会痛打造成挫折的事物，或者可能把挫折转移到别的地方。比如，当一个少年受到其他人嘲笑时，可能会以同样的方式报复一只宠物。被允诺改善生活的贫民区居民，当承诺未能兑现的时候，他们可能会通过暴乱来表现他们的挫折。一个失业丈夫在找不到工作的情况下会殴打妻子和孩子。

这一理论的一个主要问题是，它没能解释为什么挫折在有些人和情景下导致了暴力，而在其他人和其他情景下却没有。此外，许多的侵犯和暴力似乎与挫折无关。比如，一个职业杀手或者武装抢劫犯并不必须受到挫折才去犯罪和侵犯。

尽管挫折—攻击理论主要是由心理学家发现的，一些社会学家也将它用来对大规模群体进行解释（宏观理论）。他们注意到，城市中心的贫民窟具有潜在的高发暴力比率。他们接着论证说，贫困、缺少机会以及这些地域中的其他不公正使该地区居民高度受挫。居民想得到所有他们看到的其他市民享有的物质资源，但是他们却没有合法的方法获得这些。作为这一结果，他们变得情绪受挫，并对他人进行打击。这一理论提供了城市贫民窟高比率暴力的一个合理解释。一个缺陷是这个理论不能解释为什么许多受挫的穷人显示出较少的暴力，或者无暴力。

控制理论

与挫折—攻击理论紧密相关联的理论就是控制理论。这一理论认为，与他人关系不满足或者不适当的人，当他们试图与他人相处却受挫的时候，就易于采用暴力；而与重要他人有紧密关系的人，则能够较好地控制或者抑制冲动行为，因为他们倾向于更容易意识和察觉到，他们的暴力行动可能带给他人有害的影响。

对于这一理论的支持可以从查韦斯·海尔斯基的一项研究中看到，海尔斯基发现有心理侵犯行为历史的少年男孩，一般缺少与其他人的紧密关系。[69]还可以用来支持这一理论的是这样的事实，在刑满释放者和那些与朋友和家人疏远者中的暴力行为，显著地高于一般美国人中的暴力行为。

控制理论为暴力的增加提供了一个解释：因为传统的社会化因素（教堂、亲密的家庭关系、接受教化的小型社区）正在退化。控制理论暗示暴力将随着人们日益孤立而不断增加。

一些社会学家采纳了与控制理论不同的解释方法。[70]他们把暴力视为一种人类本能，这种本能在社会不能对其成员设置足够严密的限制时，就会表现出来。这些控制理论家把反对暴力的群体规范视为首要的限制要素。附加的控制包括整合的家庭、教堂以及其他初级群体。最后的控制要素是警察和对逮捕、控告和审判的惧怕。当所有这些控制因素都不起作用时，暴力行为就会表现出来。

暴力文化和亚文化

许多社会学家相信，暴力是通过社会化的过程学习到的，或者后天获得的。这种理论认为，暴力最可能发生在接受或者鼓励暴力行为的文化和亚文化中。

美国文化作为一个整体似乎尤其容忍，甚至是鼓励侵犯，特别对男性更是如此。（有些公司在招聘广告中就宣布他们要“有进取心的”经理。）品克内 1972 年指出：

> 我的研究题目是，美国是一个非同寻常的暴力社会，这种行为在整个美国历史上，既塑造了这个社会的民主，也塑造了它与其他国家的关系，而暴力之所以茁壮成长，是因为社会气候滋养并激励了它。从这个国家早期历史上对印第安人的屠杀和对黑人的奴役，到 20 世纪中期对广岛和长崎人口的毁灭性袭击，再到近期对印度支那农民和黑豹党成员的屠杀，美国社会已经明确表明了它毁灭人类的个性倾向。[71] 385

海里斯的一项民意测验找到了更进一步的证据，暴力很大程度上被我们的社会接受了。这项民意测验显示，大多数美国人都同意这样的声明：

- 一个男孩成长时，有一些用拳头打架的经历是十分重要的。
- 人类应当还其本性，战争和冲突将总是存在。
- 公正在古代西方可能有点粗野和现成，但是事情却因此运转得比依据合法的繁文缛节顺利得多。[72]

对暴力的学习可以在家里、一个街区团伙和学校的亚文化中通过看电视以及各种不同的方式实现。学习过程本身也是五花八门的。侵犯性行为经常获得同龄群体的鼓励。电视和电影经常把强悍和侵犯性描述成可以带来他人尊敬、物质上的成功以及令人心动的浪漫爱情。暴力习惯也可以通过模仿和榜样的方式获得。看过大人展示身体侵犯的儿童，将会在日后的性爱游戏中模仿这种侵犯行为。被身体虐待的儿童更可能虐待他们自己的孩子。弗雷德里克·爱尔费尔德（Frederick Ilfeld）总结说：

> 父母的体罚不是阻止了暴力，而更可能使暴力受到了鼓励。它既使儿童受挫，也给他一个模仿和学习的榜样。通过榜样来学习暴力的方式，不仅适用于家长的行为，它也与大众媒体所设立的榜样相关联，如某人的同龄群体，或者其他相关群体，以及地区和国家领导人。[73]

似乎许多家庭都教育他们的孩子在某种情境下使用暴力。这种教育的方式，与他们把宗教价值观和宗教实践灌输给子女的方式如出一辙。

美国的某些亚文化中对暴力的鼓励，更甚于其他亚文化。受到亚文化鼓励的暴力行为者很多，包括工人阶级中的男性青年、街头团伙、有组织的犯罪集团、类似黑人纳粹和三K党以及恐怖组织这样的好战群体。它们被亚文化鼓励去通过暴力来获得想得到的。

对暴力的容忍甚至是颂扬遍布我们的社会。美国的国歌就是一首战斗的歌曲，它特别强调“炸弹在空中炸响”。美国也有流行的战争歌曲，类似帕提克·亨利（Patrick Henry）的“给我自由，要不就是死亡”，或者“我还没有开始战斗”（当被要求投降的时候，一名美国海军指挥官创作了这首歌曲）。美国的历史书以美国参与并获胜的战争为荣耀。在越南战争中，国防部试图唤起战斗的骄傲情绪，它的手法就是每星期列出同盟军较低的战死数字统计以及敌方较高的死亡统计。成千上万的人曾颂扬着威廉·格雷（William Galley）中尉，在军事法庭发现他在迈莱杀死了22名越南男人、妇女和儿童（越战期间）之后，他也一直被美国民众称为“战争英雄”。

许多人观看汽车比赛主要是为了看严重的事故。身体接触性运动（足球、曲棍球、拳击和摔跤）是流行性运动，因为美国人喜欢观看和参与暴力行动。

在美国的文化中鼓励暴力的另一个方面是把强悍的、大男子主义的形象当作偶像。大男子主义这个词来自西班牙语 macho，意思是“一种男人的风格”。拥有男人的风格就要通过变得强悍、勇敢和有魄力，通过保卫一个人的荣誉，不能回避挑战或者战斗，通过迫使别人安分守己，只有这样才能确定一个人有大男子主义。尽管所有年龄段的男人都受到大男子主义形象的影响，但通常只有青年男子才会寻求全面地扮演这种角色。作为部分大男子主义的角色，个人间轻微的接触（甚至是最微不足道的接触，如偶然在街上的身体碰撞）也被视为需要作出暴力反应的一种直接挑衅。科尔曼和克雷西注意到，被严重打伤甚或被杀死的妻子，多因为她们有大男子主义的丈夫感到受到了侮辱，妻子不恭敬的瞥视或者在不当场合的嘲笑都可以是引发家庭暴力的原因。[74]不仅拉丁语系的美国男性是这样，绝大多数美国男性或多或少接受大男子主义的某些方面。

麦克思·勒尔纳（Max Lerner）对大男子主义与谋杀的关系做了总结：

> 我们关于多数杀人者的形象描绘都是错误的。并不是强悍个性杀了人。杀人经常是个性中的软弱造成的，为了摆脱恐惧就要高声叫喊着以显得强悍，当真正的考验来到的时候，这样的人会因为害怕面对他们人性软弱的可悲事实而惊慌失措。强者是自信的，他能够活下来，也会让别人活下来。他们不需要去证明什么。[75]

勒尔纳对凶杀者的描述，与刺杀著名国家领导人的刺客形象完全吻合。刺客们和打算成为刺客的人通常都是个性孱弱、缺少朋友的人，他们身高处于中等之下，表现内向，而且有着失败的职业经验。他们希望通过杀死杰出人物成为历史上被认可的“伟人”。[76]

386

专栏 14.6　我们社会中的暴力反映在我们的语言中

语言是我们个性和文化的一面镜子，因为它反映了一个群体主导的观念和兴趣。语言也是一个个性与文化的模板，因为它在对青年和成年人的社会化中扮演着重要的角色。许多人都清楚地知道慎重地选择词句以便表达他们信息的重要性。语言在改变态度、唤起欲望与情感、诱导行为产生变化上非常有效。同时，语言也可以造成文化的成长与转变。

侵犯性词句通过新闻媒体的广告、体育运动、电视与电影的娱乐节目、每天的会话以及许多其他场合，被广泛使用着。为了说明这点，作者记录了连续三个星期每天几次的对话，并将具有侵犯性或者有侵犯性含义的句子列出如下：

- 我该拧断她的脖子。
- 我该折断她的脖子。
- 我该痛揍她一顿。
- 她没命了。
- 别再打扰我。
- 他打疯了。
- 为我教训教训他。
- 他说那话时，我差点儿死过去。
- 我非宰了那狗娘养的。
- 这次我们非做了她不可。
- 他把他们打败了（打垮了、击溃了、杀死了、打伤了）。
- 他总是骂我。
- 那好，我要踢他的屁股。
- 我恨死她了。
- 他打起来像只老虎。
- 有把握地瞄准。
- 我要跟他同归于尽。
- 等我看见那小子再说。
- 我要敲开他的脑袋。
- 我要把她撕成碎片。
- 她敲了我的竹杠。
- 如果她挡我的道儿，我就撞死她。

在被描述的体育运动事件中所使用的语言，同样具有很高的暴力与侵犯性。比如，体育解说员解说球赛时这样说："中卫'爆破了'、'切开了'、'像刀一样插入了'、'挖开了'、'用刀刺入了'、'戳进了'对方的防线。"而此时，只不过是携球队员跑入了对方的一个开阔区域。新闻报纸把一场即将进行的比赛描述成一场"战斗"、"交火"、"积怨的比赛"或者"决斗"。如果一支队伍大比分输掉了比赛，这支队伍就被说成是

"被挫败了"、"被征服了"、"被压倒了"、"被暴打了"、"被窒息了"、"被摧毁了"、"被干掉了"、"被推翻了"、"被消灭了"、"被压垮了"、"被击溃了"、"被车轧过了"、"被清除了"。

不仅仅体育运动被侵犯性词汇描述成这样，即便运动队的名称也会暗示着蛮勇、疯狂和暴力：

底特律老虎队
匹兹堡海盗队
丹佛野马队
旧金山巨人队
底特律雄狮队
圣路易斯公羊队
奥克兰突击者队
堪萨斯酋长队
亚特兰大印第安战士队
克利夫兰印第安人队
波士顿棕熊队
芝加哥熊队

当提到酒精饮料的消费时，听听醉酒者们使用的大量侵犯性词句，是件有意思的事情："被粉碎了"、"炸弹炸到了"、"空袭了"、"石头砸到了"、"压得变了形"、"把我惊呆了"、"被一只河马踩到了/被一群野牛踩到了/被德国坦克轧扁了"，还有"我被蜘蛛抓到了"。

经过在民众的交流中不断地使用这类侵犯性的语义，侵犯性的模式被传递并与态度、情绪、行为、个性以及美国未来的文化结合了起来。当侵犯性被导向建设性行为时，它可以是有益的。然而，当侵犯性被引向暴力时，它将可能产生严重的问题。

387 媒体影响

《出租汽车司机》（*Taxi Driver*）是一部暴力影片，描写的是一次暗杀的企图，这部影片影响了小约翰·欣克利，他于1981年3月30日向里根总统开枪射击。1980年有16人在看完影片《猎鹿人》（*The Deer Hunter*）之后互相枪击死去，这部影片中刻画了一个俄国式轮盘赌的情景（赌博的人拿着手枪，手枪里只有一枚子弹，转动子弹夹后，将枪指向自己的脑袋，并扣动扳机）。

一名来自旧金山的母亲向法院提出控告请求，控告NBC上演《生性天真》（*Born*

Innocent）。这是一部电视剧，其中刻画了一个在监牢内用扫帚把强奸的情节。这位母亲说，该影片影响了一名五岁的儿童用饮料瓶强奸了她9岁的女儿。1994年的电影《本色杀手》（*Natural Born Killers*）导致美国数起盲目模仿的谋杀。[77]像《致命的康柏特》（*Mortal Kombat*）这类暴力电视游戏，人们已经发现，它使经常玩它的儿童和成人中的侵犯与恐怖行为升级了。[78]

这样的事件使许多人都得出了结论，暴力电影和电视导致了暴力行为。其他人并不同意，他们声称暴力节目可能实际上减少了暴力，因为他们论证说，这是一种被动地使被压抑的紧张释放出来的方式。

电视中的暴力是普遍的。有人曾经作过统计，一个在美国成长到18岁的青年人将在电视中看到20万种暴力行为，包括4万种谋杀行为。[79]除了睡觉以外，青年人在看电视上所花费的时间，比他们在学校或是任何一种行为上所花费的时间都多。毫无疑问，大众媒体凭借虚构的暴力泛滥了。而这里关键的问题是，它是怎样影响我们生活的。

自从20世纪50年代电视普及以来，它给观众造成的影响也受到了广泛的研究。在回顾了这样的事实之后，列奥·伯加特（Leo Bogart）总结说：

> 从这个研究得出的无可争辩的事实支持如下论点：电影与电视中的暴力情节，倾向于使青年、儿童处在一种高度兴奋状态，也使他们随后表现出的侵犯性不断增加。[80]

20世纪60年代晚期，一个国家委员会检查了电视暴力的影响。这一研究暴力的原因与阻止暴力方法的国家媒体与暴力委员会的特别工作组总结说："大众媒体关于暴力的描写，经过长时间的过程，使观众将那些描写的规范、态度和价值观社会化为自己的。"[81]这个特别工作组还总结说，看到电视中的暴力，致使观看者遇到与所描述的暴力相似的情景时，当预期他们会因为这样的行为得到奖赏，或者当他们没有看到一起观看的伙伴对所描述的暴力行为表示反对时，他们就会实施暴力行为。[82]

蒂莫西·哈特纳戈尔（Timothy Hartnagel）等人断言观看电视暴力可能既有直接的也有间接的影响。[83]当电视把暴力描写成是一种可以接受的行为，以及经常满足一个人想要得到的事物的方式时，它可能直接造成观看者从事暴力。从间接的角度看，电视可能会导致观看者沉溺于此类电视节目而麻木不仁，并因此使得他们更容忍他人的暴力行为。

电视暴力的程度由理查德·L·托宾（Richard L. Tobin）的研究结果显现了出来，这一研究结果提到了三个主要电视网在一星期内每天八小时播放中所表现的暴力内容：

> 我们记录了93起特殊事件，它们涉及野蛮的性虐待、谋杀、冷血的凶杀、性残暴和相联系的性虐待……在这些事件里，我们所遭遇的暴力包括，七起使用不同类型手枪和左轮枪，三起使用各类步枪，三起清楚地标为猎枪，六起使用匕首和短剑，两起持砍刀，另有使用屠夫切肉刀、钺、轻剑、军刀、电棍、环状刀的各一起。男人（妇女和儿童）被枪击，被烧死在木桩上，被在烧红的煤炭上折磨，被交替毒打，被投入熔化的糖

> 水中，被切割成条状（血淋淋的），不停地在突起成棱状的地面上反复下跪，在毫无抵抗的情况下被一群恶棍殴打，被强迫地把头按入水中，被用皮带抽打。[84]

托宾的研究包括对被认为极为暴力的卡通片的检查。

1982年5月美国国家精神健康研究所的一篇报告指出："电视上的暴力确实导致了观看电视节目的少年儿童的侵犯性行为。"这篇报告注意到，在被调查的732名五岁儿童中，"几种侵犯行为——与父母的冲突、械斗和失学——都与电视收视的总量成正相关。"[85]

实验室研究显示，观看暴力电影的人至少在短时间内受到影响。例如，在一项研究中，对一个大学生组播放一部暴力影片，而对另一个组播放一部非暴力影片。之后，给所有组的成员用电击来惩罚一名学生的一个机会。那些观看了暴力电影的学生比观看非暴力电影的学生更容易对那名学生进行惩罚。[86]

388 莱昂纳德·贝尔科维茨（Leonard Berkowitz）是一位心理学家，已经在侵犯性行为方面作了广泛的研究，他指出：

> 我认为这里存在着联系。比如，一个看完暴力电影的人，其行为将更具有侵犯性，我觉得这样说不会错。即便看了暴力电影的10万个人里有一个人具备暴力行为，那么在1 000万中也会有100个。[87]

儿童会在游戏当中模仿电视行动者，而成人和儿童在日常行动和语言中都会模仿这些行动者。电视和电影怎样教给了人们解决人与人之间的冲突和纠纷确实值得怀疑。观看暴力节目更容易增加观众使用暴力来解决争端的可能。

罗伯特·托普林引用了几部在电视上播放的电影作为证据，这几部电影已经直接引发了暴力行为。其中一部是《侦探》(*Fuzz*)。

> 一部叫做……《侦探》的电影……直接与严重的暴力行为相关。这部影片包含着这样一个情节，一个人被浸在了汽油中并着火燃烧。1973年这部影片刚刚在波士顿上映，就有6名城市青年对一名24岁的妇女进行了袭击，逼迫她将汽油泼在自己身上，然后他们将火柴扔在她身上。这名被烧焦的妇女在新闻播发后不久死去了。几个星期之后，另一起与此事件明显相关的事件发生了，四名少年嬉笑着将一名被社会遗弃的流浪汉点燃了。[88]

不仅仅是虚构的电视节目描述暴力，新闻节目和新闻杂志栏也会表现相对真实的生活暴力，它们报道强奸、谋杀、暗杀、纵火、武装抢劫、种族冲突、帮派争斗、不同民族间的暴力争端、绑架、恐怖主义行为等暴力统计数字。这种真实生活暴力很容易使部分读者受到暗示，即暴力是决定争端与分歧的普遍方式。人们曾指控媒体通过强调新闻事件的暴力方面来歪曲事实。人们也曾指控新闻媒体对潜在暴力情景（如抗议示威）的表现，增加了暴力发生的机会，因为有些示威者知道，在媒体前暴力将因为它们自身的原因而获得公开性。最后，人们断定媒体掩盖下的行为，如炸弹恐怖、监狱暴乱、暗杀，具有"传染性”，因为它挑动他人尝试戏剧性行为。

各类研究都显示出了电视暴力与真实生活暴力的一种联系。然而，仍有些专家宣称媒体暴力具有较少影响，甚至实际上在减少现实生活中的暴力。一些心理学家声称，当看到有人被伤害的时候，媒体就提供了一种紧张情绪和仇视的发泄口，从而减少了在现实生活中表现暴力和仇视的需要。

莱昂纳德·沃尔夫（Leonard Wolf），研究《德拉库拉》（*Dracula*）、《弗兰肯斯坦》（*Frankenstein*）和《蓝胡子》（*Bluebeard*）等书的专家，他说他不相信观看新闻媒体中的暴力会产生暴力行为：

> 我并没有接受这样的概念，即电视生产了任何这种东西。因为虽然每一个观看了某电视节目的罪犯，都采取了某种形式的犯罪，但是几百万同样看了的儿童却没受影响。如果追溯一下历史就可以了解，在电视或者电影发明前，曾经有无以计数的恐惧。《蓝胡子》从来不是看了某部电影才写出的。而希特勒则从来没有看过电视……
>
> 一个精神病患者从来不需要电视来把他变成不理智者，他的个人压力就已经足够了。[89]

然而，多数专家目前都同意琼·拜克（Joan Beck）的结论，这是一个关于生命模仿艺术的理论：

> 对于观看电视暴力可以成为青年人侵犯行为直接原因的说法，或者电视教会了他们侵犯是一种有力量的、社会接受的和获得他们想要的常规技术手段的说法，人们已不再持有真正的疑问……
>
> 我们要么自觉地放弃把一些电视暴力带来的快感作为娱乐，要么将被迫面对长期在现实生活里不断升级的犯罪，这一点是越来越明显的。[90]

一项研究发现，看了许多电视暴力的 8 岁儿童，到了 30 岁时，具有较高暴力犯罪的可能性，其中包括毒打他们自己的孩子。[91]

任何暴力描述总是会使观众尝试他们才看到的行为，这是一个再简单不过的结论。模仿在电影或者电视屏幕上所看到的冲动，部分根据的是所看到的是如何表现的。观众的个性也将以不同的方式，预先根据他们所看到的来安排反应。比如，具有培养起来的高水平道德的青年人，当看到一个青少年团伙嬉笑着把一名浑身浸满汽油的老妇人点着火的时候，他们会很容易去抵制这种行为，相反，由于感到压抑而不开心，以及受到“制度”误导的青年人也许会受到电视情节的鼓动，而进行一种现实生活中的相似尝试。

可以肯定，媒体暴力绝不是暴力的唯一原因。其他的学者把家庭的影响、厌世、贫 389
穷、邻里环境、同龄群体的影响和心理调节不善也考虑在内，形成了个别其他的理论。

然而，由于媒体内容比许多其他影响因素更容易改变，它也理所当然地在减少野蛮与暴力的问题上，吸引了大量的注意力。

每种暴力行为独特的和变化的原因

前面探讨的内容涉及了各种有利于暴力的因素。然而，还应当记住的是，每一个个别的暴力行为都具有独立、特殊的原因。参加越南战争的原因不同于参加第二次世界大战的原因。每一起凶杀也有其特殊的决定因素。我们将用作用于我们社会中强奸这种暴力行为的因素，对每一种暴力行为的独特性进行解释。

没有"典型"强奸者的外部特征。促成强奸者强奸的因素会有很大的不同：以往的犯罪记录、教育、职业、经济背景等。

为了能进一步理解强奸者不同的个性与动机，M. L. 克汉（M. L. Cohen）等人发展了一种类型学理论用以对强奸者进行归类。[92]这种类型学理论强调强奸者的动机，它特别关注强奸者的动机究竟是出于侵犯，还是性。它确定了四种强奸者类型：侵犯目的的强奸者、性目的的强奸者、性—侵犯结合的强奸者和冲动型强奸者。

侵犯目的的强奸者追求对被强奸者的伤害。这些强奸者可能会不顾对方疼痛地将物体插入女性的阴道，也会试图伤害被害者的生殖器官和乳房，而性满足则不是其目标。对于这种罪犯来说，性器官的交合甚至经常不会发生。被强奸者通常是陌生人，强奸者经常是狂暴的。这种类型的强奸者倾向于具有一种强壮男人的职业，如建筑工人或者卡车司机。通常这类强奸者有婚姻史，并且具有对女性施加暴力的历史。

性目的的强奸者追求性满足。他们较少侵犯性，侵犯仅仅在获取他的性目标时才需要。在强暴过程中，他处于高度性兴奋状态。强奸者由于频繁幻想着强奸，所以他的行为并不冲动。强奸者幻想着被强奸的女性开始会反抗，接着会顺从，最后会爱上他，因为他是如此了不起的做爱者。（说来叫人难过，电视和电影经常把约会中的强奸场景刻画成一名女性"爱上了"一名强迫她性交的男人，这就支持了强奸者的观念。）现实中，强奸者的性调节能力较差，满足的性行为只在他的幻想中才会有。在儿童期和青春期早期这类强奸者更可能是害羞、孤独和抑郁的。他具有较少的自尊和较少成熟的人际关系。

性—侵犯结合的强奸者追求通过暴力来体验性兴奋。有些这类强奸者只有在被强奸者反抗的情况下才能勃起。这类强奸者以虐待者的面貌来显示其动机，他们仅仅在他们亢奋的时候使用暴力，尽管也有少数持续到杀死他们的被害者。这类强奸者一般具有一段反社会的行为历史，一种对他人漠不关心的态度，一种缺少稳定的亲属关系。他们通常不对自己的行为感到内疚，并且很少控制自己的冲动。这类强奸者有些有过结婚与离婚的历史，对这样的婚姻他们承担较少的义务责任。这种类型的强奸者尽管是最危险的，数量却较少。

冲动型强奸者只有当冲动时才会强奸，冲动的原因可能是当时的机会恰好适合。比如，当抢劫者抢劫一家住户时，可能发现住户中除了一个睡觉的女性没有别人。看到机会来了，他就会强奸她。这种类型的强奸者也被称为抢劫强奸者。

除了这些关于强奸的解释，还有其他各种解释。女权主义理论者降低了性动机下的强奸，并把强奸视为一种众所周知的男人对女人拥有权力与支配力的表现。这种强奸行为的获得，被推论为通过我们文化中对性别角色的社会化实践来实现。[93]

减少暴力的方法

许多关于如何减少犯罪的意见都在广泛地被人们讨论着。其中一些主要的方式是从制度上控制枪支、减少媒体暴力、变革社会化实践、与暴力犯罪作斗争以及促进社会改革。

从制度上控制枪支

在美国有两亿支枪，几乎所有男人、妇女和儿童人手一支枪。[94]在这些枪支中，四分之一是手枪，主要用来进行射击训练或者用来进行武装抢劫和谋杀的犯罪活动。美国60%
以上的谋杀者使用的都是这类枪械。[95]涉及使用枪支的凶杀在15岁～24岁的非裔美国男 390
人的死亡原因中居于首位。[96] 1998年的一项研究发现，在所有因枪支造成死亡的国家里，美国占有最高的比例，这些死亡包括谋杀、自杀和意外。[97]

规范枪支法现在在各州中都发生了相当的变化。从所有州的实际上看，枪支都相对容易获得。李·哈维·奥斯瓦尔德（Lee Harvey Oswald）使用步枪杀死了美国总统肯尼迪，而那支枪是仅用了21.45美元邮购来的。[98]

严格控制枪支法的支持者们认为，限制枪支将减少凶杀的数量。经过证实，使用枪支进行攻击致命的比率，比使用匕首攻击造成的死亡比率多五倍（匕首是第二位最普遍的攻击致命武器）。[99]

罗伯特·托普林举了一个案例指出枪支比匕首更致命：

> 看一看小马丁·路德·金的经历，就会明白在暴力攻击时使用这两种武器在致命性方面的区别。1958年，一个精神狂乱的妇女将一柄日本裁纸刀戳进了金的胸部，当时金正在为一家百货商店签名。这把匕首一样的裁纸刀差一点就切在了金的主动脉上，此后金恢复了健康。十年之后，詹姆斯·厄尔·雷（James Earl Ray）从远距离
> 向金射出了一枚子弹，马上就杀死了这位公民权利的领袖。如果那名疯狂的妇女在十 391
> 年前使用的是枪而不是刀的话，也许20世纪的美国社会就少了一位最伟大的人物来服务于这个国家，因为当时金还只是刚刚开始积极的政治生涯。[100]

美国联邦调查局统计同样显示了枪械的致命影响。尽管枪支仅仅在所有的袭击中占三分之一，却有三分之二的谋杀者与使用枪械相关联。此外，一把家中的手枪用来杀死一名家庭成员的可能性，是用来杀死一名外来闯入者的可能性的六倍。[101]由此，人们认为严格的枪械控制法会使与枪械相关的杀人案件迅速下降。

支持者还认为，严格的法律将减少人身攻击的数量。这是因为，人们一旦觉得没有获

在手枪结束你的生命之前，停止使用手枪。

胜的把握将不会进行战斗（没有了枪），因为这样他们更可能受到伤害。而在有枪的情况下，人们只需要很短的时间就会作出是否战斗和扣动扳机的决定。在没有枪的情况下，试图成为一名最棒的就要做出周密的计划，并反复考虑。

他们还认为严格的法律将大幅度减少因枪械而导致的偶然伤害与死亡。每年都有成千上万的美国人因枪支走火事故受伤或致死。

他们认为拥有严格枪支控制法律的国家，比如日本和英国，由于拥有枪支的人数量非常少，所以枪支导致死亡的比率也非常低。[102]

比如，英国 1937 年通过了一个火器法案，这条法案要求每支枪的拥有者都要获得警方的认证。这项法律与后来的法案一道，建立起了一个准许拥有枪支者使用枪支狩猎、射击，以及农民用于避免野兽袭击的制度。每一次枪支和军火的转让都必须注册。持枪证仅仅发给那些通过了警方广泛调查之后填写申请的人。这些证件必须每三年更新，并经由地方最高警务官员批准。

公众观念的民意测验显示，绝大多数美国人支持策略性的枪支控制法案。[103]然而，这个多数人的意愿却受到了阻挠，主要是受到了来自国民步枪协会（NRA）的阻挠，这个协会可以根据需要发出50万封反对书信以阻止法案的通过。国民步枪协会，在首都被称为最有效率的议会两院之外的活动集团，经常通过制造商与军火分发商来参与议会作出决议的努力。

20世纪60年代晚期，暴力原因与防治国家委员会提出了一个温和的枪支控制法案。这个法案要求手枪的拥有者要受到限制，除非他们能够证明，他们有持这种枪械的特殊需要而得到了授权。（手枪，被称为"星期六晚上的特权"，被涉及枪支的大多数凶杀者所使用。）射击用枪和步枪的拥有者必须得到身份证明卡，这种身份证明卡可以证明持枪者不是一个没有精神控制能力的人，也不是一名有过前科的重罪犯。而国民步枪协会则主要为议会阻止这一法案的实施做工作。

枪支控制的反对者们经常使用吸引人的语句来总结他们的观点。"枪支不会杀死人，人才会杀人。"这句标语是要说服人们，人与他们的动机才是问题所在，而不是枪支。如果杀人者和其他重罪犯人被关起来（这一论点生效了），那么也就没有必要有一个枪支控制法案了。支持枪支控制的人们反对这一陈词滥调，他们使用的口号是"持有枪支的人会杀人"。

另一个由枪支控制反对者使用的吸引人的标语是："当枪支宣告为不合法，那么只有不合法的人才会拥有枪支。"这句话暗示人们，遵守法律的公民需要枪支来保护他们自己免于罪犯之害。支持枪支控制的人们反对这样的话，他们用统计数据来说明，只有一小部分罪犯是因为被害者有枪支而作案未遂的。他们补充说，大量的意外和情绪失控发生在拥有枪支的家庭。

枪支控制的反对者还认为枪支有助于保卫国家。他们断言，如果遇到某个外来国家的攻击，公民将需要枪支进行反击。支持者则反对这种论调，他们声明，如果这种不可能发生的事情真的发生了的话，那么公民的需要将远远超过对手枪、射击枪、步枪的需要，因为他们要去抵挡的侵略者是拥有喷气式战斗机、火箭筒、手雷、坦克和核武器的敌人。

反对者断言，政府对私人火器的控制，将违背宪法的第二条法案："一支管理良好的民兵队伍，对于一个自由国家的安全来说是必不可少的，人民保有武装的权利是不容侵犯的。"然而，支持者们则注意到，法庭已经将这条法案的意义做了解释，即它适用于集体的民兵备战，而不是针对个人拥有枪支现象。[104]

严格控制武器法的反对者和支持者们已经争论了几十年。然而，我们的枪支控制法却仍然毫无效果，使用枪支的暴力仍然很多。不过，最近的十年中，在美国出现了制定严格的控 392
制枪支法运动。1993年《布雷迪法案》通过了。（这条法律以詹姆斯·布雷迪的名字命名，他在1981年里根总统遭遇未遂刺杀的现场，被子弹射中头部身亡。）这项法律要求手枪购买者在获得枪支之前，必须等待五个营业日；同时要求地方警察局必须做出合理的努力，以检查购枪者的背景。[105] 1994年，美国国会通过了由克林顿签署的一项阻止犯罪法案，法案将19种杀伤性火器列为受禁范围，批评者断定，这些火器的主要用途就是反复地杀人。

减少媒体暴力

我们前面探讨的内容曾暗示我们，电视与电影中的暴力至少会在部分观看者中导致现实生活里的暴力行为上升。尽管关于暴力的最终定论不是以此为依据的，但是仍有许多观察者，特别是宗教领袖认为，关注暴力的电视与电影节目，应当被促进非暴力观念形成的节目所取代。我们的社会越鼓励反对暴力，并对之进行惩罚，我们的社会就将越和平。

不过，针对媒体暴力在暴力行为上的潜在影响应当做些什么呢？到目前为止，我们做的仍然十分有限。电视发言人发誓要减少电视中的暴力情节，这些情节依然普遍地在电视中被描述着。少数电视节目开演前发出警告：电视中的内容可能会使某些观众不安。电影与电视生产企业已经主动修改了收视率系统，设计这种系统是为了给予公众一些电影与电视中暴力和性的等级概念。

电影和电视的生产者之所以还没有大幅度地减少暴力等级，是因为暴力很卖座。在一个竞争激烈的娱乐行业，生产者更重视的是收视率而不是价值。

由于媒体产业无法有效地规范它们自已看重暴力的事实，一些权威人士目前开始敦促联邦政府对媒体制度进行规范。批评者认为，这种规范行为将违背第一法案，这条法案要求确保言论自由。批评者更进一步认为，联邦政府的干预，将成为联邦政府通过媒体控制个人思想的第一个关键性步骤。然而，支持者断言，政府已经介入了电视转播权的授予。联邦政府还应当对香烟、酒精度比白酒和啤酒更高的饮料等电视广告进行规范，办法是限制这类节目在广播网晚间第一时间的播出时间，并对电视中粗鄙的行为进行限制。

支持者要求制定出大幅度减少媒体暴力的指导方针。他们要求这种方针对凶杀、残忍殴打以及对人进行折磨的描述进行严格限制。

最近提到的针对电视转播暴力增加问题的政策努力，是有争议的 V—芯片。这种电脑芯片被设计来由父母掌控电视节目的频道，这样当父母离家的时候，孩子就不能观看某些频道的节目。克林顿政府已经通过了立法，要求生产配备有这种芯片的电视机。这种电脑芯片的控制方法无疑将面对法院的挑战，根据就是它限制了观念表达的自由。

变革社会化实践

正像我们第七章中所描述的，我们社会中的男孩子通过社会化变得强悍和具有侵犯性。男孩子通过社会化相信获得他们所要的方法就是侵犯，其中包括在男—女两性的关系上。如果这种目标被视为重要的，他们就会要求“为此进行斗争”。男孩子们得到的玩具是手枪、机关枪、坦克。他们被要求不能哭泣，或者表现得害怕，相反，他们应当摆出坚强和有竞争力的外表。他们被要求擅长参与激烈身体接触的体育运动，如足球、摔跤和曲棍球。

另外，女孩子被要求具备女性特征——柔顺和非暴力。她们被社会化成较少侵犯性、更有教养且比男孩更少竞争。（这在第七章同样提到了，性别类型化和社会化实践正在发生着变化，这主要归因于妇女运动。）

由于这种传统社会化实践，男性更多地从事凶杀、武装抢劫、强奸、恐怖主义行为、严重伤害、警官野蛮行为、激烈冲突以及暴乱就不令人奇怪了。社会领袖们不断认识到把男孩训练成具有男性气概，与把女孩训练成女子气，对于男性、女性和整个社会都有破坏性的影响。

似乎允许男孩和女孩自由地选择广泛表达他们自己的方式更为合理，应当允许他们选择自己喜爱的不同角色、职业以及生活方式，而不是让他们遵从由传统性别角色类型决定 393
的内容。同样，似乎大男子主义的角色对于男孩来说，应当降低其重要性，暴力应当不予鼓励，更不应给予荣誉，非暴力的品质应当被强调，通过和平与文明方式来解决人与人之间争端的做法，应当被教导和鼓励。一些小学教学区正在朝这样的方向发展，通过使用职业调停的方式平息学生间的争端。这种调节方式对指导学生解决他们自己之间的争端同样起作用。

与暴力犯罪做斗争

正像第二章所描述的那样，关于如何降低暴力犯罪比率人们有很多建议。这些建议可以被归类为三个主要的方面：控制方法、惩罚方法和改革方法。

控制方法

涉及提高对暴力犯罪者逮捕、追究和审判效率的建议。这类建议包括：

- 增加警员数量。
- 提高警员训练质量。
- 制定鼓励公民举报暴力犯罪和为警局提供线索的方案，以帮助识别暴力犯罪者。
- 制定加速嫌疑犯刑事追究方案。
- 增加额外的技术设备资金（例如，用电脑来分析数据），以利于警察局逮捕犯罪者。

惩罚方法

追求对罪犯的惩罚力度，以便把他们从社会中清除出去，并阻止其他人犯同样的过错。惩罚方面的建议包括：

- 延长刑期。
- 减少缓刑与假释的机会。
- 更多地使用罚款。
- 更恶劣的监狱生活条件。

改革方法

追求犯罪者的矫正，它的观点是，如果犯了过错的人在返回社会之前进行矫正，那么最好是先脱离社会。改革方案追求改变罪犯，以便他们成为守法的公民。改革的建议包括：

- 增加缓刑与假释的使用。
- 扩大辩护范围的方案。
- 增加对罪犯教育和提供工作训练的努力。
- 增加对犯罪受害者赔偿的做法，减少将罪犯送入监狱的做法。
- 使用重返社会训练所，以便在重返社会过程中对同室犯人进行帮助。
- 使用重返社会训练所，而不是把罪犯送入监牢。
- 使用电子监视器对犯人进行监督，而不把犯人送入监牢。

（很明显，像第二章中描述的那样，许多惩罚与矫正的建议是互相抵触的。）

许多这类建议都已经被尝试过了，然而每千人中的暴力犯罪比率并未显示有大幅度的减少。尽管犯罪比率并没有下降，却不必然意味着过去和目前限制犯罪的努力是无效果的。它的许多努力可能是成功的，但是恶化的社会环境抵消了这些努力。这种恶化的环境可能包括不断增加的媒体暴力，更多获取枪支的渠道，更多解体的美国家庭，对抑制暴力有效的传统价值观更少地被人遵从，学校更多地成了暴力争斗场所，更高的失业率，相对富裕的人拥有更多的钱财，穷人日益增多的对社会不满的情绪。

促进社会改革

许多社会学家都强烈要求开发和扩展社会工程，并减少犯罪与暴力偶发因素的社会条件。这种社会条件包括，高失业率、种族主义、贫穷、穷人生活质量、教育、酗酒、滥用毒品和城市少数民族区。前任首席法官拉姆希·克拉克（Ramsey Clark）强调社会改革的需要：

> 在美国的每一个主要城市中，你将发现三分之二被捕案件发生在拥有2%人口的区域。这样的区域在哪里呢？对了，它也同样发生在婴儿死亡率是整个城市平均水平四倍的地方；这个地方的死亡率比整个城市平均水平高25%；预期寿命比整个城市平
> 394 均水平少十年；潜在的生理和精神伤害以及普遍性社区疾病，比整个城市发病的频繁程度要高出六倍、八倍和十倍；这里的酗酒和使用毒品的流行与普遍远远超过了城市的其他地方；教育是最差的——最破旧的校舍，最拥挤和混乱的教室，最少合格的教师，最高比率的辍学率，平均正规学校教育比整个城市平均水平要少四到六年。[106]

如果资源适用的话，几乎没有人会反对扩大社会工程。问题是社会资源是有限的。政府不得不决定向哪里和怎样分配有限的资金。20世纪80年代，里根政府着力削减了联邦政府为社会福利项目提供的资金。许多这些项目都带有减少贫困、文盲、贫困住宅、酗酒和滥用毒品——所有的这些都有助于犯罪和暴力——的因素。目前，犯罪率和被判入狱的人数正在增加。我们的监狱目前挤满了狱囚，许多州都被迫花费很多的钱财兴建新的监狱。[107]看来好像联邦政府20世纪80年代对社会福利的削减，对于增加犯罪和暴力以及监狱的拥挤作出了贡献。

打击恐怖主义

人们针对恐怖主义者的侵犯提出了各种策略。尽管这些策略具有潜在的功效，但多数建议也有一些负效应。

其中一个策略是负效应的。比如，如果一位杰出者被绑架了，一个政府或者私人党派可能会寻求去满足恐怖主义分子的一些或者全部要求，以交换被绑架者，使其获得释放。在这样的一个策略下，人质通常会得到释放；而其相反的效果是，这一策略会鼓励作为恐怖群体的绑架者和敲诈者确信，以后的赎金要求会更容易得到满足。1987 年，美国人听说，早在一年前，里根政府就在向伊朗出售军火（这个国家的政府与恐怖主义的行径相关），为的是得到伊朗的帮助，释放被恐怖主义集团关押在中东地区的美国人质。

一些政府强硬地拒绝恐怖主义者的要求，期望着能使未来恐怖主义者的攻击得到抑制。一些政府甚至拒绝满足或者讨论恐怖主义者的要求。这样的政策会使人质的生命受到威胁，恐怖主义者可能在要求不被满足的情况下，把他们除掉人质的威胁付诸实施。这种策略的优点是不需要与恐怖主义协商，恐怖主义者敲诈的要求当然也就不可能满足。

另一个策略是“以眼还眼”，这种方法经常被以色列使用。当一个巴勒斯坦的恐怖主义组织采取恐怖主义行为（如炸弹袭击）袭击了以色列平民，政府通常采用相似的方式对巴勒斯坦平民进行报复，给对方造成相似的痛苦。这种方法的一个不良后果是，每一方都很容易对另一方建立起深深的仇恨，这将减少为和平解决而进行的协商机会。

不过，还有另一种寻求减少恐怖主义效果的方法。这种方法可能通过如下的方式来实现：改进的智能网络，使之足以分辨恐怖主义组织，并监视它们的行动；改良的有形物质防备，如较好的安全系统，人质协商中较优秀的谈判专家以及对恐怖主义行为作出反应的训练有素的警察，加以改进的危机反应能力，比如，为解救人质而特殊训练的突击队。

另一种策略是由政府指导的，它们针对支持恐怖主义行动的政府。美国和它的同盟国有时候为了报复那些支持恐怖主义行为的国家，会通过类似商品和服务的贸易禁运的行为，来从政治上和经济上给对方以惩罚。

理想的由世界各国（也许是联合国）一直认可的终结恐怖主义的方法是，它们都将不会支持恐怖主义行为，它们将主动寻找隐藏在本国的恐怖主义者，并且它们也不会允许所知的恐怖主义者进入本国的边境。

在过去的二十年里，一场有关以前曾经倡导的社会主义的政治革命在许多国家发生了。这类国家如苏联、波兰和捷克斯洛伐克，它们现在放弃社会主义，转而支持资本主义的政府形式。随着东（如苏联）、西（如美国）方力量关系上的改善，在主要力量间针对反恐怖主义的合作努力也日益加强。

395 ## 防止战争和国际冲突的战略

一个没有战争的世界是多少世纪以来许多理想主义者的梦想。过去与现在国家间的频繁冲突，让我们想到这种梦想可能永远也不会变成现实。这一部分我们将检验下面关于制约战争和国家冲突的战略：维持力量均衡、裁减军备、建立一个有效的国际法庭、和平教育以及世界范围的民主运动。

力量均衡

许多知名人士（包括许多军方与政界领导人）断言，阻止战争最好的方法，就是维持一种力量的均衡，也就是世界最强大国家的军事力量基本相当。这种假设是，如果没有哪个国家（或者国家阵营）具有军事上的绝对优势的话，也没有哪个国家会很容易首先发起攻击。这种观点认为力量均衡已经阻止了一场在社会主义与资本主义国家间核战争的爆发。（关于一场全面的核战争将毁灭人类文明的认识，同样是阻止核灾难的因素之一。）力量均衡的观念并不新。古代希腊的城邦国家就曾使用过这个概念，正像过去许多其他社会有过这个概念一样。

尽管力量均衡的观念已经取得了一些成功，它同样也有一些局限。首先，评估地方军事力量是非常困难的。新型武器不断被开发出来，不经过战争，也很难评估一个国家针对另一个国家的武器（比如坦克和战斗机）的效率和性能。结果，军备竞赛仍然经常在一个力量均衡的概念下展开。比如，过去美国总想确认它所拥有的军事力量，与当时的苏联至少是相当的，这导致美国不断生产更多和更先进的武器。苏联看到美国扩张武器库，也对它的武器库进行扩张。美国则作出更多扩张的反应。几十年的时间就这样过去了。尽管力量均衡的观念看来在限制主要冲突上有用，但它似乎对于有限冲突却起着鼓励的作用，这成了一场威胁与反威胁的游戏。比如，美国和苏联在 20 世纪 50 年代的柏林危机上、在 20 世纪 60 年代早期的古巴导弹危机上、在越南战争中以及各种其他危机上都曾相互威胁。

力量均衡的概念不能指望作为一个维持国际和平的战略。它已经在 20 世纪使和平中断了两次，这就是第一次世界大战和第二次世界大战。这种战略的基础是恐惧，而不是合作。如果在其他战略中能够发现成功地制约战争的方法，就能相当程度地把更多的用于军备的经济资源，用在社会问题的解决上。

裁军

提倡裁军是建议把力量均衡建立在较少武器的基础上，或者理想地说，建立在所有军事武器的销毁上。多数裁军倡议都号召逐渐地减少武器。他们断言逐步裁军（这样的裁军有监视体系和削减军事武器及军事力量的协议）将逐渐带来强大国家间不断增加的信任和合作。他们断定力量均衡战略的一个主要问题是它将带来不均衡。如果世界上有两个超级军事大国（就像 1950 年到 1990 年间的美国与苏联），每一个超级大国都很容易相信另一方将在裁军协议上欺骗自己，此时的协议被看作是用来保留突然袭击的隐蔽武器而达成的。大约从 1960 年到 1990 年，美国和苏联一直在为裁军计划而争论不休，但是却没有进行过一次实质的裁军，主要就是因为相互的不信任。很多年过去了，两个超级大国还是不能在一个裁军观察计划书上达成一致意见。结果，两个国家生产并堆积了大批的核武器，并最终获得了可以将对方摧毁几次的核力量。

苏联解体之后，两个超级大国才开始心甘情愿地充分相信对方，并开始了认真削减核导弹的进程。1993 年，俄罗斯和美国签署了《斯达特协议》（战略军备裁减条约），在这个协议中规定，美国和俄罗斯削减远程核导弹储存量至约相当于当时水平的三分之一。[108]
随着裁军协议的签订，两个超级大国间发生全面核战争的机会大大缩小了。俄罗斯和美国 396
之间建立起更为合作关系的一个主要原因是，近些年来双方敌对意识形态的缓和。一旦俄罗斯从计划经济向市场经济靠拢，它从意识形态上对美国的反对就减少了。同时，俄罗斯走向资本主义，也使得美国不再将俄罗斯视为“邪恶帝国”（这个词是里根总统在 1984 年提到苏联时用到的）。

国际法庭

一个解决争端的替代性军事方式是建立一个有效的国际法庭。就像公民为解决纠纷去法院一样，国际法庭可以用来平息国家间的冲突。

建立一个有效的国际法庭需要两个重要的组成部分。首先，一个普遍国际法必须制定出来，国际法规需要用来阐明什么是国际侵略，以及制定对冒犯者的惩罚措施。第二个重要的组成部分是，建立一个国际组织来执行国际法，这个组成部分将涉及法庭系统的建设，用以裁决是否一个被指控的国家已经违反了法律，还要建立一个执法体系以对违背法律的国家进行惩罚。

一个初步的国际法框架已经出现在联合国，不过联合国对于国际侵略的定义还较为模糊：

> 若一个国家威胁越过，或者使用武力越过国际认可的边界，那么这个政府从事实上或者法律上应为这种行为或者过失承担责任，除非根据个人或者集体的自我防卫原则证明这一行为是正当的，或者作出这一裁决的权力机构是维护国际和平与安全的联合国，又或者是经已经使用了边防武装力量的国家的同意。[109]

随着这一定义的出现，激烈的争论也来了，各国将它们的争端带到了联合国，比如谁先挑起了冲突，是否侵略行为是正当防卫。联合国已经多次帮助战争中的国家恢复了和平，这包括三次阿拉伯和以色列之间的战争、希腊内战、朝鲜冲突以及其他冲突。

然而，联合国通常却不能解决与超级大国相关的冲突。问题是俄罗斯、美国和其他主要国家一般都不愿把它们的权威给予联合国或者其他机构。当最强大的联合国成员（特别是俄罗斯和美国）在联合国行动方针上达成一致时，联合国的效率也是最高的。这种一致的协议对力量较小国家构成强大压力，使其不得不遵从协议内容。当超级大国出现分歧的时候，联合国的效率也会降低，因为此时它自己也没有力量。

建立一个更有效的国际法庭体系所遇到的困难之一是找到一个无偏见的“陪审团”来听证案件。联合国是一个高度的政治组织，联合国的个体成员国倾向于把选票投向与它们所联合的政治集团，而不是根据它们正在处理的问题的是非曲直。除了这些复杂性外，对于各个国家都重要（也许是对人类的生存来说）的是，应通过和平手段力求解决分歧，而不是通过战争。

和平教育

和平主义者与和平工作者们通过告知学龄儿童和一般公众关于战争（特别是核战争）的危险，以及通过使用和平手段解决争端的重要性，已经加快了和平的进程。他们的行动包括为学校课堂提供和平研究课程，在日常生活中教育儿童温和而非暴力，就战争的原因与后果提供课程和研讨会。教育内容还有提供调解与仲裁手段解决争端。和平运动逐渐发展成一种组织松散的、世界范围的运动，这项运动不断产生和平符号与课程内容，它们强调通过非暴力方法来解决个人之间、群体之间和国家之间的争端。

世界范围的民主运动

未来历史学者也许会记录下 20 世纪 80 年代后期和 20 世纪 90 年代发生在东欧政治集
397 团中的政治变迁，这是 20 世纪最重要的政治革命之一。

这一朝向资本主义的运动将具有深远的影响。下面是一些对此的思索与观察：

- 美国和苏联间的冷战结束了。在相似政府形式下的两个超级大国，开始为解决国际社会问题而合作。
- 全面核战争爆发的机会减少了。
- 一些有严重政治和社会骚动的国家，正在经历重要的政治变迁。比如，南斯拉夫国家已经被分割成几个小国；而这些国家之一（波斯尼亚）正在经历相互竞争派别间的广泛内部冲突。纵观历史，当主要政治变迁发生的时候，大量的社会骚动几乎总是接踵而至。
- 主要的超级大国将较少关注国防，从而会把较多资金用于支持教育和社会福利事业。
- 未来国家间的冲突可能逐渐地集中在经济和种族问题上，而不是政治哲学上的分歧，比如曾经有过的相互对立的社会主义哲学与资本主义哲学那样。1990 年当伊拉克侵略科威特的时候，一场以经济原因为基础的国际危机现实地发生了。伊拉克侵略科威特的一个主要目的就是控制科威特高产的油田。美国、苏联和其他超级大国开始了 20 世纪中的第一次合作来解决这场国际危机。海湾战争结束（以伊拉克的彻底失败结束）之后，布什总统断言，这场战争是即将出现的世界新秩序的精彩战例。新世界秩序与超级大国合作解决国家间的国际争端相关。

● 近些年来的种族冲突已经在伊拉克、波斯尼亚、科索沃和卢旺达爆发。

● 古巴、利比亚和伊朗这样的国家可能寻求改善与美国的关系。过去，这些国家都公开反对美国，并且被怀疑支持恐怖主义反对美国。随着俄美关系的改善，俄罗斯支持恐怖主义者反对美国的可能性不大了。

总　结

暴力不仅仅在美国的社会中是普遍的，而且存在于整个世界。暴力事件在过去的几十年中不断增长。美国是一个拥有暴力历史的国家，暴力在欧洲移民者屠杀土著美洲人时就已经开始了。

暴力通过各种方式表现出来：战争、核战争、恐怖主义（由恐怖主义组织和政府发出的行为）、暴力抗议、暴力犯罪（凶杀、伤害、武装抢劫、强奸、纵火）、自杀、家庭暴力（夫妻间的虐待、儿童虐待、同胞虐待、老人虐待）、针对有色人种的暴力、警察的暴力行为和青年暴力行为。

许多理论寻求对暴力的解释。生物学理论认为暴力起因于侵犯的本能。挫折—攻击理论把暴力解释为一种释放在挫折情景下产生紧张的途径。控制理论把暴力看成内部控制缺乏。文化—亚文化理论相信暴力是通过社会化过程学习或获得的，并断定对暴力的学习来自于许多因素：我们侵犯性的语言，对男性气概的赞美，同龄群体和家庭的影响，发生在我们学校中、邻里环境下、性别社会化角色模式中的暴力以及电视、电影中的暴力。

在电视（电影）中的暴力与我们现实生活中的暴力关系问题上，存在着许多争论。足够的证据显示，媒体中的暴力节目对现实生活中的暴力构成影响。

每一种暴力行为还具有个别的、独特的原因。比如，每一次凶杀都有一系列独特的决 398
定因素，而一般杀人的理由也在一定程度上不同于其他暴力行为的决定因素。

减少暴力的方法包括严格的枪支控制法律、减少媒体暴力和降低男性气概与男性暴力称赞的社会化实践。减少暴力犯罪的三种主要方法是，努力扩大控制范围、对犯法者增加惩罚力度、发展和改革矫正犯罪的努力。社会改革努力寻求通过缓和孕育犯罪的环境来减少暴力的发生，类似环境如贫困、种族主义、失业、低质量的教育和城市内产生贫困的区域。20 世纪 80 年代联邦政府裁减社会项目的资金，似乎已经成了导致以上暴力加剧的原因，也是为什么现在发生高比率的暴力的原因。

关于如何与恐怖主义者斗争，人们提出了很多策略。如果人质被扣押，与恐怖主义者协商，满足他们敲诈的要求，是解救被扣押人质的一种策略。（这种策略具有负效用，因为它会鼓励未来的恐怖主义行为。）拒绝协商是第二个策略，这种策略用以制约未来的恐怖主义行动。对“以眼还眼”哲学的推崇是被某些政府使用的另一种策略。改善智能网络、物质防备设施和针对恐怖主义行为的危机反应力，也是一种策略。一个理想的与恐怖主义斗争的方法是，所有国家达成相互协议，一起积极地与恐怖主义开战。伴随着俄罗斯和美国关系的改善，这种协议达成的可能性在近些年来不断上升。

阻止战争和国际冲突的战略包括维持力量的均衡、裁军、建立有效的国际法庭、和平教育以及世界范围的民主运动。近些年来，超级大国间全面爆发核战争的可能性已经减小了，这主要是因为俄罗斯和美国关系的改善。

注释

[1] Quoted in Robert B. Toplin, *Unchallenged Violence: An American Ordeal* (Westport, CT: Greenwood Press, 1975), 100.

[2] Alphonso, Pinkney, *The American Way of Violence* (New York: Random House, 1972), 22.

[3] Ibid.

[4] Ibid.

[5] Ibid.

[6] Ibid.

[7] Ibid., 23.

[8] Ibid.

[9] Ibid., 24.

[10] Ibid.

[11] William Kornblum and Joseph Julian, *Social Problems,* 9th ed. (Upper Saddle River, NJ: Prentice-Hall, 1998), 523.

[12] John E. Farley, *American Social Problems,* 2d ed. (Englewood Cliffs, NJ: Prentice-Hall, 1992), 355.

[13] Kornblum and Julian, *Social Problems,* 524–526.

[14] Ibid., 526–527.

[15] Ibid.

[16] Carla A. Robbins, "The Nuclear Epidemic," *U.S. News & World Report,* March 16, 1992, 40–44.

[17] Orr Kelly, "Nuclear War's Horrors: Reality vs. Fiction," *U.S. News & World Report,* Nov. 28, 1983, 85–86.

[18] Farley, *American Social Problems,* 363.

[19] Kornblum and Julian, *Social Problems,* 527–528.

[20] James W. Coleman and Donald R. Cressey, *Social Problems,* 6th ed. (New York: HarperCollins, 1996), 542–543.

[21] "The 38 Hours: Trial by Terror," *Time Magazine,* March 21, 1977, 16–20.

[22] Kornblum and Julian, *Social Problems,* 537–538.

[23] Kornblum and Julian, *Social Problems,* 538.

[24] Ibid.

[25] Coleman and Cressey, *Social Problems,* 542–544.

[26] Claire Sterling, "The Terrorist Network," *Atlantic,* Nov. 1978, 37–47.

[27] Gordon Witkin and Ilan Greenberg, "End of the Unabomber," *U.S. News & World Report,* February 2, 1998, 34.

[28] U.S. Bureau of the Census, *Statistical Abstract of the United States, 1997* (Washington, DC: U.S. Government Printing Office, 1997).

[29] William M. Patterson et al., "Evaluation of Suicidal Patients: The Sad Persons Scale," *Psychosomatics* 24, no. 4 (April 1983): 343–349.

[30] Michael L. Jensen, "Adolescent Suicide: A Tragedy of Our Times," *FLEducator,* Summer 1984, 12–16.

[31] *Statistical Abstract of the United States, 1997.*

[32] Peter M. Lewinsohn, Ricardo F. Munoz, M. A. Youngren and M. Z. Antonette, *Control Your Depression* (Englewood Cliffs, NJ: Prentice-Hall, 1978).

[33] Harvard Medical School, "Suicide—Parts I and II," *Mental Health Letter* 2, nos. 2, 3 (Feb. and March, 1986).

[34] D. E. Papalia and S. Wendkos Olds, *Human Development,* 5th ed. (New York: McGraw-Hill, 1992).

[35] Harvard Medical School, "Suicide."

[36] N. L. Farberow and R. E. Litman, "Suicide Prevention" in *Emergency Psychiatric Care,* ed. H. L. P. Resnick and H. L. Ruben (Bowie, MD: Charles Press, 1975), 103–188.

[37] Papalia and Olds, *Human Development.*

[38] A. S. Freese, "Adolescent Suicide: Mental Health Challenge," (New York: Public Affairs Pamphlets, 1979).

[39] J. Jacobs and J. Teicher, "Broken Homes and Social Isolation in Attempted Suicide of Adolescents," *International Journal of Social Psychology* 13 (1967): 139–149.

[40] Ibid.

[41] R. R. Rohn, R. Sarles, T. Kenny, B. Reynolds, and F. Heald, "Adolescents Who Attempt Suicide," *Journal of Pediatrics* 90, no. 4 (1977): 636–638.

[42] Suzanne K. Steinmetz and Murray A. Straus, "The Family as Cradle for Violence," *Society* 10 (Sept.–Oct. 1973): 69.

[43] Richard J. Gelles, *Intimate Violence in Families,* 3d ed. (Thousand Oaks, CA: Sage Publications, 1997).

[44] Pinkney, *American Way of Violence,* 73.

[45] Ibid., 76.

[46] Ibid., 79.

[47] Arthur I. Waskow, *From Race Riot to Sit-In,* (Garden City, NY: Doubleday, 1967).

[48] Pinkney, *American Way of Violence,* 96.

[49] Ibid., 97.

[50] Ibid., 107.

[51] Quoted in Pinkney, *American Way of Violence,* 141–142.

[52] George F. Cole, *The American System of Criminal Justice,* 6th ed. (Pacific Grove, CA: Brooks/Cole, 1992), 298–302.

[53] David F. Pike, "Rage in Miami: A Warning?" *U.S. News & World Report,* June 2, 1980, 19–22.

[54] "Police Brutality Issue Reaches Beyond Miami," *U.S. News & World Report,* June 2, 1980, 23–24.

[55] Ibid.

[56] Cole, *The American System of Criminal Justice,* 298–302.

[57] Quoted in Toplin, *Unchallenged Violence,* 54.

[58] Ibid., 76.

[59] John C. Henry, "U.S. Seeks Ways to Try Arkansas Boys as Adults," *Wisconsin State Journal,* March 27, 1998, 2A.

[60] Ted Gest, "Violence in America," *U.S. News & World Report,* Jan. 17, 1994, 24.

[61] Ed. Bradley, "CBS Reports: Murder, Teenage Style," Sept, 4, 1981.

[62] Ibid.

[63] Coleman and Cressey, *Social Problems,* 394–395.

[64] Ibid., 394.

[65] Sigmund Freud, *A General Introduction to Psychoanalysis* (New York: Boni and Liveright, 1924).

[66] Robert Ardrey, *The Territorial Imperative* (New York: Atheneum, 1967).

[67] Konrad Lorenz, *On Aggression* (New York: Harcourt Brace Jovanovich, 1966).

[68] Robert Dentan, *The Semai: A Nonviolent People of Malaya* (New York: Holt, Rinehart and Winston, 1968)

[69] Travis Hirschi, *Causes of Delinquency* (Berkeley: University of California Press, 1969).

[70] Coleman and Cressey, *Social Problems,* 404–405.

[71] Pinkney, *American Way of Violence,* xiii.

[72] Louis Harris, *The Anguish of Change* (New York: Norton, 1973), 159.

[73] Frederick Ilfeld, "Environmental Theories of Violence," in *Violence and the Struggle for Existence,* ed. D. N. Daniels, M. Gilula, and F. Oehberg (Boston, MA: Little, Brown, 1970), 81.

[74] Coleman and Cressey, *Social Problems,* 136–137.

[75] Max Lerner, *The Unfinished Century: A Book of American Symbols* (New York, 1959), 364–365.

[76] James F. Kirkham, Sheldon G. Leuy, and William J. Crotty, *Assassination and Political Violence,* A Report to the National Commission on the Causes and Prevention of Violence (New York, 1970), 79–88.

[77] Kornblum and Julian, *Social Problems,* 204.

[78] Ibid.

[79] Mortimer B. Zuckerman, "The Victims of TV Violence," *U.S. News & World Report,* Aug. 2, 1993, 64.

[80] Leo Bogart, "Warning: The Surgeon General Has Determined That TV Violence Is Moderately Dangerous to Your Child's Mental Health," *Public Opinion Quarterly* 36 (Winter 1972–1973): 491–521.

[81] *Mass Media and Violence: A Report to the National Commission on the Causes and Prevention of Violence* (Washington, DC: U.S. Government Printing Office, 1969), 367.

[82] Ibid.

[83] Timothy F. Hartnagel, James J. Teevan, Jr., and Jennie M. McIntyre, "Television Violence and Violent Behavior," *Social Forces* 54 (Dec. 1975): 341–351.

[84] Quoted in Arthur Schlesinger, Jr., *Violence: America in the Sixties* (New York, 1968), 54–55.

[85] James Mann, "What Is TV Doing to America?" *U.S. News & World Report,* Aug. 2, 1982, 27–30.

[86] David N. Rosenthal, "Do Violent Movies, TV Cause Violent Action?" *Wisconsin State Journal,* Aug. 14, 1981, sec. 4, 1.

[87] Quoted in Rosenthal, "Violent Movies," 1.

[88] Toplin, *Unchallenged Violence,* 197.

[89] Quoted in Rosenthal, "Violent Movies," 1.

[90] Joan Beck, "TV's Violence Hits Home," *Wisconsin State Journal,* Sept. 15, 1981, sec. 1, 8.

[91] Zuckerman, "The Victims of TV Violence," 64.

[92] M. L. Cohen, R. Garofalo, R. Boucher, and T. Seghorn, "The Psychology of Rapists," *Seminars in Psychiatry* 3 (1971): 307–327.

[93] Janet S. Hyde, *Understanding Human Sexuality,* 5th ed. (New York: McGraw-Hill, 1994), 482–497.

[94] Gest, "Violence in America," 24.
[95] Kornblum and Julian, *Social Problems,* 206.
[96] Ibid., 206–207.
[97] Chelsea J. Carter, "U.S. Has Highest Rate of Gun Deaths—By a Huge Margin," *Wisconsin State Journal,* April 17, 1998, 2A.
[98] Toplin, *Unchallenged Violence,* 217.
[99] Kornblum and Julian, *Social Problems,* 218.
[100] Toplin, *Unchallenged Violence,* 217.
[101] Kornblum and Julian, *Social Problems,* 217–220.
[102] Coleman and Cressey, *Social Problems,* 412.
[103] Coleman and Cressey, *Social Problems,* 412.
[104] Toplin, *Unchallenged Violence,* 234.
[105] Ted Gest, "Gun Control's Limits," *U.S. News & World Report,* Dec. 6, 1993, 24–26.
[106] Ramsey Clark, *Crime in America* (New York: Simon and Schuster, 1970), 11.
[107] Gest, "Violence in America," 27.
[108] Barry Schweid, "U.S., Russia Seal Missile Deal," *Wisconsin State Journal,* Jan. 4, 1993, 1A.
[109] Quoted in Quincy Wright, *A Study of War,* abridged by L. L. Wright (Chicago, IL: University of Chicago Press, 1964), 186.

第十五章

城市问题

本章内容 399

- 城市历史
- 定义市区与农村地区
- 都市化世界
- 关于都市化影响的理论
- 中心城市面临的问题
- 改进市区的策略
- 总结
- 注释

城市居民在很多地方与农村居民不同：他们有较高的收入与较高的教育程度、较大的 400
社会变动性、较小的家庭、很大的个体差异、较不稳定的婚姻等；另外，酗酒、药物成瘾、自杀、心理疾病等，从报道的数字上看也有较高比率。

这一章：

- 向读者提供城市发展的简史。
- 概述当代社会学关于城市对城市居民影响的理论。
- 论及中心城市遇到的严重问题。
- 提出解决中心城市问题的建议。

城市历史

大城市相对来说是一个近期的现象。没错，古代史倾向于是一部城市发展史，比如雅典、罗马、耶路撒冷、君士坦丁堡等名城的发展。但是，与今日的中心城市比起来，它们就是小城市了。例如，1400 年，伦敦是欧洲最大的城市，也仅有 35 000 居民。[1]今天，纽约市居民已超过 700 万，如果再加上周边的镇，人口超过2 000万。[2]

美国城市数量的激增始于工业革命。19 世纪以前，美国主要是农业国，绝大多数的人以农场为生。零星存在的几个城市主要体现集市功能。

自 18、19 和 20 世纪以来，主要由于技术的进步，比如蒸汽机的发明，工业革命在欧洲和美国蓬勃发展起来。

工业革命以前，在欧洲与美国，几乎没有人口超过几万的城区。工业革命的结果之一就是在工厂附近发展起大城市。因农村的就业机会有限，许多人来到大城市成为工人。随着这样的迁移，家庭和裙带关系被打破，不能适应的人们面临着城区身份的丧失、受冷落和社会地位下降等危机。

技术革命（如在楼宇建筑中电梯的发明和铸铁的使用）使城市向高空的扩展成为可能。铁路和汽车的发明则使城市能够沿地平面延伸。铁路对于城市向西部发展也起了重要作用。铁路由于能快速地运送旅客和物资而把各个地区联系起来。沿铁路线建成许多县，有些发展成为重要城市。

在过去的两个世纪里，人们不断地从农村迁往城市。1780 年，90%的美国人住在农村，多数以小农场为生。现在，77%以上的美国人居住在城市。[3] 10 个最大的美国城市人口见表 15—1。

表 15—1　　10 个最大的美国城市人口

400

1	纽约	7 333 000
2	洛杉矶	3 449 000
3	芝加哥	2 732 000
4	休斯敦	1 702 000
5	费城	1 524 000
6	圣迭戈	1 152 000
7	菲尼克斯	1 049 000
8	达拉斯	1 023 000
9	圣安东尼奥	999 000
10	底特律	992 000

资料来源：U. S. Bureau of the Census，*Statistical Abstract of the United States*，1997（Washington. DC：U. S. Government Printing Office，1997），45－47。

城市的迅猛发展产生了各种社会问题，其中有些已经解决，比如 20 世纪初，马是主要交通工具，带来的严重问题是马粪肆虐，破坏城市生活，传播疾病；汽车的发明解决了这一问题。但汽车又产生了新问题，如空气污染、汽车肇事死亡、交通堵塞等。20 世纪以前，城市的死亡率比农村高得多。这些问题在 20 世纪前叶通过污水排放及给水系统得到解决。20 世纪医药卫生的进步也改进了城市生活状况。然而，许多城市问题仍然没有解决，有些还变得更为严重，这在后面还要讨论。

定义市区与农村地区 401

某些词对于描述市区和农村地区也许是有用的。调查局用社区人口数区分市区与农村地区。当结成一体的城市、乡镇或区县居住了 2 500 人或更多的人口时，调查局就称这样的社区为城市。少于 2 500 人的社区就叫农村。

Megalopolis，这个词是指特大城市，即一个城市与其他城市的结合。美国最大的城市是沿东海岸从波士顿（大部分未开垦）到迈阿密之间的城市与郊区的连接。在西海岸从圣迭戈到旧金山市之间城市的连接也是一个特大城市。

在有些地区精确地区分城市与农村已日益困难。过去，在农场干活是农村生活的典型范例。今天，许多农村地区表现出某些城市的特征。例如，靠城市附近的一些乡村居住着许多在城市工作的人们，那里①也有很多杂货店、服务站和其他小商业性活动，逐渐成为半农村半城市化区域。另外，在许多农村地区，大规模的农业加工业（称农业综合企业）逐渐替代小农场。农业综合企业具有某些城市化特征。

专栏 15.1　乔治·华盛顿（George Washington）会说什么？ 401

1789 年，乔治·华盛顿当选为美国第一任总统，也被认为是最伟大的总统之一，被称作国家之父。在华盛顿时代，人们主要靠农业生活。马是主要交通工具，20 英里的路程需走一整天，十分艰难。

自华盛顿时代以来，大量的发明确实令人震惊。想象一下，如果华盛顿被带回到今天，他会说什么？只列出一些小发明就足以令他困惑不已——心脏移植技术、摩天大楼、豪华汽车、电话、电视、微波炉、电冰箱、电烤箱、手表、电影院、喷气式战斗机、航空母舰、规模宏大的工厂、卫星、导弹、核武器、坦克、激光、洗碗机、快艇、高速公路、空调、电热毯等。如果华盛顿在今天出现，他一定是个技术和文化的愚人，缺乏我们认为理所当然的知识。与此问题同样重要的是，他将如何看我们呢？他会认为我们的进步是奇迹吗？他会认识到核武器、城市居民贫困、空气与水的污染、高犯罪率都导致了生活质量的恶化吗？

都市化世界

移居城市是遍及全世界的现象。预计到 2010 年，世界人口的一半以上将居住在城市。[4]有些城市要比另一些城市的发展快得多。1950 年时，纽约是世界上最大的城市。目

① 指乡村。——译者注

鸟瞰东京——世界最大城市之一的膨胀。

前，世界上有两个城市（墨西哥城和圣保罗）比纽约大。根据美国人口计划，到 2015 年，纽约将处于世界大城市的第 11 位，排在它前面的将是东京、孟买、拉哥斯、上海、雅加达、圣保罗、卡拉奇、北京、达卡和墨西哥城。[5]

城市的这种变化结果，在某些方面对迁往城市地区的人们是有利的，但也产生了很多不利因素——拥挤、住房破烂、帮派和暴力的威胁、高犯罪率、高比例无家可归的人等。另外，城市基础设施（水系统、污水处理、交通、电灯、医疗设备）经常不能满足快速增长的人口。印度的 3 000 多个城镇中，只有 8 个有污水处理系统。[6]世界资源研究所估计，在发展中国家，来自城区的 90%未经处理过的污水都流入了江河之中。[7]

许多发展中国家城市人口规模比其工业化总水平的预期要大得多。这些城市可谓“超都市化”，城市的基础设施远不能合理地满足城市人口的需求。

402 由于不发达国家有着发达国家的双倍人口，却仅有发达国家的微量财富，所以城市问题更为严重。[8]这些国家的许多中心城市出现了贫民区。科尔曼和克雷西描述了贫民区中的生活状况：

> 这些贫民住宅区，人口高度密集，缺乏过一种像样生活所必备的基础设施。街道

坑洼不平，几乎没有消防设施和警察保护，饮用水极缺，常不存在适当的排污设备，结果是卫生条件极差、死亡率高、疾病蔓延。非法住进空屋的人们无权拥有他们居住其上的土地，因此随时有无家可归的危险。如果政府要征收土地，或他们被政府当作“眼疾”及不好治理的源头，他们就会径直被驱出家门。[9]

关于都市化影响的理论

城市居民有他们看待生活的独特方式吗？都市化对城市居民的影响是什么？我们将考察乔治·西梅尔（Georg Simmel）、路易斯·沃斯（Louis Wirth）、赫伯特·甘斯（Herbert Gans）、克洛德·菲舍尔（Claude Fischer）关于此的理论。

乔治·西梅尔

乔治·西梅尔是德国社会学家，1903 年发表了他的经典论著《城市与心理生活》（*The Metropolis and Mental Life*）。[10]西梅尔观察到，城市人不断地受到“神经刺激”的
轰炸，这些“神经刺激”是交通、噪声、快生活节奏、漫天广告、拥挤等等。这些使无法参
与围绕其身边所有事情的居民负担过重。结果，他们变得对周围事件漠不关心，对其认识 *403*
和不认识的人们的幸福也不感兴趣。虽然城市对其居民不遵从习俗提供了较大的宽容与自
由，但也增加了人们疏离和孤独的机会。

路易斯· 沃斯

路易斯· 沃斯对城市生活心理影响所做的结论与乔治·西梅尔的相似。[11]沃斯，就职于芝加哥大学社会学系，于 1938 年发表了他的理论。他认为城市人口稠密、数量大、具有社会差异是城市独有的特征。他的基本观点是城市增加了人格扭曲与社会障碍者。

沃斯同意西梅尔，认为过量刺激使城市居民不关心别人的幸福。他们在与他人交往中表现冷淡、无人情味、粗鲁。这种疏离状态使城市与农村的联系也变得松散。有些情况下已彻底分割了联系，这种情况的“受害者”就以怪异的行为表达自己与生活的疏离和孤独感。这些人没有情绪支持和社会限制，结果，他们更易于具有创造性（在革新方面），或者更易形成反社会行为——自杀、违法、犯罪、情绪与行为障碍等。

另一方面，城市生活还削弱了社会限制和人际关系。城市强调经济竞争与劳动力分化。由于工作的高度专业化，人们倾向于只是表面上了解，即人们的相互作用仅限于扮演各自角色——理发师、出纳员、营业员、司机…… 很少能以关怀和亲密的方式相互了解。结果，城市人不太可能有亲密的情感联系，虽人海茫茫，他们却极易感到与社会的分离和孤独。他们已学会把不稳定与不安全作为一种生活方式。

还有其他因素削弱着社会联系。城市居民在与他人，诸如邻居、同事、顾客、商人、朋友、家庭成员等的相互作用中，每天被迫扮演许多不同角色。身份、地位的多重性削弱着社会联系。另外，由于人们需要花大量时间与同事工作及从事休闲活动，家庭变得不重要了。很多城市人感觉到孤独和敌意（敌意，正如第二章所描述的，是个体的一种状态，在这种状态下，个体对听从规范的引导不再感兴趣，而这些规范则恰是支配社会可接受行为的准则）。根据沃斯的理论，所有这些因素导致道德价值下滑，造成更严重的社会衰败，促成人格障碍。

赫伯特·甘斯

不是所有的城市社会学者都像沃斯那样对城市生活感到悲观。赫伯特·甘斯指出，沃斯的观点代表一种反社会的偏见，反映美国农村人对城市生活的反感。[12]甘斯认为沃斯忽视了许多具有强烈社区感的城市居民的态度。甘斯把城市居民分为五类，并指出只有后两类患有社会孤独（体验着如沃斯描述的社会生活）。

- 世界主义者（作家、艺术家、知识分子、企业家、专职人员）因其文化活动而选择居住在城市。
- 无子女人士因接近工作机会和社会生活而选择居住在城市。
- 少数民族渴望居住在只容纳自己民族的社区，这能使他们保持自己的文化和血缘关系。
- 住在城市的有缺陷的人，包括残疾人、穷人和受到歧视的少数人。
- 落入城市陷阱的人，即那些社会经济状况逐渐下滑，或退休，或依赖一定收入生活而不能离开贫困地区的人。

甘斯认为，前三类人住在城市是因为城市带给他们利益，他们处于具支持性的亚文化中。甘斯也发现，人们的社会阶层与年龄比城市生活本身对城市生活方式的影响更大。

克洛德·菲舍尔

克洛德·菲舍尔发展了众所周知的城市亚文化理论。[13]他同意沃斯的观点，认为城市
404 产生重要的社会与心理影响。但他认为，这些影响不是原有社会团体的衰败所致，而是城市扶植起的新的社会亚团体的产物。

根据菲舍尔的观点，城市扶植了多种亚文化团体的发展——亚裔美国人、大学生、药物成瘾者、同性恋、艺术家、阿飞帮等。菲舍尔认为城市人的有意义的生活，部分地源于他们是某一亚文化团体的成员及他们对亚文化团体的参与。城市鼓励亚文化，大城市比小城区更可能吸引一个亚文化团体的大部分人（因为有较大的群众舆论）。亚文化

形成过程不仅符合种族和民族团体，也符合于更广泛的亚文化团体，例如，学者、公司执行官、福利接受者、罪犯、医生、电脑编程员、牙医、药剂师等。一些亚文化团体有自己的价值体系，按公众利益去行动。比如施里纳斯（Zor Shriners）所做的慈善工作。另一些亚文化成员，如阿飞帮，也发展自己的价值体系，并做些对公共利益具破坏性的事情。

中心城市面临的问题

中心城市面临各种各样的问题。这些问题如此严重、普遍，以至显得几乎无法解决。这一节将考察下列问题：城市里的贫困地区、去中心化与财政危机、缺乏计划和协调、住房、犯罪、交通和反城市偏见。

城市里的贫困地区

各种消极形容词被用来描述贫困地区的悲惨生活条件，以下词汇是一些例子：腐烂、不人道、可怕、厌恶、休克、堕落。贫困地区主要居住着穷人、老年人、有色人种，其中尤其是非裔美国人和拉丁美洲裔美国人。许多贫困地区是少数民族——如亚裔美国人、墨西哥裔美国人、古巴人和波多黎各人的集中地。

贫困地区的犯罪、文盲、非婚生育、单亲家庭、心理疾病、自杀、药物与酒精滥用、失业、婴儿死亡、强奸、聚众斗殴、违法失职的比例都比较高。大部分居民依赖救济金。许多城市的服务设施低劣。学校条件较差、街道狭窄且常常满是坑洼、警力与消防能力都不强。

住房拥挤、破旧，许多房屋不合标准。冬天暖气供应经常不足，许多单元缺乏泵水动力。破的门、窗和脱落的油漆随处可见。许多有色人种住着这样的不合标准的住房，因为大多数有色人种支付不起合乎标准房屋的费用，而且，歧视也使他们重新安家很困难，甚至对那些有了钱，可以搬出旧房的人们也是如此。

导致城市衰败的一个因素是蓝领工作职位的锐减。许多蓝领的工作是无技巧或半技巧性的，因此比白领和服务性行业需要较少的训练和教育。过去，城市中的职业人大部分从事蓝领工作。对于一个抵御衰败的地区来说，一定要维持住小的经济基础。由于蓝领工作机会减少，市政服务（如交通和公立学校）的质量衰退，社区恢复与重建信仰也暗淡无光。

贫困地区是国家的耻辱。美国可以说是世界上最富有和国力最强的国家，然而却一直没能改进国内贫困地区的生活状况。

美国试用了改进贫困地区的各种办法。改进的计划和服务包括工作培训、工作安置、用救济金予以资金资助、对创业人士提供低息贷款、开展幼儿教育、药物与酒精治疗、犯罪预防、房屋翻修、日托服务、健康保健、公共卫生服务等等。

最广泛实施的帮助贫困地区的计划之一是模范城市计划。该计划始于 20 世纪 60 年代的“向贫困作战”运动的一部分。它涉及拆毁欲坍塌的住房，建起舒适的居民住宅区。翻新一些楼房。这种大量的干预措施主要针对问题严重的城市。除此之外，模范城市计划还提供工作培训、安置、健康保健服务、社会服务、教育机会等。然而结果更加令人失望。这些
405 社区再次沦为贫困区。生活条件仍旧困苦，也许比模范城市计划实施之初还困苦。[14]

费城中被抛弃的贫困地区。

时至今日，我们看到实施过的大多数计划充其量也只获得了短暂的成功。贫困地区继续着悲惨的生活状况。自 20 世纪 80 年代初以来，联邦政府显然已放弃试图改进城市生活状况的努力，改进城市计划或取消或削减。贫穷和依赖救济金成为贫困地区大量居民的一种生活方式。

我们的社会，不管是好是坏，都是一个物质社会。获得物质商品的合法途径主要有两条，一是受过良好教育，二是有高收入的工作。显然，贫困地区的许多人认识到，他们获得良好教育（在他们的社区只有低劣的学校）或高收入工作（他们几乎没有经商技能）的前景渺茫，于是，很多人转向用非法手段获取物质商品（入室行窃、毒品交易、抢劫、诈骗）。许多人也沉迷于即刻的满足（性与吸毒）。基于放任、依赖救济和低级趣味生活方式的价值体系正在发展。

虽然贫困地区的生活条件恶劣，但仍有许多人找到了一种幸福与富裕的生活方式（见专栏 15.2）。

专栏 15.2 战胜贫穷 406

很多现在正享受着幸福与富足生活的人们都是在非常困苦和有压力的条件下成长起来的。他们也许成长于高犯罪率和很贫困的地区，也许受过家庭成员对其身体的、性的和情绪上的虐待，也许由几个收养所养大，也许有明显的身体缺陷或学习失能。其中有些人曾设法逃避严重的情绪摧残。还有些人在少年时曾与学校做对，有情绪和行为问题。但是，他们却在二十几岁的时候改变了生活的航向。

是什么改变了他们周围的状况？在很多人正屈服于跟他们相似的环境，并过着充满绝望的生活时，他们为什么能战胜贫穷？马克·卡茨（Mark Katz）在《战胜贫穷》里指出，通过分析一些人为什么能学会战胜贫穷，我们将会了解促使那些经历严重逆境的人的生活转折与产生第二次机遇的方式。

卡茨概括说，各种“保护性措施”是帮助年轻人找到享受幸福与富足生活方式的关键。举例如下：虽住在贫困地区，但有一个联系紧密的家族就是一种保护；儿童也许在外面感觉不到安全，但在家里会感觉到。那些尽最大努力保证自己的孩子每天早晨安全在外面等校车的流浪的母亲对那些流浪的儿童是一种保护。

认为儿童有他们独特的需要，并努力满足儿童需要的家长为儿童提供了一种保护。保护措施还可以是哥哥或姐姐帮助年龄小的家庭成员了解家长的病痛，还可以是叔叔、婶婶或祖父母帮助抚养那些因自己的父母不能尽抚养职责而无人抚养的孩子。这样的学校——班级人数不多，能够关注每个孩子的特别学习需要，强调每个孩子都有其独有的体力、才能和兴趣，也是一种保护。为贫困地区孩子放学后和在家逗留时设计的高质量娱乐计划，也是一种保护。

儿童在学校学习，或在校外活动，或在教堂及伙伴中结识的良师和特别的角色榜样对儿童都是保护性的影响。那些战胜童年困境的人常常认同生活中的一个特别人物——老师、教练、家长或咨询师等——他们总是在儿童最需要时发挥作用。

保护还可以来自个体本身。有些孩子有按需要吸引他人到自己身边来的特质。他们才华横溢，可以出色发展自己的安全网；当困境出现时，他们的安全网就会罩住他们。有些孩子学业优异，社会技能强，于是他们很容易在社区和学校获得成功。有些孩子有很强的顺应能力，能够抵御预期的危险因素的来临。例如，他们有把困境重塑为一种挑战的倾向，因为他们知道他们有能力战胜困境。

资料来源：Mark Katz，*On Playing a Poor Hand Well*（New York：W. W. Norton，1997）。

去中心化与财政危机

所谓去中心化是中上等阶层家庭从城市向郊区的迁移。美国郊区城市化倾向始于几十年前的复线铁路的使用。商业机构（商店、五金店、银行）紧紧跟上。20 世纪 20 年代，随着汽车的使用，郊区城市化加速了。20 世纪 70 年代，因学校的集中而由法院颁布法令开展的校车运动也加速了中产阶层白人向郊区的迁移。60 年代至 70 年代，联邦政府至少在两个方面直接鼓励人们向郊区迁移。第一，建设了高速公路，这方便了有钱在郊区安家，又在城市上班的人们；第二，联邦住房委员会（FHA）和军人管理委员会（VA）适时采取的低息抵押使中等收入的人更容易在郊区买房。由于抵押金额的大部分利息是可以免税的，联邦内务税收管理处的政策也鼓励人们买房。

随着中上等收入家庭大批地离去，在城市中留下的人主要是穷人、老人、无家可归的人、长期失业者和有色人群。

406 许多郊区居民使用城市服务设施却不支付支撑这些服务设施的利税。他们来到城市工作，参观城市博物馆，游览公园，却认为使用这些由城市支付费用的服务设施——警卫、消防、交通、卫生设施等，是理所当然的。结果是城市居民（常常是收入有限的）被迫要为免费使用这些设施的更富有的郊区居民支付费用。

由于中上等阶层的大批离去和许多工商企业向郊区的搬迁，城市基本税大量减少。不幸的是，剩下的城市人口，绝大多数需要公共服务设施，而支撑这些服务设施的城市税收却日益萎缩。去中心化对城市的衰败与贫困起了极大作用。

许多郊区现在成了服务设施齐全的社区。有些不在城市工作的郊区居民从不去中心城市，尽管从这一郊区到另一郊区的往返路程是从郊区到中心城市的两倍还多。[15]对底特律城的郊区居民的调查发现，三分之一的人从不因任何的目的去城市。[16]许多郊区有充足的服务设施：学校、公园、商店、宗教仪式场所、医院、图书馆、夜总会、咨询处、汽车修理部、公共交通等等。

407 在过去的 30 年里，一直有劳工从东北寒冷地带向西南温暖地带大迁移，比如向菲尼克斯、达拉斯、亚特兰大、圣安东尼奥、奥兰多的迁移。这也使得东北地带中心城市衰退。

许多制造商看到了在郊区安置的优势，也向郊区搬迁。他们通过把家安置在高速公路附近，降低了交通与运输的成本。土地也没有城市昂贵，所以在郊区安家的制造商们在家附近兴建企业。这就大大减少了中心城市的工作岗位数量，减少了税收，加速了城市衰败。

财产税是城市税收的主要来源。由于城市中上等阶层白人向郊区的大量涌入，基础税日益紧缩。中心城市里的穷人、老人、失业者日益集中，导致对公共救济计划和其他服务设施的更大需求。从真正意义上来说，中心城市在企业重建和吸引中上等阶层家庭前来居住两方面正处于与郊区竞争的局面。为了竞争，中心城市必须进行大规模再发展与物质恢复计划，否则将失去更多企业和居民。然而，由于基础税的缩减，中心城市发现要实施这样的计划很困难。实际上，正经历着财政困难的一些城市，被迫挪用大众交通、污水排放、清水输送、街道、图书馆和其他基础设施的费用，以满足日常市政业务开支和偿还目前债务。[17]这样的城市未来重新振作的机会更少了。富裕郊区与萧条城市地区之间的经济差距越来越大。[18]许多城市的公共交通、高速公路、桥梁、建筑等严重毁坏，因为总的说来，城市已没有能力为修复或重建这些设施提供资金。

20 世纪 70 年代，联邦政府企图用把联邦资金拨给州和市政府的办法来帮助城市。1970 至 1980 年间，分配给州和市政府的资金几乎是开始时的四倍——从 240 亿到 910 亿。[19]这些钱被大多数城市用于资助基础服务设施，即便这并不是联邦政府资助的目的。市政职员薪金的大部分都是由这些联邦资金支付的。80 年代，联邦政府大大削减了联邦资金，城市（已形成对联邦资金的依赖）遭受了严重的财政紧缩，被迫减少了用在公共住房、教育、大众传媒上的资金。一些比较富裕的州，像加利福尼亚、纽约等州政府通过州给市的资助补偿了某些损失。其他的州，尤其是中西部各州，不想弥补联邦资金减少带来的损失，因此加速了这些州中心城市的衰退。

因中上等阶层向郊区的转移，城市不能依靠财产税支付市政开支，所以市政府转向收缴销售税、收入税、汽车税等。税务名目增加得越多，能交得起税的人（包括商人）向郊区搬迁的也越多。

缺乏计划和协调

在过去的一百年里，城市发展呈爆炸状。这种发展在许多方面都是无计划的。许多城市的中心地段被建设得街道狭窄、住房拥挤。卫星城与郊区出现后，都建立了自己的当地政府和服务设施，与此同时，却极大忽视了与中心城市相互协调的需要。由于高速公路、巴士系统、出租车服务、航空服务和传播系统的相互融合，城市在许多方面融合成一个大的单元，但是，它却不能在政治上融合。每个郊区管理自己的事务，却不考虑近邻。（在极端情况下，郊区会把污水倾倒在“自己的”河域里，却不关心这样做正污染着下游城市的饮用水源。）

无计划发展的结果，使得大城市地区支离破碎的当地政府形成一个混乱的网状系统和重叠的服务区，这样的服务区有成群的消防官、警官、学校监管者和部门主任。服务机构的交叉与重复不仅花费大而且无效，产生不协调问题。

专栏 15.3　纽约和华盛顿在走钢丝——处于瘫痪边缘 408

1975 年，纽约市（这一大苹果）有几次几乎瘫痪，其主要原因是缺乏偿还债务的资金。造成债务的原因是大量的：去中心化、城市职工的高额薪水、基础税远远不够支撑服务设施、政治家和政府缺乏可行的财政计划等。对 1975 年的每次危机，或者是州政府或者是联邦政府提供了预防危机的资金。这个国家最大城市遭受的灾难表明了许多城市也正面临着财政危机。

1994 年 5 月，华盛顿市市政府也遭受了相同危机——几乎瘫痪。其原因与 1975 年使纽约市陷入瘫痪的原因相似。（联邦政府提供了资金，以防止国家首都偿还不了债务。）

408

住房

美国大多数穷人住在城市，他们当中的大多数也住在不合格和破旧的房屋里。这种房屋，那些高收入的，其中许多已搬迁到郊区的家庭是不会接受的。在中心城市，破旧房屋里主要住着贫穷老人和有色人种，尤其是非裔美国人和拉丁美洲裔美国人。这些人的大多数没钱选择新住所。破旧房屋存在的问题有：冬天供暖不足、电灯装置破裂、卫浴设备漏水、老鼠和蟑螂随处可见、住房面积狭小、门窗破烂等等。

最近的一项研究发现，三分之一的美国人（大约 7 800 万）是“穷住户”。[20]这意味着这些人不得不付许多住房费，以至于就不再有足够的钱支付食品、医疗保健和衣着的费用。社会学家认为，用超过收入的 25%来支付房费的住户就是所谓的穷住户，他们支付了房费以后，剩下的钱不足以支付其他生活必需品。[21]应注意的是，许多家庭和住户的房费虽不到收入的 25%，也属于穷住户，因为他们的收入如此低，乃至付的租房和住房费用虽然较低，也无力支付其他生活必需品。[22]穷住户的最后结局之一就是无家可归。高百分比的穷住户住在贫困区。

在 20 世纪 60 年代至 70 年代，有许多城市，及在 20 世纪 80 年代至 90 年代，有少部分城市，都试图通过城市重建计划解决破旧住房问题，并希望它可以帮助低收入居民。政府机构买下中心城市的贫困区，把那里的居民安置在别处，然后又把土地卖给私人开发商，希望他们为低、中等收入的人们建造房舍。但是，因为并没要求开发商建造廉价的住房，一般的，他们就为了更大的利润而建造办公楼和豪华公寓。以前的居民买不起这种新住房，只好搬往城市的其他贫困地区。在这样的搬迁过程中，居民们的社区感更加削弱，他们经常感到被人利用，成为无关爱性的大市政体系的受害者。许多人被迫离开朋友、家庭、学校及在心理上已成为“他们世界的一部分”的教堂。离开原来住地的许多人又搬迁到在未来城市规划中即将拆除的附近地区。

联邦政府用在某些城市建造公共住房——通常是公寓，来对上述问题做出回应。政府的政策通常是让最穷的人去住公共住房。正在工作着的穷人所挣工资较多，不符合政府对住房开发的指导性原则。许多公共住房项目迅速转向贫困地区，成为依赖救济金的人、单亲家庭和缺陷人士的居住地。乔丁（Choldin）把这些住房项目描写成“大量有问题的人和极少数战胜自己取得成功的人的大集中区”[23]。

或许比居住不合格住房更糟的只有一件事情，那就是没有住房。正如第三章所描述的，在中心城市增加了大量无家可归的人。他们徘徊于公共场所，睡在街道、公园和地铁走廊里。糟糕的是，这些临时掩蔽所也满足不了他们藏身的需求。冬天，一些无家可归的人住在街道里的纸板盒中。

409 建造更多掩蔽所的努力经常会受到不愿在自己社区容纳穷人的民间保护组织机构的阻挠。

郊区的历史性开端——如铁轨般排开的住宅——源自于期望摆脱掉城市的各种问题。

从历史上看，政府改进住房的计划对中、上阶层收入的人是有利的。大多数联邦住房资助直接或间接地走向企业主和中上等阶层。

1983 年，里根政府决定，如果把资助低收入住房的联邦资金削减 94%，从 860 亿减到 5.16 亿，会对国家有很大益处。剩下的 6%只用于资助残疾人和老人的住房。[24]对低收入穷人住房的资助资金彻底地减掉了。自 1983 年以来，政府对低收入住房资金进行适当限制后，无家可归人员的大量增加就成为一个国耻。

犯罪

犯罪是一个主要的城市问题。在农村，由于人们都了解其他人的活动，所以非法活动很难隐蔽。农村的犯人被逮捕后将面临更大的被排斥。如前所述，城市化过程削弱了社会对犯罪行为的限制。统计数据显示，大城市的暴力犯罪是郊区的 4 倍，是农村的 6 倍。财产犯罪在大城市也更为猖獗。[25]

毫不奇怪，对犯罪的恐惧感在城市更为普遍。很多城市居民把活动都安排在白天，以减少被抢劫、诈骗、掠夺和强奸的几率。一个研究发现，半数的城市居民害怕夜间外出，而郊区居民只有约 20%的人是这样。[26]

一个研究还表明，约在 4 个年轻的非裔美国男子中就有一个人正监禁在监狱里或处在监外执行或假释中。[27]与此对照，该研究还发现，十分之一的年轻拉丁美洲裔美国人和十六分之一的年轻白人处于犯罪监管系统的控制之下。这个研究主要是对 20～29 岁年轻人的研究。还有一个惊奇的发现是，被司法系统监管的年轻非裔美国人的数量比在大学注册

的所有非裔美国人的总数还要多。[28]研究者们对在司法系统监管下的大多数年轻非裔美国
410 人的追踪调查表明，在过去30年里，失去正规教育与工作机会的城市年轻人都会落入司法机关的监管之中。[29]

交通

假如把街道、高速公路、停车场、汽车修理场、加油站、维修部和其他与车有关的地方都包括在内，那么美国城市陆地的65%被汽车占用着。[30]美国人被汽车弄得头晕目眩。汽车所有者经常寻求最能表现其个性的那一款车。家住郊区者驱车五六十英里路上下班是普遍的。

汽车的涌动给城市造成巨大问题。白天，纽约的曼哈顿区永远是堵着的。许多其他的城市在上下班高峰时段也存在相似问题。汽车排出的废气是空气污染的主要来源。由此还产生了城市雾气。在许多城市出行与返程的停车也是一个问题。

驾车者寻找停车位会比驾车到达目的地花更多的时间。因修复公路造成的阻塞令司机们普遍感到难受。城市驱车者比农村驱车者有更高的事故率。高速公路通常建在拆修费和土地费都较低的比较贫困地区。这种路面状况常使居民们迁离，通常是迫使建有高速公路的贫困地区的居民再搬迁到另一个贫困地区。

汽车是最便利，也是最低效率的交通工具。1小时的单程交通，汽车可以运送2 400人，巴士是9 000人，地铁是4万人，地铁的快速车是6万人。[31]

人们期望公路可以把郊区购物者带往中心城市。然而，公路却成为鼓励拥有自己企业的中上等阶层的家庭在郊区安家的重要因素。[32]虽然城市居民遭遇着拥挤和由汽车引起的空气污染的痛苦，但他们没有钱买车和保养车。迫于对公共交通（巴士和地铁）的依赖，他们经常体验延误的苦恼。糟糕的公共交通系统也是没有汽车的人取得从业与教育机会的障碍。

官方一直在为如何使公共交通吸引乘客而努力着。由于私家汽车的增加，公共交通正在萎缩。公共交通系统（如地铁、铁路、巴士）逐渐衰退，有许多城市已较少使用。原因之一是，城市已逐渐变得不那么集中。郊区成了既可购物又可经商的商业中心。购物地区和商业化地区也在不同地区得到发展，而不是集中在某一商业区。这样，人们能够随意地在城市间穿行，而不用从很远的地方到中心商业地区。而这一切，使公共交通更难以发展和维持。

反城市偏见

在美国永远有一种反城市的怨气。例如，托马斯·杰斐逊（Thomas Jefferson）写道："大城市暴民给纯洁的政府添加的许多东西，正如给人类身体上添加的疼痛一样。"[33]美国文学常常美化自给自足的农民风尚，说那是一个农业天堂。农民们过着快乐、轻松与单纯的生活。其实，耕种是一种苦力劳动，常常一周7天都要劳作。现在，许多农民已逐渐丧

失农民身份。大约只有 2%的劳动力现在还从事农业生产。[34]

在人类与其环境的关系上，城市常常被描述为与自然不和谐。卢·哈里斯（Lou Harris）做的一项民意测验发现，住在大城市中的三分之二的人，宁愿住在别的地方。[35]一项盖洛普的民意调查问了同样的问题："如你能够住在你想住的地方，你宁愿住在城市、郊区、小县城还是农场?"结果，城市再次被拒绝：想住在小城镇的有 32%，住在郊区的有 31%，农场的有 23%，城市的只有 14%。[36]在农村住没有麻烦，平和、朴实，人与自然能够和谐共处。城市带给人成功的想象，与此同时也带来高的犯罪率和其他社会问题。

城市被指责为产生着非人性的人际关系、残酷的竞争、孤独、冷漠与对他人的不关爱的态度。尽管有这些特征，大多数的美国人还是因为工作机会和文化上的优势住在大城市 411
或它的附近。

一个重要的社会问题是："城市的这些消极特征会在多大程度上成为塑造自我的预言?"比如说，如果城市居民认为滥用药物、犯罪、自杀、对邻居的冷漠、依赖救济和残酷竞争构成了城市的生活方式，那么，这些居民是否更易于照此行事呢?

改进市区的策略

正如本章前面所讨论的，大城区比它周边的郊区存在着更严重的问题。郊区的确也有与城市相类似的问题：犯罪、住房危机、交通延误等——但程度较轻。并且郊区有更强的经济基础，所以更易有资源去与这些问题作战，城市问题显得更不容易解决。问题如此严重，以至于使一些人产生绝望，放弃了情况将会改进的希望。

牢记美国城市的人民实际上比贫困的第三世界国家的人民生活状况更好这一点是重要的。(第三世界国家的许多穷人住在破烂的临时性小屋里，每年挣不到 500 美元。）放弃美国城市的状况会有改进的希望是个错误。有一些策略适宜改进城市。

这部分将介绍几个建议：城市重建、"大社会"计划、模范城市计划、校车运动、放任主义、限制城市规模、政府重组、人口控制、"救济—工作"计划和社区组织。

介绍它们的目的是要指出对于解决城市问题可以有多种选择。

城市重建

过去，改进城市的一个重要努力是城市重建。这一点在这一章的前面已有所描述。在城市重建中，政府机关收购了破烂的房屋，并重新安置了居民。进而，政府机关与私人开发商签订合同，由这些开发商拆毁旧建筑，建设购物中心、写字楼区、适于中上等收入的个人和家庭居住的住宅。这种住宅对某些中上等收入的郊区居民也有充分的吸引力，他们决定在这些重建的住房里重新安家，这样，他们更接近工作场所，也更能被城市的文化魅力所吸引。

当然，城市重建的主要问题是它不利于穷人，而且通常使穷人的问题更严重，因为这会使他们离开原来的居住区，被迫重新安家。一般说来，穷人搬迁到附近的贫苦地区，就增加了这些地区的进一步衰退。结果，从长远看，城市重建对于解决贫困地区低收入居民的住房问题收效甚微。

“大社会”计划

20 世纪 60 年代，约翰逊总统发动了一场改进全美生活条件的宏伟战役。抗贫计划是这个大社会理念的重要组成部分。对于城市居民来说，这些计划包括各种铲除贫穷和改进贫困地区居民生活条件的社会与教育计划。例如，学前教育计划、日托服务、工作训练计划、工作安置计划、健康保健计划、药物与酒精成瘾治疗计划、帮助人们接受中学和大学教育计划、金融资助计划、培训合格父母计划、性教育及发展各种自助性群体计划（如近邻们一起整修家园）等。这些教育在帮助一些低收入居民接受教育、得到一份收入好的工作和上升为中上等阶层方面是成功的。发达了的人们，一般都把家安在了郊区。

然而，贫困地区的绝大多数居民并没有改善其生活状况。有些批评谴责道：社会福利计划起了相反效果，它使贫困地区的居民更多依赖政府过活，而较少靠自己。20 世纪 80 年代，里根政府清醒认识到提供社会福利的弊端，大大削减了对贫困地区的福利
412 性服务。遵循里根做法，其后的政府（布什政府与克林顿政府）没有使削减的福利得以恢复。

模范城市计划

作为向贫穷作战的一部分，约翰逊政府于 20 世纪 60 年代尝试做了一个综合性服务的试验（称模范城市计划），它涉及对城市的大量干预措施。破烂的房屋被拆毁，建起了有质量的住房。对搬进这些住房里的居民，联邦政府将资助一些月租金，另外向这些地区的居民提供各种社会的、教育的及工作的培训计划。其结果仍然令人沮丧。今天，这些地区已衰败，再次沦为贫困地区。

校车运动

20 世纪 70 年代，联邦政府和法院做了极大努力，欲通过校车计划促进城市居民获得平等教育机会。达到民族团结是校车运动的基本目的，为城市儿童将来获得一个高收入的工作及成为有生产能力的公民做准备是它的另一个基本目的。不幸的是，在许多城市，校车加速了白人向郊区的搬迁，也导致一些白人将他们的孩子送往私立学校。因校车的种种问题（包括费用高和不利于路途远的孩子乘坐），联邦政府与法院机关在 20 世纪 80 年代至 90 年代已没有了倡导校车的热情。不论怎样，没有证据证明，用校车把孩子们送进好

学校，就能使他们成人时获得高收入的工作和成为有生产能力的公民。（校车运动的作用在第六章有论述。）

放任主义

放任主义可以被当作一种哲学或者当作以有节制地（通常是审慎地）进行指导或干预为特征的一种实践。这样的定义适当描述了里根政府与布什政府在 80 年代至 90 年代初期所采取的态度。这两个政府都对“联邦支持社会福利与教育计划”实施了锐减政策。1992 年，克林顿政府执政，它确立了减少联邦赤字数额的优先权——这一结果没能使已削减的在 20 世纪 80 年代曾实行的政府支持社会福利计划得以恢复。当城市已经习惯了（和产生依赖了）联邦的社会福利计划时，政府的锐减政策对城市是一个沉重打击，使它们更加艰难。

削减结果日渐明显。城区以更快的速度衰退着。更多的人无家可归和挨饿。建筑与桥梁更加破损，道路更加凹凸不平，交通更加拥挤。人们在 20 世纪 60 年代至 70 年代由于生活条件改进而滋长的乐观情绪已被一种绝望和所有试图的努力都已失败的感觉所替代——这样，生活状况只会更糟。目前，城市居民的文盲率、自杀率、犯罪率、暴力事件率、药物与酒精滥用率、少女怀孕率和失业率都很高。

限制城市规模

限制城市规模的倡导者们指出，限制要建立在不侵犯个人自由的基础上。我们能对水利系统和污水排放系统加以限制，也可以为建在小县城的企业减少税收，因为这可鼓励城市缓慢又不带强制性地分散人口。（中国与俄罗斯极力通过政府的政策限制城市规模，城市的移民人数不得多于政府规定的人数。）限制城市规模倡导者认为，城市人口的拥挤导致了严重问题——空气、水和土地的污染。拥挤与城市生活的私密性相结合，也削弱了社会对城市的引导与指向，结果产生高犯罪率、违法率、自杀率和许多其他社会问题。倡导者们还认为，抑制城市发展会为城市找到解决问题的方法争取时间，而不用去应付因增加人口而带来的附加问题。

对限制城市规模的批评指出，不侵犯个人权利和自由就不能限制城市规模。不让土地
所有者在土地上搞建设，这就剥夺了他们选择使用自己财产的权利。不让人们住在自己希 413
望住的处所，也侵犯了选择自由。反对多建住宅的政策，增加了人们对现有住宅的需求，进而导致了房租和土地财产价格的增加，也增加了租房者，尤其穷人租房者的经济负担。另外，限制发展政策大大降低了城市的创造性发展，因为城市经常是文化发展与变化的中心。扶植技术进步主要是城市居民的观念，传统的小县城生活的安全舒适不能引导创造性进步。城市发展的多样化也产生着新思想和创造性进步。

政府重组

政府注意到，郊区居民利用中心城市的服务（设施）却不支付维持这些服务的税款。一些政府政策制定者建议，从政治和经济上把城市与郊区合并为一个更大的城市或地区政府，这样会增加城市的基础税。

另一些人建议，只需把政府的某些单位合并，形成地区化即可，比如建成学校区、污水排放区、净水供应区等。只把某些服务机构集中、地区化的不利之处是，政府会变得更复杂，因为这些服务机构要由很多政府部门管理。而特别（服务）地区又产生更多的政府代理部门，这增加了管理费用，使服务机构协调和扩大社区服务计划变得复杂化。

郊区与城市的合并，或两个和更多部门的合并是最容易和最不复杂的重组形式。然而，郊区居民一般不愿意与附近城市合并。他们搬迁到郊区就是要避免中心城市的问题，抵抗政府为改善贫困地区的服务设施而增加他们的财产税。

人口控制

中国政府鼓励它的公民只要一个孩子[37]，并鼓励已经有了一个孩子但又怀孕的妇女堕胎。对只有一个孩子的家庭实行货币奖励，而对多于一个孩子的家庭则让他们多缴些税。印度在 70 年代曾有一段时期实施了对任何已达再生育年龄的男女强制节育的政策。所谓再生育年龄的男女，就是有三个或更多孩子的父母。[38]这一政策的目的是要减少人口数。通过缓慢地降低人口数量，可以利用更多的资源，服务于高质量的生活。

解决大城市问题的一个策略就是控制人口。鼓励大城市居民只要一个孩子。在学校里开展性教育，教导孩子有负责的性行为。政府可以提供免费的节育控制信息和工具，可以增加那些有一个以上或更多孩子的人的税率。如果这样还不能减少大城市的人口数量，强制性避孕（或许在第三个孩子出生后）也可以考虑。

对人口控制的批评很多。美国有种根深蒂固的价值观，即认为每个人有权成为她或他渴望要的那么多孩子的家长。一些宗教团体，如罗马天主教就强烈反对生育节制。强制性节育侵犯自由选择权。对家庭人口多少强行实施控制的企图会侵犯美国已确立的民权。

美国社会试验了各种计划解决贫困地区居民面临的问题。这些计划的大部分都没能改进贫困地区。目前，联邦政府采取了放任主义态度，城市在许多方面情况还在恶化。美国会试用不受欢迎的计划吗，比如，政府重组或人口控制或者其他可行的选择？

“救济—工作”计划

正如在第九章里所提到的，查尔斯·莫瑞（Charles Murray）在 1986 年指出：“对有未成年子女家庭的社会援助”（AFDC）鼓励了单身妇女要孩子，以便得到福利资金。[39]他也指出，犯罪、药物滥用、在学校中的不良学习表现、城市衰退的生活状况的增加主要源于单亲家庭的增加，他把这种情况归因于政府对这种家庭的支持计划。他认为，依靠救济已经成为那些依赖 AFDC 家庭的一种生活方式。他提出的改进贫困地区的办法（同犯罪、滥用药物、非婚生育及学校的不良行为表现作战）就是要取消 AFDC 计划。

中国昆明（云南省）的一个广告牌，鼓励中国家庭只要一个孩子。

1996 年的国会和克林顿总统批准了《个人义务与工作机会相结合法案》。该法案取消 414
了 AFDC 计划，并对单亲家庭的公共救济金的提供限制在五年内，试图避免“长期”救济金依赖。该法案宗旨是鼓励健康成人去工作，而不是依赖救济。希望这些人通过工作改善自我形象，不把精力投入在滥用酒精和其他药物上，也减少犯罪可能，对其孩子有更好的模范作用，成为一个缴税的公民。进而，也希望这些人把精力更多地投入到自己社区的改进上去，以使所有社区（包括贫困、萧条地区）逐渐得到改善。

这样崇高的目的能通过“救济—工作”的计划来达到吗？现在下结论还为时太早。批评家们指出（正如第九章所述），许多问题还不能回答。这个计划能够成功地使领取救济金的成人去从事一份使自己家庭摆脱救济的高收入的工作吗？假使救济获得者得到一份工作，他们的孩子就会在他们工作之时得到儿童健康保健机构的照顾吗？

有下述问题的单亲家庭的父亲或母亲要获得一份好工作是多么困难啊——缺乏销售工作技巧、药物成瘾、长期服药治疗、有一个心理或生理有缺陷的孩子、交通不便、暴力的家庭关系、没有高涨的工作热情、有长期情绪和行为问题。有些救济金领取者到了不能领取救济的法定限制期限，但没找到像样收入的工作，这会不会使他（她）们堕落或犯罪呢？人们如何才能在高失业率地区找到工作或创造工作机会？不改进贫困地区，“救济—工作”计划就存在着危险：它导致该计划参与者的更大失望，最终使贫困地区更加衰败。

415 社区组织

有些社区组织的不断努力产生了积极、持久的效果。社区组织由那些希望改进自己社区的社区居民组成。（或许，在某种意义上，只有鼓励居民改进自己的社区才能使社区有持久的变化。）下面的这段描述记载了密苏里州圣路易斯市科克兰花园小区里的一个社区组织的成功努力。[40]

科克兰花园小区，一个供低收入阶层居住的国民住宅小区，是大城市中许多破旧住宅区的一个典型代表。它以到处布满垃圾、乱涂的墙壁、破漏的窗户、经常有抛出物、犯罪、毒品买卖和一些愤怒与恐惧的人为特征。

伯莎·吉尔基（Bertha Gilkey）就生长在这个住宅区。如果不是由于她的努力，该小区还会继续没落下去。吉尔基这个年轻人相信，如果居民们共同努力，住宅区是会改变的。还在她十几岁的时候，她就参加在社区教堂举行的居民会议。她在 20 岁的时候，被选为居民协会主席。这个小区自此以后逐渐发生了积极的巨大变化。

吉尔基与她的同事从小事做起。他们向居民了解他们真正需要，且现实能够实现的愿望是什么。在一次调查中，他们发现，该住宅区需要一个收费洗衣店，而以前的洗衣店都被破坏了，只有一个店还没上锁，而实际上这个洗衣店的门被偷走了。吉尔基和她的同事向城市住宅管理部门申请了一扇门，然后，他们筹措资金买了门锁和油漆，为洗衣店涂上油漆。居民们因此很高兴，他们加入和支持居民协会的兴趣增加了。接着，该协会组织居民为住宅楼的过道涂油漆——一层一层地涂，由每一层的每个住户负责他（她）们所居住的楼层。吉尔基描述道：

> 住在还没有涂上油漆的那一层的孩子们会跑过来观看已涂过的过道，然后跑回去，与他们的家长争论（也要涂）。不能涂油漆的老人们准备午饭，这样他们会感到自己也是涂漆组的成员。[41]

该协会又继续发动居民并成功完成了一些新的装饰这一社区的项目。一件一件事情的成功，越来越鼓舞居民们，使他们为自己的社区感到骄傲，并为社区的改变而工作。在住宅区的外面改进的同时，吉尔基和居民协会重新介绍住宅管理法规。协会也制定了行为规范，并为每一层楼选举了楼长。这些规范有：不许大声喧哗、不许向窗外扔垃圾、不许打架等等。居民们慢慢地接受了这些规范，生活条件改善了，行为习惯也向前迈进了一小步。

这个住宅区被重新命名为年少者小马丁·路德·金博士住宅区。（符号对社区的发展是重要的。）该社区组织（协会）也举办派对为每个成功的项目进行庆祝。

吉尔基关注的另一方面是把活动扩展到儿童和青少年，强调他们的积极性。学生们在学校写“我喜欢我住所的什么？”的作文。在艺术课上，孩子们用木板搭建住宅楼模型，有楼房、街道和娱乐场所。这些活动建立了青少年的自尊，和以自己社区为荣的自豪感。

今天，科克兰花园小区是一个小路上花团锦簇，有树、有草、美丽、清净的小区。人们相互信任，为住在这样的小区感到自豪。高层建筑得到彻底整修，小区现有社区中心、网球馆、娱乐所和为减少多层楼房密度而建的别墅。科克兰花园小区由居民自己管理。协会（现在称居民管理委员会）还大胆管理和拥有了自己的企业：托幼服务机构、日托中心、健康诊所和职业培训机构等。

科克兰的成功基于的是自助、授权、负责和保持尊严的原则。吉尔基写道：

> 穷人要被管理是违背人性的，不是吗？我们所做的一切就是戳穿谎言，指出谎言没任何意义。要使人们获得进步与信任是很麻烦的事情。工作的一切，需要的是某些基本技巧。如果我们能在国民住宅区做出成绩的话，那还有什么地方不能得到改进呢？[42]

这些成功经验的启示是：人们渴望联邦、州、市政府通过鼓励和支持（包括财政上的）根植于普通百姓的（社区）组织来努力改进城市状况。

总　结 416

相对来说，大城市是近期的产物，它是由工业革命加速而成的。两个世纪以前，绝大多数的美国人住在农村；现在绝大多数的人则住在城市。许多城市效应的社会学理论家企图解释城市居民比农村居民更易患人格和社会障碍的原因。

城市，尤其是中心城市面临着严重且众多的问题。这些问题对贫困地区居民来说如此严重，以至于令一些观察家感到绝望，断言没有希望改进。

贫困地区的生活状况是国家的耻辱。贫困地区主要居住着穷人、老年人和有色人。贫困地区的犯罪、非婚生育、单亲家庭、心理疾病、自杀、药物与酒精滥用、失业、婴儿死亡、强奸和聚众攻击等的比率都比较高。

“去中心化”一词指的是中上等阶层家庭向郊区的举家迁移。现在郊区居民使用城市的许多服务设施却不对（通过交付财产税）支撑这些服务设施的财政作贡献。由于去中心化（不完全由于），中心城市经历了严重的财政危机。有些中心城市的财政问题极其严重，几乎接近到宣称崩溃的程度。

过去的一百年里，城市与郊区的发展几乎呈爆炸状。这主要是由于没有计划性。无计划增长的不完全结果是，大城市地区倾向于形成混乱的支离破碎的政府系统网络和重叠的服务区。这种支离破碎与重叠导致严重的不协调。

中心城市的许多地区，住房破旧、腐烂、岌岌可危。近些年这种情况更为严重，迫使贫困地区的大群穷人从不合标准的住房里迁出，沦落为无家可归的人。

与农村和郊区比较，中心城市犯罪发生率较高。大城市里的居民比郊区居民更害怕在夜晚外出。

大城市中汽车数量的增加产生了各种问题，包括空气污染、交通堵塞、交通事故和停车难等问题。公共交通系统在许多城市正走向衰亡。

纵观美国历史，一直有反城市偏见。有一种观点甚至达到了如此程度——认为大城市生活方式的消极信念可以预言自我的塑造。

政府已经试图用各种办法、策略改进城市生活状况。它们包括城市重建、“大社会”计划、模范城市计划、校车运动和放任主义。总体说来，这些策略没有改进城市的生活状况。最近制定了一个“救济—工作”计划；该计划是否对贫困地区有积极作用（或消极作用），因实施不久，还不能确定。目前尚未试用的可能的策略包括政府重组（把郊区与中心城市合并为一个更大的城市政府）、限制中心城市规模和控制人口。有一种途径似乎显出了积极、持久的效果，那就是通过社区组织的努力。

注释

[1] Paul B. Horton, Gerald R. Leslie, and Richard F. Larson, *The Sociology of Social Problems,* 10th ed. (Englewood Cliffs, NJ: Prentice-Hall, 1991), 274.

[2] U.S. Bureau of the Census, *Statistical Abstract of the United States, 1997* (Washington, DC: U.S. Government Printing Office, 1997).

[3] William Kornblum and Joseph Julian, *Social Problems,* 9th ed. (Upper Saddle River, NJ: Prentice-Hall, 1998), 439–440.

[4] Ibid., 439.

[5] Ibid., 438.

[6] Ibid., 440.

[7] Ibid., 439–440.

[8] James W. Coleman and Donald R. Cressey, *Social Problems,* 6th ed. (New York: HarperCollins, 1996), 465–467.

[9] Ibid., 467.

[10] George Simmel, "The Metropolis and Mental Life," in *Neighborhood, City, and Metropolis,* ed. R. Gutman and D. Popenoe (New York: Random House, 1970).

[11] Louis Wirth, "Urbanism as a Way of Life," *American Journal of Sociology* 44 (July 1938): 1–24.

[12] Herbert J. Gans, "Urbanism and Suburbanism as Ways of Life: A Re-evaluation of Definitions," in Gutman and Popenoe, *Neighborhood, City, and Metropolis.*

[13] Claude Fischer, *The Urban Experiences* (New York: Harcourt Brace Jovanovich, 1976).

[14] Coleman and Cressey, *Social Problems,* 468–469.

[15] Ibid., 463–64.

[16] Ibid.

[17] Kornblum and Julian, *Social Problems,* 455–456.

[18] Ibid.

[19] Ibid., 455–457.

[20] Ibid., 457–458.

[21] Ibid., 457–458.

[22] Ibid.

[23] H. M. Choldin, "Social Life and the Physical Environment" in *Handbook of Contemporary Urban Life,* ed. D. Street (San Francisco, CA: Josey-Bass, 1978), 372.

[24] League of Women Voters, *Report from the Hill,* No. 98, 1–2, March 1983, HR/SP3.

[25] Kornblum and Julian, *Social Problems,* 452–458.

[26] Coleman and Cressey, *Social Problems,* 459–461.

[27] Ibid., 195.

[28] Ibid.

[29] Ibid.

[30] Ibid., 463–464.

[31] Horton, Leslie, and Larson, *Sociology of Social Problems,* 285.

[32] Kornblum and Julian, *Social Problems,* 455.

[33] Quoted in Kornblum and Julian, *Social Problems,* 441.

[34] *Statistical Abstract of the United States, 1997.*

[35] Kornblum and Julian, *Social Problems,* 441–442.

[36] Ibid.

[37] Coleman and Cressey, *Social Problems,* 472.

[38] Lynn C. Landman "Birth Control in India: The Carrot and the Rod?" *Family Planning Perspectives* 9 (May–June 1977): 102.

[39] Charles Murray, *Losing Ground* (New York: Basic Books, 1986).

[40] The source for this material is Harry C. Boyte, "People Power Transforms a St. Louis Housing Project," *Occasional Papers* (Chicago, IL: Community Renewable Society, 1989), 1–5.

[41] Quoted in Boyte, "People Power," 3.

[42] Quoted in Boyte, "People Power," 5.

第十六章

人　口

本章内容 417

- 人口增长迅速与人口过多
- 总结
- 注释

世界性的人口过剩问题已经严重威胁到人类的生存质量。这些问题十分严重，因此各 418
个国家都十分关注颁布有关义务绝育的法案。

本章主要内容如下：

- 考虑由于人口迅速增长而带来的世界范围的问题，提出一个解释人口迅速增长的理论，以及比较两个国家是如何对待他们的人口过剩问题的。
- 总结目前各种解决世界人口问题的方法。
- 列举一些已被提出的、控制未来人口问题的建议。

人口增长迅速与人口过多

现在地球上共有 60 亿人口。[1] 1930 年只有 20 亿。现在世界人口正以每分钟 185 人，每小时 11 100 人，每天 266 400 人，每年 9 720 万人的速度不断增长[2]（见表 16—1）。我们以每 10 亿人口为单位，从历史的角度来看看人口失控发展的危险。自人类产生起到 1850 年才达到 10 亿人口，而下一个 10 亿只用了 80 年（1850—1930）；接下来的 10 亿用了 30 年（1930—1960）；再下一个 10 亿只用了 15 年（1960—1975）。1975 年至今已增加了 20 亿人口。[3]

假设每 40 年人口翻一番，到 2040 年就将会有 120 亿人口了。如果这种增长速度持续 900 年，那将会有60 000万亿人口！这意味着包括陆地和海洋在内，地球每一平方米上都有 12 个人。[4]

418 **表 16—1　　世界人口的翻倍时间**

时间	世界人口	人口翻倍所需时间
公元前 8000	500 万	
1650	5 亿	1 500 年
1850	10 亿	200 年
1930	20 亿	80 年
1975	40 亿	45 年
2015	80 亿	40 年

资料来源：Paul R. Ehrlich and Anne H. Ehrlich，*The Population Explosion*（New York：Touchstone，1990）。

人口翻倍所用时间与人口增长

人口翻倍的速度将会带来巨大的影响。本节将会描述人口增长的速度以及这将带来的影响。

翻倍的时间将取决于出生率大于死亡率的多少。翻倍时间有重复的影响。就像美元可以挣到利息，人口加上人口的不断生育将出现更多的人口。表 16—2 表明了每年人口增长率与人口数量翻倍时间的关系。

这就意味着每年 1.9%的微小增长比率（也正是目前世界人口增长率）将会导致奇迹般的每 40 年一次的人口翻倍。每年 1.9%的增长率会导致每年全球 9 500 万人口的增加。[5]

人口翻倍所用时间与发展中国家

那些面临着严重人口增长问题的国家大都是发展中国家（也称为第三世界国家）。这些国家刚刚开始工业化。不幸的是，人口问题就是制约发展的最严重问题；这指的是，这些国家需要把资源用在改善经济环境上。发展中国家负担着全世界三分之二的人口，而且人口每隔 20 年或 35 年就翻一番。[6]这些国家的人民还不能全部吃饱，有很多人还处于饥饿状态。发展中国家还处于小规模无效率的农业生产，国家的生产量不大，而且文盲率很高。大量的人口将主要的时间花在寻求基本的生存保障上。

表 16—2　　人口增长率与翻倍时间

平均增长率（每年）	翻倍时间（年）
1.0%	70
2.0%	35
3.0%	24
4.0%	17

资料来源：Paul R. Ehrlich and Anne H. Ehrlich，*The Population Explosion*（New York：Touchstone，1990）。

发展中国家的特点是高出生率和不断下降的死亡率。过去，一个国家一旦开始工业化

死亡率就开始下降，而在相当长的一段时间内将保持较高的出生率。这就导致快速的人口 419
增长。不幸的是，这些最需要改进生存条件的发展中国家，也是人口快速增长，从而导致大多数人的生存条件并不比上一代优越的国家。世界每增加 10 个人，当中就有 9 个出生于发展中国家。[7]发展中国家比工业化国家更容易发生人口爆炸。

目前的世界人口危机并不是因为每个家庭的规模扩大而致，现在的家庭规模并不比以前大，而是因为目前有更多的人口处于或是还不到生育的年龄。事实上，更多的孩子将会渐渐成熟而且将抚育他们的下一代。这个变化将会导致诸多问题：需要改进医疗、卫生和公共健康，以及增加解决饥荒、洪涝等各种自然灾害的能力。

李·雷恩沃特（Lee Rainwater）指出："贫穷导致更多的孩子。"[8]贫穷与人口的快速增长形成了恶性循环。人口的快速增长使国家的大量精力花在了新增人口的衣食住行方面。因此，人口的快速增长压缩了资源从而导致了贫穷。前世界银行总裁罗伯特·麦克纳马拉（Robert S. McNamara）警告说："在核战争之前，疯狂的人口增长才是我们在下一个 10 年将面对的最严重问题。"[9]

发达国家和工业化国家的人口翻倍时间大约在 50 至 200 年之间。[10]最近几年美国的出生率不断下降，几乎接近于零增长（平均每个家庭两个孩子）。发达国家人口翻倍时间较长的最基本原因是人们决定少生孩子（因为收支或是其他原因）。在美国，将一个孩子抚养至 18 岁，若是低收入家庭需要 161 000 美元，在一个中等家庭则需要 225 000 美元，而一个高收入家庭需要 315 000 美元。[11]发达国家的特点是低出生率高死亡率。

工业化国家较长的翻倍时间，某种程度上表明人口问题对他们来讲并不严重。如果从自然资源的消耗率来看，这些国家则应该负主要的责任。以美国为例，只拥有全世界十五分一的人口却消耗了世界三分之一的自然资源。[12]美国的消耗是世界平均水平的 5 倍。美国居民消耗的食物是发展中国家居民平均消耗的 4 倍。[13]

沃纳·福尔诺斯（Werner Fornos）在 1987 年曾说，未来世界人口增长将主要集中于第三世界国家（发展中国家）的城市中：

> 第三世界国家的人口总体来讲以每年 2.1%的速度增长，但是城市中的人口则以每年 3.5%的速度增加，这是发达国家城市人口增长速度的 4 倍。非洲是全世界人口增长最快的地区，每年 5%。而在城市中贫民区人口增长的速度又是这些城市平均速度的两倍。[14]

在很多发展中国家，平均每户都拥有七到八个孩子。[15]结果导致更多的年轻人出生。如图 16—1 所示，增长人口的年轻化将使发展中国家面临更加严重的人口问题。

最佳人口规模

一个经常提到的问题是："地球到底能承受多少人口?"声明一个国家的人口多或是

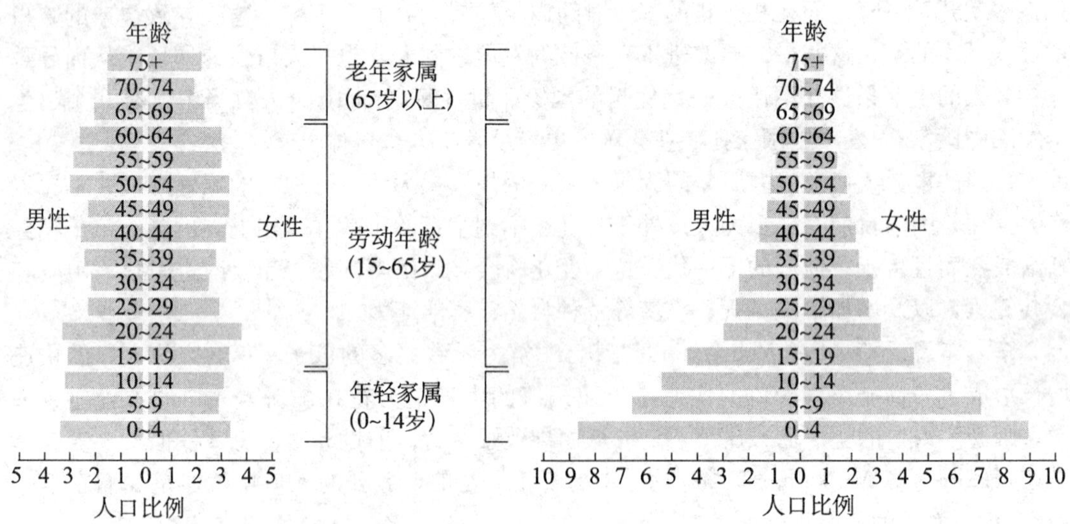

图 16—1　年龄和性别的金字塔：工业国家和发展中国家的模型

工业国家（左）中每一个需要照顾的孩子有 3～4 个有经济能力的成年人照顾。当工业国家的小孩长大后进入育龄期时，人口结构只会发生极小的变化。然而，发展中国家（右）每一个需要照顾的孩子只有一个甚至没有有经济能力的成年人来照顾。当他们长大并进入育龄期时，人口爆炸就会出现。

少，就应该有一个最佳的人口数量。这个概念可能有偏差，很有可能无法决定到底这个世界可以承受多少人口。

420 各种不确定性和多种标准将影响到世界最佳的人口规模：固定的生活质量，对自然资源的消耗，未来科学进步所带来的新资源，健康的空气和水的标准以及公众对政府在人口控制问题上的态度。工业化国家因其更高的消费和经济浪费，比发展中国家消耗了更多的自然资源和导致了更多的污染。因为消费水平的差异，发达国家每增加 100 万人口就相当于发展中国家增加了 3 000 万人口。[16]

关于地球是否已经人口过剩的问题，安妮·埃尔利希和保罗·埃尔利希认为：

> 人口的过剩并不以人口密度来衡量，而以该地区人口的数量和该地区自然资源的储存、环境的承受能力来衡量，也就是该地区的承受能力。什么是一个地区承受的极限呢？是当人口的快速增长已使得用尽不可再生资源才能维持正常消耗（或是将可再生资源利用到不可再生的程度），而不能考虑环境对人口的承受能力的时候。简而言之就是，当人口的出生已经使得该地区已无力去考虑长时期的可持续发展问题的时候，就证明该地区人口过剩了。
>
> 以这种标准来说，整个星球包括所有国家都已经处在严重的人口过剩问题当中。[17]

人口过多带来的问题

人口过多带来一系列问题。我们将研究很多这方面的问题，包括：食物不足、水源不足、经济问题、国际恐怖主义、拥挤和移民问题。

食物不足

据估计，今天大约有 5 亿人营养不良，也就是吃不饱，10 亿人营养失调。[18]儿童的营 421
养失调会带来严重的后果：可能带来身体发育的推迟、大脑发育不全、智力下降甚至会产生侏儒。成年人若是营养不良将会导致浑身无力、无精打采，不能像正常的人那样工作。有很多疾病是由饥饿所致，例如软骨病。营养不良会降低对疾病的抵抗力，因而引起一系列的健康问题。在人口密集而又营养失调的地区，传染病的发生率很高。另外，营养失调的问题很可能影响到下一代，营养失调的父母所生的孩子会比健康的父母所生的孩子瘦弱，体质也会更差。[19]

在美国也有很多人营养不良，甚至有人饿死。[20]大约在我们读完这一句的时候，就已经有 4 个人饿死（其中 3 个是儿童）。[21]一个婴儿的大脑在他生命的前 3 年将生长到成人的 80%。如果在这个时期蛋白质供应不足的话，那么大脑将会停止生长，这将是无法弥补的；这些孩子将长期受到智力不足的影响。[22]

早在 200 多年前，托马斯·马尔萨斯（Thomas Malthus）认为，人口增长如果不受到抑制，将会很快超过食物增长。[23]马尔萨斯认为不受控制的人口将会呈几何级数增长，例如：1，2，4，8，16，32，64。相反，食物供给的增加则赶不上这个速度，食物供给顶多将会以等差数列增长，例如：1，2，3，4，5，6，7。不可否认，正像他所说的，人口增长超过了食物增长。因此，人口若不受到社会或饥饿的控制，全世界的人们将一同面对饥饿与贫穷的命运。事实上，目前大范围的饥饿与贫穷正在袭击许多国家，也许这正从某些方面证明他的理论。

反对的意见也在迅速发展，随着科学技术的发展，世界食物的供给增长会不会不断加快？一些科学家认为科学技术已经到达极限，不可能再增加食物的产量以满足哪怕是非常缓慢的人口增长。另一些则认为，未来的科学技术将可以提供更多的食物，足够喂饱 10 倍于现在人口的人类。[24]

哪一边是对的呢？结果现在还没有出现。几十年以前，科学的迅速发展带来技术的突破，新的水稻和小麦的种子大大提高了产量。但是这场“绿色革命”需要更多的肥料和水资源。肥料开始变少，价格也开始上涨，许多发展中国家负担不起昂贵的灌溉系统。

其他方法也被利用于提高食物的产量。其中一项是研究在非洲、南美洲、印尼的热带雨林进行种植的可能性。这些地区拥有充足的阳光和水分，但是土地贫瘠（需要大量肥料）、昆虫肆虐。另一项努力是准备从海洋中索取各种鱼类及其他生物作为食物。海洋中有大量食物，但是其中有许多食物并不合我们的胃口。不仅仅是更多的食物需要生产出来，食物的配送系统也需要改进。具有讽刺意味的是，美国每年生产的食物已超过了全国人口的消费需要，但是每年仍大约有 3 000 万人口没有足够的食物。[25]

水源不足

出人意料的是，世界上新鲜的淡水也出现了短缺。世界上 97%的水是咸水，只有 3%是淡水。[26]

发达国家比发展中国家人均用水要多得多。据估计，一个非洲居民每天使用 0.8 加仑水，而一个纽约人每天用掉 270 加仑。[27]

生产食物也需要淡水，如果灌溉在全世界推广，那么淡水资源将会急剧下降。现在正在小规模地将咸水转化成淡水，但这样成本太高，且只能食用。

经济问题

在工业化国家，由于平均收入下降，迅速增加的人口降低了人们的生活质量和生活水平[28]，因为低收入阶层的出生率更高，导致了额外的社会与经济制约。一些专家公开声明，如果低收入阶层的出生率持续上升，从而降低整个社会的平均教育水平，那么将对这
422 些受到中上收入阶层支持的标准形成威胁。人口快速增长同时还带来其他诸多问题：失业、空气和水污染、交通拥挤、拥挤和不便的居住条件等等。

经济问题在发展中国家更为严重。经济进程完全被人口增长打乱：贫穷国家的工业化在资本方面需要大量储蓄投资（无论是私人或是公共的），例如工厂、铁路和工业设备，但许多发展中国家不仅没有足够的资金，甚至无法解决人民的温饱问题。如果无法在资本项目上进行投资，那么肯定无法提高一国的国民生活水平。

缺乏资金同样会引起教育和政治方面的问题。发展中国家有大量的学龄儿童，但却无法提供相当数量的学校。例如：本森·莫拉（Benson Morah）博士是这样描述尼日利亚的情况的："一个学校只有 70 个学生坐在教室里，窗口挤满了孩子，他们从自己家里搬来椅子上课。"[29]

结果在很多国家许多孩子上不了学。缺乏文化和应有的教育使得当地居民更加无法摆脱贫穷。

另外，吃不饱、穿不暖、住不好的人们更容易将政府认定为是富人的保护者、穷人的压迫者。这种局面容易导致政局不稳和各种革命，甚至是内战——这在亚非拉地区已是司空见惯。

发达国家与发展中国家之间生活水平的鸿沟越来越大。例如 1997 年，美国国民人均年收入约为两万美元，而一些发展中国家只有 500 美元。[30]

国际恐怖主义

人口快速增长是国内政治不稳、暴力和国际恐怖主义的一个重要原因。人口快速增长增加了贫穷和失落感。人口过剩导致更高的失业率、快速城市化、环境破坏、公共卫生下降、经济停滞和大量年轻人口。第三世界国家的年轻人大都处于贫困和失落感当中，而且

对前程不抱希望；同时他们痛苦地意识到工业化国家的人们生活得非常富裕、舒适。这种生活条件和差距意识产生了一种“欲望炸弹”。许多这样的年轻人将暴力和恐怖主义当作寻求美好生活的唯一途径。

美国国家监管会议一份有关人口问题的报告显示：

> 最近的实验表明，在伊朗等国家，年轻人由于经常失业、居住在拥挤的贫民区，尤其容易受感染，将极端主义、暴力、恐怖主义当作发泄方式。另一方面，这些因素叠加起来又导致潜在不稳定因素的增加——政局不稳定、大量移民、为控制土地和资源而产生冲突。[31]

沃纳·福尔诺斯（Werner Fornos）发表了有关“欲望炸弹”的意见：

> 第三世界人口的 60%是 20 岁以下的年轻人，有一半在 15 岁以下。这些人口混杂着各种各样浮躁的气息，一旦出现经济萧条，必然出现大量从前只是潜在的恐怖主义者。
>
> “欲望炸弹”对美国国家安全的威胁要强于一般炸弹。这是因为至少有希望制止或是有可能排除使用核武器，但却没有有效的方法对付“欲望炸弹”产生的暴力和危机。[32]

拥挤

拥挤是个人的主观判断，即感到没有足够的个人空间。有许多关于动物处于拥挤下的调查研究。约翰·卡尔霍恩（John Calhoun）将一群老鼠放在实验室养殖场里，让它们大量繁殖，直到远远超过该地区在自然条件下可繁殖的数量。老鼠的许多行为发生了变化： 423
许多母鼠变得无繁殖力，其他的开始流产，还有许多母鼠并不热衷于抚育下一代。[33]

在其他研究中，过分拥挤导致动物易怒、十分暴力、神经紧张、不注意卫生，甚至开始自相残杀。在许多试验中，动物即使被送回正常环境中也继续这些反常活动。[34]

虽然动物研究可以起到一定的借鉴作用，但不一定对人类也有效。人类对拥挤的反应还没有充分的研究。一些专家认为这正是一个导致犯罪、暴力、自杀、乱伦、环境问题、空气污染和街头混乱的原因。其他专家则认为这些行为的增加并不是因为拥挤的环境，而是由贫困和抛弃传统价值观所致。显然，我们应该记住，人与环境之间微妙的平衡，很可能因为人类数量的少许增加就彻底崩溃。比如说，在一个鱼已经足够多的水池里放进一条或两条鱼，很可能使大部分的鱼都因为缺氧而死亡。[35]

移民问题

人口过剩还会导致移民问题的严重。移民是指人们移居到一个并非自己长期居住的国度。全世界贫穷国家的人们总是梦想着移居到富裕的国度。向美国的移民数量自从 20 世纪开始就一直居高不下。其他富裕国家也同样经历了贫穷国家向他们国家的移民。

人们常说美国是一个移民国家。从早期的欧洲移民开始，世界各地的人们都向北美移民。有一些非洲的黑人奴隶被带来美国并不是他们的本意，但是绝大多数人们都是来寻求

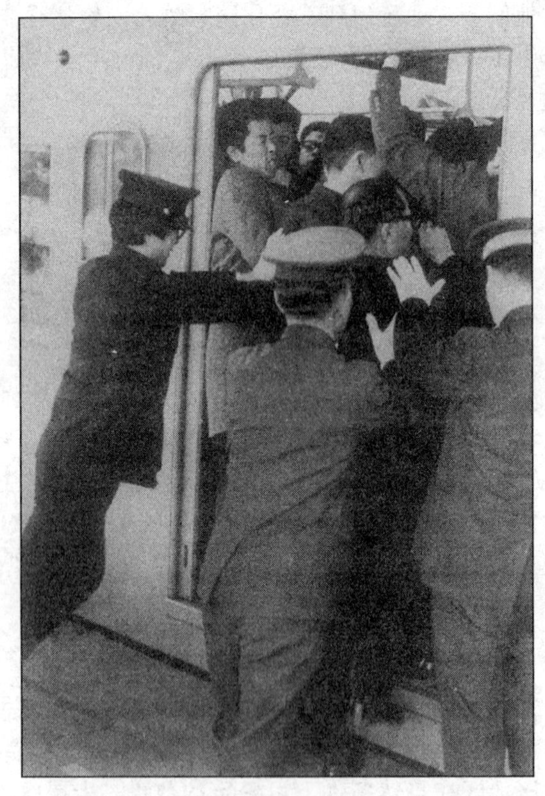

在日本东京，由于上班高峰期人太拥挤而产生了新的职业——“地铁推进者”——来帮助运载旅客。

自由和机遇的。在过去两个世纪里不同种族、不同人种、不同文化、不同政治观点的人都来到了美国。这种多样性给美国的文化做出了贡献。美国社会里数量不菲的各种不同的音乐、饮食、着装就是移民带给美国的贡献。

移民同样也给美国带来了各种社会问题。移民导致了种族、宗教的矛盾，非法外来者、不同民族为“一块蛋糕”而激烈竞争，以及对外来人口的教育和社会保障的成本。

非法移民是目前移民所产生的社会问题中最严重的一个。美国非法移民的数量现在无法统计，而每年新增加的非法移民数量也是一个未知数。目前为止，非法移民中主要是墨西哥和美洲中部的人们。

非法移民对美国经济的影响，已经成为一个激烈争论的话题。一些专家认为他们抢占了本地居民的就业机会。其他一些专家则认为他们对美国经济有帮助，因为他们干了那些
424 美国本土居民不愿干的工作，例如跪在地里割麦子。他们还因为愿意接受那些低工资低地位的工作而帮助工业发展。这些工业的起死回生又提供了更多的服务而带来更多的就业机会。在经济萧条时期，非法移民大都先于本地居民而被解雇、开除，因此他们成了经济不

确定时期本土居民的缓冲。

一个非常有争议的问题是：那些 HIV 测试为阳性的人是否能被允许进入美国？在撰写本书的同时这些人已被允许进入美国。（在 80 年代大部分时期和 90 年代部分时期这是不可能的。）

非法移民很容易被那些残忍的人所剥削，因为他们知道，这些人即使受到压迫也无法向当局求援。（如果他们寻找当局，身份将会被发现，那么他们可能会被立刻遣返。）虽然很多非法移民在美国工作，但是他们工作也是非法的。1986 年国会通过了《移民改革控制法案》，根据这个法案，将对那些给非法劳工提供工作的人处以每个劳工 250 至 10 000 美元的罚款。

绝大多数移民都会定居在大都市，比如纽约、洛杉矶、迈阿密和芝加哥。

“移民纽带”现象是这种城市集中的原因。这是指那些新近移民总是寻找亲戚或是同一国度移民者所居住的城市居住。这些亲戚、友人拥有同样的语言、文化，同时也可以帮助新来者快速适应当地环境。这样的移民聚集，导致了当地社会服务成本的上升，比如：教育、医疗保健、职业训练、大众住房以及成人英语培训班。

现在和以前一样，对移入居民主要的抵触来自于宗教、种族偏见，因为最近几十年，绝大部分进入美国的移民都是有色人种而非欧洲人。但是有一个非常正式的问题：移民的增加，是否因为增加了对有限工作的竞争而导致失业率上升。 425

突然涌来的政治难民和非法移民浪潮产生了一些特殊的问题。例如：1980 年，菲德尔·卡斯特罗（Fidel Castro）释放了很多古巴的犯人和医院里的精神病患者。他们中相当多的人涌进了南佛罗里达，尤其是迈阿密。这就给当地政府带来了沉重的负担，同时也加剧了 80 年代当地一些严重的种族主义冲突。

在位于佛罗里达州基韦斯特南部 45 英里远的海上漂浮的古巴难民正乞求水源。为了能到达美国，他们已经在海上漂浮至少两天了。

想要移民的人在墙下匍匐而行然后沿着位于蒂华纳的墨西哥与美国的国界线奔跑，试图越过这道界线到那边去。

1997年，国家人文科学委员会发表了一个标志性报告：《新美国人：移民对经济、人口统计和财政的影响》。报告断定移民对美国经济的影响很小："对美国出生的工人影响很小，同时对经济收入的影响也微乎其微。"[36]报告发现，移民对绝大多数美国人的工资收入没有负面影响。但有一个例外：那些技能很低的工人（这种工人大概占总数的15%）和教育水平不高的工人（占总数的5%），将会因为外来低技能移民工人的竞争而导致工资下降。研究发现，其他一些损失者是加利福尼亚州、佛罗里达州和肯塔基州的纳税人以及其他那些有移民居住的州的纳税人。这些纳税人支付了大量资金用于公共建设（基础卫生和公共教育）。报告同时发现，移民待的时间越长，他们付税所占比例就越高；研究推断每一个新增加移民的后代在一生的时间里将会为美国税收多提供8万美元。[37]（见图16—2）

425

对当地财富的影响（美元）	对联邦政府的影响（美元）	总计（美元）
−25 000	＋105 000	＋80 000

本图表来自于移民者和他们的后代一生所纳的税，减去政府为他们所提供各种福利所花的成本。结果是：每位移民都给政府带来了绝对的净收益，联邦政府获得了主要的利益，而州政府和当地政府则有一定的损失。另外，越是受过高等教育的移民给政府带来的财富就越多：

高中以下教育（美元）	高中教育（美元）	高等教育（美元）	综合（美元）
−13 000	＋51 000	＋198 000	＋80 000

资料来源：National Academy of Sciences/National Research Council，*The New Americans*（Washington，DC，1997）。

图16—2　移民的底线

人口学关于人口转变的理论

发展中国家的人口增长率是最高的。研究人口增长的专家观察到，一个国家一旦进入了高度的工业化后人口增长率就会下降，并保持一个较为稳定的水平。大体上，人们认为这个关于人口增长的观察是正确的。这个假设被叫做人口转变理论。专家认为这种转变将在以下三种情况下发生：

- 工业化以前的农业化社会。在这种情况下，人口数量十分稳定，高出生率和高死亡率并存。
- 刚刚开始工业化的发展中社会。出生率依然很高，但是死亡率下降，导致人口快速增长。死亡率的下降是因为社会的医疗水平上升，人的平均寿命提高。
- 发达的工业化社会。这种社会拥有低出生率和低死亡率，使人口保持在一个稳定水平。专家认为低出生率是因为大多数人自愿少生孩子。家长少生孩子，可以维持一家人较高水平的生活条件。

人口转变理论给了那些发展中国家继续工业化的希望。他们的高人口增长率最终将会下降，并保持在一个低水平。值得一提的是，人口转变理论仅仅是一个理论模型，一个在美国和一些发达国家已经证实过的简单理论。但以前一些社会曾经证实过的人口转变理论，并不一定是现在发展中国家必然要经历的过程。

非常多的因素，包括种族和文化，都能在很大程度上影响人口增长。比如在日本，某 426
些价值取向加速了人口变迁的第二阶段。在第二次世界大战结束后，日本是一个发展中国家，并有很高的出生率。两个原因加速了日本进入第三阶段的速度。第一，群众舆论认为人口控制很重要。第二，大家认为人工流产并不违反道德（西方国家也是这样）。结果，1947 年到 1957 年，日本的出生率急剧下降，从每千人 34 个孩子到每千人 14 个，这也是全世界最快的纪录。这个年代里，有一半的功劳应该归于人工流产。[38]值得怀疑的是，那些传统中鼓励大家庭文化的国家是否也能如此。

关于人口稳定增长，罗伯特森（Robertson）认为：

> 问题不在于人口是否会稳定，人口是肯定会稳定的。如果地球人口超过了地球能够承受的范围，死亡将会上升，并抑制人口增长。问题是稳定将源自出生率下降还是死亡率上升，稳定还需要多久以及最终的稳定将剩下多少人。人口转变理论提供了一个可预见的前景：发展中国家可以通过降低出生率，而不是残酷的竞争来降低人口增长率。[39]

不幸的是，绝大多数发展中国家都处于中期阶段，特点是高出生率和低死亡率。[40]停留在这一阶段的时间越长，人口膨胀得就越快，进入工业化的时间也就越长，人口转变也就越难实现。

有问题的态度和价值观

天主教会反对各种控制出生的方法，除非是安全期避孕的方法。过去许多世纪，广泛
427 接受的价值观是拥有一个大家庭。在美国社会里，流产、堕胎始终是一个充满争议的问题。许多美国人一直不认为人口增长是个严重问题，不需要立即采取行动。[41]美国人的这种价值观和态度，导致他们一直没有意识到：人口过剩是我们最严重的问题之一。

关于对待控制出生的问题，安妮·埃尔利希和保罗·埃尔利希认为：

> 我们不该欺骗自己。人口爆炸最终将来到，而且用不了多久。唯一不确定的是：到底是由人类通过控制人口出生，还是由自然淘汰，来达到最终的人口平衡。我们意识到，宗教和文化对人口出生控制的抵触充斥于全世界；但是我们相信，人们仅仅是不知道这种选择意味着什么。今天，那些反对控制出生率的人，不知不觉地认为人口数量会因大量上升的死亡而控制住。[42]

人口问题严峻的两个国家

印度和中国是两个同样面临严重人口过剩的国家，让我们来仔细研究一下它们的问题。如果全世界人口增长都不受控制，那么大部分国家都将面临同样的问题。

印度

印度的领土大约是美国的三分之一，但是人口却超出美国 3 倍多；而且很快就将达到 10 亿。[43]据估计大约每年有 2 500 万孩子出生。[44]

印度是全世界最穷的国家之一，平均每年人均收入只有 250 美元。[45]许多国民营养不良或处于饥饿状态。每个印度人平均每天可从食物中获取约 2 000 卡路里能量（保持健康的最低需求是 2 300 至 2 500 卡路里）。在印度的一些邦，每 1 000 个孩子中就有 100 个以上死于不好的产前照顾和分娩护理，以及低免疫力、相当比例的高危险生育。[46]

1952 年，印度成为世界上第一个采取公共家庭计划项目来减少出生率的国家。计划刚开始时得到的资金少得可怜。例如，1956 年费用为每 20 人每年 1 个卢比。采取的避孕方法是利用安全期——一种最无效的方法。60 年代，输精管切除术和避孕环（IUD）也被应用。60 年代末，上述两种有效方法继续利用的同时，避孕教育也开始展开。

虽然印度的出生率有所下降，但是始终没有下降到零增长率的水平。一个重要的原因是，很多人在已经拥有了一个大家庭后，才开始采用以上节育方法。[47]

1976 年，以甘地为首的印度政府决定采取更积极的人口控制政策。加大公共教育力度，并由此向广大群众宣传国情：目前印度有太多的人口，却没有足够的粮食。对那些拥有 3 个以上孩子的服务工人，印度政府威胁将开除他们。各州被要求通过法案，那些已有 3 个孩子的家庭，有义务进行绝育。马哈拉施特拉邦通过了该法案，并开始义务绝育。

1977 年，甘地夫人在选举中被击败，一部分原因是其国内自由记录的问题，另外则

是因为其不受欢迎的人口控制政策。在她落选后，马哈拉施特拉邦的义务绝育就被废止了。

以当前 1.7%的人口增长率，印度人口 428
将很快超过 10 亿。[48]由于印度人口增长率明显高于中国，到 2050 年印度人口规模将会超过中国人口规模。[49]

印度人中超过 80%是印度教徒，印度教徒丈夫在他们的妻子生两个男孩之前通常不允许妻子使用避孕手段。[50]人口 11%属于伊斯兰教教徒，一些伊斯兰教宗教领袖谴责任何形式的生育控制，因为除了特殊的不能生育，夺走生命是违反宗教教义的。[51]由于印度人过于盲目地想生男孩，为了阻止他们因怀的是女孩而要求打胎，国家法律禁止医生告诉怀孕妇女胎儿的性别。[52]

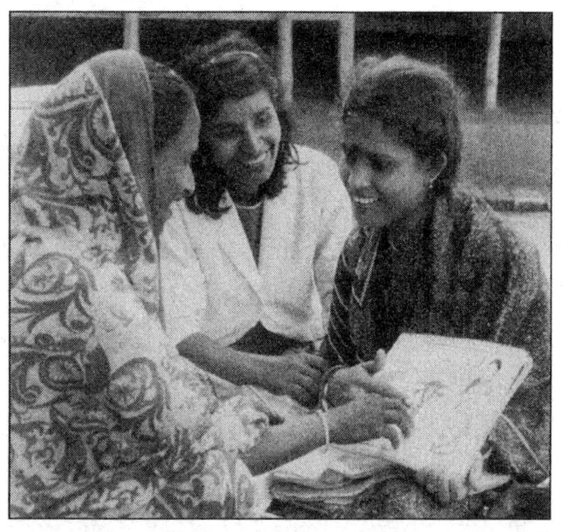

一个公共家庭计划项目的工作者在督导一位社区健康的工作者，这是她正在描述避孕环这种可利用的方法。

印度会继续加速贫穷和饥饿吗？或者它能找到可接受的政治性方法控制它的人口增长和开始提高居民生活水平吗？这些问题的答案对全部发展中国家都是很重要的（也将会对世界的其他国家产生重要影响）。

中国

从规模的角度来讲，中国的人口数量超过了印度。中国已经有 10 多亿人口，几乎是世界人口的五分之一。[53]

这些年来，中国针对人口增长的态度发生了变化。在很多年里，在与苏联和美国的冲突中，中国政府一直认为它的巨大人口是重要的军事力量来源。进而，它主张其他国家应采纳相同的观点。就像许多发展中国家一样，中国的生活标准比较低，很多农业和工业仍是由手工操作。

农业歉收和食物短缺（伴随着高层领导的变动以及和美国关系的缓和）使得中国政府认识到人口控制是非常重要的。这些领导人正在逐渐认同这种观点，即有限制的家庭规模将会提高全部居民的健康和生活条件，也将会从传统限制中解放出妇女。宣传机构强调小型家庭更易于获得教育和好的职业。

在现在的家庭规模政策之前，中国妇女平均有 3 个小孩。[54] 1980 年中国政府确立了一家只能有一个小孩的政策。将最低结婚年龄提高了两年，男的提高到 22 岁，女的为 20 岁。在一些人口密集地区，最低婚龄甚至更高。[55]（更高的最低婚龄是与更小的平均家庭规模有关系的。[56]）拥有更大的家庭规模是不被这个国家所允许的。

在已经生了第一个小孩后又怀孕的妇女有时候被迫堕胎。中国也已经设立了许多经济措施鼓励夫妻只要一个小孩，包括工资奖金、优先考虑在市区的住房安排、健康补贴、许诺更高的退休金以及允许一些城市居民有菜园。对于那些已经有两个或更多孩子的夫妻，也有一些惩罚性措施，如可能降低福利基金等。

由于这些措施，中国的人口增长速度已经大大放慢。当前中国的人口增长率已经下降到1.1%，这对于仍处于发展中的农业国家来说是非常低的。[57]很明显中国正在全力地稳定人口规模，这对中国的未来（同样也是对世界的其他国家）无疑是一个好消息。

然而，新的问题也出现了。一些人已经在担心新一代的小孩以自我为中心和娇生惯养的可能性。如果独生子女政策完全得以实施，中国将会成为一个没有兄弟、姐妹、叔叔或阿姨的国家。[58]中国的农民传统地认为拥有男孩很重要，认为男孩可以传宗接代。在另一方面，女儿被认为将会和她们的丈夫生活在一起，因此被认为是一项负担而不是财产。在考虑到家族的姓氏和继承时，拥有一个男孩是非常重要的。因此，独生子女政策已经促使打掉女胎的行为令人吃惊地增加，因为没有政府的反对，夫妻们都试图再次怀孕以期望有一个男孩。中国的婴儿出生率相对其他发展中国家已经有了更快的下降。[59]

在中国另一个与不愿生女孩相关的问题是男女比重几乎是3∶2。[60]这个趋势对于未婚的男性显而易见是个问题。

429 近年来，中国实施了开放政策，欢迎外国游客、先进技术和投资。毫无疑问，将会有很大的有关技术、社会、文化和生活习惯的改变。历史经验表明这样的变化必会带来政治上的变化。（例如，70年代伊朗的Shah政府确立了工业化的政府政策和规划，用向外国输出原油所获得的资金去实施这些工业化政策，结果这些快速变化导致了政治的不稳定——内战和政府倒台。）中国的未来变化将会对世界其他国家产生巨大影响。

这些在印度和中国实施的强制性控制人口政策有必要在美国实施吗？埃尔利希说：

> 我们应该期望我们的政府不要等到只有实施这种强制性政策才能控制人口的时候再去实施这种政策。应该始终铭记：人们自由地做出生育决定的代价就是破坏自己子孙的生活环境。现在一个人应该有几个孩子在各个国家已经是一个受到严重关切的问题。因此在一国范围内这已经属于社会法律范畴的问题。[61]

面对人口过多问题

这一章强调的是人口膨胀所带来的国家和国际问题：食物短缺、饥饿和营养不良、水资源短缺、拥挤、国际恐怖主义和经济问题。这一部分针对人口膨胀将概括性地总结许多建议。

对于在这一章讨论的全部问题，限制人口将有巨大的意义，且有助于解决它们。如果世界人口增长率能转而变为零甚至变为负数，这将会给我们充分的时间去寻找那些问题的解决方法。限制人口在保持我们当前的生活质量方面是一个重要因素。

保罗·埃尔利希博士对于限制人口提出了如下建议。作为最有影响力的超级大国，美国应该第一个设立稳定的最优人口规模，证明我们完成这个目标的决心，取消当前政府对生育小孩的奖励，在这些方面做出表率作用。特殊措施如下：

●不再允许因为小孩而享受所得税减免的优惠政策。

●对于婴儿衣物、婴儿尿布、婴儿床、昂贵玩具和生产尿布的企业征收奢侈税。

●通过给予每一个在已经生育了两个孩子后实施了节育手术的男性“责任奖励”，以达到奖励小家庭的目的。

●补贴收养和简化收养程序。

●确保每一个妇女都有堕胎权。

●通过联邦法案要求在学校开展性教育，这个性教育应该包括有关控制出生率的必要性和生育控制技术的材料。

●开发新的具有可靠性、易于使用、没有伤害性的堕胎技术。[62]

伯纳德·贝雷尔森（Bernard Berelson）收集了其他的有关人口控制的建议：

●对于供应的水和食物，只添加适量时效短的杀菌剂，杀菌剂的剂量将由政府根据所需要达到的人口规模仔细配定（然而这样的杀菌剂现在并不存在）。

●强制规定已经有 3 个或更多孩子的男性必须节育。

●提高最低结婚年龄。

●对于那些在较长一段时间内不生育的夫妻提供补偿（钱、商品或者服务）。

●在提供外援以前，要求被援助的国家必须建立有效的人口控制规划。[63]

这些建议中的一些显得过于极端而很难为大多数美国人所接受，且可能与很多美国人的道德价值观和宗教信仰发生冲突。如果我们将会面对人口过多，在未来这些冲突是必然的吗？

如前面所提到的一样，许多发展中国家现在也开始为居民提供性教育和要求计划生育，（至少在目前）这些表明了出生率正在降低。我们希望贝雷尔森所建议的人口控制措施能够被避免。

已经成功降低人口增长率的发展中国家是印度尼西亚。印度尼西亚在 20 世纪 60 年代开 430
始推行全国性的计划生育，开始是把焦点放在对它的居民（包括这个国家保守的宗教领袖）宣传人口过多所带来的问题和小型家庭的好处上。政府下一项努力的方向是促使每一个想避孕的人都能得到机会。这个努力的原因就是很谨慎地尊重大多数印度尼西亚人的保守的性态度。（例如，没有必要去促使使用避孕套，因为大多数印度尼西亚人会把它联系到卖淫。）

政府现在对长期避孕的夫妻提出奖励措施，包括对政府雇员给予补贴、有价值的农产品和昂贵的免费去麦加（伊斯兰教的圣地）旅游。印度尼西亚的出生率在过去 20 多年里下降了45%。[64]现在它的年出生率大约为1.6%，这比大多数发展中国家明显低得多。[65]

埃尔利希和哈罗德对于未来人类有必要建立一个世界性的视野提出了很完善的概括：

> 在能解决美国和世界其他国家面临的问题的方法中，所遗失的主要的必备元素就是一个目标，即地球这只太空飞船应该是什么样的，它的船员应该如何操纵它。每个社会都有谈论爱、美丽、和平和富饶的空想主义者。但有时现实主义者总是在掩饰进步，宣扬正义的战争和限制爱，尽管他们给憎恨以自由的缰绳。现实主义者的拯救存在于他们认为是理想主义者的幻想之中，这一定是人类历史上最大的讽刺之一。现在的问题是自我宣称为现实主义者的人们能被及时地说服而面对现实吗？[66]

关于堕胎的争论

如果世界人口继续按现在的速度增长，自愿堕胎引发的争论同采取强制性人口措施所引起的争论相比会黯然失色。

堕胎引发的争论已经持续了几十年，但在1973年1月，由于美国最高法院根据7—2条款否决了禁止和限制妇女有权利在怀孕的最初3个月堕胎的州法律，这个争论引起了关注。一个得克萨斯州的居民用化名珍妮·罗进行起诉，控告反对堕胎的州法律剥夺了她的公民权。最高法院认定每个公民有权利决定是否堕胎。然而法院坚持这个权利不是绝对的，各个州有权在3个月后强加一些限制。这个决定也就是著名的《罗沃德法案》，允许各州禁止妇女在怀孕的最后10周堕胎（这一段时间是足够胎儿存活的），但若怀孕妇女的健康和生命受到威胁，则可以例外。

在1977年，国会通过并且卡特总统签署了《海德修正法案》（是根据它的发起人——来自伊利诺伊州的众议员亨利·海德命名的）。这个法案禁止医疗补助用于堕胎，但妇女的生命因怀孕受到威胁或者在及时报告的被强奸和乱伦的情况，可以例外。1980年6月，最高法院投票以5∶4通过了这个法案作为宪法条款。这个条款意味着联邦政府和各州不再用福利支付大多数妇女的堕胎。

《海德修正法案》的影响是非常大的，因为在1973年至1977年间，美国大约有超过三分之一的合法的堕胎是通过福利支付的。[67]这个法案的通过说明反对堕胎的力量在美国仍很强大。这对于比低收入的妇女更容易堕胎的中上阶层的妇女来说公平吗？

随着1980年里根总统在选举中的胜出，整个社会更趋向于保守。一些利益集团，如天主教集团和民权集团，强烈地主张，除了在妇女的生命受到威胁的情形下，堕胎应该被禁止写入宪法修正案中。

从1980年到1992年，在里根和布什的治理时期，最高法院的一些自由派法官退休或者被更保守的法官替代了。随之，最高法院逐渐在堕胎问题上站在了更保守的位置上。最高法院赞同妇女应有堕胎权的声音在逐渐变弱，这种现象在1989年关于韦伯斯特诉生育
431 健康部门案的裁决中体现得很突出。最高法院支持了一项严厉的法案——《密苏里州法

案》：（1）禁止各州雇员协助堕胎和禁止各州所拥有的医院开展堕胎；（2）禁止对已经能存活胎儿进行堕胎（《密苏里州法案》认为如果妇女被认为已怀孕20周或更长以及检测表明胎儿能存活，那么这个胎儿就应视为可存活）。更大的影响就是最高法院的决定把这个棘手的问题扔给了那些一直在为大量的堕胎议案争论的州立法机构。

1992年，比尔·克林顿被选为美国总统。在堕胎问题上，他仍坚持前任的选择。其实克林顿总统本有机会指派一些自由派的法官到最高法院，但他没有这样做。在20世纪90年代后期，最高法院继续坚持《罗沃德法案》的基本条款，这一点很清楚。

沃尔得曼（Waldman）、阿克曼（Ackerman）和鲁宾（Rubin）对美国的堕胎问题总结了重要的信息。每年大约有140万妇女堕胎。其中大约有80%是未婚的和离异的妇女。超过40%的妇女至少已经有一次堕胎。信奉天主教的妇女比信奉新教的妇女堕胎的比例更高。可以估计43%的美国妇女在她们的生活中都有堕胎经历。[68]

反对堕胎是基于道德原则的。罗马天主教认为堕胎问题是当前最重要的道德问题之一。教会和民权集团指责堕胎就如同谋杀。他们认为生命始于怀孕，在怀孕期间胎儿的生长阶段是没有明显区别的。天主教会认为只有在怀孕的母亲有生命危险时才可以堕胎。这种类型的堕胎在“双重效果”的原则上是合法的，这指的是若一项罪恶的举动的另一面是善意的（营救母亲的生命），那么这个举动（堕胎）是允许的。

有很多赞同允许堕胎的观点：

- 如果堕胎又被禁止，那么妇女将会又像过去一样寻求非法的堕胎手段。在诊所或医院实施的堕胎是相对安全的，但在不卫生的条件下或者由没有经验、技术差的医生实施的堕胎是极危险的，甚至可能威胁到妇女的生命。如果堕胎又被禁止，一些妇女将会自行堕胎，试图自行堕胎是极端危险的。妇女们尝试这些技术：剧烈运动、热水浴、骨盆和肠道刺激，甚至试图用锋利的工具——大头针、指甲刀和刀具等划开子宫。
- 承认堕胎的合法性有助于减少多余婴儿的出生，这些婴儿更可能被遗弃和忽视。
- 允许妇女堕胎让妇女有更多自由，因为当她们有其他计划和责任时不必被迫去抚养婴儿。女权主义者认为为了和男性平等，妇女必须是自由的且能自己做出堕胎的决定。她们断定如果堕胎权被剥夺，妇女的生活和生活形式将实质上由男性和怀孕所决定。

堕胎的反对者认为生命权是基本的权利，每一个人都应该有这个权利，不应该遭到侵犯。堕胎的支持者反对这个观点，认为有比生命权更基本的权利，那就是保持生命的质量。在人口过多条件下和堕胎似乎成为必需的人口控制措施的事实下（在一些国家堕胎数正在接近人口出生数），一些权威现在断定堕胎是保持生活质量必要的措施（虽然这比避孕更不得人心）。[69]除非生活有质量，否则生命的权利是没有意义的。表16—3阐述了支持和反对堕胎的观点。

计划生育服务

计划生育服务对防止不必要的怀孕是非常重要的。这些服务提供出生控制知识和避孕、怀孕检测、HIV 检测和咨询检测和咨询其他的可传播的性病、性教育、堕胎咨询和堕胎、咨询有计划的子女生育、不孕知识和控制、不孕咨询。计划生育包括帮助希望生育孩子的夫妻生育孩子。也帮助夫妻为成为父母做准备。

432～433 表 16—3　合法的堕胎：支持和反对的观点

反对的观点	支持的观点
人类开始于怀孕，因此，堕胎是对人的谋杀。甚至科学家对于胎儿在生命发展中究竟什么时候成为人都不能达成一致。生命是一个事实，不是宗教也不是价值。	认为怀孕期的胎儿就是人是罗马天主教的宗教理念，大多数新教教徒和犹太教教徒认为胎儿只是潜在的人，不是真正成型的人，支持合法的堕胎。未出生的胎儿什么时候成为人是宗教和价值观的事，不是一个绝对事实。
我们应该通过一项宪法修正案阻止堕胎以保护未出生的胎儿。	现在不应该有法律阻止堕胎，将来也不应该有。问题不是是否允许堕胎，而是应该是由医生安全地堕胎还是由江湖游医危险地堕胎，或者她们自己做。历史事实已经表明，反对堕胎的法律是没有绝对效力的，因为它们不能阻止堕胎。
医疗福利不应该支付堕胎费用。试图通过让穷人堕胎以减少贫穷是错误的。税收收入不应该被用来支付打掉不想要的孩子的费用。不要孩子的决定应该在怀孕前做出。	医疗福利的最初目的是为了平衡富人和穷人的医疗服务，以帮助穷人自给自足。剥夺她们堕胎的权利有失公正，违反通常意义上的政策宗旨。由于要抚养多余的孩子，妇女不能得到工作培训或者上班的机会，陷进了贫穷/福利的怪圈里。堕胎和抚养孩子都不应该强加在贫穷的妇女身上。
如果你认为堕胎是道德错误，那么你有责任努力地使“人类生命”这个修正案写进宪法。	许多个人反对堕胎，包括罗马教会的人都认为强加自己的宗教信念给别人是错误的。
未出生胎儿的生存权远超过妇女控制自身的任何权利。	为了使女性与男性相互平等，妇女应该可以自由地选择做出堕胎的决定。如果妇女失去了堕胎权，那么她们的生活实质上将由男性和怀孕决定。
“堕胎心理”会导致杀害婴儿、安乐死和杀害那些能被延缓死亡或很老的人。	在那些堕胎已经合法多年的国家，并没有证据表明对生命的尊重正在消失，或者合法的堕胎导致杀害任何人。然而，在一些极端贫穷的不能控制生育的国家杀害婴儿仍很普遍，在日本，堕胎合法化以前，杀害婴儿也是很普遍的。

续前表

反对的观点	支持的观点
堕胎会给妇女带来心理伤害。	美国国家科学院的医学机构研究表明，堕胎并没有伴随精神病的增加而增加。妇女的悲观、负罪感通常是轻微的、暂时的、能够得到缓适的。如果反对堕胎的人不是很强烈地表达他们的观点，这些负面的感觉将会得到缓解。选择堕胎的妇女应该被告知这个过程的风险和利益，并且自己决定做些什么。
选择堕胎的妇女都是为了自己的便利和“奇想”。	支持合法堕胎者否认不必要的怀孕只是作为一个麻烦而已。妇女必须结束不必要怀孕的紧急性可以依靠她们愿意冒死亡和残疾的风险来比照。只有对替代方法不可忍受时妇女才会堕胎。女性对堕胎和做母亲的态度是严肃的。
在一个社会里，如果避孕是很容易的事情，那么就不会有不必要的怀孕，因此也没必要堕胎。	没有有效的生育控制方法可以利用，由于医学的原因很多妇女不能也不愿意使用这些最有效的方法。不是所有的妇女都能了解避孕知识和服务，特别是成年的、贫穷的和农村的妇女。
堕胎不是我们所说的安全和简单的过程。	在 1973 年最高法院裁决以前，非法堕胎是母亲死亡和受到伤害的主要原因。从医学的角度，合法的堕胎比生育安全。
医生从合法的堕胎中赚取了很多利益。	合法堕胎比非法堕胎成本低、利益少。许多堕胎是在非营利的条件下实施的。如果通过生育来赚钱是合适的，那么通过堕胎来赚钱也就没有过错。
父母有权利和责任在一些重要决定中去引导他们的孩子。要求父母告知女儿堕胎的法律会促进家庭的和睦（许多州已经通过了与这个一致的父母法）。	许多十几岁的孩子自觉地向父母咨询，但有些不。迫使一些没有同情心的、自大的或者过于古板的父母去处理孩子的怀孕（性生活）可能破坏家庭的和睦，以致难以修复。有些家庭已经处在困境中，如再了解到这突然的怀孕事件，无疑将是灾难性的。
支持堕胎的人是反家庭的。堕胎是会破坏家庭的。	未成年母亲的孩子很难有机会成长在一个正常的幸福的美国家庭。反而，一个新的家庭出现了：一个孩子和他的母亲，两个人注定过着贫穷和无望的生活。合法的堕胎帮助妇女限制她们家庭的孩子，减少不必要的孩子，使得她们能从感情和金钱上支撑这个家庭。支持堕胎实质上就是支持家庭。

434 **专栏 16.1　RU-486：堕胎药**

RU-486，一种在怀孕早期诱导堕胎的药，在法国被研发并被介绍给公众。这种药现在被广泛地在法国、英国、瑞典和中国使用。RU-486 是通过阻止荷尔蒙（黄体酮）发挥作用的，这种荷尔蒙对胎儿植入子宫是必要的。有 85%的可能性，怀孕 7 周后服药仍能发挥作用。为了达到 96%的有效性，服药后将产生一定量的前列腺素，这种物质导致子宫收缩。支持者认为，想避免可能的怀孕，一个妇女只要在自己家里服用一片，就不会再到外面的诊所里堕胎了。

有一小部分人在服用 RU-486 时出现了严重的不良反应，包括大量流血和头晕。(外科手术的堕胎也会产生一些风险——神经麻木、感染、子宫颈和子宫受到损伤。)

RU-486 也是一种高效的房事后的女性避孕药。RU-486 好像能阻止受精卵进入子宫。RU-486 可能也是一种有效的治疗乳腺癌和卵巢癌（女性的两个最大杀手）的药物。它被证明在治疗导致女性不孕的子宫内膜异位方面也有作用。

生存权运动在 20 世纪 80 年代后期很成功，在 90 年代初期使得 RU-486 不能在美国合法使用。在反堕胎组织的压力下，食品和药品管理部门禁止这种药品在美国的使用。反堕胎组织声称将会号召抵制在美国寻求销售这类药品的任何公司。

1994 年，美国政府宣布和法国的 Roussel Uclaf 公司（这个公司最初拥有这种药的专利权）达成了协议，将在 2 000 个美国妇女身上试用这种药品。这种药将会获得在美国销售的许可证吗?

资料来源：Lauran Neergaard, "Agreements Clears Way for Abortion Drug in U.S.," *Wisconsin State Journal*, May 17, 1994, A。

政府计划

434 计划生育是政府通过提供生育知识和服务的基金计划尽力地降低出生率。在计划生育中，家庭自愿决定是否限制孩子的数目。大多数国家，包括发展中国家和发达国家，现在都有官方的计划生育计划。相对于 45 年前没有一个发展中国家有官方的计划生育计划，这是一个很重大的成就（事实上，45 年前，有几个国家有相反的计划——提高出生率和移民率)。这实际上暗示了关注人口增长是一个近期现象。

尽管有这些进步，但只有为数不多的国家设立了人口控制政策。就像在本章前一部分提到的，印度和中国就是这为数不多的两个国家。（人口控制是由社会对人口规模进行详细的管理，相对来说，计划生育是对单个家庭的出生率进行管理。）就如我们提到的，印度的人口控制计划在 1976 年启动，包括一项绝育政策，这个政策不久因为支持它通过立法的政党没有赢得选举而被取消。印度是否会试图确立其他的人口控制政策目前不是很清楚。在印度决定人口控制是否有必要时，未来的人口增长将是一个决定性的因素。

在林登·约翰逊总统的 1965 年联邦演说之前，计划生育并没有被认为是政府关注的焦点。在演说里，约翰逊总统提到在计划生育上投资 5 美元相当于在世界经济发展的其他领域中投资100美元。1966年，联邦政府第一次提出了管理措施，允许联邦基金在自愿的基础上为享受福利的客户提供计划生育服务。这个政策的目的（遭到了广泛的批评）不是根据计划生育的目标来阐述的，反而是通过减少不合法的生育来达到减少福利的负担，和通过减少贫穷的代代相传来打破贫穷圈。

根据1970年通过的《计划生育服务与人口研究法案》建立了国家计划生育中心。这 435
个法案确认计划生育是综合健康服务的重要部分。1972年，国会确定计划生育应该提供给任何想得到这个福利的受益者。在那个时候，不孕政策也发生了变化，对接受生育服务和设备的婚姻状态和年龄提高了限制条件。

私人代理

在美国，过去大多数计划生育服务都是由私人代理机构和私人组织提供的。最大最著名的组织是“有计划地成为父母组织”。这个组织由玛格利特·桑格（Margaret Sanger）在1916年建立，是随着在布鲁克林第一个生育控制诊所的设立而成立的。这个组织的诊所现在已经遍布全美国。“有计划地成为父母组织”现在提供：（a）医疗服务——体检、子宫颈涂片检测，泌尿和血液检测、传染性的性病检测、全部的医学认可的避孕方法、怀孕检测；（b）顾问服务——绝育、婚前咨询、避孕、怀孕、男性和女性的不孕症；（c）教育服务——性教育、避孕知识包括各种不同方法的有效性和双重效果教育，以及乳腺自我检测（表16—4展示了许多有效的避孕方法）。

表16—4　　避孕方法的有效性排列 435

方法	1年内100个妇女怀孕次数
1. 禁欲	0
2. 皮下埋植避孕剂	0.09
3. 避孕针	0.3
4. 绝育	0.4
5. 宫内避孕环	0.8
6. 避孕套	12
7. 阴道隔膜	18
8. 子宫帽	18
9. 体外射精	19
10. 安全期	20
11. 避孕泡沫和栓剂	21
12. 女性避孕套	21

注：在前5种方法后，怀孕的风险突然加大了很多。对女性来说，绝育的避孕率应该是100%，尽管在极少情况下，她们可以通过试管重新获得生殖能力。

资料来源：*Facts about Birth Control*（New York：Planned Parenthood Federation of American，1997）。

现在计划生育服务在全美国有大量的公立和私立的组织可提供，包括卫生部门、医院、私人外科医生、“有计划地成为父母组织”的附属机构和其他的机构，如公立机构、免费诊所。

未来

反堕胎组织和计划生育诊所的暴力冲突已经在近些年升级了。反堕胎组织已经盯住了一些诊所，以阻止病人使用这些诊所提供的服务。诊所的医生和员工最近经常接到威胁电话，不得不让保安保护他们的家。堕胎诊所的员工和病人需要面对大量的暴力事件，涉及炸弹、纵火、破坏、盗窃、袭击、死亡威胁、绑架和跟踪。反对组织的暴力手段甚至包括枪击和暗杀堕胎诊所的员工。具有讽刺意味的是，“生命权”运动的一些边缘性举动已经转向用暴力去将他们的观念强加给别人。在未来这些暴力活动会升级吗？

在政策层面上，为了制订一个有效的全国性政策，美国仍需要解决许多计划生育问题。当前对于计划生育所带来的诸多问题存在大量争论：学校的性教育、为未成年人提供避孕知识和服务设施、阻止 HIV 和其他性病传播的方法和堕胎（包括联邦政府是否应该为无力支付堕胎费用的人支付费用这个问题）。

许多权威预测，除非人口措施立刻得到实施，否则世界的前景很暗淡。另外一些权威则认
436 为，不必过于担心人口过多，预测技术的进步会阻止快速人口增长所带来的灾难。如果后者是错的，那么在未来的一些年我们必须实施那些现在看起来不合伦理道德和人性的控制措施。

沃纳·福尔诺斯（Werner Fornos）强烈地主张美国设立专门为发展中国家降低人口增速的基金计划：

> 如果美国人对目睹近期埃塞俄比亚人遭受的痛苦和不必要的死亡感到苦恼，那么想一想整个第三世界将会因为极端贫穷和人类的悲剧而支离破碎……
>
> 如果美国人由于对第三世界的动荡、革命和集权的恐惧而感到不安，他们唯一要想的就是不采取行动的后果，因为随着悲剧的加深、经济的支离破碎、环境的不断恶化，民主的虚弱种子是不能在这种环境中生存长久的。
>
> 在制定联邦预算时，美国国会不但要知道实施人口规划基金的成本，而且要知道不实施这个计划的成本。[70]

总　结

人口过多带来的问题是非常严重的，对未来将会有严重的恶劣影响。从 1930 年到现在，世界人口已经增加了两倍。在地球上大约生活了 60 亿人。按照当前的增长率，在接下来的 40 年里，人口数将再翻一番。我们正在为此经受着资源危机。伴随着人口过多的问题：

- 食物不足。现在世界上的大部分人处于营养不良的条件下，许多人处于饥饿状态。
- 水资源匮乏。淡水资源稀缺。
- 经济问题。人口过多降低了平均资本收益，降低了生活水平，经常导致政治动乱。
- 国际恐怖主义。人口的快速增加是导致国内动乱、暴力、国际冲突的因素之一。

● 拥挤。有证据表明，主观感觉空间的不足是导致诸如犯罪、感情问题、自杀、暴力、乱伦、虐待儿童等问题的因素之一。

● 移民问题。移民已经导致伦理和种族冲突、不同国家集团之间的竞争、剥削非法移民、教育和照顾移民的压力及成本的加大。

除非世界人口规模得到控制，否则这些问题会恶化。现在已经提出了许多解决世界人口问题的建议，其中一些如被采纳，将会极大地改善当前的生活状况。建议包括：补贴收养、扩展在学校的性教育、开发更安全的避孕措施、强制性绝育、提高最低结婚年龄、不再对儿童实行减税、使得避孕知识和服务更易于利用和使得堕胎更便利。如果各国不能成功地通过计划生育来控制出生率，应该有必要强制一些国家实施人口控制计划。

注释

[1] Thomas J. Sullivan, *Social Problems,* 4th ed. (Needham Heights, MA: Allyn and Bacon, 1997), 434–435.

[2] Ibid.

[3] James W. Coleman and Donald R. Cressey, *Social Problems,* 6th ed. (New York: HarperCollins, 1996), 479.

[4] Paul R. Ehrlich, *The Population Bomb* (New York: Ballantine, 1971), 4.

[5] Sullivan, *Social Problems,* 434–436.

[6] Warner Fornos, *Gaining People, Losing Ground* (Washington, DC: Population Institute, 1987), 57.

[7] William Kornblum and Joseph Julian, *Social Problems,* 9th ed. (Upper Saddle River, NJ: Prentice-Hall, 1998), 470–474.

[8] Lee Rainwater, *And the Poor Get Children* (Chicago: Quadrangle Books, 1960).

[9] Quoted in Donald C. Bacon, "Poor vs. Rich: A Global Struggle," *U.S. News & World Report,* July 31, 1978, 57.

[10] Fornos, *Gaining People, Losing Ground,* 38–61.

[11] R. V. Kail and J. C. Cavanaugh, *Human Development* (Pacific Grove, CA: Brooks/Cole, 1996), 363.

[12] Kornblum and Julian, *Social Problems,* 470–474.

[13] Paul Ehrlich and Anne Ehrlich, *The Population Explosion* (New York: Simon and Schuster, 1990), 34–36.

[14] Fornos, *Gaining People, Losing Ground,* 7.

[15] Ibid.

[16] Ehrlich and Ehrlich, *The Population Explosion.*

[17] Ibid., 38–39.

[18] Coleman and Cressey, *Social Problems,* 485.

[19] Ibid.

[20] Ibid., 485–487.

[21] Ehrlich and Ehrlich, *The Population Explosion.*

[22] Ian Robertson, *Social Problems,* 2d ed. (New York: Random House. 1980). 41.

[23] Thomas R. Malthus, *On Population,* Gertrude Himmelfarb, ed. (New York: Modern Library, 1960), 13–14. (Original edition published 1798.)

[24] Coleman and Cressey, *Social Problems,* 485–487.

[25] Ibid., 485–487.

[26] Paul R. Ehrlich and Anne H. Ehrlich, *Population, Resources, Environment* (San Francisco: W. H Freeman, 1970), 65.

[27] "Warning: Water Shortages Ahead," *Time,* Apr. 4, 1977, 48.

[28] Fornos, *Gaining People, Losing Ground,* 7–23.

[29] Quoted in Fornos, *Gaining People, Losing Ground,* 10.

[30] U.S. Bureau of the Census, *Statistical Abstract of the United States, 1997* (Washington, DC: U.S. Government Printing Office, 1997).

[31] Quoted in Fornos, *Gaining People, Losing Ground,* 20–21.

[32] Fornos, *Gaining People, Losing Ground,* 21.

[33] John B. Calhoun, "Population Density and Social Pathology," *Scientific American,* 206 (February 1962), 139–148.

[34] Joseph Julian, *Social Problems,* 3d ed. (Englewood Cliffs, NJ: Prentice-Hall, 1980), 502.

[35] Ibid.

[36] Paul Glastris, "The Alien Payoff," *U.S. News & World Report,* May 26, 1997, 20.

[37] Ibid., 21.

[38] Irene B. Taeuber, "Japan's Demographic Transition Reexamined," *Population Studies,* 14 (July 1960), 39.

[39] Robertson, *Social Problems,* 43.

[40] Fornos, *Gaining People, Losing Ground,* 5.

[41] Ibid.

[42] Ehrlich and Ehrlich, *The Population Explosion,* 17.

[43] "25 Million Births in India Each Year," *Popline,* July–August, 1997, 3.

[44] Ibid.

[45] Ibid.

[46] Ibid.

[47] Ibid.

[48] Ibid.

[49] Ibid.

[50] "India's Program Stresses Role of Women," *Popline,* vol. 12 (March–April 1990), 3.

[51] Ibid.

[52] Ibid.

[53] Coleman and Cressey, *Social Problems,* 495–497.

[54] Ibid.

[55] Ibid.

[56] Ibid.

[57] Ibid.

[58] Fornos, *Gaining People, Losing Ground,* 42.

[59] Ehrlich and Ehrlich, *The Population Explosion,* 205–209.

[60] Coleman and Cressey, *Social Problems,* 495.

[61] Ehrlich and Ehrlich, *The Population Explosion,* 207.

[62] Ehrlich, *The Population Bomb,* 127–145.

[63] Bernard Berelson, "The Present State of Family Planning Programs," *Studies in Family Planning,* 57 (September 1970), 2.

[64] Coleman and Cressey, *Social Problems,* 497.

[65] Ibid.

[66] Paul R. Ehrlich, Anne H. Ehrlich, and John P. Holdren, *Human Ecology: Problems and Solutions* (San Francisco: W. H. Freeman, 1973), 279.

[67] "Abortion Foes Gain Victory," *Wisconsin State Journal,* July 1, 1980, sec. 1, 1.

[68] Steven Waldman, Elise Ackerman, and Rita Rubin, "Abortions in America," *U.S. News & World Report,* January 19, 1998, 20–25.

[69] Fornos, *Gaining People, Losing Ground,* 78–85.

[70] Ibid., 106–107.

第十七章

环　境

本章内容 437

- 环境问题
- 正视环境问题
- 总结
- 注释

有时，人类的事故会破坏环境。1989 年 3 月，在美国阿拉斯加的威廉·桑德王子 438
岛，发生了世界上最严重、最昂贵的石油泄漏。“埃克森·瓦尔德斯”号石油巨轮撞到了礁石，船舱被刺穿了一个大窟窿。将近 1 100 万加仑的原油倾入水中。“埃克森”号花费了 20 亿美元清理水中的原油，但是，仅仅收回了 5%～9%的原油。死了上百万的鸟、动物、鱼和植物。地方渔业及其他依托于该地海洋贸易的产业都遭到了毁灭性的破坏。[1]

有时，人类有意识地破坏环境。1991 年“沙漠风暴”战争期间，在被强制离开科威特之前，伊拉克总统萨达姆·侯塞因（Saddam Hussein）命令他的部队点燃科威特的 600 口油井。价值几十亿美元的石油储备被破坏了，黑色弥漫的天空持续了几个月，持续了很长时间的烟和火给这一地区的人民和野生动物的生活质量造成了非常严重的负面影响。

这些事件仅仅是诸多破坏环境最为严重的事件中的几例。本章包括以下内容：

- 总结当前存在的环境问题。
- 描述人类与环境问题进行斗争的努力。
- 勾画保护环境、创造新式能源的建议。
- 就我们力所能及的方面，为拯救地球提出建议。

环境问题

土地掠夺

土地的自然美（和它的长期经济价值）被人类各种各样的短期行为所损坏：开采露天煤矿、开发石油钻井、砍伐树木森林、修建高速公路、建设输油管道、过度放牧牛羊、倾倒垃圾、随地吐痰、在高速公路旁竖广告牌。在自然界，通常在各元素间有很脆弱的平衡：肥沃的土地需要树和草保持深度和肥力；食草动物要吃草；食肉动物要吃食草动物；一些鸟要吃种子和昆虫；其他鸟则要吃已死动物的尸体；所有的动物都需要水。打乱这种平衡常常会导致灾难性破坏。恐龙曾经统治着地球，但是，由于尚未知晓的环境变化而灭绝。不到两千年以前，撒哈拉大沙漠是一片繁茂的森林。家养绵羊、山羊的过度放牧和对森林的过度砍伐是摧毁这一地区的主要因素。[2]

砍伐森林几乎完全是由于人类自身造成的：人类为了木材和燃料采伐树木，为了给人口不断增长的农场和城市盖更多的房子故意破坏森林。每年，全世界失去的热带雨林面积相当于一个威斯康星州。[3]照这样的速度，在 30 或 40 年之后，地球上根本就不会有热带雨林了。[4]如果热带雨林被破坏了，一百多万种珍奇动物和植物将会灭绝。[5]

保罗·埃尔利希和安妮·埃尔利希这样描述森林消失时的情形：

> 许多以树作为食物和庇护所的动物将会消失。许多靠大森林遮挡烈日的小的森林植物以及靠这些小植物生存的动物将会消失。拔去了树木和小植物，土壤中的元素就被直接暴露，土壤侵蚀就会加快。失去表层土之后，这一地区的水土保持能力就会下降，新鲜水的供给能力就会降低，河坝的淤泥就会越来越多……洪灾……森林被破坏……通过树从地下水转变为水汽（这一过程被称为“蒸腾作用”）的量就会减少。这样，该地区的天气风向就会改变，通常会使该地区更加干旱，而且会出现过冷过热的天气。[6]

世界上有些地方正在以每年几英尺的速度流失表层土，究其原因，是管理不善导致了水和风对土地的直接侵蚀。以下的事实足以让人警醒：一般来说，在有利的外部条件下也要花费 300 到 1 000 年的时间，才能形成一英尺厚的表层土。[7]主要由于自然侵蚀和向海洋冲刷，每年流失 250 亿吨表层土。[8]

439 森林、水和土壤是可再生资源，具有一定的“承载能力”，即在该水平下，这些资源可以在不损害其能力的前提下，提供最大的产出，而且能不断重复这样的产出。我们可以每年砍伐一定数量的树，只要砍伐的树木少于可承载的数量，森林自我修复的能力就不会受到破坏。但世界上许多地区的人口增长过快，以至开始超过了其环境的“承载能力”。[9]

废物处理

目前，美国还没有安全处理放射性污染物质的方式。下面，我们主要分析这个问题，并考察固体污染处理的问题。

放射性污染

现在，美国有 100 多家核能发电站，而且还计划建造更多的核电站。[10]危险的是，核电站会产生放射性核污染，如何处理这些核污染是一个大问题。剂量大时，从这些污染物中产生的辐射会导致死亡，剂量小时，也会导致癌症或新生畸形儿。这些污染的危害性特别大，因为这种放射性将会保留很多年——可以长达 30 万年。针对如何处理这些污染物，核能管制委员会（NRC）已经考虑过各种各样的建议：借助于火箭将污染物发射到太空、将污染物深埋在海底、将污染物埋在固体岩石地层中、将污染物埋在能找着的最深的废弃的旧矿井中。（目前）还没找到最终的解决办法。这些污染物只被装在混凝土箱中，再埋在地下。一个严重的危险是，这些箱子只有几百年的寿命。

在很多年内，放射性污染物每天都会像开水一样热，从这些箱子中产生的泄漏已经发生了。1974 年，一次泄漏持续了 51 天，使辐射指数上升到可接受的最高水平之上。[11]采取目前的核污染处理方式，我们在为未来的生活造成致命性问题吗？

固体污染

众多的公众将注意力聚集到放射性污染的处理上，有时就忽视了老式垃圾处理的严重问题。每年，美国产生几十亿吨的污染物：食物、玻璃、纸、塑料、罐子、颜料、死了的动物、废弃的汽车、老机器和一些其他东西。我们常常被认为是一个“消费社会”，更确切地说，我们应该是一个丢弃东西的社会。

固体污染是肮脏的、讨厌的、有怪味的。它们污染了水，水通过循环为那些老鼠和其他有害动植物提供了滋生的平台。

固体污染处理有两个主要办法：一是填埋（即埋在地下），二是焚烧。许多倾倒垃圾 440
的地方，特别是小城镇，还达不到联邦政府规定的卫生标准。[12]另外，设计不恰当的市政焚烧是城市空气污染的主要原因。

有毒污染

有毒污染或残留物是个大问题。有毒污染产生于农药、塑料、油漆和其他产品的生产过程。这些污染通常都被埋到深沟或排水沟里。最有名的案例是尼加拉瓜瀑布附近的拉夫运河（见专栏 17.1），有毒的残留物被倾倒入未完工的运河中，并渗透到周围地区，既污染了土壤，又污染了河水。

专栏 17.1　拉夫运河的悲剧 439

拉夫运河周边曾经是纽约尼加拉瓜瀑布附近绿树成荫的住宅区。直到 20 世纪 70 年代后期，几乎没有人想过这一地区会变成一个倾倒化学污染品的地区。1953 年前的 25 年中，胡克化学与塑料公司用有漏洞的圆桶装了两万吨有毒材料，填埋在这里。这些被填埋的化学材料中含有致命性很强的二氧化物。20 世纪 70 年代后期，人们注意到，拉夫运河地区的居民患有以下疾病的比例明显上升：先天畸形、癌症、流产、染色体损坏、肾病等，而且死亡率也上升。

人们在倾倒垃圾的地上建起了街道——修建了居民住宅、学校和公园。一些家庭发现，地下有时会冒出蓝黑色的气体。后来，人们发现这些蓝黑色的气体是有毒的。倾倒在地下的杀虫剂和其他有毒物质已经污染了地下水，已经透过地表，渗到地下室，形成了危害性很强的气体。在某些地下室的检测发现，这里有多达 80 种有毒化学物质，而且这些人家菜园里种的蔬菜也被污染了。

1980 年，环境保护署在该地区进行了检测，发现该地区有毒物质含量的比例已达到了非常危险的程度。拉夫运河地区的居民最终都被疏散了。经过全面清理，1991 年，拉夫运河地区的一些住宅才达到了适合人类居住的标准。

环境专家认为，拉夫运河地区的灾难不是一个孤立的问题。美国倾倒的 5 万种有毒化学物质中，有 1 000 以上的种类有危害人类健康的可能。

资料来源："Living with Uncertainty: Saga of Love Canal Families," *U. S. News & World Report*, June 2, 1980, 32; and William Kornblum and Joseph Julian, *Social Problems*, 8th ed. (Englewood Cliffs, NJ: Prentice-Hall, 1995), 517。

440

专栏 17.2　苏联切尔诺贝利核电站爆炸

1986 年春天，苏联切尔诺贝利核电站发生了爆炸和火灾。爆炸掀翻了核反应堆的顶层，并将一缕缕放射性物质吹到了苏联的大部分地区和东欧、西欧的许多地区。核反应堆的石墨芯被大火烧着后，温度高达华氏 4 000 度，大火持续燃烧了一个多星期才熄灭。之后几星期内，有 25 人因为大量的辐射而死亡。令人担忧的是，成千上万受到轻微辐射的人的寿命将会缩短，因为他们可能因此而患骨髓癌、乳癌和甲状腺癌。

此次灾难发生在一个几乎没有防范的地方，距此 80 英里就是有着 200 万人口的基辅市。切尔诺贝利距离苏联的谷物产区也非常近，而且该谷物产区的冬季麦产量几乎占到全国的一半。该地区的很多草和食草动物都被放射性粒子污染。原来居住在此的 20 万居民被迫疏散。1 000 平方英里的农业土地变成无用地。现在（灾难发生几年之后），关于这块土地何时才能再耕种，尽管我们清楚用不了很多年了，但是，究竟哪年才能耕种却还是不能确定。人们已经发现，该地区的癌症发病率和先天性畸形发生率上升了。基辅的白血病发病率比一般地区高 4 倍。1991 年，负责核电站剩余人员的疏散工作的科学组组长估计，已经有 7 000 到 10 000 人（主要是负责清理的队员）死于大剂量的核辐射。经济损失更是令人惊愕——估计有 3 580 亿美元——白俄罗斯人民共和国 20%的土地被破坏。估计还有 400 万人仍然以这块被污染的土地为生。这一灾难震惊了世界，让我们深思：人类为了从核电站获得能源而冒险是否值得？

资料来源：Scripps News Service, "Tragedy of Chernobyl Keeps on Building in Byelorussia," *San Luis Obispo Telegram-Tribune*, March 27, 1991, D1; Associated Press, "Mystery Ailments Plague Chernobyl," *San Luis Obispo Telegram-Tribune*, April 22, 1991, A1, A12; Michael Parks, "Chernobyl," *Los Angeles Times*, April 23, 1991, H1, H6; Scripps News Service, "Chernobyl Worse Than Earlier Feared," *San Luis Obispo Telegram-Tribune*, April 28, 1991, A1; William Kornblum and Joseph Julian, *Social Problems*, 9th ed., Upper Saddle River, NJ: Prentice Hall, 1998, 509。

空气污染

最严重的空气污染发生在大型的、人口高度密集的工业中心。一些城市（像洛杉矶）即使在晴天也不时有浓浓的烟雾天气，即在城市的上空有烟雾。而且，不仅城市的空气被污染，在一定程度上，地球的整个大气层都被影响了。

空气污染腐蚀了汽车挡风玻璃雨刷的刀刃和尼龙长筒袜，弄黑了天空和衣服，毁坏了庄稼，侵蚀了油漆和钢铁，而且能杀人。烟雾出现的地方死亡率就高一些——特别是老人、小孩和那些患有呼吸道疾病的人更容易死亡。污染会导致更高的肺炎、肺气肿、肺癌和支气管炎的发病率。1952 年，伦敦的烟雾灾难与 4 000 多人的死亡直接有关。尽管烟雾的灾难是严重的，但是，其严重程度远远不如日复一日居住在被严重污染的城市中。比如，纽约市居民每天吸入的致癌物质相当于抽两包香烟。[13] 另外，烟雾造成的可视度下降也已经成为飞机失事和车祸的一大主要因素。

在许多超大城市，空气污染严重危害着人们的健康。

在美国，以下各种类型的污染，每年成吨地侵入空气中：一氧化碳、碳氢化合物、氧 441
化氮、氧化硫、煤烟和灰尘。这些污染大部分是汽车排放出来的；一些工业中心（特别是纸浆和造纸厂、炼油厂、化工厂、钢铁厂）也排放此类污染；另外，焚烧垃圾和为家庭、办公室取暖燃烧燃料时也产生同样的结果。[14]

人们相信，每年至少有 5 万美国人因空气污染而死。[15]山谷和空气封闭的盆地及平原与空气可以自由流通的山区相比，更易遭受空气污染。一般来说，当暖气流向上越过冷气流时，就会将污染物封闭在气流中，因为污染物一般会升向更高的大气层中，这时，空气质量可能变得尤其糟糕。这种情况被称为逆温现象。

空气污染和环境变化

空气污染也可能破坏保护地球的臭氧层。臭氧层在距离海平面 8～30 英里的高度环绕着地球，屏蔽掉许多来自太阳的有害射线。一些研究表明，氯氟烃气体（一般用于冰箱系统和喷罐中）有可能破坏臭氧层。[16]如果臭氧层被破坏了，皮肤癌的发病率就会急速上升，粮食歉收就会相当严重，世界的气候也会发生巨大变化。当这些研究变成公众常识时，美国消费者使用的氟化碳喷雾器数量急剧下降（这说明个人如果都向同一个方向行动，就可以产生明显的效果）。针对这种变化，厂商开发了不使用氟化碳的喷雾器。不过，氟化碳化合物仍被用在冰箱和空调的冷却剂中，制造塑料泡沫和清洗微电子接口的溶剂中。在一定条件下，这些化合物就会扩散到大气中，甚至进入平流层，并产生化学反应，从而迅速破坏臭氧层。[17]

空气污染可能以一定的方式改变地球大气层和气候。比如，一些科学家认为大气层中二氧化碳的增加可能产生“温室效应”，即二氧化碳可能将地球表面周围的热量封住，提高平均气温。如此过度的加热，以至只要气温稍微升高几度，就足以融化极地的冰帽，并导致无法想象的全世界洪水泛滥。其他科学家则提出了相反的预言，即空气污染可能使射
442 向地球的太阳光偏斜。地球就会变得更凉，也许会进入一个新的冰川时代。

温室效应主要是因为燃烧矿物燃料（如煤和石油）时将二氧化碳散发到大气中。过去几十年，有证据表明，世界气候正在变暖——对此一些科学家很是悲观。[18]气温的变化可能会改变降雨量模式，使美国中西部地区和其他主要农作物产区长期遭受干旱和尘暴。

核电站的放射性泄漏

前面我们提到与核能相关的一个问题，即放射性污染。另一个核能问题是潜在的、进入空气中的放射性泄漏。

美国核电站的许多故障已经造成少量放射性物质从电站扩散到空气中。[19]

1979 年，美国宾夕法尼亚州三英里岛核电站附近的 20 多万居民不得不疏散。人们担心从一个被毁坏的反应堆中产生的放射性泄漏有可能导致核爆炸。1986 年，苏联的切尔诺贝利确实发生了核爆炸。

这类事故改变了公众对核电站的危险性的看法，并且放慢了使用核能的脚步。究竟扩大还是削减核电站的开发成为当今关于能源短缺讨论的一个国际热点问题。这一讨论展示了寻找能源需求与生理安全之间平衡的复杂性——特别是当专家在技术风险上产生严重意

见分歧时，这种复杂性就更强。如果能重新选择，毫无疑问，那些在切尔诺贝利事件中受到辐射的人宁愿选择使用较少的能源，而不会选择目前的现实，即他们患癌症的可能性更大，他们的子女先天畸形的可能性更大。

水污染

世界上三分之二的地方是水域。水能够实现自我净化：水蒸发，形成云，云形成雨再 443
降落到地面。不幸的是，人们污染水的速度快于水自我净化的速度。因为某一特定地区若人口增加，该地区的工业也会增加，因此，倾倒到水中的污染物会大量增加：清洁剂、硫酸、铅、氢氟酸和氨等等。农业产量的提高也增加了对水的污染，因为使用了杀虫剂、除莠剂和（化学肥料中的）硝酸盐。结果，这些污染扩散到了小河、溪流和湖泊中；扩散到海岸线；最严重的是扩散到地下水中，对地下水的污染几乎使水不再可能进行自我净化。水的污染造成了疾病的传染，如肝炎和痢疾，也造成了特殊化学物质的感染。鱼和其他有机物需要生长在相对干净、氧气丰富的水中，但是，一些河流和湖泊已被严重污染，已不适宜鱼和其他有机物的生存。这样的湖泊和河流准确地讲应该是“死的”。

美国有一条河被称为火灾河，即俄亥俄州的凯霍加河。许多工业化学物质、石油和其他易燃污染物被倾倒进河里。这条河曾两次着火。[20]

人类的粪便也是水污染的一个主要原因。单单纽约城的下水道一年就产生 382 万立方米的淤泥，这些淤泥被倒入大海，现在已覆盖了 39 平方公里的海底。[21]更大的污染源是炼油厂的水、食品加工厂的水、动物饲养厂的水、纺织厂和造纸厂的水以及其他工业产生的污水。在世界农业人口中，86%或者说多于 20 亿的人口缺乏清洁水。[22]

自然资源保护委员会的一份研究发现，美国有 20%的饮用水中以下物质没有经过充分的处理：细菌、有毒化学物质、寄生虫（菌）和其他污染物。根据之前三年的资料，该研究还发现美国有 14%的人口饮用的水系统中的水没有达到联邦水标准。[23]

酸雨

人们越来越关注酸雨。汽车和工厂释放出的废气越来越多，由此形成的酸雨也已经成为加拿大东部、美国东北部和许多其他国家面临的一个严重问题。[24]废气中的硫黄和氧化氮与空气中的水分结合形成了硫酸和硝酸。酸雨能杀死湖和溪流中的鱼，减少许多地面植物的营养，进而导致土壤的肥力下降。酸雨也毁坏木材，可能最终会影响人造的建筑物，包括古典建筑和雕像。科学家估计美国和加拿大有 5 万个湖已经被酸雨污染，鱼类生存环境遭到了严重破坏。[25]

综合污染

有些物质被称为综合污染，它们以各种各样的方式侵入人体。这些物质有氯化碳氢化合物、铅、汞和氟化物等等。在氯化碳氢化合物中，滴滴涕使用得最久，不过现在已经被

1952 年 11 月，克利夫兰附近的凯霍加河被严重污染，大火熊熊燃烧。

禁止使用。滴滴涕是一种合成杀虫剂，其化学分解很慢，在土壤中能保留很长时间。不幸
444 的是，在生态循环中，滴滴涕会浓缩在食肉动物中（包括人类）；也就是说，它会借助于食物链逐渐积聚。第二次世界大战之后，滴滴涕杀虫剂被广泛使用，直到针对实验室动物的研究表明滴滴涕会影响肥力，引起脑功能活动的变化，还可能增加癌症的发病率。[26]

滴滴涕（和其他许多综合污染物）的长期影响还不清楚。这种物质是有毒的，可能（也许不会）导致细微的生理变化。一个重要的问题是：目前使用的数以千计的化学物品中，究竟哪些会产生我们还不知道的、有毒的负面影响呢？

由于生物学上的放大，放射性污染和具体某种有毒物质比如滴滴涕也造成了严重的问题。在这一过程中（前面已经提到这一过程），随着食物链的升级，有害物质不断聚集。例如，理查德·柯蒂斯和伊丽莎白·霍根（Richard Curtis and Elizabeth Hogan）对美国

这座位于波兰克拉科夫的纪念像已经被酸雨损坏了。

西部哥伦比亚河的研究发现，尽管水的放射性是很低的，是形不成危害的，但是，与河水相关的生物生命形式却具有相当高的放射性，并有潜在的危害：

> 河里浮游生物的放射性比水的放射性大 2 000 倍；吃这些浮游生物的鱼和鸭子的放射性比水的放射性大 15 000 至 40 000 倍；有些小燕子靠吃它们的父母从河里捉的虫子存活，它们的放射性比水的放射性大 50 万倍；水鸟卵的放射性则比水的放射性大 100 万倍。[27]

人们认为其高放射性是河水中的同位素引起的，这些同位素是位于华盛顿的汉福德核电站排放的。

滴滴涕、许多其他杀虫剂和放射性物质能够累积毒害，即它们会留在消费食品的有机物的组织中，而不是被排放到周围环境中。因此，每一次受到的毒害都不会自动消失，而且会与之后受到的毒害复合在一起形成对单个有机体的潜在危害。1984 年，美国国家科学院发布了一份报告，该报告称目前人类使用的化学制品多达 48 500 多种，但是，人类对其中 80％的负面影响都很少或不了解，因为人类对该领域的研究还非常少。[28]

美国农民使用的杀虫剂也有相当大的危害。《新闻周刊》的一篇文章这样写道：

> 这是魔鬼的讨价还价。美国农民每年收获价值 120 亿美元的粮食，为了锄草杀虫，每年要使用价值 30 亿美元的杀虫剂。如果不使用化学制品，数百万人口将面临食物短缺问题。另一方面，使用的化学制品中，只有不到 1% 真正地杀死了害虫；剩余部分都成为溶在水中的污染物，残留在农产品中，对农场工人造成附带危害。就世界范围而言，据估计，受到化合物致命性毒害的，每年有 1 万人；受到伤害的，每年有 40 万人；危害的风险增加的人则多达百万以上：癌症、生育问题和先天性畸形都是轻度、慢性中毒造成的。我们似乎离不开杀虫剂，但是，我们能容忍杀虫剂造成的后果吗?[29]

慢性铅中毒也很严重；它会导致没有食欲、体弱无力和没有感觉。它也会造成神经、肌肉系统、循环系统、胃肠道和大脑的损伤。铅中毒有各种各样的途径：燃烧含铅汽油、使用杀虫剂、使用铅制管道和食用铅污染的食物和水。危害最严重的例子也许是小孩吃含铅的涂料。当然，我们知道现在大部分家庭不再使用含铅的涂料，但是还有许多使用过含铅涂料和油漆的老房子和旧家具，所以，危险依然存在。即使用不含铅的涂料重新喷刷这些老房子，一旦涂料脱落，人们仍然会受原始的含铅涂料的危害。

接触高浓度的水银可能造成眼盲、耳聋、丧失协调功能、严重的精神失常甚至死亡。水银通过许多途径侵入到我们的环境中。它可能通过氯气工厂的生产过程泄漏到水中，它可能从纸浆和纸厂扩散出来，它也是农业杀真菌剂的主要成分。再者，燃烧矿物燃料时，少量的水银也会被释放出来。

能源匮乏

最近的历史表明，人类消耗的能源量每 12 年增加一倍。[30]全球所消耗能源的十分之九是矿物燃料：石油、煤和天然气。天然气正在被迅速耗尽。美国国内的石油供给难以满足国内对石油的需求，因此，高度依赖于从外国进口石油。

美国人口只占世界人口的不到 5%，却每年消费全球能源消耗的四分之一。[31]所有工
445 业化国家的总人口只占全球人口的 25%，但是，却每年使用全球能源消耗的 85%～90%。[32]据估计，从现在起的一个世纪之内，世界石油和天然气的储量将几近耗尽。[33]我们必须寻找可以替代矿物燃料的能源。

其他不可再生资源

燃料之外的矿产资源是工业生产的基本元素。这些基本元素包括：铜、铅、锌、锡、镍、钨、汞、铬、锰、钴、钼、铝、铂、铁和氦。目前消费这些元素的速度非常快，若继续如此，这些元素的储量最终会被耗尽，不得不考虑使用昂贵而质差的矿石，不得不寻找替代品。随着发展中国家工业化进程的推进，对这些不可再生矿物的需求将远远大于供给。

正视环境问题

尽管环境问题很严重，认为我们注定要走向大灾难也是错误的。直到20世纪60年代后期，公众才开始意识到我们面临的环境问题的严重性。之后，为此成立了几十家机构(有的还是国际性的机构)，这些机构针对环境问题开展以下工作：拯救野生动物、循环再利用矿物废料、开发新能源。

20世纪60年代以来，该领域的工作取得了很大进展。空气质量改进了。倾倒入水道和航道中的污水减少了。大部分汽车已经安装了尾气控制装置。美国人的预期寿命也提高了，这是环境条件改进的一个间接证明。美国和苏联的关系改善了，这就意味着爆发核战争的机会减少了。然而，需要做的工作还很多。

能源开发、保护环境和经济增长是相互依赖的问题。对其中一个问题的改善常常会使另一个问题更加恶化。例如，核电站的开发导致了1986年苏联切尔诺贝利核反应堆的爆炸，核爆炸将放射性物质扩散到空气中可能会缩短受到辐射的数万人的寿命。再比如，汽车上装的尾气清洁装置减少了对空气的污染，但是减少了节油效率，而且加速了对石油储备的消耗。露天煤矿增加了可利用能源的供给，但是破坏了土地。将来，有效的环境项目需要在保护环境、开发能源资源和促进经济增长方面寻求一种平衡。

20世纪60年代后期以来，环境主义者已经开展了政治和教育运动，这种运动不仅引起了公众对环境问题的觉醒，而且在通过保护国家的空气、土地和水的有关法律法规方面取得了显著的成绩。例如，1970年的《清洁空气法》就批准成立了环境保护署(EPA)，并授权其启动并实施环境质量标准。不过，20世纪80年代以来，对环境问题的关注遭遇到的政治上的反对加强了。例如，世界上最大的一些公司已经开始在一些易污染的荒野地区建石油钻井、开煤矿。当它们将污染排放到空气和水中时，早已“将政府(的管制)抛在脑后”[34]。这些公司已经花费了几百万美元来说服政府让它们的公司不遭惩罚而继续污染。环境主义者一直在不断斗争，争取保护20世纪70年代的成就，但是，他们没有像大公司那样的财力支持。因此，最为关键的是，要让那些关心环境保护的人士意识到这一领域的政治问题，而且向政治领导者表达他们的观点。

显然，环境问题不会自然而然消失。事实上，如果任其发展，现存的问题会变得越来越严重，新的问题会不断涌现。能做什么呢？首先，要降低世界人口增长率。现在，(如第十六章所述)全球有大约60亿人口，目前世界人口翻番需要40年。除非世界人口的总量是稳定的，否则，环境质量将继续恶化。关于稳定世界人口总量的建议在第十六章中有详细叙述。改善环境的其他行动包括从消耗到保护的价值观的变化和新能源的开发。

446～447 **专栏 17.3　为拯救地球，你能做什么？**

你的参与非常重要！如果每一个人做一点工作，巨大的进步就会出现。为了拯救地球，你和你的家人都能有所贡献，以下便是你们力所能及之事：

- 使用水杯，不用纸杯；使用可以洗的棉布毛巾，不用纸巾；使用棉布餐巾，不用纸餐巾。
- 做笔记时，纸两面都要用。
- 为了避免最后变成垃圾的浪费的包装，买散装商品或者那些包装最少的商品。今天，50%的垃圾是包装。美国每天的垃圾是 40 万吨。
- 在市场上买东西时，记得要纸袋（因为纸袋可以回收再利用），别要塑料袋。塑料是不能生物降解的，通常不能分解为无害的产品。
- 买东西要买这样的产品：可以再回收的、耐用的、可以修理的、可以再灌的和（或）可以再使用的产品。在污染管理中有一个新的流行词——“减少来源”，买东西时要发挥聪明才智，使消费结果最小化。
- 如果可能，自己种一些有机食品。种植落叶成荫树（即树叶会落），这些树在夏天有树叶可以为朝南和朝西的窗户遮阳，冬天，树叶落了，又可以让阳光射进室内。种一些树和灌木。树和灌木吸进二氧化碳，减少空气污染。
- 少用聚苯乙烯泡沫杯子，这种杯子也是非生物降解物质。
- 为了节约水，安装充气水龙头和节水淋浴喷头。这样的调整既不对使用造成大的不便，又可以将用水量降到 80%。修理渗漏的水龙头。
- 别用浴缸，洗不到五分钟的淋浴。
- 刷牙或剃须时，别让水一直流。
- 考虑使用低冲水量的抽水马桶，这种马桶比普通马桶节约 60%～90%的水。放一块砖或一缸水在马桶的水箱里，就可以节约水。
- 如果可能，就使用荧光灯泡，不使用白炽灯泡。荧光灯泡耗费的能源较少。
- 买可以退容器的饮料，记得退容器。
- 给婴儿使用棉的尿布。每年处理的垃圾尿布有 180 亿吨，因为有塑料成分，要花费 500 年才能降解。另外，埋在土里的垃圾尿布常常含有粪便，这些粪便成为细菌停留的地方，并且会产生疾病，如肝炎。这些病菌会通过自己的方式进入供给水中。
- 晚上，当你离开家的时候，把气温表调低一点。不用的房间要关起来，而且别给空房间加热或降温。在房间里，别总是调高温度，可以多穿件羊毛衫取暖。把窗户关紧一些（特别是温度表附近的窗户）。
- 把热水器的温度表调到 49 摄氏度以下。

● 如果情况允许，尽可能使用晾衣绳，别用衣服烘干机。

● 在你家里，尽量少用有毒化学制品。例如，别使用含氨的除垢剂，使用醋、盐和水的混合物来清洗表面，用碳酸氢钠（发酵粉）和水清洗浴室的瓷砖和一些装置。

● 如果能用人工的，就别买机动的或电的工具或器具。这样的工具包括草坪割草机。(用老方法割草坪也是一种很好的锻炼。)

● 为了保护和节约能源，用温水洗衣服，但用冷水漂洗。

● 在寒冷的天气里，白天，打开朝南、朝东窗户的百叶窗，让阳光照进来温暖房间，晚上关起百叶窗保存热量。在热天，白天关起百叶窗，减少空调消耗的成本。

● 要尽量骑自行车、步行、合用汽车、使用公交车。尽量住得离工作单位近一些，在自己家附近购物。

● 从你们的公用事业公司拿到低成本的家庭能源核算表，以获得节约能源的建议。

● 检查你的窗户缝和门缝是否塞得严实，如果不怎么严实，就塞上堵缝材料。

● 使用乳胶涂料（这种涂料对环境的毒害少一些），不要用含汽油的涂料。

● 买、用节能型汽车，使用时要好好保养、恰当操作，以便更加节能。(燃烧一加仑汽油就会产生 20 磅的二氧化碳，这是导致全球变暖的温室效应的主要成因。)

● 尽量避免使用烟雾剂和其他含有氯氟烃的产品。氯氟烃正在破坏大气层的臭氧保护层。这种破坏已经导致由太阳光线引发的皮肤癌的发病率急速上升。

● 减少食物浪费，食物是垃圾的主要组成部分。在有可能实行的地方，尽量将食物形成的垃圾做成肥料，用在花园里。

● 停止收递垃圾邮件。去你家附近的邮局，就可以查到位于纽约市的直接邮递销售协会的地址和书写指南，你就可以申请停止垃圾邮件的收递。

● 购买用回收纸做的产品，从而为回收纸市场的形成做点贡献。

● 不要乱扔垃圾。

● 让你家草坪里的草长得相对高一些。因为草短了，草坪就得浇更多的水。草坪最好在夜里和清晨浇，不要白天浇，因为阳光直射时浇地会因为水的蒸发而浪费水。

● 回收机油。倾倒的废弃机油对环境有非常强的破坏，而且容易污染附近的水源。

● 使用硝酸盐含量低的肥皂清洁剂，因为硝酸盐有毒。

● 尽量少干洗衣物，因为干洗时要使用有毒的氯化溶剂。

● 使用废纸纸板、胶合板、绝缘材料、地毯进行室内装潢时，要加倍小心，因为这些东西里含有或者会放射有毒的甲醛。

● 避免使用濒危动物部件制造的产品——象牙、龟壳和爬行动物的皮。

● 购买鸡蛋时用纸盒装，不要用泡沫塑料盒（泡沫塑料盒是非生物降解物）。

● 购买肉、家禽和其他产品时，用纸包裹不要用塑料。

● 购买用铝罐盒或玻璃瓶装的饮料，有金属盖的玻璃器皿装的食物，不要用塑料器皿装的。把瓶子、罐子和玻璃回收再利用。

● 别将有毒的废品扔进垃圾箱里。如果有毒废品随着其他垃圾一起被填埋，毒素就会慢慢流入附近的河床里。

● 除非在生火，否则要将暖炉的风门关紧（以便减少热量的流失）。

资料来源：“A User's Guide To Saving The Planet” CBS Television，April 19，1990；“What You Can Do to Help Earth，” *Wisconsin State Journal*，April 22，1990，1H。

446 改变价值观

更大不一定就更好。我们不应该总是考虑我们消费资源的需求，而应该更多地关注保护和保留资源的需求，对此，乔治·里茨（Georg Ritzer）写道：

> 我们需要对美国文化重新定位，也许这种重新定位已经在进行着。最基本的是，现在的价值观是不断增长、越大越好，我们要改变这样的价值体系。我们不应要力图控制和征服我们周围的一切，我们必须学会与我们的周围环境更和谐地共存。我们需要学会珍惜和保护我们的环境而不是只把环境当成可开发、可剥夺和破坏的什么东西。最为重要的是，我们需要接受这样的理念，即我们正在接近环境能够为我们提供物质的极限。最为理想的是，我们拥有稳定的状态，最糟的是，我们的生活水平急剧下滑……换句话讲，我们需要集中力量投资开发可再生资源，而不是像现在这样开采像煤和石油这样的不可再生资源。[35]

447 资源保护运动可以通过许多方式来实施，这里只提几种。垃圾可以用作废纸回收厂的燃料。社区里水通过不断净化，可以循环再利用，不必排放到河里、湖里或大海里。家庭住房可以通过很好的隔离措施保存热量。比较小的轿车开起来更节能。人们应该自己少开汽车，多坐火车和公共汽车。报纸、铝盒和其他铝制品、锡、纸板、杂志、塑料制品、纸和玻璃可以通过回收再利用减少固体污染物的数量。回收 4 英尺厚的报纸可以节约一棵 40 英尺高的松树。[36]利用回收铝做罐子和使用铝块做罐子相比，可以节约 95%的能源。[37]与直接用二氧化硅制作玻璃相比，用回收玻璃制造新玻璃可以减少空气和水污染的 50%～60%。[38]那些已经发现的保持能源的方法需要让整个社会都采用。只要坚决与地球环境问题斗争，我们每一个人都能有所贡献！

近几十年来，我们已经取得了一些进步。美国人似乎越来越意识到每个人都有责任保护环境。1970 年 4 月 22 日创立了 448
地球日，每年都进行庆祝，现在，人们对地球日的关注越来越强。[39]滴滴涕杀虫剂已经被禁止使用。[40]从 1970 年到 1994 年，美国二氧化硫的量减少了 28%。[41]汽车尾气的净化工作已经取得了显著成就：催化变压器减少了 87%的碳氢化合物、85%的二氧化碳和 62%的氮氧化物。[42]铅已经从汽油中清除。1970 年以来，排放到空气中的铅已经减少了 96%，1976 年以来，美国人血液中铅的平均含量降低了三分之一。[43]

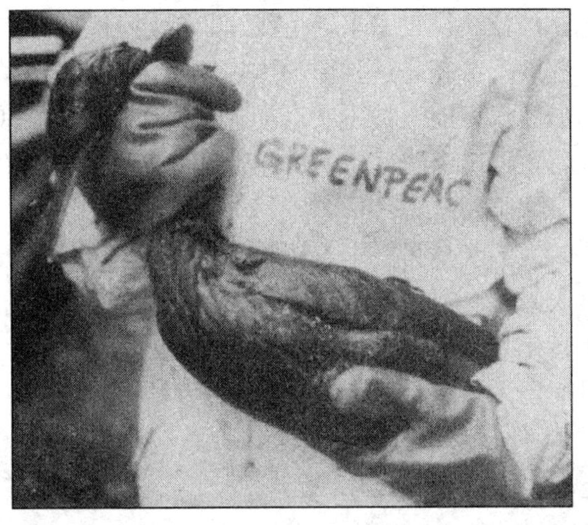

1993 年 1 月，“布雷尔”号油船在苏格兰的设德兰群岛触礁，原油泄入大海。原油泄漏对当地渔业和海洋生物的生存造成了严重的破坏。

寻找新能源

减少污染、人口和能源消费不能改变的一个事实是我们现在利用的能源基本都是不可再生的矿物资源。迟早有一天，我们不得不寻找新能源。下面讨论三种可能的来源。

核能

人类已经尝试通过利用核能来解决能源短缺。但是，考虑到核电站的安全性问题，核电站的建设速度已经放慢了。1979 年 3 月，三英里岛事件几乎酿成一场灾难，当放射性蒸气脱离核电站时，就有熔毁的危险，这一事件使人们更加担忧核能的安全性。如果发生熔毁，这一地区的许多生物就会因为过量的放射性而死亡。1986 年 4 月，苏联切尔诺贝利核反应堆的爆炸是更严重的灾难。上万居民因放射性辐射而缩短了寿命。牲畜、植物和野生动物也遭到了破坏。

这些事故都提醒我们不要对核电站的安全性想当然。核能一旦失去控制就有发生大规模灾难的可能性。为了开发核能，我们值得冒这样的风险吗?

合成燃料

1980 年，美国政府通过了建立合成燃料工业，并为其融资的法案。在石油页岩结构、煤层和粘焦油沙中都发现了合成燃料的原材料。其实，合成燃料这个词并不恰当，因为它和原油一样含有碳成分。例如，将煤弄成粉末，与氧气混合，然后高温加热，就会变成气。页岩是暗棕色的、成分细密的岩石，其中有碳成分。生产也是个问题，据估计，要用 1.7 吨页岩才能生产一桶油，用一吨煤才能生产两桶油。[44]

合成燃料成本过高的问题还没解决。合成燃料项目启动没几年，世界范围内又出现了 449

暂时的原油供过于求。近年来，为燃料付出的努力并未引起广泛的研究和开发兴趣，在一定程度上，就是这种原油供过于求的结果造成的。如果再出现一次能源短缺，开发合成能源的项目可能会被再次启动。另一个乐观的信息是，据估计，从美国合成燃料原材料的供给看，可以够美国用 600 年。[45]

太阳能

太阳能是另一个希望。目前，美国有几千个家庭和办公室的取暖和降温全部或部分是靠太阳能。[46]即使白宫的房顶上也安装了太阳能热水系统。另一种利用太阳能的办法是直接转化为电能。太阳光通过光电电池管可以直接转化为电能，但是，转化过程成本过高，目前还无法广泛使用。太阳能是对自然的真正模仿，因为所有能量最终都来自太阳。

总　结

本章总结了下列环境问题：

- **土地掠夺**　露天开采煤炭、钻探石油、毁坏树木和森林、石油泄漏和牛羊的过度放牧，这些不仅仅是不雅观的，更糟糕的是，当自然界微妙的平衡被打破后，环境就遭到了毁灭。
- **放射性污染**　目前，我们还没有安全处理核污染的办法，而核污染又可能在未来造成致命性问题。
- **垃圾**　不断增长的消费意味着不断扔垃圾，处理垃圾常常会导致空气污染、水污染和其他不好的环境效应。
- **空气污染**　在大工业中心，空气污染是健康的死敌。
- **水污染**　一些河流和湖泊被污染得非常严重，以致鱼和其他有机物都无法生存。
- **酸雨**　酸雨已经毁坏了树木，而且正在残杀江湖和小溪中的鱼。
- **核电站的放射性泄漏**　核事故的发生促使我们思考是否值得为核能去冒这么大的风险。
- **综合污染**　我们越来越意识到以下这些污染物的毒害效应：铅、汞、滴滴涕和其他氯化碳氢化合物。
- **能源匮乏**　矿物燃料资源（石油、煤和天然气）提供了世界能源消费的十分之九，但是，矿物燃料资源正在迅速耗尽。
- **矿物资源的消耗**　铜、锌和锰等基本矿物元素正在变得越来越稀少。

正视环境问题，我们需要从多个角度来采取行动。有两个基本的行动：一是改变人们原有价值观，形成保护和保存资源的理念；二是开发新能源。本章为我们提供了一些有助于拯救地球的建议。

注释

[1] David Foster, "Hidden Oil Soils Alaska's Coast," *Wisconsin State Journal,* March 22, 1990, 2A.

[2] Paul R. Ehrlich, Anne H. Ehrlich, and John P. Holdren, *Human Ecology: Problems and Solutions* (San Francisco, CA: W. H. Freeman, 1973), 159–160.

[3] James W. Coleman and Donald R. Cressey, *Social Problems,* 6th ed. (New York: HarperCollins, 1996), 511.

[4] Ibid.

[5] Ibid.

[6] Paul Ehrlich and Anne Ehrlich, *The Population Explosion* (New York: Simon and Schuster, 1990), 205–209.

[7] Werner Fornos, *Gaining People, Losing Ground* (Washington, DC: Population Institute, 1987), 45–46.

[8] Ibid.

[9] Ibid., 13.

[10] Coleman and Cressey, *Social Problems,* 54.

[11] Ian Robertson, *Social Problems,* 2d ed. (New York: Random House, 1980), 71.

[12] William Kornblum and Joseph Julian, *Social Problems,* 9th ed. (Upper Saddle River, NJ: Prentice-Hall, 1998), 470–474.

[13] Joseph Julian, *Social Problems,* 3d ed. (Englewood Cliffs, NJ: Prentice-Hall, 1980), 528.

[14] Coleman and Cressey, *Social Problems,* 507–509.

[15] Ibid., 508.

[16] Ibid.

[17] Ibid.

[18] Ibid., 509

[19] Ibid.

[20] Kornblum and Julian, *Social Problems,* 470–474.

[21] Coleman and Cressey, *Social Problems,* 510.

[22] Vincent Parrilo, John Stimson, and Ardyth Stimson, *Contemporary Social Problems,* 2d ed. (New York: Macmillan, 1989), 501.

[23] Coleman and Cressey, *Social Problems,* 511.

[24] Ehrlich and Ehrlich, *The Population Explosion,* 123–124.

[25] Ibid.

[26] Paul Ehrlich, *The Population Bomb* (New York: Ballantine Books, 1971), 4.

[27] Richard Curtis and Elizabeth Hogan, *Perils of the Peaceful Atom* (New York: Ballantine Books, 1969), 194.

[28] "Chemical Dangers May Be Unknown," *Wisconsin State Journal,* March 3, 1984.

[29] "Silent Spring Revisited," *Newsweek,* July 14, 1986, 72.

[30] Coleman and Cressey, *Social Problems,* 518.

[31] Ibid.

[32] Ibid., 518–519.

[33] Ibid.

[34] Kornblum and Julian, *Social Problems,* 474–476.

[35] George Ritzer, *Social Problems,* 2d ed. (New York: Random House, 1986), 556.

[36] "Don't Throw a Good Thing Away," *Policyholder News,* 23, no. 1 (Spring 1990): 3.

[37] Ibid.

[38] Ibid.

[39] Steven Thomma, "Some Problems Solved since Earth Day in '70, But Now We Face New Troubles," *Wisconsin State Journal,* April 22, 1994, 1D.

[40] Ibid.

[41] Ibid.

[42] Ibid.

[43] Ibid.

[44] "Fuels for America's Future," *U.S. News & World Report,* Aug. 13, 1979: 33.

[45] Ibid.

[46] Ibid.

结束语

451 本章内容

- 过去和现在
- 当今社会变化对未来的影响
- 对未来持乐观态度的原因
- 注释

452 本书中所提到的人类如何悲惨地被社会问题所影响，很容易引发读者失望甚至沮丧的心情。因为很多问题（例如犯罪、贫穷和城市问题）很难解决，很容易进一步引发沮丧和抑郁。但是，放弃希望将会导致放弃努力去解决这些问题，这几乎必然会导致现在情况的恶化。所以我们要抱有希望。

我们要抱有希望，因为历史上，很多国家就是通过解决社会问题而获得进步的。过去35年的进步证明不断保持乐观是正确的。虐待配偶、儿童和老人的情况不断增多，已成为一个严重的问题，同时一系列针对此情况的服务也已经发展起来，并不断完善——包括针对儿童和成年人的保护性服务、受虐妇女收容所、自助团体（例如匿名父母）以及对受虐者的团体辅导项目。在许多国家，增加使用节育装置，包括避孕药和流产，已经显著减少了儿童出生率，也给了我们希望，即没有大规模的饥荒，人口规模也是可以控制的。弹性上班制和工人参与决策，至少在不少公司，都有助于解决工人异化和对工作不满的状况；当这些措施和相似的方法因对企业有利而被管理者广泛接受时，可以推测这将会得到更广泛的利用。在许多城市，空气污染控制措施（包括汽车排放控制装置）已经有助于减少烟雾问题。公民权利法案已经制定并付诸执行，这将有助于减少公开的种族主义，并逐渐地减少隐性的种族主义。这些法案同样有助于许多非裔美国人、西班牙裔美国人、美洲印第安人以及其他肤色的人拥有平等的机会，提高他们的生活标准。对于妇女在就业和社会参与中存在的障碍已得到承认，其中很多已经消除，从而在男女平等方面取得进步。人们更加认识到对老人和残疾人存在的各种各样的歧视，现已发展了很多项目来满足这些人的需要。医学上的重大突破（比如体外循环心脏手术和器官移植）提高了美国的卫生保健质量。因情绪问题而接受治疗的污名已减少，新的治疗途径（例如理性疗法）已成功用于解决情绪问题。性方面的问题也得到了更多的理解，而且性治疗项目在解决性功能障碍方面非常有效。性虐待和强暴得到了更多的关注，因此许多的治疗计划同时服务受害者和实施者。

因此，保持希望是现实的，并且十分重要。展望未来，我们充满希望。但是，请记住，准确地预测未来的可能性是很小的，因为意想不到的事件会极大影响结果。或许对未来的最准确的预测是基于过去和现在的情况。那么，我们来大体回顾一下在解决社会问题方面，美国过去和现在所做出的努力。

过去和现在

过去 70 年，美国在解决社会问题上的努力反映在联邦政府的政策和社会规划中，这受到了社会运动和利益集团的极大影响。

20 世纪 30 年代美国正处在经济大萧条时期，数百万人失业，生活贫困。为了摆脱这种现状，以富兰克林・罗斯福总统为首的政府制定的 1935 年《社会安全法案》首次牢牢地巩固了联邦政府在提供以下服务中的角色：(a) 为美国人民提供公共卫生设施和社会服务；(b) 社会保险计划，例如老人保险、残疾人保险；(c) 公共援助项目。联邦政府现已成为社会项目的主要资金来源。

《社会保障法案》的主要目的是为每一位美国人提供合宜的生活标准。富兰克林・罗斯福总统认为，财政保障（即使是通过公共援助来提供）不是一个慈善问题，而是一个正义问题。他认为，在一个文明社会中，每个个体都有权达到最低生活标准。他认为，自由和保障是一对同义词，没有财政保障，人们最终会失望并反抗。因此，罗斯福认为，一个民主的社会的存在取决于其公民的健康和福利。[1]

从 20 世纪 30 年代到 80 年代，在向遭受社会问题的美国人提供财政援助和社会项目 453
方面，联邦政府的作用逐渐扩大。罗斯福总统的社会计划帮助国家走出了萧条，提高了许多美国人的生活标准，获得了高度的赞扬。

在 20 世纪 60 年代期间，由于林登・约翰逊总统的大社会方案，联邦政府的作用得到极大的扩展。1965 年 1 月，约翰逊总统在向议会所做的国情咨文中论述了大社会的下列具体目标：

> 我们仅仅才开始走向大社会。我提议在教育领域采取措施以确保每个美国儿童都能在思想和技能方面得到全面发展……开始就残疾和致命疾病展开大规模反击……全国努力使美国城市变得更好，更吸引人居住。
>
> 我提议增加城市绿化，结束对河流和我们所呼吸的空气的污染……实施新的计划发展正遭受贫困的萧条的地区……对控制和防止犯罪与不良行为做出新的努力……对

思想和艺术成果的创造提供支持，给予荣誉。[2]

大社会方案帮助了许多美国人。例如，贫困人口比例减少了，卫生保健服务提升了。但是，许多目标都没有实现。贫困没有消除，种族歧视仍然存在，市中心的生活条件几乎没有任何改善。

20世纪70年代末，在吉米·卡特总统任职期间，公众普遍认为，联邦政府没有力量解决国家的所有问题（不论投入多少资金）。相反，出现了一百八十度大转弯，接纳政府能够部分缓和许多问题这个事实；许多市民开始绝望，要求政府急剧减少用于解决社会问题的税款。

在20世纪80年代，美国国内经济一片混乱。失业率和通货膨胀率都很高，数年经济不景气。罗纳德·里根此时接任总统，正如他在竞选时所承诺的，着手进行数项改革以恢复经济，加强军事。具体实现了一些改革：

- 大幅度削减个人和企业税。正如在第十三章中论述的，刺激经济增长，失业率和通货膨胀率也大幅度降低了。
- 军事支出大幅度增加，旨在增强军事力量。
- 对社会项目的支出大幅度减少，这是在美国历史上，联邦政府第一次大规模减少社会福利支出。

1988年，里根两届（八年）总统任期到期。乔治·布什被选为总统，继续里根总统的政策。在差不多整个80年代，经济持续繁荣，成为历史上经济持续繁荣最长的时期之一。然后，1990年，巨大的联邦赤字和石油价格提升引发了经济的衰退，并于1993年结束。但是，在1992年总统竞选期间，选举人关注经济的滞后，选举了新的总统：比尔·克林顿，结束了保守的共和党人20年的执政生涯。克林顿执政的特点是更加稳健和自由。为减少联邦赤字，他的税制改革方案得到议会同意，增加对富人的征税。不同于里根和布什对堕胎的反对，克林顿支持妇女应享有堕胎选择权。同时大幅度削减国防开支。

在20世纪80年代，富人更富，贫富差距更大。我们越来越多地听到生活在贫困中的人令人震惊的故事。越来越多的无家可归的人、失业的人睡在地铁里或大街上，甚至在冬天里也这样。因为买不起足够的食物，数百万的美国人将面临饥饿。自从1980年以来，犯罪率急剧上升，许多美国人认定犯罪是我们当前最严重的社会问题。80年代艾滋病病例开始在美国出现，现已成为全世界严重的流行病。

454 90年代，新药物的发明，例如艾滋病防护药物（AZT）和蛋白酶抑制剂，已成功抑制艾滋病病毒在检测呈阳性的人群中的发展。在沟通方面也取得了巨大的进步（例如通过互联网进行沟通）。80年代冷战结束后，在90年代世界似乎更安全了，具有毁灭性的核战争的威胁也减少了。展望新千年，我们充满乐观：地球上整体的生活质量正在慢慢提升。

454

专栏　解释过去要比预测未来容易得多

预测研究的准确率很低。主要原因是意料之外发生的事情经常对未来有巨大的影响。比如，在20世纪60年代中期，本书的作者在美国中西部一个州做研究，调查在公共居住治疗中心（也称为聚居地），需要为有严重或重度认知障碍的人提供多少床位。在那时，这个州有3个这样的中心，共有2 400个床位，几乎要住满了。研究考察了很多因素，发现在之前30年，大约有0.4%的人口因有严重或重度认知障碍而被安排居住在治疗中心接受长期照顾。因此，研究估计在未来5年和10年期间会有一个人口增长，并假设在增长的人口中需要增加0.4%的床位。由于治疗中心已接近饱和，所以得出的结论是，在4到5年时间里需要建新的机构。这个项目就以提议建设另外的服务机构而结尾。

很快，在建议提出后，国家认为有认知障碍的患者在当地社区接受服务要比在州立机构更好（也更节省开支）。接着，针对认知障碍人群的发展性功能丧失，以社区为基础的服务得到巨大发展：庇护工厂、公立学校特殊教育项目、团体之家、寄养家庭、中途之家、日间护理中心。随着这些当地服务的扩展，只有很少的有严重或重度认知障碍的人还被安置在居住治疗机构。事实上，在研究期间，许多在机构中治疗的患者在随后的几年中被安置在团体之家、中途之家和寄养家庭中。这个改变是如此戏剧性，以至于15年后这3个机构中的总人数只有60年代中期时的一半。这3个机构的规模已经缩小，并将很快被关闭——因为在这个州所有有认知障碍的人现已在他们当地社区接受服务。

当今社会变化对未来的影响

未来是很难预测的。意料之外发生的事件将加剧一些社会问题，减少别的问题的严重性。美国社会正在发生许多深刻的变化，这将对未来产生巨大的影响。

1. 美国社会不断强调高科技经济的发展，比如计算机和通信。自动化装置和机器人现在更多承担了以前蓝领工人的工作。现在，尤其在高科技领域，那些受过良好教育的人才有着光明的前途。但是，也不断令人忧虑的是，那些没有技能、教育程度低的人更可能面临陷入低社会经济阶层——可能许多将会陷入贫困。

2. 在武器装备上的革命使得超级大国历史上第一次有可能通过一场全面的核战争毁灭人类文明。

3. 妇女运动使得女性和男性都质疑传统的性别角色的刻板印象。妇女在社会中的角色正变得与男性更平等。随着女性角色的改变，男性也开始了性别角色的改变。

455 4. 对少数民族的公然歧视现象正在减少。

5. 单亲家庭和离异家庭的数量不断增加。同时，更多的妇女走出家门，在外工作。

6. 市中心的生活条件不断恶化。

7. 逐渐地，在国内和国外，美国人都生活在恐怖袭击的恐惧之下。

8. 在控制污染方面有些进步。但是，酸雨、对臭氧层的消耗和全球变暖是不断浮现的问题。

9. 美国人口的平均年龄老龄化正在加剧。老年人现在是社会中增长速度最快的年龄群体。美国社会面临急需发展老年人所需服务，帮助他们发挥有意义的、生产性的作用的问题。

10. 生殖科技的发展（比如克隆、试管婴儿、基因检测、人类胚胎移植），使得在这些科技应该如何使用方面不断产生价值两难。

11. 社会的贫富差距不断增大。富人比以往任何时候都要富有。他们可以在度假时环游世界，接受史上最好的医疗保健，可以为了个人舒适提前使用高端技术——豪华汽车、游艇、磁带录像机、中央空调、彩色电视、健身俱乐部和一些还没有普及的电器设备（比如微波炉、垃圾处理机、自动洗衣机和烘干机）。在过去 20 年，穷人和失业者的情况恶化，许多人生活贫困，并深深陷入贫困中。双重的卫生保健系统再度出现，富人能获得良好的卫生保健，而穷人或者无法获得卫生保健或者接受低质量的卫生保健。

12. 世界人口持续增长。地球上现有大约 60 亿人口。如果世界上的人口不稳定，那么营养不良的饥饿问题将加剧。

13. 美国的教育体系问题逐渐引人关注，部分原因是在标准化的教育考试中，美国学生不如许多其他工业化国家的学生表现得好。

14. 有助于防止许多美国人贫困和绝望的社会安全网计划已大幅度减少。人们不再像 20 世纪 60 年代那样对大社会和社会问题的解决抱有很多希望。

15. 科技正以史无前例的速度飞快发展。

16. 艾滋病成为一个主要的健康问题。它比人类历史上其他任何病毒的杀伤力都强。性解放运动结束了，部分原因是人们恐惧由于性而传播的疾病——例如娱乐性的性已不再盛行。

17. 在美国，堕胎一直是极具争议性的社会问题。

18. 辅助自杀是否应该合法化已成为一个重要的社会议题。

19. 被判入狱的人所占的人口比例不断增大。许多监狱已经人满为患。州政府和联邦政府在不断增加的压力下建更多的监狱——每座都要花费数百万美元。

20. 美国人逐渐意识到能源的发展、环境的保护和经济的增长是相互依存的。只重视一个方面的措施会对其他因素产生不良影响。

对未来持乐观态度的原因

乐观地看，科技上的突破应该会对一些社会问题的解决做出巨大贡献。纵观历史，科技进步已对提升生活标准和解决社会问题作出了巨大贡献。其中一些科技上的进步至今仍发挥作用，比如：

- 正在研究对艾滋病和心脏病的治疗。 456
- 为了家庭控制生育，正在研究新型、安全和易于使用的避孕措施，这将有助于解决人口过剩问题。
- 正在发展能源的新来源（比如从煤和泥板岩的沉淀物中提炼石油）。
- 近几年，已经产生了许多不同的有效的方法来帮助有情绪障碍和肢体残疾的人——我们期待未来会不断出现新的方法。
- 在工业中，现已发明了机器人来完成极易导致工人异化的流水线作业。
- 正在发明治疗性功能障碍的新技术。
- 已开展针对药物滥用的项目来更有效地治疗酒精成瘾和对其他药物的成瘾。

可以乐观地看到，在苏联和东欧发生的变革将会增强在研究和对抗社会问题方面的国际合作。我们现在已经看到了一些积极的结果，比如：

- 结束了美国和俄罗斯之间的冷战。两个超级大国开始合作解决国际社会问题。
- 减少了发生全面核战争的可能性。
- 主要的超级大国在国防上的花费减少，因此能有更多的资金用于支持教育和社 457
会福利项目。
- 超级大国开始合作，一起对抗世界性问题，例如人口过剩、对环境的掠夺性开发、贫穷问题、恐怖主义和艾滋病。许多专家断言，国际新秩序正在逐步建立，在新秩序下美国和俄罗斯将合作对抗国际危机。

虽然我们的社会有许多不完美之处，有许多问题，但是也有很多方面更值得我们重视和欣赏。我们的生活标准和质量是最重要的方面之一。许多社会问题已经得到了解决。通过了解和解决当前的社会问题，我们可以为子孙后代提供更加令人满意和人性化的生活。我们应该对前人在解决社会问题方面取得的成功充满感恩，并对未来充满乐观。

在示威者推倒一段柏林墙后，原民主德国边界的守卫者观看墙上的裂口。40 年来，柏林墙作为实际和象征性的障碍矗立在东欧和西欧之间。

注释

[1] W. Trattner, *From Poor Law to Welfare State: A History of Social Welfare in America* (New York: Free Press, 1974).

[2] Quoted in James M. Hildredth, "Now the Squeeze Really Starts," *U.S. News & World Report,* Oct. 5, 1981, 22–23.

术语表

绝对贫穷（absolute definition of poverty）

由维持个人或一个家庭生存所需的最低生活水平线所确定，低于此线则视为贫困。

成瘾（addiction）

由于长期大量服用某种药物，产生身体依赖而导致对药物的强烈需求。

肯定性行动计划（affirmative action）

旨在向少数群体申请者提供公开机会，保障其平等雇用与认可权（例如，获准入读医学院的权利）的优惠政策。该政策主要针对有色人种、妇女、残障人士等少数群体。

年龄歧视（ageism）

歧视老年人或对老年人持有偏见的一种观念。

年龄结构（age structure）

每一年龄组在人口中所占的比例。

老化｜老龄化（aging）

随着年龄增长，或快或慢地发生在个人身上无可避免的社会、生理改变。

艾滋病｜获得性免疫缺陷综合征（AIDS｜acquired immune deficiency syndrome）

一种损害机体抵御感染的自然免疫机制的疾病。

酗酒｜酒精中毒（alcoholism）

持续过量饮酒以至影响到个人交际和工作效率，同时也严重损害个人健康。

异化（alienation）

当人们认为现有社会环境压抑了他们的社会需求，并且无法改变时产生的一种无意义感和无力感。

两性合一（androgyny）

源自希腊语男（andro）和女（gyn），驱使人们去发掘更为广阔的角色扮演可能性，抛开性别定式，表达自我感情和行为。

失范（anomic）

指规范的社会道德观念和信仰出现薄弱或缺失的一种社会状态，即社会失范使得原有社会规范不再行之有效，这常常导致越轨行为的发生。

失范理论（anomie theory）

一种犯罪学理论，认为犯罪行为的产生是由于个体想要获得更高社会地位的愿望受到阻碍。如果无法通过合法社会渠道实现其愿望，那么个体就会退而选择运用不合法渠道来实现这一愿望。

侵犯（assault）

意在对他人造成身体伤害，甚至杀害对方的攻击行为。

机械自动化（automation）

一种生产系统越来越由自行操作的机器控制的生产技术。

“婴儿潮”（baby boom generation）

“二战”后数年间出生的一代美国人。

保释金（bail）

被控有罪者不能按时出庭而做的抵押（通常为罚金）。

城市行政区（barrio）

西班牙语中指行政分区。

生物—社会理论（biosocial theory）

认为人类的多数行为（如个性、越轨行为、智商和价值观）在很大程度上受本能和其他生物因素的影响。

出生率（birth rate）

每年新生婴儿数在总人口数中所占的比率，通常以千分之几来表示。

指控受害者（blaming the victim）

认为穷人、精神失常病人、被强奸者、其他受害人、有个人或社会问题的人应该受到责备，或至少对其问题或尴尬处境承担部分责任的一种偏见。

资产阶级（bourgeoisie）

马克思主义术语，指拥有生产资料，并利用生产资料创造更多财富的一个社会阶层。

政府机构（bureaucracy）

一种社会组织的形式，以一系列的正式规章、劳动力分工、权力的等级制度、工作保障以及非个人的法律强制力为特征。

资本主义（capitalism）

以资本的私人所有、私人决策而非国家控制投资为主要特征，由自由市场竞争决定产品生产、产品价格和产品分配的一种经济制度。

城市（city）

相对大而稳定的人口聚集地。

阶级冲突（class conflict）

由于不同社会阶级的经济、政治和社会利益有所不同而导致的阶级间的不调和与冲突。

经典犯罪学理论（classical criminological theory）

认为人们做出是否参与犯罪活动的决定是基于对享乐与所受惩罚的对比权衡。

共产主义（communism）

以“各尽所能，按需分配”为原则的无阶级分化社会。

可比价值（comparable worth）

一种认为某些工作的报酬水平应做调整，以反映该工作的实质价值，从而从事具有可比价值工作的人应以可比价格获取报酬的观点。

冲突理论（conflict theory）

认为构成社会的各部分并非平稳运行，而是相互之间不断冲突的一种社会学理论。冲突论者认为，社会中互相竞争的各部分之间的冲突是孕育社会问题和社会变化的主要源泉。

对照组（control group）

在实验中不进行治疗或处置的受试人群。

社会控制理论（control theory）

一种犯罪学理论，认为犯罪是由于个体与社会规范、社会群体和其他社会约束力量的联系弱化而引起的。

企业（corporation）

依法设立并经授权拥有独立资格参与民事活动的法律实体，可由一人或多人组成。法人享有相关民事权利，同时也应承担相应的民事义务。

犯罪（crime）

指任何触犯法律或蔑视法律的行为。

犯罪控制（crime-control approach）

一种惩治犯罪的司法模式，强调执法与司法机关应立即缉拿违法者并将其绳之以法。

拥挤（crowding）

个体认为自己没有足够空间的主观判断。

文化滞差（cultural lag）

是指社会某些地区发展受阻而跟不上其他地区发展步伐的一种现象。

文化（culture）

是指在某一特定地理环境中人的生活方式，包括非物质的如信仰、社会道德标准、思维模式、价值观、语言、政治制度、宗教形式、音乐、婚恋等，也包括物质的如居住方式、绘画、饮食、私人汽车、公共汽车、工厂、写字楼、服饰等。

贫困文化理论（culture of poverty theory）

认为文化贫穷是某种社会亚文化氛围的结果，如社会观念、道德标准和固有期望等。文化贫困限制和剥夺了人的发展机会并阻止他们摆脱这种文化的匮乏状态。

死亡率（death rate）

每年死亡人数在总人口中所占的比率，通常以千分之几来表示。

城市去中心化（deconcentration of cities）

是指城市居民从中心城市向郊区分散迁移的城市布局结构。

合法化（decriminalization）

减轻或取消对某种非法行为的处罚（如藏有大麻），也用来指删除一项以前定性为犯罪的活动（如卖淫）。

事实上的歧视（De facto discrimination）

法律允许的歧视行为。

权利歧视（De jure discrimination）

法律允许的歧视行为。

人口转变理论（demographic transition theory）

对于人口变化的一种预期解释，认为发展中国家人口将出现快速增长，直到其经济发展到工业社会水平，人口才会保持相对稳定。

人口统计学（demography）

研究人口密度、人口分布和其他主要人口指标的一门统计学学科。

魔鬼理论（demonology）

一种犯罪学理论，认为犯罪是受恶灵所指引的。

发达国家（developed country）

高度工业化的国家（如英国、日本和美国）。

发展中国家（developing country）

是指处在从初级农业经济向现代工业经济发展进程中的国家，包括大多数亚非拉国家。

越轨行为（deviance）

不遵从一个群体或社会（通常指主流

文化）所认同的规范或价值观的行为。社会学家在使用越轨这一术语时总是慎之又慎，以避免做出任何道德评价，因为越轨行为在某种文化或某个群体中可能比社会规范更为行之有效。

越轨行为亚文化理论（deviant subculture theory）

一种犯罪学理论，认为犯罪是由于某些团体本身的价值观念支持犯罪活动所导致的。

分化联系理论（differential association）

一种对犯罪行为发展的解释，认为犯罪行为是通过与那些经常从事犯罪活动的人交往而习得的。

歧视（discrimination）

对少数弱势群体的不公正待遇。遭受歧视的人群有：妇女、有色人种、男女同性恋、残障人士和老年人等。

转移计划（diversion program）

一项致力于使青少年和成年人远离法庭的计划。

双重标准（double standard）

一种倡导男性比女性享有更多自由（包括性自由）的行为准则。

翻倍时间（doubling time）

一定水平的人口增加一倍所需要的时间。

毒品（drug）

一种能直接影响大脑和神经系统的成瘾性物质，这种化学物质能影响人的心情、感知能力、机体功能或意识，并且可能会因滥用而造成对使用者的伤害。

药物滥用（drug abuse）

对非法药物的使用，以及对心理或生理存在潜在危害的合法药物的过量或不恰当的使用。

药物成瘾（drug addiction）

服药者对药物产生依赖进而产生的一种强烈需求。

药物依赖（drug dependence）

服药者对药物产生的生理或精神上的反复而强烈的需求。

药物耐受（drug tolerance）

指服药者必须通过增加药物服用剂量来达到同等的药效。

功能失常（dysfunction）

一种对个体或系统有消极影响的状态。

生态学（ecology）

研究动植物与环境之间相互关系与相互作用的学科。

生态系统（ecosystem）

自然界中生物群落与其生活环境之间所构成的一个自给自足的能量、物质转换和循环系统。

虐待老人（elder abuse）

对老年人生理或心理上的虐待。

空壳婚姻（empty-shell marriage）

配偶彼此间没有强烈依恋感的婚姻。

族群中心主义（ethnocentrism）

认为自己的文化绝对正确，并凌驾于其他文化之上的一种观念。族群中心主义者总是根据自己的文化标准来理解另一种文化的观念或行为，因而无法认识其他文化的真正性质。

裸露癖（exhibitionism）

猥亵地暴露身体。

实验（experiment）

一种严格控制的研究方法，意在追踪

一个可变量对另一可变量的影响。

实验组（experiment group）

在实验中接受治疗或处置的受试人群。

扩大家族（extended family）

是指许多家庭成员如父母、儿女、祖父母、曾祖父母、叔父、婶母、姻亲、堂兄弟姐妹等住在一起的一种大家庭模式。

家庭（family）

因血缘、婚姻或收养关系相互联系起来并居住在一起的一个群体。

计划生育服务（family-planning services）

提供包括节育和避孕知识、妊娠测试、不育咨询、性教育、人工流产咨询和流产手术、子女间隔咨询、绝育知识和技术的各项服务，并为准备做父母的夫妇提供各种帮助。

家庭暴力（family violence）

指一个家庭中的夫妻双方、兄弟姐妹、子女或老人中的任何人受到其他家庭成员的虐待，包括虐待儿童、虐待父母长辈和对儿童的性虐待等。

重罪（felony）

严重的刑事犯罪。

女性—成就不相容（femininity-achievement incompatibility）

认为一个人不可能既是女性又获得成功的错误观念。

弹性工作时间（flexitime）

一种工作时间可以灵活变动的上班制度，工人必须在一周中最忙的时间在场，但他们可以选择其余的工作时间。

民俗（folkway）

没有严格规定，但却由人群约定俗成的风俗习惯。违反社会习俗（如吃饭用手而不用刀叉）是不礼貌的行为。

食物券（food stamp）

一项补偿低收入人群食品开销的计划。

挫折—攻击理论（frustration—aggression theory）

认为挫折通常会导致个体的进攻性反应，在受挫情况下，个体产生的紧张情绪往往是通过暴力渠道得到释放的。

功能主义理论（functionalist theory）

一种社会学理论，认为社会是一个有机体，每一个部分都对整体发生作用，由此维持社会稳定。根据这一理论，社会就像人类的身体一样以系统的方式结合在一起，每一部分都帮助维持着平衡状态，一旦某一部分的运作出现问题，系统失去平衡，社会问题就会随之产生。

未来震惊｜休克（future shock）

由于需要不断适应新生事物与新的生活方式而产生的一种对未来或现在的焦虑或茫然感。

仿制药物（generic drugs）

与专利药物具有相同化学成分，但价格相对较低的未申请专利的药物。

群体（group）

由一群相互间有着组织性和连续性关系的个体组成，个体成员的行为受到团体规范的约束，团体有共同的目的和目标，即使它仅仅是为其成员提供一个相互接触的机会。

增长率（growth rate）

用增加人口数除以总人口数计算人口增长的一项指标，通常以年增长百分比来表达。

霍桑效应（Hawthorne effect）

认为当受试者获悉他们参与到一项研

究中时，其行为可能会因此有所改变，进而影响研究结果。

健康维护组织（Health maintenance organization，HMO）

一个强调以预防为主，预付健康保险的医疗费用的组织。

西班牙裔美国人（Hispanic American）

包括来自墨西哥、波多黎各、古巴、中南美洲、西印度等地的西班牙裔美国人。

杀人（homicide）

杀死他人。

同性恋（homosexual）

性活动或性情感指向同性的性取向。

同性恋者的生活方式（homosexual lifestyle）

同性恋者接受自己的性身份，可包括：频繁进行同性性生活，不断产生同性之间的性幻想，加入同性恋者结成的组织、团体等。

末期病人护理所计划（hospice program）

一项社会服务项目，允许无法救治的晚期危重病人在生命的最后几个星期自行选择生活方式，有尊严地死去。

人道主义（humanitarianism）

强调爱护人的生命、关怀人的幸福、尊重人格和人权的一种思想道德体系。

假设（hypothesis）

一种认为现实将被检验或者至少能被检验的观点。

意识形态（ideology）

为统治集团既得利益服务的共同观念或信仰。例如，在美国蓄奴时期，奴隶主认为黑人是下等人，并试图将对黑人的奴役和歧视合法化。

私生（illegitimate birth）

一个不太恰当并且已经过时的术语，指孩子是在父母没有婚姻关系的情况下出生的。

乱伦（incest）

有血缘关系的，法律上禁止结婚的近亲之间发生性行为。

收入（income）

一个人在特定的一年中所挣得的钱的总数目。

个人主义（individualism）

认为个人是自己命运的主宰的观点。这种观点认为富人是自身成功的缔造者，穷人的贫困应归咎于他们没有能力获得高收入。

城市基础设施（infrastructure）

公共设施如饮用水、污水处理、交通运输、照明、医疗保健等设施。

制度化的种族主义（institutionalized racism）

渗透到社会主要机构，比如法律体系、政治、经济、教育等机构中的歧视性行为和政策。

社会福利的公共机构观点（institutional view of social welfare）

认为个人从公共机构接受基金和社会服务，帮助实现自我价值是现代社会应该履行的职责之一。从公共机构接受帮助并不意味着耻辱，因为接受帮助者同样也有义务去帮助别人。

吉姆·克罗法（Jim Crow system）

美国南北战争后，主要在南方实行的一种制度，规定在白人面前黑人的言谈举止应该如何。该制度主张白人至上，拥护种族分裂，否定黑人的政治权利和合法权益。

青少年犯罪（juvenile delinquency）

未成年人（通常指 18 岁以下）的犯罪行为。

标签理论（labeling theory）

一种研究越轨行为的观点，认为个体之所以会有越轨行为，是因为他们被贴上越轨者的标签。

自由主义经济理论（laissez-faire economic theory）

认为如果工商业能够自由选择它们想要从事的任何赢利事业，那么整体的经济和社会将达到最大繁荣。

法律（law）

以政府名义颁布并执行的一整套行为规则。

女同性恋（lesbianism）

女性同性恋。

龙勃罗梭犯罪学理论（Lombrosian theory）

一种犯罪学理论，认为罪犯生来就有某种生理异常或生理特征（如变形的鼻子），标志着此人可能会走上犯罪道路。

“镜中我”理论（looking-glass self theory）

认为个体自我意识的形成（即我是谁）是在自我与他人关系中建立与发展起来的，就好像把别人当成一面玻璃镜子来映照出自我的形象一样。

大男子主义（machismo）

过度表现自己的男子气质，如坚强、勇敢、为自己的荣誉辩护、不屈服于任何挑战与搏斗、组织领导他人“各司其职”等。

宏观社会学理论（macrosociological theory）

关于大型群体、组织和整个社会运行规律的社会学理论。

过失杀人（Manslaughter）

对另一人的非法杀害，杀人者无伤害企图。

马克思列宁主义理论（Marxist-Leninist theory）

一种犯罪学理论，断言所有的犯罪皆来源于对工人的剥削和人与人之间残酷的竞争。

国民医疗补助制度（medicaid）

由政府资助的公共福利项目，为符合资助条件的低收入人群支付医疗费用。

精神病（mental illness）

个体的情绪、行为失常皆源于心理上的疾病。

微观社会学理论（microsociological theory）

用以解释小群体行为的一种理论。

军工联合体（military-industrial complex）

由军方上层，如五角大楼官员、政客和军工产业的负责人共同组成的一个联合体系，负责提供军用设备。

少数派｜少数族群（minority or minority group）

地位不高，且通常受到歧视的群体。判断一个群体是否处于少数派地位并不是看其人数的多寡，而是看其掌控权力的大小。按照上述定义，妇女即使在一个社会中占人口的多数，也被定义为少数派。

轻罪（misdemeanor）

轻微的犯罪行为。

垄断（monopoly）

是指个人或单个公司控制某一种产品的整个市场。

民德（mores）

一个群体沿袭下来的风俗习惯。道德

是一种严格规范化的标准，不容破坏。道德与违背道德常常相提并论，后者包括亵渎国旗、谋杀、殴打牧师、在公众场合裸奔等。

形态学理论（morphological theory）

一种犯罪学理论，认为人的心理结构和生理结构两者间有必然的联系。该理论包含具有普遍犯罪意义的某些具体类型。

跨国公司（multinational corporation）

立足于一国，在一个或多个国家同时从事商业活动的公司或企业。

负所得税方案（negative income tax plan）

一项缓解贫困的方案，针对收入低于某个水平线的人给予援助，即负所得税，使其收入不低于最低生活水平。

规范（norm）

一种约定成文的规则，规定在何种情况下哪些行为是可行的，哪些是不可行的。规范常常并不符合实际情况。只有在规范遭到破坏时，人们似乎才会注意到它的存在，例如，有人在教堂里大吼。根据规范的性质和其实施的周围环境，对不遵循规范的人的处罚程度也有所不同，从最轻（例如在公众场合当着大家捏某人的鼻子）到最重（例如强暴或强奸）。

核心家庭（nuclear family）

由母亲、父亲和所属子女组成的家庭群体。

淫秽（obscene）

违背道德，蓄意引起人的性欲或引人堕落，令人反感。

寡头（oligopoly）

某一行业被少数几个大公司所控制的状况。

有组织犯罪（organized crime）

大型的犯罪团体有组织、有计划地展开犯罪活动，形成完备的作案体系，以期从中获得最大的利益。

外包（outsourcing）

美国的制造公司在第三世界国家建立分厂，利用当地的廉价劳动力获取高额利润，为美国市场提供产品。

匿名父母（parent anonymous）

自助性组织，其工作对象为虐待或忽视子女的父母。

假释（parole）

指犯人在监狱服刑一段时间后释放出狱，但在刑期未满的这段时间内该犯人需接受假释官的监管。

参与观察（participant observation）

一种在群体活动中对受试者进行研究的研究方法。

个人访谈（personal interview）

一种研究方法，通过研究者对受试者进行提问，以了解他们的态度与所参与的活动。

颅相学（phrenology）

一种犯罪学理论，认为人类头骨的大小和形状与犯罪有关。

辩诉交易（plea bargaining）

原告和被告律师出于某种考虑，双方达成协议，允许被告认罪以换取减刑。

人口控制（population control）

政府对人口数量进行人为调控。

淫秽刊物（pornography）

意在挑起读者的性欲望但却没有任何社会价值的一类图片或文字。

贫困线（poverty line）

是由美国联邦政府研究并划定的，维

持人的衣食住行等基本生存所需的最低收入水平。

权力（power）

不顾他人意愿强行要求他人做某事的能力，或是保护自己不被他人强迫做某事的能力。

偏见（prejudice）

对与自身不同的群体持有的负面态度。

初步听证（preliminary hearing）

一项法律程序，由法官来裁决起诉被告的证据是否充分，以决定是否应该启动下一步法律程序。

预防医学（preventive medicine）

旨在培养良好的卫生习惯，缓解现有医疗卫生问题的一项医学实践。

第一产业（primary industry）

探测和开采未经开发的自然资源的经济活动。

缓刑（probation）

对已判刑的犯人延期执行判决，并在缓刑官的监管下给其悔过自新的机会。

投射（projection）

一种心理防御机制，表现为个体不愿或不能识别自身的某些性格特征。

无产阶级（proletariat）

工业社会中的工人阶级。

卖淫（prostitution）

商业性性活动。这种性行为不是建立在爱的表达或是生育后代的基础上，而是以性作为一种交易手段获取金钱。

保护性服务（protective services）

针对被忽视、虐待、剥削或抛弃的儿童，他们的父母以及没有自我保护能力的成人所开设的一项特殊社会服务。

抗议（protest）

一种表达不同观点的严正声明。

新教伦理（protestant ethic）

强调辛勤工作与个人利益的追求，崇尚个人主义。新教伦理鼓励人们通过个人劳动积聚物质财富。在该伦理思想的指导下，个人所获取或继承的财产就成为评价一个人最为重要的标准。

淫秽物（prurient material）

引发人的性欲和贪欲的物质。

精神分析（psychoanalysis）

一种长期心理治疗方法，旨在唤醒在现实生活中被思想和感情压抑的潜意识，释放受阻的精神力量，使病人的病情得到有效的缓解。

机能性精神病（psychosis）

大脑功能紊乱，无法与现实相联系，突出表现为精神失常的一种疾病。

心身疾病（psychosomatic illness）

由于长期的消极思想、精神冲突或过重的压力导致的躯体病理改变或出现临床综合征。

心理疗法｜精神疗法（psychotherapy）

帮助当事人更好地处理情感和行为问题的各种方法。

精神类药物（psychotropic drugs）

主要作用于人的神经系统的一类药物，包括镇定药、安定剂（如氯丙嗪）和抗抑郁药。

清教（Puritanism）

指清教徒的宗教理念与其实践过程中表现出来的个性。清教主义强调严谨的个人生活和遵从教义，特别是在宗教事务与行为指导方面尤其如此。

种族（race）

基于生理性特征，使得个体和群体得以定位的一组社会关系、各种品性与能力。任何一个种族都没有十分清晰的性格定势，而对人类来说，种族并不是一个简单的生物学概念，而是一个复杂的社会学概念。

种族刻板印象（racial stereotypes）

将一个种族的特性归结为一种刻板的，通常也是不准确与带有贬义的性格模式。

强奸（rape）

在未经当事人许可的情况下发生性关系，通常伴有欺骗和暴力手段。

理性疗法（rational therapy）

一种心理治疗方法，认为个体的情感与行为变化在很大程度上受自身观念所主导。理性疗法意在通过改变来访者消极、无理性的思想观念，从而达到帮助来访者调整情绪、改变不良行为习惯的目的。

现实疗法（reality therapy）

一种心理治疗方法，意在帮助来访者识别自身不良行为并引导他们逐步学习如何获得有效的行为并将其表达出来。

累犯（recidivism）

指控一名有犯罪记录的人并将其重新逮捕。该术语有时也指有入狱记录的人重返监狱。

贷款歧视｜红线区（Redlining）

一些贷款机构进行的常为非法的行为，这些机构向城市的某些地区仅提供少量贷款甚至不提供贷款。这是造成某些地区区域性衰落的一个主要因素。

参照组（reference group）

个体用于自身定位的一个价值观和社会标准参照系。

社会福利滞后观（Residual view of social welfare）

这一观点以对不幸人的慈善为特征，认为经济报酬和社会服务只应作为弥补差距或急救之手段。基金和服务应当被视作赠与的，而不是被当作权利来享受的，且同时受惠者也需承担一定的义务。在这种观念下，接受基金或服务就带有一种耻辱。

角色（role）

亦称“脚色”，本为传统戏中演员的类别，后被社会学借用作为研究人的社会关系、社会结构、社会活动和人的行为的一个社会学术语，代表对占有一定社会地位的人所期望的行为。社会角色和社会地位之间联系紧密，但两者区别在于：一个人可以“拥有”某个社会地位，但却在“扮演”某种社会角色，例如，一个成年男子的社会地位是孩子的父亲，但他同时与他的妻子一起扮演着孩子的训导者、三餐的料理者和养家糊口的人的角色。

样本（sample）

从一个更大的总体中抽取出来作为总体代表的接受研究的个体或事例。

替罪羊（scapegoat）

因他人错误或问题而受到谴责的人。

精神分裂症（Schizophrenia）

精神病的一种，症状多为发生幻想和妄想、沉默，思想、感情和行为不协调等。

第二产业（secondary industry）

将原材料加工制成人造产品的经济活动。

自决（self-determination）

允许当事人（如社会服务的接受者）自己做出决定。

自我对话理论（self-talk theory）

该理论断言，情感与行为根本上都由思想决定。应用于犯罪学领域，这一理论认为，一切犯罪行为的原因都可以通过考察犯罪者在犯罪之前或过程之中对自己述说的内容确定。

衰老（Senescence）

逐步老年化的过程，常见体征为皮肤起皱、头发灰白稀少以及由脊柱弯曲而造成的驼背等。由于个体差异，衰老的速度也有所不同。

性别歧视（sexism）

由于性别不同而产生的偏见、歧视和固有看法。在我们的社会中，妇女通常是性别歧视的受害者。

性别角色（sex-role）

在社会中习得的与一种或另一种性别有关的行为模式。

性别角色期待（sex-role expectation）

在性别定势基础上建立起来的对两性的不同期望。

性别角色社会化（sex-role socialization）

人们逐渐认识到社会区别对待两性行为和态度的过程。

社会阶层（social class）

指社会中有着共同价值取向的一类人，这些价值取向包括社会地位、权力和金钱。

社会达尔文主义（social Darwinism）

在进化论基础上建立起来的信仰体系，这一体系认为奋斗、淘汰、适者生存对于人类社会是至关重要的。在残酷的竞争中，弱肉强食是不变的真理，而试图帮助弱者的行为本身就是一种错误。

社会解组（social disorganization）

在实现社会目标、维持社会稳定的过程中，社会组织形式不完善的一种状况。一旦发生解组，社会就会失去对其各组成成分的控制。

社会建制（social institution）

这一术语具有一定的抽象性，是建立在一定生产方式上的社会的经济、政治、文化等制度的总称，体现着一定的社会价值、规范和程序的社会关系的体系，是一套人们必须执行的强有力的行为规范。一个社会中普遍存在的制度包括家庭、宗教、经济、教育和政治。社会制度具有相对稳定的思维行为模式并始终关注社会重大事件的发生发展。例如，家庭的作用是抚养孩子、给家庭成员提供伴侣以及精神的慰藉。

社会流动（social mobility）

不同社会地位之间的个体和群体的流动。

社会运动（social movement）

涉及极大一群人的实现或阻止某种社会变革的过程。

社会问题（social problem）

由具有影响力的某个群体所引发的一定社会环境中的问题。这种问题涉及面广，需通过集体行为才能予以解决。

社会分层（social stratification）

就人们获得的物质性或象征性报酬的差异而言的社会群体的结构性不平等。

社会结构（social structure）

个人与群体之间相互作用的模式，包括社会阶级、婚姻、家庭生活的组织形式等。

社会主义（socialism）

由政府所有或控制生产资料并进行物质分配的社会体系。根据马克思主义学说，社会主义是资本主义到共产主义的过渡阶段。

社会化（socialization）

个体在社会生活与文化中不断调试并被认可的过程。个体的角色认可，规范、习俗、价值观的认同和语言、信仰及大多数行为的习得都是在社会化过程中完成的。最基本的社会化是在早年完成的，但社会化过程将伴随人的一生。

社会（society）

拥有共同的传统、制度、集体行为及利益的社区、国家或更广义的人群。

社会学（sociology）

研究人类社会与社会行为的一门学科。

身份（status）

个体在社会关系中所处的身份或等级。每个人在一定的社会中都拥有多种不同的社会地位，如学生、女性、女儿、奇卡诺人、天主教徒等。先赋地位是世袭的，而自获地位则是通过后天努力如职业、成就及生活方式所获得的。

身份犯罪（status offenses）

指青少年的违法行为；然而如果是成人表现出此种行为，则并不构成犯罪。身份犯罪行为包括逃课、离家出走、性行为、不服管教和违反宵禁令。

法定强奸（statutory rape）

发生在一个已满法定责任年龄（通常为18周岁）的男性和一个尚未满法定许可年龄（有些国家是16周岁，有些是18周岁）但自愿的女性间的性行为。

刻板印象（stereotype）

一群人的一种固定的、不易改变的性格特征。

定型（stereotyping）

对某一类人形成的固定的、通常是不准确的和令人不快的印象。

压力（stress）

由物理、化学或情绪因素所引起的身体和精神的紧张。

亚文化（subculture）

整体文化的次属文化。亚文化具有自身独特的物质及非物质特征，但同时也受到整体文化的影响。例如，一些市区的同性恋、大麻吸食者、妓女、超级富翁、环游世界者、阿飞帮、飙车族和演员等亚文化现象。

辅助保障收入计划（supplemental security income，SSI）

一种为贫困的盲人、残疾人及老人提供最低收入保障的公共援助项目。

生产方经济（supply-side economy）

认为通过增强经济活动中货物及服务提供方的活力可使失业率降低、物价下降的一种理论。

调查（survey）

一种通过面谈或问卷方式询问受试者的态度或活动的研究方法。

禁忌（taboo）

对认为是卑劣的甚至是不可想象的行为的禁止。禁忌是最有力的行为标准。在我们社会中，属于禁忌行为的有乱伦、食人、在宗教仪式上口出秽言等等。

恐怖主义（terrorism）

有计划地运用不可预测的暴力手段以达到某种特定目的，如破坏政府统治。

第三产业（tertiary industry）

以提供各种服务为主的经济活动。

理论（theory）

将一种试图解释说明概念和（或）事实之间关系的陈述转化成假说，继而经过研究验证，提炼出的有效的学说。

不充分就业（underemployment）

劳动者所从事的工作低于他们的技能水平的劳动力状况。

市区（urban area）

由人口统计局定义的居民人数达到2 500人以上的地区。

城市化（urbanization）

人口从农村地区向城市地区迁移的过程。

城市重建计划（urban renewal）

通常由政府资助，旨在改善逐渐恶化的城市面貌的项目。

价值观（value）

由人类个体或群体所秉持的，确定什么是可取的、恰当的、好的或者坏的观念。

变量（variable）

具有可变特性的量。年龄、社会阶层和宗教归属都是常见的社会变量。

无受害人犯罪（victimless crime）

除了社会和可能违法者本人外没有其他个体受到伤害的犯罪行为。

被害人理论研究（victimology theory）

一种犯罪学理论，认为在大多数案例中，受害者因自身的某些因素（如由于不小心等）而成为犯罪的牺牲品。该理论敦促人们要采取防范措施以免成为受害者。

暴力（violence）

以伤害或滥用为目的而使用体力。

窥阴癖（voyeurism）

偷看他人脱衣、裸体或性交的行为。

财富（wealth）

一个人的总财产，包括不动产、现金、股票、证券等等。

白领犯罪（white-collar crime）

由那些社会地位高、从事白领职业或专业性工作的人进行的犯罪活动。

劳动者异化（worker alienation）

劳动者对工作强烈不满，认为自身对最终产品的贡献微不足道，对工作也没有决定权。

人口零增长（zero population growth）

出生率与死亡率持平，人口数目保持相对稳定。人口零增长可大致相当于平均一对父母有两个孩子。

人名索引

（所注页码均为英文原书页码，即本书边码）

Abernathy，Ralph 阿伯内西，拉尔夫，57
Ackerman，Elise 阿克曼，埃莉斯，431
Adenauer，konrad 阿登纳，康纳德，206
Adlwin，C. M. 阿德尔文，C. M，212
Adorno，T. W. 阿多诺，T. W.，162
Alinsky，Saul 阿林斯基，索尔，10，11
Allport，Gordon 奥尔波特，戈登，158
Amin，Idi 阿尔明，伊迪，373
Aderson，jack，安德森，杰克，342
Annon，Jack 安农，杰克，154－155
Anthony，Pat 安冬尼，帕特，285
Anthony，Susan B. 安冬尼，苏姗・B，184
Atchley，Robert C. 阿奇利，罗伯特・C，213
Bakke，Alan 巴基，艾伦，177
Bannerjee，Reena.，班内吉，里纳 193
Barker，Robert 巴克尔，罗伯特，164
Barrett，Rick 巴雷特，里克，287
Beck，Joan 拜克，琼，388
Beirne，P. 巴尔克，P. ，42
Bell，Alan P. 贝尔，艾伦，148
Bell，Daniel 贝尔，丹尼尔，343
Belushi，John 贝卢西，约翰，102
Bers，Clifford 比尔斯，克利福德，79
Berelson，Bernard 贝雷尔森，伯纳德，429
Berkowitz，Leonard 贝尔科维茨，莱昂纳德，388
Berman，C. 贝尔曼，C.，293
Beyreuthe，K. 拜罗伊特，K.，217
Bianchi，Kenneth 边奇，肯尼思，75
Bliss，Tim 布利斯，蒂姆，111，114－115
Blum 布卢姆，100－101
Bobbitt，John 伯彼特，约翰，375
Bobbitt，Lorena 伯彼特，罗来纳，375
Boesky，Ivan 博伊斯基，伊万，41
Bogart. Leo 伯加特，列奥，387
Bossé，R. 博塞尔，R.，212
Bosworth，Brian 博斯沃思，布赖恩，110
Bottomore，T. B.，布托摩尔，T. B. 9
Bourke-White，Margaret 博尔克－怀特，玛格丽特，161
Brady，James 布雷迪，詹姆斯，36，57，392
Braginsky，B. M. 布拉吉涅茨，B. M.，351
Braginsky，D. D. 布拉吉涅茨，D. D.，351
Brenner，Harvey 布雷内，哈维，351
Brown，Jim 布朗，吉姆，44
Brown，Lesley 布朗，莱斯利，285
Brown，Louise 布朗，路易斯，284－285
Brown，M. 布朗，M.，144
Brownlee，Shannon 布朗利，香农，185，216－217

Budiansky, Stephen 布堤安斯基，斯蒂芬，6，285
Burgess, Ann W. 伯吉斯，安·W，137-138
Burns, George 伯恩斯，乔治，206
Bush, George 布什，乔治，4，177，179，201，233，306，360，361，412，430，453
Buyze, Mary 布依兹，玛丽，352
Buyze, Robert 布依兹，罗伯特，352
Calhoun, John 卡尔霍恩，约翰，422
Calvert, Crispina 卡沃特，克里斯宾娜 286
Calvert, Mark 卡沃特，马克，286
Carmichael, S. 卡米克尔，S.，164
Carnegie, Andrew 卡内基，安德鲁，337
Carter, Jimmy 卡特，吉米，4，233，253，430，453
Cartwright, Dorwin 卡特赖特，多温，21
Casals, Pablo 卡萨尔斯，巴勃罗，206
Castro, Fidel 卡斯特罗，菲德尔，172，425
Chafetz, Janet 查菲茨，珍妮特，192
Chambliss, William 钱布利斯，威廉，38
Chang, Dae，61
Chávez, César 查韦斯，塞萨尔，171
Chaze, William L. 查兹，威廉·L，344
Chruchill, Winston 丘吉尔，温斯顿，206
Ciresi, Michael 奇雷斯，迈克尔，339
Clark, Ramsey 克拉克，拉姆希，393
Clift, Eleanor 克利夫特，埃利诺，251
Clinton, Bill 克林顿，比尔，4，58，150，177，179，201，233，252，361，392，412，414，431，453
Clinton, Hillary 克林顿，希拉里，201
Cohen, Albert 科恩，艾伯特，37
Cohen, M. L. 克汉，M. L.，389
Cole, Leonard A. 科尔，莱昂纳德·A，373
Coleman, James 科尔曼，詹姆斯，21，31，48，49，198，200，235，250，278，313，332，383，385
Coleman, Lee 科尔曼，李，75
Comte, August 孔德，奥古斯特，7
Cooley, Charles 库利，查尔斯，21，38，69，166，304
Coors, Pete 库尔斯，皮特，117
Corsini, Raymond 科尔西尼，雷蒙德，84
Cressey, Donald 克雷西，唐纳德，21，31，48，49，53，198，200，235，250，278，313，332，383，385
Cruzan, Joe 克鲁赞，乔，223
Cruzan, Joyce 克鲁赞，乔伊丝，223
Cruzan, Nancy 克鲁赞，南希，223
Cuber, John F. 丘伯尔，约翰·F，260，267
Cumming, Elaine 卡明，伊莱恩，213
Cummings, Marlene 卡明斯，玛莱内，159
Curran, Daniel J. 库兰，丹尼尔，343
Curtis, George C. 柯蒂斯，乔治·C，272
Curtis, Richard 柯蒂斯，理查德，444
Dahmer, Jeffrey 戴莫，杰夫里，132
Darwin, Charles 达尔文，查尔斯，231
David, Fred 戴维，弗雷德，305
Davis, Kingsley 戴维斯，金斯利，141，142
De Francis, Vincent 德.弗朗西斯，温森特，273
De Valera, Eamon 埃蒙，德·瓦勒拉 206
Dedrick, Jim 德瑞克，吉姆，354-355
Dedrick, Lorraine 德瑞克，洛林，354-355
DeNiro, Robert 德尼罗，罗伯特，36
Dentzer, Susan 丹泽尔，苏姗，303
Devore, W. 德沃尔，W.，169
Diana, Princess of Wales 戴安娜，威尔士王妃，65，99
Dickson, William J. 迪克森，威廉·J，362
Dotson, Virginia L. 多森，弗吉尼亚·L，64-65
Douglas, Jack 道格拉斯，杰克，41
Douglass, Frederick 道格拉斯，弗雷德里克，178
Down, Hugh 唐恩，休，311
Duran, Frank 杜兰，弗兰克，3
Durkheim, Émile 迪尔凯姆，埃米尔，7，8，19，93
Eagleton, Thomas 伊格尔顿，托马斯，69

Eastwood，Clint 伊斯特伍德，克林特，196
Ebeling，Nancy C. 埃贝林，南希·C，277
Eddy，Mary Baker 埃迪，玛丽贝克，206
Edmonds，M. 埃德蒙兹，M.，218
Ehrenreich，Barbara 艾伦赖希，芭芭拉，297
Ehrenreich，john 艾伦赖希，约翰，297
Ehrlich，Anne H. 埃尔利希，安妮·H，418，419，420，427，429，430，438
Ehrlich，Paul R. 埃尔利希，保罗·R，418，419，420，427，429，430，438
Eisenhower，Dwight D. 艾森豪威尔，德怀特·D，343
Eisner，Michael D. 埃斯内，迈克尔·D，337
Ekerdt，D. J. 埃克特，D. J.，212
Ellis，Albert 埃利斯，艾伯特，70－71，79，85
Ellis，Havelock 埃利斯，哈夫洛克，124
Farley，John E. 法利，约翰·E，341
Fer，Eisdor 费尔，艾斯多，209
Ferraro，Geraldine，菲拉若，杰拉尔丁，198
Fischer，Claude 菲舍尔，克洛德，403－404
Flynn，Marilyn L. 弗林，玛丽莲·L，214
Forbes，Judy 福布斯，朱迪，272
Ford，Betty 福特，贝蒂，102
Ford，Gerald 福特，杰拉尔德，56
Fornos，Werner 福尔诺斯，沃纳，419，422，436
Foster，Jodie 福斯特，朱蒂，36
Fowler，L. N. 福勒，L. N.，34
Franklin，Benjamin 富兰克林，本杰明，206，346
Fransworth，Dana L. 佛兰沃斯，达娜·L，69
Freud，Sigmund 弗洛伊德，西格蒙德，35，80，128－129，130，193，383
Friedan，Betty 弗里德恩，贝蒂，185
Gacy，John 盖西，约翰，132
Gagnon，John 加尼翁，约翰，126，130
Gallup，George 盖洛普，乔治，23
Gandhi，Indira 甘地，英迪拉，427
Gans，Herbert J. 甘斯，赫伯特·J，242，403
Garfield，James 加菲尔德，詹姆斯，3
Garnett，Kevin 加内特，凯文，234
Gates，Bill 盖茨，比尔，234
Gelles，Richard 盖利斯，里查德，271，273，276－277
Gest，Ted 格斯特，特德，32
Gilkey，Bertha 吉尔基，伯莎，415
Gilmore，Gary 吉尔摩，加里，51
Gingrich，Newt 金格里希，纽特，252
Glasser，William 格拉瑟，威廉，83，332－333
Glastris，Paul 格拉斯特瑞斯，保罗，253
Glick，Paul C. 格利克，保罗·C，265
Goffman，Erving 戈夫曼，埃尔温，80
Goldman，Ronald 戈尔德曼，罗纳尔多，5，44，269
Goode，Erich 古德，埃里希，96
Goode，William J. 古德，威廉·J，265，267
Gorbachev，Mikhail 戈尔巴乔夫，米哈伊尔，448
Gordon，Milton 格登，米尔顿，179－180
Goring，Charles 高瑞，查尔斯，35
Graham，Robert 格雷厄姆，罗伯特，283
Green，Rick 格林，里克，305
Groth，A. Nicholas 格罗思，A·尼古拉斯，132，135
Hall，Arsenio 霍尔，阿塞尼奥，307
Hamilton，C. V. 汉密尔顿，C. V.，164
Hampson，J. G. 汉普森，J. G.，184
Hampson，J. L. 汉普森，J. L.，184
Harrington，Michael 哈林顿，迈克尔，232，239
Harris，Lou 哈里斯，卢，25，410
Harroff，Peggy B. 哈罗夫，佩吉·B，267
Hartley，Eugene 哈特利，尤金，164
Hartley，Ruth E，哈特利，鲁斯·E，191，196
Hartnagel，Timothy 哈特纳格尔，蒂莫西，387
Haskell，Lawrence 哈斯克尔，劳伦斯，344
Hedblom，Jack H. 海德布卢姆，杰克·H，151
Henderson，Bruce 亨德森，布鲁斯，126，130
Henderson，Charles 亨德森，查尔斯，174，177
Henry，Jeannette 亨利，珍妮特，165
Henry Patrick，亨利，帕提克，385

Henry, William E. 亨利，威廉·E，213
Heston, L. L. 赫斯顿，L. L.，217
Hill, Deborah A. 希尔，德博拉·A，277
Hinckley, John W. Jr. 欣克利，小约翰·W，36，75，387
Hirschi, Travis 海尔斯基，查韦斯，384
Hitchcock, Alfred 希契科克，艾尔弗雷德，67
Hite, Shere 海特，谢瑞，26
Hitler, Adolf 希特勒，阿道夫，157，287，288，369，372
Hogan, Elizabeth 霍根，伊丽莎白，444
Holdren, John P. 赫尔德林，约翰·P，430
Hollingshead, August B. 霍林斯黑德，奥古斯特·B，77
Holmstrom, Lynda 霍姆斯特龙，林达，137－138
Horton, Paul R, 霍顿，保罗·R，187，195
Hudson, Rock 赫德森，罗克，3，306
Humphrey, Hubert, III 汉弗瑞，休伯特（三世），339
Hussein, Saddam 侯塞因，萨达姆，438
Huuhtanen, Matti 胡赫塔宁，马蒂，344
Hyde, Henry 海德，亨利，430
Hyde, Janet S. 海德，珍妮特·S，138，146，148
Ilfeld, Frederick 爱尔费尔德，弗雷德里克，385
Jackman, Norman R. 杰克曼，诺曼.R.，142
Jackson, Jesse 杰克逊，杰西，57，168
Jackson, Michael 杰克逊，迈克尔，132
Jacobson, B. 雅各布森，B.，293
Jacobson, Cecil 雅各布森，塞西尔，282
Jacobson, Lenore 雅各布森，勒诺，325
Jefferson, Thomas 杰斐逊，托马斯，410
John Paul II, Pope 约翰·保罗二世，57，375
Johnson, Anna 约翰逊，安娜，286
Johnson, Ben 约翰逊，本，110
Johnson, Elmer 约翰逊，埃尔默，161
Johnson, John M. 约翰逊，约翰·M，41
Johnson, Lyndon 约翰逊，林登，233，411，412，434，453
Johnson, Magic “魔术师”约翰逊，306，307
Johnson, Mitchell 约翰逊，米歇尔，382
Johnson, Virginia 约翰逊，弗吉尼亚，128，129－130，219
Jones, Jim 琼斯，吉姆，8
Jordan, Michael 乔丹，迈克尔，287，340
Jorgensen, Christine 约根森，克里斯丁，126
Julian, Joseph 朱利安，约瑟夫，31，32，45，130，198，205，234，235，250，265，344，371，439，440
Justice, Blair 加斯第斯，布莱尔，133
Justice, Rita 加斯第斯，丽塔，133
Kaczynski, Theodore（Ted）凯辛斯基，西奥多，374，375
Kadushin, Alfred 卡督新，艾尔弗雷德，270，273
Kain, Eugene J. 卡因，尤金·J，137
Kasindorf, Martin 卡新德夫，马丁，113
Katz, Mark 卡茨，马克，406
Kemper, E. E.，III 肯帕三世，E. E.，75
Kennedy, John F. 肯尼迪，约翰·F，3，57，232，278，375，390
Kennedy, Robert 肯尼迪，罗伯特，57，298，375
Kevorkian, Jack 凯沃尔基安，杰克，222，377
Kiefer, Sue 凯费尔，苏，148
King, Larry 金，拉里，377
King, Martin Luther, Jr. 金，小马丁．路德，57，167，168，175，176，180，375，390，415
King, Rodney 金，罗德尼，175，381
Kinsey, Alfred C. 金赛，艾尔弗雷德·C，128，129，130，140，146，148
Kitsuse, John I. 凯特苏斯，约翰·I，10，27
Kittle, Robert A. 基特尔，罗伯特·A，343
Koch, Joanne 科克，乔安妮，268
Koch, Lewis 科克，刘易斯，268
Koch, Michael 科克，迈克尔，64－65
Kohlberg, Lawrence 科尔佰格，劳伦斯，191
KomparaD.，孔姆帕拉 293

Koo，E. H. 库，E. H.，217
Koop，C. Everett 库普，C·埃弗里特，108，310
Koppel，Ted 科派尔，泰德，288
Koresh，David 克莱什，戴维，372
Kornblum，William 科恩布卢姆，威廉，31，32，45，130，198，205，234，235，250，265，344，371，439，440
Kuhn，Maggie 库恩，马吉，225，226
Lamm，Richard 拉姆，里查德，209
Lang，John S. 兰，约翰·S，36
Leavitt，Jerome K. 莱维特，杰尔姆·K，277
Leighninger，Leslie H. 雷宁格，莱斯莉·H，232
Lennon，John 列侬，约翰，57
Lerner，Max 勒尔纳，麦克思，385
Leslie，Gerald 莱斯莉，杰拉尔德，195
Letourneau，Mary Kay 莱托纽，玛丽·凯，135
LevensonM. R.，莱文森，M. R.，212
Lewis，Oscar 刘易斯，奥斯卡，17，240
Liazos，Alexander 利亚左斯，亚历山大，17
Lincoln，Abraham 林肯，亚伯拉罕，3，157
Little，Rod 利特尔，罗德，331
Livermore，Michelle 利弗莫尔，米歇尔，16
Lloyd，G. A. 劳埃德，G. A.，308
Lombroso，Cesare 龙勃罗梭，恺撒，35
Longres J. F.，朗格瑞斯，J. E.，45，46
Lorenz，Konrad 洛伦茨，康拉德，383
Love，Eulia 洛夫，尤列尔，381
Mahoney，Larry 马奥尼，拉里，97
Malcolm，X 马尔科姆，X.，375
Malone，Julia 马洛内，朱利亚，343
Marden，Charles F. 马登，查尔斯·F，162
Marshall，Donald S. 马歇尔，康纳德·S，125
Martin，Judith 马丁，朱迪恩，270，273
Marx，Karl 马克思，卡尔，7，9，350
Masters，William 马斯特斯，威廉，128，129－130，219
Mauer，Marc 莫尔，马克，59
Maugham，W. Somerset 莫姆，W·萨默塞特，206
Maultsby，Maxie 莫尔茨比，马西，85
Mays，Willie 梅斯，威利，44
McDuffie，Arthur 麦克杜菲，亚瑟，381
McGrath，Anne 麦格拉丝，安妮，84
McGregor，Douglas 麦格雷戈，道格拉斯，364
McKeown，Thomas 麦基翁，托马斯，300
McKinley，William 麦金利，威廉姆，3
McKinney，E. A. 麦金利，E. A.，218
McLuhan，Marshall 麦克卢汉，马歇尔，344
McNamara，Robert S. 麦克纳马拉，罗伯特·S，419
McVeigh，Timothy 麦克威格，蒂莫西，372
Mead，George Herbert 米德，乔治赫伯特，21
Mead，Margaret 米德，玛格丽特，138，190
Mechanic，David 麦克尼克，大卫，68
Mencher，Samuel 门彻，塞缪尔，245
Merton，Robert K. 默顿，罗伯特·K，19，37，93，158，265
Messerschmidt，J. 梅塞施密特，J.，42
Meyer，Gladys 迈耶，格拉迪丝，162
Michelangelo 米开朗琪罗，206
Midgley，James 米奇利，詹姆斯，16
Milk，Harvey 米尔克，哈维，75
Miller，Lyle 米勒，莱尔，302－303
Miller，Walter 米勒，沃特，37
Mills，C. Wright 米尔斯，C·赖特，341
Money，John 莫尼，约翰，184，189
Montague，Ashley 蒙塔古，阿什利，160－161
Moore，D. W. 穆尔，D. W.，223
Morah，Benson 莫拉，本森，422
Morales，Armando 莫拉莱斯，阿曼多，46
Morgan，J. P. 摩根，J. P.，337
Moscone，George 莫斯考恩，乔治，75
Moses，Grandma 摩西，格兰德马，206
Moss，Gordon 莫斯，戈登，216，225
Moss，Walter 莫斯，沃尔特，216，225

Murphy, Patrick 莫菲，帕特里克，277
Murray, Charles 莫瑞，查尔斯，251，413
Muskie, Edmund，马斯基，艾得蒙德，196
Myrdal, Gunnar，迈兜，古纳，160
Neely, Richard 尼里，理查德，266
Neergaard, Lauran 内高德，洛朗，434
Nisbet, Robert 尼斯比特，罗伯特，265
Nixon, Richard 尼克松，理查德，30，56，253，297，347
Noble 诺贝尔，100－101
O'Brien, John 奥布赖恩，约翰，268
O'Connor, Sandra Day 奥康纳，桑德拉·戴，198
O'Neal, Shaquille 奥尼尔，沙奎尔，287
O'Neill, George 奥尼尔，乔治，290
O'Neill, Nena 奥尼尔，内娜，290
Ogburn, William F. 奥格本，威廉·F，261，344
Olcott, Jody Marie 奥尔科特，乔迪·玛莉，272
Olcott, Malcom 奥尔科特，马尔科姆，272
Olds, Sally W. 奥尔德，沙丽·W，99，107，217，292，300
Ortega, Daniel 奥特加，丹尼尔，372
Oswald, Lee Harvey 奥斯瓦尔德，李·哈维，278，390
Otten, Alan 奥滕，阿兰，207
Papalia, Diane E. 帕帕利亚，丹尼尔·E，99，107，217，292，300
Parks, Michael 帕克斯，迈克尔，440
Parks, Rosa 帕克斯，罗莎，175，176
Parsons, Talcott 帕森斯，塔尔科特，19
Patterson, William M. 帕特森，威廉·M，376
Paul, Henri 保罗，亨利，99
Pavlov, Ivan 巴甫洛夫，伊万，18
Peterson, David 彼得森，大卫，47
Phoenix, River 菲尼克斯，里弗，102
Picasso, Pablo 毕加索，巴勃罗，206
Pillemer, K. 皮耶尔，K.，223
Pinderhughes E.，平德尔休斯，E.，166
Pinkney, Alphonso 品克内，阿方索，370，379，384
Polanski, Roman 波兰斯基，罗曼，132
Pollack, Harriet 保勒克，哈利特，42
Popple, Philip R. 波普尔，菲利普·R，232
Powdermaker, Hortense 鲍德梅克，霍腾斯，128
Presley, Elvis 普雷斯利，埃维斯，102
Price, D. L. 普赖斯，D. L.，217
Prutting, John M. 布鲁丁，约翰·M，283
Quinones, Eric R. 基尼奥内斯，埃瑞克·R，234
Rabin, Yitzhak 拉宾，伊沙克，375
Ragghianti, Marie 拉吉安提，玛丽，176
Rainwater, Lee 雷恩沃特，李，419
Rajneesh, Bhagwan Shree，拉杰尼希，薄伽梵·室利，372
Ray, James Earl 雷，詹姆斯·厄尔，390
Ray, Oakley S. 雷，奥克莉·S，96
Reagan, Nancy 里根，南希，200
Reagan, Ronald 里根，罗纳德，4，13，36，57，75，176，179，200，201，206，345，356－357，360，361，372，375，387，392，394，396，409，411，412，430，453
Redlich, Frederick C. 雷德利克，弗雷德里克·C，77
Renzetti, Claire M. 伦泽蒂，克莱尔·M，343
Rhoads, Cornelius 罗德斯，康纳利斯，372
Ricardo, Maria 里卡多，玛丽，153
Riesman, David 里斯曼，大卫，341
Rios, Elsa 里奥斯，伊莱莎，285
Rios, Mario 里奥斯，马里奥，285
Robins, A. H. 罗宾斯，A. H.，42
Robinson, Donald 罗宾森，唐纳德，221－222
Rockefeller, John D. 洛克菲勒，约翰·D，337
Roethlisberger, Fritz J. 菲特利斯贝格尔，福里茨·J，362
Roosevelt, Franklin D. 罗斯福，富兰克林·D，69，232，238，452－453
Rosen, George 罗森，乔治，78
Rosenthal, David 罗森汉，大卫，69

Rosenthal，Robert 罗森塔尔，罗伯特，325
Rubin，Rita 鲁宾，丽塔，431
Rubinstein，Arthur 鲁宾施泰因，亚瑟，206
Rushing，William 拉欣，威廉，241
Russell，Bertrand 罗素，伯特兰，206
Rutter，Michael 拉特，迈克尔，328
Ryan，William 瑞恩，威廉，241
Sadat，Anwar 萨达特，安瓦尔，57，375
Sadker，Myra 萨德克尔，迈拉，192
Salk，Jonas 索克，乔纳斯，12
Samuelson，Paul 萨缪尔森，保罗，235
Sanday，Peggy R. 桑迪，佩吉·R，136
Sanger，Margaret 桑格，玛格利特，435
Santrock，John W. 尚特罗克，约翰·W，211，218
Schaefer，Richard T. 舍菲尔，理查德·T，171 - 172
Scheff，Thomas 舍夫，托马斯，22，68，70，72，73
Schlesinger，E. G. 施莱辛格，E. G.，169
Schmid，Randolph E. 史密德，伦道夫·E，234
Schweitzer，Albert 史怀哲，阿尔伯特，206
Seed，Richard 希德，理查德，287
Seham，Max 西海，马克斯，301
Selye，Hans 谢那，汉斯，303
Seter，Jennifer 塞特，詹尼弗，185
Shaw，George Bernard 萧伯纳，206
Sheldon，William 谢尔顿，威廉，35
Shukla，Hema 舒拉克，海马，193
Silver，Larry 西尔弗．拉里，271
Simmel，Georg 西梅尔，乔治，402 - 403
Simon，Rita J. 西蒙，丽塔·J，291
Simpson，Eunice 辛普森，尤尼斯，44
Simpson，George 辛普森，乔治，8
Simpson，Jimmy 辛普森，吉米，44
Simpson，Nicole Brown 辛普森，尼科尔·布朗，5，44，269
Simpson，O. J. 辛普森，O. J.，5，44，269
Singer，Henry 辛格，亨利，381
Sisodia，S. S. 西索迪亚，S. S.，217
Skinner，B. F. 斯金纳，B. F.，18
Smith，Adam 斯密，亚当，360
Smith，Alexander 史密斯，亚历山大，42
Smith，Alma D. 史密斯，阿尔玛·D，302 - 303
Smith，Robert 史密斯，罗伯特，112
Spaulding，John 斯波尔丁，约翰，8
Spector，Malcolm 斯佩克特，马尔科姆，10，27
Spergel，I. A. 施佩格尔，I. A.，46
Spitz，Rene 斯皮茨，雷涅，263
Srole，Leo 斯罗尔，里欧，77
Stanton，Elizabeth Cady 斯坦顿，伊丽莎白·凯蒂，184
Starkweather，Cassie 斯塔克韦瑟，卡西，276 - 277
Steinmetz，Suzanne K. 斯坦梅茨，苏珊娜·K，268，379
Sterling，Claire 斯特尔林，克莱尔，374
Stern，William 斯特恩，威廉，284
Stewart，Potter 斯图尔特，波特，145
Straus，Murray A. 斯特劳斯，默里·A，268，269 - 270，379
Struckman-Johnson，Cindy 施托克曼-约翰逊，辛迪，136
Stuart，R. B. 斯图尔特，R. B.，293
Suggs，R. C. 萨格斯，R. C.，125
Sullivan，Thomas J. 莎利文，托马斯·J，22，41
Sutherland，Edwin 萨瑟兰，埃德温，37，44，53，93
Sweeney，T. A 斯威尼，T. A.，46
Szasz，Thomas 萨斯，托马斯，35，68，69
Taber，Merlin 泰伯，梅林，219
Tobin，Richard L. 托宾，理查德·L，387
Toch，Thomas 托克，托马斯，331
Toffler，Alvin 托夫勒，阿尔文，289，345
Tolstoy，Leo 托尔斯泰，列夫，206
Toplin，Robert B. 托普林，罗伯特·B，376，382，388，389
Troast，Thomas P. 特罗斯特，托马斯·P，64 -65

Turner, S. Michael 特纳，S·迈克尔，276－277
Tussing, Dale 图新，戴尔，251
Udry, J. Richard 乌德瑞，J·理查德，265
Unterbeck, A. 翁特贝克，A.，217
Vanda, Dan 万达，丹，67
Visher, .E 维舍，E.，293
Visher, J 维舍，J.，293
Von Goethe, Johann Wolfgang 歌德，约翰·沃尔夫冈，206
Waldman, Steven 沃尔得曼，史蒂文，431
Ward, Lester Frank 沃德，莱斯特·弗兰克，7，232
Washington, George 华盛顿，乔治，401
Watson, J. B. 沃特逊，J. B.，18
Wayne, John 韦恩，约翰，136
Weber, Max 韦伯，马克斯，346
Wedding, Danny 韦丁，丹尼，84
Wedscheider, Sharon 卫得施德尔，莎伦，100
Weiberg, Martin S. 温伯格，马丁·S，148
Weinberg, Nancy 韦伯格，南希，305
White, Dan 怀特，丹，75
White, J. A. 怀特，J. A.，217
Whitehead, Mary Beth 怀特海德，玛丽·贝斯，284
Wilensky, Harold 威伦斯基，哈罗德，351
Williams, Hosea 威廉姆斯，何西阿，57
Williams, M. 威廉姆斯，M.，218
Wilson, Bill 威尔逊，比尔，112
Wirth, Louis 沃斯，路易斯，403
Wolf, Leonard 沃尔夫，莱昂纳德，388
Wolf, William 沃尔夫，威廉，280
Woods, Tiger 伍兹，泰格，162
Wright, Beatrice A. 赖特，比阿特丽斯·A，304
Zastrow, Charles 扎斯特罗，查尔斯，65，71，84，85，87，115，263，303
Zauner, Phyllis 曹纳，菲利斯，277
Zimmerman, Carle 茨莫尔曼，卡尔，281
Zuckerman, M. B. 朱克曼，M. B.，178
Zukor, Adolf 朱克，阿道夫，206

图片版权说明

（所注页码为英文原书页码，即本书边码）

Page xvii© Corbis
Page 4 © AP/Wide World Photos
Page 7 © Corbis
Page 15 © Impact Visuals: Donna Binder
Page 26 © PhotoEdit: Susan Van Etten
Page 29 © Impact Visuals: Jim Tynan
Page 34 © The Smithsonian: John Tsantes
Page 50 © Corbis
Page 54 © New York Times Pictures: B. Bartholomew
Page 57 © AP/Wide World Photos
Page 65 © News International Syndication
Page 73 © Mary Ellen Mark
Page 74 © Impact Visuals: Anthony Yarus
Page 83 © New York Times Pictures: Keith Meyers
Page 91 © Impact Visuals: Donna Binder
Page 107 © Impact Visuals: Ansell Horn
Page 109 © Sipa Press: Gerry Groop
Page 117 Courtesy of Coors Brewing Company
Page 119 © Stock/Boston: Bob Daemmrich
Page 124 © National Geographic Image Sales: David A. Gillison
Page 130 © Jeroboam: L.S. Stepanowicz
Page 131 © Jeroboam: Ken Gaghan
Page 149 © Dick Hemingway
Page 158 © Impact Visuals: Donna Binder
Page 161 © Time Life Syndication: Margaret Bourke-White
Page 163 © PhotoEdit: Robert Ginn
Page 180 © PhotoEdit: Tony Freeman
Page 188 © Tony Stone Images: Bruce Ayres
Page 192 © Jeroboam: Laimute E. Druskis
Page 195 © Jeroboam: Evan Johnson
Page 197 © Tony Stone Images: David Young Wolff
Page 201 © Harvey Finkle
Page 209 © PhotoEdit: Michael Newman
Page 211 © PhotoEdit: Michael Newman
Page 215 © Ulrike Welsch
Page 219 © Stock/Boston: Jim Whitmer
Page 226 © AP/Wide World Photos
Page 237 © PhotoEdit: Frank Siteman
Page 245 © Impact Visuals: F.M. Kearney
Page 250 © PhotoEdit: Tony Freeman
Page 269 © Tony Stone Images: Howard Grey
Page 281 © PhotoEdit: Billy E. Barnes
Page 282 © Corbis
Page 286 © John Loengard
Page 293 © PhotoEdit: M.D. Bridwell
Page 302 © Joanne Kash
Page 305 © Joanne Kash
Page 312 © Jeroboam: Evan Johnson
Page 315 © Martha Tudor
Page 327 © PhotoEdit: A. Ramey
Page 329 © Jean-Claude Lejeune
Page 334 © The Image Works: N. Rowan
Page 340 © AP/Wide World Photos
Page 348 © Ulrike Welsch
Page 359 © Corbis/Hulton-Deutsch Collection
Page 365 © Sovfoto
Page 375 © AP/Wide World Photos
Page 377 Courtesy of CNN
Page 383 © Jeroboam: Evan Johnson
Page 391 Courtesy of Center to Prevent Handgun Violence
Page 401 © PhotoEdit: Jeff Greenberg
Page 405 © Tony Stone Images: Joseph Nettis
Page 409 © Archive Photos
Page 413 © International Planned Parenthood Federation: Peter Charlesworth
Page 423 Courtesy of Japanese Information Center
Page 425 © Corbis
Page 425 Courtesy of CARE
Page 428 © Impact Visuals: David Bacon
Page 440 © Jeroboam: Kent Reno
Page 443 © The Plain Dealer
Page 444 © Greenpeace: K. Martensen
Page 448 © Greenpeace: Hudson
Page 457 © AP/Wide World Photos

译者后记

《社会问题：事件与解决方案》（第五版）是美国威斯康星州怀特沃特大学社会工作系教授、美国临床社会工作者、美国社会工作者协会、社会工作教育委员会和美国社会工作者协会临床社会工作者注册委员会委员查尔斯·扎斯特罗（Charles Zastrow）博士（MSSW）近年来所发表的多部社会工作研究专著中的一部具有广泛学术影响的著作。

这部著作的基本特点是通过广泛揭示世界范围内大量令人触目惊心的社会问题，引导读者运用批判眼光评价时下周围具有争议性的社会问题，深入分析认识导致社会问题产生的各种原因，并进而讨论寻找解决这些社会问题的可行性方案。作者通过对犯罪与青少年犯罪，情绪和行为问题，人类性行为的差异性，种族主义与民族主义，性别歧视，老年歧视，贫穷，卫生保健，教育，大企业、技术和劳动，暴力、恐怖主义与战争，城市，人口，环境等诸多当代社会问题的分析，将其归因为反常行为与社会变迁、不平等问题、制度缺陷、变化的世界四个主要的动因。不仅如此，更加难能可贵的是，作者在揭示各种社会问题及其表现的基础上，花费大量篇幅介绍了针对各种社会问题，社会工作者们已经开展的各种致力于通过专业手法回应社会需要，有效解决各种社会问题的社会服务项目，分析了这些服务项目的优缺点及更佳的实施方案。查尔斯·扎斯特罗的这部著作无论对于我们认识各种社会问题及其产生原因，还是在帮助我们了解各种相关的社会工作服务项目方面，都提供了切实可靠的社会工作的参考资料、研究方法和价值观视角。

我们诚挚地感谢中国人民大学出版社的潘宇编审和责任编辑李颜女士，她们以高度的工作敏感性及工作热忱支持了本书的翻译和出版工作，为本书出版付出了辛苦劳动，做了大量细致工作。

感谢参加本书翻译工作的各位同仁益友，他们不仅以极其认真负责的态度完成了各章节的翻译，而且还对本人作为本书主译，却因工作极为繁忙致使本书最终得以出版的时间不得不有所拖延的情况，表现出了极大的耐心、宽容和理解。

同时还要感谢首都师范大学政法学院社会工作教学论招生方向的硕士研究生罗玲、陈玉娜、吴红兵、谢翠翠、李珂、马宇飞、吴夏麒、谢苩莎、张晓星、景雪等同学，他们怀着极大的学习热情，积极参与了本书各章节的文字整理工作。

本书的具体分工情况如下：

范燕宁（首都师范大学）：前言、总目录、各章目录、术语表、人名索引、第九章（贫困）、译后记

陈星博（国家行政学院）：第一章（从社会学角度研究社会问题）

席小华（首都师范大学）：第二章（犯罪与青少年犯罪）

廖凤林（首都师范大学）：第三章（情感与行为问题）、第十五章（城镇问题）

高巍（首都师范大学）：第四章（药物滥用）

蔡鑫（首都师范大学）：第五章（人类性特征的差异）、第七章（性别歧视）、第十章（家庭）

杨生平（首都师范大学）：第六章（种族主义与民族主义）

韩丽丽（首都师范大学）：第八章（老年歧视）

尹明（中国人民解放军总医院）：第十一章（卫生保健）

邱爱军（国家发改委小城镇发展研究中心）：第十二章（教育）、第十七章（环境）

汪涛（浙江大学城市学院）：第十三章（大企业、技术和劳动）、第十六章（人口）

李少春（首都师范大学）：第十四章（暴力、恐怖主义和战争）

谢翠翠（首都师范大学）：结束语

罗玲、陈玉娜（首都师范大学）：全书校对、整理工作

希望本书的出版能给所有参与者带来学术方面的收获和喜悦。

由于水平关系，本书在翻译过程中肯定还会存在一些问题，我们诚挚地希望阅读者、使用者给予及时的批评和指正，以便今后能够把工作做得更好。

范燕宁

2010 年 1 月 28 日

Social Problems：Issues and Solutions，5th edition
Charles Zastrow

Cengage Learning Asia Pte. Ltd.
5 Shenton Way，♯01－01 UIC Building，Singapore 068808

北京市版权局著作权合同登记号 图字：01－2004－0713

图书在版编目（CIP）数据

社会问题：事件与解决方案：（第五版）/（美）扎斯特罗著；范燕宁等译．
北京：中国人民大学出版社，2010
（社会工作实务译丛）
ISBN 978-7-300-12764-4

Ⅰ．①社…
Ⅱ．①扎…②范…
Ⅲ．①社会问题－研究－世界
Ⅳ．①D58

中国版本图书馆 CIP 数据核字（2010）第 187033 号

社会工作实务译丛
主　编　刘　梦
副主编　范燕宁
社会问题：事件与解决方案
第五版
[美] 查尔斯·扎斯特罗　著
　　范燕宁　蔡　鑫　韩丽丽　等译
　　罗　玲　陈玉娜　校
Shehui Wenti：Shijian yu Jiejue Fang'an

出版发行	中国人民大学出版社		
社　址	北京中关村大街 31 号	邮政编码	100080
电　话	010－62511242（总编室）		010－62511398（质管部）
	010－82501766（邮购部）		010－62514148（门市部）
	010－62515195（发行公司）		010－62515275（盗版举报）
网　址	http://www.crup.com.cn		
	http://www.ttrnet.com(人大教研网)		
经　销	新华书店		
印　刷	涿州星河印刷有限公司		
规　格	185 mm×235 mm　16 开本	版　次	2010 年 11 月第 1 版
印　张	41.25 插页 2	印　次	2010 年 11 月第 1 次印刷
字　数	853 000	定　价	79.00 元